Johann Zellweger

Der Kanton Appenzell Land, Volk und dessen Geschichte

bis auf die Gegenwart, dargestellt für das Volk

Johann Zellweger

Der Kanton Appenzell Land, Volk und dessen Geschichte
bis auf die Gegenwart, dargestellt für das Volk

ISBN/EAN: 9783743308350

Hergestellt in Europa, USA, Kanada, Australien, Japan

Cover: Foto ©ninafisch / pixelio.de

Manufactured and distributed by brebook publishing software
(www.brebook.com)

Johann Zellweger

Der Kanton Appenzell Land, Volk und dessen Geschichte

Der
Kanton Appenzell.

~⦿~

Land, Volk und dessen Geschichte

bis auf die Gegenwart,

dargestellt für das Volk

von

J. K. Sellmeyer,

Verfasser der „schweizerischen Armenschulen“.

Trogen.
Druck von J. Schläpfer.

Vorwort.

Indem der Verfasser diese Schrift der Oeffentlichkeit übergiebt, findet er sich veranlaßt, dem Leser über die Art der Entstehung derselben Aufschluß zu geben und ihn von vorne herein über Anlage und Inhalt gehörig zu orientiren.

In der wohlgemeinten Absicht, den Lesestoff für die Schulen des Landes zu vermehren, hatte die hohe Landesschulkommission den Verfasser vor langen Jahren beauftragt, ein Schulbuch über engere Vaterlandskunde zu schreiben. So sehr er auch Bedenken tragen mochte, eine Arbeit zu übernehmen, der er sich nicht gewachsen fühlte, erachtete er es als damaliges Mitglied jener Behörde dennoch als seine Pflicht, sich der ehrenden Schlußnahme zu unterziehen. Allein bei dem ausgedehnten Pflichtenkreise des Verfassers als damaliger Leiter des Seminars und als Vorsteher der Privaterziehungsanstalt und der Realschule in Gais konnte die Arbeit selbstverständlich nur langsam vorrücken. Da nun unterdessen das Bedürfniß nach vermehrtem Lesestoff für die Schulen mit jedem Tage dringender wurde, so fand sich die Landesschulkommission

späterhin bewogen, das Lesebuch von Eberhard ein=
zuführen und ihn auch mit Abfassung des fraglichen
Schulbuches zu betrauen.

Bereits hatte der Verfasser um jene Zeit die
Mußestunden mehrerer Jahre auf seine Arbeit verwendet;
er konnte sich darum nicht so leichthin entschließen, das
Manuskript in den Staub zu legen; vielmehr trachtete
er, das Buch zu vollenden, es aber in anderer Weise
zu verwerthen, indem er dessen Bestimmung änderte und
statt eines Schulbuches ein Volksbuch herzustellen
beflissen war. Aus dieser Abweichung vom ursprüng=
lichen Zwecke folgte aber mit Nothwendigkeit, daß die
Darstellungsweise zum Theil geändert, die gedrängte Kürze
des Stils vermieden und voraus der historische Theil
des Inhalts einläßlicher behandelt werden mußte. Der
Leser wird übrigens bei einem genauen Einblick in die
Schrift sich leicht überzeugen, daß das Buch in seiner
ersten Anlage für die Schule bestimmt war. Der
nämliche Grund dürfte den Verfasser, wie er glaubt,
auch entschuldigen, wenn der gebildete Leser in dem Buche
manches vergeblich sucht, anderes nicht nach seinem Ge=
schmacke dargestellt findet.

Der Verfasser suchte das Wissenswerthe aus den
verschiedenen Perioden der Geschichte der Zeitfolge nach
zu ordnen, dasselbe in einen engen Rahmen zusammen=
zustellen und so abzufassen, daß auch der schlichte Land=
mann die Sache verstehen kann.

Sollte das Buch eine günstige Aufnahme finden, so gedenkt der Verfasser, dem ersten Theile einen zweiten folgen zu lassen, enthaltend die Ortskunde des Kantons, wozu das Material dem größeren Theile nach bereits gesammelt vorliegt.

So empfehlen wir denn das Buch in seiner nunmehrigen Fassung dem Wohlwollen des Publikums, beseelt von dem Wunsche, daß vorab die erwachsene Jugend, als mit dem Heimatkanton viel zu wenig vertraut, daß aber auch das gereiftere Alter in demselben über manches Wissenswerthe Aufschluß finden möge. Die Ereignisse der Gegenwart drängen sich bekanntlich dermaßen, daß wir in Gefahr gerathen, darüber die Zustände aus der Väter Zeit außer acht zu lassen. Wie groß ist nicht die Zahl unserer Mitlandleute, denen die Entwicklungsgeschichte des Heimatkantons in ihrem Zusammenhange fremd ist; wie wenige kennen die spätern Begebenheiten bis und mit der französisch-schweizerischen Revolution, und wie hochwichtig sind nicht auch die Ereignisse seit den Dreißigerjahren! „Ein Volk aber", sagt Landammann Keller, „das seine Geschichte vergißt, ist reif zum Untergange."

Gais, im Oktober 1867.

Der Verfasser.

Inhalt.

I. Theil. Das Land.

II. Theil. Das Volk.

III. Theil. Geschichte.

Name, Lage und Größe.

Blumige Wiesen an sonnigen Höhen,
Reinliche Wohnungen, lieblich zu sehen,
Hügel an Hügel gar freundlich gereiht,
Ist's, was dem forschenden Blicke erscheint.

Himmelanstrebendes Alpengebäude
Bietet den Herden viel köstliche Weide;
Bäche entstießen dem mächtigen Wall,
Freundlich sich schlängelnd durch's liebliche Thal.

Ländchen, wo Früchte des Fleißes gedeihen,
Deine Bewohner der Freiheit sich weihen,
Sei uns gegrüßt! Es segne dich Gott,
Wahre dich gnädig vor Schande und Spott!

Ländchen, das Helden wie Rotach erzeugte,
Niemals sich knechtisch vor Mächtigen beugte,
Lebe auf immer in Frieden und Ruh'!
Unsere Wonne, o Ländchen, bist du.

Hermann Krüsi.

In solch einem lieblichen Bilde läßt der heimatliche Dichter das Land erscheinen, dem diese Blätter geweiht sind. Aber auch Fremde wissen viel zu rühmen von dem frischen Wiesengrün, von malerischen Dörfern, hübschen Kurorten und zahlreichen Fernsichten, von fröhlichen Menschen und ihrer Liebe zur Freiheit. Appenzell ist darum weithin bekannt, und es lohnt sich wohl der Mühe, in eine nähere Bekanntschaft zu treten mit dem merkwürdigen Ländchen und seinen Bewohnern.

Vor 800 Jahren war die Gegend noch öde, nur von Hirten dürftig bewohnt und mit Meierhöfen spärlich bedeckt. Noch gab es keine Dörfer, auch keine Tempel zur Ehre Gottes.

1

Erst im Jahre 1061 ließ Nortbert, Abt des Klosters St.
Gallen, dem damals das Land gehörte, um den Hirten im
Gebirge den Segen der Religion zu spenden, im Wiesenthal an
der Sitter ein Bethaus erbauen. Man nannte es des Abtes
Zelle, und daher stammt der Name des Landes Appenzell.
An der Stelle jenes ältesten Kirchleins steht heute die sogenannte
Kreuzkapelle; aber sie ist gar klein und unscheinbar gegenüber
dem großen Flecken, welcher sich seither um das Kirchlein
gelagert hat.

Als Kanton bildet das Land den dreizehnten Ort der
Eidgenossenschaft. Im Osten der Schweiz gelegen, ist er vom
Gebiete des Nachbarkantons St. Gallen rings umschlossen,
aus dem er sich gleich einer Insel erhebt. Seine Ausdehnung
ist gering, und Appenzell zählt darum zu den kleinen Kantonen
der Schweiz. Von Walzenhausen bis an die Landmarken von
Schönengrund, oder von Ost nach West, beträgt die Länge
bloß 9, die Breite, wo sie am beträchtlichsten ist, sogar nur
4 bis 5 Wegstunden. Der Flächeninhalt wird auf 18,₃
Geviertstunden oder 7,₇₂₅ Quadratmeilen geschätzt. Davon
kommen auf Außerrhoden 4,₈₂₈, auf Innerrhoden dagegen
nur 2,₈₉₇ Geviertmeilen. Wahrlich ein kleines Land; aber
bei Gewerbsfleiß und kluger Benutzung des Bodens erfreuen
sich dennoch seine 60,000 Bewohner in demselben eines be-
scheidenen Glückes, und wohl wenige derselben möchten ihr
Vaterland gegen ein anderes vertauschen.

Bau und Gestaltung.

Der Kanton gehört zur Bergregion. Er hat eine von den
übrigen Gebirgskantonen ziemlich verschiedene Bodengestalt;
denn während z. B. die Urkantone, auch Glarus, Graubün-

den, Wallis und Tessin zwischen hohen Gebirgsketten mehr
und weniger ausgedehnte Thalschaften haben, in denen die
Ortschaften malerisch an Flüssen liegen, ragt dagegen unser
Land wie eine Gebirgsinsel aus dem Tieflande hervor. Von
der Rheinebene, vom Thurthal und der alten Landschaft St.
Gallen wird dasselbe gleichsam getragen. Den tiefsten Punkt,
1391′ über dem Meere gelegen, bildet die Tobelmühle in
Wolfhalden und Lutzenberg. Von hier aus erhebt sich das
Land allmälig. Man steigt von Hügel zu Hügel; unter beständigem Wechsel geht es bergauf und bergab bis hinan zum
Alpstein. Hier bildet das Felsenhaupt des Sentis (7709′)
den höchsten Punkt. Die Erhebung von Nordost nach Süd
beträgt also bei der geringen Entfernung von 10 Wegstunden
6318′. Auf dieser kleinen Strecke kann man vom Klima des
Weinbaues bis hinan zu den Gletscherhäuptern alle Zwischen-
stufen der Vegetation bereisen. Die eigentliche Gebirgswelt
findet sich sonach im Süden; das Uebrige ist Hügelland. In
der Richtung von Nordost nach Südwest durchziehen zahlreiche Parallelketten von mäßiger Höhe den Kanton. Da-
zwischen ziehen sich kleine Thalungen, Hochebenen und eine
Menge Schluchten hin. Jene sind von Menschen zahlreich
bewohnt und meist wohl angebaut, diese dagegen dienen als
Rinnsale für den Lauf der Bäche. Die Hügelreihen haben meist
sanft ansteigende Gipfel, deren manche eine bezaubernde Fern-
sicht gewähren. Jeder Landestheil, ja selbst jede Gemeinde
findet sich im Besitze einer Anhöhe oder eines Berges, wo vor
dem Blicke des Wanderers ein mehr oder weniger reizendes
Panorama sich aufthut. Lutzenberg hat seine Wienacht,
Wolfhalden den Guggenbühl und Strieland, Walzenhausen seine Hochwacht nebst Meldegg und Freienland,
Oberegg die St. Antonskapelle, Reute den Knollhausen-
bühl, Grub seine Schwarzenegg, Heiden die Warte auf
dem Kirchthurm und das Tivoli, Rehetobel den Kaien und

Gupf, Trogen seinen Ruppen, Gais den Gäbris nebst Sommersberg und Stoß, Speicher die Vögelinsegg, Bühler die hohe Buche, Teufen die Fröhlichsegg, Hundwil seine gleichnamige Höhe, wie auch den Himmelberg, Herisau: Rosenberg, Rosenburg und Lutzenland, Schwell- brunn die Hochwacht nebst Sitz und Högg, Schönengrund und Urnäsch den hohen Hamm, die hohe Alp und Fläsch. Gonten erfreut sich des Kronberges, Brüllisau der Fäh- nern und des hohen Kasten, Appenzell und Schwende der Ebenalp und des Sentis, als des Riesen unsrer Berge.

Also hat der Herr unser Land geschmücket mit Wundern der Natur; ringsum können wir schauen die Größe seiner Allmacht und Güte.

Berge.

Der Alpstein.

Das schweizerische Hochgebirge (Zentralalpen) scheidet sich in die Hochalpen und in die Voralpen, welche letztere dem Hochgebirge in verschiedenartigen Abstufungen vorgelagert sind. Zu den Voralpen zählt man nun auch das Sentis- gebirge oder den Alpstein. Dasselbe gehört der Kalkstein- formation an und besteht aus verschiedenen, stockwerkartig über einander gelagerten, oft umgebogenen oder verworfenen Schich- ten, die bald weiß, bald dunkelgrau aussehen, je nach der Kalkart, aus welcher das Gebirge besteht. Nach Ansicht der Geognosten oder Gebirgskundigen geschah nämlich die Bil- dung des Alpsteins zu verschiedenen Zeiten, vielleicht nach Zwischenräumen von Jahrtausenden, weßhalb auch die Kalk- art, aus welcher das Gebirge hauptsächlich besteht, eine ver-

schiedenartige ist. Der jüngere Kalk erscheint an vielen Stellen
verwittert und spröde, während dagegen der ältere aus sehr
hartem Gestein besteht.

Mit den Hochalpen der Schweiz hat übrigens das Sen-
tisgebirge manche Eigenthümlichkeiten gemein. Die Seiten
seiner pyramidalischen Häupter sind stellenweise, wie jene, mit
ewigem Eise gepanzert und zum Theil von Klüften durch-
furcht, deren unbekannte Abgründe grauer oder bläulicher
Schnee trügerisch bedeckt. In scheinbar unzugänglicher Majestät ragen auch unsre höchsten Berge hoch in die Lüfte und
glänzen weit hinaus in die Lande der Völker. Auch die Kolosse
des Alpsteins, wo sie nicht aus festen Felsen bestehen, senken
ihre zerbröckelnden Massen in zahllosen Trümmern fort und
fort auf tiefer liegende Alpen hinab und machen diese von
Jahr zu Jahr unwirthbarer. In dem zerrissenen Felsgestein
sickert das Wasser schnell ins Innere der Berge und kommt
dann weiter unten wieder zum Vorschein. Daher sind denn
auch manche Bergweiden, trotz der häufigen Niederschläge von
Regen und Schnee, sehr wasserarm. An den Gletschermassen
arbeitet dagegen ohne Unterlaß die wohlthätige Erdwärme,
so daß aus den finstern Eiskammern sich zahllose Quellen
ergießen. Diese bilden nebst dem schmelzenden Schnee zahllose Bäche, von schmackhaften Forellen zahlreich belebt. In
die Niederungen gelangt, graben sich die Bäche Schluchten,
bilden Seen, bewässern in ihrem Laufe weit umher die Gegend und geben dem Lande seinen bekannten Quellenreichthum.
Darum ist unser Vaterland auch so gesegnet mit gesunden
Brunnen und geschmückt mit frischgrünen, saftigen Wiesen.

Der Alpstein scheidet sich in drei parallel sich erhebende
Ketten aus, in die südliche, mittlere und in die nördliche.
Die südliche und mittlere vereinigen sich am Altmann; der
Schlußstein der nördlichen ist der Sentis. Die südliche,
längste Reihe geht zunächst von der Kraialp aus, welche mit

dem Altmann durch einen Felsgrat in Verbindung steht, zieht sich dann über Roslen, Furglenfirst, Kanzel, Stauberen und Kasten bis zum Kamor, welcher ins Rheinthal abfällt. Dem Kamor gegen Norden hin vorgelagert, aber durch eine Ein- sattelung mit ihm verbunden, erhebt sich die Fähnern, ein kegelförmig zugespitzter, bis zu seinem Haupt lieblich begrünter Berg. In ihrem Gestein weicht die Fähnern merkwürdiger- weise von den genannten Nachbarn wesentlich ab; denn der ganze Berg besteht aus Thonschiefer, welcher hier härter, dort weicher, hier feiner, dort gröber, bald schwarzgrau, bald gelb- lich oder röthlich zu Tage kommt, und dessen Schichten mit Sandsteinlagern abwechseln.

Die mittlere Kette beginnt unmittelbar am Altmann, geht dann über die Thürme, den Hundsstein und die Wider- alp über Marwies, Gloggeren zum Bogartenfirst und Siegel. Die nördliche Reihe geht vom Sentis aus über den Gyrenspitz und die hohe Niedere, über Oehrli, Sattel, Schäf- ler, Ebenalp, Bodmen und läuft beim Weißbad ins Sitter- thal aus.

Diese Ketten bilden in ihrem Schoße zwei enge, aber interessante Längenthäler mit zahlreichen Weideplätzen, Senn- hütten und Alpenseen, auf die wir später zurückkommen werden.

Der Sentis.

Ueber alle Bergspitzen dieser Gebirgswelt ragt in pyra- midenförmiger Gestalt der Sentis, auch hoher Mesmer ge- nannt, empor. Sein Nachbar gegen Norden ist der Gyren- spitz, durch einen tiefen Einschnitt von ihm getrennt, und im Südosten der Altmann. Der Gipfel des Sentis besteht aus schroff ansteigenden, theils nackten, theils mit niedrigen Gewächsen sparsam bedeckten Felswänden, die vielfach zerrissen und verklüftet sind. In politischer Beziehung ist auch der Sentis gewissermaßen ein „Dreiländerstein", wie ihres Orts die hohe Rhone an der Sihl; denn auch er trennt drei selbstständige Gebiete von einander. Die südliche und südwestliche Seite des Berges gehört nämlich dem Toggenburg, die nördliche nach Außerrhoden, die nordöstliche dagegen nach Innerrhoden.

Besteigung des Sentis.

Es gab eine Zeit, wo eine Tour auf den Sentis noch als ein ziemliches Wagestück angesehen wurde; auch ist unbekannt, von wem er zuerst erstiegen worden. Gegenwärtig ist ein Ausflug dahin nun freilich etwas ganz Gewöhnliches, besonders seit man in einer Alphütte am Fuße des obersten Gipfels Erfrischung und Herberge findet. Mit mehr oder weniger Beschwerde kann der Berg von allen Seiten, sowohl vom Weißbade als auch von Wildhaus, von Alt St. Johann und von der Schwägalp aus erstiegen werden. Die beste Zeit dazu sind die hohen Sommermonate Juli und August. Früher liegt noch zu viel Schnee, später machen die kühlern Nächte den am Tag von der Sonne erweichten Schnee wieder so hart, daß der Fuß leicht ausgleitet. Vom Weißbade aus führt der Weg über Schwende nach Auen, dann über den Schwendebach nach Hütten, von hier aus unter den Gloggerenköpfen hin nach Meglisalp, wo man gewöhnlich übernachtet, um vor Sonnenaufgang neu gestärkt die Höhe zu erreichen. Von Meglisalp geht's über Roßmad zur Wagenlucke, hierauf über das Schneefeld auf den Grat am Fuße der Sentisspitze, welche man von hier aus in 10 Minuten erreichen kann. Eine andere, weniger bekannte, lohnendere, aber schwierigere Tour ist die über Altenalp, beim Oehrli vorbei über den blauen Schnee und die Platten hinauf.

Bezaubernd ist bei klarem Himmel die Aussicht auf
dem Sentis. Ein Panorama voller Gegensätze rollt sich vor
dem Wanderer auf. Da stehen in majestätischer Großartig=
keit die Hochalpen mit ihren Firnen und Zacken vom Oertler
im Tyrol bis hinein zum Finsterarhorn, dann, in durchsich=
tigen Aether gehüllt, der Jura mit seinen Gräten: Chasseral,
Hasenmatte und Weißenstein; nach Norden schweift der Blick
über den Bodensee nach Deutschland hinüber, während im
Vordergrunde Schaffhausen, Thurgau, St. Gallen und Appen=
zell sich ausdehnen; gen Westen sieht man Zürich mit der
innern Schweiz, doch nicht mehr deutlich. Nach Ost und Süd
thut sich wieder eine riesige Gebirgswelt auf: Alpen und
Gletscher von Vorarlberg, Tyrol, Bünden, St. Gallen, Gla=
rus, Uri, Schwyz, Unterwalden und in der Nähe die zer=
rissenen, vielzackigen Nachbarn des Sentis selbst.

Wie fühlt sich da, inmitten der Riesenwerke einer so
hehren Schöpfung, der schwache Sterbliche so klein gegenüber
dem Allmächtigen! Die Leidenschaften verstummen unwill=
kürlich in seiner Brust; mit unendlicher Liebe möchte er da=
gegen die Natur umfassen, und lobpreisend erhebt sich sein
Geist zum Schöpfer des Weltalls. Mit dem Dichter möchte
er ausrufen:

> „Wie scheint mir vom Berge die Erde so klein,
> Wie mag sie dem Höchsten erscheinen!
> Drum bilde doch Niemand was Großes sich ein;
> Lebt friedlich da drunten, ihr Kleinen!“

Wildkirchlein und Ebenalp.

Häufiger als der Sentis wird die Ebenalp mit dem
Wildkirchlein besucht. In den hohen Sommermonaten pilgern
von nah und fern Hunderte dahin, weil der Weg leicht und
gefahrlos, der Naturgenuß aber dennoch höchst anziehend ist.

Erst führt der Weg vom Weißbade aus über Treibern auf
die Alp Bobmen, der untersten Staffel der dritten Alpenkette,
dann steil hinan über Steingeröll hart an einer kahlen Fels-
wand vorbei zu einer Bergwirthschaft, genannt zum „Aescher.“
Das Häuschen steht auf einem kleinen Plateau, von Felsen
hoch überragt. Vor sich, im tiefen Abgrunde des nördlichen
Alpenthals, erscheint der schwarzgrüne Spiegel des Seealpsees, an dessen Südostrand die Berge der südlichen und mittlern Alpenkette, Bogartenfirst, Mans und Siegel gleich Schutz-
mauern sich erheben. Zur Rechten glänzt in blendender Schönheit das Schneefeld des Sentis herüber. Ergreifend ist beim
Aescher auch das Echo, welches, durch einen Schuß geweckt,
das Rollen des Donners in täuschender Aehnlichkeit dem Ohre
vorführt. Vom Aescher aus gelangt man auf einem schmalen
Felsenpfad zu einer kühnen Ueberbrückung, welche bei ihrem
Ausgang zu einer Pforte führt. Dann wird der Pfad breiter;
es zeigt sich ein hölzernes Glockenthürmchen und in nächster
Nähe thut sich die erste Grotte auf, deren Wände mit Kalk-
sinter und Mondmilch bedeckt sind. Balken am Boden statt
der Betschemel und ein schmuckloser Altar schaffen die Höh-
lung zur Kapelle um, in welcher alljährlich, am Schutzengel-
fest und am Michaelistag, eine Predigt und ein Hochamt
gehalten wird, zu welcher mit allerlei weltlichen Freuden verbundenen Feier sich viel Volks einfindet. Dies ist das sogenannte, dem Erzengel Michael geweihte, Wildkirchlein.
In geringer Entfernung öffnet sich eine zweite Höhle, welche
links in das Innere des Berges führt. Am Eingang steht
das Bruderhäuschen, das 200 Jahre lang den Sommerauf-
enthalt eines Eremiten bildete. Der jeweilige Eremit, meist
ein Kapuziner, besorgte die Wirthschaft und leuchtete den Reisenden durch die Höhle; auch hatte er die Aufgabe, für die
Hirten im Gebirge zu beten und täglich fünfmal zu läuten,
um dadurch auch sie zur Andacht aufzufordern. **Dr. Paul**

Ulmann, Pfarrer von Appenzell, stiftete Klause und Kapelle im Jahr 1656 und vergabte zu ihrem Unterhalte die Alp-nutzung auf Bodmen. Der letzte Waldbruder stürzte vor einigen Jahren beim Laubsammeln über den Felsen und fand den Tod. Seither wurde das Bruderhäuschen umgebaut und die Wirthschaft an einen Laien verpachtet. Hinter der Klause führt der erst ebene, dann sanft ansteigende Weg durch die mäßig lange Höhle, deren Dunkel durch Fackelschein erhellt wird, zu einer Thüre. Plötzliche Tageshelle und die Aussicht ins Sitterthal überrascht dann den Wanderer. Bald ist man nun auf der Ebenalp und gelangt zu deren Sennhütten, wo sich der Reisende mit Alpenkost erfrischen kann. Uebrigens be-findet sich auf dem Grat des Berges nun auch eine Wirth-schaft. 200 Kühe finden auf Ebenalp, in Garten und Klus ihren Unterhalt, müssen aber, wenn Schnee und Eis im so-genannten Wetterloch, die man in einem Trog von der Sonne schmelzen läßt, aufgebraucht sind, weggeführt werden. Bei üppiger Vegetation findet sich auf Ebenalp eine Fülle von Alpenpflanzen, weßhalb der Botaniker hier reiche Ausbeute findet. Unter den Schmetterlingen ist es vorzüglich der Apollo, welcher seine Lieblingsblumen, Mannstreu und Alpenthymian, umflattert.

Angenehm ruht sich's hier auf weichem Rasen, umweht von reiner Alpenluft. Voll Bewunderung schaut der Wan-derer die herrlichen Werke der Schöpfung. Zu seinen Füßen breitet sich die appenzellische, mit Wohnungen gleichsam über-säete Landschaft aus und in der Ferne das Thurgau, der Bodensee und Schwaben. In unmittelbarer Nähe hat er den Alpstein mit seinen Felsenhäuptern und in der Tiefe nach Süden einen Theil des Seealpsees. Steigt er höher hinauf, auf den Schäfler, so schweift sein Blick gen Westen über den Zürichsee und die innere Schweiz. Die Aussicht ist wirklich bezaubernd, so oft man sie auch genießt. Adolf Stöber,

ein gemüthlicher Dichter aus dem Elsaß, der das Wildkirch=
lein und die Ebenalp besuchte, als das Bruderhaus noch von
einem Eremiten bewohnt war, hat beide in folgenden Gedichten
besungen:

Die Tropfsteinhöhle beim Wildkirchlein.

In der Höhle dunkle Gänge
Tret' ich aus dem Sonnenglanz;
Farbenspiel und Lustgepränge,
Plötzlich ist's erloschen ganz.

Dichte Nacht bedeckt die Runde,
Doch, vom Fackelschein umwallt,
Hebt sich aus dem schwarzen Grunde
Meines Führers Lichtgestalt.

Sieh'! Des Kienes Fackel tragend,
Steigt er, wie aus Grabesnacht,
Riesig aus dem Dunkel ragend,
In der Kapuzinertracht.

Sieh'! Die braune Kutte schimmert
Hell im blauen Flackerstrahl,
Der den langen Bart umflimmert
Und den Scheitel weiß und kahl.

Ans Gewölb' auch wirft die Leuchte
Ihren zitternd fahlen Schein;
An der Decke starrt das feuchte,
Vielgezackte Tropfgestein.

Bruder Klausner, führ' mich schnelle
Fort aus dieser finstern Kluft
An die liebe Tageshelle,
In die warme, freie Luft!

Mag der Mönch beim Lampenöle
Einsam sitzen und verdumpft.
Mag er's, dem zur Thränenhöhle
Gottes Welt zusammenschrumpft.

Solch ein finst'res Weltentsagen
In der engen Siedlerklaus,
Solch ein Fasten, Weinen, Klagen —
Nein, ich hielt es nimmer aus.

Aus der Enge laß mich fliehen;
Geist des Mönchsthums, bleib' mir fern!
In die Freiheit laß mich ziehen:
Frei ist's, wo der Geist des Herrn.

Auf Ebenalp.

Blauer Himmel, Sonnenhelle —
O, wie athm' ich wieder auf!
Aus der engen Felsenzelle
Rasch zur freien Alp hinauf!

Welch ein Frühling blüht hier oben
Unterm Sonnenlicht hervor!
Welch ein Teppich, reich durchwoben
Mit dem schönen Alpenflor!

Ist dein Herz dem Himmel offen
Und von seinem Licht durchglüht,
Welch ein Leben, Lieben, Hoffen
Aus dem Glaubensgrund erglüht.

Ebenalp, du hohe Bühne,
Wo sich öffnet weite Schau;
Hier das Schneefeld, da das Grüne,
Dort des fernen See-es Blau!

Sieh'! Da ragt der Sentis blendend
Himmelan im Schneegewand,
Wie ein Priester, segenspendend,
Schaut er weithin übers Land.

Sieh'! Die Appenzellerthale,
Schlichter Hirten Eigenthum,
Liegen da im Sonnenstrahle
Wie ein Friedensheiligthum.

Dort mit gold'nem Lichtgezitter,
Eingefaßt vom grünen Strand,
Schlängelt ſich die klare Sitter
Durch das wieſenreiche Land.

Aus der luft'gen Ferne winken
Schwabens Hügel, hell beſonnt;
Und des Bodenſe=es Blinken
Grüßt mich dort am Horizont.

O, ein herrliches Geſichte
Hier auf hohem, freiem Strand!
Ueberſtrahlt von Gottes Lichte,
Iſt ſo ſchön das Erdenland.

Nein, der freie Blick ins Leben
Nimmer mir verdüſtert ſei;
Mein Erlöſer will mich eben
Fromm und fröhlich, friſch und frei.

Sein verklärend Geiſtesfeuer
Heiligt Alles nah und fern;
Alles, auch die Welt iſt euer;
Aber ihr, ihr ſeid des Herrn!

Kamor und hoher Kaſten.

Der Kamor bildet nach Norden die letzte bedeutende Höhenkuppe in der ſüdlichen Kette des Alpſteins. Man unter= ſcheidet den untern und obern Kamor. Jener gehört nach Altſtädten, dieſer größtentheils nach Lienz. An der Nordab= dachung der Kette, da, wo dieſelbe mit bewaldeten Hügeln und Vorbergen in die Rheinebene abfällt, finden ſich manche Ver= klüftungen, Spalten und Höhlen. Bekannt iſt von letzteren die ſogenannte Kryſtallhöhle bei Kobelwies. Der Eingang iſt ſo eng, daß man gebückt, zum Theil liegend ſich fortwinden muß, um in die Höhle zu gelangen. Man unterſcheidet drei Grotten, eine untere, eine höhere und höchſt gelegene. Die erste mißt 80′ in die Länge, 20′ in die Breite und 10′ in die Höhe. Meist wird nur diese besucht. Die Wände bestehen aus einem hellen, glänzenden Rhomboidalkalkspath, dessen Stücke bis auf die kleinsten Fragmente in regelmäßige Rhomboide spalten.

Von Kobelwies gelangt man nach einem beschwerlichen Marsche zum untern und abermal nach einer anstrengenden Tour zum obern Kamor mit seiner konischen Spitze. Dieser Berg wird von verschiedenen Seiten her bestiegen, jedoch am häufigsten vom Weißbade aus. Nach einem Marsche von 2 bis 3 Stunden gelangt man bei gehöriger Vorsicht ohne alle Gefahr auf den Scheitel desselben. Oberhalb der Wirthschaft zum „Ruhesitz", wo der Bergpfad steil wird, zeigt dem Wanderer ein kleines, in die Felsen befestigtes Kreuz, daß vor einigen Jahren eine Jungfrau in Folge eines unglücklichen Sturzes das Leben verlor, welcher Fall nicht vereinzelt dasteht. Unweit der Spitze des Kamors ist das sogenannte Wetterloch, von dem die Sage geht, daß ein Gewitter entstehe, so oft man Etwas hinabwerfe: So viel ist gewiß, daß aufsteigende Nebel aus Wetterlöchern Gewitterboten sind. Steine, welche man in das Wetterloch am Kamor hinabwirft, fallen wie auf Stufen, bis sie auf dem Grund in ein Wasserbecken fallen. Oft wird das Rollen eine Minute lang gehört. Setzt man von hier aus gegen süd-süd-west den Marsch weiter fort, so gelangt man über eine Bergeinsattelung in 20 Minuten auf den hohen Kasten, eine runde, auf drei Seiten abgeschnittene, nach Westen etwas überhängende Bergkuppe mit glattem Scheitel. Die Aussicht auf dem Kamor, namentlich aber auf dem Kasten, ist majestätisch, weßhalb letzterer auch schon die Rigi der Ostschweiz genannt worden ist. Wie auf einem Basrelief erblickt man da die Häupter des Alpsteins mit dem vordern Alpenthal nebst dem Hügellande des Kantons, das Sitterthal, die außerrhodischen Gemeinden mit dem Bodensee und Schwaben; ferner das Rheinthal mit der Illebene bis hinein nach Feldkirch und Bludenz, dann die Berge und Gletscher von Vorarlberg und Tyrol, das St. Gallische Oberland, wie auch die Alpfirsten von Glarus und Graubünden.

Seit mehreren Jahren befindet sich auf der Spitze des hohen Kasten ein Sommerwirthschaftshäuschen, das bei guter Witterung eine große Anzahl von Bergreisenden vorübergehend aufnimmt und, so einfach es auch eingerichtet ist, für diese zur Wohlthat wird. Der Pächter des Häuschens hat, nachdem ihm einmal der Blitz einen gefährlichen Besuch gemacht, einen Blitzableiter anbringen lassen. In dem schon angeführten Wirthshaus zum Ruhesitze, vom Erbauer der Sentishütte erstellt, werden dem Fremden im Gebirge gefundene Mineralien und Versteinerungen zum Kauf angeboten.

Erscheinungen in Hochalpen.

Das Alpenglühen.

Wie die Hochgebirge nach Bau, Form und Gestalt den Stempel der Großartigkeit an sich tragen, so ist es auch der Fall mit dem Temperaturwechsel und den Naturerscheinungen. Ueber jenen, den Temperaturwechsel, haben Reisende die auffallendsten Beobachtungen gemacht. Der kundige Bergsteiger und Botaniker, Hr. Pfr. Rechsteiner in Eichberg, fand eines Nachmittags auf dem Sentis 21° Wärme; es kam ein Gewitter, die Luft kühlte sich ab, und schon nach 13 Stunden zeigte das Thermometer nur noch 2 bis 3° Wärme. Es ist daher bringend nöthig, daß man sich, namentlich für einen längern Aufenthalt, in der Kleidung wohl vorsehe.

Unter den Naturerscheinungen ist der Sonnenauf= und Niedergang unstreitig eine der herrlichsten. In froher Erwartung sieht man dem Emporsteigen der belebenden Sonne entgegen; nun hebt sie sich aus leichtem Rosengewölk; ihre ersten Strahlen vergolden die Spitzen der beeisten Kämme und verklären sie mit solchem Schimmer, daß Wärme und Leben selbst in die kalten, starren Massen zu bringen scheinen. Segen und Freude verbreitend steigt sie dann höher und höher, um sich am Abend nach strahlendem Laufe zum Niedergange zu neigen. Ihr Scheiden zu feiern, hüllt sie sich in Purpur= glut. Jetzt sinkt das Tagesgestirn hinter den sanften Wellen blauer Gebirge hinab. Schweigen herrscht rings umher; die Arbeit ruht; in zartem, violettem Dufte bereitet sich die Land= schaft zu kurzem Schlummer. Aber den majestätischen Hoch= gebirgen ist die Sonne noch nicht entschwunden. Erst in sanfter Rosenfarbe, dann wie von Gold und Purpur über= gossen, stehen die herrlichen noch da. Allmälig erblassen auch sie; fast unmerklich sterben die Farben dahin, um nach kurzem Verschwinden noch einmal aufzutauchen. Die den Niederungen schon entschwundene Sonne grüßt aus der Tiefe noch einmal die Spitzen der Berge mit ihrem Schimmer, wie ihre Strahlen am Morgen zuerst auf ihnen ruhen.

Gewitter in den Hochgebirgen.

Von furchtbarer Heftigkeit sind die Gewitter im Gebirge. Die Schnelligkeit, mit der sie heranziehen, der Wiederhall, welchen der Donner in den Klüften der Berge hervorruft, und das Glutenmeer der Blitze übersteigen die Vorstellungen eines Jeden, der die Erscheinung an Ort und Stelle nicht selbst gesehen hat. Wir lassen hier die Erzählung des Obersten Buch= walder folgen, der im Jahre 1832 auf dem Sentis ein entsetzliches Gewitter erlebt hat. Im Auftrage der Tagsatzung hatte er trigonometrische Vermessungen vorzunehmen und zu diesem Zwecke auch unsere Berge zu bereisen. Der Ingenieur läßt sich also vernehmen:

„Den 4. Heumonat, gegen Abend, fiel ein starker Regen; Kälte und Wind nahmen so zu, daß sie mir die Nacht über keine Ruhe gestatteten. Um 4 Uhr Morgens war der Berg in Nebel gehüllt. Zuweilen eilten einzelne Wolken über unsere Häupter hin; der Wind war aber so heftig, daß es schien, als sollte es zu keinem Ungewitter kommen. Doch rückte von Westen her schweres Gewölk heran; dasselbe wurde allmälig immer dichter. Um 6 Uhr regnete es wieder und aus der Ferne ließ sich bereits Donner vernehmen. Der ungestüme Wind kündigte einen Sturm an, und der Hagel fiel in solcher Menge, daß er in wenigen Minuten den Sentis 1½ Zoll hoch mit Schloßen bedeckte. Nach diesen vorläufigen Erscheinungen schien sich der Sturm zu legen; es war aber nur eine Stille, während deren die Natur einen desto schrecklicheren Ausbruch vorbereitete. Wirklich kam eine Viertelstunde nach 8 Uhr der Donner wieder, und immer heftiger und näher zeigte sich sein Rollen ohne Unterbrechung bis 10 Uhr. Ich verließ das Zelt, um den Himmel zu beobachten und um in der Entfernung von einigen Schritten die Abnahme des Schnees seit dem 1. Juli zu messen.

Kaum war das geschehen, als das Ungewitter mit aller Gewalt daherstürmte und mich, wie meinen Gefährten Gobat, der mit Speisen kam, um sein Mahl zu genießen, in das Zelt zurücktrieb. Wir legten uns beide neben einander auf ein Brett. Jetzt aber umhüllte neues Gewölk, dicht und schwarz wie die Nacht, den Berg. Regen und Hagel fielen in Strömen, und wüthend heulte der Wind; Blitz auf Blitz erfolgte, als wäre Alles um uns her im Brande; ununterbrochen stürzten immer neue Strahlen auf einander los und schlugen an die Seiten des Berges; schrecklich mischte sich Knall an

2

Knall, das Krachen in der Nähe und der Wiederhall in der Ferne. Ich sah, daß wir in der Mitte eines Ungewitters selbst uns befanden, und der Blitz zeigte mir das Schauspiel in seiner ganzen Pracht oder in seinem vollen Grausen. Gobat konnte sich einer Anwandlung von Schrecken nicht erwehren; er fragte mich, ob nicht Gefahr für uns sei. Ich selber blieb zwar ruhig; denn an das Toben des Ungewitters gewöhnt, studire ich diese Erscheinung auch dann noch, wenn es in der nächsten Nähe mich bedroht. Gobat's Frage machte mich aber doch auf die Gefahr aufmerksam und ich sah dieselbe völlig ein.

In diesem Augenblicke nahm ich einen Blitzstrahl, eine Feuerkugel an den Füßen meines Gefährten wahr; ich selbst fühlte mich am linken Beine von einer heftigen Erschütterung, einem elektrischen Stoße getroffen. Gobat that einen Jammerschrei: „Ach, mein Gott!" Ich wandte mich nach ihm um und sah auf seinen Zügen die Wirkungen des Blitzes. Auf der linken Seite des Gesichtes zeigten sich braune und röthliche Flecken; Haare, Augenbrauen und Wimpern waren gekräust und verbrannt; Lippen und Nasenlöcher hatten ein violettes Braun angenommen. Seine Brust schien sich noch in einzelnen Augenblicken zu heben; bald aber hörte jede Bewegung des Athemholens auf; jetzt fühlte ich das Schreckliche meiner eigenen Lage; aber ich vergaß mich selber und mein Leiden, und suchte dem sterbenden Gefährten zu helfen. Ich rief ihm zu, er antwortete nicht; sein rechtes Auge war noch offen und glänzte; noch schien mir ein Strahl des Bewußtseins aus demselben zu leuchten, und ich fieng an, zu hoffen. Das linke Auge hingegen blieb geschlossen; ich öffnete das Augenlid, und es ward erloschen. Da vermuthete ich, daß die rechte Seite noch nicht gestorben sei; denn so oft ich das rechte Auge zu schließen versuchte, öffnete es sich wieder und schien zu leben. Ich legte die Hand auf sein Herz; es schlug nicht mehr. Mit einem Zirkel stach ich in die Glieder, in den Leib, in die Lippen. Alles blieb unbeweglich. Der Tod war da; ich sah ihn, aber ich konnte ihm nicht glauben. Endlich brachte mich der eigene Schmerz von meinem traurigen Staunen zurück. Mein linkes Bein war gelähmt, ich fühlte einen Schauder, eine besondere Bewegung in demselben, die mir vom Aufhören des Blutumlaufes herzurühren, ein Zurückdrängen des Blutes, oder, wer weiß was, zu sein schien. Ueberdies spürte ich ein allgemeines Zittern, Bedrückung, unordentliches Herzklopfen; die traurigsten Gedanken bestürmten mich. Sollte ich mit Gobat umkommen? Meine Schmerzen ängstigten mich mit dieser Besorgniß; die ruhige Ueberlegung aber sagte mir, die Gefahr sei vorüber."

Nach solchen Erlebnissen schickte sich Buchwalder zur Heimkehr an. Nach einem beschwerlichen Marsche, unter heftigen Schmerzen, erreichte er Alt-St.-Johann. Hier schickte er Leute ab, den Leichnam seines Gefährten vom Sentis herunter zu holen und ließ ihn dann an diesem Orte zur Erde bestatten.

Lawinen.

Furchtbar in seinen verheerenden Wirkungen, aber darum nicht minder großartig ist der Fall der Lawinen. Derartige Erscheinungen sind übrigens in unsern Gebirgen seltener als in den übrigen Schweizeralpen; denn bei uns stürzen die Lawinen meist gefahrlos in die Tiefe, weil die Abhänge weniger steil, die Gletscher minder zahlreich und von den bewohnten Niederungen weit entfernt sind. Darum hört man bei uns selten oder nie von Unglücksfällen durch Lawinen. Zur nähern Kenntniß der Gebirgswelt gehört aber, daß man auch von diesen großartigen Erscheinungen ein Mehreres wisse.

Ihrer Entstehung nach unterscheidet man Staublawinen, Grundlawinen und Gletscherlawinen. Zerstäubt nämlich die

Schneemasse im Fallen, so heißt sie Staublawine, und dann
wird sie durch die Federkraft der Luft, welche unter der Menge
des fallenden Schnees zusammengepreßt wird, für das Leben
der Bergbewohner, für ihr Vieh, ihre Gebäude und Wälder
oft sehr gefährlich.   Zerstäubt die Schneemasse nicht, rutscht
vielmehr die ganze Schneedecke auf minder steilem Abhange
mehr oder weniger zusammenhängend fort, so ist es eine
Grundlawine.   Da der Fall derselben selten beträchtlich
und ihre Bewegung gewöhnlich regelmäßig ist und auf weniger
steiler Unterlage stattfindet, so ist auch die Gefahr für Menschen und Vieh weniger erheblich; dagegen reißt sie von dem
Abhange, wo sie sich ablöst, Steine und Erde mit sich fort
und wirkt daher mehr durch ihr Geschiebe nachtheilig auf die
Niederungen, besonders da, wo die Abhänge von Waldungen
entblößt sind.   Daher der Nothschrei der Forstbeamten über
die Sorglosigkeit in Behandlung solchen Gehölzes.   Die Gletscherlawinen hingegen sind für die Waldungen oder die
Sicherheit der Thäler selten gefährlich; denn sie entstehen nur
beim Vorrücken der Gletscher auf schiefer, felsiger Unterlage,
oder auch da, wo durch die Schwere der Masse Gletscherstücke
bersten.   Meist ist das im Sommer der Fall, wenn bei der
ohnehin hohen Temperatur auch noch der Föhn über die Eis-
felder weht und das geschmolzene Wasser, über die Felsunter-
lage rinnend, die Eislagen zum Schmelzen bringt, so daß
Wölbungen in der Eisdecke entstehen.

Lawinen zeigen sich im Winter, Frühling und Sommer,
immer aber bei Thauwetter oder bei gesteigerter Temperatur
der Luft.   Ihr Fall kündigt sich durch ein dumpfes, donner-
ähnliches Getöse an.   In Graubünden, Uri und andern Gebirgskantonen sind Unglücksfälle, namentlich durch Staublawinen, zahlreich.   Der Schaden, welcher durch Lawinen
entsteht, ist nicht zu berechnen, wenn man an die dabei zerstörten Menschenleben denkt.   Nicht selten stürzen die Lawinen

bis hinab in fruchtbare Thäler, reißen Wälder mit sich fort,
führen Wohnungen hinweg und gefährden das Leben von Menschen und Thieren.

Das Hügelland.

Eine Stufe niedriger als der Alpstein wird der Kanton
in der Richtung gegen Nordosten von mehreren, vielfach ver-
zweigten Hügelketten parallel durchschnitten, deren Abhänge
und Niederungen meist wohl angebaut sind. Wahrscheinlich
war das Land vor Jahrtausenden gleich der übrigen schweizerischen Hochebene, zu welcher es gehört, vom Meere bedeckt,
und es bildete sich das Hügelland theils durch Ablagerungen
und Niederschläge desselben, theils durch hergetriebenes Geröll
von verschiedenem Gestein, welches hier gröber, dort feiner
vorkommt. Nachdem das Wasser abgelaufen war, verhärtete
sich das angeschwemmte Geröll zu jener Gesteinsmasse, welche
wir Nagelflue nennen. Die Bildung der Gräte und Stöcke
mit gröberem Geröll, oft von zentnerschweren Blöcken unter-
mischt, scheint jedoch früher vor sich gegangen zu sein. Zu
denselben gehören die höhern Berge des Hügellandes: die
Fläsch, das Aelpli, die hohe Alp und andere. Zu der neuern
Nagelfluebildung mit feinkörnigem Geröll rechnet man nach
angestellten Untersuchungen die meisten übrigen Hügelreihen
des Landes. Das schweizerische Nagelfluegebirge nimmt schon
am Genfersee seinen Anfang. Von dort aus zieht es sich
durch die ganze Schweiz, über die Rigi, den Pilatus, den
Rothenberg, über Bregenz bis tief hinein nach Oesterreich.

Das Gestein liefert eine vorzügliche Straßenspeise und
fast unzerstörbare Bausteine; auch wird zuweilen ein trefflicher

Kalk aus demselben gebrannt. Hie und da finden sich auch Thonschieferlager, wie in Eggerstanden, an der Fähnern und am Hirschberg. Diese liefern, wenn sie die gehörige Härte haben, lagerhafte Bausteine. Die Schiefersteine auf der Fähnernhöhe werden zuweilen auch als Wetzsteine gebraucht; ihre Verwendung zum Steindruck hat sich dagegen, trotz angestellter Versuche, nicht bewährt.

Als niedrigste Abstufung der Gebirge findet man in unserm Kanton den Sandstein (Molasse). Er bildet den nördlichsten Theil des Landes. An einigen Orten geht die Molasse in Nagelflue über und wechselt mit derselben nicht selten auch schichtenweise ab. Das Sandsteingebiet liegt im Bereiche der Gemeinden Herisau, Stein, Teufen, Speicher, Trogen, Rehetobel, Heiden, Grub, Wolfhalden, Lutzenberg und Walzenhausen. Man findet daher in diesen Gemeinden oft einen Ueberfluß von guten Bausandsteinen. Bekannt sind unter den Brüchen dieser Steingattung besonders diejenigen in Wienacht, Gemeinde Lutzenberg, und in Teufen. Der Sandstein bildet theils zusammenhängende Massen, aus denen Quader gehauen werden, theils regelmäßige, 3—4 Zoll dicke Schichten von feinem Schiefer, die sich von Süd nach Nord senken. Aus ihnen werden große Platten von 4—5 Fuß ins Geviert verarbeitet und weit in die Runde, sogar bis nach Holland, verführt. Seiner Bildung nach besteht der Sandstein bald aus Süßwasserniederschlägen, bald aber auch und zwar weit häufiger, wie in den genannten Gemeinden, aus Meeresablagerungen einer vorgeschichtlichen Zeit. Die Meeresablagerungen kennzeichnen sich durch versteinerte Ueberreste aus dem Thier und Pflanzenreiche oder deren Abdrücke, während solche in Süßwasserablagerungen nicht gefunden werden.

Die höchsten Stöcke unsrer Hügelreihen erheben sich, wie beim Alpstein, im Südwesten des Landes und werden gegen NordOsten hin, wie das Land selbst, allmälig niedriger. Die erste, dem Hochgebirge nächstgelegene Reihe, nimmt ihren Anfang beim Kronberg, geht dem Weißbach entlang über Neuenalp, über den hohen Spitz, wird beim Weißbad von der Sitter durchbrochen und theilt sich nun in zwei Arme. Der eine erhebt sich rechts zur Fähnern, der andere (Hirschberg) bestreicht die Gemeinde Gais und fällt bei Eichberg ins Rheinthal ab. Die zweite Hügelreihe beginnt bei der Petersalp und geht über Lauftegg zur Rohrermühle, wo sie vom Kronbach durchbrochen wird. Von hier aus steigt sie zur Hundwilerhöhe an und theilt sich nun gleich der ersten Kette in zwei Theile, von denen der eine über den Himmelberg zur Sitter geht, dann sich zur Höhe Clanx und weiterhin zum Gäbris erhebt, dessen Fortsetzung über den Saurücken zum Kuppen und über Oberegg bis Heerbrugg den südöstlichen Grenzwall von Außerrhoden bildet. Diese Kette ist besonders reich an schönen Aussichtspunkten, namentlich auf dem Gäbris, dem Saurücken und bei der St. Antonskapelle in Oberegg. Der andere Arm geht über die Steigershöhe zum Laimensteig in Haslen und in Bühler über die hohe Buche zur Weißegg bei Trogen. Eine dritte Hügelreihe nimmt ihren Anfang auf der hohen Fläsch, geht nördlich über die hohe Alp, zieht sich dann links an der Urnäsch durch diese Gemeinde hin, trennt Hundwil von Waldstatt und fällt bei Stein in den Kubel ab. Sofort erhebt sie sich jedoch wieder, bildet bei St. Gallen nordwestlich den Rosenberg und südöstlich die Bernegg. Ein Zweig der Hügelreihe geht über Teufen zur Fröhlichsegg, zieht sich dann unter der Benennung Teuferegg nach Speicher, bildet hier erst den Horst und später die klassische Vögelinsegg. Von der Goldach unterbrochen erhebt sie sich in Rehetobel zur Kaienhöhe, ferner zum Gupf und streicht endlich durch die äußern Gemeinden hin bis hinunter zur Rheinebene.

Das appenzellische Hügelland ist durch fleißigen Anbau

überall mit Pflanzen- und Dammerde bedeckt, überall wo die
Abhänge nicht gar zu abschüssig sind, um die Erde festhalten
zu können; denn bei der dichten Bevölkerung hütet man sich
wohl, Landstriche ohne Noth unangebaut oder nutzlos liegen
zu lassen.

Thäler, Hochebenen und Gewässer.

Appenzell ist, wie wir oben gesehen, ein Hügelland von
höchst unregelmäßiger Gestalt. Man findet da keine großen
Ebenen oder weit ausgebreitete Thalschaften, dagegen aber
unzählige, vom Lauf der wilden Bergwasser gegrabene Schluchten (Töbler), neben einzelnen engen Thalungen und Hochebenen. Jene finden sich überall im Lande, wo an der Sohle
der Bergabhänge das Wasser von Jahrtausenden her sich ein-
gewühlt hat, diese hingegen vorzugsweise zwischen den Parallelketten des Alpsteins und den Hügelreihen des flachen
Landes.

Die Flüsse sind nicht schiffbar, weil sie bei einem höchst
unregelmäßigen Laufe auch starkes Gefäll und zu Zeiten wenig
Wasser haben. Ueberdies führen sie eine Menge Geschiebe
und Felstrümmer mit sich, was den Gebrauch von Fahrzeugen
unmöglich macht. Bei starken Regengüssen richten manche
Gewässer großen Schaden an, weil die Bodenbesitzer nicht
selten die strafbare Unvorsichtigkeit begehen, die schützenden
Waldungen an den Bergabhängen, welche den Wassersturz
hemmen und den Fluß in seinem Laufe weniger schädlich
machen könnten, niederzuhauen.

Die Gewässer, so verschieden auch der Lauf der Bäche
nach den Himmelsgegenden ist, gehören ausschließlich dem

Rheingebiete an. Ihre Einmündung in den Rhein geschieht aber theils mittelbar durch den Neker, die Thur und den Bodensee, theils münden sie, wie die Bäche des Kurzenbergs, unmittelbar in den genannten Grenzfluß.

Unter den Thälern des Alpsteins unterscheidet man das südliche oder hintere, das mittlere und das nördliche oder vordere Alpenthal. Im südlichen, gebildet von der Kamor- und Alpsiegelkette, findet sich unweit der Thürme, am Fuße des Altmanns, der Wildsee (das wilde Seelein), ein kleines, trichterförmiges Wasserbecken von 10—11,000 Quadratfuß Flächeninhalt. Meist bis in den hohen Sommer mit Eis bedeckt, hat dessen Wasser eine blaugrüne Farbe, ist von unbekannter Tiefe, wie auch ohne sichtbaren Zu- und Abfluß. Weiter unten im Thale, zwischen Roslen und Hundsstein, dehnt sich der Fählensee aus. Nackte Felswände senken sich steil zu dem schwarzgrünen Gewässer ab, welches bei einer Viertelstunde lang ist. Wunderschön spiegeln sich, von der Morgensonne beleuchtet, in diesem schönsten unsrer Seen die umliegenden Berge. Felstrümmer in Menge, ja selbst Knochen von verunglücktem Vieh bedecken seine Ufer, und diese letztern haben zu der bekannten Volkssage Veranlassung gegeben. Die Ufer sind durch ein vielstimmiges Echo bekannt.

Eine Stufe niedriger im Thale findet sich die Alpweide Semtis, welche 150 Kühe sömmern kann, mit dem Semtisersee, dem dritten Wasserbecken im hintern Alpenthal. Durch den Versuch seiner Abgrabung hat derselbe eine gewissermaßen historische Bedeutung erhalten. Als nämlich in dem bekannten heißen Sommer von 1834 der See beinahe ausgetrocknet war, ließ die innerrhodische Regierung einen Versuch zu dessen gänzlicher Trockenlegung anstellen; aber sowohl dieser, als auch ein im Jahr 1852 wiederholter Versuch war ohne Erfolg. Dessen Abgrabung wird auch aller Wahrscheinlichkeit nach niemals gelingen; denn wenn auch die Abzugsmündung eine

Strecke weit vergrößert würde, so ist dessenungeachtet nicht
anzunehmen, daß im Innern der breitfüßigen Berglette auf
künstlichem Wege je ein regelmäßiger Abfluß erzielt werden
könnte. Aus dem Gesagten erhellet, daß die Größe des Sem-
tisersees veränderlich ist. Bei niedrigem Wasserstand beträgt
dessen Länge eine Viertelstunde und die Tiefe 20—22 Fuß.
Wie der Fählensee, so hat auch der Semtisersee keinen sichtbaren Abfluß; sein Wasser verliert sich in den Kalkstein-
felsen und bildet wahrscheinlich den sogenannten Mühlebach
zwischen Sennwald und Frümsen; denn im Sommer von
1834 stand die Mühle still und gieng nicht wieder, bis der
See angewachsen war. Andere nehmen an, der Bärenbach
verdanke dem Semtisersee seinen Ursprung. Beide Annahmen
dürften ihre Berechtigung haben. Der Bärenbach nimmt eine
Strecke weiter unten seinen Anfang; bei Brüllisau erhält er
den Osterbach und vereinigt sich nach diesem Zuwachs beim
Weißbad mit dem Schwendibach.

Wir kommen nun zum mittleren Alpenthal. Beim Beginn desselben, östlich der Roßmad gegen den Sentis hin, liegt
Meglisalp mit einem Sennendörfchen, wo Bergreisende
Erfrischung oder Herberge nehmen. Meglisalp liegt bereits
über der Holzregion und hat darum schon eine ziemlich reiche
Alpenflora und interessante Petrefakten oder Versteinerungen.
Weiter unten im Thale, in geringer Entfernung, gelangt man
in das liebliche Seealpthälchen, mit der fruchtbaren Alpweide Seealp, welche gegen 40 Hütten zählt und Sömme-
rung für 288 Kühe hat. Hier breitet sich der Seealpsee
mit einer Länge von 8000 und einer Breite von 4000 Fuß
aus. Er ist reich an köstlichen Alpenforellen. Seealp hat
schöne Buchenwälder, welche auch Meglisalp mit Holz versehen müssen. Eine Stunde nördlich von Meglisalp gelangt
man zu Groß- und Kleinhütten, wo wohlhabende Sennen Alpenwirthschaft treiben, dann zu den kostbaren Berg-

weiden Ober-, Unter- und Wasserauen und endlich,
immer dem Weißbach entlang, nach Schwende und Weißbad,
als dem Ausgang des Thales.

Das nördliche oder vordere Alpenthal liegt zwischen
der dritten Gebirgsreihe und dem Kronberg. Es nimmt seinen
Anfang bei Urnäsch, erhebt sich von hier aus höher und höher
bis zur Botersalp hinan, senkt sich dann ziemlich steil ab bis
nach Weißbad, wo es seinen Ausgang findet.

Unweit des Weißbades vereinigt sich, vom Sentis her
kommend, mit den genannten Quellflüssen des Bären- und
Schwendebaches der — Weißbach. Von ihrer Vereinigung
an bilden sie die Sitter, den Hauptfluß des Landes und —
das Sitterthal. Anfangs schmal, erweitert sich dasselbe
bei Appenzell in ein weites, anmuthiges Gelände, mit schönen
Matten und zahlreichen Wohnungen, geht jedoch bald wieder
in finstere Schluchten über, welche die Gemeinden Haslen und
Teufen von Stein trennen und bei Zweibrücken zur Grenze
des Landes führen. Die Sitter nimmt in ihrem nördlichen
Laufe auf dem Gebiete Innerrhodens zu ihrer Rechten den
Ibach, Tablatbach, Popelbach — in Außerrhoden, bei
Wonnenstein, den Rothbach und bei Zweibrücken den Watt-
bach auf. Von der linken Seite her erhält die Sitter Zuwachs durch den Rinkenbach, Kaubach, Buchenbach und
die Urnäsch. — Von Appenzell aus öffnet sich nach Westen
hin die freundliche Hochebene von Gonten, gebildet vom Kronberg und der Hundwilerhöhe. Zwei Quellflüsse, der eine,
Weißach, vom Kronberg, der andere, Schwarzach, von der
Hundwilerhöhe kommend, gehen unter dem Namen Kronbach in die Urnäsch.

Die Urnäsch, ein ungestümer Waldbach, kommt von
der Kammhalde am Sentis; sie bildet sich an der Schwägalp aus 30 Quellen und fließt, in ihrem Laufe durch 15
andere Bächlein verstärkt, durch das bogenförmige Thalgelände

der Gemeinde Urnäsch, bildet hierauf erst die Grenze dieser
Gemeinde gegen Hundwil, dann die von Waldstatt und Hundwil, Herisau und Stein und mündet beim Kobel in die
Sitter. . In Schönengrund finden wir den in seinem Laufe
sich nach Südwesten wendenden Tüfenbach, der sich in den
Neker ergießt. Die Glatt, aus einigen Quellflüssen von
Schwellbrunn gebildet, nimmt in ihrem Laufe nach Norden
bei Herisau erst den Sägenbach, hierauf den Hubbach,
den Brühlbach, im Schwänberg den Weißenbach auf und
fällt endlich bei Büren in die Thur. — Kehren wir zurück auf
die rechte Seite der Sitter, so finden wir in der Gemeinde
Gais an der Südabbachung des Gäbris und am Sommersberg den Rothbach mit dem Zwislen- und Menblibach.
Nachdem derselbe Rothenwies und Gaiserau bewässert, Mühlen
und Fabriken getrieben, in Bühler den Weiß- und Steig-
bach, in Teufen den Goldibach aufgenommen, ergießt er
sich unweit des Klosters Wonnenstein in die Sitter.

Am Ruppen, zwischen Trogen und Altstätten, entspringt
die Goldach, welche in ihrem untern Laufe zwischen Mittelland und Kurzenberg die Wasserscheide bildet. Zu ihrer Linken
erhält sie bedeutenden Zuwachs durch den Bruder- und den
Sägli- oder Unterbach in Trogen, durch den Brand-
und Bernhardsbach in Speicher — zur Rechten durch
den Sägen-, Töbeli- und Moosbach in der Gemeinde
Wald, wie auch durch den Krummbach in Rehetobel. Unterhalb Rorschach, bei Horn, fällt die Goldach in den Bodensee.

Die Flüsse des Kurzenbergs verfolgen die Richtung der
Ostabbachung des Landes und münden unmittelbar in den
Rhein. Am Höhenzuge der „Tanne", in Wald, entspringt
der Fahlbach, welcher die Gemeinden Oberegg und Reute
durchfließt und bei Au in den Rhein fällt. Bei St. Margarethen erhält dieser Strom einen Zuwachs durch den Schal-
bach und oberhalb Rheineck durch den Eichenbach, jener

an den östlichen, dieser an den westlichen Höhenzügen von Walzenhausen entspringend. Auf der Südseite dieser Gemeinde, an der Sommerau, entspringt der Mühlebach. Nachdem er Wolfhalden der Länge nach durchflossen und die äußere von der obern und untern Rhode getrennt hat, verläßt er den Kanton bei der Tobelmühle und mündet unter dem Namen Freibach in den Rhein. Am Kaien, dem Höhepunkte von Rehetobel und Grub, entspringt der Gstaldenbach. Von Heiden an bildet er Anfangs die Ostgrenze, dann die Nordgrenze gegen Wolfhalden, fließt nach Thal und ergießt sich hier in den Freibach. Bei Grub findet sich der Letzebach, in Heiden Mattenbach genannt. In seinem Laufe durch diese Gemeinde berührt er eine Parzelle der Gemeinde Lutzenberg, nämlich Wienacht nebst Tobel. Unterhalb des Buchbergs fällt der Mattenbach in den Rhein.

Torf, Braun- und Steinkohle.

Wenn Pflanzen oder deren Theile, besonders Holz, Wurzeln, Moose und andere vegetabilische Stoffe massenhaft in stehendem Wasser sich ablagern, wo der Zutritt der Luft theilweise oder ganz gehemmt ist, so entfernen sich allmälig die Hauptbestandtheile der Pflanzen, nämlich Sauerstoff und Wasserstoff unter dem Namen Sumpfluft. Mit der zurückbleibenden Masse geht eine Art Verkohlung vor sich, was man an der schwärzlichen Farbe erkennen kann. Aus derartigen Zersetzungen entstand erst der Torf, weit später die Braunkohle und vielleicht nach Jahrtausenden erst die Steinkohle. Der Torf ist mithin als das jüngste kohlenartige Probult der stets schaffenden Natur in der Erde anzusehen. Seine Entstehung ist hauptsächlich dem sogenannten Torfmoose zuzuschreiben, das sich auf feuchten Torfmooren unscheinbar, aber dennoch ungemein stark ausbreitet. Während der untere Theil desselben abstirbt, erhebt sich auf demselben eine neue Moosdecke, die abermals der Verwesung anheimfällt. So setzt sich Jahr um Jahr ein neues Lager kohlenartiger Stoffe an, das in 80—100 Jahren eine bedeutende Tiefe gewinnt. Mit der Zeit nimmt die Verkohlung immer mehr zu; die untern Schichten werden zusehends kohlenhaltiger, schwärzer und durch den Druck der obern Lager auch immer dichter, fester und schwerer. Aus diesem Grunde enthalten die untersten Schichten, weil sie die ältesten sind, den besten Torf. Diese Art zeichnet sich durch Dunkelheit der Farbe, durch auffallende Schwere, Dichtigkeit und Glanz aus. Der jüngere Torf dagegen ist röthlich braun, leicht, faserig und läßt noch ganz deutlich die Zusammensetzung von Pflanzentheilen erkennen. Dieser ist daher weniger geschätzt, während mit der Schwere und Dichtigkeit dessen Güte und Hitzkraft, mithin auch der Preis für denselben steigt. Die Torf- und Kohlenbildung ist trotz ihrer Unscheinbarkeit eine sehr große Wohlthat Gottes. Die vorhandenen Waldungen würden bei weitem nicht hinreichen für die ungeheuern Bedürfnisse der Menschen, wenn nicht auch Brennstoff aus der Erde geholt werden könnte. Man hat berechnet, daß z. B. England einen so ungeheuern Vorrath unterirdischen Brennstoffes besitzt, daß selbst bei stets zunehmendem Gebrauch für die Industrie, die Dampfschiffe und Dampfwägen, der Vorrath noch einige tausend Jahre ausreichen werde. Auch Belgien, Böhmen, Elsaß, Rheinpreußen, Sachsen gewähren eine reiche Ausbeute an Steinkohlen; und in Amerika findet sich sogar ein ununterbrochen fortlaufendes Lager von zehntausend Geviertmeilen, und immer noch werden neue Kohlenlager entdeckt.

Auch der Kanton Appenzell zeigt hie und da Spuren vom Vorhandensein der Steinkohle, die aber der geringen Menge wegen im Lande nirgends ausgebeutet wird. Die Braunkohle dagegen findet sich im Lande nicht, wohl aber in dessen Nähe, bei Utznach, Wil und an andern Orten. Die Torfmoore trifft man im Allgemeinen in Niederungen, in der Nähe der Meere und Seen an; jedoch sind auch Hochebenen davon nicht ausgeschlossen, wie unser Land beweist, das bekanntlich auch manche Torfmoore besitzt. In Innerrhoden liefern das bekannte Mendli, ferner das Ried, nahe beim Flecken Appenzell, und die Forren am Wege nach dem Weißbade eine reiche Ausbeute; aber auch in Eggerstanden, Gonten und Haslen wird Torf gegraben. In Außerrhoden haben, mit Ausnahme von Rehetobel, Heiden, Wolfhalden und Lutzenberg, sämmtliche Gemeinden Torfland, zusammen in einer Ausdehnung von 145 Jucharten. Auf Gais kommen allein 70 Jucharten. Der meiste Torfboden des Kantons grenzt an Waldungen und überall, wo er angetroffen wird, läßt sich nachweisen, daß ehemals die Gegend mit Holzgewächsen besetzt war.

Aus dem Pflanzenreich.

Die Pflanzen sind für die Erde und ihre Bewohner von der größten Wichtigkeit; sie bedingen den Zustand der Luft, die Fruchtbarkeit und Trockenheit des Bodens, ja selbst die Gesundheit von Menschen und Thieren. Ueberdies liefern sie uns die unentbehrlichsten Stoffe zur Nahrung, Kleidung, zum Bauen und zur Feuerung. Obschon unsrem Lande ausgedehnte Fruchtfelder abgehen, so freuen wir uns dagegen mit vollem

Recht und nur desto mehr des herrlichen Grüns der Matten und des buntfarbigen Blumenteppichs auf Höhen und in Tiefen. Die nackten Felsen des Alpsteins ausgenommen, überzieht eine dichte, liebliche Pflanzendecke unser Gebiet von der Rheinebene an bis zum Gebirge und in dasselbe hinauf. Auf den Abdachungen gegen den Rhein hin gedeiht die Weinrebe; kräftige Obstbäume zieren die Thalmulden und Abhänge des Kurzenbergs, wie des Mittel- und Hinterlandes. Durch zunehmende Bevölkerung und Bauten aller Art sind unsere Waldungen, bestehend aus Lärchen, Föhren, Weiß- und Rothtannen, aus Buchen, Eschen, Erlen ꝛc. sehr gelichtet. Der Ahorn kommt selten und nur vereinzelt bei höher gelegenen Wohnungen und Scheunen vor. Gruppenweise beisammen findet er sich nur an den Halden des Hochgebirges, wo er dem Vieh bei Ungewittern Schutz und Obdach bietet. — Wird im Vergleiche zu den Bedürfnissen des Volkes auch nur wenig Getreide gebaut, so hat dagegen die Kartoffelpflanzung seit der großen Theurung von 1817 im Allgemeinen bedeutend zugenommen. Der Hauptreichthum unsrer Kulturgewächse besteht jedoch immerhin in der Menge des fetten, gewürzigen Grases. Ohne künstliche Wiesen, wie solche vorzugsweise in England und Holland getroffen werden, liefert unser Boden die nahrhaftesten, fettesten Futterkräuter. In den Ebenen gedeihen mehrere Arten Rispengras, Ruchgras, Schwingel, Lieschgras, Roßgras, Perlgras, Fuchsschwanzgras, sodann verschiedene Kleearten, die Wicke, der Thymian und andere mehr. Auf den Bergen kommen außer gedrungenen oder zwerglichten Formen der genannten Pflanzen noch vor: der goldfarbige Pippau oder die sogenannte Rahmblume, der Wegerich und Frauenmantel, das Labkraut, die Ampfer und mehrere Doldengewächse, als: Meisterwurz, Hasenöhrlein, Bibernelle, Mutterkraut. Von Gewürz- und Arzneipflanzen nennen wir den Hollunder, den Kümmel und Fenchel, die Münze und

Wolferlei, den Thymian, den Bitterklee und Baldrian, sowie den Bergschnittlauch. Von Giftpflanzen sind zur Warnung zu bezeichnen: die Tollkirsche, in abgeholzten Waldungen und Gebüschen und die Samen der Herbstzeitlose, ferner das schwarze Bilsenkraut, die Einbeere, der blaue und weiße Eisenhut, dieser in Wäldern und Voralpen, jener in den eigentlichen Alpen. Zu den Giftgewächsen gehören auch einige Pilze, wie z. B. der rothe, punktirte Fliegenschwamm der Wälder.

Die Zahl der sichtbar blühenden Pflanzen (Moose, Flechten, Pilze, Algen u. dgl. also nicht gerechnet) beträgt etwa 1000 Arten, nämlich: 115 Wiesenpflanzen, 200 Weidengewächse, 222 Waldpflanzen, 83 Sumpfpflanzen, 10 Wasserpflanzen, 330 eigentliche Alpenpflanzen und 25 angebaute Pflanzen. Im ganzen sind es also 985 Arten, wozu bei noch genauerer Durchforschung hin und wieder ein weiterer Beitrag kommen dürfte. Völlig eigenthümliche Gewächse besitzt zwar unser Kanton nicht, aber mit benachbarten Gebirgen hat er mehrere seltene Alpengewächse gemein, z. B. den schweinssalatblättrigen Pippau, die schöne, ganzrandige Primel, das stabwurzblättrige Kreuzkraut, das schweizerische Mannsschild, buntes Läusekraut, Alpenrosen, viele Steinbrecharten, Alpenbalsam, Ehrenpreis, Mäuseöhrlein, Orchisarten, kleinere Enzianen, Alpenglöcklein, Alpenkresse, röthliches Täschelkraut, löwenfußartiges Ruhrkraut (Edelweiß), welche sämmtlich mehr oder weniger zu den Zierden unserer Alpenflora gehören und dem Kenner, wie dem bloßen Blumenfreunde eine Fülle des reichsten Genusses gewähren.

Aus dem Thierreich.

Die Zahl der wildlebenden Thiergattungen ist in unsern Gebirgen gering. Eigenthümliche Würmer und Schnecken kommen, so viel uns bekannt ist, gar nicht vor. Wenn auch einzelne schöne Schmetterlinge, wie z. B. der Apollo mit seinen farbigen Augen auf weißem Grunde, ausschließlich die Höhen bewohnen; wenn bienenartige Insekten den Honig mancher Alpenblume kosten; wenn der Wind zuweilen eine Hummel oder eine Biene zu den Schneefeldern des Sentis hinaufträgt: so finden sich dennoch keine besonders auffallende Insekten in unsern Gegenden. Auch von den Amphibien nennen wir nur die flüchtige, grüne Eidechse, den Salamander, die oft unbarmherzig verfolgten Frösche, wie die von ängstlichen Menschen umsonst gefürchtete Blindschleiche und die Ringelnatter. Giftige Schlangen giebt es hier nicht. Von Fischen sind vorzugsweise zu erwähnen: die gemeine Groppe oder der Kaulkopf und in den klaren Bächen die schöne, roth und gelb punktirte Forelle, welche auch den Sämtiser- und Seealpsee belebt und zu den schmackhaftesten Leckerbissen gehört. Im Jahr 1852 wurde in einem kleinen Waldsee unter der Fähnern eine Forelle von 15 Pfund gefangen. Leider aber nehmen nicht nur solche Exemplare, sondern die Fische überhaupt allmälig ab. Zahlreicher vertreten, als die untern Thiergattungen, sind unter den höhern die Vögel und unter diesen nach der Beschaffenheit des Landes die Bergvögel. Zwar hören wir keine Nachtigall mit ihren Zaubertönen; auch Wachtel und Lerche lassen sich nur in den Grenzgemeinden gegen das Rheinthal hin vernehmen; aber die Hausschwalbe nistet, Vielen will-

kommen, unter den Dachsparren; die Mauerschwalbe
(Spire) umschwärmt unsere Kirchen und Glockenthürme, und
der Staar, der willkommene Frühlingsbote, nistet in künst-
lichen Verschlägen an Häusern und auf Bäumen. Die lieblichen Sänger des Waldes erfreuen, trotz dichter Bevölkerung
und tadelnswerther Verfolgungssucht, Jedermann mit ihren
melodischen Tönen. Wer kennt nicht die Meise, den Finken,
das Rothkelchen, die Amsel, den Zeisig und die Drossel,
welche vom Eintritt des Lenzes bis zu den frostigen Tagen
des Spätherbstes abwechselnd sich bei uns vernehmen lassen?
Weniger häufig ist das Geschlecht der Eulen, jedoch findet
man solche in den Gebirgen, wie in den Niederungen des
Mittellandes und am Kurzenberge, wo ihr schauerliches Jauchzen oft gehört wird. Auch die eigentlichen Habichte sind nicht
zahlreich, häufiger der Hühnerweiher und Taubenhabicht.
Höher hinauf, an den Felsen des Alpsteines, klettert der roth-
und grauweißgefiederte Mauerspecht, flattert und lärmt
die Alpendohle, pfeift der Schneefink oder die Ring-
amsel. Wanderst du gegen abgelegene Schneefelder am Altmann oder Obermesmer hin, so entflieht nicht selten, zumal
im Vorsommer, dicht vor deinen Füßen eine Schaar Schnee-
hühner zu ihrem Neste, zwischen Gestein und Gesträuch von
Alpenrosen. Zu den seltenern Erscheinungen gehört das Birk-
huhn und der Steinadler (Auerhahn). Der Lämmer-
geier, welcher an Größe jenen übertrifft, fehlt gänzlich. In
den Felsklüften der Furglenfirste wurden vor wenigen Jahren,
unter furchtbarem Drohen der Alten, junge Steinadler
durch muthige Bergführer ausgenommen, dann lange von
ihnen gefüttert und zur Schau umhergetragen. Die Alten
sollen mit ausgespannten Flügeln über sechs Fuß gemessen
haben.

Zu den Säugethieren übergehend, wollen wir vor
Allem des für die Alpen-, Land- und Hauswirthschaft so

wichtigen Rindviehes gedenken. Unser Rindvieh zeichnet
sich zwar nicht durch Größe, auch nicht gerade durch Milch-
reichthum, aber durch Feinheit des Gliederbaues und liebliche
Farbe aus.   Eine eigentliche Stammrace haben wir zwar
nicht, wie manche andere Gegenden der Schweiz, wie Freiburg, wie das bernerische Emmenthal, wie Oberhasli, Schwitz
und Zug, weil durch den starken Viehhandel immer wieder
ein gemischter Schlag entsteht; dagegen lieben unsere Vieh-
besitzer Thiere von schwarzbrauner Farbe, mit leichtem, kurzem
Kopf, kleinen, nach vorn gewundenen Hörnern, rundem Leib,
mit dünnem, zartem Schwanz, viereckigem, fleischlosem Euter,
geraden, festen Beinen und starken Milchadern unten am
Bauche. „Die Krone aber der Schönheitszeichen", sagt Tschudi
in seinem „„Thierleben"", „ist ein regelmäßiger, über den
Rückgrat laufender hellgrauer Streifen". — Bei den hohen
Güterpreisen und dem leichten Absatz von Käse, Butter und
Milch ist bei uns die Nachzucht gering. Man kauft das Vieh
in Bünden, Thyrol und Vorarlberg, sömmert es in den Alpen
und verkauft es wieder nach der innern Schweiz, nach Baiern
und Italien zu hohen Preisen.

Die Pferdezucht ist in unserm Kanton unbedeutend;
zwar haben wir viele Pferde; aber von einem eigenen Schlage
kann dessenungeachtet gar nicht die Rede sein. — Die anderwärts für arme Familien so nützliche Ziege wird beim
Mangel an Allmenden und aus Schonung für die Wälder
in Außerrhoden meist nur von Sennen, als sogenanntes
„Zuvieh", und von armen Familien vereinzelt gehalten,
während dagegen in Innerrhoden ihre Zahl sehr bedeutend
ist und man ganze Herden antrifft. Auch die Schafzucht
ist nicht erheblich; dagegen ziemlich allgemein die Haltung
der Schweine.

Von wilden Thieren können nur wenige genannt werden.
Seit die finstern Waldungen sich gelichtet und bis hoch hinauf

Häuser und Hütten stehen, wurden dieselben mehr und mehr verdrängt. Der Bär, dessen Bild unser Landeswappen führt, war früher ohne Zweifel häufig. Im Jahr 1673 hat er jedoch seinen letzten Sprößling verloren. Zwei Zentner wiegend, wurde er bei der Kirche in Urnäsch geschossen, dann ausgestopft und war dann, an einem Hause aufgestellt, noch lange zu sehen. Verschwunden ist auch der schädliche Wolf, der nach geschichtlichen Urkunden häufiger gewesen sein soll. Noch im 16. und 17. Jahrhundert führte die Furcht vor diesen Thieren zu Jagden im ganzen Lande. Ein Schußgeld bis auf 50 Gulden ward auf ihn gesetzt und das Volk bei Strafe zur Jagd verpflichtet. Der letzte Wolf soll 1695 im Walde von Steinegg bei Teufen erlegt worden sein. Die Jahreszahl wurde in den Felsen gehauen und der Ort Wolfsgrube genannt; auch andern Gegenden gab das Thier ihren Namen. Daß auch der Steinbock einst unsere Berge bevölkert habe, läßt sich schon darum kaum bezweifeln, weil im Kloster St. Gallen dessen Fleisch genossen und am Hirschensprung bei Erweiterung der Straße im Jahr 1824 halb versteinerte Knochen und Schädel von solchen Thieren gefunden wurden. Häufiger ist noch der Alpenhase, im Sommer graubraun, im Winter weiß mit schwarzen Spitzen der Ohren, und die schüchterne, niedliche Gemse. Diese hat sich unter dem Gewild des Hochgebirges mit Recht am längsten das Bürgerrecht bei uns vorbehalten. Sie streift nicht etwa bloß herüber, sondern hält sich auch den Winter über bei uns auf; selbst Junge gebärend, wird sie angetroffen. Am Sentis, alten Mann und hinter Altenalp gegen das Oehrli und die hohe Niedere hin halten sie sich in Gruppen von 6—10 Stücken am häufigsten auf. Noch in neuerer Zeit sprangen eben 6 Gemsen aus einer Sennhütte, als der Besitzer sich derselben nähern wollte, und im Spätsommer 1854 stieß der schon erwähnte Naturforscher, Herr Pfarrer Rechsteiner, bei einer Sentisreise auf einen Trupp von 9 Stücken. Bei seiner Annäherung suchte derselbe, den Gemsbock an der Spitze, im Zickzack eine steile Halde hinauf das Weite. Auf Gemsen, Füchse, Hasen, Eichhörnchen, Fischottern rc. werden noch alljährlich Jagdben gemacht; denn dieselbe ist vom 16. Okt. bis zum 1. Febr. frei, ohne Lösung eines Patentes, gestattet, und der Jagdliebhaber giebt es im Verhältniß zum Stand des Gewildes nur zu viele.

Aus dem Mineralreich.

„Siehe, aus unterirdischen Höhlen ist verkündet, und vom Finger Gottes steht in den Lagern des Gebirges geschrieben: Ehe der Mensch kam, ist schon mehr denn ein Weltuntergang gewesen." — Wie wir bei der Beschreibung der Gebirge gesehen, ist die Oberfläche unseres Landes, d. h. die Erdrinde, verschiedenartig gebildet, nicht nur nach Form, sondern auch nach ihren Bestandtheilen. Der Inhalt oder die Zusammensetzung derselben richtet sich nach den Bestandtheilen des Innern der Gebirgszüge, von denen die Erdrinde durch Niederschläge und Abschwemmungen oder Verwitterungen gebildet wird. Auch waren die Gebirge selbst nicht auf einmal entstanden, vielmehr sind sie ältern und neuern Ursprungs. So müssen auch die Thalbildungen, die man eigentlich nach den Bildungsperioden der Berge zugleich sich vorstellen muß, ungleichzeitig vor sich gegangen sein. Die merkwürdigste Erscheinung im Bau der Gebirge sind einerseits die Schichten oder Felslager, anderseits die Versteinerungen. Beide lehren uns, daß mit der Erde manche Veränderungen vorgegangen sind, von denen kein Mensch weiß, mithin die Geschichte schweigt. Die Versteinerungen lehren, daß 9000 Fuß über Gegenden, die wir nun bebauen, einst das Meer stand und seine mächtigen Wogen die Gipfel der Berge bedeckten. Noch finden sich Pflanzen und Muschelthiere des alten Wassergrundes versteinert im Fels gewordenen Meeresschlamm. Ebenso bieten die Niederungen Ueberreste von Haifischen und längst ausgestorbenen Säugethieren. Im Bendlehn, Gemeinde Speicher, fand man beim Graben eines Brunnens einen noch wohl erhaltenen Kinnbacken des Rhinozeros und neulich in Baselland 14′ tief unter der Oberfläche einen 3½ Fuß langen Elephantenzahn. Dagegen zeigt sich keine Spur untergegangener Menschen. Wir lernen daraus, daß der Schöpfer in seiner Weisheit das edelste seiner Geschöpfe, den Menschen, als sein Ebenbild, mit jenen schrecklichen Erdrevolutionen verschonen und ihn erst ins Dasein rufen wollte, als die Erde einmal so weit ausgebildet war, daß keine völlige Umgestaltung mehr nöthig erschien.

Mehr und weniger ist die Schweiz überall reich an Beweisen für eine gewaltsame Umgestaltung der Erde. Auch unser engeres Vaterland giebt dafür sprechende Belege. So enthält die Sandsteinformation schon manche versteinerte Muschelthiere und Pflanzenabdrücke, besonders von Blättern, z. B. in den Steinbrüchen von Wienacht, bei Teufen, an der Sitter, beim Kobel und bei Herisau. Nicht selten finden sich auch Adern und einzelne sogenannte Nester von Glanzsteinkohle. Die Nagelfluh (Nagelfelsen) dagegen enthält in ihrem Baue nirgends Versteinerungen, desto mehr aber die Thonschieferlager, welche in schmalen Streifen dem Weißbache nach, vorzüglich an der Fähnern, sich hinziehen und die Seiten und Höhen dieses Berges bilden. Hier findet der Beobachter von Meerespflanzen sogenannte Algen, zarte, fadenförmige Gewächse, wie auch versteinerte, ein- und zweischalige Muscheln, die aber den in der Jetztwelt lebenden Gattungen und Arten meist nicht mehr angehören.

Die Kalksteinformation unserer Hochgebirge bietet naturhistorisch das größte Interesse dar. Es finden sich in derselben als Geröll in sogenannten Rüfenen oder auch in festem Gestein versteinerte Ammonshörner, Seeigel, Austern, Herzmuscheln, Schnecken, manche noch völlig unbestimmte Korallen u. dgl. mehr. Obschon von Reisenden und Bergführern schon ziemlich ausgebeutet, gelten für Kundige immer noch die Südseite des Altmanns, die Sentisabstufungen, besonders aber die hohe Niedere und die sogenannte Oehrligrube als lohnende Fundorte. Unweit dieser letztern finden sich auch, namentlich nach Auswaschungen bei Gewitterregen, schöne, kleine Krystalle oder Edelquarze, auch Bergdiamanten genannt. An andern bemerkenswerthen Mineralien ist der Alpstein arm zu nennen. Außer weißem, linsen= und rautenförmigem Kalkspath und grünem Flußspath dürfen nur die Schwefelkiese in Kugeln und blättrigen Nieren angeführt werden, die von Unkundigen irrigerweise bald für Strahlsteine ausgegeben, bald sogar als Golderze angesehen werden. Eigentliches Gold und Silber findet sich in unserem Gebirge nirgends, wie denn auch die unedlen, aber nützlichen Metalle, als: Kupfer, Blei, Zink und Eisen, bei uns gänzlich fehlen.

Klima des Landes.   Herrschende Winde.

Wenn man von den fruchtbaren Niederungen des Rheinthals, oder vom Thurgau her über St. Gallen die Höhen des Landes hinansteigt, so findet man fast zu jeder Zeit einen auffallenden Unterschied in der Luftbeschaffenheit, in Wärme, Kälte und Fruchtbarkeit. Der wellenartige Bau des Landes und seine rasche Senkung gegen das Tiefland hin sind für

die klimatischen Verhältnisse von großem Einfluß. Mittelst
eines Marsches von 8—10 Stunden kann man vom Rebgelände bis hinan zur Gletscherwelt gelangen und dabei grelle
Uebergänge der Vegetation wahrnehmen. Das Klima ist im
Allgemeinen mehr rauh als mild, weil die hohe Lage den
Winden freies Spiel gewährt. Gewitter und Hagelschlag,
Nebel, Reif und Schnee üben daher eine ziemlich unbeschränkte
Gewalt über das Land aus. Auf lange Winter folgen kurze,
warme, selbst heiße Sommer, und während im strengen Winter
das Thermometer 20—22 ° Réaumur unter den Gefrierpunkt
sinkt, steigt dasselbe in warmen Sommern eben so hoch oder
noch höher über denselben, zumal wenn der Südwind (Föhn)
weht. Die mittlere Jahrestemperatur beträgt jedoch nur
5—6 ° R. Das Klima kann übrigens als ein gesundes bezeichnet werden; denn die Luft ist fast immer in Bewegung,
elastisch, rein und weniger drückend, als in tiefgelegenen, ein-
geschlossenen Thälern. Dessenungeachtet läßt sich nicht leugnen, daß die Sterblichkeit ziemlich groß ist. Wir haben sogar
den Typhus (Nervenfieber) bisweilen im Lande. Wahrscheinlich ist aber der Grund zu diesen Erscheinungen weniger
in den klimatischen Verhältnissen zu suchen, als in den geselligen Zuständen, in Verweichlichung und sitzender Lebensart.

Im Frühjahr, oft auch im Sommer, weht gewöhnlich
der Ost= oder Nordostwind. Da er aus den Nordpol-
ländern zu uns gelangt und über weite Strecken hinzieht, ist
er von Natur trocken und kalt. Da er bei uns schon mehr
Wärme trifft, so vermag er bei seinem Erscheinen die Feuchtigkeit unsrer Atmosphäre an sich zu ziehen, weßhalb wir dann
meist heitere, aber auch kühle Tage haben. Hat der Ostwind
während 6—9 Tagen seine Herrschaft behauptet, so nimmt
man an, daß der Sommer im Anzuge sei. Mit dem Ostwind wechselt der West= oder Südwestwind. Dieser hat
meist Regen oder trübe Witterung im Gefolge, bei vorgerückter

Jahreszeit im Herbste wohl auch Schnee; denn da er aus den Aequatorialgegenden kommt, auf seinem Wege über weite Meere streicht und bei uns in eine kältere Luftschicht übergeht, so erleidet er natürlich eine Wärmeverminderung, und es erfolgen daher häufige Niederschläge in der Luft, also Wolkenbildungen und Regen oder Schnee.

Kein Wind ist jedoch von so großartiger Wirkung auf die Pflanzenwelt, als der Föhn, bei uns „Föh" oder „Pföh" genannt. Nach Ansicht der Gelehrten ist der Föhn ein Kind der heißen, schattenlosen Wüsten und Sandmeere Afrikas, wo er als gefürchteter Samum zuweilen ganze Karawanen mit heißen Staubwolken bedeckt oder grüne Oasen wieder in Sandwüsten umwandelt. Das Mittelmeer, über das er in seinem Laufe nach Norden hinstreicht, kühlt zwar seine Glut etwas ab; dennoch fährt er, Sirocco genannt, mit heißem Hauche über Italien hin und gelangt dann zu den Felsenmauern der Alpen, um auch uns seinen Besuch abzustatten. Man könnte glauben, die Berge müßten eine schützende Wand gegen ihn bilden und derselbe matt gelegt werden; allein dem ist nicht so. Gelangt nämlich der Föhn nach den Alpen, so hat er allerdings große Neigung, in der höhern Luftströmung zu verharren und über die Berge horizontal hinweg zu gehen. Da aber Schnee und Eis seine Randwellen abkühlen, so wird er schwerer und stürzt deßhalb mit Gewalt in die Thäler und Niederungen hinab. Dies geschieht natürlich um so heftiger, je weniger die Thalluft erwärmt ist, und also eine Ausgleichung der Luft gewaltsam herbeigeführt werden muß. Aus dem nämlichen Grunde tritt der Föhn bei Nacht meist heftiger auf als am Tage.

Wir haben den Föhn bei uns bekanntlich im Frühling und Herbst; jedoch übt er seine Gewalt zuweilen auch im Winter und Sommer aus. Wenn er über die frisch beschneiten Alpen hinzieht, weht er schneidend kalt, allmälig wird er aber wärmer, und es entsteht Thauwetter. So lange der Föhn andauert, bleibt die Witterung gut; wird er aber von Nord- oder Ostwinden überwältigt, so schlagen die wässerigen Dünste, die er in Menge mit sich führt, nieder, und es entsteht Nebel, Regen oder Schnee.

Man unterscheidet einen zahmen und einen wilden Föhn. Beim zahmen Föhn ist die Luftströmung entschieden südlich und warm. Weht derselbe im Frühling, so erscheint er als ein rechter Freudenbote; denn er verändert mit einem Male die winterliche Landschaft. Oft verdrängt er in einem Tage mehr Schnee, als die Sonne mit ihren Strahlen in Wochen. Alpenbewohner Graubündens sagen darum nicht mit Unrecht: „Der lieb Gott und die guldig Sunn vermögid nüt, wenn der Föh nöt chunt." Auch erweist er sich meist als ein vorsichtiger Schneeschmelzer; denn da er mittelst seiner Wärme große Verdunstungen bewirkt; so vermindert er die Wassermenge und bewahrt deßhalb die Thäler vor Ueberschwemmungen. Weht der Föhn dagegen im Sommer häufig, so weissagt er nichts Gutes; denn dann bringt er meist anhaltend trübe Tage, häufigen Regen und Nässe ins Land.

Staunen und Furcht erregend ist die Gewalt des wilden Föhns; er richtet in Wäldern, an Gebäuden und Fruchtbäumen große Verheerungen an. Im Jahr 1821 warf ein Föhnsturm um Weihnachten in den Waldungen vieler Gemeinden des Landes Tausende von Nadelholzbäumen um; andere knickte er gleich Rohrstäben. In Gais wurden 70—80 Gebäude ihrer Dächer beraubt. Im Jahr 1838 zerstörte er mit Hülfe des Feuers das Dorf Heiden. Sonntags den 18. Juli 1841 raste ein ähnlicher Sturm durchs Land. Bei ungetrübtem Himmel kündigte er sich schon früh Morgens durch ungewöhnliche Wärme an, so daß das Thermometer auf + 24—29° R. stieg. Von 8—10 Uhr Vormittags tobte er am heftigsten. Am Ruppen warf er eine

Kutsche um; Reisende mußten sich liegend am Grase halten,
um nicht fortgerissen zu werden. Eben war Heuernte, weßhalb
manche Gutsbesitzer durch Futterverlurste zu Schaden kamen.
In Hundwil verwehte der Sturm einem Bauer bei 100 Ztr.
Futter, theils im Freien, theils aus der Scheune; in Waldstatt warf der Sturm über 700 Tannen nieder; ebenso wurden
daselbst und in Schönengrund 40 Häuser ihrer Dächer oder
Kamine beraubt. Die Straße nach Gonten fand sich durch
Trümmer jeder Art gesperrt. In Appenzell stieg die Furcht
wegen Feuersgefahr so sehr, daß nicht allein das Feuern in
den Wohnungen, sondern selbst das Rauchen im Freien untersagt wurde. Tausende von Waldbäumen sollen auch in Innerrhoden umgeworfen und die Sennhütten in den Alpen arg
mitgenommen worden sein. Mit Brücken, Stegen, Ziegeln
trieb der Wind ein loses Spiel; natürlich mußten auch die
Tücher auf den Bleichen dem Herrn des Tages folgen, wohin
er wollte; manche derselben hingen an Bäumen umher. Balken, Bretter, Fragmente von Dächern und Bäumen wurden
gleich Federn durch die Luft getragen.

Ein noch schrecklicherer Orkan tobte am 7. Jenner 1863
über das Land und weithin bis nach den Niederlanden und
Dänemark. Es war ein Aufruhr der Natur, wie sich eines
solchen Niemand erinnern konnte. Nach einander giengen Hiobsbotschaften ein aus der Nähe und Ferne über schreckliche
Sturmverheerungen. In unserm Lande blieben zwar die östlichen Gemeinden ziemlich verschont, und selbst die hoch gelegene Gemeinde Gais kam verhältnißmäßig mit geringem
Schaden davon; aber auf die meisten übrigen Gemeinden
drückte das Unglück schwer. Teufen wurde besonders hart
mitgenommen; denn hier allein betrug der amtlich geschätzte
Schaden an Gebäuden, Waldungen und Fruchtbäumen die
Summe von 115,284 Franken.

Innerrhoden taxirte seine Verlurste auf 401,600 Franken,

Außerrhoden dagegen auf 600,000 Franken. Aber auch bei dieser Heimsuchung zeigte sich die Liebesthätigkeit der Landleute und Miteidgenossen im schönsten Lichte. Im Lande kollektirte man auf Geheiß der Obrigkeit; auswärts geschah es freiwillig. Viel wurde auch dem Lande gesteuert (35,897 Fr. 56 Rp.); aber dennoch standen die Gaben in keinem Verhältnisse zu den Verheerungen, weil dieselben gar zu Viele getroffen hatten. Im Toggenburg, in Bünden, ja selbst im Tessin, wo Schnee und Lawinen gleichzeitig schrecklich geschadet, schrieen Hunderte nach Hülfe, und auch diesen wollte man beispringen.

Das ist des Sturmes Macht in Hochländern, wenn er ungehemmt seine Allgewalt entfalten kann. Es ist darum eine angemessene Vorkehrung, daß Bewohner hoch gelegener Orte, wie das z. B. in Gais häufig der Fall ist, ihre Häuser durch Eschen = und Ahornbäume zu schützen trachten. Mittelst der starken, tief und weit gehenden Wurzeln vermögen diese Bäume dem Sturme zu widerstehen und durch Stamm und Aeste dessen Gewalt zu brechen.

Benutzung des Bodens.

Die Vegetation ist im Verhältniß zur geringen Ausdehnung des Landes ebenso reichhaltig, als auch von auffallenden Gegensätzen begleitet; denn während im Osten Rebe und Nußbaum blühen, trifft man auf dem Sentis mit seinen Gletschern, kaum hie und da ein Pflänzchen, das, getränkt vom ewigen Schnee, sein Leben in Felsenritzen kümmerlich fristet. Steigen wir tiefer hinab zur appenzellischen Hochebene, so gelangen wir zu den zahlreichen, meist aus Nagelflue be-

bestehenden Höhenzügen. Diese haben eine wenig tiefe Acker-
krume und sind deßhalb meist ziemlich unfruchtbar, wenn
nicht die kunstfleißige Hand mit fester, starker Düngung zu
Hülfe kommt. Dies wird schon deßhalb um so unerläßlicher,
als die heftigen Winde ungemein zehrend und zersetzend auf
die Pflanzenwelt einwirken. Daher kommt es auch, daß auf
unsern Höhen das sogenannte Stofeln mit Mist so beliebt
ist; denn die so entstandenen Misthäufchen widerstehen den
Luftzügen weit besser; auch halten sie die nährenden Sub-
stanzen länger beisammen, als es beim flüssigen Dünger und
dem ausgebreiteten Mist der Fall ist. In den Niederungen
ist der Boden meist tiefgründig, dabei mehr schwer als leicht,
weßhalb er auch bei anhaltender Hitze nicht so bald austrocknet
und unfruchtbar wird. Weitaus der größere Theil des Bodens
wird bei uns für Gewinnung von Futterkräutern benutzt
und zwar aus dem einfachen Grunde, weil der Wiesenbau
zur Betreibung der Gewerbe viel Zeit gewährt. Wird auch
in einigen der östlichen Gemeinden allerdings Obst-, Wein-
und Feldbau getrieben, so finden wir dennoch auch da den
Wiesenbau vorherrschend.

Vor Einführung der Leinwand- und Baumwollenindustrie
wurde auch in den übrigen Landestheilen weit mehr für Gewinnung von Lebensmitteln und für Gespinnstpflanzen gethan.
Hanf gedieh meist vortrefflich, auch Flachs; ebenso sind Korn,
Hafer und Gerste allgemein angebaut worden. Die Geschichte
vergangener Jahrhunderte lehrt, daß einst im Lande jährlich
über 3000 Malter Hafer geerntet wurden, ein Beweis, daß
der Boden auch für den Getreidebau günstig ist. Bei der
Güte der natürlichen Wiesen verdrängte jedoch der leichte Erwerb in Stube und Keller seit der zweiten Hälfte des vorigen
Jahrhunderts den Ackerbau fast gänzlich, oder es beschränkte
sich derselbe auf die erwähnten Gemeinden des Kurzenbergs.
Die Obstbaumzucht hingegen erfreut sich verdientermaßen

einer stets zunehmenden Pflege. Wenn daher geographische Werke in die Welt hinaus behaupten, Gais habe keinen Fruchtbaum, so ist das eine Angabe, die der Wahrheit ins Angesicht schlägt.

Die Alpen bringen gewürzige Kräuter in Menge hervor. Auch sie gewähren mithin dem Lande durch ihren Ertrag eine erhebliche Einnahmsquelle. Nach statistischen Angaben besitzt der Kanton an und auf seinen zahlreichen Bergen in allem 297 Alpweiden, von denen 193 zu Innerrhoden, 104 dagegen zu Außerrhoden gehören. Von letztern kommen auf Urnäsch 85, auf Hundwil, wo wir der großen Schwägalp mit ihren 5 Weideplätzen erwähnen, 9. Gais besitzt 8 und Schönengrund 2 Bergweiden. Der Ertrag läßt sich natürlich nicht in Zahlen bestimmen; man weiß nur, daß auf den zu Außerrhoden gehörenden Alpen um 1400, auf den innerrhodischen 3133 Stücke Rindvieh gehalten werden können. Faßt man den Viehstand des Kantons von seiner numerischen Seite ins Auge, so ist derselbe bei dem steigenden Verkehr häufigen Schwankungen ausgesetzt, jedoch immerhin nicht in dem Grade, daß die Zu- oder Abnahme einen wesentlichen Einfluß auf die Gesammtzahl bildet. Wiederholte Zählungen haben im Gegentheil herausgestellt, daß sich dieselbe seit Jahrzehnden ziemlich gleich geblieben ist. Als die Obrigkeit im Jahre 1796 eine Viehzählung veranstaltete, ergaben sich für Außerrhoden 14,990 Stücke. Nach der durch den Bundesrath angeordneten Zählung vom Jahre 1866 hat Außerrhoden 14,963, Innerrhoden 6748, der Gesammtkanton also 21,711 Stücke Rindvieh. Da nun der tägliche Milchertrag einer Kuh mit Einschluß der Galtzeit auf $4^1/_4 - 4^1/_2$ Maß anzunehmen ist, so erwächst dem Lande, die Maß zu 14 Rpn. gerechnet, an Milch, Käse und Butter eine Einnahme von 4,714,326 Fr. Dabei ist aber nicht zu übersehen, daß, obgleich bei uns verhältnißmäßig wenig Vieh aufgezogen wird, dennoch eine erhebliche

Zahl Jungvieh vorhanden ist, so daß der Ertrag kaum höher als zu 3—3½ Mill. Fr. anzunehmen sein dürfte.

An Schmalvieh besitzt der Kanton 9865 Stücke. Davon kommen auf Außerrhoden 1087 Schafe und 3034 Ziegen, auf Innerrhoden 919 Schafe und 4825 Ziegen. Während aber die Schafzucht abnimmt, ist die Zucht der Ziegen durch die Frequenz der Kurorte im Zunehmen begriffen. Man unterscheidet Kuhgeißen und Herdengeißen. Jene sind die Begleiterinnen der Sennten, diese leben dagegen abgesondert in Herden beisammen, die der Geisbub in die Hochalpen treibt und da um kärglichen Lohn alle Gefahren seiner gehörnten Begleiter theilt. Mit bewunderungswürdiger Kühnheit schweifen diese Thiere an den Felswänden umher, um da, wo der Huf des Rindviehes keinen sichern Standort mehr finden kann, vereinzelte Grasbüschel oder Alpensträucher aufzusuchen.

Die Verwendung der Ziegenmilch ist verschieden. Ein Theil wird von den Haushaltungen verspiesen, ein anderer zum Käsen verwendet und die daraus gewonnenen Molken theils zur Mästung von Schweinen und Kälbern benutzt, theils an die Kurorte abgeliefert. Weißbad, Appenzell, Gonten, Jakobsbad, Gais, Heiden, Rorschach, Horn ꝛc. konsumiren während der Kurzeit täglich wenigstens 500—600 Maß Ziegenmolken.

Noch verdient erwähnt zu werden, daß Außerrhoden nach Hauptmann Schirmer's genauen Erhebungen 5743 Güter oder sogenannte Heimaten hat, welche im wohlthätigen Wechsel mit den Arbeiten der Industrie wenigstens zeitweilig einen Theil der Bevölkerung für Besorgung der Liegenschaften ins Freie hinaus rufen. — Von Innerrhoden kann die Zahl der „Heimaten" nicht genau angegeben werden. Wir wissen nur, daß die 8 Bezirke des Landes nach der neuesten Katasteraufnahme in allem 1791 Güter und Häusernummern zählen.

Eine neue Erscheinung in unserer Viehwirthschaft sind die gemeinsamen Käsereien. Dieselben haben sich in den letzten Jahren aus andern Kantonen auch zu uns verpflanzt, und es unterliegt keinem Zweifel, daß der Wiesenbau bei ihrer Verbreitung über das ganze Land weit rentabler werden könnte. Zwar wächst deßhalb nicht mehr Futter; auch geben die Kühe darum nicht reichlicher Milch, ob man kleine oder große Käse bereite; aber die Milch wird mehr gespart, weil der Bauer weiß, daß er bei der neuen Einrichtung auch ein geringes Quantum leicht in klingende Münze verwerthen kann. Die Milch wird in diesen Käsereien gewogen, je nach ihrer Qualität taxirt und mit 14, höchstens mit 15 Rp. pr. Maß bezahlt. Nimmt man nun an, daß beim Tränken der Kälber mit Milch der Ertrag nur auf 7 bis 8 Rp., beim Mästen der Schweine kaum höher zu stehen kommt, so springt der Vortheil dieser Käsereien von selbst in die Augen.

In den kurzenbergischen Gemeinden Heiden, Wolfhalden, Lutzenberg, Reute und Walzenhausen kommt auch Rebbau vor. Der gewonnene Wein, besonders von rothem Gewächs, ist, wie schon der Chronist Walser behauptete, delikat, lagerhaft und dem Magen sehr zuträglich. In den genannten Gemeinden beschäftigt der Weinbau 297 Rebenbesitzer, welche zusammen 55 Weinberge mit 1099 Bürden *) Reben für rothen und 126 Bürden für weißen Wein bearbeiten. Der jährliche Ertrag wird auf 2626 Eimer, im Gesammtwerthe von 24,665 Fr. geschätzt. Der Kapitalwerth des appenzellischen Weinlandes soll 165,251 Franken betragen. Hin und wieder trifft man auch in andern Gemeinden, sogar in Schwellbrunn und Gais, sogenannte Augustreben, deren Trauben gewöhnlich im September zur Zeitigung gelangen. Da sie

---

*) Unter Bürden versteht man Rebstecken, an welche die Reben gebunden werden. Zu einer Bürde gehören 50 Stück derselben.

aber nur im Kleinen, an Spalieren, gezogen und die Trauben als Rarität für die Tafel verwendet werden, so kommt der Ertrag, wie natürlich, hier nicht in Betracht.

Unsere Waldungen.

Wir werden im geschichtlichen Theile dieses Buches sehen, daß im vierten Jahrhundert nach Christo dichtes Gehölz, genannt Arboner Wald, die Gegend am Bodensee bedeckte. Wenn aber jenes tiefliegende, zahme Gelände damals noch unbevölkert war, wie viel mehr läßt sich annehmen, daß die Hochebene am Alpstein, daß unser Land, ein Wohnsitz von Waldthieren gewesen sein werde! Damals galt es mithin noch als Verdienst, die Axt an die Wurzel der Bäume zu legen oder einen Vernichtungskampf anzuheben gegen die übermächtigen Waldungen. Im Lauf der Jahrhunderte hat sich das Verhältniß umgekehrt; denn heute gilt es als Verdienst, Wälder anzulegen und vorhandene Waldbestände mit ängstlicher Sorgfalt zu schonen. So haben sich die Zeiten geändert und das auf sehr natürlichem Wege. Im Laufe eines Jahrtausends hat sich die Bevölkerung wohl um das zwanzig- bis dreißigfache vermehrt. Je mehr sie wuchs, desto mehr bedurfte man des anbaufähigen Landes; dieses aber mußte den Waldungen entzogen und der Holzwuchs zurückgedrängt werden in die Schluchten und an die Abhänge der Berge, wo sich der Anbau ohnehin nur spärlich lohnt. Dazu kam, daß Tausende von Wohnungen für Menschen und Vieh, daß Fabriken für Betreibung der Industrie aller Art, daß Oefen und Herde den Holzkonsum von Jahr zu Jahr steigerten. So mußten selbst die in stille Verborgenheit zurückgedrängten Urwälder gelichtet und theilweise zum Schaden des Landes ausgebeutet werden. Wir sind in der Lage, den Mangel an Holz immer deutlicher und empfindlicher zu spüren. Und wahrlich, die Klage über Holzmangel beruht auf keiner Täuschung, hervorgerufen aus übergroßer Aengstlichkeit; denn wenn amtlich nachgewiesen wird, daß wir jährlich 31,052 Klafter Holz mehr konsumiren, als die Waldungen hervorzubringen vermögen, dürfte jene Klage als gerechtfertigt erscheinen. Man ist nun allerdings auf jede Weise bemüht, dem Nothstand vorzubeugen, und darin liegt ein Trost beim Blicke in die Zukunft. Privaten, Behörden und Volk gehen mehr und mehr einig in dem Entschlusse, den Waldungen die größte Aufmerksamkeit zu schenken. Künstliche Pflanzungen sollen der Natur in ihrem langsamen Entwicklungsgange nachhelfen, und den vorhandenen Waldungen will man künftig eine bessere Pflege angedeihen lassen. In diesem Sinne hat auch der große Rath unterm 12. November 1861 einen für Verbesserung des Waldwesens wirksamen Beschluß gefaßt. Nach demselben sollen im Lande Saatschulen angelegt, soll ein Forstpersonal angestellt und das Volk durch eine passende Schrift über Waldkultur belehrt werden. Noch mehr. Der Staat selbst wirft eine Summe von 50,000 Fr. aus, um brach liegenden Waldboden anzukaufen und denselben kunstgerecht bepflanzen zu lassen. So wird das lobenswerthe Beispiel von oben herab ein Sporn zur Nacheiferung und das Ziel durch gemeinsamen Wetteifer allmälig erreicht werden.

Die Waldbestände unseres Landes sind theils Nadel-, theils Laubholzarten. Jene bilden den vorherrschenden Theil, während diese nur selten in geschlossenen Beständen vorkommen; dagegen finden sich beide häufig in Vermischung, namentlich den Flüssen nach und in der Gemeinde Schwellbrunn. Unter den Nadelhölzern sind es die Roth- und Weißtanne, die Lärche und die Föhre, welche die Mehrzahl der Waldungen bilden. Seltener ist die Eibentanne und, durch künstliche Pflanzungen eingebürgert, die Schwarz- und Weihmuthskiefer. Von Laubholzarten sind zu erwähnen: die Roth- und Weißbuche, die Eiche, Birke, Ulme, Esche, Erle und der Ahornbaum. Esche und Ahorn liebt man wegen ihrer großen Widerstandskraft, besonders zum Schutze der Gebäude in hohen Lagen, die Esche nicht minder an feuchten Abhängen zur Verhütung von Erdbrüchen oder Erdabrutschungen. Die Rothtanne ist vorherrschend; sie nimmt den ersten Rang ein und behauptet sich mit der Weißtanne noch in den höchsten Lagen des Kantons, während die Föhre seltener ist und unvermischt mit andern Holzarten fast nirgends angetroffen wird.

In den Niederungen selbst finden sich wenig Waldungen, sondern meist an den Ufern der Gewässer, in Schluchten, als Bekleidung der Hügelrücken und an deren Abhängen. Wie bei uns die Güter, so haben meist auch die Waldungen einen geringen Flächengehalt, woraus der Nachtheil erwächst, daß dieselben gegen Stürme wenig geschützt sind. Daher, und weil viele Waldparzellen lange vor der Zeit, oft schon im Jugendalter, der Axt erliegen, wird gutes, feines Bauholz immer seltener und darum unverhältnißmäßig theuer. Lärchen, welche 70 bis 80 Jahre stehen sollten, werden oft schon nach 30 bis 40 Jahren geschlagen, in einem Alter also, wo das sonst so dauerhafte Holz noch schwammig und wenig dauerhaft ist. Dasselbe gilt von der Tanne. Daraus ist abzunehmen, welche Nachtheile dem Lande durch ein verfrühtes Fällen erwachsen. Einmal ist die Qualität sehr gering und dann auch das Quantum, weil erwiesen ist, daß die Nadelhölzer erst nach dem 70. Jahre einen starken Massenzuwachs erhalten, in frühern Jahren aber verhältnißmäßig wenig Holz anlegen.

Große, zusammenhängende Waldflächen mit Hunderten

von Jucharten findet man nur in der Rheinthaleralp bei Trogen, am Hackbühl und Hasenwald in Gais, am Fluh- wald in Urnäsch und längs den Ufern größerer Flüsse. „Die übrigen Waldstücke, deren Zahl sich in die Tausende beläuft, wechseln zwischen 1 bis 50 Jucharten." Mit Bezug auf den Besitzstand sind die meisten Waldungen Privateigenthum; ein geringer Theil gehört Gemeinden und Korporationen. Der Staat selbst muß sich solche erst noch erwerben, und wohl ihm, wenn er es thut; denn ohne Hülfe des Staates reicht die Thätigkeit der Privaten nicht mehr aus.

Die Waldfläche sämmtlicher Gemeinden von Außerrhoden wird auf 10,830 Jucharten geschätzt. Davon kommen auf Nadelholz 7826, auf gemischte Holzbestände 2905 und auf reine Laubholzbestände 99 Jucharten. Die geringste Waldfläche hat Lutzenberg mit 15, die bedeutendste Gais mit 1701 Jucharten. Dann kommen Urnäsch mit 1205, Herisau mit 803, Trogen mit 654, Teufen mit 649, Hundwil mit 349, Walzenhausen mit 307, Wald mit 269, Wolfhalden mit 239, Reute mit 209, Speicher mit 205, Bühler mit 202, Heiden mit 195, Rehetobel mit 189, Schwellbrunn mit 176, Grub mit 163, Waldstatt mit 149, Stein mit 80 und Schönengrund mit 67 Jucharten.

Einfluß der Waldungen im Dienste der Natur.

„Mit Allmacht hat der Herr die Erde gegründet und mit Weisheit ihren Bau vollendet." Von der Wahrheit dieses Spruches überzeugt uns ein Blick in den Wald mit seinen Wechselgestalten. Oder ziert er nicht die Erde wie der Schatten

das Gemälde, welcher dem Bild erst seinen Ausdruck giebt?
Wie einförmig und wie öde müßte die Erde erscheinen, angethan mit dem Leichengewande des Winters, wenn nicht durch
das dunkle Grün des Waldes ein so überaus wohlthätiger
Wechsel herbeigeführt würde! Selbst die vereinzelte Landschaft
gewinnt an Leben und Ausdruck bei dem bunten Gemisch von
Wald und Flur.

Die Bedeutung des Waldes erscheint aber noch weit größer, wenn man dessen Bestimmung im Haushalte der Natur
ins Auge faßt. Die Krone seiner Dienstleistungen besteht
in der Anziehung der ungesunden Dünste und in der Aus-
strömung der für Menschen und Thiere gleich wohlthätigen
Lebensluft, des Sauerstoffes. Trockenheit und Feuchtigkeit der
Luft, Wasserüberfluß und Wassermangel werden durch die
Wälder bedingt. In seinem Innern verschließt er den Quellenreichthum für die zahllosen Brunnen; er bestimmt den Lauf
der Bäche und nährt sie mittelst seines Wasservorrathes. Das
Laubdach der Bäume schützt den Boden vor schneller Aus-
trocknung, weßhalb er zu allen Zeiten feucht ist und während
des Sommers Regen erzeugt. Der Wald bricht auch die
Luftströmungen und mildert solcherweise die Heftigkeit der
Gewitter; ja selbst der Hagelschlag richtet sich nach der Menge
der Holzbestände einer Gegend. Im Gebirge schützt der Wald
Dörfer, Matten und Wege vor den Verheerungen des Sturmes; den Schneelauinen wehrt er ihren zerstörenden Fall, und
die Abhänge schützt er vor Erdbrüchen.

Sehen wir ab vom Werthe des Waldes, den er für den
Haushalt der Natur selbst hat, wie mannigfach ist weiterhin
sein Nutzen für Kunst und Gewerbe! Dem Menschen liefert
er das Material zur Verfertigung von tausenderlei Geräthen.
Welche Zahl von Stämmen, Bohlen und Brettern erfordern
nicht schon die Millionen menschlicher Wohnungen, dann die
Brücken über Bäche und Ströme, die Schiffe auf Flüssen

und Meeren! Aber auch die Mehrzahl der Geräthe für den täglichen Bedarf ist aus Holz gemacht. So der Tisch, an dem wir essen, der Stuhl, auf dem wir sitzen, das Bett, in dem wir schlafen, ja selbst Wiege und Sarg, unsere erste und letzte Wohnung im Leben, sind aus Holz gezimmert. Im Walde wächst unser Trost für den Winter mit seinem Frost. Holz braucht die Hausmutter, die Speisen zu bereiten, Holz der Bäcker, das Brod zu backen, der Küfer, die Getränke zu fassen. In welch ungeheuren Massen verzehren es nicht auch die Färber, die Bleicher, die Fabrikbesitzer aller Art, die Dampfschiffe und Dampfwagen! Im Walde findet der Arme sein Leseholz, seine Tannzapfen, sein Laub für die Betten und im heißen Sommer die erfrischenden Beeren. Der Wald liefert uns Harze zur Bereitung verschiedener Stoffe, Eicheln zu stärkendem Heiltrank, Bucheln zur Bereitung von Oel, Rinde zum Gerben der Thierhäute und Galläpfel für die Färber. Aus Holz kann selbst Papier fabrizirt werden, und welche Menge von Brennstoff erfordert nicht auch die Bereitung des Gases für Beleuchtung von Städten und größeren Ortschaften!

Kennen wir aber einmal den Werth der Wälder, so sollten wir auch zu der Ueberzeugung gelangen, daß sie geschützt und mit aller Sorgfalt behandelt werden müssen. Wir dürfen nicht wähnen, daß ihre Leistungsfähigkeit unerschöpflich sei. Es liegt eine traurige Täuschung darin, zu glauben, es sei des Holzes immer noch genug da. Die Wälderzerstörung hat, wie wir uns bald überzeugen werden, die traurigsten Folgen, nicht allein wegen der steigenden Holzpreise, sondern weit mehr noch wegen ihres Einflusses auf die klimatischen Verhältnisse, welche wir bereits nachgewiesen haben. Mit der Vernichtung der Waldungen hört ihr Einfluß auf die Natur von selbst auf. Ohne dieselben bleibt das Erdreich der vollen Einwirkung der Winde preisgegeben; es wird von der Trockenheit ausgesogen und durch Regengüsse überschwemmt. Die fließenden

Waffer verfiegen bald oder brechen in Ströme aus, welche
mit verheerender Gewalt sich fortwälzen.   Nach erfolgtem
Regen zerstreut die Sonne die Feuchtigkeiten der Erde augenblicklich wieder und entzieht ihr so die Fruchtbarkeit.   Wo
man einmal den Wäldern den Abschied gegeben, ist an manchen
Orten, soweit das Auge reicht, nichts zu sehen als Oede.
Wir verlieren also nicht allein die angeführten technischen
Vortheile, nein, wir setzen uns gleichzeitig der Gefahr aus,
ein Land bewohnen zu müssen, wo der Segen sich theilweise
in Fluch verwandelt hat, wo mehr oder minder Unfruchtbar-
keit an die Stelle des Bodenreichthums getreten ist.

Ein warnendes Beispiel hievon giebt uns Palästina, das
Land, wo einst nach dem Ausspruche der Bibel Milch und
Honig floß. „Der Herr, dein Gott," sprach Moses zu seinem
Volke (5. Mos. 8, 7.—10.), führt dich in ein gut Land,
darin Bäche und Brunnen und Seen sind, die an den Bergen
und in den Auen fließen; ein Land, darin Weizen, Gerste,
Weinstöcke, Feigenbäume und Granatäpfel sind; ein Land, darin Oelbäume und Honig wächst; ein Land, da du Brod
genug zu essen hast, da auch nichts mangelt; ein Land, dessen
Steine Eisen sind; da du Erz aus den Bergen hauest." Und
so war es in der That zur Zeit des alten Bundes, ja selbst
noch zu Jesu Zeiten. Seitdem aber das Volk der Juden
aus dem Lande vertrieben worden und die Türken an ihre
Stelle getreten sind; seit Krieg um Krieg daselbst wüthete, wurde
weitaus der größte Theil der Waldungen mit den schätzbarsten
Holzarten schonungslos niedergemacht. Das Land ward in
manchen Strichen zur Wüste; Gemüsegärten und Obsthaine
verschwanden größtentheils; zahllose Disteln bedecken nun einen
Theil der einst so schönen Auen des heiligen Landes. Die
Berghänge sind meist nackt, kahl, von Fruchterde entblößt.
Wo einst fünf Millionen Menschen in Städten und Dörfern

glücklich lebten, findet nun kaum der zehnte Theil einen dürftigen Unterhalt.

Palästina ist es aber nicht allein, wo die Zerstörung der Wälder solch traurige Folgen hatte; auch Kleinasien, Landstriche am Fuße des Atlasgebirges und Griechenland sind durch dieselbe Ursache in pflanzenärmere Gegenden verwandelt worden. Sehen wir uns in der Nähe um, so treten uns die nämlichen Folgen auch in Wallis entgegen, ferner im südlichen Frankreich, wo in Folge der Entwaldung schreckliche Ueberschwemmungen eintraten, so daß ein Theil der Bevölkerung aus seinen Wohnsitzen vertrieben wurde; in Spanien vertrockneten Flüsse aus dem nämlichen Grunde, und das früher fruchtbare Gartenland wurde in mancher Gegend zur Einöde.

Umgekehrt weist die Vermehrung der Waldungen die schönsten Folgen nach. So war Malta früher ein unfruchtbares, felsiges Eiland. Die Malteserritter bedeckten das öde Gestein mit Erde, die sie von Sizilien kommen ließen und pflanzten dann Bäume und Sträucher. Nun prangt die Insel auch nach dem Zeugnisse unseres gelehrten Landsmannes, des Dr. Titus Tobler, wenigstens strichweise im Schmucke einer tropischen Vegetation. Er fand da Cypressen, Dattelpalmen, Pomeranzen- und Granatbäume, Baumwollengewächse und noch am 2. Oktober neben frischgrünen Wiesen auch aufgeschossene Gerste. In verödeten Landstrichen Egyptens wurden vor Jahrzehnden auf Befehl des Vizekönigs 20 Millionen Bäume gepflanzt und seit dieser Zeit regnet es häufiger. Auch Tobler fand auf seiner Wanderung durch Egypten das Gesagte in Theben, Cairo und Alexandrien bestätigt. Man sagte ihm, daß eine Veränderung des Klimas zu Gunsten vermehrter Wasserniederschläge sich wirklich eingestellt habe.

Wollen wir Appenzeller an den Nachkommen eine große

Wohlthat thun, so laßt uns neue Wälder pflanzen, die alten
aber pflegen und schützen!

Alpenwirthschaft.

---

1. Die Alpweiden.

Wie in allen Gebirgsländern bildet die Alpenwirthschaft
auch bei uns den Grund zu mancher nützlichen Thätigkeit und
einem eben so einträglichen als natürlichen Erwerb. Darum
beziehen im Sommer die Hirten mit ihren Herden die zahlreichen Bergweiden im Vollgenusse der Freude. Vierund-
zwanzig Kühe nebst dem Zuchtstier bilden ein „Senntem.“
Der Besitzer einer solchen Herde heißt Senn. Hat einer
weniger, so sagt man von ihm, er habe bloß ein „Schüppeli
Vech.“ Um aber die vielen Alpen in gutem Stande zu erhalten, wählen die Alpgenossen einen Alpmeister.

In den hohen Sommermonaten leben die Sennen mit
ihrem Vieh in den ausgedehnten Alpweiden des Gebirgs.
Hirt und Herde lieben diese Zeit; der Senne fühlt sich froh
und frei in der hehren Alpenwelt; er kann hier seine Herde
mit Vortheil übersommern. Aber auch das Vieh ergeht sich
munter auf diesen Weiden; es läßt sich die frische Alpenluft
und die gewürzigen Alpenkräuter wohl gefallen. An sonnigen
Tagen widerhallt das Gebirge vom fröhlichen Gejauchze der
Hirten, und das Gemuhe der Rinder, der Klang der Schellen, zuweilen auch der Ton des Alphorns mischen sich abwechselnd darein.

Manche Alpen haben eine Ausdehnung von mehreren
Stunden. Zu den größten des Kantons gehören: die Sem-

tiferalp im vordern Alpenthal, die Seealp und Meglis-
alp im mittlern Alpenthal, die Siegelalp auf der zweiten
Gebirgsreihe, dann die Altenalp an der dritten Kette, die
Fähleralp beim Fählensee, Botersalp hinten im vordern
Alpenthal und die Schwägalp bei Urnäsch. Man unterscheidet
Voralpen und Hochalpen. Erstere liegen an den Abhängen
und in den Thälern der Vorgebirge des Alpsteins, wie z. B.
am Höhenzug des Kronbergs, letztere im Hochgebirge selbst.
Ehe die Hirten das Vieh in höhere Bergweiden treiben, be-
ziehen sie auf einige Wochen die Voralpen. Ende Juni oder
Anfangs Juli steigen sie auf die Hochalpen, wo sie 4 bis 6
Wochen verweilen; alsdann ziehen sie sich wieder in die Vor-
berge zurück. Andere jedoch bleiben den ganzen Sommer hindurch in den tiefer gelegenen Alpen. Manche Gemeinalpen
sind durch Einfriedung von Latten oder Steinen in mehrere
Alprechte getheilt, die an Sennen verpachtet werden; in den
Hochalpen ist dies aber nicht der Fall. Die meisten Alpen
sind Eigenthum des Landes oder einzelner Gemeinden, wie
die Seealp, Meglisalp, Schwägalp; andere gehören
Privatpersonen, wie z. B. die Altenalp. In die große
Schwägalp theilen sich die Gemeinden Urnäsch und Hundwil.

2. Die Alpfahrt.

Der Zug in die Berge ist für die Sennen ein wahres
Fest. Sie harren mit Sehnsucht auf die Zeit der Alpfahrt.
Ist diese einmal da, so zeigt sich ein munteres Leben bei
Menschen und Vieh; denn auch in den Thieren erweckt der
Klang der Senntemschellen Aufregung und Freude. Nach den
Gemeinalpen geschieht der Zug aller Herden am nämlichen
Tage, Ende Mai oder Anfangs Juni. In der Frühe des
Morgens, meist schon um Mitternacht, wird aufgebrochen.

Die Schellen erklingen; die Kühe brüllen und machen muthwillige Sprünge; die Kuhhirten jauchzen und locken mit den
Tönen des Kuhreihens ihre Herde auf den Weg. Alles ist
bunt geschmückt. Der Zug geschieht in altgewohnter Weise.
Ihn eröffnen 6 bis 7 Ziegen. Denselben folgt der Senn
mit aufgerollten Hembärmeln, rother Weste, gelben Hosen,
weißen Strümpfen, silberbeschnallten Schuhen und schwarzem,
breitkrämpigem Hut, den ein großer Blumenstrauß ziert. Um
die Lenden hat er ein buntes Halstuch gewunden und auf der
Schulter trägt er den saubern, bemalten Melkeimer. Hinter
ihm schreiten die 3 Schellenkühe, die schönsten der Herde,
stattlich einher, welche der Handbub, ebenfalls festlich geschmückt,
dem Sennen nachtreibt. Dann folgt die ganze Herde. Der
Eigenthümer mit dem Hunde, das Milchfaß auf dem Rücken,
oft auch andere, die am Zuge Theil nehmen, gehen als Hüter
und Treiber hinten oder zwischen den Kühen einher. Nachdem der Senne von Dorf zu Dorf seine Alpfahrt eingeläutet
hat, werden den Thieren die Glocken wieder abgenommen,
damit sie weniger ermüden. Den Schluß des Zuges bildet
gewöhnlich das Saumpferd, welches das Kesse und andere
Milchgeräthe trägt. Das Jauchzen und Frohlocken der Hirten
und das Brüllen des Viehes hört auf dem ganzen Wege nicht
auf. In den Dörfern entsteht beim Durchzuge der fröhlichen
Herde ein bewegtes Leben; denn die Alpfahrt ist auch für die
Thalbewohner ein untrügliches Zeichen des Sommers, und
darum wird dem vorbeiziehenden Sennen und seinen menschlichen Begleitern aus den Weinschenken mancher Trunk gereicht.

3. Das Aelplerleben.

Zur Besorgung eines Senntems gehört ein Senn und
ein Handbub, zu denen ausnahmsweise noch ein oder zwei

Knechte kommen. Dem Sennen liegt vor Allem die Gewinnung der Alpenprodukte, die Besorgung der Milch, die Käse- und Butterbereitung ob. Der Handbub ist der Gehülfe des Sennen. Er theilt sich mit demselben in das Melken des Viehs, und in den Hochalpen hütet er die Herde und schafft das Holz herbei. Wenn auch die Aelpler, namentlich an schönen Tagen, wo die Alp von Thalbewohnern fleißig besucht wird, ein bequemes Leben zu haben scheinen, so erfordert die Alpenwirthschaft dennoch bei Tage wie bei Nacht mancherlei anstrengende Arbeiten; bei rauher Witterung aber haben die Hirten allen Unbilden von Sturm und Wetter, selbst wirklichen Lebensgefahren die Stirne zu bieten. Sie leben hauptsächlich von Milch, Käse und Schotten; jedoch haben auch Brod und selbst Kaffee in die höchst gelegenen Alphütten hinauf ihren Weg gefunden. Selten nehmen Frauen und Kinder an der Alpenwirthschaft Theil. Die Erzeugnisse in Käse und Butter, Molchen genannt, verkauft der Senn an die Käse- und Butterhändler (Molchengrempler), welche mit Saumpferden auf schlimmen Pfaden jene Produkte aus den Alpen holen.

Noch gefahrvoller ist das Geschäft der Schaf- und Ziegenhirten (Schaf- und Geißbuben), die an den höchsten grasigen Stellen des Gebirges ihre leichtfüßige Herde hüten. In den schönsten Sommertagen zwar verkündet ihr fröhliches Gejauchze von irgend einem Felsenvorsprunge herab ihren heitern, sorglosen Sinn; oft aber überfällt sie ein schweres Gewitter oder ein Schneesturm, der sie nöthigt, mit Lebensgefahr über Felsen und Abgründe hinab den Weg nach den tiefer gelegenen Viehweiden zu suchen. In den innerrhodischen Alpen trifft man manchen Orts an einer etwas erhöhten Stelle ein aufgerichtetes hölzernes Kreuz, um das sich die Sennen des Sonntags, wie auch Morgens und Abends bei schöner Witterung, zum Gebete versammeln.

4. Die Alphütten.

Die Sennhütten, in welchen die Hirten zur Sommers-
zeit wohnen, sind im Allgemeinen höchst einfach gebaut. Zwar
in Voralpen und tiefer gelegenen Weideplätzen findet man
sie noch recht wohnlich eingerichtet; aber in den Hochalpen,
wo das Holz mangelt, wo Bretter und Balken auf beschwerlichen, oft gefahrvollen Pfaden herbeigeschafft werden müssen,
sind die Hütten meist sehr niedrig; ihre Wände bestehen aus
rohen Steinen, und das Dach aus groben, mit Steinen be-
lasteten Schindeln. Im Innern sieht es eben so armselig
aus. In den Vorbergen hingegen sind die Hütten, wie bemerkt, geräumiger, höher und die Wände aus grob behauenen
Balken gezimmert. Die Alphütten werden vorzugsweise an
Stellen erbaut, die vor Wind und Wetter, wie auch vor Lawinen geschützt sind. Sie lehnen sich daher oft mit ihrer
Hinterwand an Felsen an oder stehen in Vertiefungen derselben. In den größern Alpen bilden sie nicht selten ganze
Sennendörfchen, indem 6, 12, 20 und mehr Hütten in Gruppen
beisammen stehen, z. B. in Seealp, Meglisalp, Schwägalp.

Die innere Einrichtung der Sennhütten ist der Hauptsache nach fast überall die nämliche. Durch eine niedrige
Thüre gelangt man in den Hauptraum, welcher Stube, Küche
und Schlafgemach zugleich enthält. Der Boden besteht meist
aus bloßer Erde. In einem Winkel ist die Feuerstelle, wo
gekocht und geläset wird. An der anstoßenden Seitenwand,
auf einfachen Gestellen, steht das Milchgeschirr: Tragfaß,
Melkeimer, Näpfe, Sauerfaß u. s. f. — Hinter der Feuerstelle
hat der rohe Tisch oder die Falltafel, welche dessen Stelle
vertritt, seinen Platz. Eimer und Melkstühle vertreten die
Stelle der Bänke. Messer und Löffel stecken in der Wand.
Auf der andern Seite der Hütte ist die Pritsche oder das
Heubett für die Hirten und allfällige Besucher angebracht.

Der vordere Raum der Hütte ist durch eine rohe Wand, meist aus Steinen, von dem Masser (Milchkammer) geschieden, welcher gewöhnlich der Kühlung wegen in Felsen angelegt oder durch welchen etwa eine Quelle geleitet wird. Hier werden Milch, Butter und Käse aufbewahrt. Ueber dem Masser ist die Masserbiele, zur Aufbewahrung von vorräthigem Bettheu und mancherlei Geräthen bestimmt. Die Alphütten haben meistentheils ein schmutziges Aussehen. Das Innere der Wände und des Daches ist rußig, schwarz, weil Kamine fehlen. Der Rauch mag sehen, wo er einen Ausweg findet; es steht ihm frei, zur Thüre oder zu den Dachritzen hinauszuziehen. Die Milchgeschirre, aus weißem Ahornholz gearbeitet, werden dagegen sehr rein gehalten und täglich mit heißer Schotte blank gescheuert.

In der Nähe der Alphütten sind gewöhnlich die Viehställe, und bei denselben steht nicht selten ein eigener, in Form eines kleinen Häuschens erbauter Schweinestall. In den Hochalpen kommt es jedoch zuweilen vor, daß Schweine und Hirten unter einem Dache leben.

5. Die Käsebereitung.

Die vorzüglichsten Produkte der Alpenwirthschaft sind Butter und Käse. Dieser ist entweder fett oder mager. Nimmt man die Milch in ihrem Naturzustande, wie sie vom Euter kommt, so entsteht bei geschickter Zubereitung der beste, fette Käse. Wenn aber die Abendmilch am folgenden Morgen erst abgerahmt, dann mit der frischen Morgenmilch vermengt wird, so entsteht eine geringere Qualität des fetten Käses. Der gewöhnliche, sogenannte magere Appenzellerkäse wird auf folgende Weise bereitet: Der große, an einem Krahnen hängende Kessel wird mit abgerahmter Milch gefüllt und über

ein gelindes Feuer gehängt. Die lauwarm gewordene Milch
bringt man durch Käselab, „Megen" (gedörrter oder gegohrener
Kalbsmagen), zum Gerinnen und rührt sie dann so lange,
bis die Zersetzung der leicht durchsäuerten Milch erfolgt ist.
Dann werden die Käsebestandtheile mit den Händen gesammelt, aus dem Kesse gehoben und in eine runde, hölzerne
Form gebracht, worin er bis zum folgenden Tage liegen bleibt,
damit das Käsewasser abfließe. Völlig getrocknet, wird er
dem Käsehändler übergeben, welcher die weitere Besorgung,
nämlich das Salzen, die Reinigung und den Verkauf über-
nimmt. Die magern Appenzellerkäse verbreiten einen sehr übeln
Geruch, sind aber zur Vermengung mit andern Speisen beim
Kochen allgemein beliebt, dabei auch sehr wohlfeil, indem das
Pfund alter Käse nur auf 30 bis 32 Rappen zu stehen kommt.

Aus dem Käsewasser (Molten), dem man Buttermilch
oder abgerahmte Milch nachgießt, wird die Schotte (Molke)
bereitet. Wenn man aus Ziegenmilch Käse macht, so erhält
man die berühmten Molken, welche in den Kuranstalten gebraucht werden.

6. Des Sennen Abfahrt von der Alp.

Sind 3 bis 4 Monate des gemüthlichen Zusammenlebens
von Hirten und Herden auf den Bergen zu Ende, so beginnt
die Thalfahrt, welche in ähnlicher Ordnung, wie die Alpfahrt,
von statten geht. Sie ist das Zeichen zur Auflösung des
geselligen Herdenverbandes und erweckt wohl schon darum in
Beiden wehmüthige Gefühle, welche durch die Voraussicht des
nahenden Winters mit seinen Entbehrungen noch erhöht werden. Es ist darum die Thalfahrt auch bei weitem nicht von
jenem Jubel begleitet, wie wir dessen bei der Alpfahrt gewohnt sind. Ein Theil der Herde wird den verschiedenen

Eigenthümern wieder zurückgestellt und kehrt zu den Winterställnungen heim; ein anderer Theil kommt in den Handel und wandert nach Welschland oder an andere Orte außer dem Kanton. Sennen von Beruf dagegen überwintern ihre Senten im Thale auf ihren eigenen Gütern, und wenn diese nicht ausreichen, bei Nachbarn. In den Alpen wird es nun öde; der Kuhreihen verstummt, das Alphorn schweigt, und alles Leben scheint ersterben zu wollen.

Höhenangaben (nach Ziegler)

über

den ersten Theil dieses Buches.

A. Höhen am Alpstein.

	Pariserfuß.
Der hohe Sentis	7709.
Der Altmann	7496.
Sattelhöhe zwischen Sentis und Altmann	7305.
Der Gyrenspitz	7286.
Die hohe Niedere	6896.
Der Hundsstein, 2. Gipfel	6785.
Das Oehrli	6649.
Roslen	6637.
Thürme	6631.
Die Kraialp	6526.
Marwies	6130.
Der Wildsee	5883.
Der Schäfler	5843.

5

Pariserfuß.

Hoher Kasten	5538.
Kamorhöhe	5393.
Furglenfirst	5330.
Die Alpsiegel	5326.
Ebenalp	5049.
Fähnern	4642.
Das Wildkirchlein	4563.
Meglisalp	4556.
Der Fählensee	4479.
Furglenfirste	4417.
Die Alp Bodmen	3848.
Der Semtisersee	3725.

B. Höhen an den Hügelreihen.

Der Kronberg	in Gonten . . .	5049.
Die hohe Fläsch	„ Urnäsch . . .	5000.
Hohe Alp	„ Urnäsch . . .	4710.
Hundwiler Höhe	„ Hundwil . .	4042.
Hoher Spitz	„ Kau bei Appenzell	4011.
Hoher Ham	„ Schönengrund .	3922.
Gäbris	„ Gais . . .	3856.
Lauftegg	„ Gonten . . .	3756.
Sommersberg, beim Wirthshaus	„ Gais . . .	3623.
Teufenberg, höchster Punkt	„ Urnäsch . . .	3620.
Saurücken	„ Gais . . .	3454.
Hohe Buche	„ Bühler . . .	3442.
Katen	„ Rehetobel . .	3442.
Oberhirschberg	„ Oberegg . . .	3417.
Himmelberg oder Geigersberg	„ Gonten . . .	3375.
Sitz	„ Schwellbrunn .	3346.
Tanne	„ Wald . . .	3343.

			Pariserfuß.
Horst	in Speicher	. . .	3336.
St. Antonskapelle	„ Oberegg	. . .	3324.
Gupf, beim Wirthshaus	„ Rehetobel	. . .	3309.
Weißegg	„ Trogen	. . .	3294.
Buchberg	„ Hundwil	. . .	3235.
Himmelberg	„ Hundwil	. . .	3220.
Steigershöhe	„ Gonten=Hundwil	.	3220.
Fröhlichsegg	„ Teufen	. . .	3210.
Clanx	„ Appenzell	. . .	3103.
Hochwacht	„ Schwellbrunn	. .	3103.
Laimensteig	„ Haslen	. . .	3091.
Vögelinsegg	„ Speicher	. . .	2961.
Ruppen, bei der Landmark	„ Trogen	. . .	2940.
Stoß	„ Gais	. . .	2928.
Rosenburg	„ Herisau	. . .	2832.
Lutzenland	„ Herisau	. . .	2828.
Sommerau	„ Walzenhausen	.	2746.
Rosenberg	„ Herisau	. . .	2693.
Knollhausenbühl	„ Reute	. . .	2475.
Wienacht	„ Lutzenberg	. . .	2475.

Zweiter Theil.

Das Volk.

Leibesbeschaffenheit und Lebensdauer.

Die ursprünglichen Bewohner unseres Landes waren deutscher Abkunft; denn ehe zur Zeit der Völkerwanderung die Gothen und Franken sich des Gebietes bemächtigten, hatten es die Sueven, ein alemannischer Völkerstamm, im Besitz. Es waren Männer von riesiger Gestalt, festem Gliederbau, mit blonden Haaren und blauen Augen. Sie lebten von ihren Herden, von Jagd- und Fischfang. Durch Vermischung mit ihren spätern Oberherren, den Gothen und Franken, hat sich im Lauf von Jahrhunderten der Volksschlag allmälig verändert. Man findet darum jene Eigenschaften nur noch zum Theil, am meisten noch in Innerrhoden, weil da die Lebensart fast unverändert die nämliche geblieben ist; namentlich gilt dies von den Sennen, deren viele heute noch durch einen muskulösen Gliederbau sich auszeichnen, breitschulterig sind und nicht selten eine ungewöhnliche Leibesstärke besitzen. In Außerrhoden sind die Leute durchschnittlich nur von mittlerer Größe, zwar auch gut gebaut, im Allgemeinen aber weniger muskulös. Die sitzende Lebensart bei verschlossener Stuben- und Kellerluft wirkt nicht allein nachtheilig auf die Gesundheit, sondern auch hemmend auf die Entwickelung der physischen Kraft. Dazu kommen die verfeinerten Sitten, der leidenschaftliche Kaffeegenuß, nebst dem schädlichen, durch keine Gesetze gezügelten Hang zum frühen Heiraten.

Aus dem nämlichen Grunde werden auch die Beispiele hohen Alters immer seltener. Die durchschnittliche Lebensdauer beträgt nur 25—26 Jahre. Weitaus die größere Zahl des Volkes stirbt schon vor dem 20. Jahre; nur ein geringer Theil bringt es nach dem Ausspruche Moses auf 80 Jahre und solche, deren Leben auf ein Säkulum ansteigt, gehören schon zu den Ausnahmen. Greise und Matronen von 80—98 Jahren giebt es übrigens immer noch hin und wieder. So ist nachgewiesen worden, daß in einem Zeitraum von hundert Jahren (1751—1850) unter 55 im Lande Verstorbenen immerhin noch einer war, der es auf 80 Jahre oder höher brachte. Das höchste Alter von 106 Jahren erreichte nach historischen Angaben der Vater des Reformators Walther Klarer in Hundwil, ferner Hanns Töbeli von Herisau und Hanns Jakob Alder von Schönengrund. In den Dreißigerjahren dieses Jahrhunderts hatte Gonten einen Greis von 103 Jahren. Joh. Herm. Tribelhorn von Schwellbrunn, gest. 1835, brachte sein Leben auf 101 und Joh. Jäger, ebenfalls von Schwellbrunn, gest. 1841, auf 99½ Jahre. In Gais starb 1860 der damals älteste Landmann in der Person des Altdistriktstatthalters Samuel Heim in einem Alter von fast 96 Jahren. Auch dessen Vater, Ulr. Heim, hatte es auf 94 Jahre gebracht. In einem Alter von 92 Jahren starb 1839 in Bühler Adam Bänziger von Speicher. — Im Allgemeinen haben Schwellbrunn und Gais, wo beständig reine Alpenluft weht, die ältesten Leute aufzuweisen. Für eine allmälige Abnahme der Lebensdauer spricht aber thatsächlich, daß z. B. in Schwellbrunn innerhalb 88 Jahren (1662—1750) noch 16 Personen ein Alter von 90—99 Jahren erreichten, während im folgenden Jahrhundert (1751—1850) nur noch 4 Personen ihr Leben von 91—94 Jahre

brachten. Die ältesten Leute hat durchschnittlich der Landestheil hinter der Sitter; im Mittellande fällt ihre Zahl, und
außer der Goldach steht dieselbe noch etwas niedriger; Lutzenberg allein macht eine Ausnahme zu Gunsten einer längern
Lebensdauer.

Charakter und Sitten.

Wie jeder Schweizer liebt auch der Appenzeller sein engeres Vaterland in hohem Grade. Ist es auch klein; steht es
in manchen Einrichtungen hinter andern Staaten zurück, das
hält ihn nicht ab, demselben den Vorzug zu geben. Ihm
genügt die Freiheit und das Bewußtsein, daß seine Souveränitätsrechte sich forterben auf Kind und Kindeskind. In dem
Satze: „Der Staat, das bin ich", findet sich das Gefühl der
Selbstherrlichkeit ausgeprägt. Nach Art der Gebirgsvölker ist
er auch voll Frohsinn und Scherz, voll Selbstvertrauen und
Klugheit. Stolz auf seine Geschichte, erträgt er keinen Spott
über seine Nationalität, weil er in derselben eine Art Ideal
erblickt. Er ist für sein Vaterland so feurig eingenommen,
daß er über Einrichtungen anderer Länder und Staaten leicht
absprechend und einseitig urtheilt. Als eine Frucht des klaren
Verstandes mit schneller Ueberlegungsgabe kann der Mutterwitz angesehen werden, welcher, wie bekannt, sprüchwörtlich
geworden. Die klugen Einfälle, deren man ganze Samm-
lungen besitzt, datiren auch nicht erst von heute; schon die
Alten waren dafür bekannt. Wir führen hier nur wenige
Beispiele an. Konrad Zellweger, seines Handwerks ein
Glaser, wurde wegen Glaubensverschiedenheit aus Appenzell,

wo er ursprünglich niedergelassen war, vertrieben und bewarb
sich 1604 in Außerrhoden mit Erfolg um die Landweibel-
stelle. Neun Jahre später zum Landammann erwählt, hatte
er während einer Amtsdauer von 29 Jahren oft genug Anlaß, den Tagsatzungen beizuwohnen. Bei Tafel nahmen die
Gesandten ihre Plätze nach einer gewissen Rangordnung ein;
erst kamen die Kantone nach der Zeit ihres Eintrittes in den
Bund, dann die zugewandten Orte. So traf es sich einmal,
daß der Landammann von Außerrhoden, im groben häärenen
Rocke, vor einen vornehmen, feingekleideten Repräsentanten
jener Orte zu sitzen kam. Unwillig über die vermeintliche
Zurücksetzung, suchte er Zellweger wegen seiner geringen Ab-
stammung lächerlich zu machen. „Hochgeachteter Herr Landammann," fragte der eitle Gesandte, „was lassen Sie sich
heut zu Tage für das Einsetzen einer Scheibe bezahlen?"
Mit Lächeln und Gleichmuth erwiederte Zellweger: „Wenn ich
gerufen werde, 6 Batzen; aber dann, dem Nachbar auf die
Schulter klopfend, gebe ich den Hornaff (Winkelscheiblein)
drein." Unser Landammann hatte nun die Lacher auf seiner
Seite.

Als in den Dreißigerjahren ein gewisser Professor, der
darauf ausgieng, das Volk aufzuwiegeln, verbannt wurde,
berührte er auf seinen Irrfahrten auch unsern Kanton und
kam in ein Wirthshaus, woselbst er sehr unzart über die
Grobheit der Appenzeller sich ausließ, indem er sie die größten „Bengel" nannte, die man von Konstantinopel bis
Stockholm finden könne. Ein Schulmeister, der ihm lange
gelassen zugehört, erwiederte endlich: „Fremder Herr! Wenn
die Bengel bei uns größer werden als anderwärts, so hat
das seinen ganz natürlichen Grund; sie sind nämlich bei uns
so selten, daß nichts sie hindert, recht groß zu werden; bei
euch hingegen scheinen dieselben so dicht zu stehen, daß sie

gar nicht neben einander auffommen können und also ver-
zwergen oder fortgeschickt werden müssen."

Als einst der Gassenbettel verboten und die Armen in
ihre Gemeinden verwiesen wurden, wollte ein gewisser F. von
W. sich durch die obrigkeitliche Verordnung nicht abhalten
lassen, zu betteln. So kam er denn auch nach B. Da erinnerte ihn eine bekannte Frau an das ergangene Verbot, indem sie ihm bemerkte, er solle in seiner eigenen Gemeinde
nach Brod gehen. „Ach Gott, Oscheli," antwortete er: „wenn
i a agni Gmand hett, so gieng i nüb gi bettla."

Nicht minder als den Scherz und witzige Einfälle liebt
der Appenzeller auch die Musik. Der Hirte von Innerrhoden
jodelt zu Berg und Thal, wenn einmal der Sommer ins
Land kommt; sein Nachbar aber, der Außerrhoder, ergeht sich
vorzugsweise im Gesang. In Kirche, Schule, an Volksfesten
und bei andern Freudenanlässen — überall erschallen seine
Lieder. Gesang würzt jede Unterhaltung; ohne denselben verläßt er unbefriedigt den geselligen Kreis. Außerrhoden ist
darum nicht mit Unrecht auch schon die Heimat der Sänger
genannt worden. Allerorten sind seine Chöre willkommen; ihr
Ausbleiben bei Nationalfesten wird darum bedauert, weil der
gute Humor dieser Alpensöhne die Freude Aller vermehrt.

Sind Vaterlandsliebe und Frohsinn gemeinsame Merk-
male beider Rhoden, so richten sich dagegen die Sitten und
Gebräuche schon mehr nach Stand und Beruf. Die Hirten
gleichen, wie wir oben gesehen, heute noch dem Bilde der ersten
Landesbewohner. Wenn die Matten grünen, zieht es sie hinauf
in die Berge, wo sie den Sommer über eine Art wildfreies
Leben führen. Unbekümmert um Weltereignisse, zeigen sie
dagegen Neugierde nach Vorfallenheiten aus der Nähe. Heiter
in ihrem Naturell, sind sie auch muthig, aber roh, unwissend,
abergläubisch und von leidenschaftlichem Temperament. Die
Arbeiter bei der landesüblichen Industrie verhalten sich im

Allgemeinen ruhig, sind thätig, besonnen, aber mitunter auch zu Schwärmerei und Trübsinn geneigt, weil ihre Lebensart höchst einförmig und ihre Lage zu Zeiten eine gedrückte ist. Was sie aber in gewinnreichen Zeiten erwerben, wird oft leicht= sinnig wieder durchgebracht, an eiteln Flitter oder auf Wohl= leben verwendet. Uebrigens muß man zugeben, daß die Neuzeit diesfalls manchen Fortschritt aufzuweisen hat. Oder sind nicht die Sparkassen in den Gemeinden, die Vorrathsanstalten für Lebensmittel, die Wittwen=, Waisen= und Alterskassen, die Assekuranzen ꝛc. Belege für eine allmälige Umkehr? Man trifft immer häufiger Vorkehrungen auf Zeiten des Mangels. Der Grundsatz: „In vereinter Kraft liegt Hülfe in der Noth," wird mehr und mehr zur Regel für die Bestrebungen des Volkes.

Die Geschäftsleute sind im Allgemeinen erfinderisch, thätig, oft bis zur Schwindelei unternehmend, dabei sparsam, klug und höchst vorsichtig im Geschäftsleben, aber aus Furcht vor Konkurrenz oft auch in hohem Grade verschlossen. Als fleißige Zeitungsleser interessiren sie sich für alles, was in der Welt vorgeht, weil sie nach dem Stand der Weltbegeben= heiten ihr Geschäft einzurichten pflegen. Einmal erworbenes Gut wenden sie meist wohl an, besonders in vorgerücktem Alter. Kaum in einem Lande wird auch in der That ver= hältnißmäßig so viel Gemeinsinn angetroffen. Der Reiche läßt sich oft ungewöhnliche Steuern und Vermächtnisse ge= fallen. Gründung gemeinnütziger Anstalten ist ihre Freude, Linderung der Noth ihre Lust. In diesem Zug der Hingebung liegt aber selbst schon ein rühmlich Zeugniß für seine Vater= landsliebe. Ihr verdanken manche Ortschaften die reichen Gemeindegüter oder Bildungsanstalten, ihre Waisen=, Armen= und Krankenhäuser.

Nahrung und Kleidung.

Die Nahrung des Volkes richtet sich, wie überall, nach Stand und Beruf. Die Hirten leben, zumal im Sommer, fast einzig vom Ertrag der Herden, von Molken, Butter, Käse, Ziger und Milch. Unter den Gewerbtreibenden genießen die Aermern in der Regel Morgens und Abends Kaffee, die Aermsten oft sogar dreimal des Tages, selten Suppe aus Hafergrütze oder andern Stoffen, obschon dieselbe nahrhafter und der Gesundheit zuträglicher wäre. Vor alten Zeiten war es anders. Der übermäßige Kaffeegenuß rührt aber, wie manche andere Uebelstände der Neuzeit, vom leichten Erwerb durch die Baumwollenindustrie. Dr. Titus Tobler, der in seinen Berechnungen über Staatsökonomie *) keineswegs zu hoch geht, hat gefunden, daß im Lande, die Jugend unter 6 Jahren nicht mitgezählt, für das aufregende Getränk alljährlich über 70,000 Franken abgehen, und doch soll, wie die Aerzte behaupten, der Kaffee keine nährenden Theile enthalten. Zum Kaffee kommen Brod oder Kartoffeln, bei den Begüterten wohl auch Butter und Schabziger oder Honig, Käse und Zucker. Auch diese bedienen sich seltener der Suppe, und wenn es geschieht, so ist es mehr in Dörfern als außerhalb derselben, mithin vorzugsweise bei Gebildeten, der Fall. Das Mittagsmahl besteht bei diesen aus Suppe, Fleisch und Gemüse, oder aus Milch- und Mehlspeisen, wie Klöse (Knöpfli) u. s. w. — Bei Freudenanlässen, auf Ausflügen leben die jungen Leute in gewinnreichen Zeiten oft sehr verschwenderisch. Da wird das Geld nicht gespart. Nicht bloß Jünglinge, sondern selbst Mädchen kehren bei später Nacht, zuweilen sogar

---

*) S. T. Tobler „über die Bewegung der Bevölkerung" u. s. w. S. 82.

betrunken nach Hause zurück. Obstwein (Most) bildet das
vorherrschende Getränk; Wein wird seltener, meist nur im
Wirthshause und bei festlichen Anlässen getrunken. An Festtagen, als zu Weihnachten, Neujahr, Ostern, am Funkensonntag und an der Landsgemeinde thut sich der Appenzeller
gerne gütlich und erlaubt sich daher außergewöhnliche Gerichte.
Im Allgemeinen jedoch liebt unser Volk Einfachheit in Speise
und Trank; denn ein mäßiger, nüchterner, berechnender Sinn
ist ihm, trotz zeitweiligen Ausschreitungen, nicht abzusprechen.

In der Bekleidung findet man in Außerrhoden ebenso
wenig Uebereinstimmung als in der Nahrung. Wir haben
keine Nationaltracht mehr; man liebt schöne Kleider und richtet
sich nach der wechselnden Mode. Dagegen haben die Hirten
in beiden Halbkantonen die Sitte der Vorfahren fast unverändert auf uns gebracht. Sie tragen Beinkleider von Zwilch
und zum Schutz für den Oberleib sogenannte Futterhemden,
nebst ledernen Käppchen. Bei der Alpfahrt oder andern festlichen Anlässen erscheinen sie nach ihrer Art prunkvoll. Das
Gewand besteht dann aus gelbledernen Beinkleidern mit unten
darübergerollten weißen Strümpfen und einer scharlachrothen
Weste. Der Hosenträger ist von Leder, auf dessen Brust-
band die Anfangsbuchstaben des Inhabers aus Messingblech
glänzend ins Auge fallen. Um den Hals trägt der Hirt eine
farbige, seidene Halsbinde, vorn durch einen Metallring leicht
zusammengehalten. Den Kopf bedeckt ein schwarzer Filzhut
mit breiter Krämpe und niedriger Kuppe. Die kleine Tabaks-
pfeife kommt ihm selten aus dem Munde; schon die Buben
rauchen und alte Weiber, selbst wenn sie das Pfeifchen nur
mit Heusamen stopfen können. Die Frauen und Töchter Innerrhodens lieben, gleich allen Naturvölkern, grelle Farben im
Gewand, also bunte Kleider. Rothseidene Bänder umwallen
das Haupt; kurze, zuweilen rothe Röcke mit unzähligen Falten
bedecken den Leib; dagegen werden rothe Strümpfe immer

seltener. Das Mieder ist mit silbernen Ketten versehen, und
durch die Haarflechten geht eine Stange von demselben edeln
Metall.

Wohnungen des Landes.

Wenn ein Fremder zum ersten Mal unser Land betritt,
so erfüllt ihn unwillkürlich Staunen beim Blick auf die Schönheit mancher Dörfer und die Eleganz vieler Häuser. Er bewundert die Reinlichkeit und den guten Geschmack der Bewohner; beide aber entsprechen in hohem Grade dem Hauptgeschäft
des Außerrhoders, das in Fabrikation von Baumwollen= und
Seidenwaaren besteht. Der dadurch erworbene Wohlstand
vermehrt den Schönheitssinn und führt, wie allerorten, zum
Streben nach Behaglichkeit, wovon unsere Väter nichts wußten.
Waren vor hundert und mehr Jahren die Wohnungen noch
unansehnlich, niedrig und schwerfällig gebaut, so finden wir
dieselben nun meist bequem eingerichtet, hell und schön von
innen und außen. Sah man damals bis hinein in die Dörfer
sogenannte Heidenhäuser mit beinahe flachen, nach Süd und
Nord abfallenden Dächern und weit überragendem Saum,
durch Latten und Steine beschwert, so sind die Häuser nun
mit Ziegeln oder feinen Schindeln sauber gedeckt, ja manche
derselben mit Ableitern gegen den Blitzstrahl versehen. Im
Innern suchte sich der Rauch, weil Kamine fehlten, durch
Ritzen und Spalten einen Ausweg, alles mit Ruß bedeckend.
Wie ganz anders sieht es jetzt aus! Da erblickt man glän-
zende Oefen, künstlich gebaute Kochherde, nebst feuerfesten
Kaminen, welche zur Sicherheit und Holzersparniß gleichzeitig
beitragen. Viele Gebäude sind gemalt und wenigstens an der

Vorderseite, sauber getäfert. In den Gemächern, an Treppen, Steinpflastern, Thüren und Fenstern, überall giebt sich der gute Geschmack zu erkennen. Es ist selbst so weit gekommen, daß bei dem steigenden Wohlstand mit den Gebäuden ein schädlicher Luxus getrieben wird; denn die durch unbezähmte Baulust setzt man den Waldungen über ihr Vermögen zu, und welche Summen gehen darüber für Arbeitslöhne, Farbwaaren und Metalle außer Landes!

Die Mehrzahl der Gebäude besteht zwar nur aus Holz, ein kleiner Theil aus Steinen oder Fachwerk; dessenungeachtet aber wetteifern unsere Dörfer an Schönheit mit manchen Städten. Viele Wohngebäude haben Querhäuser, und auf dem Lande sind die Viehställe mit den Wohnungen meist zusammengebaut. Der Kanton hat keine Stadt, aber städtisch gebaute Dörfer, Flecken und eine Menge Weiler. In Appenzell, Herisau, Teufen, Speicher, Trogen, Gais, Heiden, Hundwil und Urnäsch schließen die Häuser einen mehr oder weniger weiten, offenen Dorfplatz ein; in Bühler dagegen, in Rehetobel, Wald, Schwellbrunn, Waldstatt, Schönengrund und Gonten stehen dieselben in Reihen, den gangbarsten Straßen nach.

Laut Amtsbericht vom Jahr 1862 hat Außerrhoden 7058 Wohnhäuser, 3147 Remisen, Waschhäuser und abgesonderte Viehställe, in Allem also 10,205 Gebäude. Der Versicherungswerth derselben beläuft sich auf 34,441,400 Franken. Für Versicherung der Mobilien wurden im Jahr 1863 nicht weniger als acht Anstalten benutzt, nämlich zwei schweizerische und sechs ausländische. Dessenungeachtet sind von 13,240 Haushaltungen, welche Außerrhoden zählt, bloß 1750, also nur ein Achtel, dabei betheiligt. Der Schatzungswerth beträgt 11,822,055 Franken. Man sieht, daß die Wohlthat der Mobiliarversicherung immer noch nicht allgemein anerkannt wird. Daher dann allemal Jammer und Wehklage, wenn bei einem

Brandunglück die Fahrhabe jählings zu Grunde geht. Es ſollte ſich's daher Keiner gereuen laſſen, eine jährliche kleine Zahlung zu leiſten, wenn er dafür der Beſorgniß überhoben wird, ſeines beweglichen Gutes ohne Erſatz unerwartet beraubt zu werden.

In Innerrhoden iſt ſelbſt die Gebäudeverſicherung nicht obligatoriſch, wie man denn hier überhaupt jeden Zwang ſo lange als möglich fern zu halten ſucht. Die Häuſerzahl ſoll 1853, die der Haushaltungen 3159 betragen.

Bevölkerungsverhältniſſe.

In Rußland, Ungarn und andern Ländern giebt es große, nicht unfruchtbare, aber wenig oder gar nicht angebaute Länderſtrecken. Oft kann man da Tage lang wandern, ohne eine einzige Menſchenwohnung anzutreffen. Je mehr aber in einem Lande die Kultur des Bodens ſteigt, oder Handel und Gewerbe blühen, deſto enger und dichter wohnen die Menſchen beiſammen. Zu den bevölkertſten Staaten und Stäätchen Europas gehören Hamburg, Bremen, Frankfurt am Main, Belgien und Malta; allein ſie haben ſtarkbevölkerte, große Städte, was bei einer Vergleichung mit dem Flächeninhalt wohl zu berückſichtigen iſt. Denkt man ſich dieſe hinweg, ſo iſt Außerrhoden das bevölkertſte Land von Europa; denn bei dieſer Anſchauungsweiſe wird es ſelbſt von Genf, wo die Uebervölkerung faſt ſprüchwörtlich geworden, nicht übertroffen. Als Geſammtkanton hat Appenzell nach der Zählung von 1860 60,624 Einwohner. Von denſelben kommen auf Innerrhoden 12,020, auf Außerrhoden dagegen, welches 4,₈₂₈ Quadratmeilen Flächeninhalt hat, 13,240 Haushaltungen oder

48,604 Einwohner. Es ergiebt sich also für diesen Halbkanton eine durchschnittliche Bevölkerung von 10,067 Seelen
auf die Geviertmeile, während z. B. in Graubünden nur 772,
im Wallis 1135, in Glarus 2566 und in dem gewerblichen
Zürich, selbst mit Einschluß der Städtebevölkerungen, nur
8589 auf die Quadratmeile kommen.

Der Grund einer so auffallenden Abweichung in den
Bevölkerungsverhältnissen verschiedener Länder liegt einerseits
in der Ungleichheit der Bodengestaltung, anderseits aber auch
in der Erwerbsart der Bewohner. Daraus erklärt sich denn
auch der große Unterschied zwischen Außer- und Innerrhoden. Hier hindern die Gebirge fast jeden Anbau und selbst
in den Niederungen bildet die Viehzucht für die männliche
Bevölkerung das Hauptgeschäft. In Außerrhoden dagegen
ist beinahe alles Land kulturfähig, und nebenher widmen sich
Knaben und Mädchen, Männer und Frauen, Junge und
Alte den Gewerben. Die Bevölkerung hat darum auch allerdings unter mancherlei Wechselfällen, im Allgemeinen von
Jahrhundert zu Jahrhundert zugenommen. Im Jahr 1535,
sechs Jahrzehnde vor der Landestheilung, betrug die Einwohnerzahl des Gesammtkantons nur noch 17,132. Bei der
Landestheilung zählte Außerrhoden allein schon 6322, Innerrhoden 2782 stimmberechtigte Bürger, was zusammen auf
eine Bevölkerung von 30,347 Einwohner schließen läßt. 1734
erreichte diejenige unsers Halbkantons schon 34,571 Seelen und
stieg dann fortwährend bis zu der verhängnißvollen Theurung
des Jahres 1771. Nun führten freilich Hunger und Seuchen
zu großer Sterblichkeit, und das Land erlitt inner Jahresfrist
eine Einbuße von 3339 Seelen. Dessen ungeachtet war ihre
Zahl 1794 bereits wieder auf 39,414 angewachsen. Durch
die Stürme der Revolution und die menschenfressenden Kriege
Napoleons L. erfolgte abermal ein Rückschlag, so daß die
Einwohnerzahl bis 1805 jene Höhe nicht wieder erreichte,

sondern nur auf 38,588 stund. Zwölf Jahre später, in dem bekannten Hungerjahre von 1817, finden wir eine Abnahme von 2450 Personen. Später folgten wiederum manche gute, gewinnreiche Jahre, so daß die Bevölkerung bis 1834 auf 39,871 und bis zum Jahr 1860, wie wir oben gesehen, auf 48,604 Seelen stieg.

Wir ersehen daraus, daß Jahre der Theurung oder Seuchen, daß Krieg und Stockung der Gewerbe schweres Unglück über unser Land bringen, besonders, weil bei gänzlicher Hintansetzung der Landwirthschaft die Noth oft plötzlich hereinbricht und der Tod dann zahlreiche Opfer fordert. Die Armen denken in gewinnreichen Zeiten immer noch zu wenig an die Tage, von denen es heißt, sie gefallen mir nicht. Zwar kommen bei solchen Heimsuchungen milde Stiftungen, reiche Armengüter, Armenvereine und selbst die Landesbehörden den Nothleidenden bereitwillig zu Hülfe; allein weit nachhaltiger müßte der Gewinn ausfallen, wenn einmal jeder Arbeiter Willenskraft genug besäße, in den Tagen des Glücks ein guter Haushalter zu sein; wenn jeder, statt leichtsinnig von der Hand in den Mund zu leben, Ersparnisse anlegen würde auf Tage des Mißwachses, des Minderverdienstes, der Krankheit und des Alters. Die Sparkassen werden viel zu häufig nur für Pathengelder benutzt, statt daß sie einer ganzen Klasse dienen sollten. — Arme Familien könnten auch, so oft die Ernte ergiebig ausfällt, Hausmagazine anlegen. Ungebrochener Mais, Reis, trockengemahlenes Mehl, gedörrte Kartoffeln, Obst, Erbsen, Bohnen ꝛc. lassen sich bei sorgfältiger Pflege Jahre lang gut erhalten. Gewiß, es gilt auch in diesem Stücke, daß der Herr nur denen hilft, welche sich selbst helfen. Das rechte Vertrauen besteht nicht darin, daß man die Hände in den Schoß legt und unthätig auf die Hülfe des Herrn sich verläßt.

———

Handel und Gewerbe.

Ein Blick auf unsere stattlichen Dörfer und zahlreichen Wohnungen, welche letztere, wie hingestreut, Berg und Thal bedecken, sagt uns, daß der Kanton, zumal Außerrhoden, ein industrielles Land ist. Die Seiden-, Wollen-, namentlich aber die Baumwollenindustrie in ihren verschiedenen Abstufungen bildet wirklich das Hauptgeschäft der Bewohner; selbst Handel wird nach aller Herren Ländern getrieben. Es gab eine Zeit, aber sie liegt weit hinter uns, wo beide Landestheile auf das Hirtenleben und den Feldbau angewiesen waren. Sollen wir jene Zeiten zurückwünschen? Diese Frage wurde oft schon aufgeworfen. Vaterlandsfreunde suchten wiederholt die Nothwendigkeit einer Rückkehr zum Alten nachzuweisen. Bei der Beschäftigung im Freien, meinten sie, wäre das Volk gesünder, physisch kräftiger und in seiner Lebensart einfacher; auch würden wir von Handelsstockungen weniger berührt und könnten vom Auslande unabhängiger bastehen. Wir geben gerne zu, daß die herrschende Beschäftigung in Stube und Keller Verweichlichung und allerlei andere Uebel im Gefolge habe; aber bei den erleichterten Verkehrsverhältnissen, wo Käse und Butter im Auslande gesuchten Absatz finden und der Viehhandel reiche Summen ins Land bringt, ist es unzweifelhafte Thatsache, daß der Wiesenbau fast ebensoviel erträgt, als wenn wir bei dem rauhen Klima das Land unter die Pflugschar zwingen und darüber auch jene Zeit verlieren wollten, welche man nebenher den Gewerben mit Nutzen widmen kann. Das Ideal der Unabhängigkeit aber, welches jenen Männern vorschwebte, gehört ins Reich der Träume; denn kein Land kann ohne das andere bestehen. Ein Blick auf Frankreich oder England, wo während des amerikanischen Krieges Hundert-

tausende brodlos geworden, sollte darüber aufklären. Diese
weltbeherrschenden Reiche sind gewissermaßen so abhängig wie
wir. Durch Eisenbahnen und Telegraphen sind die Völker
einander nahe gerückt, auf daß eines dem andern diene mit
dem Pfunde, das ihm von der Vorsehung bescheert ist. Durch
den leichten Verkehr ist von selbst fürgesorgt, daß das Gespenst der Lebensmittelsperren und der Theurungen künftig
weniger Furcht einflöße. Auch sind die Zeiten vorüber, wo
man, wie bei Theurungen, selbst im gemeinsamen Vaterlande
durch Hemmung der Ausfuhr von Kanton zu Kanton einander
plagen konnte. Aber auch bei eintretenden Handelskrisen dürften die Gewerbe den Ertrag des Ackerbaues noch überwiegen,
weil jene tausend Hände in Thätigkeit setzen, welche bei der
Feldbeschäftigung nicht verwendbar sind. Damit will jedoch
der Verfasser einer einseitigen Betreibung des Wiesenbaues
keineswegs das Wort reden; vielmehr sollen wir das eine thun
und das andere nicht lassen; denn da, wo das Klima günstig
ist, bildet der Anbau von Feldfrüchten immerhin ein nützliches
Nebengeschäft.

Auch unsere Väter griffen übrigens zu den Gewerben,
sobald die Umstände sich günstig dafür gestalteten. Als 1414,
beim Konstanzer Konzil, das Leinwandgewerbe nach St. Gallen
kam, war ihnen der Anlaß willkommen, dasselbe auch im
Lande einzuführen. Jost Jakob von Schwitz und Kaspar
Schumacher von St. Gallen erhielten sogar das Landrecht,
weil sie sich um Einführung dieser Industrie in Appenzell
verdient gemacht hatten. Ihnen schlossen sich Hauptmann
Berweger und Birchinger durch Errichtung von Bleichen,
Wallen, Färbereien und Appretirungen an. Wie in St.
Gallen führte man auch in Appenzell einen Wochenmarkt mit
Leinwandschau ein, und es entstund großer Wetteifer zwi-
schen beiden Orten. Als aber 1572 ein Religionskrieg Frank-
reich entzweite und eine Geschäftsstockung eintrat, sah sich

Appenzell auf seine eigene Thätigkeit beschränkt; denn St.
Gallen hatte seine Geschäfte eingestellt. Die klugen Appenzeller aber ließen sich nicht irre machen und arbeiteten, auf bessere
Zeiten hoffend, fort. Ein Mann aus Lutzenberg, Ulrich
von Brenden, brachte zuerst nur 7 Tücher auf den Markt,
versicherte aber, daß er künftig alljährlich 400—500 Stücke
liefern könne. Ihm folgte Georg Schläpfer von Wald
als erster Webermeister des Mittellandes. Viele erhielten bei
ihm Arbeit und Brod. Sein Beispiel fand Nachahmung.
Man richtete Webkeller ein, und das Leinwandgewerbe wurde
im Lande allgemein. In Trogen wurde 1667 ein Wochenmarkt mit Leinwandschau eingeführt und von hier aus kamen
alljährlich tausende solcher Tücher in den Handel. Nachdem
das Gewerbe 200 Jahre lang geblüht hatte, brachten die
Engländer die Baumwollenmanufaktur auf, die dann dem Leinwandhandel Konkurrenz machte und sich bald in alle Lande
verbreitete; denn der Rohstoff war wohlfeiler und eignete sich
auch besser zu einer vielseitigen Verarbeitung. Im Jahr 1753
fand sie den Weg auch in unser Land; ihr verdanken wir den bekannten Wohlstand. Selten begegnet der Wanderer heute einem
Hause, wo nicht ein Webstuhl in Thätigkeit wäre. Auch das
schnurrende Spulrad läßt fast in allen Hütten seine gleich-
förmigen Töne hören, und am Ausschneidestuhl beschäftigt die
Schere hundert Hände, während die winzige Nadel in zarter
Hand künstliche Blumen hervorzaubert, um aus allen Welt-
theilen den Segen des Fleißes zu holen. Manche Fabrikanten
halten Hunderte von Arbeitern, und viele von ihnen haben
sich durch Umsicht und Thätigkeit aus der Armut zu großem Reichthum emporgearbeitet. Man erstaunt unwillkürlich über die Ausdehnung der Baumwollengewerbe im Lande,
wenn man die statistischen Mittheilungen prüfenden Blickes
durchgeht. Nach denselben theilten sich im J. 1850 in das
Gewerbe: 77 Kaufleute, 607 Fabrikanten, 9984 Weber, 2972

Spuler, 2160 Nähterinnen und Stickerinnen, 757 Ausschnei-
derinnen und Wislerinnen, 113 Blattmacher, Zettler und
Zwirner, 60 Bleicher, 343 Arbeiter für die Appretur der
Waaren, 112 Zeichner und Modelstecher, in allem also ein
Heer von 17,084 Menschen. Dabei sind nicht gezählt die
Färber und Mechaniker, welche im Dienste der nämlichen
Industrie arbeiten. Ueberdies gehen alljährlich einzig von
Außerrhoden noch Hunderttausende für Arbeitslöhne nach Innerrhoden, ins Rheinthal, nach dem Vorarlberg und in die
süddeutschen Staaten. Die Appenzeller haben es namentlich
in der Kunststickerei durch Feinheit, Genauigkeit der Arbeit
und durch Naturnachahmung sehr weit gebracht. Sie trugen
darum in London und Paris bei Anlaß der bekannten Ausstellungen von Gegenständen der Kunst, Gewerbe und Industrie für ihre Erzeugnisse einen ehrenden Triumph davon.
Medaillen von Gold, Silber, Bronze nebst Ehrenmeldungen
waren der Preis.

Freilich muß zugegeben werden, daß unser Volk bei der
sitzenden Lebensart schwächer, die Lebensdauer kürzer wird,
auch schon darum, weil dem leichten Erwerb Verfeinerung der
Sitten und Genußsucht auf dem Fuße folgen. Indessen kann
und darf uns der Umstand beruhigen, daß die Fabrikation
noch in den Familien wurzelt; sie bildet eine Art Haus-
industrie und wirkt darum bei weitem nicht so verderblich auf
die sozialen Verhältnisse als da, wo der Arbeiter von früh
bis spät in Fabrikgebäuden, bei schlechter Luft und Oeldampf
arbeiten muß.

Neben dem Betrieb der Gewerbe ist es des freien Mannes höchstes Ziel, ein eigenes Heimwesen zu besitzen. Darin
gipfelt sich die Idee seiner Selbstherrlichkeit und Unabhängigkeit.
Das eigene Besitzthum bietet ihm auch in der That durch Heuen,
Emden, Düngen, Holzen, durch Besorgung des Viehstandes
und der Obstbaumzucht immer noch so viel Beschäftigung im

Freien dar, daß Gesundheit und Kraft ihre Pflege finden. Man begegnet darum bei uns auch selten jenen blassen Gesichtern oder abgezehrten Gestalten, wie da, wo die Leute Jahr aus Jahr ein in Fabriken zusammengepfercht sind. Allerdings hat der Außerrhober das kräftigblühende Aussehen nicht, wie sein Nachbar, der Innerrhober; denn dieser hat die Lebensart seiner Ahnen fast ungeschmälert beibehalten. Er treibt Viehzucht und was damit zusammenhängt; Frauen und Töchter, die besten Stickerinnen, ausgenommen, hat er keine sitzende Lebensart; vielmehr vertreibt er seine Zeit im Freien. Kräftig, von robustem Aussehen, zur Sommers- und Winterszeit fast gleich gekleidet, erträgt er das rauhe Klima, den strengen Winter, die schneidenden Winde weit leichter. Dem Außerrhober spielt die Fabrikation mehr Geld in die Hände, und schon darum liebt er Behaglichkeit, schöne und warme Kleider; er neigt sich mit einem Wort dem Luxus zu und entfernt sich solchermaßen mehr und mehr von der Einfachheit seines Nachbars, des Innerrhobers.

Spiele und Volksfeste.

Im Wechsel mit dem alltäglichen Leben oder zur Erholung von Mühe und Sorgen verlangt der Sterbliche billig auch nach Augenblicken, wo er, seiner gewohnten Arbeit lebig, der Freude sich hingeben kann. Diese Einrichtung findet ihre Begründung in der Natur; sie ist vom Schöpfer geordnet. Geist und Körper erhalten dadurch neue Spannkraft oder vermehrten Lebensmuth. Was aber für den Einzelnen Bedürfniß ist, geht allmälig von selbst in die Sitten ganzer Völker über. Nun hat zwar jedes Zeitalter seine besondern Gebräuche für die Geselligkeit; aber zu allen Zeiten spiegelt sich in der Art der Unterhaltung der gemeinsame Charakter einer Nation und deren Bildungsstufe ab. Die olympischen Spiele der Griechen, die Gladiatorenkämpfe der Römer, die Turniere der Deutschen, die Tänze der Franzosen, die Wettrennen und Hahnenkämpfe der Engländer, die Stiergefechte der Spanier waren und sind zum Theil jetzt noch Volksfeste. Während aber die einen derselben bloß der Neugierde fröhnen oder der Grausamkeit Vorschub leisten, hatten andere Gewandtheit und Abhärtung durch gymnastische Uebungen zum Zwecke; sie sollten einer vernünftigen Geselligkeit dienen oder aber dem Vaterlande für Zeiten der Gefahr kräftige Söhne liefern.

Im Mittelalter, als noch das Recht der Selbsthülfe galt, stunden unsere Väter oft im Kampfe für und wider ihren Dränger, den Abt von St. Gallen. Später galt ihre Tapferkeit viel bei den Eidgenossen; denn bei ihrem lebhaften Geiste liebten sie den Waffentanz und die kriegerischen Beschäftigungen mehr als ihre Nachbarn, die Bewohner des Flachlandes. Es ist darum auch sehr natürlich, daß man in Friedenszeiten Unterhaltungen suchte, welche in physischer Stärkung und Gewandtheit ihre Erholung hatten. Man übte sich im Ringen, Springen, Tanzen, Kegelschieben, Plattenwerfen oder Steinplätteln, im Steinstoßen und andern ähnlichen Spielen. Die Obrigkeit selbst begünstigte solche Belustigungen, weil ihr bei der geringen Ausdehnung des Landes an einem wehrhaften Volke zwiefach gelegen sein mußte und erließ deßhalb bezügliche Verordnungen.

„Die Weid- und Alpstubeten, so lautete eine derselben, sollen dem jungen Volke nach der Mittagspredigt erlaubt sein, damit sie ihren Muth in Zucht und Ehrbarkeit zeigen könne und soll deßhalb jeder Meßmer eine Stunde früher einläuten, damit man an dieselben gehen kann.“

Zur Zeit, als die Feuerwaffe noch nicht allgemein war, kam das Armbrustschießen auf. Später, nach dem Schwabenkriege, lernten die Appenzeller auch die furchtbare Wirkung der Geschosse mit Pulver kennen; es entstunden die Frei=schießen, weil dem Volke viel daran lag, auch in Handha=bung der neuen Schießwaffe tüchtig zu werden. Das erste Schießen, dem auch Appenzeller beiwohnten, fand 1618 in St. Gallen statt. 1642 setzte Landammann Joh. Zellweger von Teufen einen kostbaren Stier als Preis aus. Später kam es auf seinen Antrag selbst so weit, daß Neu= und Alt=räthe für diesen Zweck eine jährliche Schützengabe von 300 Gulden bewilligten. Drei Jahre später veranstaltete man in Appenzell ein Freischießen, dem 300 Schützen beiwohnten. Das großartigste Fest dieser Art war aber 1646 in Herisau. Es dauerte 8 Tage und stund unter obrigkeitlicher Leitung. 564 Schützen aus der Nähe und Ferne wohnten demselben in schönster Eintracht bei. Schon hatte der Festort ein wohl=eingerichtetes Schützenhaus. Das war der Anfang zu den kantonalen und eidgenössischen Schützenfesten, wie solche heu=tigen Tages in großartigstem Maßstabe regelmäßig wiederkehren.

Wie die Schützen=, so haben auch die Sängervereine von der Schweiz aus sich in monarchische Staaten verbreitet und mehr oder weniger allerorten zur Weckung und Kräfti=gung des Volksbewußtseins beigetragen. Das unbestrittene Verdienst, für Hebung des Volksgesanges den Anstoß gegeben zu haben, gebührt Außerrhoden.

Nachdem nämlich die oft gesungenen Lieder eines Bach=ofen, Schmidli und Lavater allmälig außer Uebung ge=kommen waren, trat in unserm Lande der geniale Volksmann, Landsfähnrich Tobler in die Schranken. Seine Komposi=tionen für den Volksgesang, unter denen hier beispielsweise nur auf die herrliche Ode: „Alles Leben strömt aus dir", aufmerksam gemacht wird, fanden allgemeinen Beifall. Die Lust zum Gesang wachte im Volke neu auf, und als später Weishaupt auftrat, fand er den Boden empfänglich für

seine beabsichtigten Leistungen auf diesem Gebiet. Durch ihn
und Tobler bildete sich in den Zwanzigerjahren der sogenannte „Landgesang" für Vereinigung der zahlreichen Sektionen aus den Gemeinden. Hunderte von Sängern versammeln sich seither zu ihren Jahresfesten, welche als eine ganz
neue Erscheinung auf dem Gebiete der Volksveredlung anzusehen sind. Bald fand das Beispiel Nachahmung in fast
allen Kantonen deutscher Zunge und selbst in Deutschland
zeigt sich seither ein edler Wetteifer darin. Der Volksgesang erhielt dadurch seine Berechtigung gegenüber dem Kunst-
gesang. Als Zweck schwebte den Stiftern die Veredlung
der geselligen Vergnügungen vor, und dieser sollte erreicht
werden durch einfache Lieder mit kunstlosen, ansprechenden
Singweisen.

Dr. Wakernagel von Basel drückte sich 1825 bei Anlaß
des Sängerfestes auf Vögelinsegg über die Bedeutung des
Volksgesanges also aus: „Nicht sinn- und naturlos ver-
schnörkelte Kunst mit Läufen und Trillern verbrämet, die eitel
buhlend um menschliche Gunst der menschlichen Stimme sich
schämet. Nein! Lieder aus freier, natürlicher Brust, die sind
unser Leben, die sind unf're Lust."

Uebergehend zu andern Volksbelustigungen aus alter und
neuer Zeit, erwähnen wir zuerst des bis 1726 üblichen, sogenannten Ritterspiels. Mehrere Gemeinden, namentlich
die des Mittellandes, thaten sich am Pfingstmontag Nach-
mittag zusammen. In einer Entfernung von 500 Schritten
bildeten hierauf die von Trogen und Speicher auf der einen,
die von Teufen, Bühler und Gais auf der andern Seite
ihre Schlachthaufen. Aus einem derselben trat ein Mann
hervor, einen Gegner mit dem Rufe herausfordernd: „Ritter,
Ritter! Der Hauptmann kommt." In der Absicht, Gefangene
zu machen, liefen dann die Parteien durch wiederholte Her-
ausforderungen gegen einander. Die Mehrzahl der unerreicht

am Ziele Anlangenden entschied den Sieg. Zur Verhütung von Gewaltthätigkeiten wurde das Fest von Rathsgliedern überwacht, was aber nicht allemal genügte; denn nicht selten fielen arge Mißhandlungen zwischen Raufbolden vor, weßhalb die Obrigkeit sich endlich veranlaßt sah, das Ritterspiel zu verbieten. — Ungefähr in die nämliche Zeit, von Ostern bis Pfingsten, fielen die Eierlesen, beliebte Spiele für Erwachsene. Hundert und mehr rohe Eier werden dabei in Entfernungen von einem Schritt auf einen Wiesenplan in gerader Linie hin gelegt. Zwei mit Bändern geschmückte, leichtgekleidete Jünglinge oder Männer bieten sich nun zum Wettkampfe an. Dem Einen liegt ob, eine bestimmte Strecke Weges zurückzulegen und Beweise zu geben, daß er am Ziele gewesen; der Andere ist gehalten, unterdessen ein Ei nach dem andern behutsam in eine mit Kleie, Grummet oder Stroh gefüllte Wanne zu tragen, welche ihren Standort nicht verändern darf. Welcher nun seine Aufgabe am schnellsten zu lösen vermag, ist Sieger und wird als Held des Tages begrüßt. Alle begeben sich hierauf in die Schenke, um bei Sang, Tanz und Schmaus die Eier zu verzehren.

In den hohen Sommer fallen die Hirtenfeste (Alpstubeten). Ihnen folgen nach der Rückkehr der Sennen aus den Alpen die Kirchweihfeste oder Kilben.

Den Kranz der Winterfreuden eröffnet in den Gemeinden des Kurzenbergs, zum Theil auch des Mittellandes, der Kläusler oder Nikolaustag und die Spiele der Unerwachsenen mit Nüssen. Ihm folgt nach Neujahr die Fastnacht mit Schlittenfahrten, Tanzbelustigungen und Trinkgelagen, der Funkensonntag mit seinen Feuerzeichen und Bachenschnittenschmäusen. In die nämliche Zeit fiel auch das sogenannte Blockfest, welches jedoch immer seltener, heutzutage nur noch von einigen Gemeinden des Hinterlandes begangen wird. Dasselbe scheint, wie der Funkensonntag, heidnischen

Ursprungs zu sein. Auf Anordnung der Priester soll in uralter Zeit ein Bild der Göttin Freya (Göttin der Fruchtbarkeit) von Ort zu Ort geführt worden sein. Den Zug
eröffnete ein geheiligter, von 2 jungen Kühen gezogener Wagen.
Wo immer derselbe hinkam, war Jubel und Freude; jedermann feierte von der Arbeit; denn man wollte die Göttin
ehren, damit sie beim Kommen des Lenzes dem Lande Fruchtbarkeit und den Saaten Gedeihen spende. Im Hornung, am
Blockmontag treten junge Männer zusammen. Mit Tannen-
zweigen geschmückt, führen sie mächtige Blöcke auf die Säge-
mühle. Nachdem der bestimmte Weg zurückgelegt ist, werden
dieselben abgeladen, und Wirthshausfreuden bis tief in die
Nacht bilden den Schluß des Festes für die lustigen Zechbrüder.

Der Ostermontag hat, wie wir oben gesehen, seine
Eierfreuden zur Belustigung für Jung und Alt. Die Jugend sammelt sich in Dörfern und auf Wiesengründen mit
gefärbten Eiern und geht Wetten ein, wer von ihr die stärk-
sten Eier besitze. Zum Beweise werden die Spitzen (Spitz
und Gopf) auf einander geschlagen, was man „Pöpperlen",
auch „Chlöcklen", heißt. Wessen Ei ein Loch bekommt, hat
verlorenes Spiel und muß sein beschädigtes Ei dem Sieger
abtreten. Der Verbrauch von Eiern an diesen Tagen ist
fabelhaft. Auf Ostern folgt die Landsgemeinde, ein bür-
gerliches Fest, das Jung und Alt mit Jubel erfüllt. —

Der neuern Volksfeste, im hohen Sommer begangen,
als der Schützen- und Sängerfeste, der Turn- und Jugend-
feste, ausführlich zu erwähnen, verbietet der Raum des Buches,
weßhalb wir hier abbrechen.

———

Das Straßenwesen.

Gute Verkehrsmittel sind die sichersten Merkzeichen eines wohlorganisirten Staates. Abgesehen davon, daß sie der Geselligkeit vielfach Vorschub leisten, erleichtern sie auch den Verkehr und befördern dadurch den Wohlstand eines Volkes in hohem Grade. Für uns sind aber gute Straßen auch schon deßhalb von Wichtigkeit, weil von verschiedenen Seiten her Schienenwege an die Grenzen des Landes führen. Tausende von Fremden werden, je besser die Kommunikationsmittel sind, lieber unser Land bereisen und dadurch indirekte zur Vermehrung des Wohlstandes beitragen. Zwar sind Straßenbauten überall mit großen Kosten verbunden, besonders aber da, wo Gebirge, Hügel und zahlreiche Schluchten der Anlage eine Menge technischer Schwierigkeiten entgegensetzen. Darin lag wohl auch ein Hauptgrund, warum bei uns die Straßen Jahrhunderte lang in einem kläglichen Zustande belassen wurden. Als aber Außerrhoden das Hirtenleben einmal verließ, um sich durch die Industrie bessere Hülfsquellen zu schaffen, mußte auch auf diesem Gebiete der Fortschritt sich allmälig Geltung verschaffen. Das Beispiel des Nachbarkantons trug dazu nicht wenig bei; denn schon unter der äbtischen Verwaltung wurden in St. Gallen großartige Opfer für diesen Zweck gebracht.

Werfen wir zuerst einen Blick in die älteste Zeit, so finden wir, daß der Verkehr damals vorzugsweise durch Hohlgassen vermittelt und diese von Saumpferden und Reitern benutzt wurden. Regellos angelegt, hatten dieselben fast immer das nächste Ziel im Auge; sie führten die Abhänge auf und ab, meist über die höchsten Punkte. Mit unförmlichen Steinen gepflastert, oder mit Knütteln belegt, dienten solche Wege gleichzeitig als Rinnsale für das Wasser. Oft

führten sie ohne Ueberbrückung durch Bäche und über Abgründe; aber trotz der kläglichen Beschaffenheit waren sie für
den Verkehr und als Leichenfahrwege zum Friedhofe dennoch
eine Wohlthat. Fußgänger behalfen sich dann freilich mit
selbstgetretenen Nebenwegen; zum Transport von Holz, Steinen und andern Fahrgegenständen bediente man sich dagegen
der sogenannten Winterwege oder Schneebahnen. Diese durften
von Martini bis Lichtmeß von jedermann befahren werden;
denn es galt das natürliche Gesetz, daß man zwischen Himmel
und Erde gehen und fahren dürfe, wo man könne und wolle.
Zu den Seiten der Hohlgassen stiegen die Böschungen, meist
mit Holz bewachsen, oft so hoch an, daß der Reiter nicht
darüber hinweg sehen konnte; auch waren dieselben meist sehr
eng, kaum daß zwei Pferde einander auszuweichen vermochten.
Im 13. Jahrhundert bestimmte man die Breite dahin, daß
der Reiter mit dem Speer, den er quer auf dem Sattel trug,
ungehindert durchkommen könne. Für die sogenannten Königs-
straßen war die Breite auf 16' festgesetzt. Noch findet man
hie und da Ueberreste solch alterthümlicher Wege, jedoch sind
dieselben meist spurlos verschwunden. War zur Zeit des
Unterthanenverhältnisses ihre Zahl selbst noch gering, so
mehrte sich dagegen dieselbe mit Entstehung der Pfarrgemeinden und nachdem das Land von der Abtei St. Gallen unabhängig geworden war. Walzenhausen, Reute, Wolfhalden,
Heiden, Rehetobel, Wald und Schwellbrunn erhielten gleich
ihren Muttergemeinden bald urkundliche Straßenrechte.

Zu den ältesten Straßen, welche von jeher die Rechte
einer Hauptlandstraße besaß, gehörte die von St. Gallen über
Trogen nach Altstätten. Als im Jahr 1212 Kaiser Friedrich
II. zum Kampfe wider seinen Gegenkaiser Otto von Italien
her nach Deutschland zog, holte ihn der Abt von St. Gallen
in Altstätten ab und führte ihn über den Ruppen nach seinem
Kloster. — Im Jahr 1635, bei Anlaß der Bündnerunruhen,

sehen wir eine Heeresabtheilung auf diesem Wege nach Bünden eilen. Die evangelischen Stände hatten nämlich dem Herzog Rohan, welcher im Auftrage der französischen Regierung den Bündnern gegen Spanien und Oesterreich Hülfe bringen sollte, den Durchzug bewilligt. Mit 6000 Mann Fußvolk und 1000 Reitern, großentheils aus schweizerischen Söldlingen bestehend, unter ihnen auch 200 Appenzeller, zog Rohan am Osterfest von St. Gallen aus über Vögelinsegg nach Altstädten. In Speicher und Trogen unterblieb deßhalb die Kommunionshandlung, zumal die Männer fast über Vermögen in Anspruch genommen werden mußten, dem Heere auf Saumpferden Munition und Bagage nachzuführen.

In den gewinnreichen Zeiten des Leinwandhandels, namentlich in den Achtzigerjahren des vorigen Jahrhunderts, regte sich zuerst ein ungewöhnlicher Eifer für Straßenbauten. Schlag auf Schlag folgten Verbesserungen und zwar in der Richtung von Herisau nach Goßau und nach St. Gallen, gegen Westen über Waldstatt nach dem Toggenburg und von St. Gallen über Trogen nach Altstädten. Allein auch das genügte nicht mehr; denn immer noch waren manche Straßen so elend angelegt, als wollte man Fremden den Eintritt ins Land verwehren. Während der franz. Revolution folgte deßhalb ein neuer Anstoß; allein diesmal kam er von außenher. Fremde Heere kämpften 1799 um den Besitz des Schweizerlandes. Die Oesterreicher zu vertreiben, verlangte Frankreich leichtern Durchpaß. So mußte die Straße gegen das Toggenburg abermals verbessert und von St. Gallen aus über Teufen, Bühler, Gais nach Altstädten stellenweise eine leichtere Zugsrichtung gesucht werden. Als aber nach jenen sturmbewegten Zeiten die Freiheit wiederkehrte, wollte das Volk die Vortheile eines erleichterten Verkehrs auch für die Zukunft gewahrt wissen. Die Fahrbreite der erwähnten Straßen wurde auf 14 Fuß erhöht und durch das Mittelland über den Kurzenberg eine neue angelegt. Solcherweise schritten die Verbesserungen nach kürzern oder längern Unterbrechungen in erfreulicher Weise fort. Die größte Schwierigkeit lag aber theils in der Unterhaltspflicht, theils in den Bodenabtretungen der Anstößer. Fort und fort erhoben sich Anstände zwischen Staat, Gemeinden und Privaten. Das Jahr 1834 beseitigte endlich mit einem Male diese Hemmnisse durch den Erlaß des bekannten Expropriationsgesetzes, nach welchem jeder Bodenbesitzer angehalten werden kann, das erforderliche Land, immerhin gegen angemessene Entschädigung, abzutreten, wofern das öffentliche Wohl es unumgänglich fordert. In Folge dieser Errungenschaft erwachte der Eifer für Straßenbauten neuerdings, welche aber, da der Staat noch kein Straßengesetz hatte, auf Kosten der Gemeinden ausgeführt werden mußten. Man ließ Ingenieure aus Italien kommen und kundige Arbeiter. So entstunden nach einander kunstgerechte Straßen von Altstädten über den Ruppen und Vögelinsegg nach St. Gallen, von Grub nach St. Gallen, von Rehetobel über den Klusgonten, von Grub und Lutzenberg nach Rorschach und die kühne Brückenbaute im Hundwilertobel, letztere für Anbahnung einer Korrektion der Längenstraße durch das Mittelland. In Teufen, Bühler, Gais, Herisau, Waldstatt und Schwellbrunn wurden die bereits angelegten Straßen nach den Regeln der Technik korrigirt. Mit einer so großartigen Vermehrung steigerten sich aber auch die Kosten des Unterhalts in bedenklicher Weise und damit natürlich auch das Bedürfniß von Zollstätten für Erhebung des Weggeldes. Dieser neue Uebelstand fand aber im Jahr 1848 durch die neue Bundesverfassung seine Erledigung, weil durch dieselbe sämmtliche Zollstätten an die Grenzen der Schweiz verlegt wurden.

So war denn dem Lande für den Verkehr im Innern und nach außen die Morgenröthe einer bessern Zukunft an-

7

gebrochen. Angesichts solcher Fortschritte wollte man aber
auf halbem Wege nicht stehen bleiben. Die Landsgemeinde
vom Jahr 1851 gieng in Sachen weiter. Sie genehmigte
das in Kraft bestehende Straßengesetz, welches zur Ausführung des nunmehr vollendeten Straßennetzes über das ganze
Land führte. Zu dem Ende wurden sämmtliche Fahrwege
nach Breite und Gefäll in drei Klassen ausgeschieden. Zur
ersten zählen die frühern Weggeldsstraßen mit einer Fahrbreite von 20 Fuß und höchstens 7 Prozent Steigung; zur
zweiten alle schon bestehenden und noch zu erstellenden Haupt-
verbindungsstraßen, deren Breite bei 9 Prozent Gefäll nicht
weniger als 16 Fuß beträgt, und zur dritten Klasse endlich
die Gemeindestraßen mit einer Breite von wenigstens 14 Fuß
und einem Gefäll von höchstens 11 Prozent. Als Straßen
erster Klasse gelten nun die Züge von Winkeln über Herisau und von hier nach Goßau, vom Watt in Teufen über
Bühler, Gais und von da nach Appenzell und Altstädten,
wie auch von Vögelinsegg über Speicher und Trogen zum
Ruppen.

Die Straßen zweiter Klasse verbinden die Gemeinden
Urnäsch, Waldstatt, Hundwil, Stein, Teufen, Speicher, Trogen,
Wald, Rehetobel (Kaien), Grub, Heiden, Wolfhalden und
Lutzenberg. Andere Züge dieser Klasse verbinden Urnäsch mit
Gonten, Herisau mit Degersheim, Heiden mit Grub, Reute
mit Altstädten und endlich Hundwil mit Appenzell.

Der Unterhalt der Straßen erster und zweiter Klasse
liegt dem Staate ob. Für die Straßen und Brücken dritter
Klasse haben dagegen die betreffenden Gemeinden einzustehen,
werden aber vom Staate angemessen entschädigt.

Wie aber, könnte gefragt werden, vermag der Staat
eine so schwere Last zu tragen? Auch da mußte die neue
Bundesverfassung Rath; denn während sie mit der einen

Hand genommen, hat sie mit der andern auch gegeben. Durch
Verlegung der Binnenzölle an die Grenzen und mittelst Zen=
tralisation des Postwesens ist der Gewinn für die Bundes=
kasse so erheblich geworden, daß die Kantone für die Einbuße
mehr oder minder entschädigt werden können. Die Erstellung,
b. h. die erstmalige Anlage von Straßen und Brücken, er=
fordert nun allerdings große Opfer; aber für den Unterhalt
sind wir wenigstens theilweise durch jene Entschädigungen
gedeckt.

So hat denn der Landsgemeindebeschluß vom 27. April
1851 nach langjährigen Kämpfen, Sorgen und Mühen seine
Vollziehung gefunden. Ueber den ganzen Kanton ist ein
Straßennetz gelegt, welches nach allen Richtungen hin den
Verkehr erleichtert. Während man ehedem oft nur auf elenden
Kletterwegen von 23 Prozent Steigung zum Hauptorte ge=
langen konnte, erreicht man nun das abgelegenste Dorf mit
11 Prozent Steigung. Durch die Längenstraße von West
nach Ost, oder von Schönengrund bis Lutzenberg stehen auch
sämmtliche Gemeinden in direkter Verbindung. Die frühere
Abschließung einzelner Ortschaften aus Mangel an Verbin=
dungsstraßen ist somit von nun an aufgehoben. Darüber
hat aber freilich das Land, haben auch die Gemeinden mit
Inbegriff der Bodenentschädigungen ein Opfer von mehr denn
zwei Millionen Franken gebracht. Und das geschah alles, ohne
daß der Staat, wie es anderwärts beliebte Mode ist, zu
Anleihen seine Zuflucht nehmen mußte. So viel vermag das
Zusammenwirken eines einträchtigen Volkes mit einer unter
sich ebenso einigen Regierung!

Das Post- und Botenwesen.

Seit das Land im Besitze guter Straßen sich befindet, hat es auch den Vortheil fahrender Posten und damit den erleichterten Verkehr im Innern und nach außen. Für ein gewerbtreibendes Land überwiegt aber dieser Gewinn jedes Opfer, das für dessen Herstellung gebracht werden muß. So lange kunstgerecht erbaute Straßen fehlten, waren wir für den Postverkehr lediglich auf St. Gallen angewiesen. Die Gemeinden hielten ihre Briefträger und Fuhrboten, von denen die einen täglich, andere jedoch nur an den Markttagen ihre Tour dahin zu machen pflichtig waren. Der Verkehr erwies sich deßhalb nicht allein als unsicher und schleppend, sondern auch als sehr kostspielig; denn jeder Bote bezog für Besorgung eines Briefes 2 Kreuzer, eine Auslage, die sich so oft wiederholte, als die Sendung von einem Boten an den andern übergieng. Selten giengen zwar Postgegenstände verloren, aber wenn es geschah, gelangte man weder zu Gehör noch Recht.

Wie ganz anders stehen die Dinge seit der Zentralisation des Postwesens durch die neuen Bundeseinrichtungen! Wie niedrig sind die Gebühren! Ein einfacher Brief z. B., der bei der alten Einrichtung von hier bis Genf auf 30—40 Rp. taxirt war, macht nun, wenn er frankirt wird, den nämlichen Weg für 10 Rp. Zeitblätter gelangen für 3 Rp. nach Neapel, für 5 Rp. in das noch weiter entfernte Algerien an der afrikanischen Küste. Der amtliche Verkehr geht bis auf ein gewisses Gewicht sogar leer aus, wodurch dem Staate erhebliche Summen erspart werden. Der Hauptgewinn aber liegt in der Sicherheit und Schnelligkeit der Spedition. Täglich gelangen Briefe und Zeitungen in die Bergdörfer hinauf, wie in die entlegensten Weiler. Man kann sich aber auch einen Begriff machen von der Lebhaftigkeit des dadurch entstandenen Verkehrs, wenn man erwägt, daß einzig auf den St. Galler-Appenzeller-Routen während des Sommersemesters monatlich um 1500 Reisende befördert werden, daß die Zahl der Briefe auf einem Postbureau, das bei weitem nicht das bedeutendste ist, per Monat auf 3000 Stück ansteigt und daß im Ganzen die im nämlichen Zeitraum ankommenden Zeitblätter 4000 Nummern betragen. — So viele Vortheile verdanken wir den guten Verkehrsmitteln, obschon die Eisenbahn keine der appenzellischen Ortschaften direkte berührt.

Gegenwärtig wird der Verkehr durch folgende Postkurse vermittelt. Erstlich von St. Gallen aus über Teufen, Bühler, Gais nach Appenzell, ferner über Grub nach Heiden, über Speicher nach Trogen und endlich über Herisau, Waldstatt, Schönengrund nach Wattwil sieht man den Postwagen täglich 2 mal kommen und gehen. Von Gais nach Altstädten und von Heiden aus über Wolfhalden nach Rheineck geschieht es in der Regel 1 mal im Tage. Auch die „Mittellandstraße" hat nun ihre Postkurse. Täglich fährt der Wagen von Heiden über Wald, Trogen, Speicher nach Teufen und von da über Stein und Hundwil nach Herisau und Urnäsch. Nach Vollendung der Gontenerstraße dürfte derselbe seine Tour auch über Gonten nach Appenzell fortsetzen. Für Belebung der Verkehrsverhältnisse nach außen steht Herisau mit dem Bahnhof Winkeln in oft wiederkehrender Verbindung.

Bei allen diesen Fahrten findet die Retourfahrt auf die nämliche Weise statt. An den bedeutendsten Ortschaften werden überdies für den Personenverkehr auch die erforderlichen Beiwagen geliefert. Für Ortschaften, welche von den bezeichneten Kursen gar nicht oder nur einmal im Tage berührt werden, bestehen Fußbotenkurse. In allen Gemeinden finden sich selbstverständlich auch Postablagen, welche die Vertheilung der Gegenstände an die Adressaten zu besorgen haben, nicht zu gedenken des elektrischen Stroms, dieses merkwürdigen

Austauschmittels menschlicher Gedanken. Wem nämlich die von
der Postverwaltung gebotenen Verkehrsmittel nicht genügen,
dem steht in Heiden, Appenzell, Gais, Bühler, Teufen, Trogen und Herisau auch der Telegraph zu Gebote. Von den
genannten Telegraphen-Bureaux aus können auf Verlangen
und gegen die tarifmäßige Taxe auch die übrigen Ortschaften
durch Expresse oder Estaffetten bedient werden.

Münzen.

Für Erleichterung des Verkehrs genügt aber nicht, daß ein
Land gute Straßen oder ein wohleingerichtetes Postwesen be-
sitze. Vielmehr ist für den Austausch der Waaren oder deren
Kauf und Verkauf auch eine Gleichförmigkeit in Münzen,
Maßen und Gewichten erforderlich, wenn nicht der Eine oder
Andere in Schaden gebracht oder durch beschwerliche Reduk-
tionen und mühsame Berechnungen geplagt werden soll. Man
sah sich in der Schweiz vor den neuen Bundeseinrichtungen
diesfalls in ein wahres Labyrinth versetzt; ein gräulicher
Wirrwar in den Geld- und Maßverhältnissen erschwerte den
Verkehr allerorten. Beinahe jeder Kanton, ja selbst Städte
und Marktflecken hatten ihr eigenes Maß und Gewicht. Mit
dem allgemeingültigen Tauschmittel, dem Gelde, stund es
nicht besser. Selbst das kleine Außerrhoden ließ sich im Jahr
1812 herbei, in der Münzstätte von Bern eigene Pfennige,
halbe und ganze Batzen, Franken, halbe und ganze Thaler
zu 4 alten Franken prägen zu lassen. Auf der einen Seite
tragen dieselben das Wappen des Landes, den Namen des
Kantons nebst dem sinnigen Motto: „Jedem das Seinige“,
auf der Rückseite das Wappen der Eidgenossenschaft der 19
Kantone. 1816 fand eine neue Prägung mit dem neuen

eidgenössischen Wappen statt; des guten Silbergehaltes wegen
wurde aber dieses Geld bald sehr rar. — Bünden hatte
seine Blutzger und von den hiesigen ganz verschieden taxirte
Gulden zu 12 Batzen. Galten bei uns die Louisdor 11
Gulden zu 15 Batzen, so hatte dasselbe Goldstück in Zürich
nur 10 Gulden und diese eine Eintheilung in 16 Batzen, welche
in ihrem Werthverhältnisse zu den uns'rigen natürlich wiederum
verschieden waren. Ebenso rechneten Zürich und Glarus nach
Schillingen, die unter sich abermals einen veränderten Werth
hatten. Bern, Solothurn und Basel hielten sich an die alten
Schweizerfranken, eingetheilt in Batzen und Rappen nach dem
dekadischem System. So gieng es fort von Kanton zu Kanton bis Genf, Wallis und Tessin, welch letzterer Staat größtentheils an das italienische Münzsystem gewiesen war. Erachtete es der eine oder andere Kanton in seinem Interesse,
das benachbarte Geld zu verdrängen, weil er es für schlechter
hielt als das seinige, so setzte er es einfach im Werthe herunter oder gar außer Kurs, wodurch der Nachbarkanton in
Nachtheil kam. Die Nothwendigkeit eines einheitlichen Systems war nun zwar längst eingesehen und erkannt worden;
allein so lange die Angelegenheiten des gemeinsamen Vaterlandes von der Tagsatzung geleitet wurden, konnten sich die
Kantone gerade über die wichtigsten Interessen selten einigen.
Es war daher gewiß ein eben so zeitgemäßes als verdienstliches
Werk der Bundesbehörden, Ordnung und Einheit ins Münz-,
Maß- und Gewichtwesen zu bringen. Sollten die Schweizer
in Wahrheit ein einiges Volk sein, so mußte auch auf diesem
Gebiete alles beseitigt werden, was die Kantone von einander
absperrte. Bei der Liebe zum Althergebrachten war es aber
eine höchst schwierige Aufgabe, so tiefeingreifende Neuerungen
durchzusetzen.

Die Grenzbewohner, im täglichen Verkehr mit dem Auslande, mußten die Schwierigkeit einer veränderten Maßbe-

stimmung am empfindlichsten fühlen, weßhalb sie sich auch
zu Aenderungen nur mit Widerstreben herbeiließen. Vor
allem wurde von der Behörde ein einheitlicher Münzfuß festzustellen gesucht. Verschiedene Wege standen hiefür offen.
Entweder war für die Schweiz ein eigenes, vom Ausland
unabhängiges System aufzustellen, oder man konnte dem
deutschen Guldenfuß sich anschließen, oder endlich das System
von Frankreich wählen. Die Bundesbehörden entschieden, trotz
entschiedener Einsprache der östlichen Kantone, für das letztere.
Seit 1850 wird nun durch alle Gaue des Vaterlandes nach
Franken gerechnet. Dieser bildet die Grundeinheit im Geld-
werth; er wiegt 5 Gramm und bestund anfangs zu ⁹/₁₀ aus
Silber und zu ¹/₁₀ aus Kupfer. Seine Eintheilung geschieht
in 100 Cent.; der halbe Franken hat mithin 50 Cent. Zu
den sogenannten Billonmünzen gehören der Fünftel-, der Zehn-
tel- und der Zwanzigstelfranken oder die Zwanzig-, Zehn- und
Fünfrappenstücke. Die Zwei- und Einrappenstücke sind Kupfermünzen. 5 Franken bilden einen Thaler, 4 Thaler den sogenannten Napoleond'or in Gold. Frankreich, Belgien, Sardinien, mit Ausnahme der päpstlichen Staaten auch das übrige Italien und die Schweiz bedienen sich nun des nämlichen
Münzfußes. Gegenüber dem Gewinn, der durch die Gleichförmigkeit im Geldverkehr seit Annahme dieses Systems durch
alle Kantone erzielt worden, kommt die Schwierigkeit der
Einführung des neuen Geldes nicht in Betracht. Die Berechnung ist nun für Jedermann sehr leicht. Für den Verkehr mit Deutschland sind die Hindernisse freilich nicht ganz
gehoben, weil daselbst die Münzsysteme, wie vormals bei uns,
noch verschieden sind. Oesterreich hat übrigens bereits eine
Veränderung seines Münzfußes vorgenommen, und, obschon
in etwas abweichender Art, sich unserm System genähert.
Seine Gulden haben annähernd 2¹/₂ Franken an Werth, 2
Gulden wären demnach 5 Franken und 8 Guldenstücke beinahe

ein Napoleond'or. Genug, daß man im Innern mit den verschiedenen Münzsorten einmal aufgeräumt hat.

Die Reduktion der Franken in deutsche Gulden und umgekehrt der Gulden in Franken ist in den nördlichen Kantonen einstweilen noch an der Tagesordnung; allein mit Hülfe gegebener Tabellen macht sich die Sache leicht. 33 Gulden betragen in ihrem Silberwerth annähernd 70, oder 100 Gulden 212 Franken. Im einen wie im andern Falle sind Gewinn und Verlurst unbedeutend. 100 Gulden verlieren bei ihrem Umsatz nach dem Verhältniß : 100 gleich 212 bloß 9 Heller; noch genauer stellt sich der Guldenwerth heraus nach dem Verhältnisse : 33 gleich 70; denn in diesem Falle hat man bei 100 Gulden, auf Franken reduzirt, einen Mehrwerth von 1, ₄ Heller.

Einer bessern Einrichtung zu lieb, muß man sich aber allezeit etwelche Opfer gefallen lassen. Da nun in dem vorliegenden Falle Verlurst und Gewinn kaum der Erwähnung werth sind, so haben wir alle Ursache, das Frankensystem seiner Einfachheit wegen als eine höchst willkommene Neuerung aufrichtig zu begrüßen.

Maße.

Gleich wie im Münzwesen, waltete auch in den Maßbestimmungen eine fatale Zersplitterung in den Kantonen, ein Wirrwar, der auf den Verkehr überaus hemmend und höchst erschwerend einwirken mußte. Bei der Tagsatzung lag es aber nicht, Schäden zu beseitigen, welche so sehr in das Wesen der Kantonalsouveränität eingriffen. So etwas konnte damals nur durch Zusammentritt einzelner Kantone, oder mittelst Konkordaten, geschehen. Wirklich traten schon **1835** vierzehn Kantone, darunter die reichsten, gewerbthätigsten der deutschen Schweiz, in der Absicht zusammen, dem hemmenden Unwesen in den Maßbestimmungen Schranken zu setzen.

Nach Annahme der neuen Bundesverfassung folgte, wie männiglich weiß, die Aufhebung der Zölle im Innern, die Zentralisirung des Postwesens und ein einheitlicher Münzfuß. So konnte die Einführung eines gemeinsamen Maß= und Gewichtssystemes durch sämmtliche Gaue des Vaterlandes nicht ausbleiben. Laut Bundesgesetz vom **24.** Christmonat **1851** wurden die Konkordatsbestimmungen Vorschrift für die ganze Schweiz. Man konnte sich leicht damit befreunden, weil eine Einheit für den Verkehr aller Orten längst gewünscht worden war. Die üblichen Maßbestimmungen schließen das Längenmaß, das Flächenmaß, das Körper= oder kubische Maß und das Hohlmaß in sich.

Das Längenmaß bestimmt die Größe eines Gegenstandes nur nach einer Ausdehnung und besteht nach absteigender Ordnung aus der Wegstunde, der Ruthe, der Klafter, dem Stab, der Elle, dem Fuß, dem Zoll, der Linie und dem Strich. Die schweizerische Wegstunde hat **16000** Fuß; dieser bildet die Grundeinheit der neuen Maßordnung, d. h. alle Maße, größer oder kleiner als der Fuß, werden nach diesem bestimmt. Der Fuß beträgt drei Zehntheile des französischen Meters und besteht aus **10** Zoll, dieser aus **10** Linien und die Linie aus **10** Strichen; die Ruthe hat **10,** die Klafter **6,** der Stab **4** und die Elle **2** Fuß. Verschieden von dem Längenmaß ist das Flächenmaß; denn es bestimmt eine Größe nach Länge und Breite. Um Bretter, Gärten, Felder oder Landschaften zu messen, bedarf man also der Flächenmaße. Man unterscheidet den Quadratfuß von **100** Quadratzollen, die Quadratklafter von **36,** die Quadratruthe von **100,** die Juchart von **40,000** und die Quadrat=

stunde von **256,000,000** Quadratfuß. Quadrat=Klafter, Quadrat=Ruthen und Jucharten dienen als Feldmaße; Quadratstunden dagegen als geographische Flächenmaße zur Festsetzung von Länderstrecken.

Raumgrößen, die nicht von Linien, sondern von Flächen begränzt sind, nennt man Körper. Bei einem Körper von Würfelgestalt kommt die Länge der Breite und diese der Höhe gleich. Die Größe eines beliebigen Körpers zu bestimmen, bedarf es also des körperlichen oder Kubikmaßes, und dieses ist der Kubikfuß, die Kubikklafter, die Kubikruthe und Kubikmeile. Heustöcke, Mauerwerk, Steine, Erde ꝛc. werden nach Kubikschuhen oder nach Kubikklaftern bestimmt. Das Maß für Scheitholz macht hievon eine Ausnahme. Ein Klafter Scheitholz muß zwar an der Vorder= und Hinterfläche ebenfalls nach jeder Richtung 6 Schuh enthalten, die Scheitlänge aber oder die Dicke der Masse beträgt **2, 3 — 6** Fuß, je nachdem Käufer und Verkäufer unter sich einig werden.

Das Hohlmaß dient zur Bestimmung trockener Gegenstände, als: Obst, Getreide, Nüsse, Mais ꝛc., obschon auch für solche Dinge das Wägen immer mehr in Uebung kommt, und zum Messen von Flüssigkeiten. Für trockene Sachen bedient man sich des Sesters oder Viertels. Es hat vier Vierlinge und dieser vier Mäßlein oder Immi. Ein Sester hat demnach 16 Immi; er faßt 15 französische Liter oder 30 Pfund destillirtes Wasser von 3,₅ ° Wärme nach Réaumur; denn je wärmer das Wasser ist, desto mehr dehnt es sich aus, wird leichter und nimmt dann einen größern Raum ein. Die Form für das Viertel bildet einen Zylinder, dessen Höhe dem halben Durchmesser gleich kommt. Als Hohlmaße für Flüssigkeiten gelten der Saum, der Eimer, die Maß, die Halbmaß, der Schoppen und Halbschoppen. Der Saum hat 4 Eimer und dieser 25 Maß. Eine Maß hält 3 Pfund destillirtes Wasser von 3,₅ ° Wärme; sie beträgt den acht=

zehnten Theil des Kubikfußes und ist gleich 1, , französische Liter.

Noch sind seit Annahme dieses Maßsystemes erst 13 Jahre verflossen, und schon geht man mit dem Plane um, dasselbe gegen ein anderes, nämlich gegen das französische oder metrische zu vertauschen, einmal, weil dieses System auf den Gradmessungen der Erde, also auf einer sichern, unveränderlichen Basis beruht, dann aber auch, weil Frankreich, Belgien, die Niederlande, weil Italien, Spanien, Portugal, Griechenland, ja selbst Theile von Amerika das Metermaß bereits angenommen haben.

Nach dem metrischen System wird statt des Fußes der Meter als Grundmaß angenommen. 3 Meter machen 10 Schweizerfuß; der Meter beträgt demnach 3⅓ Fuß. Nach dem Dezimalsystem wird er zerlegt in Zehntel (Dezimeter), in Hundertstel (Centimeter), in Tausendstel (Millimeter). Umgekehrt ist das Zehnfache eines Meters ein Dekameter, das Hundertfache ein Hektometer, das Tausendfache ein Kilometer. In ähnlicher Weise verhält es sich mit dem metrischen Dezimalsystem bei Flächen- und Körpergrößen. Die Einheit des Flächenmaßes ist der Quadratmeter oder eine Quadratfläche von ein Meter Seitenlänge. Eine Fläche von zehn Meter Seitenlänge heißt Are. Zehn Ares sind eine Dekare, zehn Dekaren eine Hektare oder hundert Ares. — Die Einheit des kubischen Maßes ist ein Würfel von einem Meter Kantenlänge oder der Kubikmeter, auch Stère genannt; eine Dekastère hat 10 Stèren u. s. w.

Aus diesen Andeutungen kann man ersehen, daß das metrische System, einmal eingeführt, auch bei den Maßverhältnissen eine merkwürdige Uebereinstimmung und ebenso eine höchst einfache, leichte Berechnungsweise in sich schließen müßte. Dennoch eignet sich das Metermaß weit besser für Berechnungen, welche sehr ins Große gehen und da, wo eine außerordentliche Genauigkeit in den Resultaten erzielt werden muß, als für den Verkehr im Kleinen, für bäuerliche Verhältnisse u. s. w.

Gewichte.

Soll ein Gegenstand nicht nach seiner größern oder geringern Ausdehnung, sondern nach seiner Schwere bestimmt werden, so geschieht es durch's Wägen. Das Werkzeug dazu ist die Wage, das Maß der Schwere aber sein Gewicht. Man unterscheidet das spezifische von dem bürgerlichen (absoluten) oder Zivilgewicht. Jenes betrachtet das Gewicht der Dinge nach ihrem Volumen zu einander, indem es bestimmt, wie viel ein Körper schwerer sei als ein anderer von der nämlichen Ausdehnung, dieses bestimmt die Schwere ohne Rücksicht auf die Ausdehnung. So nimmt z. B. ein Pfund Eisen einen ungleich kleinern Raum ein, als das nämliche Gewicht Wolle, Bettfedern u. s. w. Eisen, Wolle, Bettfedern können also dem Gewichte nach gleich sein, dem Volumen nach aber sind dieselben bei gleichen Gewichtstheilen auffallend verschieden. Des spezifischen Gewichtes bedient man sich in der Physik und Chemie, des bürgerlichen Gewichtes aber im alltäglichen Verkehr, beim Kauf und Verkauf von Waaren. Wir haben es hier lediglich mit letzterem zu thun.

Das Gewicht ist größer oder kleiner, je nach dem Gegenstande, welcher gewogen werden soll. Man unterscheidet: Zentner, Pfunde, Unzen, Lothe und Gramme. Ein Zentner hat 100 Pfund; das Pfund ist gleich der Hälfte des französischen Kilogramms und beträgt nach dem Gewicht den 54. Theil eines Kubikfußes bestillirten Wassers, wenn dasselbe im Zustande

der größten Dichtigkeit sich befindet. Es enthält 16 Unzen oder
32 Loth. Zur Abwägung von Arzneistoffen, Farbwaaren oder
Chemikalien bedient man sich zuweilen auch des sogenannten Apo-
thekergewichtes. Für diesen Fall hat das Pfund nur 12 Unzen
oder 24 Lothe. Die Unze ist eingetheilt in 8 Drachmen oder
Quentchen, die Drachme in 3 Skrupel, der Skrupel in 20
Gran. *)

Das Kirchenwesen.

Ueber die kirchliche Entwicklung des Kantons bis zur
Landestheilung müssen wir den Leser auf den dritten Theil
dieses Buches verweisen. Dort findet sich, theils in der
Reformationsgeschichte selbst, theils in dem Abschnitt über
„die Bildung von Pfarrgemeinden" das Nöthige erzählt.

Nach der Landestheilung hielt man sich in Außerrhoden
anfangs an die Synode von St. Gallen; aber schon im Jahr
1602 vereinigte sich die Geistlichkeit zur Gründung von
Pastoralversammlungen im Lande selbst, geleitet vom jeweiligen Dekan. Die Verbindung mit St. Gallen dauerte dessenungeachtet noch fort bis zum Jahr 1757; dann aber folgte
eine gänzliche Ablösung, und es vereinigte sich die herwärtige
Geistlichkeit zu einer unabhängigen Synode, unter Beizie-

---

*) Vorstehende Abhandlung über Münzen, Maße und Gewichte
war ursprünglich für ein Schulbuch bestimmt. Sie sollte den Kindern
eine klare Einsicht verschaffen in diese Gebiete aus dem alltäglichen Leben; daher die schulgerechte Ausführlichkeit. Der Verfasser nahm deßhalb
keinen Anstand, der unveränderten Arbeit in diesem Buche eine Stelle
anzuweisen.

hung von Abgeordneten der Obrigkeit. Durch ein besonderes Synodalstatut wurden die Geistlichen verpflichtet, das Reich Gottes zu fördern und die Reinheit der evangelischen Lehre nach Kräften aufrecht zu erhalten. Die Versammlungen wurden jeweilen mit einer Predigt eröffnet, wozu sich jeder Geistliche nach einer bestimmten Kehrordnung zu verstehen hatte. Beschwerden und Anträge über Sittlichkeit und kirchliches Leben gelangten zur Vorberathung an eine Prosynode, welche dieselben, begleitet mit ihrem Gutachten, an die weltliche Oberbehörde gelangen ließ. Ueber die Geistlichen selbst waltete damals noch strenge Zensur, und jeder hatte sich derselben im Abstande zu unterziehen. Die Auskündung außerordentlicher Synoden stand beim Dekan, jedoch hatte er vorerst die Zustimmung der Standeshäupter nachzusuchen. Das Recht zur Veranstaltung von Konventen (brüderlichen Zusammenkünften) stund dagegen einzig beim Dekan.

Die neuere Zeit brachte allmälig auch in das Kirchenwesen eine veränderte Organisation; die Dreißigerjahre gaben den Impuls dazu. Schon die Landesverfassung des Jahres 1832 führte neue Bestimmungen herbei. Die Verfassung vom Jahr 1858 bestätigte dieselben, gieng aber in der Reorganisation noch weiter. Nach derselben findet sich die außerrhodische Landeskirche laut Art. 15 auf folgenden Boden gestellt.

„Die evangelisch-reformirte Religion ist die Religion „des Landes. Alle Bekenner derselben werden sich den Be„such der Kirche und des Abendmahls, sowie überhaupt die „würdige Feier der Sonn- und Festtage zur christlichen Pflicht „machen. Es sollen zu dem Ende an diesen Tagen alle „diejenigen Geschäfte unterlassen werden, wodurch die Er„bauung gehindert und der Gottesdienst gestört werden könnte. „Dem Geistlichen liegt besonders ob, die Kinder in der christ„lichen Religion, nach dem Sinn und Geist derselben zu „unterrichten und sie zu einem würdigen Genuß des heil.

„Abendmahls vorzubereiten. Ueberhaupt sind sie verpflichtet,
„auf Sittlichkeit und Religiosität des Volkes, sowohl auf,
„als neben der Kanzel, nach Kräften hinzuwirken, wobei
„sie von der Obrigkeit bestens geschützt werden sollen.“

„Ohne obrigkeitliche Bescheinigung der Tüchtigkeit und
„Wahlfähigkeit darf kein Pfarrer das Predigtamt antreten.“

„Den Bekennern der katholischen Religion ist die freie
„Ausübung ihres Gottesdienstes, nach Art. 44 der Bundes-
„verfassung, gesichert.“

Auf die Fürsorge für Erhaltung einer tüchtigen Geistlichkeit hatte übrigens schon die Verfassung von 1832 Bedacht genommen, indem sie verlangte, daß, gleich den Lehrern,
auch die Geistlichen über ihre Tüchtigkeit ein Examen zu bestehen haben; die Prüfung selbst aber wurde damals noch von
der Landesschulkommission vorgenommen, welche dem größern
Theile nach aus weltlichen Mitgliedern bestund. Es mußte
daher bald genug einleuchten, daß für Prüfung von Theo-
logen ein eigenes, vorzugsweise durch Fachmänner gebildetes
Kollegium geschaffen werden sollte. Wirklich genehmigte der
zweifache Landrath unterm 3. Mai 1847 einen hierauf bezüglichen Antrag; er ernannte ein eigenes Examinationskol-
legium mit der Befugniß, appenzellische Kandidaten der Theologie, wie auch Geistliche, die auf hiesige Pfründen aspiriren
oder berufen werden würden, über ihre theologische Bildung,
nöthigenfalls auch über die propädeutischen Studien zu prüfen.
Das Kollegium war gebildet aus zwei Mitgliedern des großen
Rathes, aus fünf Geistlichen und einem Aktuar mit berathender Stimme. Der neue Usus hatte Bestand bis zum 11.
November 1861; dann aber gab der große Rath, auf Antrag der Synode, dem Anschluß an eine von konkordirenden
Kantonen aufzustellende, gemeinsame Prüfungsbehörde seine
Zustimmung. Seither sendet jeder konkordirende Kanton einen
Abgeordneten in das Kollegium, das durch einen Präsidenten

aus der Mitte desselben geleitet wird. Dadurch sind die engen, kantonalen Schranken gefallen, und es hat von nun an die Wahlfähigkeitserklärung auch eine weit größere Tragweite, indem dieselbe dem Geistlichen den Zutritt zu allen Pfründen im ganzen Umfang der Konkordatskantone gestattet.

Einen weitern Fortschritt im organischen Ausbau des Kirchenwesens brachte das Jahr 1859. Der große Rath ließ sich zur Wahl einer Kirchenkommission herbei. Diese besteht aus 3 Mitgliedern genannter Behörde, aus 4 Geistlichen des Landes und einem Aktuar mit berathender Stimme. Die Kirchenkommission leitet die appenzellischen und hierorts niedergelassenen Studirenden der Theologie der gemeinsamen Prüfungsbehörde ein; sie nimmt die Ordination vor, prüft im Lande anzustellende Geistliche anderer Kantone; sie verkehrt mit auswärtigen Kirchenbehörden, wacht über die Vollziehung kirchlicher Vorschriften, ordnet Visitationen für die Pfarrarchive an, prüft die Führung der pfarramtlichen Bücher und wacht über den Religionsunterricht.

Verfassungsgemäß ist der Pfarrer Mitglied der ersten eherichterlichen Instanz oder der Ehegaume. Seine Kollegen sind die Hauptleute der Gemeinde. Außer der richterlichen Behandlung von Ehestreitigkeiten und dem Untersuch von Vaterschaftsklagen sind die Ehegaumer auch verpflichtet, über gute Sitten, ehrbaren Wandel und über gegenseitige Pflichterfüllung der Eltern und Kinder zu wachen. Ueber der Ehegaume steht als oberste Instanz in Ehestreitigkeiten das Ehegericht, vor Alters Chorgericht geheißen. Es besteht aus 6 Mitgliedern des großen Rathes und aus drei im Lande angestellten Geistlichen.

Der Kultus in den Hauptgottesdiensten an Sonn- und Festtagen ist in den Gemeinden Außerrhodens ziemlich übereinstimmend. Als Bibelübersetzung gilt die Luther'sche. Bis in die Dreißiger-Jahre hinein dienten die Lobwasser'schen

Psalmen als Gesangbuch; dann aber, und zwar gleichzeitig mit der Revision in politischen Dingen, stellte sich eine Synodalkommission die zeitgemäße Aufgabe, ein neues Gesangbuch zu schaffen, welches durch freie Abstimmung in den Kirchhören schon nach wenigen Jahren in sämmtlichen Gemeinden Eingang fand. Auch die Liturgie vom Jahr 1806 sagte der religiösen Anschauungsweise der Neuzeit nicht mehr zu. Eine Synodalkommission arbeitete mit vielem Fleiß an einer neuen Sammlung kirchlicher Gebete, und der zweifache Landrath beschloß im Jahr 1852 deren Einführung für den öffentlichen Gottesdienst. Seither wurde dieselbe um einige Gebete vermehrt.

Hinsichtlich der Kinderlehren waltet zur Zeit im Lande noch ziemliche Verschiedenheit und zwar sowohl mit Bezug auf Organisation derselben als auch rücksichtlich des Lehrstoffes.

Für ihre eigene, wissenschaftliche Fortbildung im Dienste des Amtes sorgt die Geistlichkeit theils durch alljährlich wiederkehrende Konferenzen im Monat Mai und Oktober, theils durch monatliche Pastoralversammlungen auf beiden Seiten der Sitter, theils endlich durch theologische Lesezirkel. Als eine Blume im Kranze pfarramtlicher Thätigkeit ist ferner der protestantisch-kirchliche Hülfs- und Missionsverein anzusehen. Die Gründung des ersten geschah auf Anregung der Prosynode und fällt ins Jahr 1845. Im Anfang des Jahres 1850 verschmolz man beide Vereine und stellte sie unter einheitliche Verwaltung durch ein Komite. Gegenüber den Bestrebungen der Propaganda auf katholischer Seite ist es ein würdiges Bestreben, den Protestantismus in seinen Bekennern zu stärken, der Heidenbekehrung Vorschub zu leisten und unterdrückten oder sonst bedrängten evangelischen Glaubensbrüdern in katholischen Ländern zu Kirchen und Schulen zu verhelfen. Wenn nun auch ein großer Theil des

Volkes mit Opfern noch zurückhält, theils aus Unkenntniß, theils von der Ansicht befangen, daß die Leute draußen im fernen Heidenlande uns nichts angehen, so scheint sich dennoch die Zahl der Theilnehmer fortwährend zu mehren. Trotz der gewerblichen Stockung im Vaterlande sind nach dem Jahresbericht von 1863 3102 Fr. 63 Rp. zusammengelegt worden, abgesehen von der Summe, welche alljährlich unmittelbar der Missionsanstalt in Basel zufließt.

Wir erwähnen schließlich der Predigerwittwenkasse, einer Stiftung des Jahres 1808, an die sich in neuester Zeit durch das Vorgehen eines edeln Menschenfreundes auch eine Predigeralterskasse angereiht hat.

Zwischen Innerrhoden, wo der große Rath das Kollaturrecht ausübt, und Außerrhoden, wo dasselbe bei den Gemeinden steht, sind in neuerer Zeit die kirchlichen Verhältnisse ebenfalls angemessen regulirt worden. Es mußte dies in Folge der freien Niederlassung geschehen, weil seit Annahme der neuen Bundesverfassung die Fälle des Hin- und Herzuges immer häufiger werden. Diese Uebereinkunft beschlägt im Allgemeinen den Religionsunterricht, die Pastoration und den Krankenbesuch. Ueber den Ort der Taufhandlung ist die Wahl den betreffenden Eltern überlassen; in Beerdigungsfällen mag der Vater oder mögen die nächsten Anverwandten entscheiden, ob der Verstorbene, falls er Katholik gewesen, in der reformirten Wohngemeinde oder aber in der katholischen Gemeinde, der sie kirchlich angehören, beerdigt werden solle. Dasselbe gilt umgekehrt auch für Protestanten, welche auf innerrhodischem Territorium wohnen. Auch sind die Krankenbesuche dem Geistlichen aus dem einen auf dem Gebiete des andern unbedingt gestattet. In allen übrigen Fällen entscheidet der Staat vermöge seines Hoheitsrechtes.

In Folge dieser Uebereinkunft mußte nothwendiger Weise

auch festgesetzt werden, welchen Gemeinden die Katholiken in
Außerrhoden und umgekehrt die Protestanten in Innerrhoden
künftig zugetheilt werden sollen. So gehören Protestanten,
welche in Gonten, hinter dem Kaubach in Stechlenegg wohnen, in die Gemeinde Urnäsch, diejenigen aus Schlatt, dem
Gehrenberg und aus Leimensteig nach Bühler, die aus Oberegg und Hirschberg nach Reute und endlich die aus Lehn,
Rüti, Schwendi und Rickenbach in die Pfarrei Gais. Katholiken in Urnäsch gehören nach Gonten, diejenigen in Stein
dagegen und Waldstatt nach Haslen, die aus Bühler und
Gais nach Appenzell; Katholiken der äußern Bezirke oder
diejenigen von Trogen, Wald, Heiden und Reute gehören
nach Oberegg.

Schulwesen.

Blick in das Mittelalter.

Wenn man den mangelhaften Zustand der Volksbildung
unseres Landes bis zu Anfang des 19. Jahrhunderts begrei-
fen will, so muß man zuvor einen Blick werfen in längst
vergangene Zeiten.

Der Ständeunterschied, wie er sich durch die Feudal-
herrschaft ausgebildet hatte, wucherte noch stets fort, als die
Leibeigenschaft längst aufgehoben war. Man darf sich daher
nicht wundern, wenn die Bildung der Jugend bis hinein
ins 13. Jahrhundert ausschließliches Monopol der höhern
Stände, der Geistlichkeit und des Adels war, also der Regierenden in Kirche und Staat. Das Volk ging leer aus;
denn wozu sollte nach damaligen Begriffen die Geistesbil-

lang dem gemeinen Manne dienen? Sein Loos war darum auch gegenüber den Volkszuständen der Gegenwart ein überaus trauriges. Uebrigens sah es auch mit der Art, wie die höhern Stände damals ihre Bildung erhielten, keineswegs beneidenswerth aus. Der Unterricht, getragen von mechanischem Regelwerk, übte wenig Einfluß auf das Leben aus; er war und blieb vielmehr Jahrhunderte lang ein geistloser Formalismus. „Bücher und Worte", sagt Schmid in seiner Geschichte der Pädagogik, „waren in jener Erziehungsperiode die Objekte des Unterrichts. Sachkenntnisse fehlten. Was man von ihnen lehrte, waren nicht die Gegenstände selbst, sondern Worte über dieselben aus Büchern der Alten. Astronomie lehrte man ohne Sternwarte, Anatomie ohne Zergliederung des menschlichen Körpers, Physik ohne Experimente" u. s. w.

Als aber die Städte zusehends sich mehrten und aus ihnen heraus eine gewerbtreibende Klasse, der Bürgerstand, sich bildete, gestalteten sich die Zustände allmälig besser. Man erkannte die Nutzlosigkeit der scholastischen Lehrart für gewerbliche Zwecke immer mehr, wie dieselbe damals in den Kloster- und Stiftsschulen geübt wurde. Hiezu kam die Eifersucht des Bürgerstandes auf das Ritterthum. Beide vereint führten endlich zur Gründung von Parochial- oder Stadtschulen. Freilich war der Unterricht auch hier lange dürftig genug, weil es an Lehrern fehlte. Herumziehende Schulmeister besorgten das Lehrgeschäft in Buden, welche sie an öffentlichen Plätzen aufschlugen, und blieben dann so lange daselbst, als sich Schüler fanden. Später traten an die Stelle der fahrenden Lehrer stehende; man nannte sie Magister. Das war schon ein großer Gewinn; aber dessenungeachtet blieb das Lehramt noch lange Zeit nur Nebengeschäft; denn auch in den Städten hatte nach herkömmlicher Sitte der Lehrer die meiste Zeit auf den Kirchendienst zu verwenden; er war willenloser Knecht seines geistlichen Herrn. Weit trauriger sah es freilich zu jener Zeit außerhalb der Städte aus, weil hier die Schulen meist noch gänzlich fehlten. Für Landbewohner fielen bis ins 16. Jahrhundert hinein kaum einige Brosamen ab. Es genügte für diese, das Vaterunser hersagen zu können, die zehn Gebote und das Glaubensbekenntniß auswendig zu wissen. Darf man sich also wundern, wenn Rohheit und Aberglauben, wenn Unwissenheit, Gespensterfurcht und Zeichendeutung, wenn der Glaube an gute und böse Tage alles Volk gefangen hielten?

Einfluß der Reformation.

Mit der Kirchentrennung brach auch für die Schulen nach langer Nacht das Licht des Tages an. Die Wissensfreiheit, dieser Grundpfeiler des Christenthums, führte zum Wissensdrang und darum zu vermehrten Forschungen auf dem Gebiete des Geisteslebens. Sollte aber die Reformation aus dem Kampfe mit dem Pabstthum siegreich hervorgehen, so mußte auch allem Volke die Bibel zugänglich gemacht werden. Dies führte zu deren Uebersetzung und zum Unterricht in deutscher Mundart; denn bis dahin war bei Vornehmen und Geringen die lateinische Sprache für allen Unterricht gültig gewesen. Jahre lang hatte sich der Schüler zu quälen mit Erlernung des Lateinischen, und wem es hiefür an Talent, an Zeit oder Gelegenheit gebrach, fiel der Unwissenheit anheim, dem blieb der Born des Wissens auf immer verschlossen. Den ersten Anstoß für Anbahnung allgemeiner Volksbildung und für die Mittheilung in deutscher Sprache gab demnach die Reformation des 16. Jahrhunderts. Luther übersetzte die Bibel ins Deutsche; auch stellte er Schulordnungen auf und schrieb Katechismen und herrliche Wahrheiten über Erziehung und Unterricht. Ihm erschien die Volksschule, deren Entstehung er im Geiste vorausgesehen hatte, als das eigenste Produkt des Christenthums; er erblickte darin eine Grundlage des Protestantismus. Durch sie sollte alles Volk hindurchgehen zur Freiheit von den Fesseln der Priesterherrschaft und des Kastengeistes. Mit Recht stellt Luther unter den Lehrgegenständen die Religionslehre oben an; dann aber läßt er auch dem Sprachunterricht seine wohlverdiente Geltung; schon empfiehlt er Naturkunde, Mathematik, Musik, Leibesübungen und verlangte, daß die Schule Gemeingut werde für alles Volk und daß der Unterricht aus dem engen Rahmen einer geistlosen Gedächtnißquälerei heraus und hinübertrete auf das Gebiet einer gesunden Verstandesbildung. Melanchthon, sein Freund, Zwingli, Calvin und andere Männer der Reformation theilten Luther's Ansichten, freilich jeder nach seiner eigenen Anschauungsweise. Allein der Weg von der Idee zur That ist oft weit und beschwerlich; so kamen denn auch die Schulideen der Reformatoren nur sehr allmälig zur Verwirklichung.

Nach ihnen traten andere Gelehrte auf, in deren Geiste die Grundsätze der Reformation gezündet hatten. Alle strebten nach Verwirklichung dessen, was schon Luther mit prophetischem Geiste geschaut oder angeregt hatte. Während aber der eine im Unterricht der Muttersprache das Heil der Schule erblickte, glaubte es ein anderer durch Anschauungsunterricht oder physische Erziehung, ein dritter in vorherrschend religiöser Bildung zu finden. Wieder andere verfielen in's entgegengesetzte Extrem; sie ließen das Gemüthsleben oder die Herzensbildung außer Acht und sprachen der trockenen Verstandesbildung einseitig das Wort, weil sie, dem Nützlichkeitsprinzip huldigend, darin das einflußreichste Mittel für das praktische Leben erblickten. Diese wollten nur realistischen Unterricht. Alle diese Männer trugen

Steine für den Bau zusammen; aber der Ausbau ließ immer noch auf sich warten, und das, was sie Gutes wirkten, kam vorläufig nur dem höhern Schulwesen zu statten. Auf Universitäten und in den Bürgerschulen der Städte konnten die Fortschritte zur Geltung gelangen, weil hier die Mittel vorhanden waren; aber das Landvolk wuchs mehr und weniger noch einmal Jahrhunderte lang in grober Unwissenheit auf.

Uebrigens waren die Anstrengungen für bessere Schulbildung doch auch für den gemeinen Mann nicht ganz ohne Folgen geblieben; sie hatten wenigstens angeregt, mehr Aufklärung herbeigeführt und das Verlangen nach vermehrten Schulen geweckt. Als später Pestalozzi auftrat, fand er den Boden schon vorbereitet für Aufnahme des Samens, welchen er mit Feuereifer auszustreuen gekommen war. Er verlangte allgemeine Menschenbildung von der Wiege an, Entwicklung der Menschennatur und Erziehung alles Volkes bis hinab in die Hütte des Armen. Mit Pestalozzi also tritt der Wendepunkt für ein verbessertes Volksschulwesen ein, und darin liegt die welthistorische Bedeutung des großen Mannes. Was bis dahin in Deutschland gethan worden, hatte wohl auch in der Schweiz seine Ableger gefunden; allein beim Auftreten jenes Helden in der Pädagogik sah es bei uns noch höchst traurig aus. Die Landschulen waren allerorten in völlig unzureichender Zahl vorhanden. Der Unterricht bestand noch immer in unverstandenem Gedächtnißwerk und mechanischer Abrichtung. Wie die Schulen, so waren auch die Lehrer. Selbst im Kanton Zürich konnte nach Morf, dessen Schrift: „Zur Biographie Pestalozzi's," wir diese Daten entlehnten, kein Lehrer richtig schreiben; das Rechnen verstanden nur wenige, so daß in den meisten Landschulen weiter nichts getrieben wurde als Lesen, Schreiben und Memoriren.

In mehr als 200 Gemeinden des Kantons Zürich

fehlte eine besondere Schulstube. Bei Lehrerwahlen gab daher nicht immer die Tüchtigkeit oder Befähigung, sondern
der Besitz einer Wohnstube den Ausschlag. Während des
Unterrichts hielt sich meist auch die Familie des Lehrers in
der nämlichen Stube auf, ja, es kamen nicht selten auch
die Nachbarsleute mit Spinn= und Spulrad auf Besuch,
weil sie in der Schulstube mehr Wärme und Unterhaltung
fanden. Die eifrigsten Lehrer freilich schickten ihre Hausge-
nossen während der Schulzeit in die Nachbarhäuser. Eine
Entschädigung für das Lokal erhielten aber die wenigsten
Lehrer.

„Unvergeßlich" — sagt Steinmüller, damals Pfarrer in
Gais und Schulinspektor im Kanton Sentis, wo er über
die Lokalitäten sich vernehmen läßt — „bleibt mir immer
die Schule in W. Der öden Trümmer des Städtchens ist
auch das Schulhaus würdig. Schon der Eingang gleicht
einem Labyrinth. Erst muß man sich durch einen Morast
von Holz und verfallenden Brettern durcharbeiten, bis man
aus 2 oder 3 Löchern die Treppe gefunden. Ist man sie
glücklich hinaufgekommen, ohne den Hals zu brechen, so wird
man nun durch das durch die Risse der Stadtmauern her-
einfallende Licht so weit erhellt zu sehen, daß hier eine Art
von Küche sein soll, ohne daß man deßwegen die Stuben=
thür zu entdecken fähig ist. Hat man sie endlich durch einen
Wegweiser gefunden und geöffnet, so ist der Gedanke an das,
was man schon bestund, vermögend, vor schnellem Zurück=
eilen abzuhalten. Das enge Gemach wird durch 3 schmale
Fensterchen, mehr von Papier als von Glas, erhellt. Ein
Drittheil des Raumes nimmt der Ofen, den andern ein ge-
räuchertes Bett und den dritten ein Dutzend an einem vier-
eckigen Tische zusammengedrängte Kinder ein, in denen alle
Lebenskraft erstorben und deren Selbstgefühl so erstickt ist,
daß ich sie nicht einmal jugendlicher Triebe mehr fähig halte.

Sie sehen sich an und wissen nicht, was sie sollen; die Sprache erstickt auf ihren Lippen; selbst die Neugierde scheint aus ihnen ausgelöscht; sie erliegen unter der Last des Schmutzes und der sie umgebenden Finsterniß. Unter ihnen sitzt der Lehrer, ein kränkliches Männchen, dessen schlaffer Körper von einer eben so schlaffen Seele zeugt, und jedes schleppende Wort von ihm bestätigt dieses physiognomische Urtheil. Da sich in seinem Gesichte alle Farben der Unreinlichkeit aus= drücken, so begreift man desto leichter seine unnütze Mühe, aus einem Dutzend auf dem Tische stehender Gläschen mit Wasserfarben Sudeleien auf die Schriften seiner Schüler zu klecksen. Diese Malerei ist das Band, wodurch er sie fest= zuhalten sucht."

Der Gehalt war den übrigen Schulverhältnissen ent= sprechend. So klagt der Lehrer von Ruffikon, daß der Sigrist zwei gute Wiesen, zwei gute Aecker, mehrere Mütt Kernen und ziemlich Geld erhalte, während er selbst, als Schulmeister, nur 42 Pf. 4 ß. an Geld, 5½ Mütt Kernen und ein Malter Hafer bekomme.

Von der bernischen Gemeinde Sigriswil heißt es: „Kein Lehrer hat eine Hand breit Land oder Holz oder der= gleichen. Die Gemeinde giebt ihm 8 Kronen oder 20 alte Franken für die Winterschule und 5 Franken für die Som= merschule. Dann zahlt jede Haushaltung 1 — 3 Batzen, wenn sie will; will sie nicht, so hält sie niemand dazu an. Der höchste Gehalt mag auf 35 — 40 Franken steigen; diesen aber muß der geplagte Schulmeister erst noch zusam= menbetteln. Der Ziegenhirt hier im Dorf, sagt der Inspek= tionsbericht, bezog diesen Sommer 62 Franken 4 Batzen und ward gespeist; aber freilich ist er Ziegenhirt, der andere dagegen nur Schulmeister."

In der Gemeinde Schännis, im Kanton Linth, kam die Schule sogar zur Absteigerung. Bis dahin war der

Gehalt 52 Gulden gewesen. Sieben Bewerber traten auf. Der erste von ihnen verlangte 50, der zweite 40, der dritte 30; der bescheidenste von allen erklärte die Uebernahme um 20 Gulden und dieser erhielt die Stelle.

Entsprechend den äußern Verhältnissen waren auch die Leistungen. Lesen sollten zwar alle Kinder lernen; aber Jahre gingen hin über dem geistlosen Mechanismus. Das Schreiben war noch nicht obligatorisch; den Mädchen würde es in der Regel erlassen, den Knaben aber nur auf besondern Wunsch der Eltern gelehrt. Das Rechnen hielten viele Schulmeister für überflüssig; manche verstanden es selbst nicht und die es konnten, fanden oft keine Liebhaber unter den Schülern.

Auffallend ist besonders die Unwissenheit der Lehrer jener Zeit. So antwortet z. B. der Lehrer von Rorbas, als er über die Lehrfächer und Lehrbücher seiner Schule befragt wurde: „In dieser Schull Wird Teusch Lesen und Schreiben gelernt. Wann daß Kind das Namen B ausgelernt: so wird ihm der Lehr M gegeben dann die Zeug N Weiters Pf. B. N. Testam. Wann Sye dann gut und fertig Lesen können So Werden ihnen auch Andere Bücher gegeben." Der Lehrer von Oberhasli, im Kanton Zürich, erklärt sich kurz dahin: „Es nihmt ein jeglicheß kind seyn Eigen Buch nach Geschicklikeit mit sich." — Interessant ist auch, in welcher Art die Schulmeister über ihre Personalverhältnisse sich vernehmen lassen. Boßhard von Neubrunn sagt: „Mein Beruf ist vorher Trüll Meister gewesen aber wegen Bresthaften Beinen Entlaßen worden. Mein Alter Ist, 38 Jahr und Ein Monat und hab noch Vater und Mutter, 6 Geschwüsterte, Frau und 3 Kder. Meier von Kloten: „Im Sommer, wann er Keine Schule hat, so verdient er sein Brod mit dem Maurren." Ehrsam in Unterengstringen läßt sich also vernehmen: „Mich Schulmeister hat die Gemeinde ausersehen; ich bin ein Ortsburger mit Namen Jak. Ehrsam, gebohren den 23. Hornung 1766 hab eine Frau und 2 Kinder Anno 1790 bin ich erwählt worden, meine Profeßion ist ein Leiniwäber und ein wenig Güter darzu; daß verrichte nach den Stunden der Schul."

Wir schließen unser Bild mit einigen Zitaten aus dem eigenen Kanton. Ueber seine Vorbereitung für den Lehrerberuf sagt einer: „Ich ward in Jugendjahren in Königlich Sardinischen Diensten als Kammerdiener bei einem General-Lieutenant dieses Cantons in Sardinien, nachherr Bedienter bey einem Bataillon Chef von Bern in Nissa und Turin, im Verfolg aber bey Haus ein Weber." — Der Schulmeister in Schönengrund: „Ist ansonst seine Profession ein Beck und treibt solche Winterzeit." — Der Lehrer in B. sagt: „Ich bin zugleich bestellter Mäusefanger der Gemeinde." — Ueber die Leistungen berichtet ein Lehrer von Urnäsch: „Es wird dem Kind Anfangs daß A. B. C. hernach ein kleiner Vers, demnach vorschriften, welche vom Schulmeister so gut als möglich gemacht; auf ein dazu eingerichtetes Bret geklebt, daß ganze Alphabeth nach einander in der Schulstube häng, wo dan daß Kind nach seinem belieben in der Schreibstunde eine als Vorschrift herunter nimmt." — Der Schulmeister in Waldstatt berichtet über seine Schule: „Ueber den Zustand der Schule, in der Gemeind, und Agentschafft Waldstatt, in dem District Herisau, in dem Canton Säntis. Namens deß Orts, wo die Schule ist — Waldstatt. Es ist eine eigene Gemeine. Es ist nur eine Schule da. Die entfernung der Schule, ist im Umkreis, die Kinder die am weitesten in die Schule haben — Ein Viertelstund Und ein und ein und ein halbe Viertelstund — Unterricht Waß in der Schule gelehrt würde zuerst Nammen Büchlein Fragstücklein Catechismy — dann Zeitung — Leßen und Schreiben zum auswendig lehrnen — Fragstücklein, dann Catechismus

Vorschrifften — Sprüche auß der Heiligen Schrifft — Die
Schule dauert täglich — Vormittag. 2. Stund. — Nach-
mittag 2. u. eine halbe Stund — Die Gemeindskammer,
hat bißher, der Schulmeister, bestellt — der Nammen Johannes Schläpfer daß Alter. 22. Jahr „Eine Frau, kein
Kind — Schulmeister. 3 Jahr — Neben der Schule; hab
ich keine Verrichthungen — im Winter — Knaben und Mädchen zusammen 6. byß 10. — im Sommer Knaben und
Mädchen zusammen 10 byß 26. — Meihn lohn im Winter
von jedem Kind. 6. kreuzer — im Sommer Hab ich der
lohn von der Gemeindskammer — Wochentlich. 3. fl. —
Vom Funken. Sontag bis Michele — es ist ein gewißes
gelt, in der Gemeindskammer, ich weiß nicht wie viehl
ven ihr selbiges wüßen wohlet so sollet ihr, an die Gemeindskammer Schreiben — Schulhaus — Deßen Zustand, ist Baufällig — Es ist nur eine Stube — Unber dem Pfarhaus,
für den Sommer — im Winter — mus ich sie in meinem
Haus Haben — Für die Schulstuben sorget der Baumeister
— Einkommen — das ist nichts vorhanden, ich muß mich bei
dem wenigen, lohn, begnügen, lassen, Waldstatt. Anno 1800.

Eine Antwort aus U. lautet also:

> Ihr thuont ganz rächt an mich begähren,
> Daß ich mich vor euch soll erklären,
> Wie ich den Schuldienst noch wölle tryben,
> Oder denselb lassen blyben;
> Weil ich sächs und siebenzig Jahr im Alter,
> Schon zwei und fünfzig Jahr Schuoll gehalten,
> So möcht ich jetzt ein ruhigs läben,
> Und thuon die Schuoll mit Dankh aufgäben.

Fortschritte der neuern Zeit.
Helvetik (1798 — 1803).

Bekanntlich war im Mai des Jahres 1798 die alte
Eidgenossenschaft durch die Gewalt französischer Bajonnete

zusammengesunken. Auf ihren Trümmern erhob sich die helvetische Republik mit einer Zentralregierung, bestehend aus den gesetzgebenden Räthen und einem Vollziehungsrath aus fünf Mitgliedern, Minister geheißen. Sofort erklärte die Zentralregierung das öffentliche Vermögen der Kantone als Staatsgut der helvetischen Republik. Dagegen übernahm sie auch die Pflicht, von sich aus für die Wohlfahrt der Kantone zu sorgen. In der That erwarb sich auch das sonst so verhaßte Direktorium in Bezug auf das Bildungswesen große Verdienste. An die Spitze des Unterrichtswesens trat Albrecht Stapfer, Prof. in Bern, ein für Volkswohlfahrt hochbegeisterter Mann. Durch Aufklärung und moralische Veredlung wollte er das Vaterland beglücken. Auf seine Anregung erließ das Direktorium schon unterm 24. Juli 1798 eine provisorische Schulordnung. Diese verlangt Ernennung von Erziehungsräthen in allen Hauptorten der Kantone, Einsetzung von Schulinspektoren in sämmtlichen Distrikten und Berichterstattung über den Zustand der Schulen im ganzen Umfang des Vaterlandes. Damit war schon ein wesentlicher Schritt zum Bessern gethan. Auf Grund des ersten Inspektionsberichtes vom Februar 1799 traf das Direktorium seine Verfügungen. Wir entheben denselben, so weit sie unsern Kanton beschlagen, nur die Hauptmomente, um einen Maßstab für eine Vergleichung mit der Gegenwart zu gewinnen. In Charakterschilderungen über die Lehrer einzugehen, wie es oben geschehen, finden wir überflüssig; da es in allen Kantonen mit ihrer Bildung gleich dürftig bestellt war.

Die äußern Rhoden des Kantons Sentis waren in drei Distrikte: Wald, Teufen und Herisau eingetheilt. Zum Distrikt Wald zählten die äußern Gemeinden, nebst Oberegg. Hier fanden sich damals im Ganzen 25 Schulen, von denen aber nur 3 Jahresschulen waren, nämlich zwei in Wald und eine in Rehetobel. In sieben andern umfaßte die Dauer der Schulzeit 40 Wochen, in den übrigen 20 bis 30 und in einer selbst nur 13 Wochen. Der höchste Gehalt betrug 2½ Gulden, der niedrigste 18 Batzen per Woche. Nur in der Dorfschule Oberegg erhielt der Lehrer 4 Gulden 9 Kreuzer und in Sulzbach 3 Gulden, weil an diesen Orten der Kirchendienst mit der Schule verbunden war. Schulhäuser gab es im Lande nur 3, welche überdies noch baufällig waren.

Der Distrikt Teufen, gebildet aus den 5 Gemeinden des Mittellandes, nebst Stein und Hundwil, zählte 15 Schulen. Hier hatten 8 Lehrer einen bestimmten Gehalt. Der Lehrer in Speicher, als der bestbesoldete, kam auf 180 Gulden im Jahr zu stehen; da, wo die Lehrer auf das Schulgeld angewiesen waren, betrug dasselbe 4 — 6 Kreuzer per Kopf. Nur der Lehrer in Bühler erfreute sich der Begünstigung, daß er mit 6 Gulden per Woche entschädigt wurde, falls er beim Bezug des Schulgeldes zu Schaden kam.

Der Distrikt Herisau hatte ebenfalls 15 Schulen, nämlich 11 Jahresschulen und 4 solche, in denen der Kurs um Lichtmeß eröffnet, im Sommer oder Herbst wieder geschlossen wurde. Mit Ausnahme von Waldstatt, wo der Lohn 3 Gulden betrug, war der Lehrer auf das Schulgeld der Kinder angewiesen.

Es leuchtet von selbst ein, daß der Bezug der Schulgelder mit mancherlei Schwierigkeiten verknüpft war; denn bei dem unfleißigen Schulbesuch war die Kinderzahl oft sehr gering, und manche Eltern erlaubten sich sogar, versäumte Schultage in Abrechnung zu bringen. So mußten sich die Lehrer, wollten sie anders nicht verhungern, um einen Nebenverdienst umsehen, besonders, weil manche derselben auch den Miethzins für das Schullokal selbst zu bezahlen pflichtig waren. Es gab damals nur 12 Lehrer im Lande, welche der Schule ungetheilt leben konnten.

Die obligatorischen Lehrfächer beschränkten sich durchs ganze Land auf Lesen, Schreiben und Memoriren. Gesang finden wir nur in Herisau, Gais, Speicher, Wald, Heiden, Wolfhalden und Walzenhausen; Rechnen in Herisau, Stein Urnäsch, Gais, Rehetobel, Heiden und Walzenhausen; etwas Orthographie und biblische Geschichte in Schönengrund und Herisau; eine Klasseneintheilung in Wald, Speicher und Schönengrund. Es gab selbst Schulen, namentlich in Oberegg, Rehetobel, Hundwil und Herisau, wo nur Lesen und Schreiben gelehrt wurde.

Die Lehrmittel waren sehr verschieden; manchenorts stand es den Eltern frei, was sie den Kindern mitgeben wollten. Im Allgemeinen figurirten: das „Namenbüchlein" und „Fragstücklein", die „Milchspeise", „Heilsordnung" und „Zeugnuß", der „Katechismus", das Testament, der Psalter, ferner Kalender, Zeitungen und Briefe. In Schwellbrunn und Trogen bediente man sich des fürjene Zeit vortrefflichen Lesebuches, welches Pfarrer J. U. Schieß von Schwellbrunn, nachmals Dekan, schon 1789 als Versuch eines zeitgemäßen Lehrmittels herausgegeben hatte. In Gais war zum Theil das steinmüllersche Lesebuch und in Wolfhalden das vom Direktorium verbreitete Noth= und Hülfsbüchlein von Zacharias Becker eingeführt.

So dürftig sah es damals um unser Schulwesen aus. Aber Stapfer regte an; er öffnete durch Darlegung der schrecklichen Mangelhaftigkeit bestehender Schulzustände die Augen bei Behörden und Volk. So kam es denn, daß schon zu Ende des Jahres 1800 das Direktorium den Schulbesuch, wenigstens für das Wintersemester, obligatorisch erklärte. Dawiderhandelnde verfielen in eine Buße von 5 Baßen für jeden unentschuldigt versäumten Schultag. Das Strafgeld fiel in die Schulkasse und diente dann zur Anschaffung angemessener Lehrmittel. Einige Geistliche des

Landes, z. B. Pfarrer Schieß in Herisau, Walser in Wolf-halden, voraus aber Steinmüller in Gais, drangen mit Entschiedenheit auf Reorganisation des gesammten Schulwesens auch im Kanton Sentis. Die Anregung blieb nicht ohne Erfolg. Schon im Jahr 1801 that der Erziehungsrath für Vermehrung einer gesunden Volkslektüre einleitende Schritte. Von Stein-müller erschien die „helvetische Schulmeisterbibliothek", ein Buch für die Fortbildung der Lehrer. Aber diese und andere Veranstaltungen von Seite des Erziehungsrathes waren nur Palliative; sie glichen dem Tropfen im Eimer gegenüber der Unwissenheit des Lehrerstandes. Hier mußte vorerst die Hand an den Pflug gelegt werden, und es geschah, wie wir weiter unten sehen werden. Die helvetische Regierung bezeichnete das Ende ihrer Laufbahn fast gleichzeitig auch noch mit einem Werk zur Förderung der Volksbildung. Mit Proklamation vom 6. Dez. 1802 verordnete sie die Einführung der pestalozzi-schen Methode in der ganzen Schweiz und öffnete zu dem Ende im Seminar zu Burgdorf 12 Freiplätze für Seminaristen. Das war aber auch ihr Schwanengesang; denn schon saß in Paris die helvetische Konsulta für Berathung der Mediations-verfassung, welche die Herstellung des Staatenbundes an die Stelle des bestehenden Bundesstaates bezweckte. Die helve-tischen Räthe, unter sich in beständigem Haber und beeinflußt von Frankreichs Despotismus, hatten das Zutrauen der Nation niemals erlangen können; darum stürzte denn auch das unge-wohnte Machwerk der Helvetik zusammen gleich einem Karten-hause. Auf das Machtwort Napoleons erhielt die Schweiz zu Anfang des Jahres 1803 die Mediationsakte mit einer neuen Staatseinrichtung, welche der freien Entwicklung des Volkslebens ungleich förderlicher war.

9

Mediations = und Restaurationsepoche. (1803 — 1830.)

Der Bildungseifer, welchen die helvetische Zeit angeregt, konnte, nachdem die Freiheit dem Vaterlande zurückgegeben worden, nicht wieder erkalten. Was fünf Jahre der Knechtschaft mühsam auferbaut, sollte nicht nur erhalten, sondern auch in erhöhtem Maße gepflegt werden. Voll Jubel über die Wiederherstellung der Kantonalsouveränität, betraten die Behörden die Bahn des Liberalismus, dessen erste Stütze in einer gesunden Volksbildung zu suchen ist. Man hatte die Unwissenheit, diesen Krebsschaden der Völker, in ihren Folgen erkannt; ihr sollte darum nach Kräften entgegengearbeitet werden. Bald nach seiner Konstituirung im Jahr 1803 ernannte deßhalb der große Rath des herwärtigen Kantons eine Schulkommission, die über den Zustand des Schulwesens vorläufig Bericht erstatten sollte. Aus den Antworten ergab sich, daß das Land 59 größtentheils unfleißig besuchte Schulen besaß, von denen nur 28 als Frei-, 24 als Lohnschulen und 7 endlich als Lohn- und Freischulen bezeichnet werden mußten. Im Jahr 1804 erließ hierauf die Landesbehörde eine Verordnung, nach welcher der fleißige Schulbesuch an Vor- und Nachmittagen gefordert, die Schulaufseher zur Wachsamkeit ermahnt und die regelmäßige Abhaltung der Repetirschule je nach vier Wochen den Gemeinden zur Pflicht gemacht wurde. Da, wo die Schulzeit nur auf einen Bruchtheil des Jahres beschränkt war, sollte auf Einführung von Jahrschulen gedrungen werden. Auch die Wahl der Schullehrer wollte man nicht länger dem Zufall überlassen; es durften fürderhin nur noch Männer als Lehrer angestellt werden, welche durch Kenntnisse, Geschick und sittlichen Wandel sich selbst empfahlen. Im folgenden Jahre (7. Mai 1805) stellte das Land seine erste Schulordnung auf, wodurch Regel und Plan in das Primarschulwesen kam. Als Lehrfächer werden in derselben gefordert: „Lesen in der Druck- und Kurrentschrift nebst Verständniß des Gelesenen, Schreiben nach gestochenen Vorlagen, Memoriren, Singen von Choralmelodien und Rechnen im Umfang der vier Spezies." Dem Mischmasch von Lehrmitteln, welcher sich zum Nachtheil einer einheitlichen Unterrichtsmethode geltend gemacht hatte, werden Schranken gesetzt und dieselben auf das Lesebuch, den kleinen und großen Katechismus, auf das Testament und Psalmenbuch beschränkt. Ueber Disziplin giebt jene Schulordnung sehr zahlreiche Winke, ein Beweis, daß man den Lehrern der damaligen Zeit höchst wenig eigenes Wissen und pädagogischen Takt zutrauen zu dürfen glaubte. Sie fordert auch von sämmtlichen Schulen eine Klasseneintheilung, ferner Abhaltung der Repetirschule, getrennt nach dem Geschlecht; dem Schulmeister wird darin der Besuch der Kinderlehre für Ueberwachung der Jugend zur Pflicht gemacht.

Zwei Monate später (2. Juli) erschien von Dekan Schieß in Herisau eine Anleitung für methodische Behandlung jener Lehrfächer nach pestalozzischen Grundsätzen und bald darauf sein Lesebuch, ein für jene Zeit sehr brauchbares Lehrmittel. Auflage um Auflage war bald vergriffen; schon im Jahr 1827 waren 15,000 Ex. abgesetzt. Sechs Jahre später erschien die letzte, unveränderte Auflage in beiläufig 1500 Ex. Mittelst seines Lesebuchs sprengte der Verfasser, wie dessen Biograph sich ausdrückt, die eherne Mauer der Unvernunft und des Aberglaubens, deren Pflanzstätten die meisten damaligen Schulen noch waren. Durch Verstandesbildung und durch Verbreitung toleranter Grundsätze auf dem Gebiete des Glaubens hat Schieß unstreitig einer gesunden Aufklärung Bahn gebrochen.

Von Zeit zu Zeit ließ sich die Obrigkeit von da an in ihren Mandaten wiederholt zu Verordnungen für Hebung des Schulwesens herbei. Sie bestätigte die Schulverordnung von

1805 in ihren wesentlichen Bestimmungen und fügte auch zeitgemäße Zusätze hinzu. Das Nämliche thaten ihres Orts einzelne Gemeinden durch Aufstellung von Gemeindeschulordnungen. Auch wiederholten sich auf Anordnung der Behörden die Untersuchungen der Schulzustände, wie eine solche 1804 stattgefunden hatte, in den Jahren 1807, 1810, 1813 und 1818. Einen klaren Blick in dieselben erhält man jedoch erst wieder mit dem Jahr 1828, als die Geistlichkeit auf Anregung von Landammann Oertli veranlaßt wurde, eine abermalige Inspektion der Schulen des Landes vorzunehmen. Der Thatbestand des Schulwesens in Vergleichung mit demjenigen vom Jahr 1804 ergiebt für den Zeitraum von 24 Jahren einen sehr erfreulichen Fortschritt. Gab es damals in allem nur 59 Elementarschulen, so waren deren nun bereits 73; die Zahl der Freischulen hatte sich unterdessen von 28 auf 41 und die Schülerzahl von 2109 auf 3502 vermehrt. Manche Schulhäuser waren unterdessen gebaut, andere zweckmäßig renovirt, die Gehalte hie und da verbessert und die Schulzeit verlängert worden.

Der große Rath fand indessen bei Prüfung der Schulberichte immerhin noch so viele Mängel und Lücken, daß er dabei nicht stehen bleiben konnte. Er forderte darum mittelst Publikation vom 29. Juni folgenden Jahres sämmtliche Gemeinden auf, die im Schulbericht des Vorjahres gerügten Mängel zu beseitigen. Im weitern ordnete er periodische Schulinspektionen an mit der Verpflichtung einer sehr genauen, einläßlichen Berichterstattung von Seite der Inspektoren. Die folgenreichste seiner Schlußnahmen aber betraf die Prüfung sämmtlicher im Lande angestellten Primarlehrer. Der Schritt war kühn und in seinen Folgen von großer Tragweite, aber dennoch vollkommen gerechtfertigt durch den Umstand, daß die Mehrzahl der Lehrer zu den sogenannten Autodidakten zählte, denen aus Mangel einer gründlichen

Berufsbildung die nöthigen Fachkenntnisse fehlten. So figu-
rirte z. B. in der Dorfschule Teufen unter dem dortigen
Lehrer Gmünder noch im Jahr 1826 nicht einmal das
Rechnen auf dem Stundenplan; auch gestand er offen,
daß er erst im 18. Altersjahre schreiben gelernt. Daraus
läßt sich denn auch unschwer erkennen, wie dürftig die Resultate der Inspektionsberichte ausgefallen sein mögen. — Mit
Staunen und Schreck erfüllte darum jene Schlußnahme manche
Schulmeister im Gefühle der Mangelhaftigkeit ihres Wissens.
Uebrigens lag in dem Vorgehen der Behörde nicht die Ab-
sicht, durch die Examina einen Theil des Lehrerpersonals zu
sprengen, wohl aber der Wunsch nach vermehrtem Fortbil-
dungstrieb. Der große Rath fand sich übrigens in seinen
Erwartungen nicht getäuscht. Ein bis dahin nicht gekanntes
Verlangen nach vermehrtem Wissen gab sich gleichzeitig in
allen Landestheilen kund. Der eine suchte Hülfe bei dem
Ortspfarrer, wenn dieser Schulmann war, der andere im
Verkehr mit der Kantonsschule; alle aber in den Konferenzen.
Außer der Goldach konstituirte sich sofort „der Schullehrer-
verein am Kurzenberg." Er gab sich einläßliche Statuten, die
darauf abzielten, durch gegenseitige Belehrung sich in den
Stand zu setzen, einerseits die Prüfung bestehen zu können,
anderseits aber, des Lehrerberufs sich überhaupt immer würdiger zu machen. Hinter der Sitter geschah Aehnliches in
Herisau durch Lehrer Signer, und im Mittellande versammelten sich die Lehrer nach wie vor unter der Leitung eines
Dekan Frei, Joh. Kaspar Zellweger und Hermann
Krüsi in Trogen, wo die meisten Hülfsmittel für eine tüchtige Fortbildung gegeben waren. Im Jahr 1831 fand die
Prüfung wirklich statt. Da jedoch unterdessen aus Besorgniß,
einen liebgewonnenen Lehrer verlieren zu können, hie und da
reaktionäre Gelüste auftauchten, wurde dieselbe, wie der Verfasser aus eigener Erfahrung weiß, lediglich auf einige in

Klausur verfaßte schriftliche Arbeiten beschränkt; manche Examinanden wurden gar nicht einberufen.

Der edlen Nacheiferung Bestand zu geben, beauftragte die
Obrigkeit sämmtliche Vorsteherschaften, von Amts wegen dahin
zu wirken, daß der Eifer für den Konferenzbesuch nicht wieder
erkalte. Um aber überhaupt allmälig bessere Lehrkräfte zu gewinnen, hatte sie schon 1830 angeordnet, daß alle neu anzustellenden Schulmeister durch die Schulkommission geprüft
werden sollen, was bis dahin nur in Einzelfällen geschehen
war. Der Vollziehung dieses Beschlusses standen aber eigenthümliche Schwierigkeiten im Wege; denn bei den dürftigen
Lehrergehalten von damals war vorauszusehen, daß sich nur
Söhne unbemittelter Eltern für den Schuldienst entschließen
werden. Um daher diese für die Bildungskosten einigermaßen schadlos zu halten, wurden Prämien von 100
Gulden ausgesetzt, in deren Besitz diejenigen Lehramtskandidaten gelangen sollten, welche die Prüfung bestehen würden.
Freilich mußte dagegen jeder Prämirte die Verpflichtung eingehen, dem Schuldienst im Lande wenigstens 10 Jahre treu
zu bleiben, widrigenfalls der Betrag zurückgefordert wurde.

Reorganisationsepoche. Der belebende Einfluß der
Lehrerprüfungen auf die Entwicklung des Schulwesens äußerte
sich bald, um so mehr, als die Dreißigerjahre dem Fortschritt
nach jeder Richtung hin sehr günstig waren. Angeregt durch
die Geistlichkeit, kam schon 1833 auch der Plan für Lehrerbildung innert den Marken des eigenen Landes zur Ausführung. Durch Hermann Krüsi wurde das außerrhodische
Seminar in Gais im Maimonat eröffnet. Während diese
Bildungsanstalt schön aufblühte, unterließen die Behörden
nicht, ihre Aufmerksamkeit unentwegt dem Primarschulwesen
zuzuwenden. Wir erwähnen von den Verbesserungen aus
jener Zeit der Inspektionen. Diejenige vom Jahre 1828
hatte durch mehrere Geistliche stattgefunden, welche sich in die

Aufgabe theilten. Die abweichende Auffassung mußte in= dessen zu ungleichartigen Resultaten führen und also einer richtigen Beurtheilung nach einheitlichen Grundsätzen hinderlich werden. Als daher 1835 abermals eine Visitation vorge= nommen werden sollte, suchte man jene Klippe zu umgehen, und es hatte dieselbe auch wirklich den Vorzug, daß Pfarrer W e i s h a u p t im Sommersemester sämmtliche Schulen a l l e i n besuchte.

Wir entheben seinem Berichte zum Zwecke statistischer Vergleichungen einige Angaben und freuen uns, abermals einen erheblichen Fortschritt konstatiren zu können. Im Zeit= raum von 7 Jahren (1828—1835) hatten sich die Primar= schulen von 73 auf 77 vermehrt; die Zahl der Alltagschüler war durch geregeltern Schulbesuch von 3502 auf 5206 ge= stiegen. Zählt man die 3204 Wiederholungsschüler hinzu, so ergiebt sich die erfreuliche Thatsache, daß im Verhältniß zur damaligen Bevölkerung der fünfte Theil derselben Schul= unterricht erhielt. Manche Lohnschule hatte sich unterdessen zur Freischule erhoben. Auch zählte das Land bereits 56 Jahrschulen und 46 mit eigenen Schulhäusern; 2 waren an halbe Häuser gewiesen, 9 andere hatten bloße Schulstuben, und 18 Schulen wohnten noch zur Miethe. — Die L e h r e r = g e h a l t e betrugen durchschnittlich $4\frac{1}{2}$ Gulden per Woche, und schon hatte die Durchschnittssumme des Kapitalvermögens jeder Schule 4353 Gulden erreicht. Man sieht, es fanden sich auch diesmal noch erhebliche Lücken; aber der Totalein= druck muß als ein entschieden günstiger bezeichnet werden.

Das Land erfreute sich, wie wir wissen, bereits eines eigenen Seminars, dann der Konferenzen, der periodischen Inspektionen, der Lehrerprüfungen, des obligatorischen Schul= besuchs und der finanziellen Betheiligung des Staates zu Gunsten der Seminaristen und angehenden Lehrer. Im Jahr 1837 setzte man es durch, daß für neue Schulhäuser Prämien

von 200—400 Gulden ausgesetzt werden konnten. Der
Staatsbeitrag belief sich für diesen Zweck bis zum Jahr 1852
auf 12,197 Fr. Solche Früchte des Fortschrittes verdanken
wir einestheils der damals günstigen Zeitrichtung, anderntheils
aber auch und vorzugsweise einer sehr thätigen Schulkommiss-
sion, die es sich zur Aufgabe gestellt hatte, das Schulwesen
aus dem Schlendrian mittelalterlicher Zustände herauszuheben.
Rühmliche Erwähnung gebührt diesfalls besonders den Land-
ammännern Oertli und Nagel, Dekan Frei in Trogen,
Pfarrer Weishaupt in Gais, Zürcher in Wolfhalden
und Büchler in Wald. In Verbindung mit Krüsi machten
sich Weishaupt und Frei überdies verdient durch Bearbeitung
neuer Lehrmittel, wie auch durch Einführung der nägelischen
Methode im Gesangunterricht.

Nach einander erschienen ein erstes, zweites und drittes
Lesebuch, deren ethischer Werth volle Anerkennung fand.
Von Weishaupt erschien bekanntlich eine reichhaltige Sammlung von Jugendliedern nebst einem religiösen Gedächtniß-
buche, und Zuberbühler, Vorsteher der Kantonsschule in
Trogen, bereicherte die Schulliteratur mit einem Exempelbuch
für Uebungsschüler im Rechnungsunterricht.

Man darf sich nicht wundern, wenn die Schulkommission
nach solchen Errungenschaften und inmitten ihrer Sorge für
die Bedürfnisse der Schule die Nothwendigkeit immer entschiedener fühlte, daß durch Aufstellung einer Schulordnung
auch der innere Ausbau derselben angebahnt werde, um so
mehr, als das Statut vom Jahre 1805 völlig unbrauchbar
geworden war. Nach ihrer Ansicht konnten die Verbesserungen
einzig dadurch Bestand haben oder Gesetzeskraft und Gültigkeit erhalten. Schon hatte 1837 der Entwurf zu einer Schulverordnung die Billigung der Landesschulkommission, des
großen und des zweifachen Landrathes erhalten, als sich, völlig
ungeahnt, eine hartnäckige Opposition dagegen bildete. Theils

waren es Männer von Ruf, Ultrademokraten, wie Erzieher
M. Hohl in Wolfhalden, welche dem zweifachen Landrathe
die Kompetenz für Aufstellung einer Schulordnung bestritten;
theils entblödeten sich, die Sache zu hintertreiben, gewisse
Leute aus dem Volke nicht, Vorurtheile der ungereimtesten
Art im Lande zu verbreiten. Es bildete sich mit einem Wort
eine reaktionäre Bewegung im Lande, und diese trat in die
Schranken wider die Freunde des Fortschrittes. Des Volkes
Stimme gebot Halt, und mit einem Male hieß es: „Bis
hieher und nicht weiter!" Im Jänner 1838 machte sich der
Widerstand allgemein geltend. Am 28. April 1839 bestieg
Alt-Pfarrer Hohl sogar den Landsgemeindestuhl, um Namens
der Unzufriedenen die Frage an den Souverän zu stellen, ob
der zweifache Landrath befugt sei, von sich aus eine Schulverordnung zu erlassen, und da er dieselbe wiederholt als
Schul-Gesetz deutete, so fiel die Sache, wie zu erwarten
war, als unzulässig dahin. Der Revisionsrath erhielt indessen
gleichwohl den Auftrag, ein Schulgesetz zu berathen, das
jedoch vom Volke am 26. April 1840 mit Mehrheit verworfen
wurde. So sollte denn das Fahrzeug des Schulwesens nach
wie vor ohne Steuer und Mast an die Klippen der Volkslaune gewiesen sein. Mit einem Male schienen die Verbesserungen von 20 Jahren her wieder in Frage gestellt sein
zu sollen. Genau besehen war es aber doch nur die Form,
welche momentan erschüttert worden war, das Wesen blieb;
denn die Behörden erachteten es, gestützt auf Art. 12 der
Verfassung, als ihre Pflicht, auch selbst in Ermangelung von
bezüglichen Bestimmungen, dem zeitgemäßen Fortschritt Vorschub zu leisten. Stetig entwickelte sich denn auch seither das
Schulwesen, ohne weiter auf Widerstand zu stoßen. Das
Volksbewußtsein für die Nothwendigkeit vermehrter Bildung
erhielt allmälig Bestand, und es ließ sich auch der Staat
immer bereitwilliger zu Opfern herbei. Standen die Lei-

stungen des Landsäckels für Schulzwecke bis zum Jahr 1828 auf Null, so stiegen dieselben schon bis 1842 auf einen jährlichen Durchschnittsbetrag von 1710 Gulden. So gieng es fort von Jahr zu Jahr, und es erreichte die materielle Betheiligung im Jahr 1864, selbst mit Ausschluß dessen, was für Beschaffung von Lehrmitteln verausgabt wurde, bereits die Summe von mehr denn 10,000 Fr. Ist auch dieser Betrag gegenüber dem Aufwand für andere Zweige des Staatshaushaltes immerhin ein winzig Ding, so konstatirt er doch einen ehrenvollen Fortschritt gegenüber früherer Zeiten.

Seit dem Eintritt des bildungsfreundlichen Landammanns Suter in die Schulkommission (1853) und unter thätiger Mitwirkung des Dekans Wirth entwickelte dieselbe abermal eine ganz besondere Thätigkeit. Die Schule erhielt einen Lehrplan; die vormals gefürchteten Inspektionen kehrten, statt nach langen, unbestimmten Unterbrechungen, alljährlich wieder; für Herstellung einheitlicher Schulbücher wurde eine Lehrmittelkommission ernannt, die Forderungen an Lehramtskandidaten verschärft (Seite 153), dagegen aber für schwach vorbereitete Seminaristen ein Vorkurs festgesetzt und der Bildungstermin auf 4 Jahre verlängert. Für Vermehrung der Sekundarschulen wurden den Gemeinden Staatsbeiträge in Aussicht gestellt und die Bildung von Reallehrern durch Stipendien erleichtert. Die Kantonsschule erhielt revidirte Statuten; auch bewilligte ihr der große Rath an den Gehalt des 5. Lehrers einen jährlichen Beitrag von 2000 Fr. Den Primarlehrern verschaffte die Behörde Gelegenheit, auf Staatskosten das Nationalturnen zu erlernen, und unter Musikdirektor Weber in Bern einen Gesangdirektorenkurs zu machen. Eine fernere Schöpfung der Schulkommission ist die Schulordnung vom Jahre 1863. Unter den materiellen Verbesserungen derselben sind zu erwähnen: der jährliche Staatsbeitrag von 3000 Fr.

für Unterstützung ärmerer Gemeinden im Schulwesen, die Erhöhung der Prämien bei Schulhausbauten bis auf 1000 Fr., der Stipendien für Seminaristen auf 250 Fr. jährlich und endlich die Verpflichtung derjenigen Lehrer zum Eintritt in ihre Alterskasse, welche in Besitz der Staatsprämie von 200 Fr. gelangen. — In sachlicher Beziehung verdient mit Befriedigung erwähnt zu werden, daß nach einem Artikel jenes Statuts bei Einführung neuer Lehrmittel das Gutachten der Lehrerschaft eingeholt werden muß. Dagegen sollte nach unserer Ansicht die Prüfung der Lehrer durch Fachmänner geschehen und die Landesschulkommission etwa zu einem Drittheil mit praktischen Schulmännern besetzt sein.

Zustand der neuesten Zeit.

Die Primarschule. Dem Freunde des Vaterlandes muß die Wahrnehmung zu hoher Befriedigung gereichen, daß die Schulzustände trotz einmaligem Reaktionsversuch und ohne Schulgesetz zu der Stufe der Ausbildung gelangt sind, auf der wir gegenwärtig damit stehen. Von Rückschritten meldet die Geschichte nichts, wohl aber von einem stetigen Weitergehen in materieller und intellektueller Beziehung. Halten auch hie und da Schulrhoden noch zurück; wollen selbst einzelne Gemeinden noch nicht so recht daran glauben, daß Kapitalien niemals besser angelegt sind, als wenn sie für Bildungszwecke verwendet werden, so bringen dagegen andere unter Mitwirkung gemeinnütziger Privaten oft ungewöhnliche Opfer. Auf der einen Seite ist es also der strebsame Geist der obern und untern Schulbehörden, auf der andern der Patriotismus, welche in ihrer Vereinigung nnd zwar meist auf durchaus zwanglosem Wege Außerrhoden so weit gebracht haben, daß dieser Halbkanton sich ohne Schamröthe neben die fortgeschrittenen Kantone hinstellen darf. Zwar fehlt uns jener innere Organismus, der anderwärts sämmtliche Bildungsanstalten von oben bis unten in ein System bringt, aber nicht jene glückliche Gliederung von Schulgattungen, die nach jeder Richtung hin viel Gutes schafft. Eine auch nur oberflächliche Vergleichung von vormals und jetzt wird Zeugniß geben von einem sehr erheblichen Fortschritt im allgemeinen und von der erwähnten Gliederung insbesondere.

Die 20 Gemeinden des Landes besitzen gegenwärtig 77 **Primarschulen**: Herisau 12, Teufen 7, Wolfhalden, Heiden und Gais je 5, Rehetobel 4½, Urnäsch, Schwellbrunn, Speicher, Trogen und Lutzenberg je 4, Walzenhausen und Reute je 3, Grub 2½ (weil diese Gemeinde die Schule am Kaien mit Rehetobel gemeinsam besitzt), Hundwil, Stein, Bühler und Wald je 2, Schönengrund und Waldstatt je 1 Schule. — Die **Lehrergehalte** betreffend ist man mit Hülfe des jährlichen Staatsbeitrages endlich einmal dahin gelangt, daß künftig kein Lehrer mehr mit dem frühern Minimum von 352 Fr. almosenirt werden muß. In Walzenhausen und Reute, zum Theil auch in Schwellbrunn, Rehetobel und Lutzenberg, erreicht das von der Standeskommission angestrebte Minimum 750 Fr. Schönengrund steht gegenwärtig mit 708 Fr. noch unter jenem Betrag. In Urnäsch, Hundwil, Wolfhalden, Grub und Wald stehen die Gehalte auf 800—850 Fr., in Stein auf 900; Herisau, Waldstatt und Heiden geben 1000 Fr., Speicher und Teufen 1050, Bühler und Gais 1100, während Trogen mit 1200 Fr. am höchsten steht.

Die **Emolumente** oder Nebeneinkünfte: Heizung des Schullokals und Wohnungsentschädigung können bei Fixirung des Gehaltes nicht in Betracht gezogen werden, ebensowenig die Beträge für den Vorsingerdienst, für Gesangunterricht an Sonntagen, Orgelspiel ꝛc., da dieselben durch besondere Leistungen bedingt sind. — Ruhegehalte giebt es in unserm Kanton nur ausnahmsweise. So hat Herisau seiner Zeit den Nestor der außerrhodischen Lehrerschaft, J. J. Signer,

ki seiner nach fünfzigjährigem Wirken erfolgten Resignation
jährlich mit 1000 Fr. bedacht. In Trogen geschah Aehnliches in kleinerem Maßstabe; aber dort wie hier thaten es
nicht die Behörden, sondern Privaten mittelst freiwilliger
Beiträge. — Das Gesammtvermögen sämmtlicher Primarschulen beträgt nach dem Schulbericht von 1865 — 1,212,629
Fr. Schönengrund erscheint dabei mit 13,086, Herisau mit
183,320 Fr. Seit 1835, wo das Durchschnittsvermögen
jeder einzelnen Schule auf 4354 Gulden oder 9235 Fr. stand,
ist dasselbe auf 14,224 Fr. angewachsen, obschon unterdessen
gar manche Schulen neu hinzugekommen sind. Noch reichen
die Zinse der Kapitalien für Deckung der Kosten an den
wenigsten Orten hin; statt aber den Ausfall durch Steuern
zu decken, halten einige Gemeinden immer noch am Bezug
von Schulgeldern fest. Stehen auch diese Fälle allerdings
nur noch vereinzelt da, so können wir uns eben doch nicht
rühmen, durchs ganze Land im Besitze von Freischulen zu
sein, oder das Ziel erreicht zu haben, wonach man schon seit
sechs Dezennien gestrebt hat. — Die Schulhäuser, 67 an
Zahl, unter ihnen 9 Doppelhäuser, sind mit wenigen Ausnahmen zweckmäßig eingerichtet und in gutem baulichen Zustande. Lehrerwohnungen im Schullokale selbst finden sich,
ausgenommen auf Mohren in Reute, in sämmtlichen Schulhäusern. — Die Zahl der Schüler und deren Verhältniß
zur Bevölkerung ergiebt folgende Resultate: Im Jahr 1863
besuchten, mit Einschluß der Waisenhauszöglinge, der Realschüler und Seminaristen, 6331 Alltag- und 3033 Wiederholungsschüler die Schulen des Landes. Die Zahl sämmtlicher Schüler verhielt sich zur Bevölkerung wie $1:5_{/3}$; auf
je 142 Einwohner kam ein Realschüler. Das Mittel der
Primarschülerzahl vom 6. — 12. Altersjahre betrug in den
Jahren 1863—1865 — 5718 Alltag- und 2848 Uebungsschüler.
— In Bezug auf den intellektuellen Theil der Primarschule

spricht sich der offizielle Schulbericht also aus: „Die Unterklassen stehen in der Regel auf einer recht befriedigenden
Stufe. Nicht allen Lehrern ist es übrigens gegeben, den
Kleinen biblische Geschichten anziehend und erbaulich vorzutragen, und hie und da wartet man mit diesen den Kindern
so lieben Mittheilungen zu lange. Die Lautirmethode
ist noch bei weitem nicht überall eingeführt. Auch die
Schreiblesemethode wartet noch auf Vermehrung ihrer Anhänger. Die mechanische Lesefertigkeit wird in der Unterschule schon ziemlich erreicht; allein es sollte da schon viel
mehr auf langsames, deutliches und ausdrucksvolles Lesen
gehalten werden. Im sprachlichen Vorbereitungsunterricht
unterlassen es viele Lehrer, im Sprechen und Nacherzählen,
überhaupt im mündlichen Gedankenausdruck recht viele Uebungen anzustellen. Zu den schönen Leistungen der Oberklassen
im Rechnen wird in der Unterschule ein guter Grund gelegt. Im Schreiben bringen es diejenigen Lehrer am weitesten, welche den Schülern die Feder früh in die Hand geben.
Vom Singen ist in den Unterklassen gewöhnlich noch nichts
zu hören. — In den Oberklassen würde in mancher
Schule noch mehr geleistet, wenn jeder Lehrer immer die
Hauptsache, die Ausbildung fürs Leben, im Auge behielte.
In der Religion widmet sich eine ansehnliche Zahl von
Lehrern mit Vorliebe diesem Fache. Die Lesefertigkeit
kann befriedigend genannt werden; dagegen fehlt noch sehr
häufig der Ausdruck, die richtige Betonung oder das Schön-
lesen. Auf keinem Gebiete tritt aber eine solche Differenz,
eine solche Ungenüge der Leistungen zu Tage, als im Sprachunterricht. Im Orthographischen halten sich die Lehrer zu
wenig an die aufgestellte Anweisung: „Regeln und Wörterverzeichniß zum Behuf der Rechtschreibung und Zeichensetzung.“
Das Beste wird im Rechnen geleistet, da es nebst dem
Singen als Lieblingsfach der Lehrer bezeichnet werden kann.

Die Kalligraphie läßt vieles zu wünschen übrig. Nur in einigen Schulen zeigten sich bei den Inspektionen durchgehends schöne Schriften. Die Realien, Geschichte und Geographie, beschränken sich fast überall auf Vaterlandskunde in bescheidenem Umfange, obschon der Lehrplan im 6. Schuljahre auch noch das Wichtigste aus der Geographie von Europa fordert.

Die Uebungsschule steht je nach der Tüchtigkeit der Lehrer auf einer sehr verschiedenen Stufe. Sie ist nur ausnahmsweise eine wirkliche Fortbildungsschule, und selten wird mehr erreicht, als das, daß die Schüler das in der Alltagsschule Gelernte beibehalten.

In disziplinarischer Hinsicht kann von unsern Schulen beinahe nur Löbliches gesagt werden. Es muß auch, ungeachtet der gemachten Ausstellungen, zugegeben werden, daß die gegenwärtige Lehrerschaft mit wenigen Ausnahmen treu und gewissenhaft an der Lösung ihrer schwierigen Aufgabe arbeitet.

Die Konferenzen, gegründet im Jahre 1824, üben einen belebenden Einfluß, sowohl auf die Primar- als auch auf die Reallehrer aus. Jene versammeln sich monatlich in den drei Landesbezirken, diese halbjährlich einmal, meist in St. Gallen. Die Generalkonferenz führt zu ihren Jahresversammlungen beide Kategorien brüderlich zusammen. Auch betheiligen sich an den Verhandlungen jeweilen manche Geistliche in ehrenwerther Weise. Während der ersten 25 Jahre verstand es sich so zu sagen von selbst, daß hochgestellte Männer aus dem geistlichen und weltlichen Stande die Geschäfte leiteten. Seit 1850 wählt jedoch die Lehrerschaft das Präsidium aus ihrer Mitte. Ein freimüthiger, würdiger und kollegialischer Geist durchweht die Verhandlungen. Gegenstände, die von den Spezialkonferenzen nicht endgültig entschieden werden können, gelangen hier zu ihrem Abschlusse.

Schon manches Gute wurde, auch abgesehen von ihrem bildenden Einflusse auf die Schule selbst, in den Konferenzen erzielt. Wir erwähnen hier nur der bekannten Hülfsanstalten: der Witwen- und Lehreralterskasse. Jene, gestiftet 1840, zählt gegen 90 Mitglieder; sie besitzt ein Stammvermögen von 13,005 Fr., unterstützt gegenwärtig jährlich 9 Witwen mit 80 Fr.; diese, gegründet 1848, zählt um 80 Mitglieder; sie besitzt einen Fond von 16,532 Fr. und konnte im Jahr 1863 an 15 Rentengenössige, je nach ihren Ansprüchen an die Kasse, eine Jahresprämie von 48 — 56 Fr. abgeben.

Armenerziehungsanstalten. Nach ihrer Leistungsfähigkeit zählen auch diese zu den Primarschulen. Das Land hat deren 6: in der Schurtanne, auf Vögelinsegg, am Schönenbühl in Teufen und auf dem Ebnat in Herisau. Hiezu kommen die Rettungsanstalt in Wiesen und die Webanstalt des Hrn. Banquier Zellweger in Trogen, wo die Zöglinge außer der technischen Ausbildung für die Weberei auch Unterricht in den Elementarfächern und im Zeichnen erhalten. Getrennte Waisenanstalten, ähnlich den Genannten, haben übrigens auch die Gemeinden Lutzenberg, Reute, Wolfhalden, Heiden, Wald, Rehetobel, Urnäsch, Schwellbrunn, Hundwil und Gais, deren Zöglinge jedoch den öffentlichen Schulen zugetheilt sind.

Mittelschulen. Wo sich in Gemeinden höhere Bildungsanstalten befinden, zeigt sich bei Aufnahme von Primarschülern meist jene mangelhafte Vorbildung, welche dieselben hindert, auf der höhern Stufe des Unterrichts Schritt zu halten. Auch giebt es Gemeinden, wo Realschulen entweder gänzlich fehlen, oder wo für Benutzung auswärtiger Anstalten dieser Art die Entfernung zu bedeutend ist. Dennoch giebt es allerorten Eltern, die ihren

andern vermehrten Unterricht angedeihen lassen wollen. Da
hilft dann kein anderes Mittel, als die Errichtung von Prä-
parandenklassen an den Realschulen selbst, oder aber da, wo
keine höhern Bildungsanstalten sich finden, die Errichtung
von Mittelschulen. Jene, wie diese, sollen den mangelhaften
Primarunterricht ergänzen, diese als besondere organische
Mittelglieder zwischen Elementar- und Realschule. Trogen
gieng 1860 mit der Errichtung einer Mittelschule voran;
Herisau folgte 1863 und Urnäsch im Jahr 1864 nach.
Die Ziele, welche man in denselben zu erreichen strebt, sind
verschieden. In Speicher wird z. B. auch das Französische
gelehrt, was in den beiden andern nicht geschieht. Die dortige Mittelschule kann daher zu den Sekundarschulen gezählt
werden.

Mädchenarbeitsschulen. Nach dem Beispiel anderer
Kantone, wo für Bildung künftiger Hausmütter von Staats-
wegen gesorgt wird, stiftete Frau Zeugherr Tobler in Trogen
schon 1839 ein Legat von 3000 fl. für Errichtung einer
Gemeindearbeitsschule daselbst. In andern Gemeinden fand
das Beispiel Nachahmung. Bereits hat sich dieses Institut
wie ein Netz über die Gemeinden Urnäsch, Stein, Schönengrund, Teufen, Bühler, Gais, Speicher, Wald, Wolfhalden, Heiden, Grub, Walzenhausen ꝛc. ausgebreitet und
wirkt allerorten sichtbar mit Segen.

Die **Kleinkinderschulen** oder Bewahranstalten sind
eine Nachahmung dessen, was der ehrwürdige Pfr. Oberlin
im Steinthal schon im vorigen Jahrhundert begonnen hatte.
Da manche Eltern seiner Gemeinde, mit Gewerben oder Feld-
arbeiten beschäftigt, nicht zu ihren Kindern sehen konnten,
stellte er diese unter Aufsicht von hiefür gebildeten Wärterinnen.
Der Versuch gelang; das Beispiel fand Nachahmung, erst
in Deutschland, später auch in der Schweiz. Insofern, und
weil sie die Kinder unter 6 Jahren vor bösen Einflüssen

bewahren, auch gleichzeitig das Anschauungs- und Vorstellungsvermögen, den Nachahmungs- und Thätigkeitstrieb wecken und überdies der physischen Kräftigung zu Hülfe kommen, haben sie, wohl geleitet, einen unbestrittenen Werth. Nur mögen die Lehrerinnen nicht wähnen, in das Unterrichtsgeschäft hinein pfuschen zu müssen, wodurch eine Art Frühreife im Kinde entsteht, welche auf den spätern Schulunterricht nachtheilig einwirkt. Auch sollte das Gefühl des Kindes nicht überreizt werden durch fade Poesien und abgeschmackte Erzählungen, weil sein Glaube durch Anschauung der Dinge in der Natur besser geweckt werden kann. Unser Land hat seit 1848 solche Schulen in manchen Gemeinden, in Trogen, Bühler, Teufen, Appenzell 2c., wo dieselben erfahrungsgemäß segensreich wirken. Das Verdienst ihrer Gründung im herwärtigen Kanton gebührt dem um sein Vaterland hochverdienten Wohlthäter, Hrn. Banq. Zellweger v. Trogen.

Lehrerbildung. Wir haben oben (S. 120—125) die bedauerliche Unwissenheit der Lehrer des vorigen Jahrhunderts kennen gelernt. Es mag daher nicht ohne Interesse sein, zu erfahren, wie es allmälig besser geworden, und den Faden zu verfolgen, welcher sich durch die Geschichte der Lehrerbildung hinzieht.

Der Unterrichtsminister) der helvetischen Regierung, Albrecht Stapfer, ein Mann voll Eifer und Hingebung für Volksbildung, hatte aus den eingegangenen Berichten über die damaligen Schulzustände bald erkannt, daß in der Unwissenheit der Lehrer das Grundübel der Schulen zu suchen sei. Ihm erschien daher jedes andere Mittel zur Aufklärung nur als palliativ, so lange das Uebel nicht bei der Wurzel erfaßt, so lange nicht dem Volksschullehrer eine gründliche Seminarbildung gegeben werden könne.] Dies zu ermöglichen, suchte er erst in der aufgehobenen Helferei der Gemeinde Wald, im Kanton Zürich, eine Normalschule zu errichten.

Als das nicht gelang, wandte er seine Blicke nach Zürich selbst, und als auch hier sein Plan scheiterte, schien ihm Pestalozzi der rechte Mann für Uebernahme eines helvetischen Seminars. Dieser jedoch wies das Anerbieten mit der Erklärung zurück, daß er seine Idee einer verbesserten Unterrichtsmethode vorerst an einer Kinderschule erproben wolle. Stapfer berief hierauf den Pfarrhelfer Johann Buel von Hemishofen, einen Schulmann vom besten Klang. Buel folgte wirklich dem Ruf im Jänner 1799; aber bald entmuthigte ihn der Kriegslärm jenes verhängnißvollen Jahres, und nach wenigen Wochen kehrte er nach Hemishofen zurück.

So giengen die hochherzigen Pläne Stapfer's abermals nicht in Erfüllung; doch wankte sein Muth, im Vertrauen auf den, der das Gute mit Erfolg zu krönen weiß, auch jetzt noch nicht. Fischer, sein Geheimschreiber, ein bei Salzmann gebildeter junger Geistlicher, der die deutschen Seminarien studirt hatte, theilte die Ansichten seines Herrn und faßte daher den Entschluß, das projektirte Seminar im Schloße zu Burgdorf selbst ins Leben zu rufen. Stapfer nahm den Antrag mit Freuden an, und auch das Direktorium genehmigte den Plan unterm 20. Juni 1799. Die Vertragsbestimmungen wurden festgesetzt; allein diese waren nicht geeignet, bei Stapfer und Fischer Vertrauen zu erwecken, einmal, weil nur Invaliden als Seminaristen eintreten sollten, dann aber auch, weil das Direktorium statt Unterstützung nur Beifallsbezeugungen, statt klingender Münzen nur Hoffnungen hatte; denn in ihrer Finanznoth fanden die Räthe zu speziellen Schulzwecken jedes Opfer zu groß. So scheiterte denn auch der fünfte Versuch, und unterm 27. März 1800 wies das Direktorium die Angelegenheit definitiv von der Hand. Das helvetische Seminar hatte also nur auf dem Papier figurirt; es war ein schöner Traum, die leider getäuschte Hoffnung edelsinniger Männer gewesen, welchen Volks-

wohlfahrt über alles theuer war. Fischer verließ Burgdorf.
Die ersten Einrichtungen hatten ihn in Schulden gebracht;
er kränkelte von da an und starb bald nachher gebrochenen
Herzens. Der Schmerz über diesen Ausgang und Verlust
entmuthigte auch endlich Stapfer dermaßen, daß er schon im
Juli des nämlichen Jahres als Unterrichtsminister zurücktrat.
„Aber, was weder das dringende Bedürfniß noch die Hin-
gebung Stapfer's, unterstützt von der Autorität seines hohen
Amtes, noch die Ausdauer Fischer's zu Stande gebracht, das
reifte dennoch im Stillen, von der Vorsehung beschützt."

Wo Fischer seine entsagungsvolle Wartezeit zugebracht
und unmittelbar nach dessen Tode trat Pestalozzi auf. Durch
seine Versuche für Auffindung einer naturgemäßen Unterrichtsmethode an der sog. Lehrgottenschule erregte er bald die
Aufmerksamkeit der Gebildeten. Die Bewegung, welche er
dadurch in die pädagogische Welt gebracht, bewirkte eine allgemeine Erfrischung und Regeneration im Schulwesen. Hiezu
kam, daß manche Erziehungsräthe in den Kantonen von Hochachtung für die edle Thätigkeit des abgetretenen Unterrichts-
ministers erfüllt waren; seine Ideen hatten gezündet und zur
Nacheiferung angeregt. So im Kanton Sentis, dessen Erziehungsrath manche Freunde des Fortschrittes unter seine
Mitglieder zählte, vor allen Steinmüller, damals Pfarrer
in Gais. Was die Regierung von ganz Helvetien nicht
hatte zu Stande bringen können, das sollte durch die Ent-
schlossenheit eines Mannes ins Leben gerufen werden. Steinmüller errichtete mit Hülfe freiwilliger Beiträge in Gais ein
Privatseminar, das sofort auch die Genehmigung der Behörden erhielt. Mit 18 Jünglingen aus den Kantonen
St. Gallen und Appenzell konnte der Bildungskurs zu Anfang des Jahres 1801 eröffnet werden. Im Jänner 1802
wurden dieselben patentirt und nach Ostern ein 2. Kurs
eröffnet. Gleichzeitig mit diesen Vorgängen in der östlichen

Schweiz verbreitete sich der Ruf Pestalozzi's in immer weitern Kreisen. Der neue Unterrichtsminister, Dekan Ith aus Bern, fand bei seiner Untersuchung der pestalozzischen Anstalt deren Methode so vorzüglich, daß das Direktorium den Gedanken an ein helvetisches Seminar neuerdings aufnahm. Mit Publikation vom 6. Dezember 1802 verordnete dessen Vollziehungsrath, daß in Burgdorf 12 Freiplätze für Bildung von Volksschullehrern nach der neuen Methode errichtet werden sollen; auch verpflichtete er die Kantone, bei Anstellung von Lehrern den bei Pestalozzi gebildeten den Vorzug zu geben. Wir wissen aber, daß wenige Monate später die Helvetik wie ein Kartenhaus zusammenstürzte, daß mithin auch dieses Projekt nicht zur Ausführung gelangte. So blieb denn die Bildung künftiger Lehrer auf die Thätigkeit Steinmüller's beschränkt; er war der eigentliche Bahnbrecher für Hebung der Schulen in der östlichen Schweiz. Bei der Kürze des Bildungstermins konnten aber die Forderungen natürlich nicht hoch gestellt werden. Lesen, Schreiben, Rechnen, Sprachlehre, Aufsatz und Religionskenntniß, sämmtlich auf der Elementarstufe, waren die Fächer, die gelehrt wurden. Noch wagte man nicht, den Gesangunterricht obligatorisch zu erklären; man wies nur auf dessen Wünschbarkeit für Kirche und Haus hin. Um der Verstandesbildung Vorschub zu leisten, galt beim Unterricht die katechetische Methode. — Trotz des Dienstes, welchen Steinmüller durch sein Seminar dem Vaterlande leistete, fand sein Wirken dennoch mancherlei Verkennung. Er selbst klagt, daß die von ihm gebildeten Lehrer die Kinder nicht in Klassen eintheilen und nicht jedes Fach in dazu festgesetzten Stunden lehren dürfen, weil Eltern und Vorsteher häufig Widerspruch dagegen erheben. Da, sagt er, kreische eine Mutter: Mein Kind muß nicht im Lesebüchlein, worin von Hasen und Tauben die Rede ist, es muß im neuen Testament oder in einer

Zeitung oder im Kalender lesen lernen. Dort schimpfe ein Vater und befehle: Sein Kind soll nicht nur eine Stunde im Tage, sondern den ganzen Vormittag im Katechismus auswendig lernen. Hier hudle ein Munizipalist den Schulmeister aus, daß er nach der neuen Weise lehre, und gebiete ihm, beim Alten zu bleiben. Steinmüller ließ sich übrigens weder durch Vorurtheile noch andere Hemmnisse beirren; er fühlte, daß seinen Bestrebungen die Zukunft angehöre und lebte deßhalb der Ueberzeugung, es werde die Vorsehung nach dunkler Nacht einen hellen Tag heraufführen. Und wie er gedacht, so geschah es auch.

Nach Steinmüller, der seine Kurse auch in Rheineck, wohin er 1805 als Pfarrer berufen worden, fortführte, eröffnete Fellenberg 1809 ähnliche Kurse für bereits angestellte Lehrer. Von Yverdon und aus den Hofwyler Anstalten sind später für unsern Kanton manche tüchtige Lehrer hervorgegangen. Andere verdankten ihre Bildung den Anstalten unter Zeller in Beuggen, Hühni in Horgen, Hanhardt in Basel, unserm Landsmanne Tobler in St. Gallen und Krüsi in Trogen. Auch einige Geistliche im Lande selbst, namentlich die Pfarrer Kürsteiner, Frei, Weishaupt und Zürcher, haben Verdienste um Einführung von Jünglingen in den Lehrerstand. Immerhin aber können diese Leistungen nur als Bruchstücke angesehen werden gegenüber den Bestrebungen der neuern Zeit. Uebrigens war man schon damals von der irrigen Ansicht zurückgekommen, daß jeder für den Schuldienst tauge, der auf andere Weise kein Auskommen finden kann. Wenn Friedrich der Große noch alles Ernstes befahl, daß Invaliden für die Schulhaltung bestimmt werden sollen; wenn die helvetische Regierung es ebenso gehalten wissen wollte; wenn auch Gemeindebehörden, um einen Mann vom Bettelstabe zu retten, denselben mit der Jugenderziehung betrauten: so wissen wir hingegen, daß schon jene Männer diese Ansicht nicht mehr theilten. Mit den politischen Umgestaltungen der Dreißiger-Jahre sollte aber der Stümperei für immer ein Ziel gesetzt werden. Man wollte sich dem Vorwurf nicht länger aussetzen, die Jugenderziehung von Amtswegen vernachläßigt zu haben. Der Anstoß zu einer planmäßigen Lehrerbildung gieng bei uns von den Behörden aus. Unterm 3. Mai 1830 erließ nämlich die oberste Landesbehörde eine Verordnung, nach welcher alle anzustellenden Lehrer geprüft werden sollten. Damit war der erste Schritt zum Bessern gethan; der zweite mußte von selbst folgen. Die Nothwendigkeit lag nahe, auf Mittel zu denken, diese Leute in den Stand zu setzen, sich eine gründliche Seminarbildung zu erwerben. Statt aber sich an ein außerkantonales Seminar anzuschließen, zogen es die Behörden vor, die Gründung eines eigenen Seminars im Lande selbst zu versuchen. Die Gelegenheit war günstig. Herrn. K r ü s i, damals Direktor der Kantonsschule in Trogen, einst Pestalozzi's Mitarbeiter, hatte bereits seit 30 Jahren sich zeitweilig auf diesem Felde versucht. Er vereinigte alle Eigenschaften in sich, welche das Gelingen im Voraus sichern konnten. An Pfarrer Weishaupt erhielt die Anstalt einen erprobten Lehrer für Naturlehre, mathematische Geographie und Gesang, während Krüsi selbst den Unterricht in der deutschen Sprache, in Kopf- und Zifferrechnen, Naturkunde, Formenlehre, Geometrie, biblischer und vaterländischer Geschichte ertheilte; in der Folge betheiligten sich auch mehrere Hülfslehrer am Unterrichte. So weit giengen damals die Forderungen an das Seminar. Die Prüfung der Lehramtskandidaten verbreitete sich bis in die Fünfzigerjahre hinein über g e f o r d e r t e und w ü n s c h b a r e Fächer. Zu jenen zählten: Buchstabiren, Sillabiren, Lesen, Katechisiren, Orthographie, Kopfrechnen, Zifferrechnen und Gesang; zu diesen: Lautiren, mathematische und schweizerische Geographie, Schwei-

zergeschichte, Naturlehre, Formenlehre, Geometrie und Zeich=
nen. Die Tüchtigkeit in den „geforderten" Fächern be=
rechtigte zur Uebernahme einer Schule. Den Examinanden
stand es sogar frei, sich in den gewünschten Fächern
prüfen zu lassen oder nicht.

Der Gehalt des Direktors ward auf 800 Gulden nebst
freier Wohnung gestellt, Pfarrer Weishaupt für seine Lei=
stungen angemessen entschädigt, die pekuniären Hülfsmittel
für die Unternehmung aber größtentheils durch freiwillige
Beiträge aus verschiedenen Gemeinden zusammengebracht. —
So sah denn Gais im Jahr 1833 zum zweiten Mal ein
Seminar entstehen. Der Unterricht begann mit 12 Semi=
naristen. Warum damals nicht beliebt wurde, ein Konvikt
einzurichten, wissen wir nicht; das aber ist gewiß, daß bei
guter Leitung eines Konvikts für Erziehungs= und Schul=
zwecke mehr herauskommt, als bei der Verkostgeldung in Pri=
vathäusern. Uebrigens muß zugegeben werden, daß das aus=
gezeichnete Talent Krüsi's, die jungen Leute anzuregen, sie
zu jener höhern Auffassung des Berufs hinzuleiten, welche
allein mit Segen wirkt, für den bezeichneten Mangel ent=
schädigen konnte. Einen weitern Nachtheil erblicken wir in
der kursweisen, statt alljährlichen Aufnahme von Zöglingen.
So kam es, daß in der Zwischenzeit für vakante Schulen
keine Lehrer zu haben waren, während beim Schluß der jewei=
ligen Bildungskurse Ueberfluß entstand, so daß einst gegen
20 Ueberzählige sich veranlaßt sahen, im Ausland ein Arbeits=
feld zu suchen. Innerhalb 12 Jahren fanden 5 Kurse statt,
deren Dauer Anfangs auf 2, später auf 2½ und zuletzt
auf 3 Jahre angesetzt war. Durch den Hinschied des Direk=
tors Krüsi (am 25. Juli 1844) sahen sich die Behörden
in die Nothwendigkeit versetzt, das Seminar eingehen zu
lassen. Lehrer waren zwar für längere Zeit in hinreichender
Zahl vorhanden; als aber später der Mangel sich neuerdings

fühlbar machte, ließ der Staat seine Stipendiaten vorzugsweise in Kreuzlingen bilden. Der pädagogische Ruf Wehrli's
gewährte vollkommene Gewähr für die Bildung gesinnungs-
tüchtiger Lehrer. Als aber dieser Mann 1852 von der Stelle
eines Seminardirektors zurücktrat, mußte für die herwärtigen Behörden abermals die Frage entstehen: Wo sollen
künftig die außerrhodischen Lehrer gebildet werden? Man sah
sich um in allen damals bestehenden Seminarien der Schweiz,
in Wettingen, Küßnacht, Schiers, Chur, Münchenbuchsee ꝛc.
Allein entweder befriedigte die Tendenz nicht, oder es war
die Ueberfüllung bereits so groß, daß an Zulassung auswärtiger
Zöglinge nicht gedacht werden konnte. Der große Rath beschloß daher unterm 30. November 1852 auf Antrag der
Landesschulkommission, die Bildung künftiger Lehrer neuerdings im eigenen Lande zu versuchen und dieselbe einem Mit-
gliede der Landesschulkommission, dem Erzieher J. R. Zellweger in Gais, anzuvertrauen. Im Mai 1853 zogen sodann die ersten Seminarzöglinge in die ehevorigen Räumlich-
keiten des Seminars ein. Seither haben unter der neuen
Leitung 10 Kurse ihre Bildung erhalten. Nimmt man den
letzten Kurs, welcher bis Frühjahr 1866, als dem beabsichtigten abermaligen Schluß des Seminars in Gais, seine
Vollendung erhalten wird, hinzu, so sind es 11 Kurse; die
Gesammtzahl der aufgenommenen Seminaristen beträgt 104,
von denen 78 dem herwärtigen, 20 dem Kt. Glarus, 4 dem
Kt. St. Gallen und 2 endlich dem Kt. Thurgau angehören.

Rücksichtlich der Forderungen ergiebt sich, daß die Zeitströmung auch auf diesem Gebiete ihre Rechte geltend machte.
Der im krüsi'schen Seminar stereotype Passus der bloß „wünsch-
baren" Fächer fand im zellweger'schen keine Geltung mehr,
und es kennt die neue Schulordnung nur noch obligatorische
Fächer. Als völlig neue kamen zu den frühern hinzu: allgemeine Geschichte, Naturgeschichte, Pädagogik und Gymnastik.

Das gegenwärtige Seminar hat sonach zu bewältigen: Lesen mit Einschluß von Buchstabiren, Lautiren und Sillabiren, deutsche Sprachlehre, Religion, resp. biblische Geschichte, Bibelkunde und Kirchengeschichte, Kopfrechnen, Zifferrechnen, Gesang, mathematische, allgemeine und schweizerische Geographie, allgemeine und schweizerische Geschichte, Naturgeschichte und Naturlehre, Formenlehre, Geometrie nebst Algebra, Kalligraphie, Zeichnen, Buchhaltung, Pädagogik und Turnen. Faßt man die große Zahl der Fächer ins Auge und den Umstand, daß die Lehramtskandidaten sich bei den Patentprüfungen überdies auf Spezialitäten des Wissens gefaßt halten müssen, so leuchtet ein, daß die Aufgabe des Seminars, auch abgesehen von den Verbindlichkeiten des Vorstehers gegen das Konvikt, eine ebenso mühevolle als schwierige war.

Das höhere Schulwesen von Außerrhoden. Der steigende Verkehr unserer Industriellen mit dem Ausland ruft von selbst einer Art Ebenbürtigkeit in den Bildungsbestrebungen mit demselben. Aber auch schon ein flüchtiger Blick auf die gegenwärtige Zeitrichtung sagt uns das mit verständlicher Sprache. Herder äußert sehr richtig: „Wir müssen mit der Zeit fortschreiten, oder die Zeit schleppt uns fort. Glücklich ist der, welcher willig geht. Das gilt besonders von den Einrichtungen zur Bildung der Menschen und gilt vorab von unserer Zeit. Unsere Zeit ist ein großer Wecker; die grobe eiserne Wanduhr rasselt mit gewaltigen Schlägen." Genügte es beim Uebergang ins 19. Jahrhundert noch, daß begüterte Familien ihre Hauslehrer hielten, so fordert dagegen unsere Zeit in Realien und fremden Sprachen schon mehr eine Durchbildung der Massen.

Herisau erkannte diese Nothwendigkeit schon 1809, indem man daselbst eine öffentliche Lehranstalt für höhere Bildung ins Leben rief. An Stelzner und Käser hatte dieselbe während einer Reihe von Jahren vorzügliche Lehrer. Später leitete J. J. Fißi von Bühler, ein Schüler Pesta- lozzi's, daselbst eine Realschule, und seit 1829 hatte Herisau überdies noch eine besondere Privat-Realschule, geleitet von Provisor Joh. Ulrich Schieß von dort. Um aber dem höhern Schulwesen eine feste Basis zu geben, dasselbe dem vermehrten Bedürfniß dienstbar zu machen und die Anstalt für künftige Zeiten sicher zu stellen, wurde 1838 unter dem Einflusse der ersten Familien des Orts die gegenwärtige Realschule gestiftet. An die Spitze derselben trat der durch seine Tüchtigkeit als Lehrer bereits erprobte Herr J. J. Fißi. Noch hatte er sich mit Wagenseil, einem Deutschen, allein in sämmtliche Fächer zu theilen; aber das steigende Bedürf- niß nach vermehrter Bildung führte allmälig zu einem grö- ßern Lehrerpersonal, und während die Schule längere Zeit mehr nur von Kindern reicher und angesehener Eltern besucht worden war, wurde sie später auch von den untern Klassen immer zahlreicher benutzt, so daß die Schülerzahl oft gegen 100 betrug. So kam es, daß die Schule nachgerade ein Gemeindebedürfniß wurde. Wirklich gieng sie im Jahr 1862 mit einem Kapitalvermögen von 93000 Franken an die Ge- meinde über. Durch Anstellung eines fünften Lehrers für die alten Sprachen ist die Herisauer Realschule in die Reihe der Progymnasien eingetreten.

Wenn man sich in Trogen länger, als in Herisau mit Hauslehrern zu behelfen wußte, so lag der Grund davon in örtlichen und Bevölkerungsverhältnissen. Der reichen Fami- lien hatte der kleinere Ort weniger, und der Mittelstand hielt in seinen Bildungsansprüchen zurück, bis ein Anstoß von außen kam. Dieser trat aber ein nach dem Rücktritte des Joh. Kaspar Zellweger vom kaufmännischen Berufe. Es hatte nämlich im ersten Dezennium dieses Jahrhunderts bei den Wechselfällen des Krieges zwischen Napoleon und den alliirten Mächten der Handel wiederholt gefährliche Störungen zu erleiden, wodurch Zellweger bewogen wurde, die Geschäftsverbindungen mit seinem Bruder, Landammann Zellweger, aufzulösen und nur noch die Spinnfabrik in Trogen beizubehalten. Als aber diese später ein Raub der Flammen geworden, zog er sich vom Handel ganz zurück, um die noch übrigen Lebenstage der Muße zu widmen. Auf Reisen suchte er Stärkung der Gesundheit; da kam er auch nach Yverdon und Hofwyl und hier mit Pestalozzi und Fellenberg wiederholt in Berührung. Wie an einer Sonne erwärmte sich das Gemüth des Mannes an den Erziehungsbestrebungen jener Pädagogen, und es stand endlich bei ihm als Grundsatz fest, daß, wer für Volksbildung mit Erfolg arbeiten wolle, zunächst die obern und untern Stände ins Auge zu fassen habe. So wurde, vorzugsweise durch seine Anregung, die Kantonsschule in Trogen und die Waisenanstalt in der Schurtanne gegründet. Im Februar 1822 konnte jene mit 17 Zöglingen eröffnet werden. Während der ersten 5 Jahre hatte die Anstalt den Charakter einer bloßen Privatunternehmung; dann aber wurde sie vom großen Rath unter seinen landesväterlichen Schutz genommen und durch ihre ersten Stifter, die Herren Joh. Kaspar Zellweger, Oberstl. Honnerlag und Zeugherr M. Tobler, wie auch mittelst freiwilliger Beiträge von Begüterten des Landes angemessen fundirt. Vier Jahrzehende sind seither an ihr vorübergegangen, und es theilte dieselbe das Los ähnlicher Anstalten. Die Frequenz stieg und sank und mit derselben auch die Zahl der Lehrer. Ihr Hauptverdienst um den Kanton dürfte darin zu finden sein, daß sie den Bildungstrieb beim Volke geweckt, für Verbesserung des Schulwesens den Anstoß gegeben und damit den Realschulen im Lande gerufen hat. In ihrer Eigenschaft als Erziehungsanstalt machte sie es auch manchen Eltern möglich, ihren Söhnen eine höhere Bildung zu geben, wodurch sie in den Stand gesetzt wurden, in Amt und Beruf Tüchtiges zu leisten. Erwägt man, daß manche Familienväter, sei es aus Grundsatz oder aus Rücksichten der pekuniären Kräfte, ihre Söhne niemals in auswärtige Bildungsanstalten untergebracht hätten, so liegt darin ein weiteres Verdienst des kantonalen Institutes. — Niemals kam die Existenz dieser Bildungsanstalt in Frage; denn für deren Fortbestand hatten die Stifter durch Geschenke sowohl als auch durch bindende Bestimmungen hinlänglich gesorgt; dagegen war ihr Verhältniß zum Kanton prinzipiell niemals klar genug festgestellt worden. Während die einen eine bloße Ortsschule für Trogen in derselben erkennen wollten, fanden hingegen andere in ihrer historischen Entwicklung Gründe genug für ihren Charakter als Staatsanstalt. Je mehr im Lauf der Jahre die Real- und Sekundarschulen in den Gemeinden sich mehrten, desto dringlicher erschien es, daß man diesfalls endlich einmal ins Klare komme. Nun sagen aber die neuesten Statuten in ihrem ersten Passus: „Die Kantonsschule in Trogen ist eine dem Staate angehörige Unterrichts- und Erziehungsanstalt für Knaben." Der große Rath genehmigte in seiner Sitzung vom 29. Nov. 1864 nach längerer Debatte jene Statuten in ihren Hauptbestimmungen, weßhalb die Stellung dieser Anstalt und ihr Verhältniß zum Staat nicht länger als zweifelhaft angesehen werden kann.

Der ehrenvolle Vorgang durch Stiftung der Kantonsschule in Trogen fand bald ebenso ehrenvolle Nachahmung in Heiden. Seckelmeister Joh. Konrad Tobler, gestorben 1825, ließ in seinem Wohnhause daselbst, welches er nach erfolgter Uebersiedelung nach Speicher nicht mehr bewohnte, unter dem Namen „Provisorat" eine höhere Lehranstalt errichten. 1824 erhielt sie ihre Statuten, und beim Ableben stiftete er überdies für den Unterhalt des jeweiligen Lehrers ein Legat von 25000 Gulden. Noch mochte Tobler

die Tragweite seiner Schöpfung nicht ahnen, indem die Lehrfächer, statutarisch auf das „Wesentlichste" beschränkt, dabei
nur auf einen Lehrer Rücksicht genommen und die Schule
überdies nur für Gemeindeeinwohner zugänglich sein sollte.
Seither hat sich das Provisorat erweitert und geäufnet; die
Zeit räumte die beengenden Schranken hinweg, und man freut
sich nun im Gegentheil, wenn auch aus benachbarten Gemeinden recht viele Schüler herbeiströmen. Der edle Stifter
müßte sich, könnte er sein Werk im neuen Gewande schauen,
wohl innig freuen über die stetige Entwicklung der Schule
durch die Hand einsichtiger Verwalter.

Auch Teufen sah 1850 eine höhere Bildungsanstalt
für die Gemeinde erstehen. Zwei Legate, von 7000 und
von 800 Gulden, jenes von Daniel Roth, dieses von
Frau Oertli-Würzer, legten den Grund. Andere folgten
dem Beispiel mit Geschenken in ehrenwerther Weise. Der
Fond stieg, und schon nach 5 Jahren konnte über ein Vermögen von 26011 Franken verfügt werden. 1861 wurde die
Schule aus ihrer provisorischen Versorgung im Pfarrhause
erlöst und besitzt nun im Grem 2 angemessene Lehrzimmer.
Gegenwärtig beträgt das Sekundarschulkapital etwas über
31000 Franken. Noch reicht aber dasselbe für die Besol-
dung zweier Lehrer nicht hin, weßhalb es noch jährlicher Zu-
schüsse bedarf.

Das kleine, aber nichtsdestoweniger schön aufblühende
Bühler besitzt eine Sekundarschule, nebst Speicher die einzige im Lande, welcher zur Zeit nur ein Lehrer vorsteht.
Wegen Mangels an Schülern und weil der damalige Lehrer
einem Ruf außer den Kanton gefolgt war, wurde dieselbe
1855 momentan aufgehoben, 6 Jahre später aber neuerdings
ins Leben gerufen. Wenig bemittelte Kinder haben freien
Zutritt. Der Lehrplan schließt sich genau an den der Pri-

marschule an, so daß diese Anstalt in ihrem organischen Aufbau gleichzeitig die Aufgabe der Mittelschule erfüllt.

Noch erwähnen wir schließlich der Realschule auf der **Riefern** in **Gais**, einer Privatunternehmung des Verfassers, zugleich Erziehungsanstalt für interne Zöglinge aus verschiedenen Kantonen der Schweiz. Im Jahr 1853 kam auch das außerrhodische Seminar hinzu, wodurch der ursprüngliche Zweck erweitert und darum allmälig die Anstellung von 5 Lehrern erforderlich wurde, um den gesteigerten Anforderungen an die Lehrerbildung ein Genüge zu leisten. So finden wir die Riefern rücksichtlich der Bildungsbestrebungen seit 13 Jahren in ihrer ehevorigen Gestalt und Einrichtung. Auch unter Krüsi hatte nur die Seminarabtheilung einen offiziellen Charakter; die übrigen Zweiganstalten: die Realschule, das Pensionat und die Töchterschule, letztere geleitet von **Gertrud**, einer Tochter Krüsi's, waren Privatunternehmungen desselben. Man lehrte damals, wie gegenwärtig, die Realien nebst Französisch, Englisch, zeitweilig auch Lateinisch. Der Ort ist aber durch seine Lokalitäten und die vorzügliche Lage wie gemacht für Erziehungszwecke.

Fassen wir die höhern Schulen des Landes zusammen, so besitzt gegenwärtig Trogen seine Kantonsschule, bestehend aus 4 Klassen auf der Realschulstufe, mit welchen ein Progymnasium von 3 Klassen verbunden ist. 5 Hauptlehrer mit entsprechenden Hülfslehrern wirken an der Anstalt, deren Vermögen (1863) 138,400 Franken betrug. Herisau hat seine Realschule mit 6 Lehrern, 4 Real- und einigen Lateinklassen, Heiden das Provisorat und Teufen die Realschule, je mit 2 Lehrern. Bühler und Speicher besitzen Sekundarschulen mit je einem Lehrer; Gais hat seine Erziehungsanstalt nebst Seminarabtheilung und Realschule, besorgt von 5 Lehrern. Mädchensekundarschulen befinden sich in Trogen und Herisau unter einer Lehrerin, welcher hier wie dort für

gewisse Fächer Reallehrer beigeordnet sind. In den übrigen
Gemeinden besuchen die Mädchen die betreffenden Realschulen
gemeinsam mit den Knaben. Das zinstragende Vermögen
der Kantonsschule, der Real- und Sekundarschulen beträgt zusammen, mit Ausnahme von Gais, 495,000 Franken.

    Schulwesen von Appenzell-Innerhoden.
Der erste Schritt zu Schulverbesserungen geschah hier ums
Jahr 1813 durch Pfarrer Manser. Er legte den Grund
zu einer Art Normalschule und bewirkte eine Trennung der
Mädchen- von den Knabenschulen. Unter seiner einsichts-
vollen Leitung erhielten sich diese Schulen in befriedigendem
Zustande; auch brachte er es durch seine Verwendung 1825
dahin, daß die Bezirke Schwarzenegg, Meistersrüthi und Engenhütten mit eigenen Schulen versehen werden konnten. Außerdem bestand seit 1820 am Hauptort auch eine Privatschule, geleitet von Hauptmann J. B. Ullmann, der bis zu seinem Tode
(1831) während 11 Jahren der mühevollen Aufgabe eines Lehrers
sich freiwillig unterzog, in der deutschen und französischen Sprache,
in Arithmetik, Geographie und Geschichte Unterricht ertheilte.
Vormals gab der dritte Kaplan in Appenzell auch Unterricht
in der lateinischen Sprache. Nach Hauptmann Ullmann traten bis in die Fünfziger-Jahre hinein nacheinander verschiedene Privatlehrer auf. Seither hat das Schulwesen von
Innerrhoden bedeutende Fortschritte gemacht. Irren wir nicht,
so kommt das Verdienst hauptsächlich der thätigen Verwendung
des Landammanns Rechsteiner zu. Ueber den gegenwärtigen Zustand entheben wir dem offiziellen Schulbericht
an den großen Rath vom Jahr 1864 einige Angaben und
freuen uns, melden zu können, daß derselbe, so mangelhaft
hier der Bildungszustand immer noch ist, unsere Erwartungen
übertroffen hat. — Der Schulbesuch ist obligatorisch, ein
Umstand, welcher wenigstens vom guten Willen der Behörden
Zeugniß geben kann; allein weder die Tabellenführung noch

Ahndungen und Strafeinleitung finden ihre konsequente Vollziehung. Es bleibt in der Regel dabei, daß der jeweilige
Berichterstatter über Saumseligkeit im Schulbesuch sein Bedauern ausspricht. Der Eintritt geschieht mit dem zurück-
gelegten 6. Altersjahr; dagegen ist der Austritt so ziemlich
in die Willkür der Eltern gestellt. Wenigstens kommt der Fall
öfter vor, daß Kinder vor dem vollendeten 12. Altersjahr,
inmitten des Jahreskurses, zurückgezogen werden. Im Unterricht giebt man sich für einmal mit den Elementarfächern zufrieden. Außer Lesen, Schreiben, Memoriren und Religion
kommt in manchen Schulen etwas Sprachlehre nebst Anfer-
tigung schriftlicher Aufsätze vor. Gesang dagegen und von
Realien, Geographie und Geschichte trifft man ausnahmsweise in Appenzell, Schwende und St. Anton, Gemeinde Oberegg. Hier figurirt sogar Naturgeschichte, wie denn überhaupt
die Schulen dieses abgeschiedenen Landestheils zu den bessern
zählen, weil hier die Schulkommission im Eifer für den Fortschritt mit dem Pfarrer einig geht. Obenan aber steht seit
Jahren unter den Schulen Innerrhodens die Knabenschule
in Appenzell, und in edlem Wetteifer mit ihr wirkt auch die
Mädchenschule daselbst, wo dritthalbhundert Schülerinnen
von 4 Klosterfrauen mit Auszeichnung unterrichtet werden.

Das Land zählt im Ganzen 22 Schulen mit 18 Lehrern
und 6 Lehrerinnen. Die Schülerzahl beträgt 1492 und verhält sich zur Bevölkerung wie 1 zu 9. Daß man aber auch
in Innerrhoden den Wink der Zeit allmälig begreift, erhellet
unter anderm daraus, daß daselbst innerhalb der letzten 10
Jahre 6 neue Schulhäuser gebaut und 3 andere angemessen
renovirt wurden, so daß nun, wie der Bericht meldet, von
17 vorhandenen Schulhäusern 16 derselben in gutem baulichen Zustande sich befinden. Die Lehrergehalte betragen
mit Ausschluß der Emolumente, als: Orgeldienst &c., im Mini-

mum 210, im Maximum 800 Fr., nebst freier Wohnung. Für
Fortbildung der Lehrer sind Repetentenkurse angeordnet. Mädchenarbeitsschulen sind als besondere Institute noch nicht organisirt; jedoch ertheilen die Klosterfrauen und 2 andere Lehrerinnen Unterricht in weiblichen Arbeiten. Ebenso bestehen
keine gesetzlichen Wiederholungs- oder Repetirschulen. Uebrigens werden letztere eifrig angestrebt. Bei dem geringen
Schulkapital von nur 42,200 Franken, welches Innerrhoden
besitzt, hält es schwer, eingreifende Verbesserungen anders,
als höchst allmälig, ins Werk zu setzen.

Wir freuen uns, in Statthalter **Kölbener**, dem frei-
müthigen Berichterstatter, einen Mann zu treffen, der die
Schäden aufzudecken und den Verbesserungen das Wort zu
reden Muth genug hat. Er verlangt vorab tüchtigere Lehrer
mit gründlicher Seminarbildung, dann aber auch Anschauungsunterricht statt trockener Abstraktion, welche so bald wieder verfliegt, Verstandesbildung statt einseitiger Gedächtnißquälerei, angemessene Klasseneintheilung, obligatorische Er-
gänzungsschulen bis zum 15. Altersjahr und endlich weniger
Saumseligkeit der Geistlichen in Erfüllung der Amtspflicht
als Schulvisitatoren.

Armenwesen.

Geschichte der Entwicklung.

Wenn der Wanderer von den baumbedeckten Gefilden
des Thurgaus her die Marken des Landes überschreitet, oder
wenn er heraufkommt vom Rebgelände des Rheinthals, so
findet er die Luft rauher, das Land öde, bloß mit Futter-

kräntern, hie und da auch mit Bäumen bedeckt. Trotz male-
rischer Dörfer erfüllt ihn dann eine Art Mißbehagen, weil
er die Möglichkeit nicht sogleich einsehen kann, wie ein zum
Theil unwirthliches Land von annähernd acht Geviertmeilen
im Stande sein sollte, 60,000 Menschen zu ernähren. Und
in der That faßt man die starke Bevölkerung ins Auge
gegenüber der Ungunst agrikoler Verhältnisse, so muß zugegeben werden, daß, nach dieser Seite hin betrachtet, Appenzell ein a r m e s Land ist. Neben emsiger Thätigkeit belebt
aber der Geist des Fortschrittes, wenigstens in Außerrhoden,
alles Volk, und was die Natur uns versagt, suchen wir zu
ersetzen durch Gewerbfleiß und Industrie, welchem zu Berg
und Thal arbeitsame Hände zu Hülfe kommen. Unsere Han-
delserzeugnisse verschaffen dem Kanton Existenzmittel aus
aller Herren Ländern, so daß nach dem allgemeinen Aus-
gleichungsgesetze manche Erdstriche, von der Natur reichlicher
begabt, beitragen müssen, die Ungunst der klimatischen Verhältnisse für uns erträglicher zu machen. Allerdings treten
hin und wieder Handelskrisen ein und in Folge derselben
Stockungen der Gewerbe. Wir fühlen dann den Mangel
einer lohnenden Landwirthschaft in empfindlicher Weise; aber
in solchen Fällen thut sich jeweilen auch das Füllhorn der
Wohlthätigkeit auf, und das Gefühl der Zusammengehörigkeit heilt dann hundert Wunden. Wohl haben wir, wenigstens in Außerrhoden, keine Gemeinweiden in den Alpen, in
den Niederungen keine Allmenden, ja nicht einmal Waldungen, wo der Arme sich seinen Holzbedarf holen könnte. Bei
der geringen Ausdehnung des Gebiets hatte man schon vor
Jahrhunderten alles Land in kleine Parzellen oder Gehöfte
getheilt, weßhalb auch die Wohnungen so zerstreut liegen, wie
etwa zur Alemannenzeit, wo man es bekanntlich verschmähte,
in Städten oder größern Ortschaften beisammen zu wohnen,
weil sie als Kerker freier Männer galten. Wir haben dagegen

reiche Armengüter, botirte Verpflegungsanstalten und Waisenhäuser. So oft diese Hülfsquellen nicht hinreichen, hilft die christliche Liebesthätigkeit oder das steuerbare Vermögen der Begüterten nach. Bei der fortschreitenden Volkserziehung prägt sich auch unter der mittellosen Volksklasse das Motto zusehends mehr aus: „Spare in der Zeit, so hast du in der Noth." In fast allen Gemeinden finden sich Sparkassen, und neben der gesetzlichen Armenpflege hat sich in neuerer Zeit auch das Institut der freiwilligen Armenvereine gebildet.

Wie es allmälig so gekommen, lehrt die Geschichte. Wir kennen das Wort Christi: „Arme habet ihr alle Zeit." So ist es je und je gewesen. In der Armenpflege der ersten Jahrhunderte beschränkte sich der Apostel Thätigkeit nicht bloß auf die religiöse Unterweisung; vielmehr stellten sich jene Männer auch die leibliche Pflege der Armen, als ihrer Brüder in Christo, zur Aufgabe. Die Gemeinde zu Jerusalem gieng selbst so weit, daß sie, obwohl ohne Zwang, eine gewisse Gütergemeinschaft einführte. Auf die Dauer konnte das nun freilich nicht gehen; aber der Grundsatz blieb, daß, wer da hat, auch dem mittheilen solle, der nicht hat, zumal die zeitlichen Güter als ein Darleihen des Allgütigen nicht bloß zur Begründung der eigenen Wohlfahrt bestimmt sind, sondern auch zum Frommen der Verlassenen. So wurde es in den Christengemeinden durch Jahrhunderte hinab gehalten. Als sich aber einmal das Christenthum weithin Bahn gebrochen hatte, als seine Bekenner sich mehrten, mußten nothwendig bestimmte Grundsätze für die Armenpflege gesucht werden. Mit Zunahme der Hülfsbedürftigen bildete sich daher die Armenpflege allmälig besser aus.

Beim Sturze der Karolinger, im neunten Jahrhundert, war die Zahl der konstanten Armen noch gering, weil man, die Bedürftigen vor Mangel zu schützen, des unbebauten

Landes noch im Ueberfluß besaß. Nach Mißwachs oder bei Theurungen und in Kriegszeiten lag es in der Pflicht des Leibherrn, die Hörigen zu unterstützen. Es gab aber auch Arme unter den Freien. Entweder waren es Gebrechliche, Altersschwache, im Krieg Verstümmelte oder Kinder, zu deren Unterhalt der vierte Theil des Zehnden verwendet wurde. Konnten Kriegsgefangene nicht mit ihren eigenen Mitteln losgekauft werden, so fand auf diese die Steuererhebung bei den Freien ihre Anwendung. Gegen Ende des 9. Jahrhunderts zeigen sich übrigens schon Spuren der Privatwohlthätigkeit, und nach den Kreuzzügen kamen bereits Krankenanstalten, Spitäler, damals Siechenhäuser genannt, auf, für deren Dotation gewisse Einkünfte aus den Gemeinden erhoben wurden. Bis zur Landestheilung hatte auch Appenzell ein kantonales Siechenhaus; nach derselben wurde im Gfeld, in der Gemeinde Trogen, ein eigenes für Außerrhoden errichtet. Armen, welche nicht in diese Anstalten gehörten, reichte man aus Mangel an baarem Gelde Naturalien: Schotten, Milch, Käse, Erd- und Baumfrüchte; auch sammelte man Liebesgaben in Opferstöcken oder beim Gottesdienst mittelst des Klingelbeutels. Bei der zunehmenden Bevölkerung reichten aber auch diese Hülfsmittel bald nicht mehr hin. Der helfenden Hände mußten mehr gesucht werden, und es kam schon zu Ende des 15. Jahrhunderts das sogenannte Lokalitäts system in Anwendung, wonach die Obrigkeit verordnete, daß die Armenversorgung den Verwandten bis zum achten Gliede überbunden sein solle. Der Grund einer derartigen Armenpflege liegt, weil durch das Naturgesetz begründet, sehr nahe. Auch ist es Christenpflicht, daß Eltern für ihre Kinder und Enkel, Kinder hinwiederum für ihre Eltern sorgen, wenn diese in Dürftigkeit gerathen, daß man selbst entfernteren Verwandten die Hand reiche. Dessenungeachtet fiel die Unterstützung oft kärglich genug aus. Eigennutz oder Engherzigkeit hatten die Hand im Spiel; man war um Ausflüchte niemals verlegen, und nicht selten geschah es, daß selbst der würdigste Arme darben und hungern mußte. Als aber nach dem Mittelalter theils durch die Erfindung der Buchdruckerkunst die Aufklärung allgemeiner wurde, theils in Folge einer tiefern Auffassung christlicher Grundsätze eine humanere Zeitrichtung eintrat, ward es auch mit der Armenpflege allmälig besser. Zwar muthete man die Hauptunterstützung, nach wie vor, den Verwandten zu; aber doch ließen sich Land und Gemeinden schon mehr herbei, die Lasten gemeinsam mit ihnen zu tragen. So lesen wir in einem Mandat vom 11. Mai 1652, nachdem die Obrigkeit vor dem Wucher gewarnt hatte: „Hingegen wollend wir männiglich, in Sonderheit aber die richen ernstlich vermahnet haben, daß sy vyll mehr den dürftigen und Haußarmen zu dieser Zeit Best Ihrens vermögens, so vyll sy Gott vermahnet die Hand bietend." Schon hatte der Kanton einen Fond, dessen Ursprung wir zwar nicht kennen, der aber wahrscheinlich aus Beisteuern der Begüterten entstanden war, dazu bestimmt, armen Kindern daraus auch das Schulgeld zu bezahlen. Ihre Beiträge verwandelte die Obrigkeit später in unbedingte Armengaben, deren Vertheilung den Gemeinden oblag. Als man beim Zusammensturz der alten Eidgenossenschaft das Siechenhaus in Trogen veräußerte, wurde der Erlös von 3383 Gulden mit jenem Fond, welcher 9400 Gulden betrug, auf die Gemeinden nach der Seelenzahl vertheilt.

Die Unzulänglichkeit der Verwandtschaftssteuer oder des Lokalitätssystems trat indessen immer fühlbarer zu Tage. Man dachte darum auf Mittel der Abhülfe, und schon im Jahr 1592 erfolgte die Anregung zu einem Gesetz, nach welchem jenes Steuersystem abgeschafft, dagegen aber die Gemeinden verpflichtet werden wollten, für ihre armen Angehörigen selbst einzustehen. Der Vorschlag fand jedoch noch keinen Beifall beim

Volke, weßhalb Bettel und Unsicherheit in schreckenerregender Weise überhand nahmen. Schon 1647 sah sich die Regierung veranlaßt, einerseits auf vagirendes Gesindel fahnden zu lassen, anderseits aber einheimischen Bettlern den Besuch der Wirthshäuser strengstens zu untersagen. „Es sollen", so lautet die bezügliche Stelle des Mandats, „alle fremde, deutsche und welsche Bettler, die Harzwähler, Landstreicher und Dirnen aus unßerm Land geschafft werden, und wenn solche gesehen werden, so soll man sie beim Eid aus dem Lande weißen, oder in gefängliche Verwahrung nemmen. Die unßerigen Bettler aber sollen in kein Wirthshauße gehen, und sich nicht darin sehen lassen; man sähe aber gern, wenn jede Gemeinde ihre Armen selbst erhalten thäten."

Mit Einführung der Leinwandfabrikation kam mehr Geld ins Land. Man fieng darum an, statt Lebensmittel Geld auszutheilen; aber gerade dadurch wurde das Uebel schlimmer, als zuvor; die Armen verpraßten das Geld, und der Noth ward nicht gesteuert. Die Regierung fand sich darum neuerdings bewogen, derartigen Leuten den Wirthshausbesuch zu verbieten. Eine Verordnung vom Jahr 1659 war folgenden Inhalts: „Wann ein Wirth solchen Personen, welche das heil. Almosen empfangen, zu Trinken giebt, der soll um 3 Pfund gebüßt und das ander Mal um den Schild gestraft werden, die Personen, so aber das thun würden, sollen mit Gefangenschaft und anderwärts abgestraft werden." — Man sieht, die Freundschaftssteuer reichte nicht mehr hin, namentlich zur Zeit des dreißigjährigen Krieges, wo es von nichtsnutzigen Leuten, einheimischen und fremden, recht eigentlich wimmelte. Es kam daher 1667 zwischen beiden Rhoden ein Vertrag zu Stande, kraft dessen das Lokalitätssystem aufgehoben werden sollte. Innerrhoden blieb dabei; aber Außerrhoden zögerte noch geraume Zeit, weil man hier erst die Heimatsrechte genau bestimmen wollte, um für die Zukunft bei Vertheilung der

Armengaben eine richtige Basis zu haben und also möglichen Verwickelungen vorbeugen zu können. Dieser Genauigkeit in Rücksicht auf jene Rechte dürfte es demnach beizumessen sein, daß bei uns die unglückliche Klasse der Heimatlosen fast gar nicht vertreten war. Wohl hatte das Land hin und wieder Landsaßen einzubürgern, selten aber Heimatlose. Zu jenen zählen die, welche wegen Glaubensänderung ihr Gemeinderecht einbüßen und dem andern Halbkanton zugewiesen werden, dann auch Ausländer, zu deren Schriften nicht genau·gesehen wurde und endlich fremde Söldner, denen man bei Anlaß der Zwangswerbungen für Napoleon das Landrecht zugesichert hatte, insofern sie sich unter die Appenzellertruppen würden aufnehmen lassen. — Nach erfolgter Bereinigung der Ortsbürgerrechte fieng man 1737 auch in Außerrhoden an, von der Freundschaftssteuer abzugehen und dieselbe lediglich noch als moralische Pflicht, geboten durch den christlichen Familienverband, anzusehen. Dagegen setzte die Verfassung fest, daß künftig jede Gemeinde für ihre Angehörigen selbst zu sorgen habe (Art. 187 des Landbuchs von 1747).

Gesetzliche Armenpflege.

Das mehrerwähnte Lokalitätssystem, obwohl es bis dahin auch Gesetzeskraft hatte, konnte, wie wir oben gesehen, niemals zu entsprechender Vollziehung gelangen oder konsequent durchgeführt werden. Es zählt zu den Hülfsmitteln der Uebergangsperiode, und deßhalb schließt der Verfasser mit Aufhebung desselben durch den Staat die „Entwicklungsperiode" des Armenwesens ab.

Wie alles Gute bildete sich übrigens auch die gesetzliche Armenpflege nur sehr langsam aus. Erst unterstützten die Gemeinden ihre Armen mit Naturalien, die Kranken mit Geld oder

Arzneien. Dann fieng man an, zum Zweck der Kapitalisi-
rung Steuern zu erheben und Legate zu stiften, um aus den
Zinsen derselben die Armengaben bestreiten zu können. Später
machte sich vieler Orts auch das schädliche Verdingsystem
geltend oder die Absteigerung an den Mindestfordernden; aber
manche entledigten sich, erfüllt von Unmuth über schlechte Behandlung, der lästigen Eingrenzung durch die Flucht, machten
die Straßen unsicher, und der Bettel wucherte fort. Ueberdies erzeigte sich die Verwaltung auch als sehr mühselig und
kostspielig, weßhalb man endlich auf den Gedanken kam, die Armen
in Anstalten unterzubringen und ihnen auf öffentliche Kosten
eine humane Pflege angedeihen zu lassen. Den Reigen eröffnete Trogen mit Stiftung des Armenhauses im Jahr 1764.
Dr. Laurenz Zellweger, einer der edelsten Eidgenossen seiner
Zeit, hatte durch ein ansehnliches Legat den Grund dazu gelegt. In Herisau gebührt Laurenz Schefer das Verdienst,
im Jahr 1769, zumeist aus eigenen Mitteln, eine ähnliche
Anstalt ins Dasein gerufen zu haben. Der Sohn eines
Seilers, erlernte Schefer erst den Beruf seines Vaters;
dann gieng er auf die Wanderschaft und schöpfte auf Reisen
voll Wißbegierde aus allen Gebieten, was ihm nützlich schien.
Eine Krankheit führte den strebsamen Jüngling zu einem
Geistlichen, und hier, am Born wissenschaftlicher Forschungen,
reifte in ihm der kühne Entschluß, das Zwirnrad mit der
Feder zu vertauschen. Er wurde Kaufmann, gründete nach
seiner Rückkehr ins Vaterland eine Handelssocietät, ward
darin glücklich und sah sich später in den Stand gesetzt, eine
Idee in Ausführung zu bringen, für die er seit dem Besuch
des Halle'schen Waisenhauses geschwärmt hatte. Das Armenhaus in Herisau, so dachte der edle Mann, soll eine Nachahmung der Franke'schen Stiftung werden. Nach damaligen
Begriffen über die Armenpflege erreichte er den Zweck auch
vollkommen; denn noch galt lediglich das Prinzip leiblicher

Abfütterung oder die Erlösung des Armen vom Bettel und
physischer Verkommenheit. Zum Besten seiner Schöpfung
kannte Schefers Opferbereitwilligkeit keine Grenzen. Freiwillig gab er einen bedeutenden Theil des Vermögens hin.
Ihm genügte zu wissen, daß den Armen und Waisen ein
freundliches Los gefallen sei. Die Summen aber, welche
dazu nöthig waren, wußte niemand, als der ins Verborgene
sieht; denn nach dem Bibelworte: „die linke Hand soll nicht
wissen, was die rechte thut", ließ er vor seinem Tode alle
Rechnungen, Zinsschriften, Briefe und andere Dokumente,
welche auf seine Schenkungen Bezug hatten, durch seinen
Diener den Flammen übergeben.

Durch Trogen und Herisau war also das Beispiel
zu einer neuen Art Armenhülfe gegeben. Andere Gemeinden
folgten — Wald im Jahr 1787, Gais 1796 und Speicher 1797. In Teufen stiftete Joh. Waldburger 1807
mittelst eines Vermächtnisses von 20,000 Gulden ein Armenhaus. Schwellbrunn folgte noch im nämlichen Jahre,
Wolfhalden 1808 und Heiden 1809. Hier geschah es
durch alleiniges Vorgehen des nachmaligen Landesseckelmei-
sters Joh. Konrad Tobler. Schon bei Lebzeiten hatte sich dieser
Mann durch großartige Schenkungen ein Denkmal vaterlän-
bischer Hingebung gestiftet; aber bei seinem Ableben setzte er
durch ein Legat von 100,000 Gulden für Schul- und Armenzwecke dem Verdienst vollends die Krone auf.

So großartig nun auch der Fortschritt für die damalige
Zeitanschauung sein mochte gegenüber den mangelhaften Zuständen vergangener Jahrhunderte, so litt derselbe dennoch am
rechten Begriff von der christlich humanen Armenpflege. Edel
und schön war unstreitig die Absicht jener hochherzigen Männer. Sie brachten Schutz und Pflege dem Verlassenen; sie
verschafften ihm Arbeit und Brot, sorgten für Handhabung
von Reinlichkeit, Ordnung, Mäßigkeit in diesen Anstalten und

verlangten religiöse Einwirkung durch Gebet. Der Krebsschaden aber, an dem dieselben zum Theil heute noch leiden,
liegt in der bedauerlichen Aufspeicherung von allerlei Volk,
von Alten und Jungen, von Gesunden und Kranken, verschämten und unverschämten Armen in einer und derselben
Anstalt. „Führt einen Schlingel", klagt Dekan Frei noch
im Jahr 1825, „sein liederliches Leben an den Bettelstab, so
kommt er ins Armenhaus; ist ein Verbrecher noch nicht reif
für das Zuchthaus nach der Größe seiner Schuld, wandert
er ins Armenhaus; kehrt eine feile Dirne nach mancherlei
Irrfahrten auf der Bettelfuhre ins Land zurück, so wird sie
im Armenhaus abgeladen." In solchen Umgebungen, angeweht vom Pesthauch des Lasters, wuchsen nun auch die unschuldigen Waisen auf. Wenn daher nur wenige derselben
mit reinen Sitten ins bürgerliche Leben übergiengen, so darf
das nicht auffallen. Die Mehrzahl schmachtete auch nachmals
in Armut und sittlicher Verdorbenheit.

Es mußte darum auf Mittel Bedacht genommen werden, Abhülfe zu schaffen, der erblichen Armut an die Wurzel
zu greifen und die Kinder durch Absonderung von den Erwachsenen einer speziellen Leitung zu unterstellen. Schon
1775 hatte Pestalozzi durch seine Erziehungsversuche auf dem
Neuhof diesen Gedanken zur Ausführung gebracht. Die Revolutionsstürme führten dem Ziele näher. Heerzüge und
Kriegslasten, begleitet von Handelsstockungen, hatten in den
östlichen Kantonen hundert Familienväter ihres Lebens beraubt oder an den Bettelstab gebracht. Schaaren verwaister
Kinder schrieen um Hülfe, und das Vaterland richtete, wie nie
zuvor, seine Blicke auf die Menge der Verlassenen. Was damals
(1799) Pestalozzi in Stanz an 80 Bettelkindern gethan,
ist bekannt, ebenso, daß Fellenberg für den nämlichen Zweck
(1810) seine Wehrli-Schule ins Leben gerufen und durch dieselbe ein Musterbeispiel aufgestellt hat für eine richtige Er

ziehung der Waisen. Jahrzehnde lang leuchtete diese Anstalt hinaus in die Gaue des Vaterlandes; selbst die Tagsatzung erachtete es nicht als unter ihrer Würde, den Blick nach Hofwil zu richten. Wiederholt sandte sie Kommissarien, einen Staatsrath Rengger, Professor Hottinger und andere zur Untersuchung der Wehrli-Schule dahin ab. Das überraschende Zeugniß derselben lautete dahin, daß diese Armenschule alle Erwartungen übertreffe. Gestützt auf dermaßen kompetente Urtheile konnte die Nachahmung nicht ausbleiben. — In unserm Kanton that Herisau den ersten Schritt. Konrad Schoch, dem als Knabe die Kellerräume zu enge geworden, weßhalb er zum Fenster hinaus das Weite suchte, war der Mann der That. Nachdem er durch Handel reich geworden, verlangte er testamentarisch eine gänzliche Lostrennung der Waisenanstalt vom Armenhause mittelst einer Schenkung von 22,000 fl. Schon am 6. November 1817, bald nach dem Hinschiede des Stifters, konnte das geschmackvoll erbaute Haus auf dem Ebnet von 53 Kindern bezogen werden.

Mit diesem Akt geht die Armenpflege von Außerrhoden abermal in ein neues Stadium über. Man erkannte aller Orten die Zweckmäßigkeit des neuen Systems; da aber in unserm Lande großartige Verbesserungen meist von Privaten ausgehen müssen, so konnte die Nachahmung in andern Gemeinden auch nur allmälig erfolgen. Ueberdies genügt eine bloße Trennung nach Altersstufen noch nicht. Sollen Waisenkinder in Wahrheit gerettet, sollen sie der erblichen Armut entzogen werden, so muß auch die Möglichkeit einer tüchtigen Geistesbildung vorhanden sein. Das erkannte zuerst Johann Kaspar Zellweger von Trogen nach langjährigem Umgang mit Fellenberg, dem Stifter der Wehrli-Schule, vollkommen. Schon im Jahr 1817 sandte er einen Knaben, J. K. Zellweger, Verfasser dieser Schrift, in der Absicht nach Hofwil, ihn zum Armenerzieher heranbilden zu lassen. Nach siebenjähriger Vorbereitung übernahm er die Leitung des Waisenhauses in der Schurtanne in Trogen, welche durch ihre Einrichtung eine Musteranstalt für die übrigen Gemeinden des Landes werden sollte.

In den Dreißigerjahren fand sich in Landammann Nagel, Pfarrer Rechsteiner und Kaufmann Gschwend eine würdige Trias für Ausführung gemeinnütziger Bestrebungen in der Gemeinde Teufen. Was die ersten beiden als zweckmäßig erkannten, das führte der dritte in hochherziger Weise aus. So fand denn die Schurtanne schon im Jahr 1832 eine Schwester in der Waisenanstalt auf dem Schönenbühl. Durch Privatmittel gegründet, trug dieselbe bis zum Tode ihres Stifters (1849) den Charakter einer Privatunternehmung; dann aber und nachdem Gschwend zu den bei Lebzeiten schon gebrachten Opfern ein Legat von 70,000 fl. gestiftet hatte, gieng dieselbe an die Gemeinde über. — Speicher folgte mit dem Waisenhaus auf Vögelinsegg 1842. Auch Gais reihte sich 1848 an und zwar vorzugsweise unter Mitwirkung des bewährten Schulmannes und Pfarrers Samuel Weishaupt. Fast gleichzeitig mit Gais sah auch Herisau in Wiesen die appenzellische Rettungsanstalt, gegründet von Landammann Schläpfer, ins Leben treten. Gegenwärtig besitzt das Land 6 wirkliche Armenerziehungsanstalten, denen Männer, für ihren Beruf gebildet, vorstehen: in der Schurtanne, auf Vögelinsegg, am Schönenbühl, in Gais, in Wiesen und auf dem Ebnet in Herisau. Wolfhalden, wo (1864) ein Ortsbürger, Kaufmann Tobler in St. Gallen, mittelst einer Schenkung von 22,000 Fr. zu Hülfe kam, Schwellbrunn, Urnäsch und Heiden sind dagegen insofern bei der bloßen Trennung, jedoch mit gesönderten Lokalitäten für Erwachsene und Kinder, stehen geblieben, als ihre Waisenhäuser nicht zugleich Waisenschulen sind. Bühler, Wald, Rehetobel, Reute und Lutzenberg haben zwar auch eine Trennung bewerkstelligt,

aber nur den Zimmern nach; Erwachsene und Kinder bilden
in diesen Gemeinden wohl auch gesönderte Haushaltungen,
stehen aber unter der nämlichen Direktion.   Hundwil hielt
bisher für die Waisen am Verdingsystem fest, ist nun aber
im Begriff, einen Schritt weiter zu thun und gleich den ge=
nannten Gemeinden getrennte Anstalten herzustellen. In Schönengrund und Waldstatt findet die Verkostgeldung noch auf
Erwachsene und Kinder Anwendung, weil diese Gemeinden
weder Armen= noch Waisenhäuser besitzen.

Gehen wir über zu den bürgerlichen oder Hausarmen im
Gegensatze zu den Anstaltsbevölkerungen, so hilft man den=
selben mit Wochen= oder Extragaben an Geld, mit Bezahlung
des Miethzinses, des Holzes, der Arztkonti, des Schullohns
und des Lehrgeldes für Erlernung eines Berufs, ferner mit
Kleidern, Bettstücken, Arbeitsgeräthen, Lebensmitteln ꝛc. nach.
Für diesen Zweck bestehen Armenkassen in den Gemeinden,
zum Theil mit sehr erheblichen Kapitalien.   Dessenungeachtet
nimmt aber die Armut, wie leicht nachgewiesen werden könnte,
stetig zu.   Es wäre interessant, den Quellen nachzuforschen,
welchen das Uebel entspringt. Wir beschränken uns diesfalls
auf einige Andeutungen.   Vor allem ist es der vermehrte
Hang zur Gemächlichkeit.   Man sucht sich das Leben bequem
zu machen, die Sitten der Reichen in Kleidern, Hausrath und
Genüssen nachzuahmen und nebenbei ohne harte oder anstrengende Arbeiten durchs Leben zu kommen.   Darum verschmähen
so viele junge Leute die Erlernung eines Berufs, welcher
Kopf und Hände mehr anstrengt, als das monotone Geschäft
am Webstuhl, dem, geblendet durch den leichten Verdienst,
alles einseitig sich hingiebt, während hundert fremde Handwerker ihr genügliches Auskommen bei uns finden.   Auf der
andern Seite sind es freilich auch die Fortschritte der Mecha-
nik, wodurch die Arbeitslöhne unverhältnißmäßig herabgedrückt
werden und die oft wiederkehrenden Handelsstockungen als

Folge einer gesteigerten Konkurrenz in allen Zweigen der Baumwollenindustrie. Uebrigens mag die Armennoth auch deßhalb gespensterhafter erscheinen, als ehemals, weil die Armenpflege überhaupt eine bessere geworden. Man sucht der Armut auf den Grund zu kommen, und insofern liegt in der neuern Armenpflege ein Zeugniß vermehrten Gemeinsinnes und gesteigerter Humanität. Die Hingebung bei Behörden und Volk ist rühmlicher, denn je zuvor. Wir notiren, um dem Leser über die Größe der Leistungen des Landes für Armenzwecke einen Begriff zu geben, einige Daten aus den Armenrechnungen der Gemeinden, halten uns jedoch dabei absichtlich an die Resultate vom Jahr 1861, weil damals von Hrn. Prof. T o b l e r in Trogen nach amtlichen Quellen für die „Appenzellischen Jahrbücher" interessante Zusammenstellungen angefertigt worden waren.

Das Kapital der Armenkassen sämmtlicher Gemeinden, welche behufs Unterstützung der Hausarmen allmälig gestiftet wurden, betrug damals die Summe von 1,214,829 Franken. Hiezu kommen die Kapitalien der Armen- und Waisenhäuser, welche, selbst mit Ausschluß des Werthes der Liegenschaften, den respektablen Betrag von 1,080,107 Franken ausmachen. Das Gesammtkapital, dessen Ertragniß für Armenunterstützungen alljährlich verwendet wird, macht demnach 2,294,936 Fr. aus. Die Gliederzahl der Almosengenössigen kann nicht genau bestimmt werden, weil die Gaben theils an Familien, theils an einzellebende Personen verabreicht werden. Annähernd dürfte dieselbe jedoch 4600 Personen ausmachen. Rechnet man die in den Armenanstalten Versorgten hinzu, so steigt die Gesammtzahl der Unterstützten auf 5883 oder auf 8¼ Prozent der Bevölkerung. Zu ihrem Unterhalt dienen die Zinse der Armengüter sämmtlicher Gemeinden im Betrag von 46,194 Fr., ebenso die Zinse der Armen- und Waisenhauskapitalien von 42,372 Fr. und endlich die in den Kirchen ge-

sammelten und für Armenzwecke verwendeten Neujahrs- und
Festgaben von 15,403 Fr. Die Unterstützungen für die Hausarmen erreichten aber die Summe von 121,472 Fr., die der
Armen- und Waisenanstalten im Nettobetrag, also mit
Ausschluß des Arbeitsverdienstes, 84,788, zusammen also
206,260 Fr. Nach Abzug obiger Einnahmeposten, zusammen
von 103,979 Fr., ergiebt sich dennoch ein Defizit von 102,281
Fr., welches direkte durch Vermögenssteuern gedeckt werden
mußte.

Freiwillige Armenpflege.

Der Leser könnte versucht werden anzunehmen, daß Opfer,
welche in die Hunderttausende gehen und alljährlich wiederkehren, genügen; allein dem ist nicht so. Man nimmt im
Gegentheil immer mehr Bedacht auf Erforschung neuer Hülfsquellen, die Armen nachhaltig zu unterstützen, sie nach Möglichkeit aus dem Nothstande herauszuheben. Aus diesem
Grunde darf die Handbietung auch nicht länger bloß von den
hiefür gesetzlich verordneten Pflegschaften ausgehen. Der Geist
christlicher Verbrüderung achtet im Wohlthun keine Schranken,
und darum kann er unerschöpflich werden in seiner Liebesthätigkeit. Ein Beleg hiefür liefern die freiwilligen Armenvereine, welche von Dr. Chalmer in Schottland gegründet, auch bei uns Nachahmung gefunden haben. Dieselben
beruhen auf dem richtigen Erfahrungssatze, daß die verschämten
Armen oft mehr leiden unter dem Druck der Umstände, als
die da ihre Noth bei jeder Gelegenheit zur Schau tragen oder
mit begehrlicher Miene Gaben verlangen. Auch gebricht es
vielen Dürftigen oft nur an der nöthigen Einsicht, das Joch
der Armut von ihren Schultern abzuwälzen. Solchen voraus
will die freiwillige Armenpflege mit Rath und Hülfe beistehen;
sie bestrebt sich, dieselben sittlich zu heben und ihnen Sinn für
Ordnung, Reinlichkeit und Sparsamkeit beizubringen. Dabei

ist sie weit entfernt, der gesetzlichen Armenpflege in den Weg zu treten; vielmehr will sie deren Wirksamkeit ergänzen durch Vereinigung der Kräfte. Für ihren wohlthätigen Einfluß spricht der Erfolg. Von Teufen aus, wo 1853 der erste Verein entstanden war, hat sich derselbe bereits über das ganze Land verbreitet. Schon erfreuen sich die Lokalvereine einer gewissen Uebereinstimmung in Besorgung der Armen; sie theilen sich die Erfahrungen gegenseitig mit, und die Art der Unterstützung an solche, welche von einer Gemeinde in die andere übersiedeln, wird kontrolirt. Mit den gesetzlichen Armenpflegschaften stehen die Lokalvereine im Wechselverkehr; denn in ihren Komite sitzen stets auch Mitglieder aus den Armenpflegschaften, weßhalb gegenüber den Unterstützungen ein gemeinsames Vorgehen stattfindet. Solcher Weise ist es gelungen, den Bettel bei der Wurzel zu fassen und dem Proletariat in seinen ungemessenen Gelüsten entgegenzutreten. Im Jahr 1861 haben unsere Armenvereine mittelst freiwilliger Gaben die respektable Summe von 24,243 Fr. zusammengebracht, nicht gerechnet die Gaben, welche theils von der „Almosenstube" in St. Gallen, theils von nicht bekanntseinwollenden Gebern für den nämlichen Zweck gespendet worden sind.

Uebereinstimmend mit den Armenvereinen, oder dieselben angemessen ergänzend, wirken auch die Frauenvereine mancher Gemeinden, und es verdient dieser Diakonissendienst, vom häuslichen Kreise aus besorgt, um so mehr der Anerkennung, als er ein thatsächliches Beispiel dafür abgiebt, daß manche unserer Frauen die Bestimmung des Weibes in ihrer höhern Auffassung zusehends mehr erkennen lernen. Durch Verfertigung von Kleidungsstücken machen sie Kindern den Schulbesuch möglich, und wer einen Blick hat in die Lagerstätten mancher Familien, der begreift die Wohlthat, welche in der Aushingabe von Bettstücken liegt. Der Geldbetrag, von den

Frauenvereinen den Armen gespendet, kann zwar mit Zahlen nicht nachgewiesen werden; immerhin aber muß derselbe sehr erheblich ausfallen, auch abgesehen von der ihm zu Grunde liegenden moralischen Tendenz.

Wir erwähnen schließlich noch der Krankenvereine für Gesellen und Dienstboten, der Vereine für Bildung junger Handwerker und der sogenannten Almosenstuben für wandernde Handwerksburschen. Auch diese letztern verdienen mit Recht einer immer allgemeinern Verbreitung, weil sie, wie kaum ein anderes Mittel, im Stande sind, der Zudringlichkeit dieser Leute bei Partikularen nachhaltig zu wehren. Herisau verausgabte für diesen Zweck im Jahr 1864 an 3418 Durchreisende über 1000 Fr. Auch Gais hat innerhalb 2 Jahren zusammen 2585 Gaben von 20 — 50 Cent. ausgetheilt, alles, wie sich von selbst versteht, ohne jegliche Belästigung der Armen= oder Steuerkasse, lediglich mittelst freiwilliger Beiträge von Einwohnern. Ohne den erhaltenen Zehrpfennig würde wahrscheinlich die Mehrzahl jener Leute, gebürtig aus 40 Staaten und Stäätlein und 79 verschiedenen Berufsarten angehörend, als Hausbettler die Gemeinde belästigt haben. Namentlich aber verdient die hinterlistige Tendenz, die Einwohner mit falschen Angaben zu prellen, daß dem Unwesen energisch gesteuert werde.

Angesichts solcher Thatsachen wird man den Verfasser kaum der Ruhmredigkeit zeihen, wenn er die Ansicht ausspricht, daß die Armen kaum in einem andern Lande eine allgemeinere Beachtung finden.

Armenwesen von Innerrhoden.

Auch hier bildet die Armenpflege einen erheblichen Faktor der Administration, und je mehr man, wie gegenwärtig, unter dem Schutze einiger tüchtiger Beamten, namentlich des

Landammann Rechsteiner und Statthalter Kölbener, darauf ausgeht, Ordnung zu bringen in die Armenverwaltung, desto größer werden selbstverständlich auch die Opfer, welche in Folge dessen gebracht werden müssen. Innerrhoden hat aber noch keine Fabrikbevölkerung, wie wir, und daher im Verhältniß zur Einwohnerzahl auch weniger besitzlose Genossenbürger. Auch ist die schädliche Güterzerstückelung dort noch unbekannt. In den meist ausgedehnten Heimwesen der Bauern, in den zahlreichen Alpen, Waldungen und Allmenden findet sich ein Nationalreichthum, welcher noch immer einen frohen Ausblick in die Zukunft gewährt und dem Lande wenigstens einen soliden Mittelstand sichert. Dies wird auch künftig insofern der Fall sein, als es den Anstrengungen der Behörden gelingt, dem Volk eine rationelle Behandlung des Waldbesitzes, dieses Stammkapitals für Innerrhoden, beliebt zu machen, als Unverstand und Eigennutz den weisen Verfügungen der Obrigkeit nicht länger hemmend in den Weg treten, wie es zum Schaden des Landes schon öfter geschehen ist.

Von Gemeinalpen Innerrhodens erwähnen wir: Seealp, Meglisalp, den obern und untern Meßmer, die Ebenalp, Klus, den Bözler, Garten, Berstein und das Häldeli; von Waldungen: die im Brülltobel und Sentisthal, auf der Alpsiegelten, hinter Schwendi bis hin zur Schwägalp, in Bergenrähn, bei Eggerstanden, in Engenhütten, am Kronberg, ferner den Grüterswald und das Mahrenholz in Haslen. Außer diesen Besitzungen bilden das sogenannte Ried, die Forren und Mendle zusammen einen sehr bedeutenden, zum größern Theile kultivirten Güterkomplex. Das Ried ist eine Schenkung der Familie Kuchimeister aus dem 15. Jahrhundert an die Armen des Dorfbezirks Appenzell. Mittelst Anwendung der Spatenkultur erhalten da manche Arme Gelegenheit zu stärkender Arbeit im Freien und durch die Erzeugnisse einen Theil ihres Unterhalts. Die Forren dagegen ist Korporationseigenthum der Bezirke Appenzell, Steinegg und Schwende. An der großen Mendle haben außer Stech= lenegg, Hirschberg und Oberegg, alle Landleute von Inner= rhoden das Nutznießungsrecht. Seit jedoch ihre Ausscheidung in Parzellen nach dem sogenannten Theilsystem stattgefunden hat, wird deren Benutzung großentheils den Armen über= lassen. Diese ehemals öde Mendle findet sich nun in der That ganz dazu angethan, den Blick des Wanderers zu er= freuen; denn wo einst einige Dutzend Pferde magere Weide fanden, gedeihen nun Kartoffeln, Getreide und Futterkräuter in Menge.

Trotz den großen Privatgütern, den Alpen, Waldungen und Allmenden sind hier die Armen, seit der Gassenbettel unterdrückt ist, im allgemeinen dennoch schlimmer daran, als manchenorts in andern Kantonen; denn da es für Benutzung der Weideplätze in den Gemeinalpen schon einiges Vermögen bedarf, fällt der Ertrag nicht ihnen zu, sondern denjenigen, deren Besitz im Steuerrodel mit 1000—2000 Fr. figurirt. Den Hausarmen bleibt somit für ihren Unterhalt nur der kärgliche Verdienst am Stickrahmen, dann die Befriedigung des Holzbedarfes aus den Gemeinwaldungen und manchen aus ihnen auch etwas Pflanzland übrig. Für das noch Fehlende sehen sie sich auf den Armensäckel hingewiesen. Zur Versor= gung des unvermögenden Alters, wie auch für Kranke und Waisen, besitzt der Kanton seine Armenanstalten.

Wie aber in Innerrhoden keine Eintheilung in Gemein= den besteht, so ist daselbst auch das Armenwesen zentralisirt. Es bildet mithin einen Zweig der Landesverwaltung und steht unter der speziellen Obsorge des „Armenleutensäckelmeisters" und Kantonsarmenpflegers. Diese Beamten sind, weil von der Landsgemeinde gewählt, auch zugleich Mitglieder der Re= gierung. Das innere Land, im Gegensatze von Oberegg und Hirschberg, besitzt 3 Versorgungsanstalten. Der sogenannte alte Spital, einst Siechenhaus, ist für einzellebende, noch arbeitsfähige Männer bestimmt. Seit einigen Jahren findet sich mit demselben auch eine Zwangsarbeitsanstalt für arbeitsscheue, vagirende Leute verbunden. Im Flecken selbst besitzt das Land ein Krankenhaus für kranke und bresthafte Kantonsbürger beiderlei Geschlechts. Rühmlicher Erwähnung verdient die Waisenanstalt an der „Herrensteig", in herrlicher Lage, mit Liegenschaften und Lokalitäten wohl versehen. Vierzig bis fünfzig Kinder, Knaben und Mädchen, geleitet von theodosianischen Lehrschwestern, erhalten da Erziehung und Schulunterricht. Die sittliche Umgestaltung, gegenüber frühern Zuständen, verdient Anerkennung; nur möchte der Verfasser bezweifeln, daß die Erziehung rüstiger Knaben durch Frauen die richtige sei. Auch Hirschberg und Oberegg besitzen je ein Armenhaus mit einer gemischten Bevölkerung aus Alten und Jungen. Die Oberaufsicht steht hier bei „Hauptleuten und Räthen". Dagegen ist die Verwaltung des allgemeinen Krankenhauses im Flecken Appenzell dem Kantonsarmenpfleger überbunden. Für den Spital und das Waisenhaus wählt der Große Rath besondere Administratoren.

Sämmtliche Versorgungsanstalten besitzen ihre eigenen Kapitalien nebst Liegenschaften. So oft aber dieselben für den Unterhalt der Bewohner nicht hinreichen, hilft der Kantonalarmenfond nach. Aus der nämlichen Quelle werden, wie schon bemerkt, auch die Hausarmen, gleichviel, ob sie in oder außer dem Kanton wohnen, unterstützt. Um indessen den Grad der Dürftigkeit leichter ausmitteln zu können, finden sich Bezirksarmenpflegschaften aufgestellt, in deren Kompetenz es liegt, Wochengaben zu bewilligen oder auch Extraunterstützungen zu verabreichen. Nach der Zahl der Almosengenössigen jedes Bezirks wird jeweilen die Durchschnittssumme bestimmt und der Betrag vom „Armenleutenseckelmeister" bezogen. Zur Sicherheit jedoch, daß die Summen keine indi-

rekte Verwendung finden, sind die Bezirksarmenpfleger gehal=
ten, zu Handen der Kantonal-Armenkommission periodisch Rech=
nung zu stellen.

Die Ausgaben übersteigen auch in diesem Halbkanton
fortwährend die Einnahmen, weßhalb das steuerbare Vermö=
gen nie ohne Belästigung wegkommt. In den zu Armen=
zwecken bestimmten Hülfsmitteln von Innerrhoden erscheint

1. die Landesarmensteuer mit . . .   **28,000 Fr.,** *
2. das Armenleutenseckelamt mit . . .   137,000 „
3. das Vermögen des Armenpflegamtes
     mit . . . .   156,000 „
4. das Vermögen der Waisenanstalt mit   62,000 „
5. das Spitalvermögen mit . . . .   38,000 „
6. die Armenanstalt von Hirschberg mit   27,000 „
7. das Armenhaus von Oberegg mit .   15,000 „

zusammen also **463,000** Fr.

Noch bemerken wir zu besserm Verständniß dieser An=
gaben, daß bezüglich der Armenanstalten in der Schatzung
zwar wohl das Hypothekarvermögen, die Lokalitäten und Lie=
genschaften, nicht aber das Inventar berechnet und der Kapi=
talwerth eher zu niedrig als zu hoch taxirt ist. Man sieht,
auch Innerrhoden leistet im Verhältniß zu einer Bevölkerung
von nur 12,000 Seelen Erhebliches für das Armenwesen,
und es kann daher bei umsichtiger, gewissenhafter Verwaltung
der bringendsten Noth gesteuert werden. Man verhehlt sich
aber dessenungeachtet daselbst keineswegs die Nothwendigkeit
nach Erforschung weiterer Hülfsmittel. So ist namentlich
ein zweites Krankenhaus bringendes Bedürfniß, und es wäre

---

* Das steuerbare Vermögen des Landes beträgt **14 Millionen** Fr.
Von diesem wird seit längerer Zeit alljährlich eine Armensteuer von **2**
vom Tausend erhoben.

namentlich eine unfägliche Wohlthat für arme Kranke, wenn fich Männer herbeiließen, das edle Werk in Ausführung zu bringen.

Ueber den Umfang der **Privatwohlthätigkeit** fehlen uns nähere Angaben; aber fo viel ift gewiß und darf hier anerkennend gefagt werden, daß ein außerrhodifcher Nachbar, Banq. **Zellweger** von Trogen, erhaben über konfeffionelle Unterfchiede, lediglich aus chriftlichem Bruderfinn, alljährlich bedeutende Summen dahin fpendet, fei es an Lehrmitteln, Biktualien oder an Sämereien für die Forftkultur, abgefehen davon, daß er auch zum Unterhalt von Kleinkinderfchulen fich freiwillig zu Opfern herbeiläßt.

Bereinswefen.

Schweizerische Vereine mit appenz. Mitgliedern.

„In der Kräfte wohlvereintem Streben erhebt fich fiegend erft das wahre Leben." So fagt Schiller, und niemand wird beftreiten, daß das Wort auch feine Anwendung finde auf das Bereinswefen. Mag auch die Theilnahme an Bereinen für viele nur ein willkommener Anlaß fein zu Sinnengenuß; in ihrem Einfluffe auf das gefellige Leben find die vielen Bereine dennoch das Zeichen einer fortgefchrittenen Zeit, eine Bürgfchaft für die Freiheit in Wort und Schrift und darum ein wirkfamer Faktor für Berbreitung des Gemeingeiftes im Baterlande. Alle Klaffen und Stände verlangen in unfern Tagen nach Austaufch der Anfichten. Gelehrte und Laien, Männer der Feder und des Schwertes, Sänger, Mufiker, Aerzte, Geiftliche, Lehrer, Gewerbsleute und Landwirthe

— alle streben nach Erweiterung des geistigen Horizontes. Im Vereinsleben finden Künste und Wissenschaften, Vaterlandsliebe, Wehrhaftigkeit und Gemeinsinn ihre Pflege. Wo aber wäre dasselbe mehr am Platze, als gerade bei einer gewerbthätigen Bevölkerung und in einem Freistaate, wo der Fortschritt zumeist vom Volke angeregt werden muß, wenn er von der Regierung, als Vollstreckerin des Volkswillens, in Ausführung gebracht werden soll. Mit Grund kann darum niemand den Einfluß der Vereinsthätigkeit in Abrede stellen, und es wäre in der That ein Leichtes, nachzuweisen, daß durch denselben in den geselligen Zuständen bereits eine schönere Zeit herbeigeführt worden ist. — Der Verfasser müßte es darum als eine Lücke ansehen, würde er in diesen Blättern nicht wenigstens in Umrissen auch des Vereinswesens erwähnen. Er thut es aber um so mehr, als darin zugleich ein Bild unsrer Zeitgeschichte enthalten ist. — In ihrer Darstellung folgen wir, ohne Rücksicht auf ihren größern oder geringern Einfluß für das Volksleben, dem Stiftungsjahre derselben und führen darum zuerst den

· Verein schweizerischer Naturforscher an. Das Verdienst der Stiftung desselben gebührt dem berühmten Dr. Joh. Geßner in Zürich, welcher 1747 die Freunde der Naturwissenschaften in seiner Vaterstadt zusammenrief. Der Verein entwickelte bald eine ungewöhnliche Thätigkeit. Nach einander folgten ihm, durch den Geist edler Nacheiferung hervorgerufen, eine Menge anderer Vereine, wie denn überhaupt die zweite Hälfte des 18. Jahrhunderts besonders dazu angethan war, der Aufklärung nach jeder Seite hin Vorschub zu leisten. Da gab es physikalische, medizinische, mathematische, militärische, landwirthschaftliche und andere Gesellschaften. Aber durch die Revolution kam ein Stillstand in das gesammte Vereinswesen, und erst 1815 sehen wir den Verein schweizerischer Naturforscher von Genf aus neuerdings anzeigt. Wir müssen desselben hier um so eher erwähnen, als er vor wenigen Jahren (1857) eine seiner Versammlungen, welche sehr gelungen ausfiel, in Trogen hielt. Unter der Leitung des Alt-Landammann Dr. Zellweger verlebte die Gesellschaft daselbst, trotz ungünstiger Witterung, herrliche Tage; denn der Festort hatte nichts gespart, die gelehrten Gäste würdig zu empfangen. Die Eröffnungsrede sprach besonders die aus der Ferne herbeigeeilten Gäste an, weil sie ein mit Meisterschaft ausgeführtes Bild unsers Landes in naturhistorischer Hinsicht darbot, sich aber im weitern auch über alles, was zur Kenntniß des Kantons beitragen konnte: über das sanitarische, agrikole und gewerbliche Gebiet verbreitete. Außer 18 Mitgliedern aus dem eigenen Lande hatten sich solche aus 13 andern Kantonen nebst Gelehrten aus Württemberg, Baden, Oesterreich, Preußen und England in Trogen eingefunden.

Helvetische Gesellschaft. Als Mutter des Vereinslebens im Schweizerlande zum Zwecke allgemeiner Volkswohlfahrt ist die helvetische Gesellschaft anzusehen. Den Anstoß zu ihrer Stiftung verdanken wir dem Rathsschreiber Isaak Iselin von Basel, Pestalozzi's intimstem Freunde. Voll Begeisterung für alles Gute, rief er bei Anlaß des Jubiläums an der Baseler Hochschule im Jahr 1760 gleichgesinnte Freunde dahin zusammen. Nach gemüthlicher Unterhaltung trennte man sich mit dem Versprechen, im folgenden Jahre in vermehrter Zahl einander wieder zu sehen. Es geschah im Bade Schinznach, und von 1761 an datirt also der Bestand des ehrenwerthen Vereins. Die edelsten Eidgenossen schlossen hier einen Bund der Freundschaft. Ihr Programm war Beförderung der Wohlfahrt unter den Eidgenossen und Wiederaufrichtung des in seinen Grundfesten erschütterten Vaterlandes. Friede, Freiheit und Tugend unter den Ständen und in den Gauen zu verbreiten, galt diesen Männern als Grundsatz für

ihr preiswürdiges Streben. Weil sie aber in schwärmerischer
Begeisterung auch staatliche Einrichtungen in ihre Berathungen
zu ziehen wagten, traf sie das Los der Verdächtigung. Mehr
denn eine Regierung, erfüllt vom Geiste der Oligarchie und
des Mißtrauens, wollte nichts wissen von Aufklärung des
Volkes, wollte lieber Unterthanen, als Freie, lieber ein schwei-
gendes, als ein freimüthiges Volk, das auch über Regierungs-
handlungen seinen Tadel erhebt. Die Verhandlungen der Gesellschaft traf darum die Zensur; später folgte ein Druckver-
bot; mehrere Kantone, wie Bern, Luzern, Freiburg und Solothurn, giengen selbst so weit, ihren Kantonsangehörigen den
Besuch der Versammlungen zu untersagen; die Urkantone
hielten sich fern aus Furcht vor konfessionellen Differenzen.
So düster sah es damals am politischen Himmel noch aus.
Doch der Verein blühte fort, besonders nachdem er in seinen
Verhandlungen auf die Politik freiwillig Verzicht geleistet hatte.
Sein Ansehen vermehrte sich, als auch Fremde vom besten
Klang, als selbst Fürsten um die Ehre der Aufnahme nachsuchten. Prinz Ludwig Eugen von Württemberg wohnte
1765 in Schinznach den Verhandlungen bei und freute sich
innig, bei diesem Anlasse mit dem genialen Züricher Bauer
Kleinjogg Bekanntschaft zu machen. Lavater dichtete, erfüllt von Begeisterung für die Grundsätze der Gesellschaft,
seine Schweizerlieder, und in den Erziehungsanstalten zu
Marschlins, wie in Haldenstein bei Chur, wo später Zschokke,
der bekannte Volksschriftsteller, und Louis Philipp, nach-
maliger König von Frankreich, als Lehrer wirkten, suchte man
im Sinn und Geist jenes Vereins schweizerische Staatsmän-
ner heranzubilden. Dr. Laurenz Zellweger von Trogen
zählte zu den Stiftern, und im Jahr 1776 führte sein Neffe,
Landsfähnrich Joh. Zellweger, den Vorsitz. Auch Rathsschreiber Wetter von Herisau war Mitglied der Gesellschaft.
Dem Stiftungszwecke gemäß hat dieser Verein auch noch zu

Anfang des 19. Jahrhunderts die Einheit im Vaterlande zu
befördern gesucht. Es geschah aber zumeist von jüngern Männern; denn das Alter zieht sich zurück, weil es sich mit neuen
Zuständen weniger leicht befreunden kann. Als daher 1819 die
studirende Jugend von Zürich und Bern, voll Enthusiasmus
für Wissenschaft und Vaterland, den sogenannten Zofinger-
verein gegründet hatte, thaten sich 3 Jahre später aus fast
allen Gauen der Schweiz auch gereiftere Männer in einen
Verein zusammen. An der klassischen Stätte, wo Winkelried
Oesterreichs Speere in seine Brust begrub, damit er der Freiheit eine Gasse mache, hielt er seine erste Jahresversammlung und nannte sich darum Sempacherverein. Uebereinstimmend erkannten diese Vereine, daß es abermal an der
Zeit sei, der Freiheit im Vaterlande den Weg zu öffnen.
Gelüste nach Wiederherstellung alter Zustände galten von 1815
—1830 bei Regierungen her und hin als Losungswort; die
Zensur hemmte das freie Wort, und der Ultramontanismus,
allezeit vielgeschäftig im Kampfe wider die Aufklärung, suchte
jeden Fortschritt zu hemmen. Aber im Bunde mit dem Zeitgeiste, welcher auf die Dauer niemals stille steht, wirkten
jene Vereine mit sichtbarem Erfolg. Manch freies Wort, das
später in Rathssälen ein Echo fand, wurde insbesondere vom
Sempacherverein gesprochen. Wir erinnern diesfalls an die
Tage in Sempach, auf der Ufenau, bei Huttens Grab,
in Stanz, bei Murten, in Näfels und endlich auch am
Stoß, wo Rotach die Liebe zur Freiheit mit dem Leben bezahlte. Es war ein großer Tag, als am 27. Juli 1826
anderthalb Hundert Genossen jenes Vereins in Gais sich einfanden, um in Gemeinschaft mit dem appenzellischen und st.
gallischen Sängerverein die Gedächtnißfeier am Stoß zu begehen. Abgeordnete der Landesbehörden beider Rhoden beehr-
ten das Fest mit ihrer Gegenwart; der Sängervater Nägeli
feierte bei diesem Anlasse einen wohlverdienten Triumph für

seine künstlerischen Schöpfungen, und auf der Walstatt hörte
das Volk die Ergüsse seiner besten Redner. Die Pfarrer
Frei in Trogen und Kürsteiner in Heiden sprachen über
die Thaten der Väter am Stoß, Pfarrer Fröhlich von Brugg
über die Bedeutung und den Einfluß des Gesanges, Bornhauser von Matzingen über den Zweck des Sempachervor-
eins, Dr. Trümpy von Ennenda über den Einfluß des Vereinswesens für die Wohlfahrt des Vaterlandes. — Aus der
Nähe und aus der Ferne hatten an diesem Tage Tausende
gehört, was die Brust freier Männer bewegt. Die Worte
waren nicht spurlos verhallt. Weithin verbreiteten Tages-
blätter die Kunde von dem großartigen Volksfeste; aber nicht
bei allen fanden die Worte eine gute Statt. Hier und dort
vernahm man Gemurmel über die Kühnheit der freien Rede,
die es wagen durfte, auf die Widersacher und Feinde der
Volksrechte hinzuweisen. Der Unwille verstummte indessen
gar bald vor dem Jubel der Menge; denn was damals die
Brust der Menge bewegte, dem hatten jene Männer Ausdruck
gegeben. Der Tag am Stoß war ein Vorbote des Sieges
der Freiheit über die Knechtschaft; die Dreißigerjahre sollten
die Morgenröthe herauführen. Ein Volk ist nicht verloren,
so lange es nicht selbst sich aufgiebt.

Schweizerische gemeinnützige Gesellschaft.
Im Einfluß auf öffentliche Zustände war dieser Verein weit
glücklicher, als die helvetische Gesellschaft, weil unterdessen bei
den Regierungen das ängstliche Mißtrauen einer freiern Anschauung gewichen war. Drei Gebiete sind es, welche sich
die Gesellschaft, gestiftet 1810, zu ihrer Thätigkeit gewählt
hat: das Gewerbswesen, das Armen- und das Erziehungs-
wesen. Durch Wort und Schrift will sie Vorurtheile beseitigen, Mißbräuche aufdecken und mangelhafte Zustände im
Vaterlande beleuchten, weßhalb die Verhandlungen seit Jahrzehnden gedruckt erscheinen. Auch war ihre Thätigkeit praktisch

oft vom höchsten Erfolge gekrönt. Einige Beispiele mögen
dies darthun. Nachdem am 27. August 1834 schreckliche Ungewitter über die Kantone Graubünden, Tessin, Uri und Wallis hereingebrochen waren; als Wolkenbrüche vielerorts große
Verheerungen angerichtet, der Rhein, der Tessin, die Reuß und
Rhone mit ihren wild tobenden Nebenflüssen das Land verwüstet, Dämme, Brücken und Straßen zerstört und einen amtlich geschätzten Schaden von 4—5 Millionen alter Schweizerfranken verursacht hatten, brachte es die Gesellschaft dahin,
daß die Liebesgaben des In- und Auslandes zur Vertheilung
in ihre Hand gelegt wurden. So fielen die Beiträge nicht
allein reichlicher aus, sondern fanden auch eine zweckmäßigere
Verwendung. Die schweizerische Rettungsanstalt in der Bächtelen, deren Mitstifter Joh. Kaspar Zellweger in Trogen war, ist ihr Werk. Ebenso hat sie die Bildung von
Armenlehrern lange Jahre aus eigenen Mitteln besorgt. Die
Verwaltung der jützischen Stiftung in Schwyz ward vom
Testator, damit sie der ursprünglichen Bestimmung erhalten
werde, dieser Gesellschaft anvertraut. Noch steht das Lehrer-
seminar in Seewen, hervorgerufen durch jenes Legat, unter
ihrer Verwaltung. Als seiner Zeit die Spekulation des Rütli,
jener Wiege schweizerischer Eidgenossenschaft, sich bemächtigen
wollte, war es die gemeinnützige Gesellschaft, welche den Schacher
zu hindern mußte. Ihr Aufruf an die vaterländische Jugend
war von sichtbarem Erfolg begleitet. Mittelst zahllos gespen-
deter Scherflein, im Gesammtbetrag von annähernd 100,000
Fr., konnte der Schweiz die geheiligte Stätte als National-
heiligthum erhalten werden. Es darf der Gesellschaft im fernern als Verdienst angerechnet werden, daß sie ihre Sitzungen
stets öffentlich, für jedermann zugänglich, hält; denn gerade
dadurch hat sie seiner Zeit, wenigstens mittelbar, der Oeffentlichkeit der Verhandlungen in Gerichts- und Rathssälen gerufen, wie sie denn überhaupt in den Dreißigerjahren zum

geistigen Aufschwung im Vaterlande nicht wenig beigetragen hat.
— Wir erwähnen dieser Verdienste um so lieber, als der
Gesellschaft auch Appenzeller, wie Joh. Kaspar Zellweger, Dekan Frei und andere Männer lange Zeit angehörten. Zweimal, in den Jahren 1823 und 1835, sah unser
Land dieselbe unter dem Präsidium der Genannten in Trogen
versammelt, und beide Male erfreute sie sich eines starken
Zuwachses an Mitgliedern aus unserm Kanton. Die mit
diesen Versammlungen verbundenen Industrieausstellungen
gewährten einen eigenthümlichen Reiz und blieben nicht ohne
Einfluß auf die gewerblichen Verhältnisse des Landes.

Der schweizerische Lehrerverein. Schon zu
Anfang dieses Jahrhunderts hatten sich nach dem Beispiele
Deutschlands in verschiedenen Kantonen Lehrerkonferenzen gebildet. Es ist darum auch sehr natürlich, daß man allmälig
trachtete, eine Vereinigung derselben anzubahnen. Aehnliches
geschah schon zu Pestalozzi's Zeiten, indem eine Versammlung
in Lenzburg im Jahre 1810 den Versuch zur Bildung eines
gemeineidgenössischen Lehrervereins machte. Die Kriegsjahre
von 1813, 1814 und 1815 waren indessen dem Projekte nicht
günstig, und die Restaurationsperiode erdrückte die junge Saat
vollends. Erst die Dreißigerjahre ermöglichten einen neuen
Versuch. Seminardirektor Keller aus dem Aargau benutzte
die Gunst der Zeit; er forderte 1842 zu einer Versammlung
an der Kreuzstraße auf. Hier konstituirte sich der Verein
wirklich, und schon hatte man Winterthur als Versammlungsort für 1845 bestimmt, als inzwischen die Klosteraufhebung und in deren Folge die Jesuitenfrage, die Freischaarenzüge und der Sonderbundskrieg eintraten, welche neuerdings
einen Stillstand herbeiführten. Nach eingetretener Ruhe kam
1849 eine Versammlung in Lenzburg zu Stande. Hier
einigte man sich zur Herausgabe eines Vereinsblattes, das
jedoch nicht die nöthige Unterstützung finden konnte. Außer-

rhoden hielt besonders zurück; um jedoch der Einladung einigermaßen Folge zu geben, ließ sich die Lehrerschaft im Auftrage der Generalkonferenz durch ein Mitglied, Joh. Rohner von Herisau, bei derselben vertreten. Das Jahr 1854 sah den Verein unter der Leitung Kellers in Birr, der Grabstätte Pestalozzi's, und 1858 in Luzern unter Seminardirektor Dula versammelt. Bis dahin hatten die Versammlungen einen mehr lokalen Charakter. Die Idee der Zusammengehörigkeit war noch nicht recht in den Kreis der Primarlehrer gedrungen. Am fruchtbarsten erwies sich die Versammlung in Luzern durch ihre gediegenen Traktanden, unter denen bereits die Fortbildungsschule figurirte. Als aber 1861 Zürich zur Leitung gelangte, erhielt der Verein eine bis dahin nie gesehene Ausdehnung. Die Lehrer schaarten sich aus beinahe allen Kantonen deutscher Zunge zusammen. Von der Volksschule an bis hinauf zur Universität waren alle Schulstufen vertreten. Unter der tüchtigen Leitung des Seminardirektors Fries hatte diese Versammlung auch in der That einen unbestrittenen Werth und Erfolg. Von Außerrhoden hatten sich eingefunden: Kast in Heiden, Schoch in Trogen, Rohner in Herisau und Zellweger in Gais. Seither zählt dieser Verein gegen zweitausend Mitglieder, welche zugleich Abonnenten der „Lehrerzeitung", eines Schulblattes, sind, das wöchentlich einmal erscheint und auch in unserm Lande manche Leser gefunden hat.

Die schweizerische geschichtforschende Gesellschaft, gestiftet von dem bernischen Schultheißen von Müllinen (1818) fand anfangs im Lande wenig Theilnahme; Rathsschreiber Schefer in Herisau trat zuerst als Mitglied ein, und als später Joh. Kaspar Zellweger in Trogen das Gebiet historischer Forschungen betrat, nahm auch er sofort thätigen Antheil nicht nur an den Berathungen, sondern auch als Mitarbeiter am „schweizerischen Geschichtforscher".

Nach Mülinens Tode trat Zellweger als Präsident an dessen Stelle, und von da an erhielt der Verein durch ihn einen allgemein schweizerischen Charakter; dessenungeachtet fand derselbe bei uns nie zahlreiche Vertreter, weil die gewerblichen Verhältnisse zu wenig Muße bieten, sich der Geschichtforschung speziell hinzugeben.

Der eidgenössische Schützenverein datirt vom Jahr 1824. Aarau war erster Festort. Seither wetteifern Hauptorte und größere Schweizerstädte, zuweilen auch Flecken um die Ehre, diese von zwei zu zwei Jahren wiederkehrenden Feste zu leiten. Während 8 bis 10 Tagen entwickelt sich dann ein äußerst bewegtes Leben in den Schießständen; in der Festhütte wechseln vaterländische Reden und Gesang in erhebender Weise mit einander ab. Das Festblatt verkündet weithin die Ergebnisse des Wettschießens, den Inhalt der Tafelreden, Toaste und andere Vorfälle. Einem Bazar ähnlich prangt der Gabentempel, gefüllt mit Gegenständen der Kunst und andern werthvollen Geschenken für die glücklichen Schützen. — Erwägt man den Einfluß dieser Feste zunächst auf Verbreitung und Ausbildung des Schützenwesens in den Kantonen, so läßt sich derselbe keineswegs verkennen; denn überall bildeten sich seither Sektionen, und mit ihnen bot sich die Gelegenheit zu Uebungen im Zielschießen dar. Aber auch um die Ausbildung des Wehrwesens im allgemeinen hat der Verein unläugbar manche Verdienste. In den Dreißiger- und Vierziger-jahren machte er seinen liberalen Einfluß geltend auf die Neugestaltung des Vaterlandes, und in den Sonderbundswirren, wie nachmals im sogenannten Preußenkriege, schaarten sich voraus die Schützen mit Kampfeslust um das eidgenössische Banner. Kräftigung des vaterländischen Sinnes und Verbrüderung aller Eidgenossen bilden den Ausgangspunkt der Bestrebungen des schweiz. Schützenvereins. Wie oft trug der Schütze seinen Stutzer auch schon hinaus in ferne Lande, um im Wettkampf mit Wehrmännern anderer Staaten die Schweizerehre zu wahren. Ueberall — in Bremen und Frankfurt, in Paris, London, Brüssel, Mailand und Florenz ward des Schweizerschützen rühmlich gedacht und seine kunstgeübte Hand mit Gaben reich belohnt. Zu den besten Schützen der Schweiz gehört bekanntlich auch eine namhafte Zahl Appenzeller.

Der eidgenössische Sängerverein konstituirte sich 1842 in Aarau. Seither hält er unter großer Theilnahme des Volkes alle 2 Jahre seine Versammlungen, deren Dauer auf 2 Tage berechnet ist. Nebst dem allgemeinen Volksgesang hat er auch Vorträge über den Wettgesang in sein Programm aufgenommen, um neben dem mehr volksthümlichen auch dem künstlerischen Element sein Recht einzuräumen. Es versteht sich von selbst, daß in Bezug auf den Wettgesang die Landchöre den Stadtvereinen in ihren Leistungen nachstehen müssen. Dessenungeachtet hat Außerrhoden doch selbst auf diesem Felde schon seine Lorbeeren geholt, so der Männerchor in Gais am Sängerfest in Bern 1864.

Verein schweizerischer Armenerzieher. Wir stehen nicht an, auch dieses Vereins zu erwähnen, und zwar um so mehr, als ihm sämmtliche Armenlehrer von Außerrhoden, selbst manche Armenväter, auch wenn sie für ihren Beruf nicht speziell gebildet sind, mit Vorliebe angehören. Die isolirte Stellung der Armenväter, die Schwierigkeit der beruflichen Aufgabe und die daraus hervorgehende Dringlichkeit des geistigen Verkehrs mit Berufsgenossen hatten den Verfasser bei Herausgabe seines Buches über schweizerische Armenschulen (1845) veranlaßt, zur Gründung eines Vereins einzuladen. Der Gedanke fand Beistimmung. Es bildeten sich 2 Sektionen, eine für die Ost-, die andere für die Westschweiz. Seit einem Vierteljahrhundert halten nun die Armenlehrer ihre Versammlungen und kehren jedesmal ermuthigt und geistig gestärkt zurück an den heimatlichen Herd. Die

Ausbildung zu einer eidgenössischen Gesellschaft erhielten übrigens jene Sektionen erst im Jahr 1860. In den Räumen des Bundespalastes fand damals ihre erste Sitzung unter der Leitung Kuratli's, des Vorstehers in der Bächtelen, statt. Zwei Jahre später tagte der Verein unter dem Präsidium des Verfassers in der Limmatstadt Zürich, geehrt vom Stadtrath und der hohen Regierung. Aber auch anderwärts, wo er bei seiner Kehrordnung hinkam: in Chur, Glarus, St. Gallen, Stäfa, Wädenschweil und Gais, fand er gastliche Aufnahme. Nach den neuesten Statuten werden künftig je zu 3 Jahren Plenar-, in der Zwischenzeit dagegen bloße Sektionsversammlungen abgehalten.

Appenzellische Gesellschaften und Vereine.

Bereits ist nachgewiesen worden, wie sich um die Mitte des vorigen Jahrhunderts in Basel und Zürich ein lebhaftes Streben für das Vereinswesen geltend gemacht hat; aber der Geist jener wenig aufgeklärten Zeit hemmte noch manchen Orts die Nacheiferung in diesem Streben, so bei uns. Wenn auch Herisau, veranlaßt durch die große Theurung von 1770 eine Korngesellschaft und 1775 eine literarische Gesellschaft gründete, so standen solche Beispiele im Lande noch lange vereinzelt da. Unsere Vereinsthätigkeit ist neuern Datums. Erst die Zwanzigerjahre haben den Anstoß gegeben, und nun ist es damit so weit gekommen, daß eine Gemeinde es der andern im Wetteifer zuvor thun will.

Beinahe in jeder Gemeinde besteht eine Lesegesellschaft, und in manchen giebt es deren mehrere neben einander. Diese Vereine sind unbestritten ein fruchtbares Bildungsmittel für erwachsene Personen jeden Standes. Man begnügt sich in ihnen nicht mit bloßer Unterhaltung oder mit Belehrung im Austausch der Ansichten zur Befriedigung gewisser

Selbstzwecke; es werden vielmehr auch Gemeinde- und Landesangelegenheiten besprochen, Uebelstände aufgedeckt, Verbesserungen angeregt und ausgeführt, sei es durch Privatmittel
oder durch Anrufung der Behörden. Eine Menge anderer
Vereine, verschieden in ihren Bestrebungen, aber sämmtlich
auf Beförderung des Gemeinwohls abzielend, sind nur als
Ausläufer der Lesegesellschaften zu betrachten. Als solche
nennen wir beiläufig Frauen- und Arbeitsvereine, freiwillige
Armenvereine, Almosenstuben für Handwerksburschen, manchen
Orts auch Mädchenarbeitsschulen, Ersparnißkassenvereine c.

Kein äußerliches Band vereinigt die Lesegesellschaften
unter sich, obschon sie mehr und weniger die gleichen Ziele
verfolgen. Jede wirkt innerhalb des Gemeindeverbandes, ohne
Rücksicht ihrer Namensschwestern außerhalb desselben. Dennoch geschieht es bisweilen, daß, wenn Landesangelegenheiten,
zu bestimmten Anträgen formulirt, an den Großen Rath gelangen sollen, die Zustimmung und Unterstützung aller Gesellschaften nachgesucht wird, wie dies bei Verfassungsrevi-
sionen, Gesetzesvorschlägen c. schon vorgekommen ist. Ein
glücklicher Vereinigungsversuch wurde im Vorderlande schon
gemacht, wo sich sämmtliche Lesegesellschaften wiederholt zu
einem Gesammtverein konstituirten und gemeinsame Versammlungen hielten.

Die eingegangene st. gallisch-appenzellische gemeinnützige Gesellschaft war eine Tochter der schweizerischen gleichen Namens. Antistes Scherrer hatte sie in
St. Gallen 1819 in der Absicht gegründet, den Mutterverein, welcher für das folgende Jahr diese Stadt als Versammlungsort ausersehen hatte, eine vermehrte Zahl Mitglieder zu
gewinnen. Joh. Kaspar Zellweger schloß sich ihm an
und wo dieser seinen Einfluß geltend machte, war man des
Erfolgs im voraus gewiß. In der Hauptsache verfolgte sie
ursprünglich die nämliche Richtung, wie der Mutterverein;

später aber lenkte sie ihre Thätigkeit mit Vorliebe auf das Gewerbswesen. Ihre Industriekommissionen brachten zeitweilig viel Regsamkeit unter die Industriellen der Kantone St. Gallen und Appenzell. Schon 1828 kam dadurch die Tüllweberei in Aufnahme. Später wurden Gewerbeausstellungen von in- und ausländischen Fabrikaten veranstaltet, die Einführung besserer Webstühle erzielt und die Fabrikation brochirter Waaren eingeführt. Als besonders thätig erwies sich dabei Landammann Nef; aber auch andere Mitglieder von Außerrhoden, deren Zahl momentan bis auf 26 stieg, machten sich um den Verein verdient. Nach jahrelangem Schlummer, herbeigeführt durch die Neugestaltung der Schweiz in den Dreißigerjahren, war es Landammann Hungerbühler in St. Gallen, welcher den Verein wiederum neu belebte. Zweimal hielt er seine Jahresversammlung innert unsern Grenzen, 1846 in Teufen und 1854 im Heinrichsbad. Auch brachte es Hungerbühler dahin, daß die Verhandlungen gedruckt werden konnten.

Der appenzellische Sängerverein. Bekanntlich haben Pfeiffer und Nägeli den Gesangunterricht nach dem Grundgedanken Pestalozzi's, dessen Mitarbeiter sie waren, in der Schweiz zuerst methodisch geordnet. Indem diese Männer den Stoff nach den Elementen: Rhythmik, Melodik und Dynamik, in ein System brachten und dann das Lied anreihten, ist es gelungen, auch im Lande einen gründlichen Gesangunterricht zur Geltung zu bringen. Nägeli's Idee faßte sein Freund, Pfarrer Weishaupt, nicht nur mit konsequenter Meisterschaft auf, sondern er brachte die Methode auch bald und durchgreifend in Anwendung. Nachdem er aber in Gemeinschaft mit Landsfähnrich Tobler von Wolfhalden, dem beliebten Komponisten für Volksgesänge, und andern den „Landgesang" (S. 90 und 91) gestiftet hatte, trat die Lückenhaftigkeit der frühern Stümperei im Gesangunterricht erst recht

auffallend zu Tage. Es mußte auf Abhülfe Bedacht genom=
men werden, und diese fand Weishaupt in den von ihm ver=
anstalteten und Jahre lang geleiteten Bildungskursen für
Gesangführer. Erst dadurch erwachte im Lande ein bis dahin
nie gekannter Eifer für Ausbildung des Volksgesanges. Nach
einander bildeten sich Land auf, Land ab, in allen Gemeinden,
größere und kleinere Singgesellschaften. Nicht ohne Grund
wurde Außerrhoden in den Dreißigerjahren von Fremden ein=
fach mit dem Ausdruck „ein singend Land“ bezeichnet.
Der kantonale Sängerverein bildet seither einen natürlichen
Vereinigungspunkt für die Gemeindesektionen. Durch den all=
jährlichen Liederstoff bringt er Anregung in die Ortsvereine
und Gelegenheit zu vermehrten Gesangübungen als Vorberei=
tung auf das Jahresfest. Vorübergehend erkaltete wohl auch
der Eifer; es trat Abspannung ein, besonders nach dem Rück=
tritte des Stifters, Pfarrer Weishaupt; allein seit Gemeinde=
schreiber Grunholzer, aus Weishaupts Schule hervorge=
gangen, sich der Sache neuerdings mit Vorliebe annimmt,
scheint die Gesangeslust an Intensität gewinnen zu wollen.
Wenigstens wohnten dem Jahresfest in Walzenhausen, ge=
halten den 12. Juni 1865, gegen 400 Mitglieder bei, eine
Zahl, welche unsers Wissens in frühern Jahren niemals
erreicht worden ist. Außerrhoden kann mit Recht als Wiege
des Volksgesanges angesehen werden; denn von hier aus
verbreitete sich die Pflege desselben auch in andere Theile der
Schweiz und von da hinaus nach deutschen Landen, deren
Chöre die schweizerischen nicht allein in ihren Leistungen, son=
dern auch numerisch bereits überholt haben. Als Beleg für
letztere Behauptung erwähnen wir beispielsweise des Bundes=
festes in Dresden, dem 24,000 Sänger beigewohnt haben
sollen.

Der Offiziersverein steht in engster Beziehung
zu den Schützengesellschaften; denn auch seine Thätigkeit zielt

sowohl auf Hebung des schweizerischen Wehrwesens, als auch
auf Beförderung der Vaterlandsliebe ab. Als ein Zweig des
schweizerischen Offiziersvereins steht er mit demselben in Verbindung und besucht meist auch ziemlich zahlreich die von demselben je zu 2 Jahren veranstalteten Hauptversammlungen.
Im Jahr 1865 tagte der Mutterverein in Herisau zum ersten
Mal im Lande. — Landsfähnrich Schläpfer in Wald hatte
1824 einen Offiziersverein bloß für das Vorderland gegründet; bald jedoch folgte ihm ein ähnlicher für das Hinterland.
Nach zehnjährigem Bestande fand eine Vereinigung statt, ohne
daß man indessen anfangs noch auf die ursprünglichen Se-
paratsitzungen Verzicht leistete. Damals vereinigte im Frühling und Herbst die Hauptversammlung beide Sektionen. —
Noch erwähnen wir, daß sich unterm 5. März 1865 in Teufen auch die Unteroffiziere des Landes zu einem Verein kon-
stituirt haben.

Der Schützenverein. Wir wissen schon aus den
Kriegsgeschichten vergangener Jahrhunderte (S. 90), daß der
Appenzeller nie zurückblieb, wenn es galt, die Waffenehre
gegen äußere Feinde zu behaupten. Die Vorliebe für Kampf-
spiele liegt aber auch schon im Naturell aller Bergbewohner,
mithin auch im Appenzellervolke, und die Obrigkeit hat niemals ermangelt, diesem Zug des nationalen Charakters Vorschub zu leisten. In beiden Rhoden haben die Behörden dem
Schützenwesen nicht allein ihre stete Aufmerksamkeit zugewen-
det, sondern demselben auch mittelst Staatsbeiträgen zeitweilig
nachgeholfen und schon von Alters her den Bezug von Hoch-
zeitgaben gestattet, um aufmunternd auf die Entwicklung und
Pflege der Schießkunst einzuwirken. Darum fand denn auch
der schweizerische Schützenverein bald nach seiner Entstehung
auch bei uns Nachahmung. Schon 1826 ergieng in Außerrhoden ein Aufruf an sämmtliche Schützengesellschaften in den
Gemeinden zur Bildung eines kantonalen Schützenvereins,

während Innerrhoden bei den bekannten „Gesellenschießen" stehen blieb, aber darum nichtsdestoweniger für das Schützenwesen lebhaft eingenommen ist. Die Anregung fand Anklang. Aus 10 Gemeinden traten sofort 139 Mitglieder bei, denen bald andere folgten. Als ein gutes Omen konnte dem jungen Verein das Geschenk des Sempachervereins gelten, welcher im nämlichen Jahre am Stoß tagte, bestehend in einem werthvollen silbernen Pokal. Mittelst wöchentlicher Beiträge von 6 Kreuzern wurde eine Kasse gebildet und der jeweilige Ueberschuß kapitalisirt, so daß der Verein bereits über ein Stammvermögen von 18,000 Fr. verfügen kann. Gegenwärtig bestehen die Einlagen der Mitglieder in dem Jahresbeitrag von 8 Fr., in einem Doppel von 5 Fr. und in der Einstandsgebühr von 2 Fr. Noch erwähnen wir eines zeitgemäßen Fortschrittes rücksichtlich der Betheiligung an den Vereinsschießen. Hatten nämlich seit 38 Jahren nur Kantonseinwohner freien Zutritt, so wurde dagegen 1864 die beengende Schranke niedergerissen, und es haben mithin künftig auch Schützen aus andern Kantonen und Schweizer im Auslande Zutritt, ohne daß sie deßhalb dem Vereine als Mitglieder angehören müssen. Je im Sommer widmet die Schützengesellschaft, die gegenwärtig ungefähr 250 Mann zählt, dem Vereinsschießen 3 frohe Tage, und wie im großen bei den schweizerischen Schützenfesten, herrscht im kleinen auch hier viel Frohsinn und Heiterkeit. Das aber genügt ihnen nicht, in Schaaren eilen sie zu den eidgenössischen Freischießen und in ferne Lande, so oft es gilt, den Wettkampf mit andern Nationalitäten zu bestehen und sich Ehrenpreise zu holen. — Auch das Feldschützenwesen fand bei uns von Anfang an warme Theilnahme und eifrige Verfechter, wie denn der eigentliche Schöpfer desselben ein Appenzeller war: Oberst Bruderer von Trogen.

Die **medizinische Gesellschaft** wurde im Jahr

1827 angeregt. Schon damals hatte das Land an die 20 wissenschaftlich gebildete Aerzte und seither hat sich die Zahl noch bedeutend vermehrt. Auch Innerrhoden wurde in loyaler Weise der Zutritt gestattet, weil das ärztliche Gebiet zu keinen Meinungsverschiedenheiten über konfessionelle Dinge Veranlassung bietet. Zweck des Vereins ist Erweiterung des beruflichen Gesichtskreises. Er hält medizinische Vorlesungen, theilt Beobachtungen aus der Privatpraxis mit, sowie interessante Heilverfahren und hält medizinische Journale, die unter den Mitgliedern zirkuliren.

Appenzellische gemeinnützige Gesellschaft. Unter den auf allgemeine Landeswohlfahrt abzielenden Vereinen steht dieser unstreitig obenan. Die erste Anregung gieng von Schullehrer **Rohner** in Teufen aus, der zu nichts weniger, als zum Wortführer gemacht war; aber ihn schmerzte auf der einen Seite der kärgliche Verdienst seiner Landsleute in den Dreißigerjahren und auf der andern die hohen Lebensmittelpreise, welche gleichzeitig auf die untern Klassen drückten. Beides vereint führte ihn zu dem Entschluß, durch Gründung eines Landbauvereins dahin zu wirken, daß das Volk, weniger abhängig von den Launen des Handels, dem Boden im eigenen Kanton eine größere Ertragsfähigkeit abgewinne. Es wäre eitle Mühe, zu untersuchen, ob Rohner die Verhältnisse richtig beurtheilt habe, genug, daß er einen Verein ins Leben gerufen, der dem Lande heute noch wohl ansteht. Der Tod raffte ihn zwar inmitten seiner Schöpfung hinweg, aber gerade dieser Umstand war der Sache selbst förderlich. Seine Vertrauensmänner betrachteten es von nun an als eine Ehrenschuld an den Heimgegangenen und als ein Vermächtniß desselben, für seinen Entschluß thatkräftig einzustehen. Am 4. November 1832 fand die erste Hauptversammlung, besucht von 60—70 Mitgliedern, statt. Seither schwankte der Eifer für die Gesellschaftszwecke mit der herrschenden Zeitströmung; aber jederzeit erfreute er sich im allgemeinen einer ziemlichen Theilnahme. Während die Gesellschaft in den ersten Jahrzehnden, dem Stiftungszwecke getreu, das Augenmerk vorzugsweise auf Verbesserungen im Gebiete der Land- und Hauswirthschaft richtete, hat sie dagegen später, namentlich durch den Eintritt von Männern der Wissenschaft in das leitende Komite, das Bildungs- und Gewerbswesen zum Gegenstand ihrer Berathungen gemacht und seit 30 Jahren durch Wort und Schrift manches Gute in Anregung gebracht. Kam auch vieles nicht zur Ausführung, mißglückte anderes schon als Versuch, so kann das dem Verein nicht zum Vorwurfe gemacht werden.

Die Einführung des Seidenbaues scheiterte mehr aus Mangel an einträchtigem Zusammenwirken, als an der Ungunst klimatischer Verhältnisse. Dagegen hat sie über den Wiesenbau und die Viehzucht, über Thierarzneikunde und über eine zweckmäßige Behandlung von Viehseuchen eine Menge Beobachtungen gemacht und Rathschläge gegeben. Daneben ließ sie sich die Anlegung von Mehl- und Fruchtvorräthen, die Verbesserung der Löschanstalten, die Einführung des Pisebaues, die Beförderung von Ersparnißkassen, die Stiftung von Hülfsanstalten für Bildung junger Handwerker und von Arbeitsschulen für Mädchen, die Verbreitung wohlthätiger Rathschläge über Volkskrankheiten, die Schutzpockenimpfung u. s. w. angelegen sein. Ihre Bemühungen für Beförderung der Obstbaumzucht krönte der schönste Erfolg, und es ist unleugbar, daß sie auf diesem Felde Bedeutendes geleistet hat. Besonderer Erwähnung verdient aber ihre Sorge für eine verbesserte Waldkultur. Schon bei Anlaß der Gesetzesrevision im Jahr 1836 petitionirte die Gesellschaft mit Erfolg für den Erlaß schützender Bestimmungen gegen Waldfrevel, für Auslösung der Trattrechte und gegen das Halten

von Ziegen in vermehrter Zahl. Durch ihre Forstpflanzun=
gen, vorzüglich aber durch vielseitige Anregungen mittelst Wort
und Schrift hat sie vielerorts wenigstens den Sinn für eine
verbesserte Waldpflege geweckt; bald offenbarte sich bei Pri=
vaten und Vereinen eine sehr erfreuliche Thätigkeit im Forst=
wesen. Die Gesellschaft blieb dabei aber nicht stehen. Im
Jahr 1858 machte sie in einem Memorial an den Großen
Rath auf das Mißverhältniß zwischen den Waldbeständen und
dem Holzkonsum aufmerksam. Die Behörde wies damals die
Sache zur Begutachtung an die Standeskommission und diese
ließ durch Forstinspektor Keel sämmtliche Waldungen des
Kantons, namentlich zum Zweck statistischer Resultate, bereisen.
Sein Bericht rechtfertigte die Befürchtungen der Petenten nur
zu sehr, und das Bild, das jener Experte von unsern Wal=
dungen entwarf, öffnete dem Volk die Augen und machte es
empfänglich für Vornahme einschlägiger Verbesserungen. Als
daher die Gesellschaft (1861) neuerdings mit einem Bittgesuch
einkam, faßte der Große Rath Beschlüsse von großer Trag=
weite. Indem wir diesfalls auf S. 51 verweisen, erwähnen
wir hier nur noch die Gründung eines kantonalen Forst=
vereins, dessen erste Sitzung unter der Leitung des Landes=
statthalters Meier im Juli 1864 in Teufen abgehalten
wurde.

Der brudermörderische Krieg in Amerika mit seinen Fol=
gen für unsere Baumwollenindustrie hat die Vereinsthätigkeit,
wie oben bereits erwähnt, auf eine von der bisherigen ab=
weichende Bahn geführt. Man überzeugte sich allgemein von
der Nothwendigkeit, durch Einführung neuer, bis dahin im
Lande unbekannter Industriezweige mehr Vielseitigkeit in unsere
Fabrikation zu bringen. Zu dem Ende ernannte die Gesell=
schaft (1862) aus ihrer Mitte eine Industriekommission, mit
dem Auftrage, zu untersuchen, ob nicht der Hemdenfabri=
kation, der Grobstickerei, der Seidenweberei und

allfällig auch der Woll- und Halbwolltuchweberei im
Lande allmälig Eingang verschafft werden könnte. Dabei
blieb jedoch die Kommission nicht stehen; vielmehr erachtete
sie es auch als ihre Aufgabe, auf die Mängel und Schäden
aufmerksam zu machen, welche sich in die landesübliche Industrie selbst eingeschlichen hatten, um durch Beleuchtung derselben eine Umkehr zu vermehrter Solidität und dadurch zu
größerer Nachfrage für unsere Artikel zu gelangen.

Auf dem Bildungsgebiet haben die Rekrutenprüfun-
gen dargethan, daß in der Organisation des Schulwesens
eine erhebliche Lücke besteht. Es fehlt zwischen dem Abschluß
der Elementarbildung und dem Uebertritt in das Berufsleben
ein vermittelndes Bildungsglied. Die Schule soll bekanntlich auf das Leben vorbereiten; sie soll durch die erlangten
Kenntnisse die Ausübung des erlernten Berufs erleichtern
helfen. Nun hat aber die Erfahrung sattsam gelehrt, daß
von dem, was der Schüler in der Primarschule bei noch
wenig entwickeltem Verstande lernt, bis zur Zeit, wo er die
Kenntnisse verwerthen soll, das meiste wieder verlernt und
vergessen wird. Da ferner die Mehrzahl der Kinder keine
höhern Bildungsanstalten besuchen kann, so liegt auf der Hand,
daß jene erwähnte Lücke nur durch Fortbildungsschulen
ausgefüllt werden kann. Die gemeinnützige Gesellschaft hat
daher (1863) deren Einführung mit Nachdruck empfohlen,
und wirklich sind bereits alle größern Gemeinden im Besitze
dieser Bildungsgelegenheit für Jünglinge und angehende
Berufsmänner, in denen der Unterricht theils gratis, theils
gegen eine mäßige Entschädigung ertheilt wird.

Auch die Verbesserung der Strafrechtspflege war
während einer Reihe von Jahren Gegenstand der Berathungen. Allerorten ist zwar die mittelalterliche Strenge im Strafverfahren einer humanern Praxis gewichen; man wähnt nicht
mehr, daß die öffentliche Sicherheit nur durch Strang, Schwert

und Rad gehandhabt werden könne oder daß man einen Verbrecher schonungslos ausstoßen müsse. Vielmehr geht das
neuere Strafverfahren darauf aus, den Verbrecher im Geist
des Erlösungswerkes Christi zu behandeln. Aber gerade darum
hält es, namentlich bei uns, immer sehr schwer, ein Strafverfahren in Anwendung zu bringen, das auf der einen Seite
abschreckt, mithin vor neuen Verbrechen warnt, auf der andern aber auch den Zweck der Besserung in sich schließt.
Grobe Verbrecher werden zur Zuchthausstrafe verurtheilt;
weniger gravirte sühnen ihre Thaten durch Gefängnißhaft,
mit körperlicher Züchtigung, mit Eingrenzung oder endlich mit
Geldbußen, die gar manche niemals bezahlen können. Die
Unzweckmäßigkeit einer solchen Strafart springt von selbst in
die Augen, und längst wurde dieselbe von Behörden und Volk
erkannt. Darum hat der Große Rath, haben auch Privaten
(Dr. Schläpfer in Trogen, gest. 1835), hat die gemeinnützige
Gesellschaft auf Mittel Bedacht genommen, wie das Land in
Besitz einer Zwangsarbeitsanstalt gelangen könnte; denn daß
weder Eingrenzung in die Gemeinde, noch Geldstrafen zum
Ziele führen, liegt am Tage. Allein der Ausführung jenes
Projekts stehen fortwährend so viele Schwierigkeiten im Wege,
daß man für einmal von weitern Schritten Umgang nehmen
zu sollen glaubte. Dagegen hat die gemeinnützige Gesellschaft
im November 1864 nach dem Beispiele anderer Kantone sich
zur Bildung eines Schutzaufsichtsvereins für entlassene Zuchthaus-Sträflinge entschlossen, welchem gegenwärtig Alt-Landesstatthalter Nef in Herisau vorsteht. Mittelst freiwilliger Beiträge von mindestens 1 Franken jährlich
hofft der Verein, die erforderlichen Geldmittel zusammen zu
bringen. Auch in literarischer Beziehung ist die Gesellschaft
nicht ohne Verdienst um den Kanton. Zwar wollen wir nicht
reden von ihren Verhandlungen, welche in 38 Heften erschienen sind. Es findet sich unstreitig ziemlich viel Ballast darin

von sehr untergeordnetem Werth; aber über die Branntwein-
pest und die Obstbaumzucht sind von ihr Broschüren herausgegeben worden, die in keiner Volksbibliothek fehlen sollten.
Steigen wir auf zum Besten, was der Verein auf diesem
Felde geleistet, so erwähnen wir nur, daß mit Dekan Frei
das „appenzellische Monatsblatt", im Jahr 1825 von Statthalter Dr. Meier in Trogen gegründet, jene unschätzbare Fundgrube für vaterländische Geschichte, zu erscheinen aufgehört
hatte. Niemand wollte anfangs der Fortsetzung sich freiwillig
unterziehen, bis endlich die gemeinnützige Gesellschaft in die
Lücke trat. Durch ihre Vermittlung erhalten wir die Jahrbücher, eine Schrift, nach Tendenz und Anlage dem Monats-
blatte ähnlich, deren gediegener Inhalt verdiente, in jeder
Hütte des Landes gelesen zu werden. Die Redaktion, um
die sich anfangs Hauptmann Hohl, später Pfarrer Heim und
andere verdient machten, erheischt ebenso viel Hingebung als
Fleiß, weßhalb zu wünschen ist, daß sich stets Männer finden, bereit, dem gemeinnützigen Zweck dies Opfer zu bringen.

Hülfsgesellschaften. Unter den Vereinen, welche
weniger durch Belehrung, als mittelst direkter Gabenspendung
sich verdient machen, stehen selbstverständlich die Armen- und
Frauenvereine obenan, weil sie gleich einem Netz sich über
das Land ausgebreitet haben; das Nämliche gilt zum Theil
auch von den Almosenstuben für Handwerksburschen. Allein
über beide haben wir (S. 176 ff.) bereits gesprochen. Wir
gedenken hier nur noch zweier Vereine, welche schon durch ihr
Alter ehrwürdig sind und darum ein Anrecht auf Anerkennung besitzen. Wir meinen die Hülfsgesellschaften von Trogen
und Herisau. Ihr Zweck ist, einerseits der erblichen Armut
an die Wurzel zu greifen, anderseits aber auch, dem Lande
allmälig einen tüchtigen Handwerkerstand zu sichern. — In
Trogen stiftete Joh. Kaspar Zellweger schon 1837 für
das Waisenhaus in der Schurtanne einen Hülfsverein. Der-

selbe ist auf Aktien gegründet und die Ausgaben werden auf
diese repartirt. Jedes Mitglied zahlt an dieselben so viele
Franken oder Rappen, als es Aktien übernommen hat. Dadurch ist es den majorenn gewordenen Zöglingen möglich,
nach Neigung und Geschick einen Beruf zu erlernen.

Sie hat aber stets mit der Schwierigkeit zu kämpfen,
daß nicht immer tüchtige, in jeder Beziehung solide Meister
gefunden werden können, und daß bei den Lehrlingen selbst
schlechte Erziehung oder Mangel an entsprechender Schulbildung die Versorgung erschweren. Da die Zahl der Aspiranten
stets gering war, kam man allmälig auf den Gedanken, aus
ihnen vorzugsweise Volksschullehrer oder Armenerzieher heranzubilden. — Im Jahr 1838 gründete auch Herisau eine
Hülfsgesellschaft zum nämlichen Zwecke. Dieselbe steht gegenwärtig unter der umsichtigen Leitung des Altstatthalter Nef
und zählt 217 Mitglieder. Im Jahr 1864 verausgabte sie
an Vereinszwecke die Summe von 3841 Fr. Indem der
Verein alle möglichen Berufsarten ins Auge faßt, giebt er
auch andern Gesellschaften dieser Art ein Beispiel der Nachahmung. Bereits danken manche Meister ihr Glück der Fürsorge dieser Gesellschaft; 30—40 Jünglinge stehen gegenwärtig in der Lehre oder haben bereits die Wanderschaft ange-
treten. Die neu Aufgenommenen vertheilen sich auf folgende
Berufsarten: 3 Möbelschreiner, 2 Schlosser, 2 Chirurgen,
2 Spengler, 1 Schuster, 1 Tapezierer, 1 Zeugschmied, 1
Glaser, 1 Maurer und Steinhauer, 1 Mechaniker, 1 Bau-
schreiner, 1 Zeichner, 1 Buchbinder, 1 Wagner und 1 Schneider. In früheren Jahren waren darunter auch Feilenhauer,
Zigarrenfabrikanten rc. Die Gesellschaft erfreut sich einer
steigenden Theilnahme, hat aber bei der Versorgung stets mit
ähnlichen Schwierigkeiten zu kämpfen, wie diejenige von Trogen, ohne sich dadurch muthlos machen zu lassen, weil bei gemeinnützigen Bestrebungen niemals der Erfolg entscheiden darf.

Noch könnten wir eine Menge anderer Vereine aufführen, beschränken uns aber auf das Gesagte um so mehr, als wir besorgen, den Leser bereits ermüdet zu haben. In Bezug auf den protestantisch-kirchlichen und Missionsverein und die Predigerkassen verweisen wir auf S. 114 und 115, für die Konferenzen der Lehrer und ihre Hülfskassen auf S. 143 und 144. Ueberdies giebt es im Lande auch Alterskassenvereine, in einigen Gemeinden Krankenvereine für Gesellen und Dienstboten, Vorrathsgesellschaften, Gemeindeschreiberkonferenzen, Turnvereine, Rettungskorps, Vereine für Beförderung der Bienenzucht, Leichenvereine, Jahrgängergesellschaften ꝛc. Man sieht wenigstens, daß bei uns der Assoziationsgeist zur vollen Entfaltung gelangt ist.

Staatskunde.

Der Staat im Allgemeinen.

Das Haus. „Es ist nicht gut, daß der Mensch allein sei," sagt schon die Schöpfungsgeschichte. Gott selbst hat also den Trieb der Geselligkeit in des Menschen Brust gelegt. Wir können darum auch nur in Verbindung mit andern des Lebens froh werden. Gegenseitige Hülfeleistung macht das Leben angenehm; sie verschafft uns Rath, wo wir des Rathes bedürfen; sie giebt dem Unwissenden Belehrung, dem Bekümmerten Trost und dem Verlassenen die Hand.

In keinem Kreise finden wir aber die Wechselbeziehung des Menschen zum Menschen der Art ausgeprägt, wie in der Familie oder im Elternhause. Da wirkt und schaltet der sorgende Vater ohn' Unterlaß für die Wohlfahrt seiner An-

gehörigen. Durch Sorge und Arbeit, durch Sparsamkeit und
Entbehrung sucht er des Hauses Glück sicher zu stellen, durch
Zucht und Ordnung, durch Bildung und Gewöhnung die
Kinder auf den Weg der Tugend zu leiten oder auf demselben
ihren Wandel weiter zu fördern. An seiner Seite waltet die
liebende Mutter. Mit ordnendem Sinn steht sie dem Hause
vor. „Sie lehret die Mädchen und wehret den Knaben und
reget ohn' Ende die fleißigen Hände." Erfüllt von Anerkennung ob solcher Hingabe, will das Kind mithelfen; es verlangt, die schwachen Kräfte auch zu üben für Vermehrung der
gemeinsamen Wohlfahrt. Mit Gehorsam und Vertrauen, mit
heiterem Blick und freudiger Thätigkeit kommt es den Eltern
entgegen, auf daß ihre Liebe der Hingebung Belohnung finde.
Ein Band des unzerstörbaren Mitgefühls schlingt sich um
den christlichen Familienkreis und wahrlich — „über solchem
Friedenshaus breitet sich der Segen aus."

Die Gemeinde. Aber keine Familie, und wäre sie
noch so begabt mit Weisheit und Einsicht, noch so reich an
zeitlichem Gut oder beglückt mit hoffnungsvollen, wohlgera-
thenen Kindern, kann sich selbst genügen oder sich selber alles
geben, was nach innen und außen, für Seele und Leib von
nöthen ist. Sie bedarf der geistigen Erbauung durch die
Kirche, des Unterrichts durch die Schule, des Schutzes
gegen Gewaltthat durch die Obrigkeit. Für den Transport der Erzeugnisse und deren Verwerthung sind Wege, Straßen und Brücken erforderlich. Es giebt aber auch Haushaltungen, welche, von Armut heimgesucht, der Hülfe bedürfen; Waisen, die an Eltern Statt erzogen werden müssen;
Unglückliche, die durch Gewalt der Elemente und ihre zerstörenden Wirkungen, durch Krieg, durch Verlurste in Handel
und Verkehr, durch Betrüger und Diebe, durch Verdienst-
mangel oder Krankheit in Armut gerathen. Allen muß geholfen werden, sollen sie nicht im Elend verkümmern. Um

daher mit vereinten Kräften einander beistehen zu können, verbinden sich viele Familien zu einem großen Ganzen, und das ist die Gemeinde. Jeder Einzelne ist Bürger derselben, insofern ihm nebst dem Stimm- und Wahlrecht auch das Antheilrecht an den Gemeindegütern zusteht; wer aber von außen her in die Gemeinde zieht, ist ein Beisaße oder auch ein Niedergelassener. Der Gemeinde liegt ob, für die Wohlfahrt sämmtlicher Einwohner einzustehen, weil sie die Glieder der Gemeinde sind. Lasten, welche derselben für Kirche und Schule, für den Unterhalt der Armen und Waisen, für gute Verkehrsmittel, Löschanstalten, Polizei und andere Werke des Gemeinwesens erwachsen, müssen auch gemeinsam getragen werden, natürlich immer nach Maßgabe des Vermögens jedes Einzelnen. So sind die Steuern oder Abgaben entstanden. Wer freiwillig mehr giebt, macht Geschenke; wer aber beim Absterben zum Wohl der Gemeinde Opfer bringt, stiftet ein Vermächtniß oder Legat. Derartige Gaben werden kapitalisirt; sie bilden einen Fond, auch Grundstock, Gut oder Kapital genannt. Die Zinse davon dürfen an die laufenden Ausgaben verwendet werden; die Kapitalien selbst aber sind unantastbar, weil sie auch spätern Geschlechtern zu gute kommen müssen. So giebt es in den Gemeinden einen Kirchenfond, einen Schulfond, ein Armen-, Waisen- und Krankengut, Kapitalien für das Straßenwesen, für Löschanstalten u. s. w. Zur Besorgung dieser und anderer Zweige des Gemeindehaushaltes wählt man rechtschaffene und verständige Männer. In ihrer Gesammtheit bilden sie den Gemeinderath. Diejenigen aus ihnen, welchen im besondern die Besorgung der Gemeindegüter, die sogenannten Pflegschaften, die Steuererhebung und andere Verwaltungszweige obliegt, bilden die Administrativbehörde; wo es sich dagegen um Beilegung von Prozessen, um Bestrafung von Polizeivergehen,

14

um den Schuldbetrieb und dergleichen handelt, da entscheidet die richterliche Behörde (Gemeindegericht).

Gleichwie in der Familie Kinder und Gesinde dem Hausvater und der Hausmutter unbedingten Gehorsam schuldig sind, so ist es auch Pflicht jedes Einwohners, den Gesetzen und Verordnungen der Vorsteher sich willig zu fügen; der es nicht thut, handelt gesetzwidrig und ist strafbar. Der richterlichen Behörde kommt es zu, Fehlbare zur Verantwortung zu ziehen oder Strafe über dieselben zu verhängen. — Die Wahl der Vorsteher, nebst Ausübung anderweitiger Verrichtungen, worüber diese nicht entscheiden können oder wollen, steht bei der Gemeindeversammlung, bei uns Kirchhöre genannt. Wo Männer mit christlichem Sinn, mit Einsicht und Hingebung ihrem Amte vorstehen, da steht es wohl um die Gemeinde, und es ist Pflicht der Einwohner, deren Verfügungen willfährig nachzukommen, damit sie ihr Amt mit Freuden thun und nicht mit Seufzen; denn — „Würde ist Bürde.“

Der Staat. Der Trieb zur Geselligkeit könnte nun zwar in der Familie und dem Gemeindeverbande seine volle Befriedigung finden. Keiner würde wohl nach größern Verbindungen begehren, wenn die Menschen alle gut wären. Aller Orten giebt es aber Leute, welche lieber befehlen, als gehorchen, welche, von Eigennutz, Ehrgeiz oder Bosheit mißleitet, Ruhe und Sicherheit stören und also die gesetzliche Ordnung verachten. Würden nun solche in großer Zahl auftreten, so wäre selbstverständlich weder die Familie noch die Gemeinde stark genug, dieselben an ihres Herzens Bosheit zu hindern oder von ihren Ausschreitungen zurückzuführen. Es entstünde Unordnung durch die Massen; es gälte das Recht des Starken über den Schwachen oder das Faustrecht. Den ruhigen Bürger müßte das Los des Ueberwundenen treffen; das friedliche Zusammenleben würde in Sklaverei ausarten, begleitet von Raub, Mord und Brand.

Aehnliche Erfahrungen machte man schon vor Jahrtausenden, und darum verbanden sich in uralter Zeit viele Gemeinwesen zu großen Gesellschaften, weil in diesen die Macht gegen ungesetzliche Gewalt weit größer ist. Die Glieder derselben verpflichten sich gegenseitig, Angriffe auf Leben, Freiheit, Eigenthum, kommen dieselben von innen oder außen, mit vereinter Kraft abzuwehren. Eine derartige Verbindung von Menschen heißt bürgerliche Gesellschaft oder Staat. Die Grundsätze, nach welchen ein Staat regiert wird, bilden die Verfassung; die nähern Bestimmungen derselben werden Gesetze und die Männer, welche für Handhabung beider besorgt sind, Staatsbehörde, bei uns Obrigkeit, genannt.

Staatsgewalten und Staatsbehörden. Die Aufgabe des christlichen Staates ist von der größten Wichtigkeit; aber nicht alles, was zur Lösung derselben erforderlich wird, kann von der Staatsbehörde selbst oder allein besorgt werden. Soll sie anders ihrer Bestimmung nachkommen, so müssen ihr auch verschiedene Gewalten unterstützend an die Hand gehen. Vor allem ist dafür zu sorgen, daß die Sicherheit des Staates ungefährdet bleibe, und wo im Innern jemand sich Handlungen erlauben sollte, die den Frieden im allgemeinen oder die Sicherheit des Einzelnen im besondern stören könnten, da ist es an der Polizeigewalt, den ruhigen Bürger zu schützen, den Fehlbaren aber auf die gesetzliche Bahn zurückzuführen. — Wem dagegen die Befugniß zusteht, die Gesetze zu machen, ist im Besitze der gesetzgebenden Gewalt. — Die Sorge für den Unterhalt oder die Herstellung öffentlicher Gebäude, für angemessene Verkehrsmittel im Innern und gegen außen ist Sache der verwaltenden oder Administrativgewalt. In ihrer Pflicht liegt auch die Sorge für Kirche und Schule als Träger eines lebendigen Christenthums und angemessener Jugendbildung, die Pflege der Armen und Aufrechthaltung eines guten Vernehmens aller

Bürger unter sich und gegenüber den Nachbarvölkern. Alles das verursacht Kosten und fordert mitunter sehr erhebliche Opfer. Diese nun durch das Mittel der Besteurung herbeizuschaffen, wäre Sache der **Finanzgewalt**, welche jedoch in der Administrativgewalt inbegriffen ist. Wenn sich im Innern die Bürger in Masse erheben, um durch revolutionäre Gelüste die gesetzliche Ordnung zu stürzen, oder wenn Feinde von außen sich schaaren, den Staat anzutasten, so giebt es kein anderes Mittel, als Gewalt mit Gewalt abzutreiben, d. h. mit physischen und geistigen Kräften die gesetzliche Ordnung zu schützen und den Staat zu vertheidigen. Hiefür besteht die **Militärgewalt.** In ihrer Befugniß liegt es, die Bürger aufzubieten, die Wehrmannschaft in die verschiedenen Waffengattungen einzutheilen, die Truppen einzuüben und, wenn das Vaterland bedroht wird, dieselben in den Kampf zu führen.

Wer, gestützt auf Gesetze und Rechtsregeln, darüber zu entscheiden hat, ob eine Behörde bei eingehenden Klagen für Ausfällung eines Urtheils berechtigt sei oder was zum Zwecke des Rechtsschutzes gethan werden müsse, dem steht die **Rechtspflege** oder Justiz zu. Diese Befugniß des Staates nennt man **richterliche Gewalt.** Sie theilt sich in die Privatrechtspflege und in die Strafrechtspflege. Bei jener haben die hiefür autorisirten unparteiischen Drittmänner nach Vorschrift der Gesetze zu entscheiden, bei dieser sind die Fehlbaren zu strafen. Ist die begangene That nur in untergeordnetem Grade strafbar, so heißt sie eine Uebertretung (Kontravention); ist sie dagegen eine solche, die mit einer mäßigen, immerhin nicht entehrenden, Strafe belegt wird, so nennt man es ein korrektionelles Vergehen; ist aber auf dieselbe eine entehrende Strafe gesetzt, so wird sie Verbrechen (Delikt) genannt und gehört dann zu den Kriminalvergehen. — Das Recht und die Macht, in Vollziehung zu setzen, was von den betreffenden Gewalten in Bezug auf die genannten Obliegenheiten angeordnet wird, steht bei der Vollziehungsgewalt.

Aus dem Gesagten erhellet, daß für die angeführten Staatsgewalten auch entsprechende Behörden aufgestellt werden müssen. Meist aber geschieht es, daß die nämliche Behörde mehrere Gewalten in sich vereinigt, weßhalb es weniger Behörden giebt, als Gewalten. Im allgemeinen unterscheidet man die gesetzgebende, die verwaltende, die richterliche und die vollziehende Behörde.

Staatsformen. Die Art, wie eine Nation oder ein Volk regiert wird, heißt Staatsform. Es zeigt sich auch darin eine große Manigfaltigkeit, namentlich in der zivilisirten Welt. Steht nur eine Person als Haupt dem Staate vor, so heißt dieselbe Monarch, und das Reich ist eine Monarchie. Theilt sich eine bevorzugte Klasse von Bürgern in die Regierungsgewalt, so ist der Staat eine Aristokratie — eine Demokratie (Volksherrschaft) dagegen, wenn das Recht, die obersten Beamten zu wählen und Gesetze zu geben, beim Gesammtvolke steht. Diese Regierungsformen sind aber unter sich selbst wieder verschieden, je nachdem dieselben in ihrer Art rein oder gemischt vorkommen. Hat nämlich der Monarch unbeschränkte Machtvollkommenheit, wie der Kaiser von Rußland und der Sultan, so ist er Despot und das Reich eine unumschränkte Monarchie; bedürfen dagegen die wichtigsten Entschließungen, wie Verfassungs- und Gesetzesangelegenheiten, Steuererhebungen u. dgl. der Beistimmung seiner Räthe: der Landstände, wie in Preußen, der Kammern, wie in Italien und Belgien, des Parlaments, wie in England, so wird der Staat eine konstitutionelle Monarchie genannt. Aehnlich verhält es sich mit der schon erwähnten Aristokratie. Erneuert sich nämlich die Regierung ohne Mitwirkung des Volkes, also durch sich selbst, so ist sie eine einfache; wenn

aber das Volk seine Regierung aus einer durch das Gesetz
bestimmten Klasse oder aus gewissen Familien wählt, so haben
wir die Wahlaristokratie. Auch giebt es Fälle, daß eine
kleinere Anzahl Familien, ohne vom Volk gewählt worden zu
sein, sich die Regierungsgewalt anmaßt; dann ist der Staat
eine Oligarchie; ihre Repräsentanten werden dann Oli-
garchen genannt. Selbst die Demokratie, von der wir oben
gesprochen, ist eine reine da, wo das Volk im Besitze der
wichtigsten Staatsrechte sich befindet, wie in Uri, Unterwalden, Glarus und Appenzell. Eine repräsentative Demokratie nennt man es dagegen, wenn das Volk, sei es mittelbar oder unmittelbar, durch Stellvertreter oder Repräsentanten die Behörden wählt, bei denen dann die Ausübung jener
Rechte steht. So werden die übrigen Kantone der Schweiz
regiert. Zum Schutze des Volkes vor Uebergriffen der Regierungsgewalt haben mehrere Kantone bei Aufstellung der
Verfassung das Veto (Zurückweisungsrecht) in dieselbe aufgenommen. So kann das Volk ihm mißbeliebige Gesetzesvorschläge mit Stimmenmehrheit zurückweisen oder gegen die
Gesetze das Veto ergreifen.

Bei sämmtlichen Regierungsformen wird die Macht der
obersten Behörde Regierungsgewalt genannt. Sie unterscheidet sich von jeder andern dadurch, daß sie auf Erden niemand über sich erkennt, was man Oberherrlichkeit nennt oder
Souveränität. Wo nun die Souveränität beim
Volke steht, da ist die Obrigkeit Stellvertreter oder erster
Beamter des Souveräns.

Zuweilen verbinden sich auch mehrere unabhängige Völkerschaften mit einander, um sich eine gemeinsame Obrigkeit
zu geben, damit sie gegenüber größerer Mächte stärker da-
stehen; dann entsteht der Bundes- oder Föderativstaat.
So traten, wie wir wissen, um die Gewalt der Landvögte
zu brechen, 1307 auf der einsamen Wiese des Rütli, Uri,

Schwyz und Unterwalden in einen Bund zusammen. Durch Anschluß anderer bedrängter Gemeinwesen bildete sich im Laufe von Jahrhunderten allmälig die Eidgenossenschaft, welche nun aus 22 Kantonen besteht, deren gemeinsame Oberleitung bei den Bundesbehörden liegt. Seit 1848 steht jene Oberleitung bei der Bundesversammlung. Diese besteht aus zwei Kollegien, auch Kammern geheißen, dem National- und dem Ständerath, welche die Wohlfahrt des Vaterlandes nach innen und gegen außen gemeinsam zu besorgen haben. Der Nationalrath wird gebildet durch die Wahl je eines Mitgliedes von 10,000—20,000 Einwohnern der schweizerischen Bevölkerung; für Bildung des Ständerathes wählt jeder Kanton 2 Mitglieder. Ein Beschluß hat in der Bundesversammlung erst dann Gültigkeit, wenn er die Mehrheit beider Räthe für sich hat. Diese Art der Volks- und Ständevertretung in der obersten Behörde heißt das Zweikammersystem. An der Spitze steht der Bundesrath aus 7 Mitgliedern als oberste Vollziehungsbehörde und, völlig unabhängig von demselben, das Bundesgericht aus 11 Mitgliedern. Letzterem kommt hauptsächlich die Beilegung von Streitfällen zu zwischen dem Bund und den Kantonen, zwischen dem Bund einerseits und Korporationen oder Privaten anderseits, so lange dieselben nicht staatsrechtlicher, sondern nur bürgerlicher Natur sind.

Appenzellische Staatskunde.

Verfassung.

Die freien Reichsländlein. Als Kaiser Karl IV., welcher 1349 auf Ludwig von Bayern gefolgt war, durch Verschwendung getrieben oder den Eingebungen seines Wankelmuths folgend, deutsche Städte nach Belieben verpfändete oder

in anderer Weise bedrängte, traten dieselben für Wahrung
der Rechte in einen Bund zusammen. Da nun Appenzell,
Gais, Urnäsch, Hundwil und Teufen gegenüber ihrem
Herrn, dem Abte, in ähnlicher Bedrängniß waren, ruhten die
Landleute nicht, bis er ihnen, wahrscheinlich auf Fürsprache
der befreundeten Stadt St. Gallen, gestattete, dem Städtebund beizutreten (26. Herbstmonat 1377). Von ihm erhielten
sie dann (22. Mai 1378) eine Verfassung, deren Grundsätze
zum Theil ihre Geltung behielten bis auf unsere Zeit. Dieselbe setzte vorerst fest, daß eine gemeinsame Obrigkeit, vorläufig aus 13 Mitgliedern, gewählt, eine Eintheilung des
Landes in Rhoden vorgenommen, zum Zweck der Steuererhebung eine Schätzung des Vermögens und zur Landesverthei-
digung eine Zählung der Wehrmannschaft und der Waffen
stattfinden solle. Die jährliche Wahl der 13 Vorsteher führte
zur Abhaltung von Landsgemeinden, deren Beschlüssen sich
jedermann ohne Widerrede zu unterziehen hatte. Unzweideutig forderte die Urverfassung, daß der, welcher sich einer Wahl
entziehen oder den Verordnungen der Obrigkeit nicht nachkommen würde, an Leib und Seele gestraft werden solle. Der
Amtszwang, wie er heute noch fortbesteht, ist also ein Erbstück
aus jener Zeit. Das Nämliche gilt vom Eidschwur. „Die
Landleute", heißt es daselbst, „sollen ihrer Obrigkeit schwören, gehorsam zu sein, ihren Geboten zu folgen, sie zu schützen und zu schirmen gegen jedermann, der sie kränken würde."
Gegen Uebergriffe des Abtes schützte die freien Landleute der
Städtebund, zunächst aber St. Gallen und Konstanz. Diese
Orte hatten förmlich den Auftrag, ihnen bei der ersten Organisation behülflich zu sein. Mit ihrer Zustimmung durften
die Appenzeller sogar benachbarte Länder und Leute in ihren
Bund aufnehmen. So sind die bis dahin getrennten Volks-
gemeinden durch ihre Verbindung mit den Städten zu einem
Gemeinwesen verknüpft worden, welches zuerst am 14. Juli
1379 „Appenzell das Land" genannt wurde.

Das ungetheilte Appenzell. Bald sollte der neue Volksbund eine harte Probe bestehen. Die Freiheitskämpfe traten ein. Der Sieg des Volkes führte zu Gebietserweiterungen und damit zu einer bedeutungsvollern Stellung gegen außen. Die wenigen Verfassungsbestimmungen konnten nicht mehr genügen, weßhalb dann unter dem Einfluß von Schwyz die ursprüngliche Verfassung allmälig weitere Zusätze erhielt. Später (1585) trug man alles, was darauf Bezug hatte, zusammen; es entstand das erste Landbuch, das sich im Manuskript von Geschlecht zu Geschlecht forterhielt bis hinein ins 19. Jahrhundert, freilich mit zeitweiligen Erweiterungen, Abänderungen und in neuen Abschriften. Waren die Landsgemeinden ursprünglich bloße Wahltage für Erneuerung der Obrigkeit gewesen, so bahnte sich diese nun auch bald den Weg zur Gesetzgebung. Der Drang nach Aufhebung jedweden Abhängigkeitsverhältnisses führte schon 1404 dahin, daß sich das Land auch des Blutbannes oder des Rechts, Gericht zu halten über Leben und Tod, bemächtigte. Der römische Kaiser zauderte indessen mit der Bestätigung bis ins Jahr 1466.

Zur Landsgemeinde versammelte sich das Volk damals nur in Appenzell und zwar regelmäßig im Mai und Oktober. Auch außerordentliche Versammlungen fanden in jenen Zeiten des Widerstandes gegen äbtische Gewalt oft statt. Aber gerade jene Ausschließlichkeit des Versammlungsortes führte allmälig zu Vorrechten für Appenzell, welche für die übrigen Rhoden von Nachtheil sein mußten. Im 16. Jahrhundert fieng man an, den Beamtenstand zu vermehren. Die Landsgemeinde wählte nun auch den Seckelmeister, den Bannerherrn und Gerichtsschreiber; sie ertheilte das Landrecht, übte das Begnadigungsrecht aus und entschied bisweilen letztinstanzlich über wichtige Streitigkeiten. In der Regel versammelte sich das Landvolk nur noch einmal des

Jahres, und zwar am letzten Sonntag im April. Das Recht
der Antragstellung oder die Befugniß, bei versammelter
Landsgemeinde einen „Anzug" zu machen, dauerte noch unangefochten fort. Nächst der Landsgemeinde war der zweifache Landrath, gebildet aus den Beamten und sämmtlichen Rhodevorstehern, die oberste Behörde. Er nahm die
Neugewählten in Eid und Pflicht, traf Richterwahlen, erließ
Sittenmandate und andere Verordnungen, legte dem Volk Gesetzesvorschläge vor, wählte den Abgeordneten zur Tagsatzung
und ertheilte Handwerkern die Niederlassung, so oft es an
einheimischen fehlte. Der große Rath zählte 149 Mitglieder, bestehend aus den Landesbeamten und 12 Räthen aus
ebenso vielen Rhoden, in die das Land damals getheilt war.
In den Kreis seiner Verhandlungen fiel die Landesverwaltung; auch genehmigte oder verwarf er Rhodeverordnungen,
soweit nämlich dieselben das Bußenwesen betrafen; er prüfte
Legate, ernannte Schiedsrichter für Beilegung von Streitigkeiten, beurtheilte schwierige Rechtsfälle und hielt Blutgericht.
Den Rath präsidirte der Landammann, ebenso das Geschwor-
nengericht, bestehend aus 13 Mitgliedern. Ueber Frevel
urtheilte das Bußengericht. Für geringere Polizeivergehen
hatte man ein Gassengericht, welches sich öffentlich, wahrscheinlich vor dem Rathhause, versammelte. Das Schul-
bengericht präsidirte der Landweibel, sowie wahrscheinlich
auch die schon genannten untern Gerichte. Schon nannte
man die Rhodenvorsteher „Hauptleute und Räthe."

Außerrhoden nach der Landestheilung. Im
allgemeinen hatten, namentlich anfangs, auch für den äußern
Landestheil die nämlichen Verfassungsbestimmungen ihre Geltung; denn die Manuskripte der Landbücher von 1598 und
1600 waren nur Abschriften des ursprünglichen Landbuchs
von 1585, erweitert durch Zusätze, die wahrscheinlich vom
zweifachen Landrathe ausgegangen waren. Im Lauf der Jahre

kommen dann freilich mancherlei Abänderungen vor, welche zu einer neuen Sammlung führen mußten. So ist das Landbuch von 1632 das älteste von Außerrhoden. — Trogen ward Hauptort, jedoch wechselten die Landsgemeinden schon damals mit Hundwil ab.

Im 17. und 18. Jahrhundert bildete sich das Land allmälig zu 20 Gemeinden mit eben so vielen Vorsteherschaften aus, deren Mitgliederzahl von 6 bis zu 24 anstieg. Die Armenpflege gieng an die Gemeinden über. Ehestreitigkeiten waren bis zur Landestheilung vom Bischof in Konstanz, später für den protestantischen Theil von Zürich beigelegt; im Jahr 1600 jedoch entledigte sich Außerrhoden auch dieses letzten Restes von Abhängigkeit durch Aufstellung eines Ehegerichts im Lande selbst. Der kleine Rath hielt in der Folge seine Sitzungen hinter der Sitter wechselsweise in Hundwil, Urnäsch und Herisau, vor der Sitter aber stets in Trogen. Der Landammann hatte den Vorsitz. Den Verhandlungen wohnte aus dem Sitzungsorte eine beliebige Zahl Vorsteher bei, aus den übrigen Gemeinden des betreffenden Landestheils nur je einer nebst einem Standeshaupt. Abgetretene Beamte hatten übrigens jeweilen freien Zutritt, und so kam es, daß sie gewissermaßen lebenslänglich im Amte blieben. Den großen Rath bildeten damals die Landesbeamten, ferner beide Hauptleute von Trogen, Herisau und aus dem Versammlungsorte, wie auch die regierenden Hauptleute der übrigen Gemeinden. In seiner Befugniß lag die Wahl des Tagsatzungsgesandten, Aburtheilung von Kriminalfällen, ferner der letztinstanzliche Spruch in Prozeßsachen und Angelegenheiten von administrativer Natur. Für Prüfung der Jahresrechnung versammelte er sich zur Frühlingssitzung am Ort der nächsten Landsgemeinde, im Herbst dagegen, wo der regierende Landammann wohnte. Der zweifache Landrath hatte im allgemeinen noch die frühern Befugnisse. Als Versammlungsorte galten

Trogen und Herisau. Sein Kollegium war gebildet aus den Mitgliedern des großen Rathes, aus den stillstehenden Hauptleuten, den übrigen Gemeindevorstehern und aus neuen Rathsgliedern.

1621 fand die Obrigkeit angemessen, die bis dahin bestandenen Gassen-, Geschwornen- und Bußengerichte eingehen zu lassen, ihre Befugnisse aber dem großen und kleinen Rathe zu übertragen. Dadurch bildete sich eine Vermengung der richterlichen, administrativen und vollziehenden Gewalt in eine und dieselbe Behörde, den großen Rath, was beim Volk auf Jahrzehende hinaus Unwillen erregte. Es hielt aber für die Freunde der Gewaltentrennung ungemein schwer, solchen Verfügungen mit Erfolg entgegenzutreten oder einen unparteiischen großen Rath, frei von Verwandtschaftsbeziehungen unter den Mitgliedern, zu erlangen, da von den Behörden um jene Zeit das Antragsrecht beschnitten und in die Verfassung eine Bestimmung eingeschmuggelt worden war, welche dem Landmann bei Strafe an Leib und Leben, Ehr' und Gut untersagte, gegen den Willen der Obrigkeit etwas vor die Landsgemeinde zu bringen. So blieben denn die Uebergriffe der Amtsgewalt für einmal auf sich beruhen.

Im Jahr 1647 kam die Trennung durch die Sitter auf, in Folge welcher jeder Landestheil 5 Beamte erhielt, deren Stellen je zu 2 Jahren in der Art wechselten, daß, wenn der regierende Landammann vor der Sitter wohnte, der regierende Statthalter dem Hinterlande angehören mußte. Auch die übrigen Beamten dieses Landestheils hatten dann den Vorrang und umgekehrt. Die Wahl des Schreibers und Weibels geschah frei aus allem Volk; jedoch hatte letzterer stets in Trogen auf dem Rathhause zu wohnen.

Schon 1653 loderte die Flamme der Unzufriedenheit über die schon berührte Gewaltenvermengung neuerdings auf. An der Landsgemeinde zu Hundwil wagte ein einfacher Landmann, den Antrag zu stellen, daß man künftig den Rath mit Personen besetze, die in nicht zu naher Verwandtschaft zu einander stehen. Für einmal blieb zwar der Antrag mit 55 Stimmen in Minderheit; aber dennoch gab die Landsgemeinde die moralische Ueberzeugung zu erkennen, der Antragsteller stehe im Recht, indem sie wenigstens beschloß, es sei derselbe wegen unbefugter Antragstellung dem Strafamt nicht einzuleiten. Schon im folgenden Jahre gelangte die Angelegenheit in Trogen wieder an die Landsgemeinde. Um nun zu verhüten, daß künftig Vater und Sohn, Bruder und Schwager zugleich sitzen, verlangte das Volk die Bildung eines unparteiischen Rathes von 60 Mitgliedern, ja es gieng so weit, den freiheitsmörderischen Artikel gegen das Antragsrecht als todt und ungültig zu erklären. Statt des Vollzugs dieses Landsgemeindebeschlusses setzte es aber die Obrigkeit an der Landsgemeinde von 1656 durch, daß der Rath der 60 wieder aberkannt und beschlossen wurde, beim alten Beschluß zu bleiben, ein Beschluß, der dann auch auf das Antragsrecht bezogen wurde. Die Gewaltherrschaft hatte nun zwar gesiegt; aber die Uebergriffe der Obrigkeit ließen im Volk einen Stachel zurück, welcher zur Folge hatte, daß es selbst zeitgemäßen Verbesserungen Trotz und Widerstand entgegenzusetzen nicht Anstand nahm. Der große Rath hatte nämlich gleichzeitig als dringend erachtet, die Landesgesetze und Ehesatzungen zu revidiren, wie auch durch eine Kirchenordnung mehr Uebereinstimmung in die Ausübung des Kultus zu bringen. Eingriffe von solcher Tragweite in seine Rechte wollte sich nun das Volk nicht gefallen lassen. Es verlangte Vorlage der Kommissionalarbeiten über jene Neuerungen, und die Landsgemeinde von 1660 verwarf nicht allein die Vorschläge der Obrigkeit, sondern verfällte überdies alle diejenigen, welche an der Revision mitgeholfen hatten, zur Kostentragung.

Nichtsdestoweniger erlaubte sich der zweifache Landrath

1686, entgegen dem Beschluß der Landsgemeinde von 1654, zu erkennen, daß der Artikel im alten Landbuch wegen eines unerlaubten Anzugs steif und fest gehalten werden solle. Und wirklich fand derselbe 1715 seine Anwendung, indem diejenigen gestraft wurden, welche an jener Landsgemeinde einen Anzug gegen die Obrigkeit gemacht hatten, daß sie nämlich den Rorschacherfrieden selbstherrlich ratifizirt. Erst der Landsgemeinde von 1732 (die in anderer Beziehung wegen der faktischen Trennung des Volkes unter 2 Obrigkeiten in so traurigem Andenken steht) war es vorbehalten, die köstliche Perle der Volkssouveränität zu retten, gleichzeitig aber auch Vorsorge zu treffen, daß in vorkommenden Fällen keinerlei Unordnungen entstehen könnten. Im nämlichen Jahre sicherte sich die Landsgemeinde das Recht zu, mit auswärtigen Regierungen Bündnisse und Verträge abzuschließen. Die Bewilligung zu Truppenzügen hatte sie sich schon 1654 angeeignet, und es konnten solche nur noch in dringenden Fällen auch von den Kirchhören beschlossen werden. Die Niederlassung eines Appenzellers aus dem einen Halbkanton in den andern war in beiden Rhoden gestattet; er mußte aber zu der Konfession übertreten, zu welcher die Landleute seines neuen Wohnortes sich bekannten. In Folge dessen büßte er nun zwar sein früheres Bürgerrecht ein, erhielt aber dafür das Bürgerrecht des Halbkantons, in dem er seine Niederlassung genommen hatte.

Vom J. 1798 an bildete unser Land während fünf Jahren einen Bestandtheil des Kantons Sentis. Dieser hatte 13 Bezirke. Herisau, Teufen, Wald und Appenzell waren Distriktshauptorte für den gewesenen Kanton Appenzell. Nach Art. 95 der Einheitsverfassung hatte jeder Kanton 3 Obrigkeiten. An der Spitze derselben stand der Regierungs- oder Kantonsstatthalter, unmittelbar vom Direktorium ernannt, für die Vollziehungsgewalt. In jedem

Bezirk hatte er einen Diftriktsstatthalter für die Verwaltungskammer, welche aus 5 Mitgliedern gebildet war. Als richterliche Behörde fungirte das Kantonsgericht aus 13 Mitgliedern. Die Gemeinden hatten ihre Verwaltungsräthe und Richter für die erste Inftanz. Zu Anfang des Jahres 1803 löste sich der ungewohnte Zuftand durch Napoleons Vermittlungsakte, welche die Rückkehr zu den ehevorigen Verfassungen geftattete, wieder auf, so weit diese nicht im Widerspruche ftanden mit den Grundsätzen jener Urkunde. Merkwürdiger Weise war es nebft dem Inftitut der Landsgemeinde abermal der mehr erwähnte Artikel über das Antragsrecht des Volkes an denselben, gegen welchen die Unitarier oder Einheitsfreunde lebhaft opponirten, da sie diesen Artikel durchaus nicht in der Vermittlungsakte haben wollten. Allein Napoleon, der hellsehende Mann, gab kein Gehör, weil ihm daran gelegen war, die Volksrechte möglichft zu schonen. Dagegen wurde jenes Recht an die Bedingung geknüpft, daß ein Anbringen von Seite des Volkes, welcher Art es auch sei, 4 Wochen vor der Landsgemeinde dem großen Rathe unterbreitet und von ihm vorberathen werden müsse. An außerordentlichen Landsgemeinden hatte übrigens nach dem nämlichen Statut jedwede Antragstellung zu unterbleiben.

Das Bedürfniß nach einer Revision des Landbuchs war übrigens seit 1797 immer fühlbarer geworden, besonders nach den wiederholten politischen Umgeftaltungen in Folge der Revolution. Die Obrigkeit beschloß daher 1816 bezügliche Vorarbeiten durch eine Kommission bewerkftelligen zu lassen. Da sie aber das Revisionswerk ohne Auftrag der Landsgemeinde, ja selbft ohne Anzeige an das Volk unternommen hatte, mußte bei demselben nach frühern Erfahrungen Unwillen entftehen. Aber auch abgesehen davon zeigte sich bei näherer Prüfung bald, daß die Veränderungen im Sinn und Geift der im Jahr 1814, nach Aufhebung der Mediationsakte, ins eidge-

nössische Archiv niedergelegten Verfassung die Volksrechte be=
deutend schmälerten. Das Volk erhob daher schon Einsprache,
bevor noch der Entwurf an die Landsgemeinde vom Stapel
gelassen war. Es darf darum nicht auffallen, daß dasselbe
1820 die Vorschläge verwarf und lieber beim alten Land=
buche stehen bleiben wollte. Dessenungeachtet machte sich das
Verlangen nach einem verbesserten Landbuche schon nach einem
Jahrzehend neuerdings geltend; aber diesmal gieng der Anstoß
vom Volke selbst aus. Privaten regten die Sache an; der
große Rath trat empfehlend dafür in die Schranken, und so
geschah es, daß auch die Landsgemeinde von 1831 endlich für
eine Revision stimmte. Eine Kommission von 45 Mitglie=
dern, theils vom Souverän, theils von den Gemeinden ge=
wählt, erhielt Auftrag, die Sache zu Ende zu führen. Und
in der That — das Werk lobte den Meister; denn aus der
Hand jener Deputirten gieng eine Verfassung hervor, die
nicht nur das Veraltete dem Zeitgeiste anzupassen, nicht bloß
die Grundpfeiler der Freiheit herüber zu holen wußte, son=
dern dieselben auch noch mehr befestigte. Die Kompetenz der
Behörden, von der Landsgemeinde abwärts bis zum Gemeinde=
rath und der Ehegaume waren genau bestimmt und aus ein=
ander gehalten. Jene Verfassung war in gewisser Beziehung
die freieste, die das Land vorher und nachher besaß, weßhalb
sie nachmals auch mit vollem Rechte die Grundlage bildete
zu den Verfassungen von 1834 und 1858. Soweit es die
unterdessen veränderten Bundesverhältnisse der Dreißigerjahre
noch gestatteten, sicherte dieselbe dem Volk seine Souveräni=
tätsrechte ungeschmälert zu. Nebst dem Wahl = und Gesetz=
gebungsrecht, dem Recht, über Krieg und Frieden, über Bünd=
nisse und Traktate zu entscheiden und neue Landleute anzu=
nehmen, wie solches alles auch das alte Landbuch gestattet
hatte, ward der Landsgemeinde auch noch manch' anderes
Recht eingeräumt. So mußte für Ausführung wichtiger Staats=

bauten vorerst die Einwilligung der Landsgemeinde eingeholt
werden; auch stand es beim Volke, Steuern zu bewilligen
oder dem großen Rathe dazu Vollmacht zu geben und die
Landesrechnung durch eine von demselben gewählte Kommission
prüfen zu lassen. Das schöne Recht der Antragstellung hielt
jene Verfassung nicht allein aufrecht, sondern erweiterte den
2. Artikel des alten Landbuches dahin, daß es dem Landmann freistehen soll, die Sache dem Volke vorzutragen oder
aber durch die Obrigkeit vortragen zu lassen. Auch das Recht,
außerordentliche Landsgemeinden zu verlangen, wurde genauer
präzisirt. Mit derselben freisinnigen Tendenz sah man das
Recht der Kirchhören geschützt und so ein altes Unrecht gesühnt, welches die Beisaßen vom Stimm- und Wahlrecht ausgeschlossen hatte. Ebenso führte jene Verfassung auch die
Trennung der richterlichen Behörde in den obern 2 Instanzen
ein, so daß sie die vollziehende Gewalt dem zweifachen Landrathe und dem großen Rathe, das Richteramt aber den Ge-
meinderäthen als erste Instanz, den kleinen Räthen als zweite
und dem Obergericht als dritte Instanz übertrug. Was aber
dieselbe endlich ganz besonders vortheilhaft auszeichnete, war
das Streben nach Oeffentlichkeit der Verhandlungen, nach
Freiheit des Wortes und der Schrift, nach Gewerbsfreiheit,
nach Wahrung der geistigen Interessen in Bezug auf vermehrte Sorge für Kirche und Schule, nach Unterdrückung des
Glaubenszwangs u. s. w.

Mit Ausnahme des Artikels 5, der vom Obergerichte
und des Artikels 15, welcher von Kirche und Schule handelte, nahm die Landsgemeinde 1832 die neue Verfassung auch
an. Allein schon unterm 3. März 1833, als die unterdessen
revidirten 2 Verfassungsartikel und mehrere Gesetzesvorschläge
zur Abstimmung kamen, wurde, erschrocken über die Neuerungen,
von einem irregeleiteten Volkshaufen das ganze Revisionswerk

15

unter Toben verworfen und das alte Landbuch beizubehalten beschlossen. Die Freunde des Fortschrittes jedoch, von Scham erfüllt, ruhten nicht, und wirklich geschah schon im folgenden Jahre, daß abermal eine Revision beliebt und am 31. August 1834 eine gemäßigt freisinnige Verfassung endlich die Zustimmung des Volkes erhielt. Nur das Obergericht konnte noch immer keine Gnade finden.

Nach mancherlei Wirren her und hin im Schweizerlande kam das Schlimmste, was ein Volk treffen kann, der unheilvolle Bürger- oder Sonderbundskrieg, über welchem natürlich alle innern Angelegenheiten für einmal verstummten. — Nach Unterwerfung der Gegner im Jahr 1847 konnte man sich endlich zur Annahme einer schon früher vorbereiteten Bundesverfassung vereinigen, welche nicht mehr, wie ehedem, unter dem Einfluß fremder Machthaber, sondern aus den freien Berathungen der Tagsatzung hervorgegangen war. Unterm 12. September 1848 erklärte dieselbe in feierlicher Sitzung den neuen Schweizerbund in Kraft erwachsen, weil 1,897,887 Schweizerbürger dafür gestimmt hatten. — Durch Eilboten und Fernzeichen ward die Botschaft alsbald verbreitet und noch am nämlichen Abend erstrahlten auf den Bergen von der Dole bis zum Sentis ungezählte Freudenfeuer und ertönte aus den Thälern der Jubel alles Volkes.

Die Vollziehungsbeschlüsse der Bundesverfassung führten aber in den Kantonsverfassungen selbstverständlich zu mancherlei Widersprüchen. Es mußte eine Uebereinstimmung gesucht werden, weßhalb, wie in allen Kantonen, so auch bei uns, mancherlei Abänderungen unvermeidlich wurden. Dieser Umstand und dann auch das beharrliche Verlangen nach Trennung der Gewalten durch ein Obergericht führten zu neuen Revisionsarbeiten im Kanton. So geschah, daß wir endlich 1858 eine Verfassung erhielten, welche nun in Kraft besteht. Da die Bundesverfassung den Schweizerbürgern nicht allein freie Niederfassung und Freiheit der Gewerbe, sondern auch dieselben politischen Rechte zusichert, wie den Kantonsangehörigen, so mußte auch unsre Verfassung diesfalls die beengenden Schranken fallen lassen. Dieselbe enthält auch nichts mehr von Befugnissen der Landsgemeinde in Bezug auf auswärtige Angelegenheiten; denn diese mußten dem Bunde zum Opfer gebracht werden, wenn der frühern Zerrissenheit ein Ziel gesetzt und der Bund gegen außen mit mehr Machtvollkommenheit ausgerüstet sein sollte. Die Sitterschranke mit der seit 200 Jahren bestandenen Doppelregierung ward aufgehoben und als Regierung eine Standeskommission, ausgerüstet mit ziemlicher Gewalt, eingesetzt. In den obern beiden Instanzen findet sich nun die Gewaltentrennung vollkommen durchgeführt. Den Kirchhören steht es frei, nur eine Vorsteherschaft zu halten oder aber behufs Trennung der administrativen von der richterlichen Gewalt auch ein Gemeindegericht aufzustellen. Als neue Behörde schuf die Verfassung das Polizei- und Kriminalgericht, welches über bezügliche Vergehen in erster Instanz aburtheilen, die Vollziehung des Spruchs jedoch den zuständigen Behörden überlassen soll. Den zweifachen Landrath ließ man eingehen, übertrug aber dessen Befugnisse dem großen Rathe.

Zu näherer Kenntniß der in Kraft bestehenden Verfassung lassen wir dieselbe hier ihrem Wortlaute nach folgen.

Verfassung des Kantons Appenzell A. Rh.

Angenommen von der Landsgemeinde in Hundwil, Sonntags den 3. Oktober 1858.

1. Von der Landsgemeinde.

Die Landsgemeinde besteht aus allen Landleuten und den wenigstens seit einem vollen Jahre im Kanton gesetzlich niedergelassenen Schweizerbürgern, die den Religionsunterricht erhalten und das achtzehnte

Altersjahr zurückgelegt haben. Jeder derselben ist bei der im Gesetze bestimmten Buße verpflichtet, die Landsgemeinde zu besuchen und ihr vom Anfang bis zum Ende beizuwohnen. Ausgeschlossen sind: die Ehr- und Wehrlosen, d. h. solche, welche wegen Diebstahl oder anderer schwerer Verbrechen kriminell bestraft worden sind und in Folge dessen ihre bürgerlichen Ehren und Rechte eingebüßt haben. Die Landsgemeinde wird, ordentlicher Weise, alle Jahre abwechselnd in Trogen und Hundwil, gewöhnlich am letzten Sonntag Aprils gehalten.

Die Landsgemeinde ist die oberste Gewalt im Lande; was sie erkennt, soll keine andere Behörde des Kantons abändern oder aufheben mögen.

Sie ist auch die höchste kantonale Wahlbehörde. Ihre Wahlen geschehen frei aus allen wahlfähigen Einwohnern des Landes. Sie ernennt, bestätigt, entläßt in Ausübung dieses Wahlrechts folgende Beamtete: die sieben Mitglieder der Standeskommission, nämlich: zwei Landammänner, zwei Landesstatthalter, einen Landessäckelmeister, einen Landeshauptmann, einen Landesfähnrich; ferner das Mitglied des schweizerischen Ständerathes, die dreizehn Oberrichter und den Landweibel. Die Stelle des regierenden Landammannes darf nicht länger als zwei Jahre nach einander von demselben Landammanne bekleidet werden. Wählbar zu diesen Aemtern sind alle stimmfähigen Landleute und gesetzlich niedergelassenen Schweizerbürger, die in vollkommenen bürgerlichen Ehren und Rechten stehen.

Der Landsgemeinde allein kömmt es zu, auf verfassungsmäßigem Wege Gesetze zu erlassen, abzuändern oder aufzuheben, so oft sie es für nöthig findet. Sie ertheilt das Landrecht. Auf Kosten des Landes dürfen neue wichtige Bauten nicht ohne Einwilligung oder Vollmacht der Landsgemeinde unternommen werden.

Die Jahresrechnung, nachdem sie jedes Mal vier Wochen vor der Landsgemeinde durch den Druck bekannt gemacht worden ist, wird derselben vorgelegt und von ihr entschieden, ob sie eine Kommission zu deren Prüfung ernennen wolle.

Außerordentliche Landsgemeinden mögen gehalten werden, so oft der große Rath oder eine gleiche Anzahl von Ehrenmännern des Kantons es für nöthig finden; diese müssen sich alsdann an den großen Rath wenden, der ihnen entweder von sich aus entsprechen kann, oder unverzüglich außerordentliche Kirchhören anordnen muß. Wenn dann wenigstens zehn Kirchhören dafür sind, so soll die Landsgemeinde außerordentlich versammelt werden und zwar ebenfalls abwechselnd in einem der beiden Orte, wo die ordentlichen Landsgemeinden stattfinden, jedoch ohne Rücksicht auf diese.

2. Von dem Recht, Anträge an die Landsgemeinde zu stellen.

Wenn ein Landmann oder ein gesetzlich niedergelassener Schweizerbürger begehrt, etwas vor die Landsgemeinde zu bringen, das ihm billig und recht und dem Vaterlande nützlich bedünkt, so soll er schuldig sein, solches vorher dem großen Rathe vorzutragen, welcher die Sache überlegen und berathen wird. Findet nun der große Rath, daß die Sache dem Vaterlande nützlich und gut sei, so soll er den Antrag an die Landsgemeinde bringen.. Wenn aber der große Rath denselben für schädlich oder nicht für thunlich erachtet und der Antragsteller wollte sich auf gemachte Vorstellungen nicht abweisen lassen, so mag er ihn dennoch vor die Landsgemeinde bringen; er soll aber selbst auf den Stuhl gehen und die Sache mit Anstand vortragen, wobei er von der Obrigkeit geschützt und geschirmt wird und von Niemand gestört und gekränkt werden darf. Die Anträge müssen jedoch, mit Ausnahme bringender Fälle, wenigstens vier Wochen vor der Landsgemeinde von allen Kanzeln des Landes verlesen und durch den Druck bekannt gemacht werden; dabei hat jedoch der große Rath auch seine Ansicht kund zu machen.

Die Vorschläge, welche der große Rath an die Landsgemeinde bringen will, müssen ebenfalls, bringende Fälle ausgenommen, vier Wochen vor der Landsgemeinde von allen Kanzeln verlesen und durch den Druck bekannt gemacht werden.

Anders, als auf solche Weise, soll nichts, weder von dem großen Rathe, noch den Landleuten oder den niedergelassenen Schweizerbürgern an die Landsgemeinde gebracht und ins Mehr gesetzt werden dürfen.

3. Vom großen Rathe.

Der große Rath ist nach der Landsgemeinde die höchste Behörde im Lande.

Er besteht aus den sieben Landesbeamteten und aus den Abgeordneten der Gemeinden, die von den Kirchhören frei aus allen wahlfähigen schweizerischen Einwohnern der Gemeinde gewählt werden und zwar so, daß eine Gemeinde von 1000 Einwohnern und darunter ein Mitglied zu wählen hat, eine solche von mehr als 1000 bis 2000 Einwohnern zwei Mitglieder, eine solche von mehr als 2000 bis 3000 Einwohnern drei Mitglieder u. s. f. Zur Erhaltung der Vollzähligkeit des großen Rathes mögen die Gemeinden im Verhinderungsfalle eines ihrer Mitglieder ein anderes stellen. Dem großen Rathe wohnen auch die beiden Kanzleibeamteten: der Rathschreiber und der Landschreiber, bei. Jedoch haben beide nur berathende Stimme. Er versammelt sich abwechselnd in Trogen und Herisau.

Der große Rath trifft jährlich folgende Wahlen: die Wahl des Präsidenten und der Mitglieder des Ehegerichtes, der Präsidenten der kleinen Räthe, des Präsidenten und der Mitglieder des Kriminal- und Polizeigerichtes, des Rathschreibers und des Landschreibers, des Obergerichtsschreibers, des Verhörrichters und des Verhöramtsaktuars nebst deren Substituten, des Salzfondverwalters, der Stabs- und Kompagnieoffiziere, der Zeugherren, des Standesläufers und der Fächter.

Er beeidigt die neugewählten Räthe und Richter.

Der große Rath sorgt für das Beste von Kirche und Schule. Er überwacht die Handhabung der Landesgesetze und erläßt die erforderlichen polizeilichen und überhaupt solche Verordnungen und Reglemente, die zur Vollziehung der von der Landsgemeinde und den eidgenössischen Behörden ausgegangenen Gesetze und Beschlüsse nothwendig sind. Er beräth die Anträge, welche an die Landsgemeinde gebracht werden sollen. Er beschließt über Steuern und Abgaben. Er trifft die nöthigen Anordnungen zur Anwendung und Vollziehung der bestehenden Militärverordnungen. Er bestellt die nöthigen Kommissionen und Verwaltungen für Kirchen-, Schul-, Militär-, Polizei-, Justiz-, Assekuranz-, Sanitäts-, Straßen- und Bauwesen und für andere Verwaltungszweige und Angelegenheiten. In diese Kommissionen ist in der Regel wenigstens ein Mitglied der Standeskommission zu wählen.

Er überwacht die gesammte Landesverwaltung; er ernennt jährlich eine Kommission zur Prüfung der Jahresrechnung und macht dieselbe dem Volke durch den Druck bekannt.

Der große Rath übt das Begnadigungsrecht aus. Das Nähere bestimmt das Gesetz.

Die Sitzungen des großen Rathes sind in der Regel öffentlich. Der regierende Landammann ist Präsident desselben.

4. Von der Standeskommission.

Die Standeskommission besteht aus den sieben von der Landsgemeinde gewählten Landesbeamtieten.

Sie besorgt unter Oberaufsicht des großen Rathes die Regierungsgeschäfte und die Leitung des Polizeiwesens des Landes. Ihr liegt in Verbindung mit den vom großen Rathe gewählten Kommissionen die Führung der gesammten Landesverwaltung in allen ihren Theilen ob. Das Finanzwesen des Kantons nimmt sie unter ihre besondere Verwaltung und sie legt dem großen Rathe alljährlich Rechnung über dasselbe ab.

Sie überwacht auch die Verwaltungen der Gemeinden und hat das Recht, von denselben Einsicht zu nehmen und nach Umständen einzuschreiten. Sie leitet Verbrechen und schwerere Vergehen an das Verhöramt ein und überwacht dessen Verrichtungen. Sie vollzieht die in Rechtskraft erwachsenen Kriminal- und nöthigen Falls auch die Zivilurtheile. Sie besorgt überhaupt alle Geschäfte, welche der vollziehenden Gewalt als solcher zustehen oder welche ihr überdies von dem großen Rathe auferlegt werden. Sie hat dem großen Rathe alljährlich Bericht und Rechenschaft über ihre Verrichtungen zu geben.

Der regierende Landammann präsidirt sie. Ihr Aktuar ist der Rathschreiber. Ihre Sitzungen hält sie, so oft es der Präsident oder eines der übrigen Mitglieder für nöthig findet. Den Sitzungsort bestimmt jedes Mal der Präsident.

5. Vom Obergericht.

Das Obergericht besteht, mit Einschluß des Präsidenten, aus den dreizehn von der Landsgemeinde gewählten Richtern, die aber weder im großen Rathe, noch im kleinen Rathe, noch im Kriminal- und Polizeigerichte, noch in einer Gemeindebehörde sitzen dürfen. Präsident des Obergerichtes ist dasjenige Mitglied desselben, welches nach beendigter Wahl der dreizehn Oberrichter von der Landsgemeinde hiezu ernannt wird. Den Obergerichtsschreiber wählt der große Rath; er hat aber kein Stimmrecht. Der Landweibel ist der Diener des Gerichtes.

Es versammelt sich in der Regel den dritten Montag jeden Monats und zwar abwechselnd in Trogen und in Herisau, bei Beurtheilung von Kriminalfällen jedoch immer in Trogen.

Das Obergericht beurtheilt in höchster und letzter Instanz alle Prozesse und Straffälle, die nach dem Gesetz an dasselbe gelangen; es richtet über Leben und Tod. So lange der große Rath die Begnadigung nicht verweigert hat, ist die Vollziehung der Todesstrafe unter keinen Umständen gestattet.

Weder vor dem Obergerichte noch vor den untern Gerichten dürfen bei Streitigkeiten zwischen Kantonseinwohnern Advokaten zugelassen werden. Gerichtsgebühren sind keine zu beziehen.

6. Vom Ehegericht.

Das Ehegericht besteht aus sechs Mitgliedern des großen Rathes und drei im Lande angestellten Geistlichen und wird alljährlich vom großen Rathe gewählt. Die gleiche Behörde ernennt auch aus der Mitte des Gerichtes den Präsidenten. Das Protokoll führt der Landschreiber. Es versammelt sich in der Regel ein Mal des Jahres, abwechselnd zu Trogen und Herisau. Außerordentliche Sitzungen mögen auf Kosten der Parteien stattfinden. Die Pflichten und Befugnisse des Ehegerichtes sind in den Ehesatzungen enthalten.

7. Von der Synode.

Die Synode besteht aus den sieben Landesbeamten, aus den in unserm Lande angestellten Pfarrern und aus allen im Lande wohnenden Geistlichen, welche in die Synode aufgenommen wurden und des Beisitzes noch fähig sind. Sie versammelt sich in der Regel jährlich einmal, wechselweise in Trogen und Herisau.

Sie wählt jährlich frei aus ihrer Mitte den Dekan, welcher Geschäftsführer an der Synode ist; ihre weitern Befugnisse werden durch Statuten bestimmt, welche der Genehmigung des großen Rathes bedürfen.

8. Von den kleinen Räthen.
(Gerichte zweiter Instanz.)

Die kleinen Räthe bestehen, mit Einschluß des Präsidenten, hinter und vor der Sitter aus dreizehn Mitgliedern. Diese werden von den Kirchhören frei aus allen wahlfähigen schweizerischen Einwohnern der Gemeinde gewählt, und zwar

hinter der Sitter:

von Herisau drei, von Urnäsch, Schwellbrunn, Hundwil und Stein aus jeder Gemeinde zwei, von Schönengrund und Waldstatt aus jeder Gemeinde eines, zusammen dreizehn Mitglieder;

vor der Sitter:

aus jeder der dreizehn Gemeinden, als: Teufen, Bühler, Speicher, Trogen, Rehetobel, Wald, Grub, Heiden, Wolfhalden, Lutzenberg, Walzenhausen, Reute und Gais, eines, zusammen dreizehn Mitglieder.

Die Präsidenten der beiden kleinen Räthe werden vom großen Rathe aus der Mitte derselben ernannt. Ihre Mitglieder können weder im großen Rathe, noch in der Standeskommission, noch im Obergerichte, noch in den Gemeindebehörden sitzen. Der Landschreiber führt das Protokoll; der Landweibel ist Diener des kleinen Rathes vor der Sitter und der Standesläufer desjenigen hinter der Sitter.

Der kleine Rath hinter der Sitter versammelt sich in der Regel am ersten Donnerstag jeden Monats, abwechselnd zu Urnäsch, Herisau und Hundwil, doch so, daß die Reihe je zum zweiten Mal an Herisau kommt. Der kleine Rath vor der Sitter wird in der Regel am ersten Montag jeden Monats, abwechselnd zu Trogen und Heiden, gehalten.

Die kleinen Räthe sind Gerichte zweiter Instanz für Streitigkeiten, Straffälle und andere ihnen durch das Gesetz zugewiesene Gegenstände.

9. Vom Kriminal- und Polizeigericht.

Der große Rath wählt aus den Mitgliedern der beiden verfassungsgemäßen kleinen Räthe ein Kriminal- und Polizeigericht von sieben Mitgliedern, von welchen drei Mitglieder aus dem kleinen Rathe hinter der Sitter und vier Mitglieder aus dem kleinen Rathe vor der Sitter zu entnehmen sind. Den Präsidenten ernennt der große Rath. Der Landschreiber ist der Aktuar des Gerichtes, dies jedoch, ohne ein Stimmrecht zu besitzen. Der Diener des Gerichtes ist der Landweibel und der Sitzungsort Trogen.

Das Kriminal- und Polizeigericht beurtheilt erstinstanzlich alle von

dem Kantonalverhöramte untersuchten Kriminal-, Vaterschafts- und Polizei-
fälle, welche ihm von der Standeskommission zugewiesen werden.

Strafkompetenzen stehen diesem Gerichte keine zu, daher es die von
ihm für schuldig befundenen Beklagten zur Bestrafung an die zuständigen
Gerichte zu verweisen hat.

Die mit Aufführung der Entscheidungsgründe zu begleitenden Urtheile
des Kriminal- und Polizeigerichtes können von Kläger und Beklagten an
das Obergericht appellirt werden.

Das Obergericht kann indessen auch im Falle der Nichtapellation
eines Urtheiles des Kriminal- und Polizeigerichtes, insofern dasselbe ein
Verbrechen oder ein schwereres Vergehen betrifft, nach seinem Ermessen von
sich aus eine neue Prozeßverhandlung vor seiner Gerichtsstelle anordnen.

10. Von den Kirchhören.

Die Kirchhören bestehen entweder aus allen stimmfähigen Gemeindegenossen, Beisaßen und den wenigstens seit einem vollen Jahre im Kanton
gesetzlich niedergelassenen Schweizerbürgern oder aber nur aus den Gemeindegenossen.

An den gemeinsamen Kirchhören üben die Gemeindegenossen, Beisaßen und gesetzlich niedergelassenen Schweizerbürger gemeinschaftlich ihr
Stimm- und Wahlrecht aus. Ein jeder von diesen Kirchhöregenossen ist
schuldig, sich einer allfällig auf ihn fallenden Wahl zu unterziehen.

Diese Kirchhören versammeln sich gewöhnlich des Jahres zwei Mal
und außerdem, so oft Hauptleut' und Räthe oder eine gleiche Zahl von
Ehrenmännern es nöthig finden. Sie haben das Recht, den Pfarrer zu
wählen und zu entlassen. Am ersten Sonntag Mai's wählen, bestätigen,
entlassen sie Hauptleut' und Räthe, die Mitglieder des großen Rathes,
der kleinen Räthe und auch der Gemeindegerichte, wenn nämlich die Trennung der Gewalten bezüglich auf die Rechtspflege in erster Instanz von
der betreffenden Gemeinde angenommen worden ist. Die übrigen Pflegschaften und Aemter werden entweder an dieser oder an einer spätern
Kirchhöre bestellt. Alle diese Stellen mögen aus Gemeindegenossen, Beisaßen oder niedergelassenen Schweizerbürgern besetzt werden; jedoch soll
die Mehrzahl der Gemeindevorsteher immer aus Gemeindebürgern bestehen. Einer der beiden Hauptleute muß Gemeindebürger sein, der andere
mag frei aus allen wahlfähigen Einwohnern der Gemeinde gewählt werden.

Die gemeinsamen Kirchhören beschließen ferner die Abgaben für Ge-
meindebedürfnisse, an welche alle Steuerpflichtigen der Gemeinde beitragen
müssen, oder ertheilen den Vorstehern Vollmacht dazu. Sie bestimmen diejenigen Besoldungen und empfangen die Rechnungen derjenigen Gemeinde-
verwaltungen, an welche die Beisaßen und niedergelassenen Schweizerbürger mitzahlen, und ernennen jährlich eine Kommission zur Prüfung
dieser Rechnungen. Sie verfügen endlich über bedeutende Bauten und
Errichtung von Anstalten, deren Kosten nicht von den Gemeindegenossen
allein getragen werden.

Hingegen bilden die Gemeindegenossen allein die Kirchhöre zur Besetzung von Pflegschaften und Aemtern, bei welchen die Beisaßen und
niedergelassenen Schweizerbürger nicht betheiligt sind. Sie entscheiden
über wichtige Verträge, die von den Vorgesetzten Namens der Gemeinde
geschlossen werden; verfügen über Gemeindegüter, über Kauf und Verkauf
von Liegenschaften, die ausschließliches Eigenthum der Gemeindegenossen
sind, über bedeutende Bauten und Anstalten, an welche die Beisaßen oder
die niedergelassenen Schweizerbürger nichts beitragen. Die Gemeinde-

genoſſen empfangen ferner die Rechnungen über die ihnen allein zuſtehenden Verwaltungen und ernennen jährlich eine Kommiſſion zur Prüfung dieſer Rechnungen. Sie beſchließen über Ertheilung des Gemeinderechts und überhaupt über Gegenſtände, die keine Laſt für die Beiſaßen und niedergelaſſenen Schweizerbürger nach ſich ziehen.

Alles, was der einen oder andern Kirchhöre zum Entſcheid vorgelegt wird, ſollen die Vorgeſetzten, mit Ausnahme bringender Fälle, acht Tage vorher von der Kanzel bekannt machen laſſen.

11. Hauptleut' und Räthe.

Die Hauptleut' und Räthe ſind die Vorgeſetzten der Gemeinde und beſtehen wenigſtens aus ſieben, höchſtens aus einundzwanzig von der Kirchhöre gewählten Mitgliedern. Sie verſammeln ſich in der Regel alle Monate ein Mal, und inzwiſchen, ſo oft die Geſchäfte es nöthig machen. Sie handhaben und vollziehen die Geſetze des Landes und die Verordnungen der obern Behörden, ſorgen für das Gedeihen des Schulunterrichtes und für die Aufrechthaltung der Sittlichkeit und Ordnung. Von ihnen wird auch die Errichtung der Zedel bewilligt. Sie ernennen die Vögte, beſorgen die Gemeinde- und Vogtkindergüter und führen die Aufſicht über Stiftungen und Anſtalten der Gemeinde. Da, wo keine Gemeindegerichte beſtehen, ſprechen Hauptleut' und Räthe zugleich als Gerichte erſter Inſtanz über alle Prozeßſachen, und beſtrafen ſie auch polizeiliche und andere Vergehen mit Bußen, die nach dem Geſetz in den Armenſeckel fallen und zehn Franken nicht überſteigen. Die Beſorgung der Gemeindegüter, Stiftungen und Anſtalten, an welche die Beiſaßen und niedergelaſſenen Schweizerbürger nichts beitragen, wird entweder von den aus den Gemeindegenoſſen gewählten Vorſtehern allein übernommen, oder mit den aus den Beiſaßen und den niedergelaſſenen Schweizerbürgern ernannten gemeinſchaftlich getragen. Wo die gemeinſchaftliche Beſorgung verlangt wird, ſind die aus den Beiſaßen und niedergelaſſenen Schweizerbürgern ernannten Vorſteher zur Theilnahme an derſelben verpflichtet.

Ueber die Verwaltung ſollen die Vorſteher der Kirchhöre ausführliche Rechnung ablegen und für alles ihnen anvertraute Gut der Gemeinde und der Vogtkinder verantwortlich ſein.

12. Von den Gemeindegerichten.

Jede Gemeinde hat das verfaſſungsgemäße Recht, die Trennung der Gewalten auch für die Rechtspflege in erſter Inſtanz einzuführen. Nachdem die Kirchhöre die Aufſtellung dieſes Grundſatzes für gut gefunden hat, erwählt ſie nach Maßgabe der Bevölkerung der Gemeinde aus den wahlfähigen Einwohnern derſelben ein von Hauptleut' und Räthen getrenntes Gemeindegericht von fünf bis höchſtens elf Mitgliedern. Das erſtgewählte Mitglied iſt Präſident des Gerichtes, bei welchem alle Prozeſſe anhängig gemacht werden müſſen. Das Gemeindegericht ſpricht in erſter Inſtanz über alle Prozeßſachen und beſtraft polizeiliche und andere Vergehen mit Bußen, die nach dem Geſetze in den Armenſeckel fallen und zehn Franken nicht überſteigen.

Der Gemeindeſchreiber iſt auch Schreiber des Gemeindegerichtes, er hat jedoch als ſolcher kein Stimmrecht.

Die Mitglieder des Gemeindegerichtes dürfen weder Mitglieder der Vorſteherſchaft noch einer obern gerichtlichen Behörde ſein.

13. Von den Ehegäumern.

Die Ehegäumer beſtehen aus dem Pfarrer des Orts und den beiden Hauptleuten. Sie wachen über gute Sitten und ehrbaren Wandel, über

Erfüllung der gegenseitigen Pflichten der Eltern und Kinder, und richten ihr Augenmerk auf Eheleute, die wegen Streitigkeiten abgesondert wohnen. Ihnen steht in erster Instanz die Beurtheilung der Ehehändel und streitigen Eheversprechen zu; sie untersuchen die Vaterschaftsklagen, Unzuchtsfälle und andere ihnen durch die Gesetze zugewiesene Gegenstände und leiten die Fehlbaren dem Strafamte ein.

14. Ueber Verwandtschaftsgrade in Gericht und Rath.

In der Standeskommission und in Hauptleut' und Räthen mögen nicht zugleich sitzen: Vater und Sohn und Brüder; im Obergerichte, im Ehegerichte, in den kleinen Räthen, im Kriminal- und Polizeigerichte und in den Gemeindegerichten überdies nicht: Schwiegervater und Tochtermann, Oheim und Neffe (rechte Vettern) und Schwäger. Wenn zwei Gemeinden solche, welche in den bezeichneten Verwandtschaftsgraden zu einander stehen, in den kleinen Rath wählen, so hat die größere Gemeinde eine neue Wahl zu treffen. Hauptleute und Gemeindeschreiber sollen nicht durch einander Geschwisterkinder oder nähere Blutsverwandte, auch keine Schwäger und nicht Schwiegervater und Tochtermann sein. Die Stelle des Hauptmanns und Gemeindeschreibers darf nicht der nämlichen Person übertragen werden.

15. Von Kirche und Schule.

Die evangelisch-reformirte Religion ist die Religion des Landes. Alle Bekenner derselben werden sich den Besuch der Kirche und des Abendmahles, sowie überhaupt die würdige Feier der Sonn- und Festtage zur christlichen Pflicht machen. Es sollen zu dem Ende an diesen Tagen alle diejenigen Geschäfte unterlassen werden, wodurch die Erbauung gehindert und der Gottesdienst gestört werden könnte. Den Geistlichen liegt besonders ob, die Kinder in der christlichen Religion, nach dem Sinn und Geist derselben gehörig zu unterrichten und sie zu einem würdigen Genuß des heiligen Abendmahles vorzubereiten. Ueberhaupt sind sie verpflichtet, auf Sittlichkeit und Religiosität des Volkes auf und neben der Kanzel nach Kräften hinzuwirken, wobei sie von der Obrigkeit bestens geschützt werden sollen.

In der Pflicht des Volkes und der von ihm gewählten Obrigkeit liegt auch die Sorge für den Schulunterricht. Durch denselben sollen die Kinder zu guten Christen und nützlichen Bürgern des Vaterlandes erzogen werden. Es sind demnach die Eltern, Vormünder und andere, denen die Jugend anbefohlen ist, schuldig, dieselbe zum fleißigen Besuch der Schule anzuhalten, worüber Geistliche und Vorgesetzte genaue Aufsicht führen sollen.

Ohne obrigkeitliche Bescheinigung der Tüchtigkeit und Wahlfähigkeit darf kein Pfarrer und Lehrer das Predigt- oder Schulamt im Lande antreten.

Den Bekennern der katholischen Religion ist die freie Ausübung ihres Gottesdienstes, gemäß Artikel 44 der Bundesverfassung, zugesichert.

16. Gleichheit der Rechte.

Alle Einwohner des Landes genießen den gleichen Schutz der Gesetze und mit Ausnahme der im Gesetz bestimmten Fälle auch gleiche Rechte.

17. Freiheit des Wortes und der Schrift.

Jedem Landesbewohner steht frei, seine Gedanken mündlich, schriftlich oder gedruckt bekannt zu machen; jedoch ist er für den Mißbrauch dieses Rechtes nach dem Gesetz verantwortlich.

18. Petitionsrecht.

Das Recht, Wünsche und Begehren an die Landesobrigkeit und die Gemeindebehörden zu richten, ist gewährleistet.

19. Sicherheit des Eigenthums.

Die Sicherheit und Unverletzbarkeit des Eigenthums ist gewährleistet. Für Abtretungen, die zum Besten des Landes oder einer Gemeinde gefordert werden, ist angemessene Entschädigung zu leisten.

20. Niederlassungsrecht.

Jedem Schweizerbürger christlicher Konfession ist das Niederlassungsrecht nach den Gesetzen des Landes, in Uebereinstimmung mit Artikel 41 der Bundesverfassung, zugesichert.

21. Gewerbsfreiheit.

Jedem Landmann und niedergelassenen Schweizerbürger ist nach den gesetzlichen Bestimmungen die Gewerbsfreiheit zugesichert.

22. Steuerpflichtigkeit.

Alle Einwohner des Kantons sollen nach ihrem Vermögen und in möglichst gleichem Verhältniß zur Deckung der Landeskosten beitragen.

23. Militärpflicht.

Jeder Landmann und jeder im Land angesessene Schweizerbürger ist nach den gesetzlichen Bestimmungen zum Militärdienst verpflichtet.

24. Versorgung der Armen.

Eine jede Gemeinde hat ihre armen Angehörigen, sie mögen in oder außer derselben wohnen, selbst zu versorgen. Das Nähere bestimmt das Gesetz.

25. Von Erlangung des Landrechts.

Wer das Landrecht erwerben will, muß fünf Jahre lang im Lande gewohnt haben, die Entlassung von seinem frühern Bürgerrechte urkundlich nachweisen und die Versicherung geben können, daß, im Falle er von der Landsgemeinde zu einem Landmann angenommen werde, er auch ein Gemeinderecht im Lande habe. Hat er diese Bedingungen erfüllt, so hat ihn der große Rath an die Landsgemeinde zu weisen, wo er dann selbst auf den Stuhl treten soll, sein Gesuch aber durch die Vermittlung des Geschäftsführers der Landsgemeinde dieser mitgetheilt werden mag. Die Einkaufssumme, die in den Landseckel fällt, beträgt höchstens zwölfhundert Franken, und wenn die Mutter desjenigen, der sich um das Landrecht bewirbt, eine Landesangehörige gewesen ist, höchstens sechshundert Franken. Sobald er angenommen ist, tritt er in die gleichen Rechte und Pflichten seiner Mitlandleute ein. Ein Gemeinderecht ohne ein Landrecht ist ungültig.

Das Strafrecht.

Wir haben auf Seite 210, wo vom Wesen des Staates die Rede ist, bereits gesehen, daß es in seiner Pflicht liegt,

die Rechtsordnung aufrecht zu erhalten. Wer demnach die
Ruhe und Sicherheit im Staate gefährdet, sei es absichtlich
oder unabsichtlich, fällt dem Strafrichter anheim und hat seine
Schuld nach der Größe der Rechtsverletzung zu büßen. Die
im Landbuch vorgesehenen Fälle finden sich theils im Strafgesetz, theils im Polizeigesetz verzeichnet. Letzteres ge-
bietet die würdige Feier der Sonn- und Festtage, den Besuch der Landsgemeinden, der Schulen, des Religionsunterrichtes und die Anzeige arger Frevel bei den zuständigen
Behörden. Es verbietet alles Spielen an Festtagen und
an Sonntagen während des Gottesdienstes, das Eingehen von
Wetten, Betheiligung an Lotterieen, das Tanzen an Festtagen,
an Sonn- und Samstagen, bei geschlossenen Gerichten und
nach der Polizeistunde, ferner alles unsittliche Reden, Singen,
Lärmen und Beherbergen von Fremden ohne Schriften. Endlich giebt das Polizeigesetz auch Vorschriften über das Ge-
sundheits-, Wirthschafts- und Straßenwesen, über Feuerord-
nung, Jagd und endlich solche zum Schutz der persönlichen
Freiheit und des Eigenthums. Das Strafgesetz behandelt
im Gegensatze zum Polizeigesetz die schwereren Fälle der
Rechtsverletzungen. Es verhängt darum auch ein weit größeres Strafmaß über den Strafbaren, weßhalb die Kenntniß
dieses Gesetzes für jeden Landmann von der größten Wichtigkeit ist.

Wir wollen das Strafgesetz an der Hand der Geschichte
etwas näher ins Auge fassen, um so den alten Erfahrungs-
satz neuerdings zu erhärten, daß die Sünde der Leute Verderben ist. Aber auch abgesehen davon wird es uns Gelegenheit geben, einen Blick zu thun in die Sittenzustände vergangener Jahrhunderte. Die alte Strafjustiz, so fabelhaft
schauerlich dieselbe in ihrer Vollziehung auch erscheinen mag,
verliert an Härte, wenn man ihr den Geist jenes rohen Zeitalters mit der Bösartigkeit der Verbrechen gegenüberstellt;

denn in diesem Falle erscheint sie einfach als ein natürlicher Ausfluß des Zeitgeistes. Eine Vergleichung des Strafmaßes von vormals und jetzt giebt uns auch die tröstliche Gewißheit, daß die Rechtspflege eine humanere geworden, und daß man in neuerer Zeit darauf ausgeht, in die Strafe selbst die Möglichkeit der Besserung einzuschließen. Mögen die Zitate, obwohl der Vergangenheit entlehnt, als Warntafel dienen für alle die, welche in Zukunft am Scheidewege des Guten und Bösen stehen!

Verbrechen wider den Staat. Diese sind ihrer Natur nach verschieden. Man unterscheidet: Hoch- oder Landesverrath, Aufruhr, Widersetzlichkeit gegen obrigkeitliche Verfügungen oder Schmähung der Obrigkeit, Amtsverletzung, Amtsmißbrauch, Bestechung, Unterschlagung, Falschmünzerei ꝛc. — Niemals kam in Außerrhoden das Verbrechen des Landesverrathes vor.' Dagegen fiel in Innerrhoden (1784) das Haupt des greisen Landammann Sutter auf dem Blutgerüste, weil er durch falsche, mittelst der Folter erpreßte Angaben seines gewesenen Freundes Baptist Räß als Rebell erklärt worden war. Wegen Ungehorsam gegen ihre Beschlüsse strafte im Landhandel (1732—1734) der von der großen Partei gewählte Rath die Häupter der „Linden", weil sie ihn nicht als rechtmäßige Obrigkeit anerkennen wollten, mit schweren Geldbußen. Widersetzlichkeit gegen die Behörden zeigte sich nach der Befreiung vom äbtischen Joche gar oft bei den Appenzellern, ja es kam einst so weit, daß die Eidgenossen, um der Landesobrigkeit mehr Autorität zu verschaffen, sich veranlaßt sahen, dem Volk einen Hauptmann zu geben. Demselben störrischen Geiste ist es unzweifelhaft zuzuschreiben, daß das Volk über obrigkeitliche Verordnungen, namentlich gegen gerichtliche Urtheile, sich Schmähungen erlaubte, weßhalb schon im 14. Jahrhundert dem Urtheilsspruch bei harter Bestrafung die Klausel beigefügt wurde: „Wer das

Urtheil äfert, soll angenz (d. h. ohne Gnade) in des Armen Fußstapfen gestellt werden." Beschimpfungen der Obrigkeit machten sich geltend bis hinein ins 19. Jahrhundert; sie wurden nach Verhältniß der Schuld gewöhnlich mit Geldbußen nebst dem Verbot von Wein und Most, mit Ehrlosigkeitserklärung oder mit Gefangenschaft bestraft; andern gab man einen Prügel in den Mund und stellte sie so auf den Pranger an das Halseisen, oder sie erhielten den Staupenschlag und im schwersten Falle Zuchthausstrafe. Das neue Strafgesetz verhängt über das nämliche Vergehen nur noch Geldbußen oder Gefängnißhaft in Verbindung mit Geldstrafen. Allmälig lernte aber das Volk der Obrigkeit mit derjenigen Achtung begegnen, welche ihr gebührt und woraus auch einzig wahre Freiheit erblühen kann. Weit seltener kamen Fälle von betrügerischen Amtsverletzungen oder Amtsmißbrauch vor. Laut den Gerichtsprotokollen wurden 2 Hauptleute, der eine 1778, der andere 1796, weil sie Schriften gefälscht und Vermögen von Witwen und Waisen unredlich verwaltet hatten, auf den Pranger gestellt und vom Wirthshausbesuch ausgeschlossen; jener hatte überdies 90, dieser 40 Gulden Strafgeld zu bezahlen. Ein Landschreiber erlitt 1847 wegen Betruges und Amtsverletzung den Staupenschlag durch den kurzen Gang, womit natürlich auch der Verlust seines Amtes verbunden war. Fälle von Falschmünzerei zeigten sich im 18. und 19. Jahrhundert wiederholt, aber die da reich werden wollten, fielen in Stricke. Statt des gehofften Gewinnes erhielten die Fehlbaren entehrende Strafen, theils durch Landesverweisung, theils durch den Staupenschlag. Schon der bloße Versuch zu diesem Verbrechen wurde einst mit Pranger, mit Wein- und Mostverbot nebst einer Geldbuße von 60 Gulden belegt.

Zu den Verbrechen wider den Staat zählt unser Strafgesetz außerdem noch verschiedenartige Verirrungen auf dem religiösen Gebiet, wie solche in den finstern Zeiten des Aberglaubens bekanntlich nur zu oft vorgekommen sind. Da gab es Religionslästerer, Teufelsbeschwörer, Zauberer und solche, die sich angeblich dem Satan mit Leib und Seele verpfändet hatten, um von ihm die übernatürliche Macht einer geheimnißvollen Schädigung von Menschen und Thieren als Preis zu gewinnen. Selbstverständlich mußten Leute, welche im Verdacht einer absichtlichen Verbindung mit dem sogenannten Erzfeinde des Christenthums standen, bei den Gläubigen als Auswurf der Menschheit erscheinen und ihre, oft nur durch die Schrecken der Folterqualen erpreßten Bekenntnisse als todeswürdige Verbrechen gelten. Dem Wahn einer Verbindung mit dem Satan fielen deßhalb, hier wie anderwärts, in zahlreichen Hexenprozessen eine Menge unschuldiger, gar oft auch nur von falscher Einbildung verblendeter Menschen als Opfer. „So lange man Menschen“, sagt Schefer in seinen Materialien zu einer appenzellischen Chronik ganz richtig, „als Hexen, Zauberer, Teufelsverpfänder öffentlich hinrichten ließ, wurde der Volkswahn, daß es wirklich solche gebe, von den Regierungen förmlich sanktionirt. Sobald aber solches aufhörte, verlor sich auch von selbst aller Glaube an das Dasein jener Unholde. Man rechnet, daß im 16. und 17. Jahrhundert in der Schweiz bei 30,000 Menschen wegen vermeintlicher Zauberei und Teufelskünsten getödtet worden seien. Im Jahr 1580 sollen in Appenzell viele Hexen und in Genf innerhalb 3 Monaten 500 verbrannt worden sein. In Bern erfolgten die letzten Urtheile dieser Art 1695, in Zürich 1715 und in Glarus erst 1783.“ In Außerrhoden wurden von 1598—1690, wo an Rath. Wetter von Teufen die Hexenprozesse ihren Abschluß fanden, nicht weniger als 24 Fälle abgewandelt. Weder Alter noch Geschlecht noch Stand schützte vor der schauerlichen Exekution; am meisten aber traf das Los Frauenspersonen von gesetzterem Alter. Man kennt übrigens nur 2 Fälle, wo der Delinquent lebendig dem Feuer preisgegeben wurde. Der eine trug sich 1646 bei der erst zwanzigjährigen Barb. Wetter von Gais zu. In St. Georgen, bei St. Gallen, wo sie in Dienstverhältnissen gestanden, trat sie zur katholischen Konfession über. Bald nachher, Sonntags den 23. August, besuchte sie in Teufen ihre 4 Geschwister von 1½.—11 Jahren und tödtete dieselben mit kaltem Blute, während die Eltern dem Gottesdienste beiwohnten. Als Motiv der schauderhaften That gab die Wetter an, sie stehe mit dem Satan im Bunde; auch habe der Priester zur Vollziehung des Verbrechens gerathen, unter dem Vorgeben, daß es besser sei, die Kinder sterben früh, als daß sie in der calvinischen Lehre erzogen werden. Nach erfolgtem Urtheilsspruch wurde die Unglückliche am 13. September in Trogen vor das Rathhaus gestellt und ihr die rechte Hand abgehauen; dann ward sie auf dem Platze umhergeführt, mit glühenden Zangen gezwickt, auf einem Karren zur Richtstätte geführt und sammt demselben ins Feuer geworfen. Ob und welche Strafe den fanatischen Priester für seine Bosheit getroffen, davon schweigt die Geschichte. — 1653 fiel selbst ein zehnjähriges Mädchen, Anna Vollmänni von Babutz, des Umgangs mit dem bösen Geiste angeklagt, durch die Hand des Henkers. Den 10. April 1689 theilte Barb. Bühlmann von Herisau, weil sie „viele Menschen, Roß und Vieh verderbt und 2 Schwestern zum nämlichen Verbrechen verführt haben sollte," das Los der Wetter auf dem Scheiterhaufen.

Andere Vergehen auf dem religiösen Gebiete, welche, wie wir oben gesehen, ebenfalls als Verbrechen wider den Staat angesehen wurden, waren Lästerungen der evangelischen Lehre. Es ist ganz begreiflich, daß zur Zeit häufiger Religionsstreitigkeiten derartige Ausschreitungen nicht zu den Seltenheiten gehören konnten und zwar um so weniger, als

es damals immer noch manche geheime Anhänger des alten
Glaubens unter den Evangelischen geben mußte, weil dessen
Ritus durch sein Zeremoniell das unwissende Volk weit mehr
fesselt als die Einfachheit der evangelischen Kirche. In der
Regel wurden Lästerungen gegen die Religion mit Widerruf,
Abbitte oder Geldbußen bestraft. Ungleich sündhafter mußte
aber in den Augen des Volkes, weil gegen das höchste Wesen
gerichtet, die Gotteslästerung erscheinen, welche nach damaligen Begriffen, wenn sie geduldet worden wäre, dem ganzen Lande Gottes Zorn hätte zuziehen können. Deßhalb wurde
das Verbrechen auch sehr streng bestraft, sei es durch Spalten
der Zunge bis auf einen Zoll Länge, mit schweren Geldbußen,
mit Pranger, Konfiskation des Vermögens oder mit Landesverweisung.

Fassen wir die verschiedenartigen Rechtsverletzungen gegen
den Staat zusammen, so ergiebt sich, daß in einem Zeitraum
von 260 Jahren, von 1598—1858, wo in Folge der neuesten
Verfassungsrevision die oberste richterliche Gewalt an das
Obergericht übergieng, 112 Straffälle abgewandelt werden
mußten, die wir dem Leser in einer Tabelle vorführen wollen.

	1598—1650	1651—1700	1701—1750	1751—1798	1803—1858	Total
1. Urfehdebruch oder Ueber- tretung der Landesver- weisung	3	1	1	3	3	11
2. Verletzung des Eidgebotes	1	—	2	7	1	11
3. Eidbruch	—	—	2	—	—	2
4. Falscher Eidschwur . .	—	—	1	—	1	2
Uebertrag	4	1	6	10	5	26

16

	1598—1650	1651—1700	1701—1750	1751—1798	1803—1858	Total.
Uebertrag	4	1	6	10	5	26
5. Uebertretung des Rechtsbotes bei Fallimentsfällen	—	—	1	—	—	1
6. Ungehorsam, zum Theil mit Lästerung	1	—	15	—	1	17
7. Beschimpfung der Obrigkeit	—	—	1	5	1	7
8. Falschwerber	—	—	—	—	1	1
9. Falschmünzerei und Versuch dazu	—	—	1	3	1	5
10. Falsche Angaben vor Gericht	—	—	—	—	2	2
11. Amtsverletzung u. Betrug	—	—	—	2	1	3
12. Rebell, Deserteur, Teufelsverpfänder	—	1	—	—	—	1
13. Umgang mit dem bösen Geiste	17	7	—	—	—	24
14. Gotteslästerung . . .	1	4	4	—	—	9
15. Religionslästerung . .	—	3	—	—	—	3
16. Handel mit gefährlichen Büchern, Zauberei . .	—	—	1	—	—	1
17. Sektirerei	—	—	—	—	12	12
Total	23	16	29	20	24	112

Verbrechen wider Leben und Gesundheit des Nächsten. — Bei Mord- und Todschlagsfällen galt im allgemeinen die alttestamentliche Lehre: „Wer Menschenblut vergießt, dessen Blut soll wieder vergossen werden."

In den ältesten Zeiten war es jedoch Sache der Angehörigen, das Vergeltungsrecht zu üben oder Blutrache zu nehmen. Später suchte man jenes Recht allmälig zu beschränken und, wie billig, die Bestrafung in die Hände der Obrigkeit zu legen. Die Erfahrung lehrt aber in einer Menge von Beispielen, wie schwer es oft hält, althergebrachte, in den Volksbegriffen tief wurzelnde Sitten aufzuheben. Wir stoßen darum selbst noch im Zeitalter der Reformation auf einen Rechtsfall, wo der Rath von Appenzell (1555) die Blutrache gestattete. Zwei Landleute, Bernhard Heim und Paul Isenhut, waren nämlich angeklagt, einen Unterthan des Abtes von St. Gallen, Peter Kellenberger, getödtet zu haben. Die Verwandten führten Beschwerde und wirklich unterließ der Rath von Appenzell nicht, die Angeklagten dreimal nach einander vor Gericht zu laden. Da sie aber jedes Mal den Rechtstag versäumten, formulirte die Obrigkeit ihr Urtheil endlich dahin: „Die Angeklagten sind des Todschlages für schuldig erkannt. Ihr liegendes und fahrendes Gut ist dem Lande verfallen, und es sollen die Verwandten des Getödteten bis zum zweiten Grade befugt sein, die Verbrecher, sofern dieselben das Land wieder betreten, zu tödten, ohne daß deßhalb jemand, selbst geistliches und weltliches Recht nicht ausgenommen, die That an ihnen rächen mag. Nur kaiserliche Freiheits- und Gerichtsstätten sollen den Verbrechern als Zufluchtsorte dienen mögen. Wer dagegen dieselben ins Haus aufnimmt oder ihnen gegen die Bluträcher Beistand leistet, soll in die nämliche Strafe verfällt sein.“ Sehr häufig kam indessen, nachdem der Thäter entflohen war, ein gütlicher Vergleich mit den Verwandten des Getödteten zu Stande. In diesem Falle wurde die Obrigkeit ersucht, die Vermittlerrolle zu übernehmen und erst, wenn keine Ausgleichung erzielt werden konnte, stand den Verwandten das Recht der Blutrache zu. Die Gerichtsprotokolle von Innerrhoden führen bei Anlaß einer fahrlässigen Tödtung einen solchen Fall vom Jahr 1660 auf, welcher Interesse genug darbietet, um in unsere Zeitgeschichte aufgenommen zu werden. Das Urtheil lautete im Wesentlichen also: „Der Thäter soll ohne Mantel und Seitengewehr zwischen 2 Wächtern in die Kirche gehen, in der einen Hand eine brennende Kerze, in der andern die Flinte tragend, mittelst welcher er den Verstorbenen erschossen hat; beim Altar angelangt, soll er bis auf die Weichen in bloßem Hemde niederknieen, 2 Pfund Wachs opfern und nach dem Gottesdienste auf des Getödteten Grab sich niederlegen, dreimal mit lauter Stimme dessen Namen rufen und ihn um Verzeihung bitten. Hierauf ist er gehalten, eine Wallfahrt nach Einsiedeln zu thun, da für des Entleibten Seele zu beten und den Fehltritt zu beichten. An der Mordstätte soll er auf eigene Kosten, genau nach Vorschrift, ein steinernes Kreuz errichten lassen. Allen Personen, welche dem Getödteten näher als im Grad von Geschwisterkindern verwandt waren, soll er ausweichen auf Wegen, Stegen, Stapfen, Straßen, in Holz und Feld, zu Wasser und zu Lande, in Städten und in Dörfern, in Flecken und an Märkten; ebenso soll er kein Wirthshaus, keine Bäckerstube und kein Schiff betreten, in welchem dieselben vor ihm anwesend waren. Den Verwandten des Getödteten hat er überdies 50 und der Obrigkeit für Prozeßkosten ebenfalls 50 Gulden Strafgeld zu bezahlen." — In ähnlichem Sinne spricht sich auch Art. 157 des außerrhodischen Landbuches vom Jahr 1747 aus, was zu der Vermuthung führt, daß diese Strafart nicht bloß auf einem Spezialfalle beruht.

Nach dem Strafgesetz von 1859 wird der unvorsätzliche Todschlag mit Zuchthaus bis auf 15 Jahre bestraft. Wer aber jemand bloß in der Absicht, ihn zu mißhandeln, tödtlich verletzt, kann mit Gefängnißhaft nebst einer Geldbuße, in schwereren Fällen auch mit Zuchthaus bis auf 10 Jahre

bestraft werden. Liegt der Tödtung keine böse Absicht, sondern bloß Fahrlässigkeit oder Unbedachtsamkeit zu Grunde, so
verhängt das Gericht auch nur Gefängnißhaft und Geldbuße
oder letztere allein über den Thäter.

Mit dem vorsätzlichen Mord hat es selbstverständlich
eine andere Bewandtniß. Die Kriminaljustiz, übereinstimmend
mit dem barbarischen Geist des Mittelalters, verfuhr gegen
das Verbrechen des Todschlags bis hinein ins 19. Jahrhundert mit der ganzen Strenge der Gesetze und zwar um so
mehr, weil Korrektionsanstalten und Zuchthäuser fehlten. Hiezu
kam, daß bürgerliche Unruhen und Kriege das Volk demora-
lisirt, und, besonders in der untersten Klasse, ein Sittenver-
derben und eine Verwilderung herbeigeführt hatten, gegen
welche nur noch abschreckende Beispiele von wirksamem Erfolg
sein konnten. Von Arbeitscheu getrieben, gefährdeten Bettler
und Landstreicher die Sicherheit des Landes lange Zeit derart,
daß Brandlegungen, Einbruch, Straßenraub und Mordthaten
keineswegs zu den seltenen Erscheinungen zählten. „Blut will
wieder Blut" galt darum als Grundsatz bei der Strafrechtspflege und die Ausstoßung des Verbrechers als Naturnoth-
wendigkeit und als eine Wohlthat für den ruhigen Bürger.
Wenn man übrigens die schauderhafte Größe der Verbrechen,
wie solche besonders im 17. und 18. Jahrhundert verübt
wurden, erwägt, entsetzt man sich kaum mehr über die damalige Strafrechtspflege. Als Beleg wollen wir aus den zahlreichen Kriminalfällen einige derselben herausheben. Jörg
Lüssi von Unterwalden wurde 1613 zu Rad, Strang und
Feuer verurtheilt, nachdem er 45 Diebstähle, 5 Mordthaten
und 7 Brandstiftungen eingestanden hatte. Vier Jahre später
(1617) bekannte ein Tyroler, Paul Schwarzenberger,
vor Verhör, daß er 700 Mordthaten und Brandstiftungen,
nebst einer ungezählten Menge von Diebstählen verübt, weßhalb er erst mit glühenden Zangen gezwickt, dann von oben

herab gerädert, hierauf gehängt und der Leichnam den Flammen preisgegeben wurde. Im Jahr 1620 verfielen am nämlichen Tage zwei Verbrecher, Peter Beli von Luzern dem
Strang und Rad, Salomo Keßler, ebenfalls von Luzern,
dem Schwert und Feuer, jener, weil das Verbrechen von 6
Mordthaten und 14 Diebstählen, dieser, weil 10 Mordthaten
und 8 Diebstähle auf ihm lasteten. Also traurig sah es um
die Sicherheit im Lande aus, daß in 172 Jahren in allem
19 Mörder vom Leben zum Tode gebracht werden mußten.
— Der Kindsmord fand schon in alten Zeiten eine verhältnißmäßig gelinde Beurtheilung. Im Jahr 1702 kam
eine Kindsmörderin mit Auspeitschung und einer Geldbuße
von 101 Gulden weg. Es kann darum nicht auffallen, daß
auch im laufenden Jahrhundert einige Personen, die das nämliche Verbrechen eingestanden, nicht mit dem Tode bestraft
wurden. Das neue Strafgesetz verhängt darüber je nach Umständen Zuchthaus bis auf 10 Jahre und über andere Verbrechen, selbst die schwersten, nur Todesstrafe durch Enthaup-
tung; überdies gestattet dasselbe in allen Fällen das Begna-
digungsgesuch, so daß selbst für diese gelindeste unter den
Todesstrafen noch eine Umwandlung möglich ist.

Körperverletzungen, welche nicht den Tod zur Folge
hatten, wurden bis in die neuere Zeit hinein gelinde, meist
nur mit mäßigen Geldstrafen belegt. Eine Verschärfung der
Buße fand dann statt, wenn der Frevel an hohen Festtagen,
an der Landsgemeinde oder an Sonntagen während des Gottesdienstes geschah. Der Grund zu jener Gelindigkeit in den
Straffentenzen scheint zwar im Widerspruche zu stehen mit
dem Barbarismus jenes Zeitalters oder gegenüber der strengen
Justiz bei andern Vergehen. Sie muß aber in dem Umstande
gesucht werden, daß man eifrig beflissen war, die Quellen zu
verstopfen, welche zu Streit, Raufhändeln und Schlägereien
führen konnten. Man hatte eine Menge Gesetze über den

Frieden im allgemeinen, über den Gerichtsfrieden, Kirchenfrieden, Heimfrieden und über den Friedbruch im Besondern. Um nämlich den Ausbruch der Leidenschaften zu verhindern, welche in jener Zeit der Selbsthilfe und Familienrache so bald erregt waren, verpflichtete das Gesetz jedermann, den Urheber des Streites also anzureden: „Gieb Fried zum ersten, gieb Fried zum zweiten, gieb Fried zum dritten Mal!" Fruchteten alle diese Warnungen nicht, so hieß es: „Gieb Fried beim Eid!" Wer dem Friedgebot nicht gehorchte, hatte unter allen Umständen Strafe zu gewärtigen; wer aber wohl gar am Friedensstifter sich vergriff, wurde vor Rath gestellt und je nach Umständen zur Entschädigung angehalten. Wer den Frieden zum ersten Mal brach, wurde zu 8 Tagen Gefangenschaft bei Wasser und Brod, zur Kostentragung, wie auch zur Einstellung in der Ehr- und Wehrhaftigkeit auf ein Jahr verurtheilt. Wer ihn zum zweiten Mal brach oder im Rückfalle war, den traf Verdoppelung der Strafe, und wer des Friedgebotes zum dritten Mal nicht achtete, ward vor das Hochgericht gestellt und mußte an die Gnade des Richters kommen. — Bei Hintansetzung der natürlichen Pflichten gegenüber von Verwandten waltete hingegen die größte Strenge. So büßte 1628 Leonhard Egger von Trogen die wiederholten Mißhandlungen seines Vaters mit dem Tode, verfällte das Gericht einen Hans Bischoffberger 1780 aus dem nämlichen Grunde zu 101 Gulden Buße, begleitet mit der Androhung, daß er im Wiederholungsfalle das Leben verwirkt habe. Jakob Lutz von Walzenhausen, dessen fünfjähriges Knäblein an den Folgen der Mißhandlungen von Seite seines Vaters gestorben war, wurde mit Ruthen gestrichen, mit einer Buße von 60 Gulden belegt und ihm überdies der Besuch des Wirthshauses untersagt.

Wenn wir in dem Bisherigen nachgewiesen zu haben glauben, daß die neuere Strafrechtspflege, dem Zeitgeiste angemessen, im allgemeinen eine humanere geworden, so verdient dagegen die Thatsache nicht weniger Anerkennung, daß das Obergericht gegen Friedensstörer, Händelstifter oder ausgemachte Raufbolde mit der ganzen Strenge der Gesetze zu Felde zieht. Nach § 76 und § 79 sind Geldbußen bis auf 100 Fr., ja selbst Gefängnißhaft und Zuchthausstrafen zulässig. Die Umgehung eines Friedgebotes kann mit Geld, die Störung des Hausfriedens mit Geld und Gefängnißhaft belegt werden. — Nachstehende Tabelle giebt die Vergehen gegen Leben und Gesundheit an.

Verbrechen gegen Leben und Gesundheit.	1598—1650	1651—1700	1701—1750	1750—1798 *	1803—1858	Total.
1. Mord, theils einfacher, theils doppelter . . .	19	2	—	5	1	27
2. Mord mit Vergiftung von Familiengliedern . . .	2	—	2	1	1	6
3. Mißhandlungen, welche den Tod zur Folge hatten	—	—	2	3	—	5
4. Tödtung aus Fahrlässigkeit	—	—	—	—	2	2
5. Kindsmord	—	1	—	2	6	9
6. Verdacht des Kindsmordes	—	—	—	—	1	1
7. Mordanschläge und Vergiftungsversuche . . .	1	2	1	—	4	8
Uebertrag	22	5	5	11	15	58

* Für diese und spätere Tabellen kommt die Periode der Helvetik (1798—1803) nicht in Betracht, weil Außerrhoden damals mit dem Gebiet von St. Gallen, als Kanton Sentis, gemeinsam regiert wurde, mithin eine genaue Ausscheidung der Kriminalfälle auch außerordentlich schwer fallen müßte.

Verbrechen gegen Leben und Gesundheit.	1598—1650	1651—1700	1701—1750	1751—1798	1803—1858	Total
Uebertrag	22	5	5	11	15	58
8. Kinderaussetzungen . .	—	—	—	2	3	5
9. Verdacht der Entleibung bei Gatten	—	—	—	—	1	1
10. Verheimlichung eines Mordes	—	—	1	—	—	1
11. Verheimlichung todter unehelicher Kinder . . .	—	2	1	—	—	3
12. Mißhandlungen . . .	2	—	3	5	7	17
13. Verleitung zur Mißhandlung des Vaters . . .	1	—	—	—	—	1
Total	25	7	10	18	26	86

Verbrechen gegen die Sittlichkeit. Ueberall, in der Natur wie im Menschenleben finden sich, vom Schöpfer hineingelegt, gewisse natürliche Gesetze, welche zur Harmonie des Ganzen beitragen müssen. Ihre Vernachlässigung oder Nichtachtung, sei es durch das Uebermaß des Genusses oder durch anderweitige Störungen, heben jene Harmonie wieder auf und ziehen daher immer schädliche Folgen nach sich. Das gilt besonders auch von der Sittlichkeit, welche ohne Frage die einzig sichere Stütze für die Wohlfahrt des geselligen Verbandes überhaupt, besonders aber für das Glück eines freien Volkes ist. Es liegt daher auch in der Pflicht jeder Regierung, die Ausbrüche der Sinnlichkeit mit den daraus hervorgehenden Lastern genau zu überwachen und ihrer Verbreitung im Volke Schranken zu setzen. Wenn die Rechtspflege des Mittelalters diesfalls ein weites Gewissen hatte und daher manch Ungebührliches auf diesem Gebiete ungeahndet blieb, so dürfte der Grund davon im Geiste der Zeit zu suchen sein. Durch die Reformation kam mehr Sittenstrenge auf, weil mit der reinern Gotteserkenntniß ein untadelhafter, rein sittlicher Wandel unzertrennlich ist. Es kann daher nicht auffallen, daß die Obrigkeit gar oft strafend gegen das Laster der Unsittlichkeit einschreiten mußte. Ihre sündhafte Lust büßten im 17. Jahrhundert über 40 Personen mit dem Tode, während das 18. Jahrhundert nur noch 15 Fälle dieser Art aufweist. Der Grund zu einem so glücklichen Fortschritt liegt aber nicht allein in vermehrter Bildung und besserer Erziehung, sondern auch und wohl vorzugsweise in der mildern Strafrechtspflege, welche allmälig zur Uebung gelangt ist, weßhalb wir uns kaum brüsten dürfen, um so viel besser zu sein als unsere Ahnen. — Für weniger gravirende Verbrechen gegen die Sittlichkeit band man dem Fehlbaren die Ruthe in die Hand, oder man erklärte ihn ehr- und wehrlos; als fernere Strafen kamen vor: Das Abschneiden der Zöpfe, wohl auch der Ohren, Zeichenbrennung, Isolirung in der Kirche, verbunden mit sogenannten Stühliprediglen, Geldbußen, Staupenschlag ꝛc.

Es versteht sich von selbst, daß auch die neue Gesetzgebung den Lastern der Unzucht und was damit zusammenhängt, einen Damm setzen mußte, weil, wie gesagt, die Wohlfahrt des Vaterlandes in der Sittlichkeit wurzelt; jedoch beschränken sich in unsrer Zeit die Strafen auf Geldbußen mit vorübergehender Schmälerung der Ehrenrechte, auf Gefängniß- und in den schwersten Fällen auf Zuchthausstrafe. Uebergehend zu den

Verbrechen wider die Ehre Anderer mußte der Verläumder nach dem alten Strafgesetz in die Fußstapfen des Beleidigten treten. Auch späterhin wurden Injurien, besonders wenn dieselben gegen Amtspersonen gerichtet waren, strenge bestraft. So ward 1601 einem Wagner, Ulrich Weiller von Herisau, der Besuch des Wirthshauses verboten, derselbe bis zu eingetretener Gnade der Obrigkeit ehr- und wehrlos erklärt und ihm nicht erlaubt, weiter zu gehen, als in die Kirche und auf sein Gut. Im nämlichen Jahre erhielt Ulrich Weishaupt Gefängnißhaft, weil er den Landammann Joh. Rechsteiner einen faulen Mann genannt hatte. Noch schlimmer ergieng es 1674 Peter Eugster, nachdem er den Landammann Schmid einen Landesverräther gescholten. Ihn traf Widerruf und Gefangenschaft, nebst einer Geldbuße von 151 Gulden, wovon 50 Gulden dem Beleidigten zufielen. Ueberdies wurde ihm der Besuch des Wirthshauses, der Landsgemeinden und der Kirchhören verboten. Als 1803 der 22-jährige Martin Knöpfel höchst ärgerliche Reden und Verwünschungen gegen Landammann Zellweger sich erlaubt hatte, ward er vorerst mit einem Prügel im Munde auf den Pranger gestellt; dann folgte Auspeitschung durch den kurzen Gang, Wirthshausverbot und eine Geldstrafe von 60 Gulden.

Gegenwärtig unterscheidet das Gesetz Verleumbungen und Beschimpfungen. Die Verleumbung kann eine gerichtliche oder eine außergerichtliche sein, je nach dem Gegenstand, auf welchen sie gerichtet ist. Jene entsteht, wenn jemand vor einer Behörde oder Amtsstelle im Bewußtsein der Unwahrheit seiner Aussage einen Unschuldigen eines Verbrechens zeiht, wissentlich ein falsches Zeugniß wider ihn ablegt oder falsche Urkunden beibringt, wodurch der Thatbestand entstellt wird, so daß das Recht als Unrecht erscheinen kann und umgekehrt. Die außergerichtliche Verleumbung besteht in Angriffen auf die Ehre und den guten Namen seiner Mitbürger im Privatleben selbst, also außerhalb der Gerichtsstellen, sei es in Wort, Schrift oder Bild. Beide Verbrechen trifft nach der Größe der Schuld entweder Geldbuße allein, oder Geldbuße mit Gefängnißhaft. Die Beschimpfung wird mit Geldbuße belegt und, falls dieselbe in die Oeffentlichkeit gedrungen, wird das Urtheil des Richters auf Kosten des Beleidigers mittelst der Zeitungen bekannt gemacht. Beschimpfungen gegen Amtspersonen, voraus wenn solche bei Ausübung der Amtspflicht stattfinden, gelten bei der Bestrafung als Verschärfungsgrund.

Vergehen gegen das Eigenthum. Dahin gehören außer der Münzfälschung, von der wir bei den Verbrechen gegen den Staat zum Theil schon gesprochen: Der Raub, die Erpressung, der gemeine Diebstahl, die Unterschlagungen, Brandstiftungen, muthwillige Eigenthumsschädigungen, der Betrug, die Fälschung von Werthpapieren und öffentlichen Urkunden, der Bankerott ꝛc. Wir beschränken uns darauf, in diesen Blättern nur von der Brandstiftung und dem Diebstahle zu sprechen, weil eine Erörterung aller genannten Vergehen zu weit führen müßte. — Wurde die Brandstiftung an bewohnten Gebäuden ausgeführt, so galt in frühern Zeiten das Rädern oder der Feuertod als Strafe. Beide trafen 1624 einen Thomas Reifer aus dem Thurgau, weil er den Spital in St. Gallen eingeäschert hatte. Später und bis herab auf die neuere Zeit trat an die Stelle jenes schrecklichen Sühnungsmittels die Hinrichtung durch das Schwert. So geschah an Hans Künzler von Walzenhausen, der seinem Nachbar 1764 aus Rache Haus und Stall angezündet hatte, ferner an Joh. Mösli von Gais, welcher in der Neujahrsnacht 1785 bei einem Trinkgelage auf der Egg in Teufen mit Joh. Waldburger in Streit gerathen war und dann, zornentflammt, dessen Wohnung in Brand steckte. Obwohl er, von Gewissensbissen alsbald gequält, die Verzeihung seines Gegners nachsuchte und sich dann freiwillig vor Gericht stellte, konnte er dennoch keine Milderung der Strafe erlangen. Das nämliche Los traf Jakob Holderegger von Gais, nachdem er 1808 das Armenhaus, wo er untergebracht war, zweimal in Brand gesteckt hatte, an Joh. Fischbacher 1834, an Joh. Graf 1846 und an Konr. Frischknecht 1851.

Der Diebstahl spielt in den Registern der Kriminaljustiz stets eine wichtige Rolle; denn der Trieb zur Selbsterhaltung ist oft mächtiger als das Rechtlichkeitsgefühl gegenüber von fremdem Eigenthum. Diebe gab es darum jederzeit; aber durch außerordentliche Ereignisse, durch Theurung und Krieg vermehrt sich ihre Zahl in ungewohnter Weise, weil dann zu den gewöhnlichen Leiden noch Verwilderung, Noth und Elend sich gesellen. Diese Erfahrung machte man besonders nach dem Burgunderkriege, als der Söldnerdienst Tausende verlockte, fremden Trommeln nachzugehen. Zurückgekehrt verschmähten die Leute im Taumel eines wildfreien Lebens das stille Glück am heimatlichen Herd, und es stieg durch Arbeitsscheu und Sittenlosigkeit die Unsicherheit überall zu einer solchen Höhe, daß die Tagsatzung in Baden (1480), dem Unwesen Schranken zu setzen, endlich sich veranlaßt sah, zu beschließen, daß, wer künftig eines Strickes werth an fremdem Eigenthum sich vergreife, ohne Gnade gehängt werden solle. So geschah, daß in der Schweiz binnen 3 Monaten 1500 Diebe ihr Leben am Galgen aushauchten. Es versteht sich nun von selbst, daß diese Strenge ihre rückwirkende Kraft auch auf unser Land ausüben und zu vermehrten Straffällen führen mußte. Ihre Zahl vermögen wir aber aus der Zeit vor der Landestheilung nicht anzugeben, weil die Aufzeichnungen diesfalls völlig unzuverlässig sind. Dagegen weisen die Kriminalprotokolle von Außerrhoden nur zu viele Straffälle für begangene Diebstähle auf. Von 1598 bis zur Revolution und von der im Jahr 1803 erfolgten Rekonstituirung der Schweiz bis 1858 sind es deren 869. Dazu lieferten namentlich die Theurungen von 1770 und 1817 ein ungewöhnliches Kontingent; jene erscheint mit 37, diese mit

100 Diebstahlsfällen, die der richterlichen Beurtheilung anheimgefallen sind. Die Strafe für Nichtachtung des Mein und Dein war in frühern Zeiten bei Erschwerungsgründen der Tod durch Erhängen, später geschah es durchs Schwert. Mit dem Jahr 1819 findet jedoch die Tragik der Hinrichtungen für dieses Verbrechen ihren Abschluß, und es gereicht der neuern Strafjustiz zur Ehre, daß sie gegen Gefallene mehr Humanität walten läßt. Bestrafte man von da an schwerere Verbrechen dieser Art nur noch mit dem Staupenschlag durch den langen Gang, so konnte Landammann Zellweger der Landsgemeinde schon 1842 den weitern Fortschritt verkünden, daß statt der Mißhandlung des Menschen von Rechtswegen jene Unglücklichen nun in Anstalten untergebracht werden können, wo durch Gebet und Arbeit eine Sinnesänderung bei ihnen angestrebt wird, wodurch denn auch bei manchem Missethäter die Möglichkeit gegeben ist, ihn nach überstandener Strafzeit der Gesellschaft ohne Gefahr zurückgeben zu können, besonders wenn ihnen durch den Schutzaufsichtsverein für entlassene Sträflinge Rath und Hülfe zu Theil wird. — Diese und andere Verbrechen gegen das Eigenthum führen wir dem Leser zum Schlusse noch in einer Tabelle vor.

Eigenthumsschädigungen.	1598—1650	1651—1700	1701—1750	1751—1798	1803—1858	Total
Brandstiftung	—	—	1	1	5	7
Brandstiftung nebst Diebstahl	1	—	—	—	—	1
Brandstiftung mit Mord und Diebstahl	2	—	—	—	—	2
Brandanschlag und Diebstahl	1	—	—	—	—	1
Brandanschlag nebst Mord und Ungehorsam	1	—	—	—	—	1
Uebertrag	5	—	1	1	5	12

Eigenthumsschädigungen.	1598—1650	1651—1700	1701—1750	1751—1798	1803—1858	Total.
Uebertrag	5	—	1	1	5	12
Verdacht von Brandstiftung mit Diebstahl	—	—	—	—	1	1
Straßenraub und Diebstahl .	—	—	—	1	—	1
Diebstahlsfälle für sich allein	50	45	129	181	272	677
Diebstahlsfälle in Verbindung mit andern Verbrechen . .	12	6	8	8	14	49
Diebstähle mit Staatsverbrechen	6	2	4	8	6	26
Diebstahl nebst Mißhandlungen	16	2	—	3	5	26
Diebstahl in Verbindung mit Unsittlichkeit	37	3	8	17	14	79
Diebstahl nebst verschiedenen andern Vergehen . . .	2	—	—	—	1	3
Zedelentwendung	—	—	1	—	—	1
Anleitung zum Stehlen und Kauf gestohlener Waaren .	—	—	2	2	4	8
Unterschlauf nebst Verkauf gestohlener Sachen . . .	—	—	—	—	1	1
Verdacht und Mitwissenschaft von Diebstählen	—	—	—	—	10	10
Diebshehlerei	—	—	—	2	5	7
Entwendung aus der Masse	—	—	—	—	4	4
Veruntreuung u. Unterschlagung	—	—	—	—	9	9
Fälschung und Verkauf solcher Dinge	—	—	—	5	8	13
Verkauf eines abbezahlten Zedels	—	—	—	—	1	1
Betrügereien mit falschem Eid und Amtsuntreue . . .	1	3	4	2	26	36
Prellerei	—	—	—	—	3	3
Fallimente unter erschwerenden Umständen	—	—	—	5	8	13
	129	61	157	235	397	980

Tabelle über sämmtliche Vergehen und Verbrechen.

	1598—1650	1651—1700	1701—1750	1751—1798	1803—1858	Total
Verbrechen gegen den Staat .	23	16	29	18	24	110
Verbrechen wider Leben und Gesundheit	25	7	10	18	26	86
Verbrechen wider die Sittlichkeit	78	49	79	69	97	372
Ehrverletzungen	—	—	—	5	2	7
Schädigungen des Eigenthums	129	61	157	235	397	979
Verbrechen verschiedener Art .	2	—	4	1	3	10
	257	133	279	346	549	1564
Abzug für Doppelverbrechen in diesen Angaben . . .	65	11	15	31	25	147
Bleibt Total =	192	122	264	315	524	1417

Tabelle über die Strafarten.

Da die Aufzeichnungen unmittelbar nach der Landestheilung diesfalls ungenau sind, so beginnen wir mit dem Zeitpunkt einer regelmäßigen Protokollführung.

Personen.

1621—1798. I. Klasse. Anhörung des Urtheils vom Rathhause herab, Stellung neben den Geleitsboten oder Scharfrichter, Trüllen in einem Käfig, Pranger und Halseisen, Wirthshausverbot im Gebiet der Heimatgemeinde, die Ruthe in die Hand, Geldbußen von 20—800 ℔ 310

. . . Uebertrag 310

Das Strafverfahren.

In den ältesten Zeiten hatte im Lande der Grundsatz
Geltung, daß eine Strafeinleitung erst auf erhobene Klage
des Beleidigten erfolgen könne; dann aber bildete sich allmälig
die Rechtsregel aus, nach welcher Verbrechen, sobald sie bekannt
wurden, auch durch Privaten und von amtswegen verfolgt
werden mußten. Schon das Landbuch von 1584 verpflichtet
jeden Landmann zur Verzeigung strafbarer Handlungen, und
im 17. Jahrhundert wurden noch insbesondere Männer damit

betraut, welche man Heimlicher nannte, deren jede Gemeinde
einen besaß. Diese Amtsstelle ließ man nun zwar wieder
eingehen; dagegen aber wurde die Pflicht des Landmanns für
Verzeigung auch in spätere Landbücher übergetragen, so daß
dieselbe seither in ungeschwächter Kraft fortbesteht. Wir ersehen das aus Artikel 20 des Polizeigesetzes, welcher eine
Buße von 5—20 Frk. über jeden verhängt, der, ohne Anzeige
zu machen, Zeuge arger Frevel ist, wie denn auch nach Artikel 19 des Gesetzes über das Strafverfahren alle Amtspersonen dazu verpflichtet sind. Da, wo für Erhebung des
Thatbestandes Zeugenverhöre nothwendig werden, ist nach
dem nämlichen Gesetz (Art. 50 und 51) jedermann bei Strafe
gehalten, Zeugniß abzulegen. Ausgenommen hievon sind
nur die nächsten Verwandten und in besondern Fällen auch
die Aerzte. Die Anzeige von Verbrechen geschieht beim reg.
Hauptmann derjenigen Gemeinde, wo der Thäter aufgegriffen
oder die That verübt worden ist. Da indessen zuweilen auch
unrichtig, oder bloß auf Verdachtsgründe gestützt, eingeklagt
wird, so findet zum Schutze der persönlichen Freiheit am
nämlichen Orte erst ein Voruntersuch statt. Wird in Folge
dessen Verhaftung erkannt, so muß der Beklagte binnen 24
Stunden einvernommen oder verhört werden. Den Voruntersuch leitet der regierende Hauptmann nebst dem Gemeindeschreiber oder deren Stellvertreter (Substituten), in wichtigen
Fällen wohl auch das Verhöramt, dem sonst nur der Haupt-
untersuch zukommt. Dieses bestand in früheren Zeiten aus
einem Landesbeamten als Präsidenten, dem Hauptmann von
Trogen oder dessen Substituten und dem Landschreiber, mithin aus Männern, welche oft nicht im entferntesten geeignet
waren für Behandlung eines Geschäftes, das Rechtsstudien
und psychologische Kenntnisse voraussetzt. Seit 1836 besteht
nun aber die Verhörkommission vorzugsweise aus Männern,
welche mit jenen Kenntnissen mehr und weniger ausgestattet

sind: aus einem Mitglied der Standeskommission, dem Ver-
hörrichter und Verhöramtsaktuar, welche sämmtlich vom großen
Rathe gewählt werden. Um in vorkommenden Fällen zur
Gewißheit zu gelangen, daß ein Verbrechen statt gefunden habe
und daß der Angeklagte auch wirklich der Thäter sei, kommt
dem Untersuchungsrichter der Zeugenbeweis zu Hülfe,
ferner die Indizien, d. h. verschiedene übereinstimmende
Umstände oder Verdachtsgründe, welche für sich allein zwar
keine volle Gewißheit der verübten That geben können, dagegen
aber deren hohe Wahrscheinlichkeit herausstellen und endlich
das — Geständniß des Beklagten selbst. Bei dem alten
Strafverfahren legte man das größte Gewicht auf das Selbst-
geständniß. Lagen daher erhebliche Indizien für den Thatbestand vor und wollte der Inquisit nicht bekennen, so nahm
man denselben in das sogenannte Schreckenexamen, welches darin bestand, daß ihm der Scharfrichter die Folterwerk-
zeuge vorlegte, ohne jedoch von denselben Gebrauch machen zu
dürfen. Das wußte der Angeklagte in der Regel, und deßhalb verfehlte das Schreckenverhör auch meist seinen Zweck.
Hierauf folgte das peinliche Examen oder die Anwendung
jener Geräthe als Torturmittel, was indessen ohne Vollmacht
eines Standeshauptes nicht geschehen konnte.

Es gab verschiedene Grade und Arten der Peinigung.
Von letztern bestanden die gewöhnlichsten im Zusammenpressen
der Daumen mittelst der Daumenschraube, im Einschnüren
des Leibes bis zu fast gänzlicher Athemlosigkeit, in Ruthen-
hieben und im Aufziehen des Körpers an Seilen. Bei diesem
Verfahren wurden dem Angeklagten die Hände verkehrt auf
den Rücken gebunden und in dieselben der Haken eines her-
unterhängenden Seiles so eingelegt, daß das Gewicht des
Körpers, indem es auf die Armgelenke drückte, denselben beim
Aufziehen empfindlich schmerzte. Insofern nun auf diesen
Akt kein Geständniß erfolgte, wurden, die Qual zu vermehren,

Gewichtsteine an die Füße gehängt und die Peinigung wiederholt. Es versteht sich nun von selbst, daß mancher bekannte,
weil sein zartgebauter Körper die Folterqualen nicht zu ertragen vermochte oder auch aus Furcht vor deren Wiederholung
bei verschärftem Prozeß. Viele hatten an den Folgen zeit-
lebens zu büßen, und wohl manche starben eines unschuldigen
Todes, weil sie sich, von Schmerz überwältigt, zu einem niemals begangenen Verbrechen unzeitig bekannten. So starb
1783 ein Inquisit an der Folter, während seine Richter an
der Mittagstafel sich gütlich thaten. Ein anderer litt 1797
auf ähnliche Weise furchtbare Schmerzen, und dennoch erwies
sich später die Anklage als ungegründet. Seit ungefähr 50
Jahren beschränkt sich die Tortur auf Einsperrung ins schlechteste
Gefängniß, auf Ruthenhiebe oder Stockschläge, deren z. B.
der im Jahr 1834 hingerichtete Brandstifter Fischbacher
57 aushielt, bis er bekannte. Aus einem Kriminalfall des
Jahres 1824 wird erzählt, daß ein zäher Urnäscher in einem
Tage deren 72 ausgehalten habe, ohne zu bekennen.

Nach erfolgtem Geständniß findet das Schlußverfahren
statt, welches bis 1720 an ein ebenso nichtssagendes, als
zweckloses Zeremoniell geknüpft war. * Die gegenwärtige

---

* Am Malefizgerichtstage traten der Landweibel und Delinquent
jeder mit einem Fürsprech oder Beistand begleitet, in die Rathstube und
führten bei offener Thüre den Hochgerichtsprozeß. Der Fürsprech des
Landweibels bittet nun den Verurtheilten: „Er möge ihm seine Anklage
nicht zürnen, da er sie anstatt und im Namen der gnädigen Herren und
Obern anbringe, die das Böse mit Ernst ausreuten und strafen und das
Gute handhaben müssen, wie sie durch kaiserl. und königl. Majestät und
allen Rechten dazu befugt seien", und klagt dann auf dessen Hab und Gut
und Leib und Leben, nachdem er eine Schilderung der verübten Unbilden
gemacht hat. Hierauf ersucht des Gefangenen Fürsprech, nachdem die
Gegenpartei in Abstand getreten, inständig um ein mildes Urtheil und
erwähnt der Gründe, welche es möglich machen. Hierauf erinnert des
Landweibels Beistand beim Wiedereintritt den Landammann: „Den Stab
aus der Hand zu legen und dafür das Schwert zu ergreifen, worauf der

Uebung beim Schlußverfahren in Kriminalprozessen jeder Art ist dagegen sehr einfach; denn laut dem in Kraft bestehenden Strafgesetz prüft die Standeskommission sämmtliche Akten und überliefert dieselben, insofern sie von ihr als spruchreif erfunden worden, dem Polizei- und Kriminalgericht. Auch dieses unterwirft die Akten einer genauen Prüfung, hört die Vertheidigung des Beklagten oder seines Beistandes an, stellt hierauf die Klagepunkte zusammen und überweist das Gutachten als Antrag dem zuständigen Richter, dem kleinen Rath oder dem Obergericht, zur Bestrafung. Der Beklagte sowohl, als im Namen des Staates auch die Standeskommission, kann gegen die Schuldsentenz oder das Klagelibell des Polizei- und Kriminalgerichtes innerhalb 6 Tagen appelliren. Geschieht

---

des Delinquenten erwiedert: „Meine gnädigen Herren und Obern können mit dem Schwert in der Hand ebensogut Gnade ertheilen, wie mit dem Stab." Nun hält der Landammann bei verschlossenen Thüren Umfrage bei sämmtlichen Richtern, Fürsprechern und Beiständen. Des Landweibels Fürsprech schlägt das Urtheil vor, welches nach dreimaligem Mehr als gültig erklärt wird. Dasselbe lautet bei einer Hinrichtung durch das Schwert also: „Ich urtheile und dünkt mich recht, daß der arme Mensch dem Meister N. an seine Hand und Banden befohlen werde, wie er ihn wüße zu halten, und ihn hinausführe zum Hochgericht und da richte mit dem Schwert vom Leben zum Tode und ihn hau entzwei, das obere das kürzere und das untere das längere Theil, so weit von einander, daß ein Wagenrad zwischen durch gehen könnte und also die Seele Gott, dem Allmächtigen und der Leib der Erde empfohlen werde. Wann er das gethan, habe er gericht, wie Urtheil und Recht es fordern. Sodann, daß die Prebikanten dem armen Menschen zusprechen bis in den Tod, daß ihm ein Zeichen geläutet und er nach seinem Tod in den Kilchhof begraben werde, daß der Reichsvogt dem Urtheil zusehe bis ans End und daß endlich, wer das Urtheil äfern oder tabeln wollte, in des Armen Fußstapfen gestellt werde." Nach dem ausgesprochenen Urtheil wendet des Landweibels Fürsprech sich an den Landammann mit den Worten: „Jetzt möget Ihr, Herr Richter, das Schwert wieder aus der Hand thun und aufbehalten, bis daß es Euch wieder von Nöthen sein wird und möget den Stab wieder führen."

Nach Schäfer's Materialien.

dies, so hat das Obergericht, gestützt auf die Appellation, vorerst über die Schuldsentenz einzutreten und die Vertheidigung des Beklagten anzuhören. Ist hierauf der Klagerodel neuerdings festgestellt, so beginnt, als wenn nicht appellirt worden wäre, die Festsetzung des Strafmaßes, wobei übrigens dem Angeklagten die Vertheidigung abermals gestattet ist. — Wenn in früheren Zeiten über einen Verbrecher die Todesstrafe erkannt worden war, schritt man sofort zu deren Vollziehung. Nach dem neuen Gesetze dagegen muß jedes ausgefällte Todesurtheil erst dem großen Rathe vorgelegt werden, der dann begnadigen, d. h. eine Umwandlung in Zuchthausstrafe beschließen oder das Urtheil bestätigen kann. Der Hinrichtung selbst wohnt statt des Reichsvogtes ein Mitglied der Standeskommission, begleitet vom Weibel in der Standesfarbe, bei.

Der Zivilprozeß.

Im Gegensatze zum Kriminal- oder peinlichen Prozeß, von dem wir soeben gesprochen, giebt es auch einen Ziviloder bürgerlichen Prozeß. Bei diesem handelt es sich nicht um Bestrafung von Vergehen gegen Rechtsgesetze, sondern lediglich um Beilegung von Streitfällen, welche über Beschimpfungen und Verleumdungen, über Verletzung des Eigenthumsrechtes, über Forderungen und Schulden &c. im Volke entstehen können.

Die Einleitung des Zivilprozesses findet nach alter Uebung meist in folgender Weise statt. Eine Entschädigungsklage, sei es für Schmälerung des Eigenthums oder der Ehre, wird, wenn nicht eine bestimmte Forderung damit verbunden ist, sondern, wenn die Entschädigungssumme dem Gericht zu bestimmen anheim fällt, ohne Weiteres durch den regierenden Hauptmann eingereicht. Stellt hingegen der Kläger eine bestimmte Forderung, für die ihn seine Gegenpartei nicht be-

friedigen will, so läßt er derselben in der Regel durch den
regierenden Hauptmann am Wohnorte des Beklagten ein
Pfandgebot zustellen. Will dagegen jemand gewissen Pflichten,
die er nach Ansicht der Gegenpartei gegen diese hat, nicht
nachkommen, oder erlaubt er sich auf Kosten und zum Nachtheil eines andern Rechte anzusprechen und auszuüben, so läßt
der klagende Theil seinem Gegner entweder durch den regierenden Hauptmann am Wohnorte des Beklagten für den ersten
Fall ansagen, daß er seiner Pflicht nachkomme, für den letzten
Fall aber diesem durch den nämlichen Beamten sein Recht
widerlegen, oder er sucht zum nämlichen Zwecke bei einem
Standeshaupte ein Gewaltgebot auszuwirken. Diesen Rechts-
mitteln gegenüber steht dem Beklagten der Rechts vorschlag
offen, d. h. er kann seine Gegenpartei durch den regierenden
Hauptmann seiner Gemeinde vor die erste richterliche Instanz
laden, welche nun in Sachen entscheidet. Sollte aber das
Gericht dieser Instanz bei dem fraglichen Streitfalle selbst
betheiligt sein, oder müßten wegen Verwandtschaftsverhältnissen
oder aus anderen Gründen bis auf 2 Mitglieder herab alle
austreten, d. h. in Abstand kommen, so wäre der Rechtsvorschlag bei der zweiten Instanz zu machen. Ist nach erfolgter Abwandlung einer Streitsache vor erster Instanz
der Kläger oder der Beklagte mit dem Urtheil nicht zufrieden,
so kann er, mit dem Urtheilsrezeß (schriftlicher Auszug des
Urtheils) in der Hand, binnen 8 Tagen an die zweite Instanz appelliren, wo die Sache neuerdings in Behandlung
kommt. Sollte ihn aber auch das Urtheil dieser Instanz
nicht befriedigen, so steht ihm innerhalb abermals 8 Tagen
der letzte Gang, nämlich der Weg vor das Obergericht, offen.
Bei allen Instanzen hat er sein Anliegen durch Vermittlung
des Präsidenten anzubringen. Vor dem Gerichte selbst ist es
den Parteien freigestellt, versteht sich, mit Anstand und Würde,
die Vertheidigung selbst zu führen oder durch einen Beistand

sich vertreten zu lassen. Die Wahl der Beistände steht bei
der Bürgerortsbehörde des zu Verbeiständenden, insofern er
Appenzeller, bei der Vorsteherschaft seiner Wohngemeinde dagegen, wenn er Bürger eines andern Kantons ist. Hat er
Ehrenmänner in seiner Verwandtschaft, so wird der Beistand
bis und mit dem sechsten Gliede aus dieser, insofern sie dazu
fähig sind, andernfalls aus der Vorsteherschaft der betreffenden
Gemeinde gewählt. Advokaten oder Rechtsanwälte sind
zwischen Kantonseinwohnern laut Gesetz nicht zulässig, wohl
aber, wenn eine der beiden Parteien außer dem Kanton niedergelassen ist. — Nach Austrag der Sache folgt das Urtheil. Dieses muß jeweilen die Bezeichnung der Parteien,
die wesentlichen Punkte der Streitsache, die Motive des Ge-
richts mit dessen Entscheid, die Unterschrift des Gerichts-
schreibers und das Amtssiegel enthalten. Entschädigungs-
summen, zu denen das Gericht die eine oder andere Partei
verfällt, können mittelst des kurzen Schuldentriebs erhoben
werden.

Während in andern Staaten für Prozeßführungen oft
große Gerichtsgebühren verlangt werden, gehen dagegen bei
uns die Parteien in den meisten Fällen leer aus, und dennoch
sollte männiglich das Prozessiren verabscheuen wie die Cholera,
weil dasselbe selbst für den gewinnenden Theil meist Schaden,
immer aber Verdruß zur Folge hat. Unsere Väter sagten
darum nicht mit Unrecht: Wenn eine Gerichtssitzung
gehalten wird, so sollte jeder, der nicht an den
Schranken zu erscheinen hat, eine Freudenmahl-
zeit mit „Hung" und „Küchli" halten. Wer wollte
aber, möchten wir fragen, bei der Unzahl von Prozessen
unserer Tage den Honig aufbringen zu so vielen Mahl-
zeiten?

Das Privatrecht. *

Wir haben in dem Bisherigen nur vom öffentlichen Rechte gesprochen oder von den Rechten und Pflichten des Bürgers gegenüber dem Staat. Das Privatrecht dagegen giebt Vorschriften über das Verhalten des Bürgers in seinem nicht staatlichen Leben, also in der Familie und gegenüber den Mitbürgern. Es verbreitet sich daher über das Eigenthumsrecht oder über das Recht der Sachen in Bezug auf Forderungen und Schulden, über das Personen- und Familienrecht ꝛc.

Das Eigenthumsrecht. Eigenthum nennt man die Sachen, welche eine Person besitzt oder die ihr rechtlich angehören. Ihr steht mithin auch das freie Verfügungsrecht darüber zu. Aller Besitz scheidet sich aber aus in unbewegliche und in bewegliche Sachen oder in das liegende Gut und in die Fahrhabe. Zu jenem gehört der Landbesitz, also die Liegenschaften, deren Theile und Zubehörden, zu dieser alles bewegliche Eigenthum: Mobilien, Feld- und Ackergeräthe, Vieh, Geld, Werthpapiere ꝛc. Es giebt aber auch Fälle, wo der Staat, wenn er es für seine Zwecke dienlich findet, einen Theil des Privateigenthums ansprechen kann, jedoch niemals willkürlich, sondern nur durch Gesetze, wie z. B. durch das Steuer- und das sogenannte Expropriationsgesetz. Jenes verlangt von dem Eigenthümer einen Theil seiner Fahrhabe, nämlich Geld, dieses bezieht sich auf sein liegendes Gut und kommt bei Straßenbauten für den Staat oder für die Gemeinden in Anwendung. Nach dem Expropriationsgesetz kann nämlich jeder Anstößer verpflichtet werden, das hiezu erfor-

---

* Der Verfasser ist weit entfernt, in seinem Buche eine vollständige Gesetzeskunde zu geben; dagegen möchte er durch Zusammenstellung der Hauptgrundsätze das Interesse zu wecken suchen für das Studium derselben, weil ihre Kenntniß zur politischen Bildung des Volkes nothwendig und für vorkommende Rechtsfälle unerläßlich ist.

derliche Land, ob gern oder ungern, abzutreten, immerhin
gegen angemessene Geldentschädigung. — Die übrigen gesetzlichen Bestimmungen über das Eigenthum beziehen sich auf
Ankauf und Tausch von Waaren, auf Wasser-, Bau- und
andere Rechte, auf die Einfriedungen, Marken und den Schnee-
bruch, ferner auf den Unterhalt von Fahr- und Fußwegen,
Brücken und Stegen bei Privatgütern; sie bestimmen endlich
auch, in welcher Entfernung von den Straßen und der Grenze
des Nachbars gebaut, Bäume gepflanzt und Grünhäge angelegt werden dürfen. Die feuerpolizeilichen Vorschriften, nebst
dem Brandassekurranzgesetz dienen vorzugsweise zum Schutze
des Eigenthums und zum Nutzen der Betheiligten überhaupt.
Servituten. Kommt Jemand das Eigenthum nicht ausschließlich, sondern nur bedingungsweise zu, wie z. B. wenn
er nur das Recht hat, sein Vieh auf eines andern Weide zu
treiben (Trattrecht) oder über dessen Gut zu fahren (Fahr-
recht) oder eine Wasserleitung auf demselben zu unterhalten
(Wasserrecht) ꝛc., ohne dasselbe in anderer Weise benutzen,
oder wohl gar verkaufen zu dürfen, so heißen solche Rechte
Dienstbarkeiten oder Servituten. Diese und andere Dienst-
barkeitsrechte, welchen Namen sie auch haben mögen, sollten,
um Streitigkeiten zu verhüten, genau verschrieben werden.
Uebrigens finden dieselben auch ohne eine schriftliche Urkunde
Schutz bei den Behörden, sobald sie ohne Widerspruch des
Servitutpflichtigen durch Uebungen zum Recht erwachsen sind.

Das Pfandrecht entsteht hauptsächlich bei Darleihen
auf Gegenstände der Fahrhabe oder liegendes Gut und dient
als Rechtsmittel zum Schutze des Darleihers gegenüber dem
Empfänger. Jener wird auch Kreditor, dieser Debitor genannt. Erhält der Kreditor für ein Darleihen oder auch für
eine auf andere Weise entstandene Schuldforderung zur Sicherheit der Bezahlung Gegenstände der Fahrhabe oder auch
Liegenschaften als Versatzmittel oder Hinterlage, so nennt man

solche Dinge ein Pfand, auch Unterpfand. Damit er-
wirbt sich der Besitzer das Recht, die Gegenstände amtlich
versteigern zu lassen, insofern der Schuldner bis zur festgesetzten Zeit das Guthaben seines Gläubigers nicht bezahlen
kann oder will. Da aber der reelle Werth des Pfandes
in der Regel größer ist, als die Forderung, so fällt bei der
Versteigerung der Mehrerlös selbstverständlich dem Schuldner
anheim. Man spricht von einem Blumenpfand, welches
für laufende Zinse bei Güterzedeln angelegt werden kann.
Der Kreditor legt dann Verhaft auf den noch stehenden oder
bereits eingesammelten Nutzen und bleibt für diese Forderung
vom Gesetz auf 6 Monate nach der Verfallszeit des Zinses
geschützt. Besteht das Pfand in Gegenständen der Fahrhabe,
so ist es ein Faustpfand, sind es aber liegende Gründe,
so nennt man es eine Hypothek, welche, amtlich verschrieben, Zedel genannt wird. Viele Zedel sind auch in der
Weise entstanden, daß der Käufer eines Hauses oder einer
Liegenschaft, außer Stande, den Kaufschilling ganz zu bezahlen,
dem Verkäufer das Fehlende zu verzinsen versprach, ihm aber
zur Sicherheit das Kaufobjekt als Pfand einsetzte.

Die Zedel unsers Landes sind nach Qualität und Ab-
zahlungsfrist verschieden. Es giebt liegende Zedel, die vom
Kreditor nicht aufgekündet und ohne seine Bewilligung vom
Debitor auch mit keinem andern, als eigenem Gelde, abbezahlt werden dürfen. Dieselben sind zweifach, wenn
die Schuldsumme die erste Hälfte des Bodenwerthes, mit
Ausschluß der Gebäudeschatzung, nicht übersteigt. Solche
Zedel sind unter allen Umständen gut, weil die Liegenschaft,
selbst bei Brandfällen, Wasserschaden, Vernachlässigung des
Bodens ꝛc., immer noch den Zedelwerth beibehält. Anders
verhält es sich beim einfachen Zedel, weil hier die Schuldsumme erst auf die zweite Hälfte des Bodenwerthes lautet,
dieselbe mithin weit öfter der Gefahr von Verlursten ausge-

setzt ist. Noch weniger Sicherheit bieten die willigen Zedel, zu denen auch die Hypotheken auf Häuser gezählt werden; denn bei diesen übersteigt die Schuldsumme den Werth des Unterpfandes gar oft, und es ist daher, weil in diesem Falle keine amtliche Schätzung des Unterpfandes stattfindet, in den freien Willen des Kreditors gestellt, ob er an ein solches Unterpfand kommen wolle oder nicht. Handwechselzedel dürfen nur den zehnten Theil vom Werth des Unterpfandes betragen; sie haben auch das Eigenthümliche, daß sie beim Verkauf des Unterpfandes (Handänderung) abbezahlt werden müssen, insofern der Kreditor nicht geneigt ist, dafür eine spätere Handänderung abzuwarten. Terminzedel entstehen da, wo der betreffende Theil des Unterpfandes für den Dar- leiher nicht genug Sicherheit darbietet für Errichtung eines liegenden Zedels und man es einem ärmeren Käufer dennoch möglich machen will, eine Liegenschaft an sich zu bringen. Solche Briefe müssen dann in festgesetzten Terminen wieder abbezahlt werden. Geschieht es nicht, so wird der Betrag zur offenen Schuld, welche weit weniger Sicherheit darbietet, als Hypothekarforderungen. Noch giebt es sogenannte Ver- sicherungs- oder Widerlegbriefe zum Schutze des Frauen- gutes, wenn dasselbe theilweise oder ganz auf dem Besitzthum ihres Mannes haftet. Diese müssen, gleich den Handwechsel- zedeln, bei der Handänderung abbezahlt werden.

Geschieht es, daß Pfandschulden, rückständige Zinse oder auf andere Weise entstandene sogenannte offene Schulden nicht rechtzeitig abgeführt werden, so steht dem Gläubiger der Rechts- oder Schuldentrieb offen. Man unterscheidet aber je nach der Art der Schulden einen ordentlichen und einen schnellen (kurzen) Schuldentrieb. Jener besteht darin, daß man dem Schuldner durch den regierenden Hauptmann seines Wohnortes ein Pfandgebot ansagen läßt. Glaubt sich der Schuldner zur Bezahlung nicht verpflichtet, so steht ihm

der Weg an die erste Instanz offen, d. h. er kann einen
Rechtsvorschlag machen. Geschieht jedoch innerhalb 14
Tagen weder das Eine noch das Andere, weder Zahlung noch
Rechtsvorschlag, so wird dem Debitor nach abermals 14 Tagen
der Schatzungstag angekündigt und, falls auch diese Mahnung
erfolglos bleibt, 8 Tage später sein Besitzthum durch den
regierenden Hauptmann wirklich geschätzt. Beim kurzen Schuldentrieb unterbleibt die Auskündung des Pfandgebotes, und
es wird einfach auf 8 Tage Zeit der Schätztag angesagt. Bei
Schatzungen von Fahrhabe werden dem Schuldner für die
Möglichkeit der Auslösung 8 Tage, für Liegenschaften dagegen
2 Monate Zeit eingeräumt. Bleibt diese Frist ohne Erfolg,
so werden die Fährnisse an einen Drittort gebracht und daselbst
versteigert. Letzteres geschieht auf Verlangen des Gläubigers
auch mit der Liegenschaft. Bei Wechselschulden, wie auch bei
widerrechtlich verbrauchten Geldern, nimmt der Rechtstrieb
einen noch raschern Verlauf als bei dem gewöhnlichen kurzen
Schuldentrieb. Die Lösungszeit fällt im einen, wie im andern Falle weg und für diesen sogar auch die Ankündigung
des Schätztages.

Recht bei Forderungen und Schulden. Eine
Uebereinkunft zwischen zwei Personen oder ihr Einigwerden
in einer Geschäftssache heißt Vertrag. Es giebt sehr verschiedenartige Verträge, als: Kauf-, Tausch-, Mieth-, Dienst-,
Arbeitsverträge 2c. Wer einen solchen abschließt, heißt Kon-
trahent, und es entsteht dabei für den einen derselben eine
Forderung, für den andern dagegen eine Schuld. Soll der
Kontrakt Gültigkeit haben oder rechtlichen Schutz finden, so
muß derselbe von den Betheiligten im Zustande vollkommener
Willensfreiheit geschlossen werden. Jede Uebereinkunft ist
ungültig, wenn sie von dem einen oder andern Kontrahenten
mittelst Ueberredung, List oder Zwang zu Stande gebracht
oder im Zustande der Unzurechnungsfähigkeit, im Rausch oder

bei Geistesstörungen abgeschlossen worden ist. Die wichtigste
Rolle spielt der Kaufvertrag, weil er über die Frage des
Mein und Dein gar oft zu Widersprüchen führt. Er muß
daher, wie überhaupt alle wichtigern Verträge, amtlich verschrieben werden. Beim Kauf oder Verkauf von Liegenschaften
und Häusern hat die Verschreibung auf der Gemeindekanzlei
und zwar innerhalb eines Monats vom Tage des Schickes
an zu geschehen. Nach geschlossenem Vertrag besteht die Verbindlichkeit des Verkäufers in Abtretung des Gegenstandes,
bei der Viehhabe überdies in der Nachwährschaft oder in
der Haftbarkeit bei späterhin sich zeigenden Hauptmängeln.
Diese besteht darin, daß der Verkäufer das Thier wieder zu-
rücknehmen oder dem Käufer eine Entschädigung geben muß.
Die Kantone Zürich, Bern, Waadt, Neuenburg, Freiburg,
Solothurn, Basel, Aargau, Thurgau, Zug, Appenzell-Innerrhoden und St. Gallen haben über die Währschaft ein Konkordat abgeschlossen, welches für diese Stände die nämliche
gesetzliche Geltung hat. Auf Antrag der Standeskommission
trat demselben unterm 25. Oktober 1863 auch die Landsgemeinde von Außerrhoden bei. Betreffend die Rechtsgültigkeit
der Schuldforderungen waltet vor dem Gesetz ein bedeutender
Unterschied. Wohl kann gesagt werden: Schuld ist Schuld,
und jede Schuld schließt die Pflicht der Bezahlung in sich.
Allein schon von altersher war es üblich, daß der Richter
ihren Ursprung ins Auge faßte und dieselben darnach klassi-
fizirte. So fanden z. B. Spielschulden niemals rechtlichen
Schutz, während hingegen Dienstbotenlöhne, Arztkonti, Schul-,
Boten- und Fuhrlöhne ꝛc. vorab bezahlt werden mußten.
Auch heute noch nehmen nächst den Zedelschulden, den gesetzlich gesicherten Zinsen, den Forderungen auf Liegenschaften,
wenn dieselben nicht länger als ein Jahr ausstehen, den
Auffalls- und Begräbnißkosten derartige Forderungen den
ersten Rang ein. — Eine eigenthümliche Art von Zahlungs-

pflicht geht derjenige ein, welcher einen Wechsel, d. h. eine Urkunde mit dem Ausdruck „Wechsel" bezeichnet, ausstellt. Verpflichtet er sich, die in demselben bezeichnete Summe an den Inhaber des Wechsels zur bestimmten Zeit und am festgesetzten Orte selbst abzuführen, so ist die Urkunde ein „eigener" Wechsel. Wenn er aber eine andere, mit ihm in Geschäftsverkehr stehende Person anweist, den Betrag an einen Dritten zu bezahlen, so ist es ein gezogener (trassirter) Wechsel, und in diesem Falle geht die Zahlungspflicht an den Aussteller zurück, falls die angewiesene Person die Verbindlichkeit nicht übernehmen will. So bequem nun auch für Kaufleute die Wechsel sind, indem sie den Geldverkehr ungemein erleichtern, ebenso sehr ist der gemeine Mann, sind überhaupt Unkundige vor Wechselgeschäften zu warnen; denn wie leicht kann es kommen, daß solche auf gewisse Ausdrücke in der Urkunde wohl gar nicht achten oder im Moment der Zahlungspflicht die Summe nicht zur Verfügung haben und dann, weil die Zahlung keinen Aufschub duldet, zu Schaden kommen, ja wohl gar ökonomisch ruinirt werden können. — Eine ähnliche Bewandtniß hat es mit dem sogenannten „Gutstehen" oder mit der Bürgschaft. Hat nämlich ein Zahlungspflichtiger die Schuldsumme im Moment des Zahlungstermins nicht in Bereitschaft, so trachtet er dieselbe zu borgen. Der Kreditor geht aber zuweilen nur unter der Bedingung in ein Darleihen ein, daß ihm der Debitor zur Sicherheit des Betrags eine Person stellt, welche für den Schuldner, falls er selbst nicht bezahlen könnte, einsteht. Diese Person heißt Bürge. In der Meinung, seinem Freunde aus augenblicklicher Verlegenheit zu helfen, bedenkt der Bürge im Moment des Versprechens oft nicht, daß er mit demselben auch die Zahlungspflicht auf sich nimmt und dadurch in Schaden gerathen kann.

Konkursrecht. Wenn ein Schuldner unvermögend

ist, seine Gläubiger zu befriedigen, so tritt für ihn der Auffall oder Konkurs ein. Beide Hauptleute nebst dem Gemeindeschreiber bilden dann die Auffallskommission. Dieser liegt ob:

1. ein Verzeichniß aufzunehmen von den vorhandenen Gegenständen und Forderungen (Aktivmasse), ebenso von sämmtlichen Schuldverbindlichkeiten (Passivmasse), welche zusammen das Inventar bilden,

2. die Besorgung der Auskündung des Konkurses durch Zeitungen und auf andere Weise, begleitet mit der Aufforderung an die Kreditoren und Debitoren des Verauffallten zur Eingabe der Rechnungen,

3. eine Kreditorenversammlung zu veranstalten, um derselben das Ergebniß des Inventars mitzutheilen und von ihr entscheiden zu lassen, ob man dem Verauffallten die Schließung eines Akkordes gewähren oder zur Liquidation schreiten wolle, und endlich

4. einen Massakurator (Sachverwalter für die Gläubiger) wählen zu lassen.

Wird Liquidation beschlossen, so werden alle in der Konkursmasse befindlichen Gegenstände versteigert und der Erlös unter die Gläubiger nach der Priorität (Rangordnung) vertheilt.

Das Familienrecht. Wir eröffnen diesen Abschnitt, wie natürlich, mit dem Eherecht, weil die Ehe als Grundlage zum Familienverbande anzusehen ist. Unter Ehe versteht man eine von Gott angeordnete, feierliche Verbindung zweier Personen als Ehegatten zur Gründung der Familie und zum Zweck gegenseitiger Beglückung. In ihrer Aufgabe liegt die Erziehung der Kinder zur Gottähnlichkeit und zu nützlicher Thätigkeit im bürgerlichen Leben. Der kirchlichen Einsegnung von Brautleuten vorgängig müssen aber gewisse Bedingungen gegen den Staat erfüllt werden, weil ihm im weitern Sinne die Pflegschaft über Eltern und Kinder, als Gliedern des Staates, zukommt. Er ist daher befugt, gegen die Schließung von Ehen Einsprache zu erheben, wenn daraus voraussichtlich Nachtheile für den Staat erwachsen könnten. So darf in der Regel und ohne besondere Bewilligung der zuständigen Behörde nicht heiraten, wer noch minderjährig ist, wer an wichtigen physischen oder geistigen Gebrechen leidet, wer aus der Armenkasse unterstützt wird oder derselben nach der Konfirmation schuldig geworden, wer der Armenkasse zur Last fallen könnte oder außer Stande ist, sich für das Wehrwesen mit der Mont= und Armatur zu versehen. In früheren Zeiten war das Heiraten sogar durch den Besitz einer Bibel bedingt. Rücksichtlich des **Verwandtschaftsgrades** durften nach dem ältesten Landbuche Personen einander nicht ehelichen, wenn sie näher verwandt waren als zum 8. Gliede. Später konnte es mit Bewilligung des großen Rathes im 5. Gliede geschehen und seit 1858 ist es selbst Geschwisterkindern gestattet. In Beziehung auf die **Vermögensverhältnisse** ist der Mann in der Regel Vormund seiner Frau. Ihm kommt auch das Nutznießungsrecht ihres Vermögens zu. Wenn aber der Gatte als Sachwalter nicht die erforderlichen Eigenschaften besitzt, so kann das Frauengut durch **Widerlegbriefe** sicher gestellt werden. Es sind dies Zedel, die zu Gunsten der Frau auf ihres Mannes noch nicht ganz verpfändete Liegenschaft errichtet werden. Findet die Vorsteherschaft es nöthig, so kann es auch von ihr ohne Rücksicht geschehen. Bei Ehescheidungen durch das Gericht fällt das Frauengut vollständig an die Gattin zurück, während hingegen bei ihrem Absterben das Erbbetreffniß nebst der Aussteuer dem Manne gehört. Geräth der Gatte in Auffall, oder findet er sich außer Stande, seine Schulden ganz zu bezahlen, so muß das Frauengut, insofern es versichert ist, vorab ausbezahlt werden; im andern Falle aber hat dasselbe gleiche Rechte mit den Forderungen der Gläubiger. — Uebergehend zu den Rechten und Pflichten zwischen Eltern und Kindern sind diese bei der Geburt bekanntlich unvermögend, schwach und willenlos; erst allmälig und durch stufenweise Uebung können dieselben zu freier Selbstbestimmung befähigt werden. Die Natur hat daher dem Kinde in seinen Eltern Führer gegeben, welche es liebevoll pflegen, vor Gefahren beschützen und ihm in seinem Entwicklungsgange nach Kräften Vorschub leisten, dagegen aber auch Unterwerfung und Gehorsam von ihm fordern. Diese Stellung der Eltern zu den Kindern nennt man elterliche Gewalt. In der Eltern Pflicht liegt hinwiederum die Tragung der Erziehungskosten, es sei denn, daß die Kinder durch Erbschaft schon früh zu eigenem Vermögen gelangt seien. In diesem Falle dürfen die Kosten aus den Zinsen ja selbst aus dem Kapital bestritten werden, letzteres jedoch nur, insofern die Eltern selbst arm und unvermögend sind. Uneheliche Kinder erhalten den Geschlechtsnamen der Mutter, wie auch ihr Heimatrecht, müssen jedoch von beiden Eltern gemeinsam unterhalten und erzogen werden. — Unter den Begriff Familienrecht gehört auch

Das Vormundschaftswesen. Von jeher galt der Vater von rechtswegen, mithin ohne Gesetzesbestimmungen, als Vormund seiner Kinder oder als Sachwalter ihres Vermögens, weil ihm als Haupt der Familie das Interesse derselben nahe gelegt ist. Allein auch in diesem Punkte giebt es Ausnahmsfälle, und diese treten ein, wenn der Vater, sei es aus Leichtsinn oder auf Grund eigenen Unvermögens keine volle Gewähr bietet für eine richtige Verwaltung des ihm anvertrauten Gutes. Da ist es dann Sache des Bürgerortes, durch dessen Vormundschaftsbehörde entweder aus ihrer Mitte oder aus der Verwandtschaft des Vögtlings selbst einen Vormund zu ernennen. Die Vormundschaft erstreckt sich jedoch nicht bloß auf Kinder noch lebender Eltern, sondern es erhalten auch vaterlose Waisen bis zu ihrer Volljährigkeit einen Vormund, ebenso erwachsene Personen, denen die Verwaltung des Vermögens, sei es auf Grund ihres Leichtsinnes oder wegen geistigem Unvermögen nicht mit Beruhigung anvertraut werden darf, ferner solche, die zu einer Freiheitsstrafe verurtheilt sind und endlich unbekannt abwesende Personen. Dagegen wird Weibsleuten ledigen Standes, nachdem sie zu erwachsenen Jahren gelangt sind, wie auch Wittfrauen, die Selbstverwaltung gestattet, wenn ihre Befähigung dazu von der Vorsteherschaft erwiesen ist. Der **Pflichtenkreis** für den Vogt ist aber nicht unerheblich, weil er von seiner Verwaltung alljährlich Rechnung abzulegen und für selbstverschuldeten Schaden mit dem eigenen Gute einzustehen hat. Kann er ihn selbst nicht ersetzen, so fällt die Vergütung auf die Vormundschaftsbehörde selbst zurück, welche ihn ernannt hat. Bei der schweren Verantwortlichkeit, welcher sich Vögte und Obervögte gegenüber dem Vögtling laut Gesetz zu unterziehen haben, versteht es sich daher auch von selbst, daß dieser seinerseits vom Tage der Bevogtigung an auf das freie Verfügungsrecht über sein Vermögen völlig zu verzichten hat, weßhalb er ohne Zustimmung des Vogtes weder tauschen, kaufen noch verkaufen, weder Darleihen machen noch Geld entlehnen oder in anderer Weise Schulden machen darf. Ein Gesetz vom Jahre 1549 ermächtigte den Vogt, sogenannte **Zehrschulden**, entstanden für Speise und Trank, mit 5 Schilling zu tilgen, wie groß der Betrag auch sein mochte. Das neue Vormundschaftsverfahren geht diesfalls noch weiter, indem es für Schulden von Vogtkindern, insofern dieselben nicht im Einverständnisse des Vormundes gemacht worden sind, einfach keinen Rechtsschutz gewährt.

Das Erbrecht hat es, wie das Vormundschaftswesen, mit dem Eigenthum von Familiengliedern zu thun; es unterscheidet sich aber von diesem dadurch, daß es Gesetzesbestimmungen aufstellt über die **Vertheilung** des Nachlasses von Verstorbenen, während hingegen das Vormundschaftswesen nur auf eine richtige Verwaltung desselben bei Lebenden sich bezieht. Das Erbrecht, wonach das Vermögen eines Familiengliedes nach Berichtigung der Schulden zunächst den Verwandten desselben zufällt, steht daher in engster Beziehung zu den Familienverhältnissen, und es ist dies, wie Blumer in seiner Staats- und Rechtsgeschichte der demokratischen Kantone trefflich bemerkt, ein in der Entwicklungsgeschichte der bürgerlichen Gesellschaft so sehr befestigter Grundsatz, daß alle staatlichen Einrichtungen, welche auf Zerstörung desselben abzielen, keine Lebensfähigkeit in sich tragen. Auf die Familienangehörigkeit gründet sich darum auch das Erbgesetz des Kantons Appenzell, welches ebenfalls keine Auslösung oder Uebertragung des Vermögens an Personen gestattet, die zum Erblasser in einem andern als dem vom Erbgesetz bestimmten Verhältnisse stehen. Schon das Landbuch von 1585 verbietet Eheleuten, einander ohne Bewilligung der „Freundschaft" (Verwandten) mehr als 10 Pfund Denier Morgengabe zu schenken oder mehr zu vermachen, es sei denn an Kirchen-, Schul- und Armenzwecke. Auch gegenwärtig ist es nicht gestattet, mehr als den zehnten Theil des Vermögens zu testiren, insofern der Betreffende direkte oder Leibeserben besitzt. Bei entferntern Verwandtschaftsgraden erweitert sich zwar die Schranke der freien Verfügung, aber auch nur so weit, daß, wer einen Ehegatten, Eltern oder Verwandte aus der ersten Seitenlinie hinterläßt, nur den vierten, und wenn auch dies nicht der Fall ist, den dritten Theil vermachen kann. — Unsere Erbfolge gründet sich auf die deutschen Parentalentafeln (Verwandtschaftsordnung), die mit den unten folgenden Abänderungen immer noch ihre Geltung haben. Nach denselben bildeten die direkten Nachkommen die erste, der Vater und dessen Nachkommen als erste Seitenlinie die zweite, der väterliche Großvater nebst seinen Nachkommen als zweite Seitenlinie die dritte Klasse in der Reihenfolge der Erbansprüche. Nach dieser Ordnung schließt je die frühere Parentale alle nachfolgenden aus, und es treten, wenn von väterlicher Seite keine Verwandten bis zum vierten Grade vorhanden sind, die Verwandten von mütterlicher Seite als Erben ein. Damit stimmt auch der Landsgemeindebeschluß von 1501 überein, nach welchem, obschon Bruders= und Schwesterkinder so nahe verwandt sind, als Kindeskinder, jene neben diesen nicht erben konnten. Im Jahre 1559 aber erlitt die Erbfolgeordnung eine wesentliche Abänderung, indem Neu= und Alt=Räthe beschlossen, daß, insofern der Erblasser ohne Nachkommen absterbe, mit dem leiblichen Vater auch die leibliche Mutter und des Verstorbenen leibliche Geschwister (Ganz= und Halbgeschwister) zu gleichen Theilen erben sollen. Kinder verstorbener Eltern konnten nach dem Landsgemeindebeschluß von 1501 an der Stelle der letztern und zwar, wenn noch Kinder am Leben waren, nach Stämmen, insofern aber nur Großkinder vorhanden waren, nach Köpfen erben. In neuerer Zeit erhielt der Grundsatz, nach welchem die Kinder ihrer Eltern Tod nicht büßen sollen, nicht allein immer mehr Geltung, sondern es wurde derselbe auch noch dahin erweitert, daß da, wo die Eltern von einer andern Parentel, also von einer Seitenlinie her Erbansprüche hatten, an ihrer Stelle die Kinder, oder, falls diese nicht mehr lebten, ihre Großkinder erben konnten. Uneheliche Kinder erbten neben ehelich erzeugten nicht, wohl aber eheliche Kinder unehelicher Eltern ihre Großeltern. Dasselbe sollten sie laut Landsgemeindebeschluß von 1737 im nämlichen Falle auch bei Vettern und Basen thun können. Eheliche Großkinder von noch lebenden unehelichen Kindern erbten neben Großkindern ehelicher Eltern per Stamm einen Drittheil, der Stamm von letztern dagegen zwei Drittheile. — Nach dem Erbgesetz von 1861 erben uneheliche Personen den Ehegatten, die Kinder ihre Mutter und deren Verwandte wie eheliche Kinder der näm-

lichen Mutter. Auf väterlicher Seite hingegen erben sie nur
die Hälfte dessen, was ein eheliches von ihm erhält. — Gehen
wir über zum Erbrecht der Eheleute, so erbte in alten
Zeiten die Gattin, falls der Gatte ohne Leibeserben gestorben
war, die Hälfte der Fahrhabe und vom liegenden Gut den
dritten Theil als Leibding. * Wenn aber die Gattin vor
dem Gatten starb, so erhielt dieser die ganze Fahrhabe und
vom liegenden Gute den Drittel als Leibding. Neben Kindern
erbte der überlebende Gatte von der Fahrhabe einen Kindestheil als eigen und vom gelegenen Gut ebensoviel als Leibding. War nur ein Kind da, so erhielt dasselbe zwei, der
überlebende Theil des Elternpaars aber nur einen Theil von
der Verlassenschaft.

Das Erbgesetz von 1835 ließ die Unterscheidung von
Fahrhabe und liegendem Gute fallen. Es theilte dem Gatten,
falls die Gattin gestorben war und umgekehrt, den dritten
Theil als Eigenthum zu, insofern nämlich weder Kinder noch
Nachkommen von ihnen lebten; der Rest gieng dann an die
Seitenlinie über. Neben einem Kinde erbte der Vater oder
die Mutter einen Drittel und neben mehr als einem Kinde
einen Kindestheil und zwar in der Weise, daß die eine Hälfte
seines Erbes als eigen, die andere als Leibding galt. Aehnlich spricht sich das Erbgesetz von 1861 aus, mit dem allei-
nigen Unterschiede, daß der überlebende Theil des Elternpaares
sein Betreffniß ganz, mithin nicht nur zur Hälfte als
eigen, erhält.

---

* Unter Leibding versteht man Vermögen, von dem der Besitzer,
so lange er lebt, das Nutznießungsrecht hat, das aber nach seinem Tode
wieder an die rechtmäßigen Erben des Erblassers zurückfällt.

Dritter Theil.

Geschichte.

Wie es im Anfang gewesen.

Alle Lande müssen seiner Ehre
voll werden.
Psalm 72, 19.

————

Wohin in unserem kleinen Vaterlande der Blick sich
wendet, auf Höhen und in Tiefen, findet er zahlreiche Hütten
und stattliche Dörfer gelagert, bewohnt von einem frischen,
fröhlichen Menschenschlag. Ueberall treten ihm Spuren des
Fleißes und Früchte emsiger Thätigkeit entgegen. Aber nicht
zu allen Zeiten sah es so malerisch aus. Pflanzen und
Muschelthiere in ihren versteinerten Abdrücken lehren, daß in
unbekannter Vorzeit die Fluten des Meeres alles Land bedeckten. Gehoben durch vulkanische Kräfte im Innern der
Erde stiegen die Berge empor; es bildeten sich die Thäler,
und aus verwittertem Felsgestein, aus dem Schlamm der
sinkenden Wasser und angespültem Sande gieng die Erdrinde,
ein Schauplatz organischer Wesen, hervor. Am höchsten hinauf
in die Luft ragen die kahlen Felsenhäupter des Alpsteins;
dann folgen die Voralpen, gebildet aus verschiedenartigem
Geröll, das wir Nagelflue nennen, und gegen die Tiefebene
hin das Hügelland mit sandsteinhaltiger Unterlage. Das

stille Walten der Natur bekleidete die nackte Erde mit Pflan-
zenschmuck; Moose, Kräuter, Sträucher und Bäume entstiegen
allmälig dem mütterlichen Schooß, belebt von den untern
Thiergattungen, von Vögeln, Reptilien und Insekten. Weit
später erscheint die Klasse der Säugethiere. Und als vielleicht
Jahrtausende nachher das Flachland der Schweiz von Kelten,
Helvetiern und Römern schon vielfach bewohnt war, ertönte
vermuthlich noch keines Menschen Stimme in unsern Gegenden.
Dichter Urwald bedeckte Höhen und Tiefen bis hinab zu den
Gestaden des Bodensees, wo noch im Jahr 360 des Arbo-
nerforstes erwähnt wird, welcher hinauf reichte bis an die
Quellen der Steinach. Durch die Wildniß brummte der Bär,
und der Wolf erfüllte die Luft mit seinem Geheul; mit gewaltigen Hauern durchwühlte das Wildschwein die Erde; der
Luchs lauerte auf seine Beute, auf Hasen und Wildhühner;
die Fischotter störte das harmlose Spiel der Floßenthiere in
den Waldbächen, und im Schatten des Dickichts schritt der
friedliche Hirsch mit dem scheuen Reh einher. In den Gipfeln
hundertjähriger Fichten und in Felsklüften horsteten verschiedenartige Raubvögel. — Das waren bis gegen Ende des
vierten Jahrhunderts die Bewohner des Landes. Grabesstille
herrschte zu Berg und Thal, und die Thiere gewahrten keinen
Menschen, als ihren Feind, den Jäger, welcher, nach Beute
lüstern, hie und da den Urwald durchstreifte. Aber andere
Zeiten kamen, als Völker um Völker ihre alte Heimat verließen, um neue Wohnsitze zu suchen oder mit Beute reich
beladen nach den alten zurückzukehren.

———

Des Volkes Abstammung.

*Ich will euch aus den Heiden holen und aus
allen Landen versammeln.*

Ezech. 36, 24.

Unser Land ist, wie zum Theil schon aus dem vorigen
Kapitel erhellet, wahrscheinlich erst im sechsten Jahrhundert
bevölkert worden, nachdem in den Ebenen der Schweiz schon
lange vorher ein tapferes Volk, genannt die Helvetier, seine
Wohnsitze aufgeschlagen hatte. Des rauhen Klimas überdrüssig, wollte es in dem fruchtbaren Galenlande (Frankreich)
eine neue Heimat gewinnen, und darum veranstaltete das
Volk unter dem greisen Führer Diviko eine Auswanderung
dahin. Aber der römische Feldherr, Julius Cäsar, war
zum Schutze des Landes herbeigeeilt; er schlug den Feind bei
Bibrakte (Autun) dermaßen aufs Haupt, daß dieser die Gnade
des Siegers erflehen und in die verlassene Heimat zurückkehren
mußte. Nach dieser Schlacht geriethen die Helvetier unter
die Botmäßigkeit der Römer, des damals mächtigsten Volkes,
und ihr Land war für diese ein vortreffliches Bollwerk gegen
die Germanen (Deutschen), welche nördlich der Schweiz wohnten und durch öftere Einfälle in römisches Gebiet sich demselben furchtbar machten. Als aber Rom, geblendet durch seine
Macht und reich durch Beute, nach innen verblutete; als
Zwietracht, Sittenlosigkeit, Genußsucht und andere Laster die
Nation schwächten, da mußte der Weltherrenthron dem
Untergange entgegengehen. Die Schwäche Roms hatte zur
Folge, daß seine Vasallenstaaten nach Unabhängigkeit und
wilde Völkerstämme nach Ruhm und Beute gelüsteten. Von
Sonnenaufgang und aus den Ländern gegen Mitternacht
wälzten sich Völker um Völker heran, gerüstet zum Vernich-
tungskampfe wider das übermächtige Rom. Es kam gegen

Ende des vierten Jahrhunderts die Zeit der großen, allgemeinen Völkerwanderung.

Westlich des Jura und auf der Ostabdachung desselben bis zur Aare ließen die Burgunder sich nieder. Sie waren herübergekommen aus den Weichsel- und Odergegenden, trieben Ackerbau und liebten feste Wohnsitze mehr als das nomadisirende Hirtenleben. Als Christen übten sie viel Menschlichkeit gegen die Ueberwundenen, welche sie friedlich neben sich wohnen ließen. Weit unmenschlicher dagegen geberdeten sich die Alemannen, von Ala, ihrer Streitaxt, oder, wie andere behaupten, von allerlei Volk so geheißen. Gleich einem verheerenden Waldstrom durchbrachen sie in britthalbhundertjährigen Kämpfen die Juraschluchten und nahmen unter anderm auch Besitz von den Niederungen östlich des Aarstroms. Unter ihren Händen sanken vormals berühmte Römerstädte, Festungen und Tempel in Staub und Asche; denn als Hirten liebten sie nur das offene Land mit seinen Triften und Allmenden; als Heiden verabscheuten sie die Heiligthümer der Christen: ihre Tempel und Kapellen. So gieng, was römisch, was helvetisch gewesen, in mörderischen Kämpfen rettungslos unter. Nichts half den Römern ihre Kriegskunst, nichts das Talent ihrer Feldherren; der Todesmuth der Alemannen besiegte dieselben im Jahr 406 auf immer.

Von der Doppelbesitznahme Helvetiens durch die Burgunder und Alemannen erhielt die Schweiz später ihre Eintheilung in das burgundische oder westliche und in das alemannische oder östliche Helvetien. Dieses ward durch unabläßige Kämpfe schrecklich mitgenommen, während hinwieder Westhelvetien unter der pflegenden Hand seiner Bewohner immer schöner aufblühte. Die Herrschaft der Alemannen über Osthelvetien war übrigens nicht von langer Dauer begleitet. Neunzig Jahre nach der Besitznahme näherte sich nämlich von den Niederlanden herauf ein anderes Volk, deutschen Stammes:

Die Franken. Erst nahmen sie Gallien, von ihnen Frankreich geheißen, in Besitz; dann unterwarfen sie Burgund mit
Westhelvetien und griffen endlich 496 bei Zülpich, unweit
Köln, auch die gefürchteten Alemannen an, mit denen sie über
Länderbesitz in Streit gerathen waren. Schon wankte Chlodwig's, des Frankenkönigs Heer. Der sieggewohnte Fürst gerieth in Noth und diese lehrte ihn beten. In früheren Tagen
hatte ihm Chlotilde, seine christliche Gemahlin aus dem
burgundischen Hause, gar oft von der Allmacht und Liebe des
Christengottes erzählt; der Heide achtete jedoch der Worte nicht
und verschmähte die Bekehrung. Aber hier, im Schlachtengedränge, Angesichts der Gefahr gänzlicher Niederlage, erhob
er flehend die Hände zum Himmel und — siegte; denn die
gallischen Bundesgenossen, meist schon Christen, als sie seinen
Glauben gewahrten, kämpften mit neuer Tapferkeit. Die Alemannen dagegen, als ihr König Gibuld gefallen war, verloren den Muth und hielten den Stoß nicht länger aus.
Von den Unterworfenen giengen viele zu den Franken über;
andere ergriffen voll Verzweiflung die Flucht, weil sie es ihres
Stammes unwürdig fanden, den Nacken unter das eiserne
Joch der Franken zu beugen. Unverfolgt gelangten sie nach
unbekannten Wildnissen im Osten. Manche von ihnen fanden
eine Freistätte in den helvetischen Niederungen, während die
furchtsamern dem Rheine nach aufwärts weiter eilten bis an
die Gestade des Bodensees. Am Almansberg, in Ober= und
Unterwilen, in Büriswilen, also in den jetzigen Gemeinden
Walzenhausen und Oberegg, bauten sie sich an. Noch andere
nahmen ihren Wohnsitz bei Schwänberg, Baldenwil, Wegewil, Wolfatschwil, Wil, Dietenschwil, Ebletschwil, mithin in
den hintern Gemeinden Herisau, Hundwil, Urnäsch 2c. Der
Anbau unseres Landes ist demnach erst aus dieser Zeit mit
Gewißheit anzunehmen, und es sind also die wildfreien Alemannen aus der Gegend des Mittelrheins: aus Elsaß, Baden,

Württemberg ꝛc. als die Stammväter des Appenzellervolkes
anzusehen.

Durch Kampf und Jagd vielfach abgehärtet, gelangte
der Alemanne zu ungewöhnlicher Leibesstärke und zu jener
Todesverachtung, welche vor keiner Gefahr erbebt. Als Wohnsitz wählte er sich das offene Land oder die Nähe eines Waldes,
wohin ihn eine Quelle lockte. Da baute er sich sein Blockhaus
aus Baumstämmen und lebte auf dem Gehöfe oder Einfang
abgesondert vom Nachbar, von diesem meist durch weite Flächen
streng geschieden. Dessenungeachtet blieb seine Wohnung jedem
gastlich offen, weil es für Schande galt, Bekannte oder Fremde
nicht zu beherbergen oder ihnen ein Obdach zu versagen. Den
Krieg führte er meist zu Fuß, bisweilen jedoch auch zu Pferd,
geschützt durch den Schild und bewaffnet mit Speer und
Spieß, welch letztern er in große Entfernungen zu werfen
vermochte. Für den Angriff wählte das Heer die Keilform,
um den Feind zu trennen. Selbst Weiber und Töchter fanden
sich ein, sei es, die Kämpfer anzufeuern, damit sie selbst nicht
eine Beute des Feindes werden, sei es, um den Verwundeten
beizustehen. War Friede, so brachte der Alemanne die Zeit
meist im Müssiggange zu; oft schlief er bis in den Tag hinein; auch stellte er nicht selten Trinkgelage an, bei denen er
in Waffen erschien, und da es nicht selten Zank und Streit
absetzte, waren Wunden und Todtschlag gar oft die Folgen
der Festfreude. Ueber Krieg und Frieden, wie auch über andere gemeinsame Angelegenheiten, entschied er in Volksversammlungen, welche zur Zeit des Vollmondes unter freiem Himmel
abgehalten wurden. Jeder Freie (die unterworfenen Einwohner
waren leibeigen) erschien auch bei diesem Anlasse in Waffen,
wie wir an der Landsgemeinde. Mißbeliebige Anträge verwarf das Volk mit Murren; seinen Beifall dagegen gab es
durch das Anschlagen der Waffen kund. Als Heide verehrte
der Alemanne verschiedene Götter: den Wodann, den Thor

und die Fryža in geheiligten Hainen. Dieselben zu versöhnen opferte er ihnen Pferde, Ochsen, Früchte, ja selbst Menschen. Die Furcht vor guten und bösen Tagen, vor Gespenstern, Hexen und andern Unholden hielt noch alles Volk gefangen. Zu ihrer Vertreibung machten sie beim Jahresbeginn allerlei Lärm mit Schreien, Jolen, Klopfen, und beim Frühlings-anfang, wenn die Tag- und Nachtgleiche eintrat, feierten sie den Sieg des Lichtes über die Finsterniß, der guten über die bösen Götter durch Freudenfeuer auf Höhen und Bergen.

Das Land unter den Franken.

Sei stille dem Herrn und warte auf ihn.
Erzürne dich nicht über den, dem sein
Muthwillen glücklich fortgeht.
Psalm 37, 7.

Um der Unterjochung durch die Franken zu entgehen, traten die Alemannen in ein Schutzbündniß mit den Ostgothen, einem schon mehr gesitteten Volke, welches Italien inne hatte. Durch dieses wurden sie mit dem Christenthum bekannt. Allein die Franken strebten, wie vor ihnen die Römer, ein Weltreich zu errichten und ihre Herrschaft über alle Lande von West-europa auszubreiten. Erst hatten sie Burgund mit Westhelvetien unterworfen; dann gerieth um das Jahr 538 auch das Ge-biet des Ostgothenkönigs, Theodorich, unter ihre Botmäßig-keit, wodurch das Schicksal der Alemannen unseres Landes entschieden ward. Nach dem Genuß einer vierzigjährigen Freiheit gerieth auch Osthelvetien bis zum Fuße des Sentis unter das gefürchtete Joch der Franken, dem sich die Alemannen

nach der Schlacht bei Zülpich durch ihre Flucht zu entziehen
gehofft hatten. Die neuen Herren theilten nun Helvetien in
zwei Theile. So weit nämlich die Alemannen angesessen
waren und man deutsch redete, wurde das Land mit Austrasien
oder Deutschland vereinigt, nämlich Rhätien nebst allem, was
zwischen Aare und Rhein, dem Bodensee und Gotthard liegt.
Westhelvetien dagegen und Savoyen, wo der Mehrtheil welsch
redet, verbanden sie mit Burgund.

Die Bewohner der unterworfenen Länder wie auch Kriegsgefangene machten die Franken zu Leibeigenen, während sie
selbst mit ihren Nachkommen sich Freie nannten und das Volk
bildeten, das in den höhern oder Erbadel und in den niedern
Adel eingetheilt war. Was der Freie bei der Einnahme des
Landes vom König durch das Los erhalten hatte, ward erb-
liches Eigenthum (Allodium); was er später durch Gunst des
Königs oder von dessen Vasall bekam, nannte man Lehengut
oder Beneficium. Die Besitzungen des Königs dagegen hießen
Domänen, auch Krongüter, und die sie bewohnten, wurden
Königliche genannt. Ihr Ertrag fiel der Schatzkammer zu.
Man unterschied demnach zweierlei Unterthanen: unmittelbare
Angehörige des Königs und solche, die den Edelleuten unter-
worfen waren. Auch in unserm Lande gab es, namentlich
zwischen der Golbach und Urnäsch, unmittelbares Eigenthum
des Königs oder Krongüter, während andere Theile den Herren
von Rosenberg, von Trogen, Schwarzenegg ꝛc. gehörten. Die
Leute auf den Krongütern erfreuten sich meist einer humanen
Behandlung, weil der Eigennutz des Adels seine Hand hier
nicht im Spiele hatte.

Zu den Gütern, welche der König an seine Vasallen oder
Günstlinge verschenkte, gehörten auch deren Bewohner mit
Haus, Hof und Vieh; denn der Leibeigene hatte kein Eigenthum; vielmehr mußte er verzinsen, was er vom Leibherrn
zu seinem Unterhalte bekommen hatte. Für nichts geachtet,

war er dienstbar, recht- und wehrlos. Bei Volksversammlungen sah man darum auch nur den Freien und zwar, wie
bei den Alemannen, in Waffen; denn auch dem Franken galt
die Waffe als Symbol der Unabhängigkeit. Mißhandlungen
unter Freien konnten mit Geld gesühnt werden; wer aber die
Buße nicht bezahlen konnte, sank bei schwereren Vergehen zum
Leibeigenen des Beleidigten herab. Das Los der Hörigen,
wie man die Leibeigenen auch nannte, war höchst beklagens-
werth. Wie gemeine Waare konnte ihn sein Herr vertauschen,
verkaufen, verschenken, ja selbst mit dem Tode bestrafen. Drei
Tage in der Woche mußten Mann und Weib für ihren Herrn
arbeiten, jener das Feld bauen, diese spinnen, stricken und
weben. Von Allem, vom Ertrag der Ernte, von Alpen,
Land und Vieh, selbst von Hühnern, Eiern und Bienen hatte
er den Zehnten zu entrichten. Das Huhn galt als Symbol
der Hörigkeit. Es gab Rauch-, Fastnachts-, Michaelis-,
Zehnten-, Zins- und Erbzinshühner. Geringschätzung und
Druck waren mit einem Wort so groß, daß, da das Glück
des Menschen in Selbstständigkeit und gesetzlicher Freiheit
wurzelt, kein Leibeigener des Lebens froh werden konnte. Wie
wir aus der Geschichte Basels wissen, trieben Adeliche ihren
Muthwillen selbst so weit, daß sie die frierenden Füße in den
Eingeweiden des aufgeschlitzten Bauches von Leibeigenen wärm-
ten. Um die Unterthanen leichter im Zaume halten zu können,
setzten die Edelleute an ihrer Statt wohl auch Vögte über
dieselben. Auf wohlgelegenen Höhen baute man ihnen Schlösser,
und von da herab übten sie dann Jahrhunderte lang ihren
tyrannischen Druck auf die Unterthanen aus. Die Gefälle
und Leistungen an den Leibherrn: Todfall, Ehrschatz, Gläß,
Bodenzins und Frohndienst, stammen alle aus jener traurigen
Zeit. So oft ein Leibeigener starb, welcher Söhne hinterließ, mußte dem Leibherrn das beste Stück Vieh abgetreten
werden. Besaß er nur Töchter, so nahm der Vogt das beste

19

Kleid des Verstorbenen für sich; wenn aber der Erblasser kein Vieh besessen hatte, so bezahlten die Kinder ein Pfund Pfennig Konstanzermünze. Das war der Todfall. Als Bürgschaft, daß Haus, Hof und Wald nicht den Erben gehöre, hatten sie als Ehrschatz eine bestimmte Baarleistung zu entrichten. So oft aber der Fall eintrat, daß ein Vater keine Leibeserben hinterließ, so erbte die Witwe nur die Hälfte der Fahrhabe; die andere dagegen gehörte dem Edelherrn oder dem Stift, dessen Leibeigener der Verstorbene gewesen war. Dies nannte man Gläß. Die jährlichen Baarleistungen nannte man Bodenzins und die Tagwerke Frohndienste.

So traurig waren die Verhältnisse zu Anfang der Feudal- oder Lehenherrschaft. Das finstere Heidenthum herrschte noch weit umher; aber den Menschen strahlte das Evangelium des Weltheilandes herüber aus dem fernen Morgenlande; es sollte ihnen eine Erlösung werden.

Sieg des Christenthums.

Er sendet eine Erlösung seinem Volke.
Psalm 111, 9.

Durch die Völkerwanderung hatte der Herr die Nationen durcheinander gewürfelt, damit die Abgötterei verschwinde und die Heiden das Wort des Heils vernehmen könnten. Zu Anfang des fünften Jahrhunderts bekannte sich schon das ganze römische Reich und viele seiner unterworfenen Völker zum Christenthum. Durch den Sieg Chlodwig's bei Zülpich fand dasselbe auch bei den Franken Eingang. Die Burgunder und die Ostgothen in Rhätien waren schon christianisirt, und so läßt sich annehmen, daß auch die Alemannen dem neuen Glauben hie und da das Herz öffneten. Wenigstens war Konstanz schon vor ihrer Unterwerfung Bischofssitz; Arbon besaß, gepflegt von Willimar, eine christliche Kirche; auch in Grabs leuchtete ein Christentempel hinaus in die Finsterniß der Nacht. Das waren Sternlein in der Dämmerung; aber die Masse des Volkes harrte noch des Tages, der ihm aufgehen sollte. Und er kam, vorzugsweise durch die Mission christlicher Glaubensboten. Es ist daher nothwendig, daß wir wenigstens eine derselben, die des frommen Gallus, etwas näher betrachten, da er als der eigentliche Apostel in unserer Gegend angesehen wird.

Nach der Sitte des Morgenlandes, wo viele Mönche in Gemeinschaft beisammen lebten, gab es auch auf den brittischen Inseln unter dem Schutze Roms manche Klöster, und wenn das Land auch oft von räuberischen Horden des Nordens, von den Angeln und Sachsen, heimgesucht wurde, so traf doch die Hand der Zerstörung nie alle zugleich. Berühmt vor allen war das Kloster Bangor in Irland. Bei 3000 Mönche widmeten sich da dem Studium der Bibel, den Wissenschaften und dem Feldbau. Kolumban, ein Schüler des trefflichen Abtes Camogell, zeichnete sich durch Hingebung an die hohe Aufgabe vor allen aus. Als aber 587 die Angelsachsen neuerdings in Brittanien einfielen, verließ Kolumban mit 12 gleichgesinnten Mönchen das Land und ließ sich mit ihnen zuerst in Frankreich nieder. Nach einander erhoben sich hier unter ihrer Pflege die Klöster Fontaine, Aneprates und Luxeuil. Als aber Kolumban sich einstmals weigerte, die unechten Söhne der gottlosen Königin Brunhilde zu segnen, entbrannte der Zorn des Hofes über den Trotz des kühnen Bußpredigers. Dem Tode zu entrinnen, zerstreuten sich die Männer Gottes, nachdem sie 20 Jahre mit Segen gewirkt. Kolumban ließ sich mit einigen Gefährten bei Tuggen, am

obern Zürichsee, nieder. Hier kämpfte die Schaar über ein
Jahr wider den Götzendienst. Der Eifer aber, womit die
Männer gegen den Opferdienst auftraten, brachte ihnen auch
hier Gefahr; denn die Einwohner kannten noch kein höheres
religiöses Bedürfniß, da ihre Götter ihnen bis dahin Son-
nenschein und Regen gewährt hatten. Die Apostel predigten
zwar fort, aber sie verloren die Geduld, als die Leute in ihres
Herzens Trotz bald darauf den Götzen ein Methopfer brachten.
Gallus, der Tüchtigste seiner Begleiter, stieß die Opferschale
um und zündete voll Entrüstung auch den Tempel an. Ergrimmt über den Tempelstürmer, bedrohte das Volk die Männer
mit dem Tode. So flohen sie durch die Wildniß gen Norden
an die Gestade des Bodensees. Bei Arbon finden sie Willimar, einen Priester, voll christlicher Glaubenstreue, der hier
unter den Alemannen sein Licht leuchten läßt. Nach kurzem
gastlichem Aufenthalte geht die Schaar voll Sehnsucht nach
einem neuen Arbeitsfelde nach Bregenz. Drei Jahre weilen
sie hier; aber der Glaubenseifer bedroht die Streiter Christi
mit der nämlichen Gefahr, wie am Hofe der Franken und
bei Tuggen. Als nämlich Gallus einstmals predigte, zer-
trümmerte er Angesichts der Versammlung die Götzen und
warf sie in den See. Viele nehmen das Christenthum an;
andere verlassen zornentbrannt den Tempel, und unter dem
Vorwand, daß die Missionare die königliche Jagd zerstören,
ruhen sie nicht, bis der alemannische Herzog Gunzo ein
Verbannungsurtheil über dieselben verhängt. Kolumban,
begleitet von Siegbert, verfolgte die Römerstraße nach Italien
und kam nach Grabs, wo er dem Diakon Johannes einen
Besuch abstattete. Von da setzt er seine Wanderung fort und
gelangt nach Italien, um hier unter dem Schutze des Königs
der Langobarden sein Tagewerk fortzusetzen. Siegbert aber
blieb in öder Gegend an den Rheinquellen zurück, wo zu
seinem Gedächtniß das Kloster Disentis steht und wirkte

von da aus gesittend auf das heidnische Rhätien ein. Gallus mußte fieberkrank zurückbleiben und wurde von Willimar gepflegt bis zu seiner Genesung. Der Verfolgungen müde, sehnte er sich nach einem Orte der Ruhe, um ungestört ein beschauliches Leben führen zu können. Als kundiger Jäger führte ihn Hiltibold (614) durch den Arbonerwald, bemerkte ihm aber treuherzig, daß er hier vor reißenden Thieren nirgends sicher sei. Gallus jedoch, im Vertrauen auf jene Macht, die ihn bisher so wunderbar geführt, erwiederte: „Ist Gott für mich, wer mag wider mich sein?" Beim Wassersturz der Steinach, unterhalb der Schlucht, wo heute Mahlmühlen und Fabriken stehen, fand sich ein von Fischen belebter Teich. Nahe dabei soll Gallus sich in einem Dorngesträuppe verwickelt haben und gefallen sein, was ihm als Wink galt, daß die richtige Stätte für ihn gefunden sei. Nachdem er den Ort mit einem Kreuz bezeichnet hatte, fieng er, vereint mit seinen Begleitern Maginoald und Theodor, denen sich später Diakon Johannes aus Grabs beigesellte, an, Wald auszuroden; dann legten sie einen Garten an und bauten zwischen der Steinach und dem Irrabach Hütten und ein Bethaus. Sie nährten sich mit Fischfang, Jagd, Viehzucht und predigten den Heiden zu Berg und Thal das Evangelium. Mit der Liebe des Volkes erwarb ihnen der Ruf der Frömmigkeit auch die Gunst der Mächtigen. Der Herzog Gunzo in Ueberlingen wollte ihm das Bisthum Konstanz zur Verwaltung übergeben; allein Gallus schlug die Würde aus, weil es ihn mächtiger hinzog zu seiner einsamen Zelle, als zur vergänglichen Ehre bei den Menschen. Er empfahl seinen Freund, Johannes, einen ebenso glaubenstreuen, noch in der Vollkraft der Jahre stehenden Mann, als Verweser des Bisthums. Seiner wartete aber ein noch ehrenvollerer Ruf, indem ihn (625) eine Gesandtschaft für das vakante Kloster Luxeuil, der ansehnlichsten Stiftung Kolumban's

im Frankenlande, zu gewinnen suchte. Allein auch diesmal
ließ sich der Glaubensheld vom Glanze einer Abtei nicht
blenden, wohl schon darum, weil er die Jahre nahe fühlte,
von denen es heißt: sie gefallen mir nicht. Als dann der
Feierabend für ihn gekommen war, machte er bei Willimar,
bei dem er so oft gastliche Aufnahme und Pflege gefunden,
noch einen Besuch und starb bei ihm 646, nach andern 637,
ein Greis von 95 Jahren am Fieber. Der Leichnam wurde
in seiner Zelle beigesetzt und sein Andenken im Segen erhalten.
Noch wird der 18. Oktober als sein Todestag alljährlich
gefeiert.

„Als der Mann Gottes," sagt Bornhauser, „bei seiner
Flucht von Tuggen an die Gestade des Bodensees gekommen war,
hatte er das Reich Gottes daselbst noch unscheinbar gefunden und
klein, wie ein Senfkorn; als aber einmal der Schnee der Jahre
sein Haupt bedeckte, da hatte es sich erhoben, wie die Ceder
auf dem Libanon. Zwölf Mönche lebten in den Zellen bei
der kleinen Kirche, zu deren Bau die Umwohner mitgewirkt.
Tag und Nacht stieg ihr Gebet zu Gott empor, und feierlich
tönten die Psalmen durch die Hallen des Tempels. Des
Sonntags wurde das Wort des Lebens verkündet, und wie
durstende Rehe eilten die Bewohner des Gebirgs herab zur
Predigt des Evangeliums. Die Axt hatte die Wälder gelichtet und das Grabscheit den Boden urbar gemacht. Im
Thale blühten schon Fruchtbäume, und auf den Bergen erscholl das Geläute der weidenden Herden. In Arbon, Grabs
und an der Steinach ertönten bereits die Festglocken christlicher Gotteshäuser." — So viel vermag frommer Sinn
über die Natur und über die Herzen der Menschen, wenn
er begleitet wird von Hingebung und gläubiger Liebesthat.
Der Feierabend war für Gall in schöner Beleuchtung gekommen; denn er hatte nicht umsonst gelebt. So oft er
daher in spätern Jahren mit Willimar durch Berg und

Thal wanderte, faltete er dankend die Hände und sprach:
„Nicht uns, sondern dem Vater im Himmel gebührt die
Ehre."

Das Kloster St. Gallen.

Ich will dich segnen, und du sollst ein
Segen sein.
1. Mos. 12, 2.

Der Ruf des frommen Mannes erhob dessen Grabstätte
bald nach seinem Tode zum vielbesuchten Wallfahrtsorte und
zum Mittelpunkt für das Christenthum in Alemannien. Durch
ihn hatte der Ort seine Weihe empfangen, weßhalb das Volk
in frommer Verehrung immer häufiger hinpilgerte zu der
Quelle des Heils. Die Zahl der Mönche mehrte sich allmälg
und mit ihr der Wohlstand des Gallusstiftes durch Schenkungen verschiedener Art. Bestanden dieselben anfangs oft
nur in Wachs für Kirchenlichter, so kamen dagegen bald
größere hinzu. Graf Talto, welcher als Kämmerer des
fränkischen Königs Dagobert über das Thurgau gesetzt war,
bereicherte das Stift aus Ehrfurcht für seine Zwecke mit Land.
Viele hatten damals noch den Glauben, daß man durch Ver-
gabungen zu frommen Zwecken den Himmel erwerben könne.
Auch abgesehen von dem Bedürfniß nach christlichen Gottes-
diensten, waren die Klöster in jenen sturmbewegten Zeiten eine
Wohlthat für alles Volk; denn gar oft waren sie die allein-
igen Zufluchtsstätten für Verfolgte, für Arme und Kranke,
die ausschließlichen Stätten der Bildung und Wissenschaft,
ja mitunter auch die einzigen Gotteshäuser weit umher. Bald
aber traten kriegerische Stürme ein, und diese rüttelten die

Mönche aus ihrer harmlosen Ruhe auf. Nach der Ermordung
Dagoberts II. (680) trachtete nämlich Wulfrad, sein Hausmeier, sich an die Spitze des Reiches zu stellen und den rechtmäßigen Nachfolger zu verdrängen. Auch das Thurgau ward
in den Krieg um den Thronwechsel verwickelt und Konstanz,
Arbon und andere Orte giengen dabei in Flammen auf. Die
Männer wurden getödtet, Weiber und Kinder gefangen fort-
geführt, und was der Feind von der Habe nicht wegschleppen
konnte, zerstört. Der Schrecken gieng vor dem Feinde her
und trieb die, welche dem Schwerte entronnen waren, zum
Stifte des Gallus, wo sie ihre Habe verbergen zu können
hofften; allein die Raubgier fand ihren Weg auch dahin, und
es ward selbst der Gruft des Heiligen nicht geschont, weil
man in derselben verborgene Schätze zu finden wähnte. So
kam es, daß von den Furchtsamen manche nach den Hoch-
thälern des Alpsteins flüchteten und dadurch zur Vermehrung
der Bergleute, wie man die Bewohner unseres Landes nannte,
beitrugen. Nach diesen sturmbewegten Zeiten kehrte in die
stillen Hallen des Klosters der Friede mit seinen Segnungen
wieder zurück. Durch Bevölkerungszuwachs und durch Schenkungen zahlreicher Güter mit Weinbergen, Aeckern, Wiesen,
Gebäuden und zugehörigen Knechten im Breisgau, Zürichgau
und in Schwaben vermehrte sich das Ansehen des Stiftes,
wie nie zuvor, aber damit auch der Neid mancher Großen,
welche ihm sein Glück mißgönnten. Viktor, Graf von
Rhätien, gieng selbst so weit, daß er, um den Ort um seinen
Ruf zu bringen, sogar den Leichnam des Gallus wollte rauben
lassen. Aber Waltram, der zweite Urenkel Taltos, welcher
Sendgraf des Thurgaues war, wohin auch die Gegend von
St. Gallen gehörte, verhinderte den Anschlag in kluger Weise.
Um aber das Stift für immer aus seinem provisorischen
Zustande herauszuheben, gab er ihm einen Abt, der als Sach-
walter dasselbe beschützen sollte.

Die Wahl fiel auf Othmar, einen in Rhätien gebildeten Priester, gleich ausgezeichnet durch Kenntnisse, wie durch sittliche Kraft. Im Jahre 720 trat er sein Amt als erster Abt von St. Gallen an und rechtfertigte das Vertrauen in seine Eigenschaften vollkommen. Othmar setzte eine Klosterordnung fest, nach welcher die Mönche ein streng-sittliches Leben beobachten sollten. Nicht weniger lag ihm die Pflege der Kranken jeder Art und der Armen am Herzen, wodurch er sich den Ehrennamen eines Vaters der Armen erwarb. Im Jahre 747 führte er die Ordensregel der Benediktiner ein, welche die Mönche einerseits zu ascetischem Leben, anderseits aber zur Arbeitsamkeit und zu fleißigen Studien verpflichtete. So entfaltete sich unter Othmar's weiser Leitung allmälig ein dermaßen reges Geistesleben an der Steinach, daß Pipin, der Kleine, Hausmeier des Frankenkönigs, dem Kloster das Recht der Abtwahl einräumte; auch entband er die königlichen Unterthanen jener Gegend der Pflicht, die Steuern an die Schatzkammer zu entrichten, weil er diese Vortheile nebst den Frohnarbeiten dem Kloster zugedacht hatte. Othmar blieb innerhalb 40 Jahren ein würdiger Pfleger der frommen Stiftung; er gründete auch einen Spital zur Pflege der Kranken und eröffnete eine Schule zur Bildung des Volkes. Aber Warin, der Graf des Thurgau, und der Bischof Sidonius in Konstanz, neidisch auf die steigende Größe des Stiftes, schädigten dasselbe ohne Unterlaß. Die Stellung Othmar's wurde deßhalb immer unhaltbarer, so daß er sich endlich, der Kränkungen müde, entschloß, beim Könige klagend wider diese Männer aufzutreten. Auf seiner Reise nach der Residenz gerieth er aber in ihre Hand und ward auf dem Schlosse Bodmann zu lebenslänglicher Haft in Ketten geschmiedet. Wohl erleichterte ihm die Fürbitte eines Freundes einigermaßen sein Los; aber Othmar überlebte die Schmach nicht lange. Gramerfüllt erlag er dem Unrecht und starb

759, ein zweiter Stifter des schon weithin berühmten Klosters
St. Gallen.   Während seiner Gefängnißhaft raubte Warin
unter dem Schutze des Sidonius dem Kloster manche Besitzungen, und als der Convent billig zürnte, eilte Sidonius
zornentbrannt nach St. Gallen, denselben zu züchtigen.   Aber
die Hand Gottes erreichte den Ungerechten.   Am Grabe des
Gallus raffte ihn und die, welche mit ihm gezogen und früher
gegen Othmar falsch gezeugt hatten, ein plötzlicher Tod hinweg.   Den Leichnam Othmar's, des unschuldigen Dulders,
brachte man im Triumphe nach St. Gallen, und das Kloster
gelangte wieder in den Besitz aller Rechte und Güter, welche
ihm entrissen worden waren.

Blütezeit des Klosters.

> O daß sie weise wären und vernähmen
> solches, daß sie verständen, was ihnen
> hernach begegnen wird.
>   5. Mos. 32, 29.

Unter den nachfolgenden Aebten lag die Hand des Herrn
während eines halben Jahrhunderts schwer auf dem Kloster
St. Gallen.   In Folge der Gewaltthätigkeiten Warin's und
Sidonius' gerieth es immer mehr in ein Abhängigkeitsver-
hältniß zum Bisthum Konstanz.   Schon unter Sidonius bequemte sich St. Gallen, des Gezänkes müde, zur Steuerpflicht
gegen Konstanz und zahlte als jährlichen Tribut ein Pferd
nebst einer Unze Goldes.   Aber das genügte den Bischöfen
bald nicht mehr; sie wollten nach dem Tode eines Abtes das
Kloster von Konstanz aus selbst regieren, oder sie wählten
einen solchen Abt, der ihren Nutzen mehr förderte, als den

des Klosters. Karl den Großen, bei dem die Mönche gegen
die Uebergriffe und Anmaßungen Klage führten, wußte der
Bischof auf seine Seite zu bringen, und so kam es, daß
derselbe nicht allein die Abgaben steigerte, sondern auch ganz
willkürliche Eingriffe in die innern Angelegenheiten sich erlaubte. Erst unter Kaiser Ludwig, Karls Sohn und Nachfolger, gelang es den Mönchen, sich vom Bisthum Konstanz
auf immer frei zu machen. Den Zins lösten sie aus und
für die übrigen Ansprüche wurden dem Bischof einige Besitzungen abgetreten. So kam nach langen Wirren der Friede
endlich für beide Theile wieder zu Stande.

Unter Abt Gosbert, erwählt im Jahre 816, dessen
Thatkraft dem Kloster die Unabhängigkeit gegen außen sicherte,
schritt man zum innern Ausbau des Stifts. Vor allem
trachtete er der Bildung aufzuhelfen. Zu dem Ende ließ er
für Vermehrung der Bibliothek während voller 19 Jahre
Bücher schreiben. Schon übten sich die Mönche im Zeichnen
und Schönschreiben, im Malen, Vergolden, in Zubereitung
des Pergaments, im Binden der Bücher und selbst in der
Baukunst. 830 schritt er überdies zum Bau einer neuen
Stiftskirche, wie zur Wiederherstellung der verfallenen Klo-
stergebäude und versah diese mit zahlreichen Werkstätten für
die Klosterbrüder. In denselben arbeiteten Schneider, Satt-
ler, Drechsler, Gerber, Walker, Goldarbeiter, Schmiede und
andere Handwerker. Mönche waren die Bauleute, welche nach
selbstverfertigten Plänen arbeiteten. Unter Hartmut gewann
das wissenschaftliche Leben noch mehr Geltung. Erst Mönch,
dann Dekan und von 872—883 Abt, übte er den wohl-
thätigsten Einfluß auf das geistige Wachsthum des Klosters
aus. Unter seiner Leitung erreichte die Klosterschule ihren
Glanzpunkt; sie galt weit und breit als die berühmteste Bildungsanstalt. Ihr Ruf war allgemein; Söhne des Adels
und Königskinder traten als Schüler ein, und Gelehrte suchten

um Aufnahme nach, sei es als Mönche oder als Lehrer.
Fleiß, Sittsamkeit und Ordnung waren streng gefordert; wer
sich nicht darnach richtete, der mußte Stock und Ruthe fühlen.
Als einstmals Kaiser Otto mit seinem Gefolge das Kloster
besuchte, machte man ihn auf die ausgezeichnete Disziplin
aufmerksam. Aber der Fürst zweifelte an der Richtigkeit der
Angaben und wollte sich darum von der Wahrheit selbst überzeugen. Eingeführt in die Lehrsäle läßt er, die Schüler zu
prüfen, Aepfel ausschütten, aber keiner rührt sich, sie aufzuheben. Nicht weniger erstaunt war bei einer andern Gelegenheit König Konrad über die Lesefertigkeit im Lateinischen.
Zur Belohnung steckte er dem besten Schüler ein Goldstück
in den Mund; allein er spie es augenblicklich aus und las,
als ob nichts geschehen wäre, weiter. „Das giebt einen guten
Mönch", sagte hierauf der König lachend. — Die Stiftskirche
schmückte Hartmut mit Altären, Bildern und sinnvollen
Sprüchen. Ueber dem Haupteingang stand geschrieben: „Hier
ist Gott gegenwärtig dem frommen Beter mit reinem Herzen;
er verzeiht dem Betrübten und heilt die zerknirschten Herzens
sind."

Auf Hartmut folgte Bernhard und von 890—920
verwaltete Abt Salomo III. die Abtei St. Gallen, wo er
eine ausgezeichnete Bildung erhalten hatte. Einer der größten
Männer seiner Zeit, verband er mit vielseitigen Kenntnissen
große Menschenfreundlichkeit und liebenswürdige Sitten. Gegen
Arme war er höchst freigebig, in Gesellschaften voll Frohsinn
und Scherz, in seinen Predigten aber auch wieder so ernst
und eindringlich, daß oft alle Zuhörer weinten. Das erwarb
ihm mit der Liebe des Volkes auch die Gunst der Fürsten,
und diese benutzte Salomo zur Vergrößerung der Macht seiner
Abtei. Kaiser Ludwig machte ihn zum Staatskanzler und
ernannte ihn zum Bischof von Konstanz. Zu Ehren des
Abtes beschenkte er auch das Stift St. Gallen mit Besitzungen

im Aargau und in Schwaben, ferner mit der Abtei Pfäfers, mit Kirchengütern in Feldkirch nebst Höfen, Alpen, Gütern und Zehnten; auch Stammheim, Helferswil und Wil kamen durch kaiserliche Gunst ans Kloster. Seit Gallus die bescheidene Zelle gegründet, war im Lauf von drei Jahrhunderten das Vermögen seines Stifts dermaßen angewachsen, daß dasselbe, nicht gerechnet, was außerhalb Helvetien lag, nur zwischen dem Boden- und Zürichsee, zwischen Rhein und Thur, 4000 Höfe nebst 150,000 Morgen Landes besaß. So viel Gunst erweckte aber den Neid der Vasallen gegen den Abt, besonders der königlichen Kammerboten Erchanger und Berchtold, welche es nicht verschmerzen konnten, daß ihnen der Kaiser die Verwaltung einiger Kammergüter entzogen und den Abt damit beschenkt hatte. Sie fiengen ihn mit List und sperrten ihn in die Festung Hohentwil, welche heute noch trotzig ins Land hinaus schaut. Der Kaiser aber machte den Gefangenen frei und bedrohte die Frevler; allein umsonst, sie achteten des Friedgebotes nicht und verfolgten Salomo von Neuem. Erzürnt über den Trotz ließ der Kaiser, nicht achtend der Fürbitte Salomos, die Frevler hinrichten. — Wir können die preiswürdigen Thaten dieses Abtes, wodurch er sich um St. Gallen verdient machte, hier nicht alle anführen, dagegen erwähnen wir noch, daß er der Stifter von Bischofzell war. Auf dem Jrahügel der Stadt, wo seine Wohnung gestanden, ließ er 898 die St. Magnuskirche erbauen und zur leichtern Verbindung mit dem Rheinthal über die Goldachschlucht die bekannte Martinsbrücke schlagen. Nachdem Salomo das Kloster während 30 Jahren mit Weisheit verwaltet, starb er am 5. Jänner 920, tief betrauert, weil er das St. Gallusstift, wie keiner vor ihm, zu Macht und Ansehen gebracht.

Nachdem wir von den hervorragendsten Aebten gesprochen, ziemt es sich, auch noch einiger Lehrer zu gedenken, welche der Klosterschule einen europäischen Ruf erwarben. Unter ihnen zeichnete sich durch Tüchtigkeit in der lateinischen und griechischen Sprache, wie als Kenner der Musik und Dichtkunst Notker, der Stammler, rühmlich aus. In Verbindung mit einigen Kollegen: Marcellus, Ratbert, Tutilo und Eckehard, wurde für Verherrlichung des Gottesdienstes durch Musik und Gesang viel gethan. Notker selbst veranstaltete eine Sammlung Kirchenlieder, welche Jahrhunderte lang gesungen wurden. Sein tief religiöses Gemüth, seine seltene Pflichttreue im Lehramte erwarben ihm die Achtung Kaiser Karls des Dicken in so hohem Grade, daß er ihn zum Vertrauten und Rathgeber wählte. Solche Gunst erweckte ihm aber einst den Neid eines Hofkaplans. Spottend sagte er zu den Umstehenden: „Seht, dieser soll der Gelehrteste in Karls Reiche sein. Ich will ihn doch mit einer Frage beschämen." „Gelehrtester Mann, hub er an, wir wissen, daß du die tiefste Kenntniß hast und selbst die himmlischen Geheimnisse zu erforschen verstehst. Weißt du auch, was der heilige Geist jetzt thut?" Notker erwiederte: „Das, was er immer that und thut und was auch dir bald widerfahren wird. Er erniedrigt die Stolzen und erhöhet die Demüthigen." Noch am nämlichen Tage brach der Kaplan durch einen Sturz vom Pferde das Bein. Dem Uebermuth folgte tiefe Beschämung. Er bereute seinen Aberwitz und bat Notkern um Verzeihung. Ein anderes Mal traf der kaiserliche Bote Notkern, an den er einen Brief zu überbringen hatte, mit Jäten beschäftigt und mit Bepflanzung leer gewordener Stellen. „Heiliger Vater!" fragte der Bote nach längerem Warten, „was hast Du deinem Herrn zu melden?" „Sag ihm, erwiderte Notker, was Du mich thun siehst, nichts weiter." Der Kaiser zeigte sich zufrieden mit der sinnigen Antwort; denn der Fürst erblickte darin herrliche Winke für einen Regenten. — Unter den vielen Wissenschaften wurde im Kloster auch Arzneikunde gelehrt. Der sprachkundige Iso kannte die Heilkräuter vollkommen; er verstand es, den Aussatz, die Gicht, die Blindheit und andere Krankheiten zu heilen. Notker, der Arzt, war ein Meister in der Arzneikunde und Chirurgie. Als Kaiser Otto, im Galluskloster erzogen, in Begleitung seines Sohnes daselbst einen Besuch machte, verlangte er Notker, seinen einstmaligen Lehrer, zu sehen, der blind in einsamer Zelle lebte. Der Prinz mußte ihn holen und der Kaiser umarmte und tröstete den blinden Mann, verlangte auch, daß er an seiner Seite speise. Mit Rührung rief Notker aus: „O ich Glücklicher! der ich heute solche Führer ge- funden." Ratbert, ein anderer Lehrer im Kloster, war Dichter und Geschichtschreiber; als er auf dem Sterbbette lag, besuchten ihn gleichzeitig 40 Geistliche, einst seine Schüler. Notker der Dicklippige, galt ebenfalls als ein ausgezeichneter Gelehrter; aber die Kenntnisse blähten ihn nicht auf; vielmehr bekannte er voll Bescheidenheit, daß sein und aller Menschen Wissen nur Stückwerk sei. Ein Freund der Armen, befahl er vor dem Hinschiede aus diesem Leben, daß man ihnen an seinem Bette noch ein Mahl bereite, damit er das Vergnügen habe, sie noch einmal essen zu sehen. — Andere Gelehrte des Klosters übergehen wir und bemerken hier nur noch, daß die Mönche den Schriftzügen einen Glanz zu geben wußten, wie es später nicht mehr gelingen wollte. Zu wichtigen Arbeiten bedienten sie sich silberner und goldener Tinte. Auch färbten sie das Pergament zuweilen mit Purpurfarbe, malten Titel und Anfangsbuchstaben so dauerhaft, daß der Glanz der Farben bis in unsere Zeit, also nach 900 Jahren noch, Frische und Klarheit beibehalten hat.

Karl dem Großen gebührt das Verdienst, fast alle Klöster seines gewaltigen Reiches zur Pflege der Wissenschaften an- gespornt zu haben; aber das in St. Gallen verstand den Wink der Zeit, wie kein anderes neben ihm. So kam es, daß die Klosterschule des heil. Gallus überall bewundert wurde und daß ihre unvergleichliche Bibliothek heute noch als eine wahre Fundgrube für gelehrte Forschungen angesehen wird. Das größte Verdienst erwarb sich aber das Stift um Ausbildung der rohen Sprache damaliger Zeit zur deutschen Schriftsprache. „Das Kloster wurde so recht die Pflegerin des mächtigen Sprachstammes des Althochdeutschen und die Geburtsstätte der deutschen Nationalliteratur."

Verfall des Klosters.

Dein Trotz und deines Herzens Hochmuth hat dich betrogen. Die Art ist dem Baum an die Wurzel gelegt.
Jer. 49, 16. Luk. 3, 9.

Den Ruf der Gelehrsamkeit konnte das Kloster nur so lange behaupten, als es seiner Bestimmung treu blieb; so lange, als es sich nicht unberufen in fremde Welthändel einließ, sondern das eine hohe Ziel im Auge behielt: Wissenschaft, Kunstbildung und Kirchenthum inner seinen Mauern zu pflegen. Aber andere Zeiten kamen, als der Geist Karls des Großen von seinen Enkeln gewichen war. Nach dem Hinschiede Ludwigs des Frommen (840) gieng Frankreich an seine Söhne über, die sich unter einander entzweiten und endlich nach langem Hader (843) zu einer Theilung des Reiches schritten. Ludwig erhielt Deutschland nebst dem alemannischen Helvetien, Lothar Italien nebst Lothringen und Karl der Kahle Frankreich mit Westhelvetien. Durch diese Zerstückelung sank die Macht des Hofes und unter der Regierung schwacher, oft sittenloser Könige auch sein Ansehen. Ungehorsam bemächtigte sich, wie zur Zeit Warin's, der königlichen Vasallen, der Herzoge und Grafen. Jene befehdeten aus Ehrgeiz oder Eigennutz die Grafen, diese drückten den Adel; alle aber trachteten Gewinn zu ziehen aus der allgemeinen Verwirrung, welche bei der Ohnmacht der Könige über das Reich hereingebrochen war. Die Gesetze verstummten; der Starke herrschte über den Schwächern. Ihre Macht zu vergrößern, griffen die Vasallen gegen den Willen der Könige zu den Waffen und machten das Land, das sie beschützen sollten, zum Schauplatze namenlosen Elendes. Derselbe Geist bemächtigte sich auch der Bischöfe und Aebte. Zum Schutze der angestammten Rechte, oder weil sie im Trüben fischen wollten, zogen auch sie in den Krieg. So war das weiland heilige Leben in den Klöstern ein unheiliges und weltliches geworden. Auch in St. Gallen vernachlässigte man mehr und mehr die Pflege der Wissenschaften; mit der Unwissenheit aber nahmen Sittenlosigkeit, Unordnung und Gewaltthätigkeit überhand.

Zu dieser einen großen Gefahr gesellte sich für das Klosterleben gegen Ende des 11. Jahrhunderts noch eine andere. Hatten nämlich bis dahin nur die Adelichen sich bekriegt, so entzweite sich nun auch die geistliche Oberhoheit mit der weltlichen, der Papst mit dem Kaiser. Jener wollte die Obergewalt über Staat und Kirche erringen, dieser vertheidigte die Rechte des Staates gegenüber der Kirche. Pabst Gregor VII. that Kaiser Heinrich IV. in den Bann, das vergalt Heinrich durch Entsetzung des Pabstes. So kam Parteiung in die Völker und in Folge davon unsägliches Unglück über Italien, Deutschland und Helvetien, weil sowohl das weltliche als das geistliche Oberhaupt unter den Völkern seinen Anhang hatte. Aller Orten war Fehde, selbst in den Familien, weil der Eine für den Papst, der Andere für den Kaiser war. In St. Gallen geschahen deßhalb doppelte

20

Abtwahlen; ihnen folgten Krieg und Verwüstung des Landes bis hinauf in die stillen Hütten der Alpen. Aus Furcht vor unerwarteten Ueberfällen nahm der Landmann die Waffen mit auf's Feld. Der ritterliche Abt Ulrich von Eppenstein, ein Anhänger des Kaisers, legte den Panzer an und trat sammt seinem Convent an die Spitze des Heeres. Der Kampf gegen den Herzog von Zähringen als Gegner des Kaisers dauerte von 1075—1093 mit wechselvollem Glücke. Bei den unaufhörlichen Wirren drangen einst feindliche Krieger verheerend ins Kloster ein; ein Knabe ward am Altare ermordet. Andere Heerhaufen verwüsteten auf ihrem Zuge Herisau, Urnäsch und alles Land bis hinein in die Schwägalp. — Um das Klosterleben, um Gottesdienst und Unterricht bekümmerte sich unter solchen Umständen natürlich niemand mehr.

So gieng denn, was dem Kloster seinen weitverbreiteten Ruf gebracht, über den Welthändeln unter. Was Jahrhunderte mühsam auferbaut, gerieth nach innen und außen in Verfall. Der Krieg hatte, da er von der Grenze des Thurgaus bis hinauf zum Alpstein und hinein ins Toggenburg auch nicht eine Ortschaft mit Raub und Brand verschonte, das Stift seiner Auflösung nahe gebracht. Die Gefälle blieben aus; die Ersparnisse waren aufgezehrt, der Kirchenschatz erschöpft, manche Stiftsgebäude standen leer; es fehlte dem Kloster selbst am Nothwendigsten. Es besaß nicht einmal einen silbernen Becher mehr für die Messe, weil die silbernen Gefäße aus Mangel an Baarschaft hatten verkauft werden müssen. Die Stiftskirche war dermaßen in Verfall gerathen, daß der Regen in das Chor herab fiel. Als dann der Friede zurückkehrte, trachteten die Aebte eifrig darnach, durch vermehrte Gefälle dem Kloster wieder aufzuhelfen. Das erregte zu Unmuth und Widerstand beim Volke.

Druck der Aebte. Widerstand der Appenzeller.

Wenn der Gottlose herrscht, so seufzet das Volk.

Sprüchw. 29, 2.

———

Unter Abt Konrad von Bußnang (1226 — 1239) kommen die ersten Abgaben auf. Das Kloster war nämlich noch immer mit 1400 Mark Silber verschuldet; statt aber die Ländereien zu verpfänden, suchte der Abt durch freiwillige Beiträge sowohl vom Convent, als auch von den Bürgern und Bergleuten der Noth abzuhelfen. Wirklich zeigten sich auch alle zu Gaben bereit, immerhin in der Meinung, dies sei nur eine vorübergehende Nachhülfe. Als aber der Abt, voll kriegerischen Geistes, muthwillig in neue Fehden sich verwickelte und deßhalb vermehrte Steuern erheben mußte, entstand alsbald Unwillen, und es vereinigten sich schon unter seiner Regierung die Bürger und Bergleute zu gemeinschaftlichen Maßnahmen, um die Zumuthungen des Abtes mit Nachdruck von der Hand zu weisen. Noch schlimmere Zeiten traten jedoch ein, als Abt Berthold, welcher ein ritterliches Leben mit Festgepränge höher achtete, als die Liebe seiner Unterthanen, 1246 zur Regierung gelangte. Unaufhörliche Fehden gegen den umliegenden Adel, gegen den Bischof von Konstanz und die Habsburger schädigten das Land, einerseits durch Verwüstung desselben, andererseits durch zahlreiche Heerzüge für den Krieg. St. Gallen und Appenzell giengen darum noch weiter; sie schlossen einen förmlichen Bund zu gegenseitigem Schutze, hielten ihn aber vorläufig noch geheim, aus Furcht vor des Abtes Zorn. Als diesen daher 1272 der Tod abrief, war die Freude so allgemein, daß die Berg-

leute in der Stadt mit Tanz sich belustigten, während man
für den Verstorbenen die Messe las.

Streitigkeiten wegen der Abtwahl. Der Convent
wollte einen Vetter Bertholds, Heinrich v. Wartenberg, an
seine Stelle wählen, aber das Volk widersetzte sich, und als
dann Ulrich von Güttingen zur Abtwürde gelangte, befehdeten sich die Parteien wegen der Doppelwahl lange Zeit.
Das Land hatte abermals viel zu leiden und das Kloster
verarmte neuerdings. Um sich gegen seine Feinde leichter
behaupten zu können, wandte sich Ulrich an Rudolf von Habsburg, welcher unterdessen König der Deutschen geworden war.
Dieser kam später (1275) wirklich nach St. Gallen, in der
Absicht, sich huldigen zu lassen. Ulrich aber war unterdessen
gestorben, an seine Stelle Rumo von Ramstein getreten, und
der Streit der Parteien dauerte ungeschwächt fort. Statt
aber denselben beizulegen, wies der König die Angelegenheit
an den Pabst und setzte seines Orts Ulrich von Ramschwag,
seinen treuen Anhänger, als Schirmvogt ein. Dieser trachtete
nun eifrig darnach, die Macht des Hauses Habsburg im
Lande zu befestigen. Erst suchte er Uneinigkeit zu stiften
zwischen dem Abte und seinen Unterthanen; dann gab er den
Appenzellern einen Landammann, Hermann von Schönenbühl. Der Abt aber, weil er in diesem Akt eine Schmälerung
seiner Rechte erblickte, berief den Ammann schlauerweise zu
sich auf Clanx, wo er sich damals aufhielt, ließ ihn dann
verrätherischer Weise auf das Schloß Yberg im Toggenburg
bringen und gefangen halten. Erzürnt rotteten sich nun die
Bergleute zusammen, rückten vor das Schloß Clanx, um den
Abt in ihre Gewalt zu bekommen; allein dieser war bereits
entflohen, kehrte aber bald mit Verstärkung zurück. Da das
Volk der Uebermacht nicht gewachsen war, fügte es sich für
einmal ohne Widerstand. Der Gefangene wurde nun zwar
gegen ein Lösegeld von 70 Mark Silber freigegeben; aber

schon nach 5 Wochen starb er aus Verdruß über die erlittene Unbill. — König Rudolf hatte schon um diese Zeit einige Besitzungen des Klosters an sich zu bringen gewußt, und da er im Alter immer ländergieriger wurde, weil er es sich in den Kopf gesetzt hatte, einem seiner Söhne in Helvetien ein Herzogthum zu hinterlassen, so trachtete er eifrig nach größerem Besitz. Zwar widersetzte sich Abt Wilhelm von Montfort den Anmaßungen der Habsburger; aber darüber gerieth er in Fehde, Acht und Bann und wurde 1288 sogar abgesetzt. Nach dem Tode König Rudolfs (1291) wollte Wilhelm neuerdings Herr des Klosters werden. Zu dem Ende schloß er sich an Rudolfs Nachfolger, Adolf von Nassau, an. Als aber 1298 Albrecht, König Rudolfs Sohn, auf den Thron gelangte, mußte Wilhelm dessen Zorn fürchten und ließ deßhalb Clanx mit einer Mauer umgeben, um hier nöthigenfalls eine Zufluchtsstätte zu finden.

Graf Hugo von Werdenberg, der es mit Albrecht hielt, zog daher, um den Abt zu schädigen, sengend und brennend durch's Land. Er fiel auch in den Flecken Appenzell ein, raubte, plünderte und brannte zuletzt sogar den Ort nieder. Hundwil konnte einem ähnlichen Schicksal nur durch schweres Lösegeld entrinnen. Statt daher, wie der Abt gehofft hatte, die Schuldenlast des Klosters allmälig tilgen zu können, stieg dieselbe umgekehrt immer höher, ja es kam so weit, daß die Stiftsgüter endlich doch verpfändet werden mußten, obschon der Abt innerhalb 9 Monaten (vom Mai 1308 bis Februar 1309) vom Lande 8 Steuern erhoben hatte. Nach langjährigen Wirren trat wieder Ruhe ein, weil der Krieg anderwärts wüthete.

Unter Abt Hermann von Bonstetten (1333—1360) bereitete sich jedoch eine Veränderung vor, welche zu vermehrter Abhängigkeit vom Kloster und deßhalb auch zu gesteigerter Bedrückung von Seite desselben führen mußte. Bis dahin hatte nämlich ausschließlich der Kaiser das Recht gehabt, Vögte oder Sachwalter über Länder, welche zum Reiche gehörten, zu setzen, oder diese an Klöster oder Edelleute pfandweise zu veräußern. Diese Sachwalter hatten dann die Aufgabe, an des Kaisers Statt die Vogtei zu schützen, das Volk im Kriege anzuführen und für ihren Herrn die Reichssteuer einzuziehen. Abt Hermann wußte nun aber 1345 von Kaiser Ludwig nicht nur in Besitz des Rechts der Vogtwahl über das Kloster selbst zu gelangen, sondern auch mehrere Vogteirechte im Lande an sich zu bringen, so daß er unumschränkter Herr über Appenzell, Gais, Urnäsch, Hundwil und Teufen wurde, mithin befugt war, die Reichssteuer für sich einzuziehen und die Herrschaftsrechte im Lande selbst auszuüben. Kaiser Karl bestätigte 3 Jahre später diese Rechte, deren Ausübung für die Geschicke der Bergleute von unabsehbaren Folgen war. Der Abt setzte von nun an die Vögte selbst ein, und es liegt in der Natur der Sache, daß des Klosters Amtleute das Land besser kannten, deßhalb auch die Gefälle leichter ausmitteln und mit größerer Strenge einziehen konnten, als landesfremde Edelleute, die der Kaiser bis dahin zu Vögten bestellt hatte. Zwar so lange Hermann lebte, blieb das Verhältniß der Bergleute zum Kloster noch erträglich; denn ihm, dem feinen Hofmanne, dem die Klostermauern ohnehin oft zu enge waren, lag gar viel an einem guten Vernehmen mit seinen Unterthanen, und um das Volk über die Abhängigkeit vom Stifte zu beruhigen, zeigte er sich durchaus nicht streng im Bezug der Gefälle, namentlich der Reichssteuer.

Aber andere Zeiten traten ein, als 1360 Georg von Wildenstein zur Abtwürde gelangte. Mit Eifer strebte er darnach, seine Macht sicher zu stellen, von den Rechten des Klosters nichts zu vergeben und dessen Einkünfte möglichst zu vermehren. Es erhoben sich daher bald Klagen über Bedrückungen des Abtes. St. Gallen verweigerte ihm sogar

die Huldigung, bis er der Stadt ihre Rechtsame bestätigt
haben würde. Daraus entwickelten sich mancherlei Zerwürf=
nisse und verschiedenartige Streitigkeiten, welche dazu beitrugen,
die Spannung zwischen der Bürgerschaft und dem Convent
zu vergrößern. Appenzell hoffte ihn einschüchtern zu können,
indem es sein Bündniß mit den Eidgenossen vorschützte; aber
ein schiedsrichterlicher Spruch verpflichtete das Land 1367
beim Eid zum Gehorsam, ja derselbe untersagte ihnen sogar,
Bündnisse, mit wem es auch sei, gegen den Abt zu schließen,
Eidbrüchigen Hülfe zu leisten oder dem Rechtsverfahren hem=
mend in den Weg zu treten.

Es war aber für das Streben nach Freiheit eine günstige
Zeit angebrochen. Der Adel hatte durch seine Verschwendung
schon viel von seinem Ansehen verloren; er galt darum auch
bei Kaiser Karl II. wenig mehr; hingegen fand dieser in
Zeiten der Geldklemme bei den Städten bereitwillige Hülfe,
wofür er dieselben mit allerlei Rechten und Freiheiten belohnte.
Das gab den Städten eine Macht, welche es ihnen möglich
machte, sich gegen Oesterreichs Anmaßungen und gegen des
Kaisers Wankelmuth, der es im Grunde mit der Volksfreiheit
niemals redlich meinte, zu schützen. Auch der Abt war voll
Mißtrauen gegen den Einfluß der Städte auf seine Unter=
thanen. Ihr Spruch gegen Appenzell vom Jahr 1367 genügte
ihm nicht mehr. Um sich völlig sicher zu stellen, suchte er
1373 durch ein Bündniß mit Oesterreich und mit dem Grafen
Rudolf von Montfort auf die Dauer von 4 Jahren seine Rechte
gegen jeden Feind zu schützen. Er brachte es auch dahin,
daß St. Gallen und Appenzell sich herbeiließen, den Bund
mit zu beschwören, obschon derselbe gegen ihr Interesse ge=
richtet war.

Als aber Kaiser Karl die Städte um jene Zeit neuer=
dings bedrängte, traten diese zu Schutz und Trutz in einen
Städtebund zusammen, was den Appenzellern gar wohl gefiel

und den St. Gallern nicht minder; denn kaum war die Frist
des Bündnisses, welches Georg geschlossen hatte, 1377 zu
Ende, als auch sie dem Städtebund beitraten. Der Abt gestattete ihnen die Verbindung, weil er wohl einsah, daß die
Zeit eine andere geworden. Und da die Eidgenossen in jenen
Tagen die Gugler unter Couch besiegt hatten, mußte er, wenn
auch mit Widerstreben, dem Freiheitsdrang des Volkes wenigstens vorübergehend nachgeben. Von den Städten erhielten
die Appenzeller 1378 statt der bloßen Bestätigung der un-
geschriebenen Landesgebräuche die erste geschriebene Verfassung nebst dem Recht, an öffentlicher Landsgemeinde den
Rath zu wählen. Damit war denn nach vielem Haber der
Anfang gemacht, die bis dahin vereinzelten Rhoden in ein
ungetheiltes Ganzes zu vereinigen, welches von da an das
Land Appenzell genannt wurde. Es gab Güter in demselben, von denen nur Zins bezahlt werden mußte. Wer
solche besaß, galt als freier Mann; er stund unter dem
unmittelbaren Schutze des Reiches, dessen Kriege er mitzu-
machen und an das er auch die Reichssteuer zu bezahlen hatte.
Ihm gegenüber standen die Hörigen. Diese waren entweder
Gotteshausleute, Sonderleute oder Leibeigene.
Einwohner nämlich, welche Fall, Gläß, Ehrschatz und Fast-
nachtshühner, gleich den Leibeigenen bezahlten, nannte man
Gotteshausleute. Diese waren befugt, Bündnisse zu
schließen, mit wem sie wollten; auch konnten sie Kriege führen
oder in Sold treten, besaßen das Recht der freien Niederlassung im Lande, bekleideten die Ammannsstelle, hatten ihr
eigen Siegel, waren aber schuldig, dem Kaiser und Abt zu
huldigen und dem Heerbann des erstern zu folgen. Sonderleute gehörten nicht dem Reiche an; sie waren Unterthanen
des Abtes und wohnten im Lande zerstreut, bildeten jedoch
in ihrer Gemeinschaft das sogenannte Sonderamt, dessen
Ammann in Teufen oder Gais seinen Sitz hatte. Leibeigene

besaß der Abt keine im Lande selbst, wohl aber in den Herr-schaften Rorschach und Rosenberg.

Noch düsterer, als unter Abt Georg, welcher am 31. März 1379 starb, gestalteten sich die Verhältnisse des Landes, als Kuno von Stoffeln, ein schlauer, ränkesüchtiger Edelmann an dessen Stelle trat. Mit strenger, unbeugsamer Hand ergriff er die Zügel der Regierung. Die Rechte des Stifts wollte er bis zum Aeußersten wahren, seine Macht mög-lichst vermehren und dem gefährlichen Freiheitsdrange im Volke ein Ziel setzen. Da ihm voraus an der Ausrundung seines Gebietes gelegen war, wußte er es bald nach seinem Regierungsantritte (16. Oktober 1379) dahin zu bringen, daß ihm König Wenzel die Einlösung sämmtlicher Herrschafts-rechte im Lande, also auch der Vogtei über Trogen und Herisau, gestattete. Dann suchte er den Appenzellern eine alte Befugniß, nach welcher sie in Streitigkeiten mit dem Abt bei fremden Gerichten Schutz und Hülfe suchen konnten, streitig zu machen. Zu dem Ende sandte er eine Botschaft an den König, um ihn zum Einschreiten gegen die wider-spenstigen Appenzeller, wie er die Bergleute nannte, zu be-wegen. Nicht minder gewaltthätig zeigte er sich gegen St. Gallen, welches sich weigerte, dem neuen Herrn zu huldigen, bevor er seine Freiheiten bestätigt habe. Der Abt verlangte erst Huldigung. Der Unfriede brach darum schon zu Anfang seiner Regierung aus. Für einmal konnte zwar der Hader durch die Reichsstädte (1380) noch beigelegt werden; aber das Feuer glimmte unter der Asche fort, und es bedurfte nur ge-ringer Vermehrung des Zündstoffes, um in hellen Flammen aufzulodern. Es geschah dies bald. Neue Gewaltthaten kamen hinzu. Kuno, voll Mißtrauen und Haß gegen die aufstrebende Freiheit, schloß Bündnisse mit Oesterreich und andern Großen des Reichs. Mit derselben Härte, wie sie ihm eigen war, schalteten auch seine Amtleute im Lande. Sie schmälerten des Volkes Freiheiten nach Willkür, drückten es durch vermehrte Steuern und übten Muthwillen aller Art. Wehe dem, der es wagte, ihren Anmaßungen zu trotzen. Aber das alles steigerte nur den Unwillen des Volkes und trieb es durch immer größere Erbitterung zur Selbsthülfe mit den Waffen.

Der Aufstand.

Wenn ihr aber hören werdet von Krieg und Kriegsgeschrei, so fürchtet euch nicht; denn es muß also geschehen.
Mark. 13, 7.

Die Appenzeller, lenksam durch Gründe der Ueberzeugung, aber trotzig, wenn Gewalt und Unrecht an ihnen geübt werden wollen, machten erst Vorstellungen; als aber diese kein Gehör fanden, sprachen sie unverholen von Befreiung des Landes; denn das Beispiel von Sempach und Näfels hatte die Leute mit Muth und mit dem Wunsche erfüllt, ein ähnliches, freies Gemeinwesen inner den Marken zu gründen. Es war ihnen nicht unbekannt geblieben, daß dort wenige Eidgenossen die Macht Oesterreichs gebrochen, welche mehr zu fürchten war, als die des St. Galler Abtes. Als daher Kuno, statt ihrer Vorstellungen zu achten, 1399 die empörte Stadt Wil mit Gewalt zum Gehorsam brachte, besorgten die Appenzeller ein ähnliches Los. Das Volk wußte wohl, daß der Abt von den Eidgenossen seit dem Frieden mit Oesterreich (1389), dessen Bundesglied er war, nichts zu fürchten, es selbst aber von ihnen nichts zu hoffen habe. Wirklich ließ er im Vollgefühle seiner Macht die Gefälle mit vermehrter Strenge ein-

treiben. Auch begab es sich, daß seine Amtleute (1400) einen
Leichnam wieder ausgraben ließen, dem die Anverwandten,
um dem Abte den Fall zu entziehen, das beste Kleid angelegt
hatten. Zur nämlichen Zeit brannte, wie man glaubt, auf
Anstiften seiner Vögte, Appenzell nieder. Erbittert über solche
Thrannei, jagte das Volk einige derselben aus dem Lande
fort und suchte, um gegenüber künftigen Uebergriffen des
Feindes eine Stütze zu haben, ein Bündniß mit St. Gallen
nach. Hier aber zeigte sich der Rath unentschlossen; er brachte
das Begehren an die Gemeinde, und diese errichtete zwei
Bündnisse, deren Dauer auf sieben Jahre festgesetzt wurde,
ein engeres nämlich mit Appenzell, Hundwil, Urnäsch, Trogen,
Teufen, Speicher und Gais, ein weiteres dagegen mit denselben
Orten nebst Wittenbach, Goßau, Herisau, Waldkirch und
Bernhardszell. Im Vertrauen auf die vereinigte Macht wurde
das Volk trotzig. Im Uebermuth begehrte es nun auch mehr,
als ihm bis dahin nach Uebung und Brauch gehört hatte;
es meinte, im eigenen Lande die Rechte des Abtes mit Füßen
treten zu können. Es machte das Jagdrecht geltend und
sprach die Freiheit des Fischfanges an, obschon beide nach
den Regeln der Grundherrschaft längst Rechte des Abtes gewesen waren; denn schon im zehnten Jahrhundert gab es
gebannte Wälder, Felder, Sümpfe und Flüsse, in denen
niemand ohne Erlaubniß des Edelherrn oder des Abtes jagen,
mit Pfeilen schießen, und Netze oder Schlingen legen durfte.
Als daher der Probst von Bußnang (1401) einen Bauer
auf der Jagd ertappte, welcher überdies Schlimmes von ihm
geredet haben sollte, hetzte er die Hunde auf ihn und ließ ihn
von seinen Begleitern durchprügeln. In Freiheit gesetzt, eilte
der Bauer, die Schmach zu rächen, nach Goßau, und jählings
heulten die Sturmglocken zum Aufstand. Das Volk stürmte
in großen Haufen vor das Schloß Helfenberg an der Glatt
bei Goßau, wo der Probst wohnte, eroberte dasselbe und ließ

den Vogt, auf der Fallbrücke stehend, schwören, daß er das
Schloß ihren Bundesgenossen, den St. Gallern, bis Austrag
des Streites übergeben wolle. Die Aufständischen gaben sich
damit zufrieden und zogen ab, eilten aber Clanx, die bedeut-
samste Burg des Abtes im Lande, zu belagern. Sie wurde
indessen von Bürgern der Stadt beschützt und gehalten. Ein
ander Mal ließ der Probst dem Hans Herti in Wittenbach
wegen Beschimpfungen das Haus in Brand stecken. Mit
Ausnahme der Frau fanden sämmtliche Bewohner des Hauses
den Tod in den Flammen. Andere Edelleute, wie der Mönch
von Gachnang und Walther v. Ramschwag, ritten
mit ihren Knechten im Lande umher, beschädigten die Güter
derjenigen, welche ihren Forderungen nicht ohne Widerrede
nachkommen wollten und tödteten einige derselben. — Auf
dem Schlosse Rachenstein in Schwende, hauste wie die Sage
meldet, ein Vogt, der beim Volke nicht minder berüchtigt war
durch Härte und Grausamkeit. Zwei Hunde fielen jeden an,
welcher vorübergieng, ohne für Käse und Butter aus den
Alpen den Zoll zu entrichten. Unweit des Schlosses, im
Rachentobel, wohnte ein Müller mit zahlreicher Familie in
Dürftigkeit. Als einst der Sohn desselben, welcher von den
Bergen Molken geholt, am Schlosse vorübergieng, fragte ihn
der Vogt, was der Vater und die Mutter machen. „Der
Vater backt ehegegessenes Brod, und die Mutter macht Bös
auf Bös," war die freimüthige Antwort des witzigen Knaben.
Der Vogt stutzt über die sonderbare Antwort und verlangt
Aufschluß. „Der Vater", erwidert der Junge, „backt Brod
aus Mehl, das nicht bezahlt ist, und die Mutter flickt mit
alten Lappen abgetragene Kleider." Auf die weitere Frage,
warum dem so sei, antwortete derselbe: „Darum, weil uns
die Vögte alles nehmen." Der Vogt droht mit den Hunden;
aber der Knabe enteilt ins väterliche Haus, wo er die Geschichte erzählt. Auf einem spätern Gang nach der Alp trägt

der Knabe auf den Rath seines Vaters die Molkenbutte, in welcher eine Katze verborgen war, umgekehrt, den Deckel nach unten, auf seinem Rücken. Der Vogt sieht ihn kommen und fragt: „Nun, du Witznase, kannst du mir auch sagen, ob die Elstern mehr schwarze oder weiße Federn haben?" „Mehr schwarze, war die Antwort; denn mit den Zwingherren haben die Teufel mehr zu thun, als die Engel." Ergrimmt ob dieser Rede, läßt der Vogt die Hunde los, der Knabe aber seine Katze. Die Hunde verfolgen diese, nicht aber den fliehenden Knaben. Aber ehe dieser das Elternhaus erreicht, holt ihn der ergrimmte Vogt ein und giebt ihm den Todesstoß. Voll Schmerz und Zorn über den feigen Mord, ruft der Müller das Volk zur Rache auf; doch ehe die Menge das Schloß erreicht, ist der Mörder entflohen. Aber noch hatte er die Höhe der Fähnern nicht erreicht, als hinter ihm die Burg schon in Flammen stand. *

Solche Grausamkeiten ertrug das Volk nicht länger; in seinem Grimm zerstörte es auch Clanx nebst andern Burgen und verheerte an vielen Orten des Abtes Besitzthum. Wohl traten zur Beilegung des Streites alsbald (2. November 1402) die Boten der Reichsstädte, mit denen der Abt seit einem Jahre im Bunde war, zusammen; aber der Friede kehrte nicht wieder. Ein Schiedsgericht wurde niedergesetzt und der Ob= mann Joh. Strölin von Ulm, that folgenden Rechtsspruch: „Alle Feindschaft, aller Widerwillen, welche zwischen dem

---

* Aus den Trümmern des Schlosses wurde nachmals das Kirchlein von Schwende gebaut, und an der Stelle, wo der Knabe gefallen, stand bis 1798 ein Kreuz mit einer Tafel, welche die Erzählung dieser Ge= schichte enthielt. — Die Begebenheit geben wir als Sage, obschon viel Wahrscheinlichkeit für deren Wahrheit vorliegt, was schon daraus erhellet, daß die Rhod Schwende auf Grund dieser That vor allen übrigen den Vorrang hat und daß nach beendigter Landsgemeinde der Hauptmann von Schwende allein von der Bühne herab die Rhodgemeinde führen darf.

Fürsten des Stiftes zu St. Gallen und seiner Stadt St.
Gallen und seinem Lande Appenzell obgewaltet haben, sind
hiemit abgethan. Es unterstehe sich niemand, wer er auch
sei, die Bewohner von St. Gallen und Appenzell an ihren
Rechten und Sitten, wie diese von ihren Altvordern auf sie
gekommen sind, zu kränken; hingegen haben diese dem gefürsteten
Abt die den Verträgen entsprechenden Pflichten zu leisten.
Der Bund von St. Gallen mit den sechs benachbarten Städten
beharrt in voller Kraft, jener aber, welchen Appenzell mit
St. Gallen geschworen, ist ungerecht und wird für null und
nichtig erklärt für ewige Zeiten.“

St. Gallen, Herisau, Goßau, Waldkirch,
Wittenbach und Bernhardszell ließen sich den Spruch
gefallen. Sie traten von dem Bündnisse mit Appenzell zurück;
dieses aber beugte sich nicht; denn das Volk war nun vollkommen überzeugt, daß man nur damit umgehe, seine Kraft
zu brechen und das Land der frühern Willkürherrschaft zu
überliefern. Verlassen von denen, die bis dahin ihre besten
Freunde gewesen, wandten sich die Appenzeller in ihrer Noth
an Schwyz, wo Ital Reding, ein Mann, kräftig in
Wort und That, um diese Zeit Landammann war. Auf seine
Verwendung schlossen die Leute von Schwyz, gegen den Willen
der Eidgenossen, ein Landrecht mit Appenzell (1402). Worin
dasselbe bestanden habe, wird nicht gesagt; aber so viel ist
gewiß, daß die Appenzeller 30 Männer nach Schwyz sandten,
das Landrecht im Namen des Volkes zu beschwören. Reding
blieb dabei nicht stehen. Er sandte ihnen Wernherr Anshelm, einen klugen Mann, zur Führung der Staatsgeschäfte
und Löri Loppacher als Anführer im Kriege; denn das
Volk gehorchte lieber Fremden als seinen eigenen Leuten. Um
auf alle Wechselfälle gerüstet zu sein, schworen die Appenzeller
feierlich, Gut und Blut für die Freiheit zu wagen. Dem
Lande gaben sie eine Eintheilung in Rhoden, damit bei un-

erwarteten Ueberfällen die Wehrmannschaft unter ihren Rotten-
führern augenblicklich kampfbereit im Felde stehen könne.
Schwende, Lehn, Reute, Schlatt, Wies und Gonten hießen
die innern, Hundwil, Urnäsch, Trogen, Teufen und Gais
die äußern Rhoden, und von da an findet man in amtlichen
Aktenstücken die Benennung: „Der Ammann und die
Landleute zu Appenzell." Die Eidgenossen, außer
Schwyz, ließen indessen kein Mittel unversucht, die Appenzeller
zu besänftigen, aber umsonst; sie wollten, der Zwingherr-
schaft müde, auf ihre Errungenschaften nicht wieder verzichten,
und der Abt hatte keine Lust, seinerseits nachzugeben oder auf
den für ihn günstigen Rechtsspruch der Städte zu verzichten.
Im Vorgefühle des Krieges floh er nach Arbon; die Appenzeller aber wurden wegen ihres Ungehorsams gegen die Frie-
densmittelung in die Reichsacht erklärt.

Der Krieg.

Rosse werden zum Streittage bereitet:
der Sieg aber kommt vom Herrn.
Sprüche 21, 23.

Nicht lange nach diesen Tagen (Jänner 1403) traten
auch Herisau und Goßau, anfänglich noch unentschlossen,
zu welcher Partei sie sich halten wollen, wieder in den Bund
mit Appenzell, und Schwyz nahm die Orte ebenfalls in's
Landrecht auf. Sie hielten sich jedoch der geographischen Lage
wegen zu Außerrhoden. Mit dieser Hülfe und verstärkt durch
60 Söldlinge von Schwyz schritt das Volk zum Kampfe und
eröffnete die Fehde. Erst machten die Appenzeller Streifzüge

gegen die weiland mit ihnen verbündeten Orte, weil sie sich
zu ihren Feinden geschlagen. Bei ihrem Vorrücken in Feindes-
land verbrannten sie Waldkirch; dann wurden die Schlösser
Glattburg und Eppenberg, auch Rosenburg und
Rosenberg zerstört; das aber rächte der Feind mit dem
Brand von Herisau. Die Appenzeller hinwieder vergalten
diese Gewaltthat mit der Zerstörung von Schwänberg und
Teufenau, welche zur Rosenburg gehörten. Auch den
St. Gallern lieferten sie zwei Treffen, nachdem sie ihnen durch
Zerstörung der unentbehrlichen Getreidemühlen in der Stein-
achschlucht oberhalb der Stadt schon einen empfindlichen Schaden
zugefügt hatten. Nachdem die Bundesglieder für ihren Abfall
bestraft worden waren, zogen die Appenzeller in die Lande
des Fürstabtes selbst, wo sie mit der nämlichen Schonungslosigkeit zu Werke giengen. Sie plünderten und brannten in
Rorschach, Goldach, Horn, Tübach, in Mörschwil,
Berg und Wittenbach. Die Bewohner von Flawil
mußten zusehen, wie die Bergleute mit ihren Weibern das
Getreide schnitten und in ihr Land heimführten. Auch der
Adel im Thurgau fand keine Gnade, weil er es mit dem
Abte hielt. Verheerend eilten feindliche Schaaren nach Wengi,
Stettfurt und Zihlschlacht; andere kamen nach Bi-
schofszell, giengen über die Thur und schädigten Nieder-
helfenschwil, Wil, Batzenheid und Lütisburg mit
einer Rücksichtslosigkeit, welche allen Gefühlen der Menschlichkeit Hohn sprach. Die Noth in Feindesland war so groß,
daß der Pflug manchenorts stille stand und die Felder aus
Furcht vor immer wiederkehrenden Verheerungen brach liegen
blieben.

Der Krieg war unter solchen Umständen unvermeidlich.
St. Gallen war von Zorn entbrannt über die Zerstörungs-
wuth der einst mit ihm befreundeten Nachbarn; auch der Adel
rüstete mit Macht und der Abt rief die Städte: Konstanz,

Ueberlingen, Ravensburg, Lindau, Wangen, Buchhorn, Arbon, St. Gallen und Wil nebst den Gotteshausleuten zu Hülfe. Die Appenzeller aber fühlten sich stark durch ihr Recht, und ihr Vertrauen auf Gott, daß er es schützen werde. Sie blieben daher unverzagt, versicherten sich der Hülfe von Schwyz und Glarus ließ ausrufen: Welcher tapfere und freiheitsliebende Mann den Appenzellern helfen wolle, dem solle es erlaubt sein. Speicher sollte die Stätte werden, wo die Freiheit des Landes ihren ersten entscheidenden Triumph über Knechtschaft und Tyrannei feierte.

————

Schlacht bei Vögelinsegg.

Vor deinem Schelten, Gott Jakobs,
sinken beide, Roß und Mann.
Psalm 76, 7.

————

Wohlgemuth, voll Siegeszuversicht, zog der Feind, 5000 Mann stark, am Morgen des 15. Mai aus den Thoren der Stadt St. Gallen. Das Heer bewegte sich den Linsebühl hinan gegen den Hof Loch und hier von der Thalsohle aufwärts durch eine hohle Gasse nach Vögelinsegg. Voran waren 200 Zimmerleute, die Verhaue zu durchbrechen; ihnen folgten die Reiter, dann die Bogenschützen und endlich als Gewalthaufe das Fußvolk. Von ihren Hochwachen herab sahen die Appenzeller, nur 200 Mann stark, (weil die übrigen Wehrmänner die Pässe auf der Grenzlinie von Flawil bis an den Rhein zu decken hatten) mit 300 Verbündeten aus Schwyz und 200 Glarnern, bei Sonnenaufgang den Feind gegen ihre Landmarken anrücken. Auf alles gerüstet, hatten sie nicht

21

allein die Pässe rechtzeitig besetzt, sondern auch den Landsturm ergehen lassen. Hinter der Letze erwartete die Hauptmacht den Feind, entschlossen, für die Freiheit zu siegen oder zu sterben. Oben, zur Rechten des Hohlweges, standen 80 Appenzeller unter Hauptmann Härtsch von Teufen, weiter unten zu beiden Seiten desselben, von Wald gedeckt, die Schwyzer und Glarner. Ungehindert rückte der Feind vor bis zur Letze; als aber diese von den Zimmerleuten geöffnet werden wollte, und die Reiterei im Hohlwege zusammengedrängt stand, geschah von oben her jählings der Angriff durch die Appenzeller. Unten bei Loch griffen die Schwyzer und Glarner das Fußvolk an, weiter oben, am Hohlweg, hieb ein Theil der Appenzeller auf die Köpfe der eingeengten Reiterschaar ein; die Masse der Bergleute oder der Landsturm aber schleuderte und wälzte mit kräftigem Arm Steine und Holzblöcke auf den anrückenden Feind. So von allen Seiten gedrängt, trachtete das Heer den Kampf in die Ebene beim Loch zu ziehen, um da eine feste Stellung zu gewinnen und seine Macht entfalten zu können. „Zurück! Zurück!" ertönte es darum in den vordersten Reihen. Die nächsten weichen, und die Reisigen drängen ihnen nach; aber die Verbündeten lassen dem Feind keine Zeit zu einem geordneten Rückzuge, sondern hauen und stechen von allen Seiten auf denselben ein. Einige Appenzeller, mit dem Feldzeichen des Feindes angethan, drängen sich mitten unter denselben und rufen: „Zurück, zurück! man flücht dahinten!" So wird die Verwirrung allgemein. Jeder will der erste sein, das Leben zu retten; an einen geordneten Rückzug denkt keiner mehr. Furchtbar haus't der Tod in den Reihen der Feinde. Bis zum Juchstadel, oberhalb des Linsebühls, werden die Gegner verfolgt und wohl mancher Flüchtling verschont, über den die Mordwaffe bereits geschwungen war, weil man in ihm einen bekannten Nachbar erkannte. Gegen 300 Mann, unter ihnen beide Bürgermeister und 20 Bürger der Stadt St. Gallen, waren gefallen, während die Sieger keinen Todten, sondern nur 3 Verwundete zu beklagen hatten. Nach gethaner Arbeit wurde die Beute mit Schwyz und Glarus redlich getheilt, die Panner aber von Konstanz, Buchhorn (Friedrichshafen), Ueberlingen und Lindau zum glorreichen Andenken nach Appenzell gebracht und dort in der Kirche aufbewahrt. Auf der Wahlstatt fielen die Sieger auf die Kniee nieder zum Danke gegen Gott, der sie gewürdigt hatte, den ersten Kampf für die Freiheit ruhmvoll zu bestehen.

Kaum war die Trauerbotschaft nach St. Gallen gedrungen, als von hier alsbald Weiber und Kinder hinauseilten, ängstlichen Blickes nach ihren Söhnen, Gatten oder Bätern zu spähen. Hartmann Ringgli aber, ein wackerer Bürger, ward auf der Wahlstatt vergeblich gesucht; tödtlich verwundet lag er weiter oben im Hohlweg. Voll Sehnsucht, seine Frau, eine Wöchnerin, noch einmal zu sehen, ehe er sterbe, bat er einen feindlichen Krieger um Schonung, und dieser erbarmte sich seiner als eines Bekannten, von dem er oft beherbergt worden war. Bis zu Thränen gerührt, ruft er seine Kriegsgesellen herbei, und gemeinsam tragen sie den Unglücklichen mit Lebensgefahr bis nahe vor die Thore der Stadt. Von seiner Gattin treu gepflegt, erlag Ringgli schon des folgenden Tages den erhaltenen Wunden. Sie aber vergaß niemals, was jene Männer an ihrem Gatten gethan und öffnete denselben gastlich ihr Haus, so oft sie später in Geschäften nach St. Gallen kamen.

Inmitten der von den Appenzellern auf ihren Raub- und Rachezügen verübten vielen wilden Thaten leuchtet diese Handlung der Barmherzigkeit als ein wahrhaft christliches Samariterwerk mild und versöhnend hervor.

Rudolf von Werdenberg, der Appenzeller Hauptmann.

Der Herr mit dir, du streitbarer Held!
Richter 6, 10.

Mit dem Siege bei Vögelinsegg war der Krieg nicht zu Ende. Die Appenzeller sahen das wohl ein und schädigten darum aus allen Kräften den Feind. Auf die St. Galler hatten sie immer noch einen besondern Groll; sie stellten deßhalb ihnen und ihren Kaufmannsgütern eifrig nach, nahmen einige der Angesehensten gefangen und entließen sie nur gegen Lösegeld. Die Stadt auszuhungern, sperrten sie ihr die Zufuhr und zerstörten die wieder aufgebauten Mühlen in der Steinachschlucht neuerdings. Aber die Bürger der Stadt hielten sich nicht minder tapfer; 800 Appenzeller jagten sie ins Land zurück, und an einer Letze gegen das Rheinthal hin tödteten sie ihnen 43 Mann von der Grenzwache. Während das zwischen St. Gallen und Appenzell geschah, durchstreiften Abtheilungen des Bergvolkes, verstärkt durch ihre Freunde von Schwyz, plündernd, sengend und brennend die Lande des Abtes, wie auch des thurgauischen Adels. Beim Uebergang über die Glatt verloren sie ihren Anführer, Löri Loppacher. Tödtlich verwundet, brachte man ihn erst nach Speicher, wo er sein Hauptquartier hatte und von da in einer Senfte nach Appenzell. Hier starb er nach fünf Wochen. Der Leichnam, in Leder eingenäht, ward auf einem Saumpferde nach Schwyz gebracht und nach dem Wunsche des Verstorbenen dort beigesetzt. Löri hatte die Appenzeller selbstherrlich aber auch meisterhaft geleitet. Alles, Land und Leute, nannte er sein; die mittelst Brandschatzungen erpreßten Geldsummen sandte er nach Schwyz, ritt, obgleich er zu Fuß ins Land gekommen war, stets ein Pferd, ja er ließ sich auf seinen Zügen nach Art der Edelleute sogar den Spieß nachtragen. Blinden Gehorsam fordernd, strafte er gleich einem Drillmeister jeden Widerspruch. Um die Gunst der Schwyzer nicht zu verscherzen, duldeten die Appenzeller manche Unbill; doch erzürnte sie sein Uebermuth einst dermaßen, daß er, mit Steinwürfen verfolgt, fliehen mußte.

Als der Krieg von neuem entbrannte, waren die Appenzeller ohne einen bewährten Führer; aber auch jetzt fanden sie, angesichts der nahenden Gefahr, neuerdings einen Gewährsmann an Ital Reding, dem greisen Landammann von Schwyz, dessen staatskluger Blick in dem freien Appenzell auch eine Vorburg für die Eidgenossen, deren Unabhängigkeit dem Adel und Oesterreich immer noch ein Dorn im Auge war, erkannte. Reding verhieß Hülfe mittelst geheimer Werbungen; denn bei der gereizten Stimmung von Zürich und Bern und wegen des Friedens der Eidgenossen mit Oesterreich durfte er nicht öffentlich Partei nehmen für die Appenzeller; auch empfahl er ihnen Rudolf von Werdenberg als Feldhauptmann. Aus altem, adelichem Stamme, besaßen die Werdenberger einst große Besitzungen im Rheinthale. Manche derselben hatten sich durch Heldenthaten ausgezeichnet. Der Vater Rudolfs, Hans von Werdenberg, sollte den Oesterreichern in der Schlacht bei Näfels von Sargans her mit 1500 Mann zu Hülfe ziehen; er zögerte aber absichtlich und blieb, als die Niederlage der Oesterreicher am Rautiberge entschieden war, auf dem Kerenzerberge unthätig stehen. Diese klagten ihn deßhalb des Verrathes an, und da er schon vorher manche seiner Besitzungen an Oesterreich hatte verpfänden müssen, so war der Herzog auf den gänzlichen Sturz der Werdenberger bedacht. Rudolf, an der Seite seines Vaters im Waffenhandwerk aufgewachsen, hatte von ihm nicht allein seinen Geist, sondern auch seine Abneigung gegen Oesterreichs Tyrannei geerbt. Und da er 1403 um den Rest der väterlichen Besitzungen gekommen war, sagte er sich von Oesterreich ganz los; er verband sich mit dessen Feinden und gerieth deßhalb in die Acht. Von Haus und Hof vertrieben, waren ihm die Freiheitsbestrebungen der Appenzeller ein willkommener Anlaß, Schutz und Freundschaft bei ihnen zu suchen. Als er sich daher überzeugen konnte, daß der Krieg mit den Habsburgern unvermeidlich sei, trat er vor die Landsgemeinde zu Appenzell (28. Winterm. 1404) und sprach: „Es ist mir zu Ohren gekommen, daß der Herzog im Tyrol sich aufmacht, wider euch zu streiten; Bedrängte müssen zusammenhalten; darum trete ich vor euch. Ihr kennt mich alle. Hinter jenen Felsen ist Werdenberg, das Erbe meiner Väter; im Rheinthal haben meine Altvordern geherrscht. Alles hat mir die Raubgier Oesterreichs geraubt, nichts mir gelassen, als mein Herz und mein Schwert. Das bringe ich euch. Lasset mich bei euch sein ein freier Landmann zu Appenzell. Wie einer von euch will ich leben und streiten; denn nur, wer frei ist, der ist adelig!“ Der Biedersinn des Mannes gefiel dem Volke; aber seine Abkunft erfüllte sie mit Mißtrauen, und das Rittergewand war ihnen vollends zuwider. Der Graf legte darum den glänzenden Waffenrock ab, kleidete sich in das einfache Gewand des Hirten und ward, als der Krieg kam, zum Hauptmann gewählt. Ueberall stand er den Appenzellern mit Rath und That zur Seite; er ordnete an, daß an den Pässen Verschanzungen angelegt werden sollten.

Den Abt hatte die Verheerung seiner Lande mit Schmerz erfüllt; aber dessenungeachtet gab sein trotziger Sinn der Stimme des Friedens kein Gehör, weßhalb auch er sich eilfertig zum Kampfe rüstete. Er hoffte auf den Beistand der Städte um den See; allein hier zeigte sich niemand geneigt, für den Abt neue Opfer zu bringen. Die Klage um verlorene

Väter, Brüder und Söhne bei Vögelinsegg ward zu allgemein, als daß man für Kuno weiter einstehen wollte; vielmehr schlossen diese Städte nebst St. Gallen mit Appenzell (23. April 1405) einen Frieden. Aus Furcht vor der Gefahr, welche dem Abte durch die Bundesgenossen drohte, verlegte er seinen Sitz nach Wil. Hier redete er schimpflich gegen die Städte, weil sie seine Sache verlassen und wider die Appenzeller, weil sie die Burgen im Lande gebrochen und seine Besitzungen schrecklich verwüstet hatten. Er trachtete wider seine Gegner die Hülfe des Adels zu gewinnen; um aber des Sieges beim Ausbruch des Krieges völlig sicher zu sein, suchte er auch den Beistand Oesterreichs nach. „Appenzell, sprach der Abt, wird eine zweite Schweiz, wenn man nicht wehrt, und tritt Appenzell zu den Eidgenossen, so ist aller Adel und selbst Oesterreich in den obern Landen verloren." Die Rede machte Eindruck beim Herzog. Nach langen Unterhandlungen sagte er Hülfe zu; denn auch er mußte besorgen, daß es um seine Herrschaft in Helvetien geschehen sein könnte, wenn sich durch Appenzell ein neuer Bund freier Gemeinwesen, gleich dem der Waldstätte, bilde. Im Geheimen lag dies auch wirklich im Wunsche des weitsehenden Landammanns von Schwyz, darum konnte sich Reding, ungeachtet wiederholter Einsprachen und Abmahnungen von Zürich und Bern, niemals dazu entschließen, das aufstrebende Volk von Appenzell seinem Schicksale zu überlassen oder dessen Feinden preiszugeben. Wahrscheinlich war dabei sein Auge auf Erwerbung der March gerichtet, welche die Grenze von Schwyz deckte, aber noch zu Oesterreichs Landen gehörte. Die Siege der Appenzeller konnten Schwyz, so durfte Reding hoffen, zum Besitze derselben verhelfen, was nicht lange nach diesen Tagen auch wirklich geschah.

Stark durch ihre Kühnheit bemächtigten sich die Appenzeller in diesem Jahre auch des Blutbannes, welcher bis

dahin dem Kaiser gehört hatte. Sie schenkten einem Verbrecher die Freiheit unter der Bedingung, daß er todeswürdige
Uebelthäter unentgeltlich henken, ertränken oder enthaupten
müsse. Nur für das Schinden sollte er Lohn erhalten. Man
ersieht daraus einerseits die geringen Kosten, andererseits aber
auch die Strenge der damaligen Justizpflege.

Treffen bei Wolfhalden und am Hauptlisberg.

*Siehe darein und heile, daß des Brennens
und Reißens ein Ende werde.*
Psalm 80, 17.

Herzog Friedrich versammelte den Adel nebst der Hülfe
des Abtes in Arbon. Die Appenzeller waren aber auf alles
gefaßt und gerüstet, den Feind mit gewaffneter Hand zu
empfangen. Die Grenzpässe waren wohl verwahrt, und im
Rheinthal hatten sie mit Partikularen zu gegenseitigem Schutze
Bündnisse geschlossen. Konnten vereinzelte Männer ihre Macht
auch nicht vermehren, so waren sie doch ein treffliches Mittel,
den Bedrängten über die Bewegungen des Feindes und dessen
Absichten auf das Land Nachricht zu geben. Auch vom Grafen
Friedrich von Toggenburg hatten die Appenzeller nichts zu
fürchten, und St. Gallen, wohin sie eine Besatzung von 400
Mann legten, schützte durch seine Lage gleich einer Vormauer
Herisau und Trogen, so daß das Volk lediglich die Grenze
von Goßau bis zum Rietlerwalde in Gais zu decken hatte.
Da ihnen überdies die benachbarten Völkerschaften gewogen

waren, so blieben sie auch von dieser Seite her nicht ohne rechtzeitige Winke, so oft ihnen von außen her Gefahr drohte.

Von Arbon aus eilte der Herzog im Brachmonat 1405 mit der Hauptmacht, 3000 Mann stark, verheerend herauf nach St. Gallen, um diese Stadt von den Appenzellern zu trennen und nach deren Unterwerfung ins Land einzufallen. Eine kleinere Abtheilung sollte unterdessen über den Kurzenberg nach Trogen vordringen; allein der Plan wurde den Appenzellern von Weibern verrathen, so daß sie sich auch von dieser Seite her gefaßt halten konnten. Früh Morgens, den 17. Brachmonat, rückten die Oesterreicher von Thal aus den Berg hinan. Ungehindert gelangten sie an die Letze bei Unterwolfhalden. Niemand regte sich innerhalb derselben, und leicht ward die Schanze durchbrochen. Bereits standen 200 Bogenschützen nebst anderer Mannschaft inner den Landmarken, als die Grenzwache der Appenzeller urplötzlich, mit gewaltigem Lärm, aus ihrem Hinterhalt hervorstürmte. Der unerwartete Angriff brachte Schrecken und Verwirrung ins feindliche Heer. Von den Eingedrungenen fanden viele unter den Schlägen des erbitterten Bergvolkes schon innerhalb der Schanzen den Tod. Die Uebrigen flohen, verfolgt von den Appenzellern, in panischem Schrecken nach Thal zurück; aber die Todessense mähte furchtbar auch unter den Fliehenden. Unter 500 Erschlagenen lagen von Feldkirch allein 80 und von Winterthur 85 Mann auf dem Todtenfelde zerstreut umher. Nebst 200 Panzern blieben in diesem Treffen die Fahnen von Winterthur, von Feldkirch und Schlandersberg eine Beute der Sieger.

Als der Herzog von der Niederlage bei Wolfhalden Kunde erhalten hatte, hob er noch desselben Tages eilfertig die Belagerung auf, verwüstete das Land rings um die Stadt und kehrte dahin zurück, von wannen er gekommen war. Allein kaum hatte sein Heer die Höhe des Rotmonten (Rosenberg)

erreicht, als die Besatzung sich aufmachte, dasselbe zu verfolgen.
Der Feind jedoch, nicht ahnend, daß die kleine Schaar es
wagen würde, ihn auf seinem Rückzuge zu beunruhigen, löste
die Heerordnung auf und jeder gieng frei seiner Wege. Am
östlichen Theile des Höhezuges (Hauptlisberg), jetzt Heilig-
kreuz, angelangt, fielen die St. Galler und Appenzeller über
die getrennten Schaaren des Feindes her, erschlugen 30 her-
vorragende Krieger, meist Ritter, und erbeuteten Schaffhausens
Panner. — St. Gallen gelobte am nämlichen Tage einen
jährlichen Bittgang auf die Stätte des Sieges zu thun und
erbaute daselbst eine Kapelle, welche aber seither dem Zahne
der Zeit erlegen ist.

Schlacht am Stoß.

> Aber du setzest sie auf's Schlüpfrige
> und stürzest sie zu Boden. Wie
> werden sie so plötzlich zu nichte; sie
> gehen unter und nehmen ein Ende
> mit Schrecken.
>   Psalm 73, 18. 19.

Einen weit herrlicheren Sieg feierte die junge Freiheit
in den nämlichen Tagen * an den Landmarken von Gais.
Nachdem nämlich die Trümmer des feindlichen Heeres wieder
gesammelt waren, eilte dasselbe, verstärkt durch Truppen des

---

* Wir überlassen es den Gelehrten, den Streit auszufechten über
das Datum des Ereignisses am Stoß, wie auch darüber, ob am 17.
Brachmonat bei Wolfhalden wirklich ein Treffen stattgefunden habe, und
halten uns an Zellweger's Geschichte des appenzellischen Volkes.

Rheinthals und aus Vorarlberg, 3000 Mann stark, nach Altstätten. Die Gegner zu täuschen, machte es erst Miene, über den Rhein zu setzen, wendete sich jedoch bald gegen den Stoß, um von da aus am regnerischen Tage unerwartet ins Land einzufallen. Langsam bewegte sich der Zug den steilen Berg hinan; ohne den geringsten Widerstand gelangte er bis an die Letze, in die er eine Oeffnung machte, groß genug, um ruhig hindurch zu gehen, aber viel zu klein für den Fall eines eiligen Rückzuges. Noch erblickten die Oesterreicher keinen Feind, auch nicht ein Laut wurde vernommen; denn Rudolf von Werdenberg hatte sich auf der Höhe, am Fuße des Sommersberges, oberhalb der jetzigen Stoßkapelle, mit 400 Mann verborgen gehalten. Als aber bereits ein Theil des feindlichen Heeres durch die Oeffnung vorgedrungen war und die Hauptmacht mühsamen Schrittes nachrückte, rollten die Appenzeller kräftigen Armes Steine und Felsblöcke auf den Feind hinab, machten sich dann barfuß, sichern Trittes, über ihn her und stachen und hieben mannlich auf ihn ein. Der Feind hatte auf dem schlüpfrigen Boden schlechten Stand; auch konnte er von der Armbrust keinen Gebrauch machen, weil die Sehnen vom Regen schlaff geworden waren. So mußte er sich entschließen, den Rückzug anzutreten, um außerhalb der Schanze einen Hauptschlag zu versuchen. Da aber die Oeffnung zu eng war, entstand an dieser Stelle ein furchtbares Gedränge, und es fiel von den Streichen der Appenzeller hier schon eine Menge feindlicher Krieger. Gleichzeitig erschien, vom Sommersberge herziehend, eine neue Schaar, welche den Feind in der Flanke bedrohte. Es waren Weiber und Töchter von Gais, die, den Feind zu täuschen, Hirtenhemden über die Kleider geworfen hatten. Erschrocken beim Anblick der neuen Macht, ergriff der Feind eilig die Flucht, verfolgt von den Appenzellern, welche ihm bis zu den Thoren von Altstätten 900 Mann tödteten, während sie selbst nur 20 Leichname zählten.

In der Hitze des Treffens war Ulli Rotach, ein zwar
hinkender, aber äußerst starker Mann aus Appenzell, der seitwärts Wache stand, von 12 Rittern umzingelt worden. Mit
dem Rücken an eine Hütte gelehnt, wehrte er sich so tapfer,
daß es ihm gelang, fünf derselben zu erlegen. Die übrigen
steckten voll Verzweiflung die Hütte in Brand, und der Held
starb vom Feuer, nicht von Menschen besiegt. — Auf der
Wahlstatt bekannten die Sieger freudig, daß der Herr der
Heerschaaren durch den Regen für sie gestritten und fielen auf
die Kniee nieder zum Dankgebet.

Noch feiern die dankbaren Innerrhober bei der Kapelle,
wo der erste Angriff geschehen war, alljährlich den glorreichen
Sieg durch eine feierliche Prozession und eine die That be-
leuchtende Festrede.

Der Adel in Noth.

Er hat seine Wurfschaufel in seiner Hand.
Er wird die Tenne fegen.
Matth. 3, 12.

Nach dreimaliger Niederlage hatte der Feind keine Lust,
die Appenzeller weiter zu versuchen; sie aber begnügten sich
nicht mehr mit der Unabhängigkeit im eigenen Lande. Den
Siegeslauf wollten sie fortsetzen und die Freiheit auch denen
bringen, welche noch unter dem Drucke der Knechtschaft
schmachteten. Und da der Mensch mit besonderer Weisheit
ausgestattet sein muß, wenn er im Glücke Maß zu halten
wissen soll, so waren die Appenzeller in ihrer Siegestrunkenheit wohl auch nicht völlig frei von Eroberungsgelüsten für
Erweiterung der Landesgrenzen. Darum eilte wenige Tage

nach dem glänzenden Treffen am Stoß eine Schaar von 600 Mann, unter ihnen auch Bürger von St. Gallen, hinab ins Rheinthal. Hier schlossen sie erst Bündniß mit Altstätten, mit Marbach und Berneck; dann gaben sie den Edeln von Gräuenstein und Wartensee Landrecht, zerstörten hierauf die feindselige Burg Grimmenstein und eroberten Zwingenstein. Da diese Besitzung zehn Jahre früher ihrem tapfern Anführer, Rudolf von Werdenberg, gehört hatte, stellten sie ihm die= selbe gegen ein Lösegeld von 307 ℔ Pfennig wieder zu. Mit St. Gallen, das ihnen im Kriege treu zur Seite gestanden, schlossen die Landleute schon unterm 1. Juli einen Bund, vorläufig auf 9 Jahre. Hierauf eroberten sie, gemeinsam mit Bürgern von da, Werdenberg und brannten, ungeachtet der Einsprache Zürichs, das mit Oesterreich einen Waffenstill= stand zu vermitteln bemüht war, Sargans nieder. Das Bun= desheer setzte auch über den Rhein, unterwarf sich das Vorarl= berg und erklärte die Freiheit allem Volk, wo dessen Fuß hin= trat. Die eroberten Ortschaften: Rheinthal, Rankwil, Feldkirch, Bludenz, das Wallgau, Montafun und andere Landschaften, vereinigten sich sodann zu dem sogenannten Bunde ob dem See, im Gegensatze zu dem Bunde um den See, welcher schon früher aus freien Reichsstädten am Bodensee sich ge= bildet hatte. Die befreiten Völkerschaften jauchzten ihren Befreiern überall zu; sie schwuren zu ihnen auf ewige Zeiten. Selbst Edelleute, wie die schon oben bezeichneten zwei Herren und Albrecht von Werdenberg, nahmen Landrecht bei Appen= zell. Graf Hugo von Montfort gestattete seinen Angehö= rigen den Anschluß ohne Widerspruch. Auch Gasterland und Toggenburg verbündeten sich auf 10 Jahre mit dem Bund ob dem See. Auf diesen Streifzügen fanden die Appenzeller Gelegenheit, Rudolf von Werdenberg durch Rückerstattung seiner frühern Besitzungen im obern Rheinthal ihre Dankbarkeit zu beweisen.

Um Weihnachten 1405 eroberte ein anderer Schlacht-
haufen, unterstützt von Schwyzern, die Mittelmarch, von
Lachen bis Galgenen, nebst dem Wäggithal und schenkte diese
Besitzungen dem Lande Schwyz für die langjährigen Dienste.
Das Jahr 1406 gieng unter Friedensmittelungen vorüber.
Kaum war jedoch der Waffenstillstand am 23. April 1407
abgelaufen, als neue Streifzüge gegen Konstanz und die österreichischen Vasallen im Thurgau unternommen wurden. Nachdem die Appenzeller in tollkühner Verwegenheit Konstanz und
Weinfelden geschreckt, Kyburg und Elgg unterworfen hatten,
wurde Bürglen in Asche gelegt; dann gieng der Zug nach
Frauenfeld und Wil. Nach kurzem Widerstande öffnete diese
Stadt dem Belagerungsheer die Thore, schloß sich den Verbündeten an und mußte nun den Abt, welcher als Flüchtling
in ihren Thoren war, ausliefern. Man führte den unbeugsamen Gegner als Gefangenen unter Scherz und Witz ins
Kloster zurück. Dieses war durch den Krieg in eine Schul-
benlast von 100,000 Gulden gerathen und nun so arm, daß
die beiden noch übrigen Conventualen ihr Brod auswärts
suchen mußten. Zur Tilgung der Schuld wurden manche
Vogteien, Besitzungen, Zehnten und Gefälle des einst so reichen
Stiftes theils verkauft, theils verpfändet. Solchermaßen
straften sich Eigensinn und herrischer Trotz des Abtes.

Nach diesen Thaten fiel das Bundesheer gleich einem
wilden Bergwasser über den Adlerberg ins Thyrol ein. Es
siegte bei Imst, belagerte Immenstadt, schlug jeden Feind,
brach Burgen und kehrte beutebeladen heim. Ueberall gieng
der Schrecken vor demselben her. Schon der bloße Name
— „Appenzell" — flößte Entsetzen ein. Niemand wagte,
dem Volksbund weiter zu widerstehen, und der Abel zitterte.
Der Krieg gegen den Abt war zu einem Vernichtungskampfe
gegen die Edelleute geworden. Auf ihren Feldzügen hatten
die Appenzeller in Gemeinschaft ihrer Bundesgenossen 64

Burgen erobert und 30 derselben zerstört. Aller Orten, in Schwaben, im Thurgau, im Tyrol war Trauer und Wehklage. Manche Edelleute waren darüber in Armut gerathen und sollten nun an sich selbst erfahren, wie empfindlich Mangel und Elend den Dürftigen drücken.

Unglück bei Bregenz.

Wer seines Muthes Herr, ist besser,
denn der Städte gewinnt.
Sprüche Sal. 16, 32.

Der Appenzeller Heldentage giengen bereits ins fünfte Jahr. Ueberall waren sie siegreich, sowohl durch ihre eigene Kraft, als auch mit Hülfe der befreiten Völkerschaften, von denen sie als Retter freudig begrüßt wurden. Aber die Klagen des Adels und seine Flucht zu Standesgenossen setzte endlich auch den entfernten Reichsadel in peinliche Verlegenheit, weil das nämliche Los auch ihn bedrohte, insofern es nicht gelingen sollte, dem Vernichtungskampfe des kühnen Bergvolkes ein Ziel zu setzen. Sein hartnäckigster Gegner außer Kuno war der Konstanzerbischof, und Konstanz die einzige Stadt in der Nähe des Landes, welcher das Bundesheer, ungeachtet der Belagerung, nichts anhaben konnte. Weitere Gefahren abzuwenden, trachtete aber der Bischof, den Reichsadel zu gewinnen, und wirklich gelang es (28. Okt. 1407), daß König Ruprecht mit den Grafen von Württemberg, von Nürnberg, dem Grafen Wilhelm von Montfort nebst der schwäbischen Ritterschaft sich zusammenthaten, um mit Heeresmacht gegen den Volksbund ins Feld zu rücken. Um nun angesichts der

drohenden Gefahr die befreiten Völkerschaften zu schützen und
gegen Angriffe einen festen Waffenplatz zu erhalten, vereinigten
sich Appenzell und St. Gallen zur Eroberung der Stadt
Bregenz, welche dem Grafen Wilhelm von Montfort, einem
abgesagten Feinde des Volksbundes, gehörte. Bei Eröffnung
der Feindseligkeiten erklärte der König die Appenzeller in die
Reichsacht, und der Bischof von Konstanz schleuderte den
Bannstrahl über das Volk. Die Appenzeller aber blieben
unverzagt; sie bekümmerten sich wenig um Acht und Bann,
diese sonst so gefürchteten Schreckmittel der Großen, und als
ihnen Kunde kam, daß ein starkes Heer im Anzuge sei, hofften
sie, wie immer, auf die Hülfe von Schwyz. Um indessen die
Gunst der Eidgenossen, von denen Schwyz schon so oft
abgemahnt worden war, nicht völlig zu verscherzen, versagte
dieser Stand seine Hülfe im Kriege. Zum ersten Mal
verlassen von ihren Freunden, vertrauten die Appenzeller dem
eigenen Arm, der Unterstützung von St. Gallen und der
Hülfe des Bundes ob dem See. Statt aber den Angriff des
Feindes abzuwarten, zogen sie den 8. Wintermonat 1407,
angeführt von Landammann Kupferschmid, zur Belagerung
vor die befestigte Stadt. Schon hielten sie Bregenz bei
grimmiger Winterkälte fünf Wochen lang erfolglos besetzt,
als das feindliche, 8000 Mann starke Heer in Eilmärschen
anrückte. Wohl sandten die Appenzeller nun Eilboten um
Zuzug aus, aber der Feind kam ihnen zuvor; denn schon am
13. Jänner 1408, ehe für das Bundesheer Truppen anlangen
konnten, rückte derselbe heimlich in Bregenz ein. Dichter
Nebel verhüllte beide Heere. Einem Weibe, Ehrguta, deren
Namen in Bregenz heute noch gefeiert wird, war es bei der
Sorglosigkeit des Volksheeres gelungen, das Lager auszu-
kundschaften und ihrem Herrn, dem Grafen von Montfort,
Kunde zu bringen. Der Feind rückte eilfertig vor zum An-
griff, und den Bundestruppen blieb nur noch die Wahl zwischen

eiliger Flucht oder Einschließung und gänzlicher Vernichtung. Sie wählten das Erstere, zogen sich beschämt hinter den Rhein zurück und hierauf nach Hause in den Schutz der Berge. Die Appenzeller büßten fünfzig Todte ein und das Panner, mit dem sie so viele Orte des Adels geschreckt; die St. Galler hatten dreißig Mann verloren nebst der großen Büchse, genannt die „Appenzellerin", mittelst welcher Steine von 1000 ℔ geschleudert und die Mauern erschüttert werden konnten. Der Sieg des Adels war vollständig; darum rief Beringer von Landenberg triumphirend aus: „Wohluf, lönd üs inen nachziehen und Wib und Kind erschlagen, damit kein Zucht noch Samen mer von inen entspringe zum Verderben des Adels." Aber niemand hatte Lust, den Feind zu verfolgen; denn Kälte, tiefer Schnee und Furcht vor dem Grimm der Besiegten, wenn man sie in ihren Bergfesten bekämpfen wollte, schreckten vor Verfolgung und weitern Maßnahmen zurück.

Landrecht mit den Eidgenossen.

Es ist gut, auf den Herrn hoffen und sich nicht verlassen auf Menschen.
Psalm 118, 8.

Wie die Pflanze, wenn sie schnell aufschießt, kein langes Leben hat, also wurde auch die Macht des Volkes, welches mit wunderbarer Schnelligkeit sich ausbreitete, mehr gehalten von einem starken Arm, als von einem klugen Geiste, bald gebrochen und in das Reich der Träume verwiesen. Alle Eroberungen fielen nach der Niederlage den frühern Besitzern

wieder anheim; der Bund ob dem See löste sich auf und selbst
St. Gallen trennte sich wiederum von seinen Bundesgenossen,
den Appenzellern, welchen außer den Landmarken nichts weiter
übrig blieb, als das Rheinthal nebst der Herrschaft Frischen-
berg bei Sax.

Der Friede sollte nun eingeleitet werden; da aber die
Appenzeller von König Ruprecht, der dem Abte wohl wollte,
nichts Gutes hoffen konnten, gaben sie auch seinen wiederholten
Einladungen, vor Gericht zu erscheinen, kein Gehör. Voll
Unwillens gebot ihnen daher die beleidigte Majestät gänzliche
Unterwerfung unter Kuno, ihren frühern Herrn. So blieb
dem Volke die Wahl, entweder auf ihre Errungenschaften zu
verzichten oder dieselben mit gewaffneter Hand, selbst gegen
den mächtigen Fürsten, zu behaupten. Der Entschluß war
bald gefaßt. Erfüllt von der Ueberzeugung, daß die Herrschaft
der Menschen über Menschen nach Zeiten und Verhältnissen
wechseln müsse, griffen die Appenzeller zu den Waffen. Weit
lieber wollten sie sich ferneren Gefahren aussetzen, als neuerdings vom Abte sich knechten lassen. Um übrigens gegen
außen stärker zu sein, knüpften sie angesichts der Gefahr, die
ihnen drohte, das Band, welches die Rhoden zusammenhielt,
noch fester. Es sollte künftig unter denselben nur ein Recht,
ein Gericht, ein Panner sein und nur die Landsgemeinde
über Angelegenheiten des Landes Beschlüsse fassen können.
Auch fanden sie Gelegenheit, mit dem Grafen von Toggenburg, ihrem mächtigen Nachbar, (1410) ein Bündniß gegen
Oesterreich zu schließen. So vortheilhaft übrigens auch diese
Verbindung war, genügte sie ihnen doch nicht, auf den Fall,
daß der Abt den König wider sie zu Hülfe herberufen sollte.
Sie richteten deßhalb in der Noth ihre Blicke auf die Eidgenossen, bei denen sie eine Verbindung nachsuchten. Wirklich
kam auf die Fürsprache von Schwyz unterm 24. Winterm.
1411 mit den Kantonen: Zürich, Luzern, Uri, Schwyz,

Unterwalden, Zug und Glarus ein Landrecht zu Stande, jedoch immerhin unter Bedingungen, welche sattsam beweisen, wie sehr die Stände besorgten, durch das unruhige Volk fortwährend in Kriegshändel verwickelt zu werden. Die Appenzeller mußten schwören: niemals gegen den Willen der Verbündeten die Waffen zu ergreifen, den Kantonen in ihren Kriegen mit aller Macht und auf eigene Kosten Hülfe zu leisten, dagegen in den eigenen Kriegen sich mit jeder Hülfe von den Eidgenossen zufrieden zu geben, die Hülfstruppen zu besolden und in eidgenössische Angelegenheiten sich nicht einzumischen.

Zügellosigkeit der Appenzeller.

So habe ich sie gelassen in ihres
Herzens Dünkel, daß sie wandeln
nach ihrem Rath.
Psalm 81, 13.

In demselben Jahre, als mit den Eidgenossen das Landrecht abgeschlossen wurde, starb Kuno, der hartnäckige Feind des Landes; aber dessenungeachtet gab es keinen Frieden. Die Bande der Ordnung im Staatsleben waren durch den Krieg gelöst worden und die Verhältnisse des Landes zum Kloster noch keineswegs geordnet. Zwar unter Kuno's Nachfolger, Heinrich von Gundolfingen, kam es zu keinen erheblichen Zerwürfnissen; denn er liebte den Frieden mehr als den Krieg. Ihn kümmerte die Vermehrung der Rechte des Stifts und dessen Hebung so wenig, daß er Freiheiten und Rechte an Unterthanen, denen er wohl wollte, leichtsinnig verschenkte.

Darüber gerieth er in Unfrieden mit den Conventualen, welche ihn höhern Orts verklagten; es kam so weit, daß ihn das Konzilium, welches damals in Konstanz tagte, mit Absetzung bedrohte. Heinrich kam jedoch der Schmach zuvor, indem er 1417 seine Würde freiwillig niederlegte. Unter Heinrich von Mannsdorf, dem neuen Abt, sollte mit Appenzell der Friede nun wirklich vermittelt werden; darum kam es neuerdings zu mancherlei Zerwürfnissen. Der Abt verlangte die Reichs= städte zu Schiedsrichtern, weil er in die Eidgenossen wenig Zutrauen setzen konnte; Appenzell dagegen war fest entschlossen, nur von diesen eine Vermittlung anzunehmen. Der Abt fügte sich endlich, und die Richter mühten sich lange damit ab, einen Frieden, annehmbar für beide Theile, zu Stande zu bringen. Das Geschäft zog sich jedoch dermaßen in die Länge, daß der Spruch erst 1421 gefällt werden konnte. In dem= selben mußte der Abt sich manche Einbuße gefallen lassen; aber er fügte sich, um nicht noch mehr zu verlieren; denn da das Kloster unter Kuno's Verwaltung, wie wir oben gesehen, völlig verarmt war, so bedurfte es zur freien, ungehemmten Entwicklung mehr denn je der ungestörten Ruhe. Der Ver= mittlungsantrag im Frieden von 1421 lautet in seinen we= sentlichen Bestimmungen also:

1. „Es sollen alle Gegenden, welche bis zum Tage des Anlasses zu einander geschworen, beieinander verbleiben."

2. „Dieselben sollen auch bei ihrem Landrecht mit den Eidgenossen bleiben."

3. „Das Gotteshaus soll den Appenzellern keinen Schaden zu ersetzen schuldig sein."

4. „Die Burghalden, das Bad in Appenzell, wie auch andere Güter und Schulden, welche des Gotteshauses erkauftes Eigenthum sind, sollen ihm verbleiben."

5. „Die Zehnten soll man ferner bezahlen."

6. „In Bezug auf die Reichssteuer sollen die von Appenzell

und Trogen schuldig sein, gemeinschaftlich dem Abte alljährlich 55 Mark Silber zu bezahlen und dieselbe mit 650 Mark ablösen mögen."

7. „Die Appenzeller sollen eigene, vom Gotteshaus unabhängige Gerichte haben und solche nach ihrem Gefallen besetzen."

8. „Landleute, die im Gebiete des Stifts wohnen, sollen das Recht vor dessen Gerichten suchen."

9. „Für alle Nutzungen und Schulden, die der Abt unter dem Namen Zins, Dienst, Ehrschatz, Gläß, die Steuer zu Gais, Lämmer, Zieger, Käsegeld, Butter, Stauffgeld, Alpengeld und Alpenrechte im Appenzellerland anspricht, sollen diese dem Gotteshause in allem jährlich 100 Pfund bezahlen und diese sammethaft mit dem zwanzigfachen Werthe ablösen mögen."

10. „Was die ausstehenden Steuern anbelangt, so ist es dem Gewissen eines jeden freigestellt, etwas zu geben oder nicht; der Convent soll niemand dafür belangen dürfen."

11. „Den Fall sollen die Appenzeller geben."

12. „Die Lehen des Abtes, welche inner den Landmarken liegen, soll man nicht mehr schuldig sein, von dem Abte zu empfangen, wohl aber diejenigen, welche Landleute außer den Marken besitzen."

13. „Die Gemeinde Goßau soll von Appenzell getrennt werden und wieder zum Gotteshause gehören; diejenigen Goßauer aber, welche das Landrecht angenommen, sollen dabei verbleiben."

14. „Was Herisau betrifft, so soll dieser Bezirk beim Lande verbleiben und dem Abte für Zins, Steuern, Eier, Gläß, Ehrschatz, Hühner und andere Rechte jährlich 20 Pfund Pfennige bezahlen, diese aber mit dem zwanzigfachen Betrag ablösen mögen."

18. „Würden die Parteien über einen der genannten
Punkte streitig, so sprechen die Eidgenossen über denselben."

20. „Würde eine der Parteien den Spruch nicht halten,
so soll diese den Eidgenossen alle daraus entstehenden
Unkosten vergüten."

Man sieht, der Spruch war für Appenzell mit billiger
Rücksicht abgefaßt, ohne jedoch die Ansprüche des Abtes aus-
zuschließen; aber das Land war damit doch nicht zufrieden;
es kam darum auch keine Aussöhnung zu Stande. Die
Appenzeller verdroß es, daß das Schiedsgericht auch den Forderungen des Abtes gerecht zu werden befliffen war. Hätte
er sie als Landesvater behandelt, sprach das Volk, so wäre
es niemals zum Kriege gekommen, und die Landsgemeinde
verwarf den Spruch mit Entrüstung. Die Eidgenossen be-
dauerten den unbeugsamen Trotz; Zürich gieng in seinem
Unwillen so weit, daß es mit Ausschluß vom Landrechte
brohte. Wenn aber die Appenzeller in auswärtigen Kriegen
wieder tapfer zum Bunde hielten, wie in der Schlacht bei
Arbedo (1422), ward der Groll alsbald vergessen, und die
Stände ließen ihre Brüder am Sentis gewähren. Der Abt
mochte das wohl einsehen, und nachdem er sich bei verschiedenen Anlässen überzeugt hatte, daß er bei den Eidgenossen
für eingelegte Klagen kein Gehör finden könne, wandte er
sich voll Unmuth an seinen Schutzherren, den Papst, und
dieser sprach (1425) den großen Kirchenbann (Interdikt)
über das Land aus. Damit waren die Appenzeller von aller christlichen Gemeinschaft ausgeschlossen. Kein Gottesdienst
durfte mehr gehalten, keine Glocke geläutet, kein Kranker noch
Sterbender mit den Sakramenten versehen werden, ja selbst
Feuer und Wasser waren ihnen verboten. Als die Leute
nun von jedermann geflohen wurden; als niemand mit ihnen
gehen, nicht mit ihnen sprechen, beten, verkehren noch sie in

die Kirchen einlassen wollte, setzten sie sich voll Zorns über
alle Schranken hinweg. Das Volk veranstaltete eine Landsgemeinde, und da das Wort „Interdikt" wenigen verständ-
lich war, erklärte es mit rauschendem Mehr, nicht länger
in dem Ding sein zu wollen. Ihr Land, sagten die
Männer, müsse ihr Kirchhof werden; hinter ihren Letzenen
wollen sie sterben oder genesen. Wer sie darum ferner als
Gebannte behandelte, mußte ihren vollen Zorn fühlen; der
wurde geschlagen, seiner Habe beraubt, ja wohl gar getödtet.
Das traurige Los traf besonders Priester, wenn sie sich
weigerten, Gottesdienst zu halten. Auch an den Grenzen
war niemand sicher. Voll Grimm fielen die Appenzeller
über die Lande des Abtes her; sie bedrängten auch den Bischof von Konstanz, und jeder zitterte vor ihrem Zorn. Als
aber das Volk in seinem Uebermuthe sogar seinen Bundesgenossen, den mächtigen Grafen Friedrich von Toggenburg, auf mehrfache Weise schädigte; als es sich Liegenschaften des Grafen widerrechtlich aneignete, ihm Korn- und
Weinzehnten raubte, seine Priester verfolgte und mißhandelte,
kam es mit diesem zum Krieg.

Mit 1500 Mann rückte er am 2. Wintermonat 1428
nach dem Kloster Magdenau vor. Durch eine Abtheilung seiner Truppen veranstaltete er einen Scheinangriff
am Hamm, bei Schönengrund. Den schlug das Volk
ab. Mit der andern zog er nach Gossau, das, nicht achtend
des schiedsrichterlichen Spruches von 1421, immer noch zu
Appenzell hielt, legte das Dorf in Asche und wollte von
hier aus Herisau züchtigen. Das Volk aber lag hinter der
Letze wohl verwahrt, entschlossen, Gewalt mit Gewalt abzutreiben. Sobald die Wehrmänner von den Schanzen aus
den Feind gewahrten, rannte ein Harst derselben unter Lärm,
voll Ungestüm den Berg hinab, ihm entgegen, um demselben
Furcht einzujagen oder Unordnung in seine Schaaren

zu bringen. Diese aber, auf alles gefaßt, wankten nicht; vielmehr erwarteten sie den Sturm mit Festigkeit, in guter Ordnung. Die Appenzeller, nachdem sie sich getäuscht sahen, kehrten nach den Schanzen zurück, verfolgt vom Feinde, der ihnen 82 Mann erschlug.

Drei Tage nach diesem Gefecht, am 5. Wintermonat, versuchte der Graf, welcher hier keinen Mann eingebüßt hatte, einen Angriff vom Rheinthale her. Von zwei Heerhaufen sollte der eine den Stoß bedrohen, während der andere nach Honegg in der Gemeinde Oberegg, unweit dem Ruppen, beordert war. Hier schlugen die Trogener, verstärkt durch Männer aus Appenzell, den Feind so kräftig auf's Haupt, daß derselbe 400 Mann einbüßte. Geschreckt durch den unerwarteten Ausgang, kehrte die nach Gais beorderte Schaar ohne Schwertstreich ins Thal zurück. Der Fortsetzung des Krieges machten Kälte und tiefer Schnee bald darauf ein Ende.

Bormundschaft der Eidgenossen.

Wer stolz ist, den kann er demüthigen.
Daniel 4, 34.

Obwohl nicht besiegt, waren die Appenzeller gegenüber dem Grafen doch im Nachtheil, um so mehr, als ihn nebst der schwäbischen Ritterschaft auch der Adel und Abt unterstützten. Den Eidgenossen lag aber um der Appenzeller willen, deren Schutzverwandte sie waren, viel an einer Beilegung des Krieges, und seit bei Goßau die unbändigsten

Männer gefallen waren, verstummte im Volke ohnehin das
wilde Toben der ungeschlachten Menge. Die Stimme der
Mäßigung, der Erfahrung und des Rechts erhielten wieder
die Oberhand, so daß schon unterm 31. Mai 1429 mit
dem Grafen der Friede zu Stande gebracht werden konnte.
Zwei Monate später folgte auch eine Aussöhnung mit dem
Abt, dem Bischof von Konstanz und mit der schwäbischen
Ritterschaft. Damit aber nach dreißigjährigen Wirren der
Friede einmal an Bestand gewinne, trachteten die Eidgenossen
darnach, Garantieen zu erhalten, und diese fanden sich in
einer Art Vormundschaft, welche sie auf das Land ausübten,
wie zur Zeit der Freiheitskämpfe durch Anshelm und Kupferschmid geschehen war. Die Erfahrung hatte nämlich
sattsam gelehrt, daß das Volk weit lieber eidgenössischen Beamten gehorchte als seinen eigenen Leuten. Daher setzten
die Kantone für die Oberleitung in den Regierungsgeschäften
einen Unterwaldner, Hans Müller, als Hauptmann ein,
welchem Ammann und Rath untergeordnet waren. Dem schiedsrichterlichen Spruch von 1421, dessen Beobachtung die Appenzeller so lange beharrlich verweigert hatten, mußten sie
nun nachkommen und sich herbeilassen, dem Abt die noch
rückständigen Schulden zu bezahlen und überdies des Klosters und des Adels Angehörige aus dem Landrechte zu entlassen. Seinerseits war der Abt pflichtig, die Gegner kosten-
frei von Acht und Bann zu lösen.

Belehrt durch vieljährige herbe Erfahrungen, fingen die
Appenzeller endlich an, nicht nur klüger, sondern auch ge-
rechter zu werden. Sie hielten sich an die Bestimmungen
des Friedens von 1421, kauften sich von den Abgaben des
Stifts allmälig los, lebten im Frieden mit ihren Nachbarn
und gelangten in freundschaftliche Beziehungen zu den Eidgenossen, denen sie in ihren Kriegen allezeit tapfern Beistand
leisteten. Die Vormundschaft war darum nicht von langer

Dauer. Schon 1437 wurde dieselbe soweit aufgehoben, daß das Land den Hauptmann wieder aus der Mitte des Volkes ernennen konnte; dagegen suchten die Eidgenossen für Beilegung schwieriger Rechtsfälle die Stadt St. Gallen mit dem Lande in eine engere Verbindung zu bringen, welche demselben mit Rath und That Beistand leisten sollte.

Die Appenzeller im alten Zürichkrieg.

Seid klug, wie die Schlangen und ohne Falsch,
wie die Tauben.   Matth. 10, 16.

Nachdem Graf Friedrich von Toggenburg auf der Schattenburg in Feldkirch, seinem Lieblingssitze, 1436 kinderlos gestorben war, erhoben sich Zwistigkeiten über seine ausgedehnten Besitzungen. Voraus trachteten Zürich, Schwyz und Glarus, an deren Grenzen die Grafschaft Toggenburg, das Stammgut Friedrich's, lag, durch seine Länder ihr Gebiet zu erweitern. Darüber entzweiten sich Zürich und Schwyz dermaßen, daß darüber der unheilvolle alte Zürichkrieg zum Ausbruche kam, welcher das Gebiet der Eidgenossen binnen 10 Jahren schrecklich verwüstete. Tausenden kostete er das Leben, und alle Grausamkeiten der entfesselten Leidenschaft wurden verübt. An der Spitze von Zürich stand Bürgermeister Rudolf Stüssi, und für Schwyz trat der Landammann Ital Reding, Sohn jenes Rathgebers der Appenzeller während der Freiheitskriege, in die Schranken. Beide waren ebenso ehrgeizige als kluge und beredte Männer;

aber sie haßten einander, weil jeder nur für den eigenen Kanton besorgt war, unbekümmert um die Wohlfahrt gemeiner Eidgenossenschaft.

Die Appenzeller geriethen dabei in eine höchst schwierige Lage. Als Bundesglieder sollten sie Zürich, dessen Gunst ihnen so oft zu statten gekommen war, Beistand leisten; aber auch Schwyz, dem sie noch mehr verpflichtet waren, verlangte ihren kräftigen Arm wider Zürich. Reding drohte, die Appenzeller mit eisernen Stangen zu weisen, wenn sie es wagen würden, ihm den Beistand zu verweigern. Die Appenzeller aber blieben laut Artikel 5 des Landrechtsbriefes, (S. 340), unparteisam; sie fürchteten weder Reding's Drohungen noch Zürichs Zorn und des Königs Macht, der es mit Zürich hielt; denn, sagten sie: „Wir haben gegen Schwyz und seine Bundesglieder, wie gegen Zürich die nämlichen Pflichten. Wie könnten wir dem Einen helfen, ohne gegen den Andern ungerecht zu werden?" Dabei blieben sie unentwegt, so lange die Fehde, geführt von Eidgenossen wider Eidgenossen, den Charakter eines bloßen Hausstreites zwischen Brüdern hatte. Als aber Zürich, gekränkt durch den Rechtsspruch der Tagsatzung, welcher ihm unbillig schien, 1442 mit Oesterreich gegen die Eidgenossen in Bund trat und dieses zur Hülfe ins Land rief; als es sich sogar nicht scheute, das Abzeichen der Oesterreicher, die Pfauenfeder, offen zur Schau zu tragen: da hatte für Appenzell die Neutralität ein Ende. Es galt nun, die Unabhängigkeit zu wahren gegenüber Oesterreich, diesem stets schlagfertigen Feinde der Volksfreiheit. Appenzell, entschlossen, das Schwert für die Eidgenossen gegen Zürich zu ziehen, sandte diesem Stande am 30. April 1444 den Absagebrief. Sofort rückten 500 Mann ins Feld. Erst halfen sie Greifensee belagern, wo unter Reding's, des Jüngern, Leitung die Leidenschaft einen schmählichen Triumph gefeiert hat; dann standen sie den Eidgenossen überall zur Seite, so oft es galt, die Oesterreicher zu bekämpfen; denn diese sollten um jeden Preis aus dem Lande der Freiheit vertrieben werden. In Gemeinschaft mit Bundesgenossen legen sie 1445 Rheineck in Asche. Hierauf gehen sie über den Rhein, ziehen raubend, sengend und brennend vor Fussach, Gätzis, Rankwil, Feldkirch, rücken dann vor Sargans, lassen Balzers in Flammen aufgehen, schrecken Mels und Flums mit Brandschatzungen, kehren aber eilfertig zurück, weil der Feind bei Wolfhalden ihr Land bedroht. Auch hier sind die Appenzeller siegreich. 177 feindliche Krieger finden in diesem Treffen den Tod; 22 gerathen in ihre Gefangenschaft, während sie selbst nur unbedeutende Verluste erleiden. Im Jahr 1446 wurde endlich der Friede geschlossen, welcher den Schrecken des Krieges ein Ende machte. Freudengeläute erscholl durch die ganze Schweiz. Aber weder Zürich noch Schwyz winkte ein unmittelbarer Gewinn aus den gebrachten Opfern. Das Toggenburg fiel den Erben zu, welche mit Schwyz und Glarus ein Landrecht errichteten. Utznach und Gaster wurden von den Herren von Raron, Erben des Grafen, an jene Stände verpfändet.

Ruhige Ueberlegung und Vaterlandsliebe adelten die Appenzeller in diesem Kriege. Es galt, Zürichs Trotz zu brechen und die Gelüste Oesterreichs zurückzuweisen, welche es nach dem im Jahr 1415 verlornen Aargau und nach der Grafschaft Kyburg hatte. Jenes verlangte der Herzog von den Eidgenossen unumwunden zurück, diese ward ihm von Zürich für die Hülfeleistung verheißen. Nach innen und außen sollte bei diesem Anlasse die Unabhängigkeit neuerdings sicher gestellt werden.

Appenzell wird zugewandter Ort.

Thut nichts aus Zank oder eitler Ehre
willen. Psalm. 2, 3.

———

Schon im Anfang des Zürichkrieges hatte Herzog Friedrich von Oesterreich auf einem Tage zu Konstanz mancherlei Ueberredungskünste in Anwendung gebracht, die Appenzeller von den Eidgenossen zu trennen, um sie wieder ans Reich zu bringen. Er verhieß ihnen Befreiung von der Reichsacht, Bestätigung des, wie er meinte, widerrechtlich an sich gebrachten Blutbannes nebst Zusicherung anderweitiger Vortheile, welche ihm als Lockspeise dienen mußten. Allein die Appenzeller giengen nicht in die Falle; sie wankten nicht in der Wahl, um so weniger, als ihnen die Eidgenossen hart anlagen, an der Verbindung mit ihnen treu festzuhalten; denn Oesterreichs Ränkesucht und seine diplomatischen Künste waren den Appenzellern ohnehin aus Erfahrung längst bekannt. Diese Hingebung für die Sache der Volksfreiheit ebensowohl, als ihre Theilnahme im Kriege brachten dem Lande Vertrauen bei den Eidgenossen, welches diese bald nach dem Friedensschlusse durch eine engere Verbindung mit den Kantonen belohnen wollten. Bekanntlich hatte Appenzell seit 1411 ein bloßes Landrecht besessen; es stand somit in einer sehr losen, lockeren Verbindung mit den Ständen und ihre Freiheiten auf schwachen Füssen. Das sollte nun geändert werden, indem es in das Verhältniß ewiger Eidgenossen trat, wodurch das Land bei seinen wohlerworbenen Rechten auf immer geschützt werden konnte.

Am 16. Wintermonat 1452 schworen die Männer von Appenzell, welche das 16. Jahr zurückgelegt hatten, an der

Landsgemeinde den neuen Bund als zugewandter Ort der Eidgenossenschaft. Damit war das beengende Verhältniß bisheriger Bevormundung aufgehoben, und die Kantone traten in freundschaftliche Beziehungen zum Lande. Zur Zeit des Landrechtes hatten die Appenzeller in eidgenössischen Fragen nicht mitzusprechen, nun aber erhielten sie unter Umständen Zutritt zu den Tagsatzungen. Lag es bis dahin in der Willkür der Kantone, dem Volk im Kriege beizustehen, so konnte die Hülfeleistung nun nicht mehr verweigert werden. Ward ihm nach dem Landrechtsbrief in eidgenössischen Angelegenheiten jedwede Einmischung untersagt, so erhielt Appenzell im Gegentheil die ehrenvolle Aufgabe des Vermittleramtes. Drohte unter den Eidgenossen ein Krieg, und konnte der Span nicht friedlich beigelegt werden, so hatten die Appenzeller nach dem neuen Statut die Pflicht auf sich, ihren Arm der größern Partei zuzuwenden, statt eine bloß neutrale Stellung zu behaupten, wie zu Anfang des Zürichkrieges, weßhalb sie damals auch nichts zur allgemeinen Wohlfahrt des Vaterlandes beitragen konnten. Solche Fortschritte machte die Freiheit des Landes innerhalb 40 Jahren durch seine Treue an den Eidgenossen und seine Kühnheit im Kampfe nach innen und gegen außen. Wir sehen daraus, daß die Eidgenossen, solange sie im Appenzellervolk gleichsam einen störrischen, ungeschlachten Buben erblickten, denselben in strenger Zucht halten zu sollen glaubten, aber auch, daß sie ihn, nachdem er zur Mündigkeit gelangt, in Klugheit, Gehorsam und Gesittung erstarkt war, in den Bruderbund aufzunehmen, sich bereitwillig zeigten.

Das steigende Ansehen des einst geknechteten Volkes erweckte aber bei seinem feindseligen Nachbar, dem Abte Ulrich Rösch, eine Stimmung voll Neid und Mißgunst; darum trachtete er, der wohlerworbenen Unabhängigkeit des Volkes aus allen Kräften Eintrag zu thun. Erst machte er

dem Lande einen Grenzstreit anhängig, dann wirkte er beim
Kaiser den Befehl aus, daß ihm die Appenzeller das im
Jahr 1460 von ihnen erkaufte Rheinthal abtreten sollten,
weil er dort viele Güter, Gerichtsbarkeiten und Gefälle habe.
Als sie sich deß weigerten, plagte er sie unaufhörlich vor
den eidgenössischen Gerichten mit Prozessen über Marken,
Einkünfte und Rechte. Freilich waren des Abtes Klagen
nicht immer ungegründet; denn gleich wie der Abt oft mehr
forderte, als ihm gehörte, so gaben ihm die Appenzeller zuweilen auch weniger, als sie schuldig waren. Um jedoch des
unaufhörlichen Gezänkes ledig zu werden, kam durch Vermittlung der Eidgenossen ein Friede zu Stande; aber keiner
Partei gefiel der Spruch. Die Appenzeller waren erzürnt
auf den Abt, weil er sie spruchbrüchige Leute nannte,
und auf die Eidgenossen, weil sie 800 fl. Strafgeld von ihnen
forderten. Die Landsgemeinde verwarf daher (1465) das Urtheil, begleitet mit der Erklärung: die Buße wollen sie bezahlen, aber ihre Ehre müsse unangetastet bleiben. Es gab
keine Ruhe im Lande, bis der Abt sich herbeiließ, den ehr-
verletzenden Ausspruch zurückzunehmen. Ihre Unabhängigkeit
mehr und mehr zu befestigen, kauften die Appenzeller jene
Lehenzinse, Zehnten, die der Abt im Lande besaß, allmälig
los und stifteten die Pfarreien Brüllisau, Grub und Teufen.

Das köstliche Gut der Väter, denen die Ehre über alles
theuer war, vererbte sich später auch auf ihre Nachkommen.
Wohl uns, wenn wir daran festhalten. „Ehre verloren, alles verloren," bleibe auch unser Wahlspruch.

Der Klosterbruch in Rorschach.

Wer Hader anrichtet, ist gleich als der dem
Wasser den Damm aufreißet.
Sprüche 17, 14.

Unter solchen Hausstreitigkeiten rückte die Zeit des burgundischen Krieges heran. Niemals zuvor hatte die Eintracht
der Eidgenossen eine härtere Probe zu bestehen, weßhalb denn
auch die Zwistigkeiten im Innern des Vaterlandes um so
leichter verstummten. Karl der Kühne, Herzog von Burgund, begierig nach Vergrößerung seiner Macht, war nämlich
mit Ludwig XI. von Frankreich in Streit gerathen. Der
König aber, dessen Vasall der Herzog war, wußte schlangenklug die Verhältnisse so zu lenken, daß Karls Zorn gegen
die Eidgenossen entbrannte. Diese zu verderben, war daher
zunächst sein Plan, und darum rief er seine sieggewohnten
Heere zu den Waffen. 60,000 Mann stellte er ins Feld;
der Eidgenossen waren nur halb so viele. Gott aber verlieh
ihnen Sieg zu Ericourt 1474, bei Grandson und
Murten 1476 und bei Nancy 1477, wo der stolze Fürst
seinen Trotz mit dem Leben bezahlte. Siegreich überall, giengen die Eidgenossen, unterstützt von den Appenzellern, ruhmvoll aus dem schweren Kampfe hervor. Doch war der Krieg
kaum zu Ende, als die Flamme des Haders im Innern des
Schweizerlandes hier und dort von Neuem aufloderte.

Dem herrischen Geiste des St. Galler Abtes, Ulrich
Rösch, von den Appenzellern spottweise der rothe Uli ge-
nannt, war es nämlich zuwider, daß sein Kloster gegen die
Stadt, mit der er meist in Spannung lebte, keinen andern
Schutz, als einen Zaun und keinen Ausgang hatte, als die

Stadtthore selbst. Er wünschte deßhalb ein eigenes Thor
durch die Ringmauer zu machen und die Stiftsgebäude mittelst einer Mauer einzuschließen, um das Kloster von der
Stadt abzusöndern. St. Gallen aber wies das Begehren
ab, weil es darin Gefahr erblickte für die eigene Sicherheit.
Die Verweigerung seines Wunsches brachte den Abt auf den
Gedanken, in Rorschach auf eigenem Grund und Boden ein
zweites Kloster zu bauen, wo er seine selbstsüchtigen Zwecke
ungehindert zu erreichen hoffen konnte. Durch Entfernung
von der Stadt glaubte er deren Hülfsquellen zu schwächen
und die Bürgerschaft zu bemüthigen. Im Geheimen reifte
der Plan. Nachdem aber der Abt 1484 die päpstliche, 1485
auch die kaiserliche Bewilligung zum Bau eines neuen Klosters erlangt hatte, traf er 1487 Anstalten zur Ausführung.
Auf Mariaberg, oberhalb Rorschach, hatte er bereits zehn
Häuser an sich gebracht und niederreißen lassen, um an deren Stelle die Kirche, ein Gebäude für den Convent, ein
Krankenhaus, ein Pfrundhaus, eine Abtei mit Rath- und
Gerichtshaus, Badehaus, Gasthäuser, Scheunen mit Korn-
öden und Stallungen, Mahl- und Sägemühlen, Glocken-, Ge-
fängniß- und andere Thürme erbauen zu lassen. Das Ganze
sollte mit einem Bollwerke nebst Wassergräben und Zug-
brücken wohl verwahrt werden.

Die Bürgerschaft, angesichts so großartiger Anstalten,
wurde voll Unruhe. Sie besorgte nicht ohne Grund, es
könnte sich mit dem Sitze des Abtes nach Rorschach auch
der Handel dahin ziehen und die Stadt dadurch zum bedeu-
tungslosen Orte herabsinken. Die Befürchtung hatte umsomehr Wahrscheinlichkeit für sich, als Rorschachs Lage am
See für Handel und Gewerbe weit günstiger ist, als St.
Gallen im engen Thale gelegen, ohne Strom und See.
Aber auch die Appenzeller blieben in der Sache nicht theil-
nahmslos, weil sie den Verlust des Rheinthales befürchte-

ten, wenn Abt und Kloster in dessen Nähe vorrücken sollten.
Beide, St. Gallen und Appenzell, weil in ähnlicher Bedrängniß, traten darum zusammen, den Bau gemeinsam zu
hintertreiben. Was aber gesetzlos aufgeht, geht leicht auch
mit Gewalt unter. Daran dachten die Verbündeten wohl
nicht, als sie 1488 an der Kirchweih zu Urnäsch in geheimer
Sitzung den Entschluß faßten, die bereits aufgeführten Gebäude jählings zu zerstören. An der Spitze der Bewegung stand Bürgermeister Varnbühler von St. Gallen,
als Beamter, Krieger und Mensch gleich ausgezeichnet; ihm
war für die Wohlfahrt der Vaterstadt kein Opfer zu groß.
Er veranstaltete daher in Waldkirch eine Volksversammlung,
um die Gotteshausleute für den Plan zu gewinnen. Der
Appenzeller Landammann Schwendiner, eine heftige, rohe
Natur, augenblicklichen Eingebungen nur allzuleicht zugänglich, suchte seinen Landsleuten begreiflich zu machen, daß ihre
Lasten noch mehr vergrößert werden könnten, wenn statt eines
Klosters deren zwei zu unterhalten sein würden. Das Volk
war bald aufgeregt und für den Plan gewonnen; denn lebhaft schwebte ihm der Sieg des Züricherlandvolkes vor der
Seele, durch das 3 Monate früher Waldmann, der herrische
Bürgermeister, gestürzt worden war. Im Burgunderkriege
verwildert, war das Volk nur zu leicht geneigt, der eigenen Justiz freien Lauf zu lassen, um mißbeliebige Häupter
in den Regierungen zu stürzen, und es schien daher auch den
Appenzellern ein Geringes, die Gelüste des Abtes zu hintertreiben. Nachdem Ldm. Schwendiner die Kirchhören für
den Plan gewonnen hatte, ließ er ein allgemeines Aufgebot
ergehen. In der Nacht vom 27. auf den 28. Juli brannten die Harzpfannen auf den Höhen des Landes als Zeichen
zum Aufbruche nach Rorschach. Kaum graute der Tag, als
1200 Appenzeller, 600 Gotteshausleute nebst 350 Bürgern der
Stadt St. Gallen nach Grub, dem Sammelplatze des Heeres,

zueilten. Von hier gieng der Zug nach Rorschach und mit
dem Rufe: „Thut St. Gallen ein Ehrentagwerk!" geschah
der Angriff. Die Altäre wurden zerschlagen, die Glocken
heruntergeworfen, die Kirche in Brand gesteckt und die Mauern
geschleift. Hierauf zog das frevelnde Volk siegestrunken in
den Flecken Rorschach ein. Hier tranken sie des Abtes Wein,
zerschlugen Fenster, Oefen und erlaubten sich allerlei andern
Unfug. Beutebeladen kehrten hierauf die Stürmenden nach
St. Gallen, wo die Bergleute gastfrei gehalten wurden.
Wohl klopfte diesem und jenem das Herz nach verübter
Gewaltthat. Ein alter, vielerfahrner Mann sprach im Vorgefühle der schweren Folgen, als er die Flammen sah: „Jetzt
brennt das Kloster und das Rheinthal." Wirklich blieb für
die Verbündeten die Vergeltung nicht aus. Zwar hatte Abt
Ulrich den Frevel ohne Widerstand geschehen lassen; denn
er durfte nun hoffen, seinen langjährigen Gegnern einmal
mit Erfolg beizukommen. In dieser Absicht führte er alsbald Klage bei den vier Schirmorten: Zürich, Luzern,
Schwyz und Glarus, die er für seine Maßnahmen gegen
die Feinde vorläufig mittelst Bestechung gewonnen hatte.

Von den unbetheiligten Kantonen wurden Friedensver-
mittlungen versucht; Boten der Eidgenossen eilten her und
hin zur Beilegung des Spans; da aber ihr Spruch in dieser Sache zu Gunsten des Abtes ausfiel, steigerte sich bei
den Verbündeten der Groll gegen ihn nur um so höher.
Auf einem Tage in St. Gallen meinte Schwendiner, es
zieme den Kuttenmönchen nicht, solchen Hochmuth zu treiben,
und da sie geistlich seien, habe man ihnen nicht zum Rechte
zu stehen. Der biedere Ammann Steiner von Zug aber
meinte, man dürfe gegen jedermann Recht recht sein lassen.
Als die Gesandten die Rathhaustreppe hinabgiengen, sagte
Steiner scherzend zu Schwendiner: „Herr Ammann! ihr habt
doch einen rauhen Rock an", worauf Schwendiner erwiderte:

Ja, aber der Mann unter demselben ist noch viel rauher, als etlichen lieb ist." Im Unmuth drohte er einst sogar mit Abfall vom Bunde der Eidgenossen, und der irregeleitete Haufen im Volke geberdete sich immer frecher. An eine friedliche Beilegung war daher bei so erregter Stimmung nicht zu denken, wie sehr auch die Stände, besonders Bern, bemüht waren, den Handel in Minne beizulegen. Als daher die Verbündeten von ihrem Trotze nicht lassen wollten, rüsteten die Eidgenossen zum Kriege wider Appenzell, St. Gallen und die Gotteshausleute. Mit 8000 Mann rückte der Feind am 6. Hornung 1490 nach Goßau vor. Als jene aber den Ernst der Waffen sahen, baten erst die Gotteshausleute um Frieden; die Appenzeller zauderten noch, weil das Land in Parteien getheilt war. Endlich aber siegte die friedlich gesinnte, angeführt von Landammann Zibler, der, um einen Krieg vom Lande abzuwenden, in's Lager der Eidgenossen eilte. St. Gallen zürnte billig über den Abfall des Bergvolkes, hielt aber, obwohl vereinzelt stehend, immer noch fest hinter seinen Mauern und Wällen. Die Stadt mußte belagert und beschossen werden; da ihr aber von keiner Seite Hülfe kam, gab endlich auch sie Friedensvorschlägen des Feindes Gehör und kapitulirte nach tapferem Widerstand.

Zur Sühne für die Gewaltthat mußte die Stadt auf alles Gebiet außer den Ringmauern verzichten und überdies den Eidgenossen 10,000, dem Abte 4000 Gulden bezahlen, erhielt jedoch ihre Freiheiten zurück, nebst der Zusicherung, daß auch Reliquien und Kirchenzierden in der Stadt verbleiben sollten. Die Gotteshausleute bezahlten 3000 Gulden. Appenzell büßte nicht nur das Rheinthal mit der Herrschaft Sax, also den Rest der Beute, welche das Land vor beinahe 100 Jahren im Kriege gemacht hatte, ein, sondern mußte überdies 4500 Gulden an die Kriegskosten bezahlen. Aber auch der Abt erntete keine Lorbeeren, obschon er geglaubt hatte, seine Gegner bei diesem Handel erdrücken zu können. Der materielle Ersatz betrug kaum die Hälfte des erlittenen Schadens von 16000 Gulden; Verwüstung des Landes, Aerger und Verdruß hatte er obendrein.

Im folgenden Jahre starb der Abt zum Bedauern der Abtei, welche in ihm den dritten Stifter verehrte. — Im Lande selbst blieb noch lange bitterer Groll zwischen den Häuptern der Regierung. Landammann Zibler hatte den Frieden gewollt und Schwendiner den Krieg. Diesen traf Verbannung auf Lebenszeit, und da er sich auch im fernen Lande feindselig gegen die Heimat geberdete, traf ihn allgemeine Verachtung, und es verscholl sein Name bald. Auch Varnbühler büßte Vermögen und Vaterland ein; aber der Mann wußte sein Los gelassen zu tragen. Bildung und Biedersinn verschafften ihm im Auslande bald Achtung und Vertrauen. Noch blüht sein Geschlecht fort; es stieg nachmals sogar zum Adelsstand empor, und im Jahre 1864 war ein direkter Nachkomme Varnbühler's Minister der auswärtigen Angelegenheiten in Württemberg.

Appenzell gelangt zur Mitherrschaft über das Rheinthal.

So jemand kämpfet, wird er doch nicht gekrönet, er kämpfe denn recht.

2. Thimot. 2, 5.

Bald nach diesen Geschichten kam den Eidgenossen von außenher neue Gefahr. Schwendiner, der geächtete Land-

ammann, war, wie wir so eben gesehen, nach Deutschland
geflohen. Hier konnte er seine Schmach nicht vergessen, wie
sehr auch der Vorwurf ihn traf, eine Hauptschuld am Ror-
schacherhandel gewesen zu sein. Darum befehdete er seine
Landsleute nebst den Eidgenossen Jahre lang vor den deutschen Gerichten in Wort und Schrift wegen Vorenthaltung
seines Vermögens, und da man ihm dort nicht Rede stehen
wollte, ward zwischen der Schweiz und Deutschland allmälig Mißstimmung erzeugt. Dazu kam, daß Kaiser Maximilian, in einen Krieg mit Frankreich verwickelt, schweizerische
Söldner begehrte. Während aber Tausende unter Frankreichs
Fahnen eilten, fand des Kaisers Wunsch kein Gehör. Auch
hatte Maximilian schon 1484 die Eidgenossen zum Beitritt
in den schwäbischen Friedensbund einladen lassen, den er zur
Aufrechthaltung der Ruhe im Innern und für Vermehrung
von Deutschlands Macht gegen auswärtige Feinde gestiftet.
Durch ihren Anschluß hoffte er die Schweiz wieder enger
mit Deutschland verbinden zu können und damit auch das
Interesse für Frankreich zu schwächen. Aehnliche Einladungen erfolgten 1495 und 1496. Allein die Eidgenossen witterten Gefahr für ihre Unabhängigkeit und zeigten darum
keine Lust, in den Bund zu treten, obschon der Kaiser gedroht hatte, im Kampfe gegen die Schweizer, als ungehor-
same Glieder des Reichs, der Vorderste zu sein. Solch hart-
näckiger Geist erbitterte die Glieder des deutschen Bundes
noch mehr. Als daher im folgenden Jahre der graue und
1498 der Gotteshausbund in Bünden mit den Eidgenossen in eine engere Verbindung traten, kannte der Haß der
Deutschen keine Grenzen mehr. In Schmähworten, Stachel-
reden und Spottliedern ergoß sich von nun an der Zorn bei
Adel und Volk. Man nannte die Schweizer schlechtweg
Kuhgeier; auf Karrikaturen stellte man sie hinter die Kühe
und drohte scherzweise, ihnen auf die Kuhmäuler schlagen zu

wollen. Als die Eidgenossen am Rhein zur Abwehr von Ueberfällen der Deutschen ihre Stellungen einnahmen, rief ihnen die Besatzung von Guttenberg zu: „Ihr Kuhgeier, was wend ihr? Muh, Muh, Blä, Blä!" Nach der Schlacht am Bregenzerharb, wo sich viele Flüchtlinge des Feindes versteckt hielten, fanden die Schweizer einen Schwaben. Voll Schrecken, von ihnen getödtet zu werden, schrie er: „Ach, ihr lieben, frommen Kuhmäuler, ich bitte euch durch Gott, seid mir gnädig und schenket mir das Leben!" Auf die Frage, warum er sie mit Schimpfworten anrede, wenn er Gnade begehre, versicherte er treuherzig, er habe die Schweizer niemals anders nennen gehört. Das Leben ward ihm geschenkt; aber die Thatsache spricht deutlich genug für die feindselige Stimmung der Deutschen gegen die Schweizer.

Bei solcher Gereiztheit der Parteien mußte es zum Kriege kommen. Eilfertig ward darum auf beiden Seiten gerüstet. Schon im folgenden Jahre (1499) brach der schreckliche Schwabenkrieg aus, welcher zwar nur 8 Monate währte, aber entsetzliches Elend im Gefolge hatte. 20,000 Menschen verloren in demselben das Leben; 2000 Städte, Dörfer und Schlösser wurden zerstört und das Land, wo die Kriegsflamme loderte, in einer Ausdehnung von 30 Quadratmeilen verheert. Rasch folgten Schlachten auf Schlachten, Treffen auf Treffen. Die Schweizer, siegreich aller Orten, schlugen das Reichsheer bei Triesen, im Bregenzerhard, bei Sax, Hallau und Schwaderloh, später auch in Frastenz, an der Malserhaide und bei Dornach.

Den Appenzellern lag im Schwabenkriege zunächst die Beschützung des Rheinthals ob; aber ihr Muth galt bei den Eidgenossen so viel, daß diese sie dringend baten, sich auch anderwärts verwenden zu lassen. Wirklich folgten dem Rufe 300 Mann nach Schwaderloh, ein andermal 950 nach Frastenz, 500 zur Belagerung des Schlosses Guttenberg am Rhein, 400 in die Schlacht auf der Malserhaide im Tyrol.

Groß war aber auch die Noth der Schweizer in diesem Kriege. Von den Hochgebirgen Bündens bis hinab gen Basel hatten sie Grenzwachen aufzustellen, weßhalb auch nur eine bewunderungswürdige Wachsamkeit die Schweiz vom Untergange retten konnte. Im Lande mußte jeder, selbst bei der Heuernte, beim Holzhauen und bei andern Geschäften des Friedens mit Waffen versehen sein, damit er, ohne zuvor bei den Seinigen Abschied zu nehmen, sofort nach dem Sammelplatze eilen könne, wenn er bei Tag die Rauchsäule aufsteigen sah oder bei Nacht den Sturmhammer ertönen hörte.

Zum Lohne für die treuen Dienste erlangten die Appenzeller nach dem Friedensschlusse die Mitherrschaft über das Rheinthal, das sie vormals um 6000 Gulden an sich gebracht, aber im Frieden von Rorschach eingebüßt hatten. Die Eidgenossen erhielten das Landgericht über das Thurgau, und damit fiel ein neuer Ring von der Kette, welche die Schweiz bis dahin mit dem deutschen Reiche zusammen gehalten hatte. Auch das Land bewarb sich um den Mitbesitz der wichtigen Erwerbung; allein die Eidgenossen bestritten ihnen jede Berechtigung, unter dem Vorwande, daß das Hochzeitsrecht über diese Landschaft schon vor dem Schwabenkriege den Kantonen gehört habe.

Basel und Schaffhausen, die gleich Appenzell im Kampfe treu zu den Eidgenossen gestanden, wurden im Jahre 1501 für ihre Dienste in den Bund aufgenommen und derselbe dadurch zu 12 Orten erweitert.

Appenzells Aufnahme in den Bund.

Erkennet, daß der Herr Gott ist; er hat
uns gemacht und nicht wir selbst zu seinem Volk und zu Schafen seiner Weide.
Psalm. 100, 3.

Im August 1499, während die Flamme des Schwa-
benkrieges noch immer loderte, eroberte König Ludwig XII.
von Frankreich das Herzogthum Mailand, auf das er Erbansprüche zu haben wähnte; aber Ludwig Sforza, der
Herzog von Mailand, wollte sein Land behaupten. Darum
entbrannte zwischen diesen Fürsten der mailändische
Krieg. Beide verlangten die Hülfe der Eidgenossen um
jeden Preis; denn der eine wie der andere hatte den Glauben, daß er sich seinem Gegner gegenüber nur mittelst ihres
Armes behaupten könne.

An das Waffenhandwerk bereits mehr gewöhnt, als an
das stille Leben am häuslichen Herde, giengen von nun an die
Eidgenossen fremden Trommeln nach, weil ihrer in Kriegs-
händeln Sold und Beute wartete. Wenn noch so viele im
Söldnerdienste zu Grunde giengen, und wenn die, welche die
Heimat wieder sahen, durch ihr Elend noch so sehr warnten,
so verführte doch jeder Ruf neue Schaaren nach fremden
Schlachtfeldern. Kaum vergieng damals ein Jahr, ohne daß
nicht Tausende der kräftigsten Jünglinge dem Vaterlande den
Rücken kehrten. Die Folgen waren Verwilderung, Seuchen,
Elend und Jammer. Im Vaterlande stand der Pflug still,
und mancher Acker lag brach, weil der Mann, der ihn be-
stellen sollte, draußen im Kriege war. Bald sah man die

Eidgenossen mit Frankreich wider Mailand, dann mit Mailand wider Frankreich kämpfen; ja es geschah, daß, um schnöden Soldes willen, Eidgenossen gegen Eidgenossen in bruder-
mörderischer Schlacht einander gegenüber standen. Tausende
tödtete das Schwert, und wen es verschonte, kehrte schmach-
beladen oder als Krüppel in die Heimat zurück. Mit Recht
ward deßhalb Italien nur noch der Schweizer Grab geheißen. Jetzt freiwillig, dann auf Befehl der Tagsatzung sah
man auch Appenzeller in diesen Lohnkriegen mit altgewohnter
Treue fechten. Schon 1499 betheiligten sich 900 Mann am
Mailänderzuge. 1507 begleiteten den deutschen Kaiser Maximilian auf seinem Römerzuge abermal 200 Mann. In
der Schlacht bei Agnadello, unweit Peschiera, (1510) unterstützten den Frankenkönig wider Venedig 2 Compagnieen Appenzeller. Als im Jahre 1512 Venedig und Rom sich anschickten, die Franzosen aus Mailand zu vertreiben, wurde
das eidgenössische Heer durch 600 Mann verstärkt. Ebenso
sah die Schlacht bei Novara (1513) 300 derselben in Italiens Gefilden. Der Kampf war hart, der Sieg aber auf
Seite der Schweizer. 2000 Eidgenossen bedeckten die Walstatt; unter ihnen sahen 54 Landsleute ihr Vaterland nicht
wieder. Aber kaum war diese Waffenthat vollendet, als zur
Demüthigung Frankreichs ein neuer Zug nach Dijon unternommen wurde. In den Reihen der Eidgenossen kämpften
auch hier 600 Appenzeller, nicht zu erwähnen ihrer spätern
Waffenthaten auf Italiens und Frankreichs Ebenen.

Niemals blieb Appenzell, wie man aus diesen Thatsachen ersieht, in Erfüllung seiner Bundespflichten zurück. Das
Land erneuerte darum mit vollem Recht ein schon im Jahre
1510 gestelltes Gesuch um völlige Gleichstellung mit den
übrigen Orten der Schweiz; es suchte um Aufnahme als
selbstständiger Kanton nach. Die Tagsatzung war auch nicht
abgeneigt, die Verdienste des Landes in dieser Weise anzu-

erkennen; aber der Abt, erfüllt von Neid auf seine Nachbarn, suchte die Aufnahme zu hindern und fand Unterstützung bei mehreren Kantonen. Sein herrischer Stolz fühlte sich verletzt; er sah eine Schmach darin, daß diejenigen ihm den Rang ablaufen sollten, die vormals seine Unterthanen gewesen. Allein die Tagsatzung achtete der Einsprache nicht; vielmehr wurde das Land am 13. Christmonat 1513 dem Bunde als 13. Ort einverleibt. In seiner Rangordnung an den Tagsatzungen erhielt dasselbe übereinstimmend mit der Zeit des Eintrittes seinen Sitz nach Schaffhausen, wie sehr auch St. Gallen zürnte und der Abt grollte über die eigene Zurücksetzung; denn in ihrer Eigenschaft als zugewandte Orte folgten beide in der Stimmgebung erst nach den Kantonen.

Also ward der Bund der 8 alten Orte: Uri, Schwyz, Unterwalden, Luzern, Zürich, Glarus, Zug und Bern durch Freiburg und Solothurn, Basel, Schaffhausen und Appenzell zur Dreizehnörtigen Eidgenossenschaft erweitert. Von da an blieb ihre Zahl unverändert bis zur Unterjochung der Schweiz durch die Franzosen im Jahre 1798.

———

Vorboten der Reformation.

Wenn aber dieses anfängt zu geschehen,
so sehet auf und hebet eure Häupter
auf, darum, daß eure Erlösung naht.
Luk. 21, 28.

———

Die Kreuzzüge, welche im 11., 12. und noch im 13. Jahrhundert zur Eroberung des gelobten Landes veranstaltet

worden waren, brachten für die geistige Entwicklung der Völler manche Veränderungen hervor, theils durch Erweiterung
des Handelsverkehrs, theils durch Austausch der Ideen bei
den verschiedenen Völkerschaften von Westeuropa. Die Zahl
der Städte vermehrte sich, und manche derselben waren durch
Handwerk und Gewerbe bereits reich geworden. Zum Schutze
des Handels nach innen und gegen außen, zu Wasser und
zu Lande, traten 85 Städte Deutschlands, von denen Lü-
bek, Hamburg, Bremen, Frankfurt und Köln die
vorzüglichsten waren, in einen Bund, Hansa genannt, zusammen, welcher lange Zeit einen überaus wohlthätigen Einfluß ausübte. Auch bildeten sich damals angesehene Freistaaten: Venedig, Genua und die schweizerische Eidgenossenschaft. Das Ansehen der Könige stieg, wie nie zuvor seit
Karls des Großen Tode, einerseits durch Niederwerfung des
Raubadels, anderseits durch Beschränkung der Machtvollkommenheit ihrer Vasallen, der Herzoge. Dazu kam im 15.
Jahrhundert die Erfindung der Buchdruckerkunst, welche durch
erleichterten Austausch der Gedanken zur Aufklärung unend-
lich viel beitrug. In Italien, in den Niederlanden und in
Deutschland lebten fast gleichzeitig ausgezeichnete Gelehrte,
durch deren Einfluß die Bildungsanstalten allerorten sich
mehrten. Es regte sich mit einem Wort fast überall das
Verlangen nach freier Forschung, wodurch dem Fortschritte
auf dem geistigen Gebiete Vorschub geleistet wurde.

Darüber hätten nun vor allem die Lehrer der Religion
sich freuen sollen, weil das Christenthum von seinen Bekennern fordert, daß durch Anstrengung, durch Denken und For-
schen der unsterbliche Geist ausgebildet werde; aber die Geistlichkeit hatte sich dem Müßiggang ergeben. Seit nämlich die
Klöster reich geworden, waren die Mönche nicht mehr so
thätig im Feldbau, nicht mehr so eifrig in ihren Studien
und auch weniger gewissenhaft im Unterrichte der Jugend,

als zur Zeit ihrer Gründung. Auch die Weltgeistlichen bekümmerten sich wenig mehr um das Heil derer, die ihnen anvertraut waren. Viele Geistliche kannten die Bibel kaum dem Namen nach. Anstatt auf der Kanzel das Evangelium vorzutragen, den Geist der Zuhörer zu erleuchten und ihr Herz für alles Gute zu erwärmen, unterhielten sie dieselben mit Legenden und allerlei Wundergeschichten von Heiligen aus alter Zeit, oder sie lehrten bloße Menschensatzungen. So wurde der Aberglaube genährt, statt verdrängt und das Volk in Unwissenheit erhalten. Da der Müßiggang die Geistlichen selbst zu Lastern verleitete, ließen sie auch andere um so bereitwilliger den Weg des Bösen wandeln, meist nur darauf bedacht, ihre Einkünfte zu vermehren. Bei der höhern Geistlichkeit kamen Ehrgeiz, Herrschsucht und Prachtliebe hinzu, und die Päbste, welche sich Statthalter Christi nennen, waren zum Theil die verächtlichsten Menschen.

Wohl gab es auch edeldenkende, besser unterrichtete Männer, geistlichen und weltlichen Standes, die gegen das Verderben der Zeit eiferten, welche mittelst Wort und Schrift auf Einführung von Reformen auf dem kirchlichen Gebiete hinarbeiteten; allein man achtete ihrer nicht oder suchte sie wohl gar als Irrlehrer (Ketzer) dem Scheiterhaufen zu überantworten. Schon 1170 war Peter Waldus, ein Handelsmann zu Lyon, gegen das Verderben der Zeit aufgetreten. Nach dem Bibelworte: „Verkaufe, was du hast und gieb's den Armen," vertheilte er all sein Gut und predigte dem Volke das Evangelium. Ihn und seine Anhänger, die Waldenser, trafen Verfolgung und Inquisition (Ketzergericht). Ein anderer Lehrer des Evangeliums, Wicleff aus England, gestorben 1384, trat in die Fußstapfen Waldus; aber auch ihn traf der Bannstrahl des heil. Vaters. Als endlich zu Anfang des 15. Jahrhunderts drei Päbste gleichzeitig regierten, die sich unter einander in den Bann thaten, stiegen

in der Christenheit Verwirrung und Aergerniß auf den höchsten Grad. Es kam so weit, daß der damalige Kaiser Sig-
mund, in der Absicht, dem Unwesen ein Ziel zu setzen und
mehr Einheit in Glaubenssachen herzustellen, eine Kirchen-
versammlung nach Konstanz berief. Johann Huß aus
Prag, der die Schriften Wicleffs gelesen, predigte, wie er,
wider das Pabstthum. Er wurde darum als Abtrünniger
von der Staatskirche oder als Irrlehrer zur Verantwortung
gezogen und nach Konstanz berufen. Da er sich hier vor
Kaiser und Pabst zu seiner Ueberzeugung standhaft bekannte,
traf auch ihn das Los der Ketzer; er wurde, trotz kaiserlichem
Geleitsbrief, im Jahre 1415 zum Feuertode verurtheilt. Im
folgenden Jahre traf seinen Schüler Hieronymus von
Prag dasselbe Los. Die Kirchenverbesserung aber, um derer-
willen geistliche und weltliche Fürsten aller Länder zusammen-
gekommen waren, unterblieb, obschon die Geistlichkeit selbst
eingestanden hatte, die Kirche sei krank an Haupt und Glie-
bern. Als jedoch nach dem Rathschlusse Gottes die Zeit er-
füllet ward, wurde endlich zur Wahrheit, was Huß in seiner
Sterbestunde mit prophetischem Blicke vorausgesehen. Auf
seinem Gang zum Scheiterhaufen soll er nämlich ausgerufen
haben: „Heut' braten sie eine Gans; aber nach hundert Jahren wird kommen ein Schwan (Luther), den werden sie un-
gebraten lahn."

Gott läßt seiner nicht spotten; was er zusagt, das hält
er gewiß. Die Leuchte des Evangeliums, welche seit Jahrhunderten unter dem Scheffel gestanden war, sollte zur
Flamme werden für alles Volk, das da schmachtete nach der
lautern Quelle des Heils.

Der Ablaß.   Beginn der Kirchentrennung.

Alle Pflanzen, die mein himmlischer Vater
nicht gepflanzet, die werden ausgerrutet.
Matth. 15, 13.

————

Früh schon wurden die Kirchenstrafen in Geldbußen umgewandelt, zunächst in Almosen für die Armen. Auch verkündeten die Päbste vollkommenen Ablaß für die Kreuzfahrer
unter dem Namen eines Almosens. Doch war anfangs bei
Ertheilung des Ablasses immer wirkliche Herzensbuße vor-
ausgesetzt. Aber das Vorrecht der Päbste, Kirchenstrafen
zu erlassen, wurde später dahin mißbraucht, vollkommene
Sündenvergebung zu ertheilen, die um Geld zu erhalten war.
Es gab hiefür besondere Preiscourants, und es entstand allmälig mit dem Ablaß ein schwunghafter Handel, der unge-
heure Summen einbrachte, aber auch der Kirche zum großen
Verderben gereichte. Angeblich, um den Bau der Peters-
kirche in Rom zu vollenden, ließ Leo X. (1516) diesen
Handel durch Unterbeamte der Bischöfe besorgen, welche das
Volk nicht selten auf höchst ärgerliche Weise ausbeuteten.
In der Schweiz that dies Bernhardin Samson, ein
Franziskanermönch. Begleitet von Schulchören oder Gauk-
lern, zog er in Prozession umher, wenn dann die Menge her-
beigelockt war, wurden die Ablaßbriefe zum Kaufe feilgeboten.
Selbst die gröbsten Vergehen konnten mit Geld gebüßt wer-
den. Im Kurfürstenthum Sachsen, wo Tetzel, ein Domi-
nikanermönch, das nämliche Geschäft betrieb, trat Martin
Luther mit voller Entrüstung gegen ihn auf. Der wackere
Priester verwies seinen Beichtkindern, die da meinten, mit

einem Ablaßbriefe in der Hand seien ihre Sünden gerecht-
fertigt, den Irrthum und forderte sie auf zur Buße und
Besserung, wodurch allein Sündenvergebung erhältlich sei.
Dabei blieb jedoch Luther nicht stehen; vielmehr forderte er,
der Verderbniß mit Erfolg entgegenzutreten, auch einzelne
Bischöfe auf, den gefährlichen Handel abstellen zu lassen.
Allein diese achteten seiner Warnung nicht, sondern traten
als Gegner wider ihn auf. Sie führten Klage beim Pabst,
und dieser that ihn in den Bann. Als aber den kühnen
Streiter auch der Bannfluch nicht zum Schweigen brachte,
ward er im Jahre 1521 nach Worms beschieden, wo er
sich vor dem Reichstage, wie einst Huß gethan, verantworten
sollte. Das war nun allerdings für Luther ein schwerer
Gang; aber gestärkt vom Geiste Gottes, that er ihn so freudig, daß er ausrief: „Ich werde gehen, auch wenn so viele
Teufel in Worms wären, als Ziegel auf den Dächern.“
Alles drängte sich bei seinem Einzuge hinzu, den unerschro-
ckenen Mann zu sehen, und Frundsberg, ein in Schlachten ergrauter Krieger, sprach, indem er Luthern auf die
Schulter klopfte: „Mönchlein, Mönchlein! Du gehst einen
Gang, deßgleichen ich und mancher Oberst im gefährlichsten
Treffen nicht gethan haben; bist du aber deiner Sache gewiß, so fahre muthig fort, Gott wird mit dir sein.“ Der
Kaiser Karl V. verlangte unbedingten Widerruf; Luther aber
antwortete: „Wenn ich nicht mit Zeugnissen der Bibel über-
wiesen werden kann, daß ich falsch gelehrt, so werde ich nicht
widerrufen, dieweil es nicht gerathen ist, etwas wider das
Gewissen zu thun.“ Alle erstaunten über die Festigkeit und
den Glaubensmuth des Priesters. Die Versammlung verhängte die Reichsacht über ihn. Gott aber, für dessen Sache
Luther in den Kampf getreten, wußte das Toben seiner Feinde
zu Schanden zu machen. Unter Fürsten und Volk, bei Gelehrten, geistlichen und weltlichen Standes, fand er Anhänger.

Der Kurfürst von Sachsen brachte Luther, um ihn den Nach-
stellungen der Feinde zu entziehen, auf das Schloß Wart-
burg, wo er binnen Jahresfrist das neue Testament ins
Deutsche übersetzte und dadurch der Reformation ihren Fortgang sicherte. Tausende lasen von da an die heilige Schrift,
weßhalb sich seine Anhänger täglich mehrten. Aber für den
Pabst war das ein harter Schlag. Die Reformation machte
reißende Fortschritte; Klöster wurden aufgehoben und ihre
Einkünfte theils für evangelische Pfarrer verwendet, theils
zu Schul- und Armenzwecken bestimmt. Fasten, Beichte,
Messe, Cölibat ꝛc. wurden abgeschafft, dagegen für Hebung
des Unterrichts und der Sittlichkeit eifrig gesorgt.

Ungefähr gleichzeitig mit Luther trat auch in der Schweiz
ein ähnlicher Glaubensheld auf: Ulrich Zwingli von
Wildhaus, geboren 1484. Erst predigte er nach geläuterten
Grundsätzen in Glarus, dann in Einsiedeln und endlich in
Zürich, von wo aus durch ihn das Reformationswerk über
einen großen Theil der deutschen Schweiz verbreitet wurde.
Konnten Zwingli und Luther über gewisse Unterscheidungslehren sich auch niemals einigen, so verfolgten dennoch beide
das eine hohe Ziel: auf der Basis des Bibelwortes geläuterte Ansichten zu verbreiten und gegen den todten Formalismus mittelst Wort und Schrift anzukämpfen.

24

Reformation im Kanton Appenzell.

Ich bin gekommen, daß ich ein Feuer an-
zünde auf Erden; was wollte ich lieber,
denn es brennete schon.
Luk. 12, 49.

Die neue Lehre mußte bei einem Volke, welches dem
politischen Drucke kaum recht entgangen war, bald Anklang
finden. Es fühlte sich auch in kirchlichen Dingen von Päb-
sten, Bischöfen und Aebten vielfach gekränkt. Darum gaben
manche der Stimme derjenigen bereitwillig Gehör, die da
gekommen waren, die Mißbräuche in der Kirche aufzudecken
und dieselben nach Verdienen zu bekämpfen. Nur auf diesem Wege konnten sie hoffen, auch des geistlichen Joches
ledig zu werden, nachdem sie sich vom weltlichen bereits los-
gemacht hatten. Es bedurfte nur eines Anstoßes von außen, und dieser ließ nicht auf sich warten.

Im Jahr 1518 kehrte Joachim von Watt, genannt
Vadian, ein Studiengenosse Zwingli's, nach zehnjähriger
Abwesenheit, geschmückt mit dem Doktorhute, in seine Vaterstadt St. Gallen zurück. Als hochgebildeter Mann blieb er
beim ärztlichen Berufe, für den er sich ausgebildet hatte,
nicht stehen; vielmehr trachtete er auch nach andern Seiten
hin zu wirken und seinen Nebenmenschen nützlich zu werden.
Durchdrungen vom evangelischen Geiste, fieng er erst religiöse Unterhaltungen mit Geistlichen seiner Vaterstadt an;
dann erklärte er einem größern Kreise von Männern, geistlichen und weltlichen Standes, die Apostelgeschichte, in der
Absicht, den Unterschied der Kirche Christi in ihrem ursprünglichen und damaligen Zustande nachzuweisen und dadurch die
Nothwendigkeit einer Kirchenverbesserung darzuthun. Sein

Vorgehen veranlaßte ihm jedoch bald Gegner, besonders unter der Geistlichkeit. Voraus trachtete der St. Galler Abt, Geißberg, aus allen Kräften darnach, die Einführung der Reformation in der Stadt zu hintertreiben; allein Vadian erfreute sich als Magistratsperson, wie durch seine ausgezeichnete Bildung eines so überwiegenden Einflusses, daß er mit seinen Freunden im Rathe die Anschläge des Abtes zu vereiteln mußte. Mit Zwingli, dem treueifrigen Reformator in Zürich, stand er in fleißigem Briefwechsel, und bald erwarb er sich auch Freunde unter den appenzellischen Geistlichen, von denen manche seine Bibelvorträge mit angehört hatten.

Schon 1521 fand darum die Reformation in unserm Lande Eingang. Trogen, Hundwil und Teufen schafften im Jahr 1522 die Messe ab; auch Gais folgte dem Beispiele. Urnäsch schwankte noch. Unter dem freisinnigen Pfarrer Thörig bekannte sich zwar auch Herisau zur neuen Lehre; als aber Joseph Forrer, sein Nachfolger im Amte, heftig wider die Neuerungen auftrat, kehrte die Gemeinde wieder zurück in den Schoß der sogenannten allein seligmachenden Kirche. Erst das Jahr 1529 brachte hier die neue Lehre zu völliger Anerkennung. In Appenzell bekämpften sich die Parteien lange Zeit mit abwechselndem Erfolg. Die Pfarrer Hurter, Schwetzler und Fäßler waren insbesondere abgesagte Feinde aller Neuerungen in Glaubenssachen; es gelang ihnen auch nur zu gut, durch fanatisches Toben den Fortschritt aufzuhalten. Diese Männer trugen kein Bedenken, die Anhänger Zwingli's zu verfolgen, obschon vertraute Freunde Hurter's bereits zur Reformation übergetreten waren. Als 1522 Bartholome Berweger, Hauptmann in päbstlichen Diensten, in seine Heimat nach Appenzell zurückgekehrt war, wünschte auch er sich eine selbständige Ansicht über den Meinungskampf zu bilden. Auffallenderweise wies ihn

einer der Geistlichen, an den er sich gewandt, auf das neue
Testament als auf ein Buch hin, das ihm Aufschluß geben
könne. Kaum hatte Berweger dasselbe gelesen, als er sich
voll Erstaunen mit der Frage an den Pfarrer wandte, ob
das wirklich das Buch der reinen untödtlichen Wahrheit sei?
„Das ist es und kein anderes!" war die Antwort. „Dann,"
erwiderte Berweger, „behüte dich Gott und bekehre dich!
Die andern Priester haben recht, vor allen der in Zürich.
Er sagt, lehrt und predigt nur, was im Testamente steht.
Widerleg' ihn, wenn du kannst, es wird dir aber nicht gelingen."
So leicht faßte der vorurtheilsfreie Krieger die evangelische
Wahrheit. Von dieser Zeit an war und blieb Berweger,
wie wir später sehen werden, im Privatleben, wie in Rathssälen und als Tagsatzungsgesandter ein eifriger Beförderer
der Reformation. Die Fortschritte derselben erfüllten aber
die Eidgenossen mit Unruhe und zwar nicht am wenigsten
im Hinblick auf Appenzell, das, wie die Erfahrung gelehrt hatte,
leicht aufgeregt werden konnte. Als daher im Jahre 1523
die Disputation in Zürich zu Gunsten der Evangelischen
entschied, stiegen bei ihnen die Besorgnisse über weiteren Abfall vom alten Glauben auf's höchste. Die Tagsatzung
wollte versuchen, einestheils die drohende Gefahr abzuwenden,
anderstheils aber auch einen möglichen Volkssturm zu beschwören, und sandte daher ihre Standesboten nach Appenzell ab.

Am 26. April versammelte sich die Landsgemeinde,
welche bei der Wichtigkeit der Verhandlungen zahlreicher als
gewöhnlich besucht ward. In feierlicher Ordnung, geführt
von der Obrigkeit des Landes, verfügten sich die Gesandtschaften aus 11 Kantonen (Zürich war nicht erschienen) sammt
den Standesweibeln, unter Trommeln und Pfeifen nach dem
Sammelplatze. Der Gesandte Berns, Sebastian vom
Stein, hielt einen langen Vortrag, voll Schmähungen und

Gehässigkeiten gegen die neue Lehre. Das Volk hörte zwar seiner Rede in ehrfurchtsvoller Stille zu, ließ sich aber durch dieselbe nicht verleiten, gegen die eigene Ueberzeugung zu stimmen; vielmehr wurde beschlossen, daß die Priester bei Strafe und Buße nichts anderes lehren sollen, als was sie mit der heiligen Schrift beweisen könnten. Dieser Schlußnahme ungeachtet wurde die Messe in Appenzell wieder eingeführt, bloß aus Aerger darüber, daß die Urnäscher auf dem Heimwege über die Abschaffung derselben gejubelt hatten. Die Landsgemeinde des Jahres 1524 bestätigte zwar den schon erwähnten Beschluß; aber dessenungeachtet gab es keine Ruhe im Lande, bis eine außerordentliche Landsgemeinde am 6. August des nämlichen Jahres den Entscheid in Glaubenssachen den Kirchhören anheimstellte. So war endlich der Knoten gelöst. In Appenzell, Gonten, Brüllisau und Herisau erhielt der alte, in Urnäsch, Hundwil, Teufen, Trogen, Grub und Gais dagegen der neue Glaube die Oberhand. Die wenigen Katholiken in Trogen besuchten, nach wie vor, den Gottesdienst im Rheinthal, die Reformirten in Appenzell dagegen die Kirche in Gais. Noch lange dauerten übrigens die Streitigkeiten für und wider die neue Lehre im Volke fort. Hundert Reformirte drangen in das Kloster Wonnenstein ein und trieben da schändlichen Muthwillen. In Appenzell dagegen wurden die Prädikanten, welche zu einer Disputation versammelt waren, gewaltsam auseinander getrieben. Bald nach der denkwürdigen Landsgemeinde verfolgten Weiber von Appenzell den reformirten Pfarrer Heß mit Steinwürfen. Ein Bauer aus Schwende, Jakob Thörig, packte den Pfarrer, als er bei der Kanzellehne stand, bei den Schultern und fuhr ihn an: „Du Zwinglimann, du hast hier nichts zu schaffen, darfst hier keine ketzerische Lehre fürbringen, mach' dich fort zur Kirche hinaus, du Schelm, du Seelendieb." Heß konnte die Kanzel nicht betreten.

Den Fortschritten der Reformation trat um diese Zeit (1525—1529) aus der Mitte der Evangelischen selbst noch ein weit gefährlicherer Feind hemmend in den Weg. Es waren die Wiedertäufer, so geheißen, weil sie die Taufe, die sie bei Kindern verwerfen, an Erwachsenen wiederholt wissen wollen. Zweitausend solcher Sektirer verwirrten das Land, trieben allerlei Unfug und kindisches Zeug. Der würdige Pfarrer Schurtanner in Teufen mußte dem Wiedertäufer-apostel Joh. Krüsi im Amte weichen; aber seine pfarr-amtliche Herrlichkeit war von kurzer Dauer. Auf einem seiner Schwärmerzüge ward er in St. Georgen von Aebti-schen ergriffen, nach Luzern abgeführt und daselbst dem Scheiterhaufen überantwortet. Die Sekte trieb ihr Wesen im Lande und anderwärts so toll und arg, daß einzelne der-selben nackt herumliefen, mit Spielzeug, wie Kinder spielten, andere nicht mehr arbeiteten, weil Gott für die Menschen sowohl als für die Vögel und Pflanzen ohne ihr Zuthun sorgen werde; aber Kälte und Frost des Winters und der Umstand, daß keine Speise vom Himmel fallen wollte, be-lehrten sie eines Besseren. Dessenungeachtet kam es so weit, daß die Regierungen sich endlich veranlaßt fanden, mit der ganzen Strenge des Gesetzes wider sie einzuschreiten. Das half; die Sekte löste sich allmälig auf. — Die Katholiken triumphirten über die Störungen, welche die Wiedertäufer in das Reformationswerk gebracht. Seht, sagten sie, was die Lehre Zwingli's in ihrem Gefolge hat! Doch größer noch war ihre Freude über den Ausgang der Schlacht bei Kappel (1531), in welcher Zwingli fiel und Zürich eine schreckliche Niederlage erlitt. Her und hin im Vaterlande kam es zu neuen Religionszwisten; man fieng neuerdings an, die Evangelischen bei jedem Anlaß zu necken, so auch in Ap-penzell, wie ein Vorfall am 10. Dezember 1531 beweist. „Die Rheinthaler hatten den Landvogt Kräz aus Unter-

walden wegen Härte und Gewaltthat vertrieben. Nach der
Kappelerschlacht sollte er seine Regierung daselbst neuerdings
antreten und reiste mit großem Gefolge durch den Flecken
Appenzell. Nun war es im Kappelerkriege bei den Katholiken Sitte geworden, den Hut mit Tannreisern zu schmücken
zum Zeichen des Sieges. Auch die Begleiter des Landvogtes traten mit dem nämlichen Abzeichen auf. Beim Nacht-
essen neckten einige derselben die anwesenden Reformirten,
indem sie ihnen Tannnadeln in die Gläser warfen mit der
höhnischen Bemerkung, es sei gesund, davon zu trinken.
Gleichzeitig rückten, ermuthigt durch den Sieg der Katholiken
und durch die Anwesenheit der Unterwaldner noch mehr be-
rauscht, fanatische Bauern von Brüllisau und Schwende,
ungefähr 300 an der Zahl, mit dem Vorsatz in Appenzell
ein, die dortigen Reformirten umzubringen. Hievon in Kenntniß gesetzt, versammelten sich ungefähr 80 derselben, mit
Waffen versehen, im Hause des Landschreibers Jak. Heß,
fest entschlossen, ihr Leben theuer zu verkaufen. Mit dem
Geschrei: „Tannast, stand fast; Laubast, flieh fast!" zogen
die Katholiken durch die Gassen. Während der Nacht kam
es zu Schlägereien. Einige Bauern von Schwende, so wie
evangelischer Seits die Brüder Matthias und Ulrich
Ramsperg wurden verwundet, doch niemand getödtet. Des
folgenden Tages ertönten die Sturmglocken zu Appenzell und
in den äußern Rhoden. Der Anmarsch der Reformirten
konnte nur durch Boten verhindert werden, welche ihnen die
falsche Nachricht brachten, es sei wieder alles beigelegt."
Eidgenössische Gesandte traten als Vermittler auf; die Ruhe
wurde hergestellt, aber der Religionshaß blieb, und das Reformationswerk im Lande konnte nicht vollendet werden.

Reformatoren des Landes.

Gedenket an euere Lehrer, die euch das
Wort Gottes gesagt haben, welcher
Ende schauet an und folget ihrem
Glauben nach.

Hebr. 13, 7.

———

Unter welchen Kämpfen Außerrhoden in den Besitz der
Glaubensfreiheit gelangte, haben wir bereits gesehen. Ge-
denken wir auch noch der Männer, welche für dieselbe mit
Wort und Schrift in die Schranken getreten sind.

Jakob Schurtanner in Teufen war der erste appenzellische Geistliche, welcher die Reformation begünstigte.
Er zählte zu jenen Pfarrern des Landes, welche schon beim
ersten Auftreten Vadians eifrig Antheil nahmen an seiner
Erklärung der Apostelgeschichte. In seinen Kanzelvorträgen
hielt er nicht hinter dem Berge; vielmehr bekannte er sich
offen und frei zu den geläuterten Grundsätzen der Reformation, was ihm bei Pappisten und Wiedertäufern manche Verfolgung zuzog. Lernbegierig bis ins Greisenalter, hielt er
sich stets an seine Gewährsmänner, Zwingli und Vadian.
Daß der würdige Mann aber auch bei ihnen in hoher Achtung stand, geht aus einer Schrift hervor, welche Zwingli
erscheinen ließ, als harte Stürme über Schurtanner hereingebrochen waren. In derselben heißt es: „Geliebter Jakob,
sei männlich! Laß dich nicht überwinden! Ich sage dies
nur, um dir noch mehr Muth einzuflößen; dein treuer
Fleiß ist auch für andere ein lieblicher Geruch. Gott ist
mein Zeuge, daß ich wundergroße Freude empfunden, als
das Gerücht nach Zürich gelangte, es haben die frommen
Appenzeller das Wort Gottes angenommen. Dennoch wäre

ich nicht ohne Sorge, ihr könntet im Glauben wanken, wenn
mir nicht dein Glaube, die Treue und Liebe, die du zu
Gott hast, bekannt wären. Es ist zu hoffen, daß die Appenzeller, obwohl sie der letzte Ort im Bunde sind, im Glauben
weder die kleinsten, noch die letzten sein werden. Sorge also,
wie bisher, für die Söhne, die du gezeuget hast und lehre
sie, weder durch Schmeicheleien der falschen Hirten, noch
durch Drohungen von der gesunden Lehre Christi sich abziehen zu lassen. Stelle dich den reißenden Wölfen redlich
entgegen und lasse dir die Schafe nicht entführen. Halte
dich, wie ein Mann! Dein Herz sei stark in Gott, auf
dessen Beistand du zählen kannst." Dem Rathe Zwingli's
folgte Schurtanner bis an sein Ende. Weder die Verfolgungen der Katholiken, noch die Gehässigkeiten der Wiedertäufer, denen es gelungen war, ihn von seiner Pfarrstelle zu
verdrängen, konnten ihn im Glauben irre machen.

Mit derselben Hingebung, jedoch mit mehr Frische und
Jugendkraft, wirkte **Walther Klarer von Hundwil**, geboren 1499. Er ist als der eigentliche Reformator des Landes anzusehen. Seine Vorbildung zum geistlichen Stande
erhielt er in St. Gallen, Schaffhausen und Bern; dann
kam er als königlicher Stipendiat an die Universität in Paris und kehrte 1521 ins Vaterland zurück, wo er bald die
Pfarrstelle seiner Vatergemeinde erhielt. Da er in seinen
Studienjahren die Satzungen der römisch-katholischen Kirche
fleißiger studirt hatte, als das Bibelwort, so war er anfangs
noch ein eifriger Pappist. Nachdem er aber durch die Schriften der Reformatoren zu besserer Erkenntniß gelangt war,
erklärte er sich auch mit Eifer für ihre Grundsätze. Er trat
in ein inniges Verhältniß zu dem schriftkundigen Schurtanner, seinem väterlichen Freunde, und arbeitete gemeinsam
mit ihm am Werke der Kirchenverbesserung. In Hundwil
wirkte Klarer mit so unverdrossenem Eifer, daß diese Ge-

meinde die erste war, welche sich öffentlich zur Reformation bekannte. Später bekleidete er ein Jahr lang die Pfarrstelle von Herisau und 12 Jahre die von Urnäsch. Auch ihn vermochten weder Verfolgungen noch Kerker im Glauben wankend zu machen. Im Jahre 1543 kehrte er nach Hundwil zurück und starb daselbst 1567 als erster Dekan des Landes. Durch Gelehrsamkeit nicht minder, als durch milden, liebreichen Sinn erwarb er sich die Hochachtung eines Zwingli, Vadian und Bullinger; aber auch bei seinen Landsleuten stand er in hohem Ansehen.

In Herisau bekleidete bei Einführung der Reformation Johann Jakob Thörig, von Schwende in Innerrhoden gebürtig, die Leutpriesterstelle. Seine geläuterten Ansichten erwarben ihm manche Freunde unter den Kollegen, ja sie erblickten in Thörig einen Vorkämpfer für die Reformation. Klarer selbst bezeugt von ihm, daß er mit Schreiben, Mühe und Arbeit der Reform von großem Nutzen gewesen; aber Furcht vor Verfolgungen hielten ihn, wie es scheint, ab, sich öffentlich als einen Freund der neuen Lehre zu bekennen. Erst Klarer's und Schurtanner's Beispiel flößten ihm dazu Muth ein. Die Verfolgung blieb auch für ihn nicht aus. Schon 1522 mußte er Herisau verlassen, und da ihm zwei eifrige Katholiken im Amte folgten, kehrte die Gemeinde vorübergehend zum alten Glauben zurück. Wir sehen ihn dann als Pfarrer in Hemberg auftreten, wo er sich durch apostolischen Eifer die Liebe seiner Pfarrkinder in dem Maße erwarb, daß sie entschlossen für ihn einstanden, als der Bischof seine Wegweisung verlangte.

In Grub, Goldach und im Rheinthal verkündete Pelagius Amstein die neue Lehre mit ausgezeichnetem Erfolg. Der Zulauf war oft so groß, daß er seine Vorträge auf freiem Felde halten mußte. Im Jahre 1522 berief ihn die Gemeinde Trogen, vorzugsweise auf Grund seiner Kennt-

niß der hebräischen und griechischen Sprache, welche ihn be-
fähigte, die Schrift im Grundtexte zu lesen, zu ihrem Seel-
sorger. Der Gemeinde Grub, welche noch nicht im Stande
war, einen eigenen Prädikanten zu halten, leistete er wesentliche Dienste durch Rathschläge und zeitweilige Vorträge.
Bei der entscheidenden Disputation in Bern (1528) vertheidigte Amstein unter Mitwirkung Klarer's die neue Lehre
mit sichtbarem Erfolg. Später soll er im Toggenburg auf
offener Straße den Tod durch Meuchelmord gefunden haben.

Außer den Genannten machten sich auch andere Geistliche um die Reformation im Lande verdient: in Gais Johannes Keßler und in Teufen Benedikt Noll, Johannes Heß und Ulr. Urnäscher. Dieser, erst in Appenzell
angestellt, ward von dort vertrieben und kam dann als Pfarrer
nach Teufen. Der Eifer der Prädikanten um die neue Lehre
würde indeß kaum durchgedrungen sein, wenn sie nicht von
einflußreichen Männern des weltlichen Standes unterstützt
worden wären. Zu diesen zählte Rathsherr Matthias
Ramsperg in Appenzell. Allen Freunden der evangelischen
Wahrheit, Fremden wie Einheimischen, Reichen wie Armen,
gewährte er als begüterter Gastwirth eine Zufluchtsstätte in
seinem Hause und beförderte mit Rath und That die Reformation, unbekümmert um materielle Nachtheile, die ihm seine
Freigebigkeit zuzog. — Ein noch selteneres Beispiel von
Liebe zur Wahrheit gab der schon genannte Hauptmann Berweger. Er hatte in Rom so viel Anstößiges gesehen und
gehört, daß er später freimüthig bekannte, Rom habe ihn
evangelisch gemacht. Nachdem er sich eine selbständige Ansicht vom Wesen der Reformation gebildet hatte, besuchte er
die Predigten fleißig, und ebenso fleißig las er auch die Bibel. Bis an sein Ende blieb er ein treuer Beschützer der
Prediger. Als der Zulauf des Volkes zu ihren Vorträgen
immer größer ward, so daß die Kirche die Zuhörer nicht

mehr faſſen konnte, brachte er es durch ſeine amtliche Stellung, aller Hinderniſſe ungeachtet, dahin, daß man auf freiem
Felde predigen durfte. Je weniger es damals Beiſpiele von
Reisläufern * gab, die nicht mit der verdorbenen Prieſter-
ſchaft gemeinſame Sache machten, deſto mehr verdient dieſer
vom Eigennutz nicht geblendete Mann hervorgehoben zu
werden. — Auch Landſchreiber Zibler unterſtützte das Reformationswerk in den Behörden und an Landsgemeinden
bis an ſeinen Tod. Durch Weisheit, Unerſchrockenheit und
Beſcheidenheit leiſtete er dem Vaterlande und der guten Sache
große Dienſte.

Dieſen und andern Männern, obſchon zum Theil ange-
ſehenen Familien angehörend, kann jedoch ſelbſtverſtändlich
kein ſo entſchiedener Einfluß zugeſchrieben werden, als denen,
welche an der Spitze der Regierung ſtanden: den Landam-
männern Nikolaus Tanner, Ulrich Iſenhut und
Hans Lanker, die ebenfalls aus allen Kräften das Werk
der Glaubensreinigung beförderten.

Der Büchler'ſche Handel in Appenzell.

Zorn iſt ein wüthiges Ding, und Grimm
iſt wie Ungeſtüm; aber wer kann vor
dem Neide beſtehen? Spr. 27, 4.

Die konfeſſionellen Zwiſtigkeiten waren noch nicht völlig
beigelegt, als das Land das Unglück hatte, ein Schauplatz
bürgerlicher Unruhen zu werden.

---

* Dies waren Leute, welche für den Krieg reisten, wie der Pro-
feſſioniſt auf ſein Handwerk und bei dem meiſtbietenden unter den Für-
ſten Dienſte nahmen.

Am 10. Heumonat 1532 sollte nämlich von Abgeordneten der acht Orte, welchen das Rheinthal als gemeine Herrschaft gehörte, zwischen Appenzell und Oberried über eine Markenstreitigkeit ein schiedsrichterliches Urtheil gefällt werden. Den Stand Appenzell vertrat der Ammann Ulrich Isenhut von Gais, ein ausgezeichneter Beamter, von dessen Klugheit die appenzellischen Betheiligten im Voraus erwarteten, er werde den Spruch zu ihren Gunsten zu lenken wissen. Als aber das Gericht, ohne Ansehung des Standes oder der Person, jeder Partei ihr Recht zuerkannte und ihre Hoffnungen getäuscht wurden, fiel der volle Zorn derselben auf Isenhut, ihren Abgeordneten, dessen sechsundzwanzigjährige Amtsthätigkeit nicht genügte, ihn vor Verfolgungen zu bewahren. Seiner Einsicht war es in früheren Jahren wiederholt gelungen, selbst verwickelte, kantonale und gemeineidgenössische Streitfragen mit Weisheit zu lösen. Sein Ruf reichte darum über die Marken des Landes hinaus; er erfreute sich darum auch der ungetheilten Hochachtung bei den Eidgenossen. Dieser Umstand und seine Ueberlegenheit in Amtsgeschäften erweckte ihm aber den Neid seiner Kollegen im Rath, die nur auf eine Gelegenheit warteten, den Ammann zu stürzen. Die Obrigkeit gab daher den Unzufriedenen willig Gehör, als diese ihn staatsverbrecherischer Handlungen verdächtigten. Ein geringfügiger Zollstreit mit St. Gallen kam hinzu, und der Unwille über beide sollte sich nun über dem Haupte des würdigen Mannes entladen.

An der Spitze seiner Gegner erscheint Jakob Büchler von Eggerstanden, ein wohlbegüterter, aber ehrgeiziger, ränkesüchtiger und äußerst heftiger Mann. Dieser klagte den Ammann Isenhut öffentlich an, er habe den St. Gallern ein ihnen bei Vögelinsegg abgenommenes Panner verkauft und eine Urkunde zurückgegeben, laut welcher die Appenzeller von der Stadt einst Zollfreiheit erlangt haben sollten. Als

Preis dafür sei ihm vom Stadtrath ein Kornviertel voll Geldes gegeben worden. Beide Anklagen beruhten auf puren Erdichtungen; denn eine Urkunde hatte die Stadt, wie nachgewiesen werden konnte, niemals ausgestellt, und vom Lande war 1403 kein St. Gallisches Panner erobert worden. Die Anklage machte aber bei der großen Tragweite derselben gewaltiges Aufsehen im Lande; Leichtgläubige vereinigten sich in Menge mit den Anklägern, und wiederholt kam es zu Zusammenrottungen von Hunderten vor dem Rathhause. „Gebt uns die Schelme heraus!" schrie das Volk mit frecher Stimme. Es kam so weit, daß im August 1535 bloß deßhalb eine Landsgemeinde abgehalten werden mußte. Diese bevollmächtigte den Rath, die Ankläger für ihre Verleumdungen zu strafen. Die Regierung zeigte aber für die Vollziehung weder Muth noch Neigung, weil Büchler selbst im Rathe saß, nebst seinem Anhang immer trotziger sich gebärdete und neue Anklagen gegen Isenhut vorbrachte. Dieser aber, nachdem er sich überzeugt hatte, daß ihm das Land keinen Schutz gewähren könne, wandte sich in gerechtem Schmerz an St. Gallen um Hülfe, indem er dem dortigen Rath vorstellte, daß die Stadt durch jene Anklagen nicht minder, als er selbst, beschimpft sei. Die Bitte fand williges Gehör. Eine Abordnung der Regierung, an deren Spitze Bürgermeister Vadian erscheint, verfügte sich nach Appenzell, um die Obrigkeit in Sachen aufzuklären und die Unschuld Isenhut's darzuthun. Zwar verhieß dieselbe das Beste; da aber Feinde Isenhut's selbst im Rathe saßen, so achtete derselbe weniger auf die klare Beweisführung des Ammanns, als auf die Behauptungen seiner Gegner, besonders als einer derselben, Holderegger von Gais, genannt Hölderli, den Antrag stellte, man möge, um sich von der Richtigkeit der eingeklagten Anschuldigungen zu überzeugen, ihn selbst nebst dem Ammann auf die Folter spannen. Dieser Vorschlag

flegte. Beide wurden in Eiſen und Banden in den Kerker
gebracht; aber Iſenhut entfloh unter Mitwirkung ſeines Sohnes und Schwagers, weil er in der Schlußnahme für die Gegner ein Mittel erblickte, ſeinen Fall zu beſchleunigen. Auch
konnte er wohl einſehen, daß ſein altersſchwacher Körper die
Probe der Folterqualen mit Holderegger nicht beſtehen werde,
abgeſehen von der ungleichen Behandlung beider durch die
Richter. Die Feinde, als ſie ſich in ihren Hoffnungen ge-
täuſcht ſahen, eilten noch in der nämlichen Nacht Land auf,
Land ab, bis hin ins Rheinthal, um den Geflohenen zu entdecken und ruhten nicht, bis ſie ihn gefunden hatten. Iſenhut aber ſchlug Recht vor und ſtellte einen Tröſter, weßhalb
ſie unverrichteter Dinge zurückkehren mußten. Sie wurden
nun einig, mittelſt eines Volkshaufens ihn gewaltſam herauszufordern. Zwei angeſehene Männer, Landſchreiber Zibler und Georg Meier, widerriethen den geſetzwidrigen
Plan, und es gelang ihnen auch, den Sturm zu beſchwören.
Schon am folgenden Tage gieng von Ammann Iſenhut ein
Schreiben ein, worin er erklärte, jedem Biedermann oder un-
parteiiſchen Gericht über die Streitſache Antwort geben zu
wollen. Büchler aber ſchrie: „Der Brief iſt Schelmentand,
verbrennet ihn!" Und augenblicklich geſchah es von den
Richtern des Bellagten ſelbſt.

Iſenhut wandte ſich hierauf abermal an den Stadtrath
von St. Gallen mit der bringenden Bitte, daß er ihm als
einem politiſchen Märtyrer zum Recht verhelfen möchte. Der
Rath entſprach auch diesmal mittelſt eines Schreibens an
die appenzelliſche Regierung. Bei den Einen machte der Inhalt Eindruck, bei den Andern brachte er neue Erbitterung
hervor. Der würdige Ammann Baumann ſprach: „Es
iſt eine große Plage, daß ihr das Böſe nicht ſtrafen wollet.
Ihr ſehet, welche Unruhe daraus entſprungen, obſchon die
Sage eine wahre Lüge iſt, und als ſolche immer wird er-

funden werden. Wenn ihr aber darauf beharren wollet, so
wird man euch zur Partei machen; ihr werdet den St. Gallern, die wohlberedte Leute haben, in Baden Rede und Antwort geben müssen und zuletzt ausgelacht und beschimpft
werden. Thut also zu der Sache und strafet bei Zeiten;
denn Aufschub ist gefährlich. Ich erkläre, daß ich für's Land
nicht reden werde. Rechte, wer will! Ihr werdet erfahren,
daß Mühe, Arbeit und Kosten der Lohn euerer Unschlüssigkeit sein werden. Mir kömmt der Handel schwer vor; er
berührt Leib, Ehre und Gut und die Obrigkeit selbst, und
sehr leid wäre es mir, wenn weniger Leute wegen das ganze
Land in Schande und Spott kommen sollte. Eilen wir, die
Sache gut zu machen! Ich will zwei Abgeordnete nach St.
Gallen senden zu berichten, daß wir strafen werden, wer zu
bestrafen sei." Der biedere Mann hatte in den Wind gesprochen. Die Rotte tobte neuerdings. Büchler verlangte
eine Landsgemeinde, um auch diesen Beamten zu sprengen
und siehe da, der Wühler drang durch. Kaum war dieselbe
(31. Weinmonat 1535) eröffnet, als Büchler rief: „Frisch
dänna! Ein andere her! Der Buma ist wie ne Chend; me
muß en Amma ha, der Herz häb." Der Landammann und
Landweibel wurden abgesetzt. An die Stelle des ersten kam
Ulrich Broger, ein listiger, gewaltthätiger Mann, der
wohl schwatzen konnte und bei den unruhigen Köpfen beliebt
war.

Es ist nun leicht einzusehen, daß es bei dieser Wendung
der Dinge nicht zum Frieden kommen konnte. Die Feinde
Isenhut's tobten immer ärger. Der Rath entzweite sich auch
mit der Regierung von St. Gallen, und damit schwand jede
Hoffnung für den unglücklichen Verfolgten. Als er daher
weder im Vaterlande noch bei der Stadt Schutz finden
konnte, wandte er sich an die Eidgenossen. Reisen, Kränkungen und Kummer zehrten aber dermaßen am Leben des

siebzigjährigen Greises, daß er seinen Leiden 1537 als Opfer der Verfolgungen erlag. Der Prozeß wurde nach des Vaters Tode mit seinen Söhnen in Altstätten beigelegt und dieselben freigesprochen. Büchler aber, der immer neuen Haber stiftete, namentlich St. Gallen gegenüber, wurde vom Lande ehr- und wehrlos erklärt und von der Tagsatzung in Baden, wo er persönlich erscheinen mußte, (25. Brachmonat 1539) zum Widerruf seiner Anschuldigungen gegen die Stadt und zu 200 fl. Strafe verurtheilt.

Der Kalenderstreit und der goldene Bund.

> Sie eifern um Gott, aber mit Un-
> verstand.
>
> Römer 10, 2.

Nach der theilweisen Einführung der Reformation im Lande lebten in Bezug auf konfessionelle Verhältnisse Protestanten und Katholiken friedlich nebeneinander. Appenzell hatte an E h r h a r d J u n g einen ebenso gebildeten als friedliebenden Priester, welcher die Verfolgung Andersgläubiger nicht duldete, weßhalb auch die Reformirten von dort den Gottesdienst in Gais ungehindert besuchen konnten. Billig freute man sich des Friedens; aber andere Zeiten kamen, als dieser Mann nach fünfzigjähriger Wirksamkeit (1587) im Herrn entschlief.

Die Unglückssaat der K i r c h e n v e r s a m m l u n g zu T r i e n t, deren Beschlüsse die katholische Partei des Kantons 1562 einseitig besiegelt hatte, fieng bereits an aufzu-

gehen. Zwar hatte Kaiser Karl V., als er 1551 in Uebereinstimmung mit dem römischen Hofe das Konzilium veranstaltete, erklärt, dasselbe habe keinen andern Zweck, als die
Unterscheidungslehren zu untersuchen, um dadurch die Religionsstreitigkeiten durch Annäherung beizulegen; aber dem
Pabst war es niemals um den Frieden zu thun. Ihm sollte
der Anlaß vielmehr dazu dienen, den Fortschritten des Protestantismus Schranken zu setzen. Die Versammlung scheute
sich darum nicht, die Lehrsätze der evangelischen Kirche sammt
und sonders als ketzerisch zu verdammen. Diesen Ausgang
hatten jedoch die Reformirten vorausgesehen, weßhalb sich die
evangelischen Stände auch beharrlich weigerten, das Konzilium zu beschicken.

Die nämliche Versammlung hatte den Pabst beauftragt,
eine Verbesserung des Kalenders zu veranstalten. Unter
Pabst Gregor XIII. kam dieselbe zu Stande, und es wurde
der neue Kalender ihm zu Ehren der Gregorianische genannt. Bis dahin hatte man sich des Julianischen bedient, welcher von dem Konsul Julius Cäsar 45 Jahre
v. Chr. eingeführt worden war. Ein unscheinbarer Rech-
nungsfehler hatte im Laufe von anderthalb Jahrtausenden
einen so bedeutenden Zeitunterschied bewirkt, daß das Kalen-
derjahr vom Sonnenjahr um 10 Tage zurückstand. Um nun
diesen Fehler mit einem Male gut zu machen, verordnete
Gregor, daß nach dem 4. Wintermonat 1584 nicht der 5.,
sondern der 15. Wintermonat gezählt werden solle. Darin
lag unstreitig eine Verbesserung, und vernünftigerweise hätte
niemand in der Einführung des neuen Kalenders Feindseligkeiten gegen die Evangelischen erblicken sollen. Da aber derselbe zufälligerweise vom Pabste ausgegangen und dessen Einführung bei Strafe des Bannes geboten worden war, so
genügte dieser Umstand, um bei den Protestanten Mißtrauen
zu erwecken und Streitigkeiten hervorzurufen; denn, sagten

diese, wie sollen wir, für die der Bann seine Bedeutung verloren hat, uns durch denselben ferner binden lassen?

Die Verweigerung der Annahme führte in Deutschland und in der Schweiz zu vielem Gezänk. In Rathssälen, wie auf Tagsatzungen, in paritätischen Kantonen, wie in den gemeinen Herrschaften, überall redete man für und wider den neuen Kalender, und des Habers ward kein Ende. In Appenzell griffen die Reformirten sogar zu den Waffen, um der neuen Bescherung ledig zu bleiben. Am längsten dauerte der Widerstand in den östlichen Gemeinden des Landes, zumal am Hirschberg. Um einmal die Ruhe herzustellen, befahl die Tagsatzung 1590 allen Kantonen die Einführung des neuen Kalenders; aber die Mißstimmung dauerte fort, wie sehr auch ein längerer Widerstand für beide Parteien von Nachtheil begleitet war. Die Verschiedenheit in der Zeitrechnung führte nicht allein im bürgerlichen Leben, beim Marktverkehr, in Handel und Wandel zu mancherlei Störungen, sondern auch in kirchlichen Dingen, namentlich beim Eintritt der beweglichen Festtage. Feierten z. B. die Katholiken ihre Feste, so konnte es sich treffen, daß die Reformirten in voller Arbeit begriffen waren, und umgekehrt. Gelehrte Deutschlands bemühten sich, dem heillosen Wirrwar Schranken zu setzen und stellten im J. 1700 den sogenannten Regensburger Kalender auf, der in der Hauptsache mit dem Gregorianischen übereinstimmte, mit der Abweichung jedoch, daß das Osterfest nach dem wirklichen Ostervollmond bestimmt werden sollte, indem nämlich der Tag, auf welchen der Vollmond fällt, von Mitternacht an gerechnet, für die Ostergrenze gelten und am nächsten Sonntage darauf das Osterfest gefeiert werden sollte. Fast in allen evangelischen Ländern fand dieser Kalender Beifall; aber in Außerrhoden verwarf die Landsgemeinde auch diese Neuerung unter Lärm und Toben. Nichts halfen Erläuterungen der Obrigkeit und der Synode, nichts die Empfehlungen von Zürich, Bern, Glarus, Schaffhausen, Basel, Mühlhausen und Biel. Die Abneigung dauerte fort, bis endlich im Jahre 1798 das Machtwort Napoleons die Gültigkeit des gregorianischen Kalenders allem Volke diktirte.

Verderblicher jedoch als der Kalenderstreit wirkte um jene Zeit, wie schon erwähnt, der Glaubenshaß, welcher durch die Grundsätze des Tridentiner Konzils zur Herrschaft gelangt war. Die Ausbreitung der Reformation zu bekämpfen, hatten die Katholiken im Jahre 1586 zu Schutz und Trutz einen Bund geschlossen, den man auf Grund seines Inhalts für Erhaltung der katholischen Kirche den goldenen nennt. Er heißt aber auch boromeischer Bund, weil ihn Karl Boromeo, Erzbischof von Mailand, aus schwärmerischer Hingebung für das Pabstthum gestiftet hatte. Seinem Einflusse am römischen Hofe wird auch die Einführung des Kapuziner- und Jesuitenordens in der Schweiz zugeschrieben. Jener Bund und dieser Orden führten bald eine allgemeine Zerrüttung im Vaterlande, eine Trennung der Schweiz nach Konfessionen herbei, welche unsägliches Elend für das gemeinsame Vaterland zur Folge hatte.

Einzelne Kapuziner waren schon 1585 nach Appenzell gekommen. Erst wurde ihnen nur ein Haus eingeräumt; aber schon nach 2 Jahren (1587) schritt man zum Bau des für den Orden bestimmten Klosters. Ihre Predigten erregten alsbald Zwietracht im Lande. Den eifrigen Katholiken gefiel es, wenn die Kapuziner heftig gegen die Reformirten loszogen; die gemäßigten dagegen tadelten es, und Ehrhard Jung, der tolerante Priester, war so erzürnt über ihre Ausfälle, daß er ausrief: „Die Kapuziner werden mich noch unter die Erde bringen!" Wirklich starb er bald nachher, und mit ihm kehrte der Friede dem Lande den Rücken. Es wohnten nämlich damals in Appenzell manche Reformirte, zum Theil wohlunterrichtete, angesehene Männer, von denen selbst manche in Gericht und Rath saßen. Diese wünschten, weil der Besuch der Kirche von Gais mit Beschwerden verknüpft war, am Orte selbst einen Prädikanten anzustellen. Hermann Zibler, Ulr. Zellweger, Paulus Gartenhauser und Arzt Anton Leu waren die Häupter dieser Partei. Der Plan mißglückte jedoch; denn kaum ward er ruchbar, als ihre Gegner, meist Söldlinge, vom Geiste der Ligue * beseelt, zu Gegenmaßregeln schritten.

Im Geheimen berieth man die Mittel, welche in Anwendung gebracht werden sollten, jenen Plan zu hintertreiben und die Einführung des evangelischen Gottesdienstes am Hauptorte unmöglich zu machen. Erst veranstaltete der Rath eine Hausbesuchung. In Begleitung des Ortspfarrers zeichnete der Hauptmann alle Familien auf, welche den katholischen Gottesdienst nicht besuchten; dann schritt man zur Verfolgung. Als Opfer des Religionshasses fiel der Arzt Anton Leu, ein reicher, angesehener Mann und eifriger Verfechter der neuen Lehre. Bei einem Verhör, dem sich die Evangelischen zu unterziehen hatten, warf er den Priestern ihren Pharisäismus vor; einen derselben klagte er sogar eines Verbrechens gegen die Sittlichkeit an, worauf Todesstrafe gesetzt war. Der Priester floh. Die Klage hatte in ihrer Begründung viel Wahrscheinlichkeit für sich; aber der rechtlich genügende Beweis fehlte, weil der Kläger alleiniger Zeuge der schändlichen That gewesen war. Das Gericht nahm demnach die Aussage als falsche Anklage an und überantwortete den Kläger statt des Angeklagten dem Tode, weil Leu sich erkühnt hatte, die Priesterschaft anzugreifen und zwar

---

* Die Ligue war eine, 1576 in Frankreich gestiftete, auf den jesuitischen Grundsatz, „daß der Zweck die Mittel heilige," gestützte Verbindung von Katholiken zur Ausrottung des Protestantismus.

an ihrer verwundbarsten Seite. Der Justizmord an Arzt Leu bildete den traurigen Anfang zu weitern Gewaltthätigkeiten. Dem greisen Landschreiber Zibler drohte man mit Brandlegung, weil er sterbend an seiner Ueberzeugung fest hielt und den neuen Glauben nicht abschwören wollte. Nach seinem Tode konnte nothdürftig verhütet werden, daß sein Leichnam unter den Galgen verscharrt wurde.

Die Landestheilung.

So ihr bleiben werdet an meiner Rede, so seid ihr meine rechten Jünger und werdet die Wahrheit erkennen, und die Wahrheit wird euch frei machen.

Joh. 8, 31. 32.

Nach jenem mißlungenen Versuch der Reformirten, einen Prädikanten zu erhalten, forderten die dortigen Katholiken Vollziehung des Landsgemeindebeschlusses von 1524, nach welchem sich die Evangelischen den Katholiken, weil diese die Mehrheit bildeten, unterziehen und, entweder zur Messe gehen, oder den Flecken verlassen sollten. Wahrscheinlich würden die Protestanten indessen doch geduldet worden sein, wenn nicht von anderer Seite her gehetzt worden wäre. Seit aber die Ligue gestiftet worden war, kannte der konfessionelle Haß keine Schranken mehr. Auf beiden Seiten wurde er genährt, bei den Katholiken aber am meisten, besonders seit der Nuntius (1579) in der Schweiz seinen bleibenden Wohnsitz genommen und auf seiner Visitationsreise auch Appenzell und die dortigen Klöster besucht hatte. Die Aufhetzungen auf geistlicher Seite dauerten darum fort; sie steigerten den

Fanatismus auch beim Volke dermaßen, daß es seinem Haß gegen die Reformirten durch Pasquillen, Spottlieder und in anderer Weise Luft machte; es kam selbst so weit, daß das schreckliche Beispiel der Bluthochzeit in Frankreich, wo (1572) in der Bartholomäusnacht 130,000 Protestanten meuchlings hingemetzelt wurden, im Kleinen auch an der Sitter nachgeahmt werden wollte. Anlaß und Vorwand dazu gab der Besuch des Gottesdienstes in Gais, welcher den Katholiken stets ein Dorn im Auge war. Erst suchte man durch Verleumdung der dortigen Prediger den Besuch des Gottesdienstes zu beeinträchtigen, und als das Mittel nicht verfangen wollte, als die Anschwärzungen derselben sich in Dunst auflösten, giengen die Katholiken mit dem Gedanken um, den Gang nach Gais durch Einschüchterung zu hintertreiben. Auf den 15. März 1587 wurden 27 Jünglinge, Anhänger der neuen Lehre, vor den Rath geladen und ihnen eröffnet, daß, wenn sie nicht freiwillig von ihrem Glauben zurücktreten würden, der Landammann am offenen Fenster der untenstehenden Menge ein Zeichen geben, der Meßmer an die Glocke schlagen, der Rath sich entfernen, das Volk hinaufbringen und sie ermorden werde. Die 27 aber hatten den Anschlag auf ihr Leben rechtzeitig erfahren, weil das Volk gar kein Hehl daraus machte, daß man alle Reformirten umbringen wolle. Mit Dolchen wohl versehen, traten die Vorgeladenen furchtlos in den Rathssaal. Landammann Meggelin sprach: „Ihr seid Aufrührer und habet unsere Religion geschmäht. Jetzt, in dieser Stunde noch, sollt ihr schwören, die Messe zu besuchen, oder ihr habet das Land zu verlassen. Wenn an die Glocke geschlagen wird, werdet ihr erfahren, woran ihr seid." Die Männer weigern sich. Der Landammann hält Umfrage; der Rath stimmt für Verbannung oder Tod. Nach getroffener Abrede will dieser sich entfernen, um die Angeklagten der Volkswuth preiszugeben;

allein in dem Augenblicke, als der Landammann dem Fenster
sich nähert, um das Zeichen zum Sturm zu geben, werden
von den Vorgeladenen erst die Thüren gesperrt; dann schlagen sie das Oberkleid zurück, ziehen die Dolche hervor und
rufen: „Ehe wir umgebracht werden, müßt ihr, Mordstifter,
sterben." Das wirkte. Zitternd fleht Meggelin um Schonung und befiehlt dem Landweibel, den Leuten auf der Rathhauslaube und auf der Gasse beim Eide anzusagen, daß sie
nichts Gewaltthätiges unternehmen, sondern ruhig auseinander gehen sollen. Die Beklagten waren gerettet, aber die
Flamme der Zwietracht nicht gelöscht. Von da an ließ man,
sogar von Amtswegen, an Straßenecken alle diejenigen beobachten, welche evangelische Kirchen besuchten, um Gehässigkeiten an ihnen auszuüben. Am 31. Jänner 1588 kam es
zu einem förmlichen Aufstand. Von Brüllisau und Schwende
her bewegte sich ein Zug von 40 Bauern nach Appenzell,
um bei der Regierung gegen den Besuch einer andern als
der Landeskirche ein Verbot auszuwirken. Die Regierung versammelte eilig den Rath und ließ die Reformirten
auf den 2. Hornung vorladen. Unterdessen wurden in Wirthshäusern, auf Straßen und öffentlichen Plätzen Drohungen
laut: Es werde 70 Männern das Leben kosten; Blut müsse
fließen, gleichviel, ob hier oder an einem andern Orte. Aus
der Menge rief einer laut und ohne Scheu: „Morgen wird
man die Luther'schen tödten." Beim Rathhause angelangt,
werden die Vorgeladenen mit dem Zurufe empfangen: „Ihr
Gesellen kommt wohl hinauf; aber sehet zu, wie ihr wieder
herunterkommt!" Zu feindseligen Auftritten kam es indessen
auch diesmal nicht. Wohl hatten einzelne aus dem Volke,
in der Absicht, über die Reformirten meuchlings herzufallen,
nach ihren Waffen gegriffen; aber dem Landammann gelang
es, den Sturm zu beschwören, indem er mit ernsten Worten
und erhobenen Händen auf die traurigen Folgen hinwies;

welche ein solcher Auftritt bei den Eidgenossen haben könnte. Eingeschüchtert und geschreckt kehrten nach dieser Vorladung denn doch 22 Familienväter wieder zum alten Glauben zurück. Paulus Gartenhauser aber, nachmals erster Landammann von Außerrhoden, nebst andern Häuptern der Evangelischen: Zidler, Höhener, Jakob, Gruber, Haim, Heß, Thörig, Fuster, Scheuß und Zellweger wankten nicht. Weit lieber wollten sie auf ihre Stellen im Rathe verzichten, als der Ueberzeugung untreu werden. Seinen Glaubensgenossen beizustehen, drohte Außerrhoden mit einem Einfall; auch Appenzell rüstete; mehrmals ertönten die Sturmglocken; es kam so weit, daß die Reformirten und Katholiken in Schlachtordnung einander gegenüberstanden. Die traurigen Auftritte führten wiederholt zu Rathsversammlungen, wie auch zur Einmischung der Tagsatzung, welche auf den 24. April 1588 aus den zwölf Orten ihre Boten zur Abhaltung einer Landsgemeinde nach Appenzell entsandte. Mühsam kam ein Friede zu Stande; aber in den Gemüthern beider Parteien gährte es fort, besonders unter den Katholiken, weil diese, bei den Wahlverhandlungen von den Reformirten überstimmt, sich in Gericht und Rath durch Häupter ihrer Partei ersetzt sahen. Am 1. Mai verließ auch noch die Mehrzahl der genannten Männer mit noch andern Reformirten den Ort langjähriger Bedrängniß. Sie siedelten nach Gais und andern Gemeinden über, nachdem ihre Fahrhabe von Trogen und Gais aus auf 24 Wagen abgeholt worden war. Damit hatte am Hauptorte selbst die Spannung ein Ende, aber nicht zwischen den Halbkantonen. Die Ursache war folgende.

Wir wissen, daß mehrere Staaten Europas zum Schutze der alten Lehre die Ligue gestiftet hatten. Spanien, ein eifriger Genosse derselben, gieng noch weiter, indem es einerseits zur Schwächung Frankreichs gegenüber dem Herzogthum

Mailand, anderseits und vorzugsweise für Unterdrückung der
neuen Lehre den sogenannten spanischen Bund stiftete. Mit
Ausnahme von Solothurn waren die katholischen Orte schon
1587 diesem Bunde beigetreten. Auch Innerrhoden zeigte
große Neigung zum Beitritt; da man aber bei Außerrhoden
die entgegengesetzte Stimmung kannte, wollte man es nicht
auf den Entscheid einer Landsgemeinde ankommen lassen und
unterhandelte daher (1596) im Geheimen mit dem spanischen
Gesandten. Die einseitige Schlußnahme schmerzte die Reformirten, und sie vergalten nun die Treulosigkeit mit Abhaltung einer Landsgemeinde, welche auch noch die letzten
katholischen Beamten ihrer Stellen entsetzte. Darüber ent-
rüstet, verließen die Katholiken unter Verweigerung der Eidesleistung die Versammlung und drohten, in der Meinung, die
Reformirten damit schrecken zu können, mit der Theilung des
Landes. Allein Außerrhoden hatte einen solchen Ausgang
des langjährigen Habers im Stillen schon längst gewünscht
und genehmigte daher an der Landsgemeinde in Teufen den
7. Herbstmonat 1597 den von den Ständen vorgelegten Lan-
destheilungsbrief. Innerrhoden aber bereute seinen unzeitigen
Antrag; es sah bald genug ein, wie unbesonnen es gehandelt
hatte, da sein Einfluß durch die Theilung geschmälert und
Handel und Gewerbe gelähmt wurden. Aber die Reue kam
zu spät. Seine Bemühungen um Aufhebung des Landtheil-
lungsbeschlusses, obschon dieselben von den katholischen Kantonen kräftigst unterstützt wurden, fanden keinen Anklang.
Außerrhoden freute sich des ihm gewordenen Glückes und
hielt fest an der Theilung, die sich in ihren Folgen sowohl
in politischer, als konfessioneller Hinsicht als einen so klugen
Akt erwies, daß wir unsern Vätern dafür heute noch Dank
schuldig sind. — Ueber den Rang der Gemeinden einigte sich
Außerrhoden an der Landsgemeinde vom 22. November 1597
dahin, daß die Landsgemeinden zwischen Trogen und Hund-

wil, die Rathssitzungen dagegen zwischen diesen Orten und Herisau wechseln, Kriminalfälle aber stets in Trogen zur Beurtheilung kommen sollten.

Die männliche Bevölkerung des Kantons zählte bei der Theilung in zwei Gemeinwesen in allem 9104 Köpfe, nämlich 6322 Reformirte und 2782 Katholiken, was auf eine Gesammtbevölkerung von 30,347 Seelen schließen läßt.

Bittere Nachwehen.

> Wer Unrecht sät, der wird Mühe ernten und wird durch die Ruthe seiner Bosheit umkommen.
>
> Spr. Sal. 22, 8.

Jahre vergiengen, bis nach der Landestheilung die Ausscheidung vielfach verwickelter Verhältnisse zum Abschluß gelangte. Dessenungeachtet pflegte Außerrhoden, unbekümmert um die Vorgänge im andern Halbkanton, in aller Eintracht die Werke des Friedens. Man errichtete öffentliche Gebäude: Rathhäuser und Zeughäuser; erbaute Stock und Galgen, gründete eine Anstalt für Aufnahme der Sondersiechen, entfernte die Altäre aus den wenigen Landeskirchen und schaffte die alten Religionsgebräuche allmälig ab. Auf Verherrlichung des Gottesdienstes durch Gesang ward so sehr gehalten, daß den Sängern die schönsten Plätze im Chor angewiesen wurden. Gesangkundige Leute erhielten, wenn sie sich am Kirchengesang nicht betheiligten, erst Verweise, und, falls diese nicht fruchteten, wurden sie mit Geldbußen belegt. Ein Ehegericht wachte über die ehelichen Verhältnisse, und

schon 1602 vereinigte sich die Geistlichkeit zur Gründung
von Pastoralgesellschaften im Lande, geleitet vom Dekan. Zu einer unabhängigen Synode mit Beiziehung von
Gliedern der Landesobrigkeit kam es dagegen erst im Jahre
1775, wodurch der Verband mit der St. Gallischen Synode
aufgelöst wurde.

Bei der Landestheilung waren zwanzig bis dreißig Katholiken in Außerrhoden zurückgeblieben. Diese ließ man unangefochten sitzen, so lange sie sich der gesetzlichen Ordnung
fügten. Als aber einige reformirte Männer von Hundwil
und Herisau, gekränkt über erlittene Bestrafung wegen
Uebertretung des Elbgebotes, mit dem Häuflein Katholiken
gemeinsame Sache machten, und entweder keine oder katholische Kirchen außer Landes besuchten, erkühnten sich auch die
Katholiken, allerlei Vorrechte anzusprechen und den Behörden
in störrischer Weise zu trotzen. Auf Antrieb des Abtes
Bernhard verlangten sie eine eigene Kirche im Lande oder
wenigstens Kapellen. Außerrhoden widersprach dem Begehren.
Darüber kam es zu Rathsverhandlungen in beiden Landestheilen, aber nicht zum Frieden mit den Gebuldeten. Diese
trieben es vielmehr so weit, daß man am Ende gar nicht
mehr mit ihnen auskommen konnte. Außerrhoden verlangte
deßhalb, laut Vertrag von 1588, nach welchem sich in Glau-
bensfachen die Minderheit der Mehrheit unterziehen sollte,
ihren Wegzug nach Innerrhoden oder Gehorsam gegen die
Landesgesetze. Die Mehrzahl fügte sich; allein der Minderheit lag auch das nicht recht; sie suchte Hülfe bei der Regierung von Appenzell. Hier aber lehnte der Rath das Begehren kläglich ab, weil er wohl einsah, daß das Recht auf
Seite des äußern Landes liege. Damit nicht zufrieden, trachteten die Wenigen an Ritter und Kriegshauptmann
Tanner einen Verfechter ihrer Ansprüche zu gewinnen.
Dieser Mann war erst zur evangelischen Lehre übergetreten

und hatte den Gottesdienst in Gais fleißig besucht, wechselte aber das Glaubensbekenntniß wieder und blieb von da an unversöhnlicher Gegner der Reformirten. In eigener Macht-vollkommenheit nahm er Partei für die wenigen Katholiken in Außerrhoden. So entstand der langwierige Tanner'sche Handel, welcher das Land in jahrelanger Aufregung er-hielt. Zu jenen Unzufriedenen gesellten sich nämlich auch die Gewerbsleute von Appenzell: Bäcker, Fleischer, Wirthe, Handwerker ꝛc., welche den Verlurst nicht verschmerzen konn-ten, der ihnen durch die Theilung des Landes in zwei Ge-meinwesen zugefügt worden war. Tanner, in der Absicht, eine Wiedervereinigung zu Stande zu bringen, stellte sich an die Spitze der Mißvergnügten. Wiederholt verklagte er die außerrhodische Regierung bei den fünf Orten: Uri, Schwyz, Unterwalden, Zug und Luzern über Verfolgung und harte Behandlung der wenigen Katholiken. Diese Kantone drohten hierauf mit dem Schreckmittel einer katholischen Tagsatzung; aber der Stand Zürich wußte für Außerrhoden die Gefahr abzuwenden, indem er den Prozeß bei einer allgemeinen, aus evangelischen und katholischen Orten gebildeten Tagsatzung anhängig machte. Aber auch dieser gelang es nicht, den Frieden herzustellen, weil Tanner durch Verleumdungen und Aufhetzungen immer neuen Zündstoff zum Feuer zu legen wußte. Umsonst wanderte die Angelegenheit von Tagsatzung zu Tagsatzung; umsonst war es, daß, den Streit beizulegen, eidgenössische Abgeordnete das Land bereisten. Endlich, des jahrelangen Gezänkes überdrüssig, wies Außerrhoden jede Vermittlung ab; das Land verwahrte sich für ein- und alle-mal feierlich vor Eingriffen in seine Souveränitätsrechte, selbst auf die Gefahr hin, daß es über dem Handel zum Kriege kommen sollte. Das entschlossene Auftreten wirkte; die fünf Orte schwiegen, und fernere Zumuthungen in dieser Angelegenheit unterblieben auf immer. Im Jahr 1612 erfolgte nach mehr denn zehnjährigem Haber die Auswanderung auch der letzten Katholiken; nur die Klosterleute von Wonnenstein in Teufen und Grimmenstein in Walzenhausen blieben im ungeschmälerten Besitze ihrer angestammten Stiftsrechte.

Durch seinen Glaubenseifer war es Tanner schon 1599 gelungen, die Landammannsstelle zu erhalten; aber bald gerieth er als unverbesserlicher Friedensstörer selbst bei seinen Mitlandleuten dermaßen in Mißkredit, daß er nicht nur seiner Aemter und Würden entsetzt wurde, sondern auch Hab und Gut einbüßte. In Armut gerathen, suchte er Schutz und Hülfe bei seinem Sohne in Güttingen, Kt. Thurgau. Hier überfiel ihn aber zu all seinem Elende eine bösartige Krankheit, begleitet mit unausstehlichem Geruch. Wider Willen mußte der Sohn den Vater aus dem Hause weisen, und Tanner verschied bei schlechter Pflege, geflohen von jedermann, elendiglich in einem Viehstalle. Der arme Mann mußte an sich selbst erfahren, daß, wer auf das Fleisch sät, vom Fleische das Verderben erntet.

Auch gegenüber den Anmaßungen des Abtes benahm sich Außerrhoden um jene Zeit nicht minder entschlossen. Ungeachtet der vollzogenen Landestheilung wähnte derselbe in kirchlichen Dingen immer noch unumschränkter Herr des Landes zu sein und in Außerrhoden, nach wie vor, das Kollaturrecht ausüben zu können. Der Rath widersprach; er erklärte nach langen, vergeblichen Vermittlungsversuchen durch Abgeordnete der Schirmorte: Zürich, Luzern, Glarus und Schwyz: wenn der Abt die Aufsicht über die Pfarrer, deren Wahl und Absetzung im Lande fernerhin selbst besorgen wolle, so möge er die Geistlichen auch selbst unterhalten. Das wirkte. Der Abt schwieg, und Außerrhoden blieb von nun an im ungestörten Besitze des Kollaturrechtes.

Bildung von Pfarrgemeinden.

Ihr werdet die Wahrheit erkennen, und
die Wahrheit wird euch frei machen.
Evang. Joh. 8, 32.

Zu Anfang des 15. Jahrhunderts hatte der Kanton
auf einer Flächenausdehnung von mehr denn 7 Geviertmeilen
nur 4 Pfarrgemeinden: Appenzell, Herisau, Hundwil und
Trogen, während gegenwärtig Außerrhoden allein 20 freie
Gemeinwesen zählt und unter ihnen 19 Pfarrdörfer. Eine
freie Entwicklung des Volkslebens war unter so beengenden
Verhältnissen schon gar nicht möglich, besonders in Rücksicht
auf kirchliche Angelegenheiten. Von der Grenze des Toggenburgs, vom Hamm herab und von den Quellen der Urnäsch
sahen sich die Leute veranlaßt, bei stundenweiter Entfernung
die Kirche von Herisau zu besuchen. In ähnlicher Lage
befand sich Teufen mit Bühler, deren Bewohner nach St.
Gallen eingepfarrt waren. Den zur Rhod Trogen gehörenden Gemeinden im Kurzenberg waren nicht weniger als 5
Kirchen außerhalb der Landesgrenzen angewiesen: in Altstädten, in Bernegg, St. Margarethen, Thal und Goldach.
Uebrigens lag in der Entfernung nicht die einzige Schwierigkeit für den Kirchenbesuch. Knittelwege und Hohlgassen,
eingeschlossen von Waldungen und unsicher durch reißende
Thiere kamen hinzu; denn nur durch eine derartige Kommunikation waren damals die Ortschaften vermittelt. Unter
solchen Umständen blieben Kranke, wenigstens zur Winterszeit, ohne die Tröstungen der Religion; Sterbende konnten
nicht mit den Sakramenten versehen, Leichname oft lange
nicht bestattet werden. Gehindert durch verschneite Wege

kamen Kinder oft erst nach Monaten zur Taufe, und die
Jugend ward verhindert am Besuch der Christenlehre. Aus
Mangel an Herzensbildung lebte darum Jung wie Alt im
Zustande einer kläglichen Verwilderung, vermehrt durch Zügellosigkeit im Kriegshandwerk. Es darf deßhalb nicht auffallen, daß schon v o r der Reformation hie und da eine Gemeinde, wie Urnäsch (1417), Gais (1446) und Grub (1474)
auf Mittel und Wege dachte, sich von der Muttergemeinde
zu trennen, um dem Bedürfniß nach religiöser Befriedigung
des Gemüths mehr Vorschub leisten zu können.

N a c h der Reformation gesellte sich zu den lokalen
Schwierigkeiten des Kirchenbesuchs auch noch der durch jenes
Ereigniß herbeigeführte Glaubenshaß, welcher im Reformirten
einen abgefallenen und schon darum verlornen Sünder erblickte. Auf Grund des Sieges der Katholiken bei Kappel
(1531) lastete auch der Landfrieden, nach welchem sich in
Glaubenssachen die Minderheit der Mehrheit aller Orten
unbedingt zu unterziehen hatte, schwer auf den Bekennern
der evangelischen Lehre. Die Abtei St. Gallen hielt mit
Aengstlichkeit an diesem Frieden fest, nicht minder das Rheinthal als eidgenössische Vogtei, weil hier meist katholische
Landvögte die Verwaltung besorgten. Der Druck aber, von
oben herab ausgeübt, gieng auch ins Volk über, und es war
daher ganz natürlich, daß die Reformirten, theils auf dem
Weg über katholisches Gebiet, theils beim Gottesdienste selbst
unduldsam behandelt und vielfach gekränkt wurden, um so
mehr, als der Abfall bei den Bekennern der alten Lehre einen Stachel zurückgelassen hatte, dessen sie sich kaum erwehren
konnten. Immer lebhafter äußerte sich darum nach der Landestheilung bei den Reformirten das Verlangen nach Vermehrung der Kirchen innerhalb der Landesgrenzen. Angefacht
durch die Leuchte des Evangeliums, offenbarte sich damals
ein frisches, freies Geistesleben im Volke. Den Hunger und

Durst nach dem Schriftworte zu stillen, erachtete man nachgerade kein Opfer mehr zu groß; denn eine Zeit geistiger Entwicklung war angebrochen. Man verlangte nach Kirchen, das Gemüth zu erwärmen am Quell des Lebens und nach Schulen für allgemeine Bildungszwecke.

Den Reigen eröffnete Speicher mit seinem ersten Kirchenbau im Jahre 1814. Bis dahin hatte der östliche Theil der Gemeinde bis zum Brandbach nach Trogen, was dagegen westlich und nördlich desselben liegt, nach St. Laurenzen und Linsebühl in St. Gallen gehört.

Dem Beispiele folgte Walzenhausen im Jahre 1834. St. Margarethen, wohin die Gemeinde kirchlich gehörte, setzte derselben alle Schwierigkeiten in den Weg, welche der Landfriede zur Folge hatte, um so mehr, als der Abt daselbst das Kollaturrecht besaß. „Zwar", sagt Schäfer in seinen Materialien zu einer vaterländischen Landeschronik, „so lange Johannes Künzler die dortige Seelsorge versah, gieng alles recht und friedlich zu; sein Ansehen, seine Frömmigkeit und sein ehrwürdiges Alter hielten die Leidenschaften im Zaum und beschützten die entfernten Kirchgenossen wie die nahe wohnenden. Sobald dieser aber zu seinen Vätern versammelt war, brachen Neid und Verfolgungen gegen die sich zur zwinglischen Lehre bekennenden, in Volkszahl und Wohlstand kräftig aufblühenden Bergleute los. Des Abtes Hofleute und Anhänger erhoben und beschützten durch Wort und That den Katholizismus und die Proselytensucht. War ein Prediger in St. Margarethen christlich duldsam und aller Pfarrkinder Lehrer und Freund, so erfolgte seine Abberufung, Versetzung oder Arrest. Von 1610 bis 1695 waren nicht weniger als 17 theils fromme, geschickte und dienstfertige, theils intolerante, boshafte, geist- und herzlose, ja oft gar keine Geistliche daselbst angestellt. Des Sonntags mußten die Reformirten bei jeder Jahreszeit unter freiem Himmel oder im

Wirthshause die Beendigung des katholischen Gottesdienstes abwarten und dann meist mit ärmlicher Seelenspeise vorlieb nehmen. Die Wochenpredigten wurden auf Sonn- und Festtage verlegt, wo Prozessionen und anderes Gepränge die meiste Zeit in Anspruch nahmen. Die Jugend entbehrte eines konfessionell-kirchlichen Religionsunterrichtes und die Alten, Kranken und Sterbenden des geistlichen Trostes; den Leichnamen war kein Geläut zur Grabesruhe und kein Todtengräber zugelassen. Auf eingelegte Klagen beim Abt erfolgte der trockene Bescheid: „Man sei nur zur Kindtaufe und Begräbniß, nicht aber zu des Gottesdienstes Mitgenuß berechtigt, und doch erlegten die appenzellischen Kirchgenossen zwei Dritttheile aller Gemeindekosten“. Unter so bewandten Umständen ließ sich die Obrigkeit von Außerrhoden bereitwillig herbei, Walzenhausen einen Kirchenbau zu bewilligen.

Bei der hochgelegenen Gemeinde Schwellbrunn walteten ganz andere Verhältnisse. Hier hatten die Leute keinerlei Klagen gegen Herisau, ihre Muttergemeinde, da weder konfessionelle Schwierigkeiten noch äbtischer Einfluß, sondern lediglich klimatische Beweggründe, Entfernung und schlechte Wege eine Ablösung wünschenswerth machten. Angesichts des Bevölkerungszuwachses vereinigten sich daher im Jahre 1648 die 82 Haushaltungen, welche der Ort damals zählte, zu dem kühnen Entschluß, unter Mitwirkung der Landesobrigkeit eine eigene Pfarrkirche zu bauen. Wohlfeile Zeiten nebst ansehnlichen Beisteuern erleichterten die Ausführung des Werkes.

Die kurzenbergischen Gemeinden, Heiden, Wolfhalden und Lutzenberg, fanden sich zur Kirche in Thal ungefähr in der nämlichen Lage, wie wir bei Walzenhausen gegenüber von St. Margarethen bereits gesehen haben. Auch sie wünschten darum eine Trennung; aber die Auswahl einer gemeinsamen Hofstatt führte zu Streitigkeiten, zu Schlaghändeln und Umtrieben, die wohl zu Rathsverhandlungen, aber nicht zum erwarteten Ziele führten. Des Gezänkes überdrüſſig, ſchritten endlich Heiden und Wolfhalden, ohne Rückſicht auf Lutzenberg, 1652 gleichzeitig zum Bau von eigenen Pfarrkirchen auf ihren Territorien. Lutzenberg dagegen, nachdem es ſich von dieſen Nachbargemeinden verlaſſen ſah, blieb bei der Verbindung mit Thal um ſo eher ſtehen, als überdies das konfeſſionelle Gezänk allmälig verſtummte. Rehetobel gehörte urſprünglich zur Pfarrei Goldach; als aber Trogen 1461 eine Kirche erbaute, kaufte ſich die Gemeinde von der Mutterkirche los, vereinigte ſich kirchlich mit Trogen, wohin ſie politiſch längſt gehört hatte. Nachdem die Einwohner das Ungemach eines ebenſo beſchwerlichen als weiten Kirchenweges nach Trogen Jahrhunderte lang getragen, faßten endlich 6 Hausväter den Entſchluß, bei der Obrigkeit um Bewilligung eines Kirchenbaues für Rehetobel einzukommen. Trogen machte aber Schwierigkeiten, jedoch nur, weil es in der Trennung eine Schmälerung des eigenen Kirchengutes erblickte. Einen weit gefährlicheren Gegner fand Rehetobel bei den Bewohnern des Stroglerſtriches, öſtlich der Goldach gelegen, nicht zwar, daß dieſe den Bau hätten hindern wollen; aber ihnen lag nicht weniger als Rehetobel ſelbſt an einem erleichterten Weg für den Beſuch des Gottesdienſtes, weßhalb ſie mit Rehetobel gemeinſam bauen, die Kirche aber in ihrer Nähe, auf dem Rechberg, im Birle oder in Wald haben wollten. Da jedoch Rehetobel darauf beſtand, die Kirche auf ſeine Seite zu erhalten, kam es zu langwierigen Prozeſſen und Rathsverhandlungen. Obſchon die Männer von Rehetobel beim großen Rath kniefällig und mit Thränen um Gewährung des Geſuchs eingekommen waren, wurden ſie auf Antrieb der Gegner dennoch abgewieſen, ja ſelbſt um 100 Thaler gebüßt, weil ſie vorzeitig Holz zum Kirchenbau gefällt und Steine

herbei geschafft hatten. Allein auch dieser Ausgang hinderte
sie nicht, bei ihrem Begehren zu beharren, und der große
Rath bewilligte endlich am 22. Oktober 1668 den Bau.
Unterm 29. August 1669 konnte Dekan Bischofberger die
Einweihungspredigt halten, und der Kampf hatte ein Ende.

Siebzehn Jahre später, im Jahre 1686, erhielten auch
die genannten Weiler: Birle, Rechberg und Wald, ungeachtet
des heftigsten Widerstandes von Trogen, durch den zweifachen
Landrath die Bewilligung zu einem Kirchenbau in Wald.
Mit jenen Weilern hatten sich nämlich unterdessen die östlichen, an Oberegg gränzenden Landbezirke, welche bis dahin
nach Marbach gehörten, zur Bildung einer Kirchgemeinde vereinigt, wodurch zwar immer noch ein kleines, aber nichtsdestoweniger glückliches Gemeinwesen entstanden ist. Der
Stroglerstrich aber blieb bei Trogen bis auf diesen Tag.
Trogen mußte Wald aus dem Kirchenverbande entlassen und
eine Auslösungssumme von 3150 Gulden an die neue Gemeinde bezahlen. — Auch in Reute war die Nothwendigkeit
einer Trennung von Bernegg längst erkannt worden, um so
mehr, als der Weg außer Landes auch hier beschwerlich war.
Ueberdies lag bei der unmittelbaren Nähe des Gemeindebann-
tes von Oberegg die Gefahr des Abfalles nähe. Wirklich
sollen sich einzelne, namentlich Jungfrauen, haben verleiten
lassen, in den Schoß der alten Kirche zurückzukehren. Dazu
kam der Mangel an jener kirchlichen Einheit, welche in Zeiten konfessioneller Spaltung absonderlich noth that. Reute
besuchte damals an nicht weniger als sieben zerstreutliegenden
Orten den Gottesdienst, die Einen hier, die Andern dort.
Da aber die Gemeinde selbst außer Stande war, dem Wunsch
nachzukommen, gieng ihr die Landesobrigkeit mit Rath und
That bereitwillig an die Hand, und es konnte am 15. Juni
1687 der Grundstein gelegt und die Kirche am 12. Aug. 1688
feierlich eingeweiht werden. — Waldstatt und Schwell-

grund gelangten 1720 gleichzeitig zu kirchlicher und bürgerlicher Selbständigkeit. Jenes hatte bis dahin eine Parzelle
des großen Gebietes von Herisau gebildet; dieses dagegen
theilte die Territorialrechte mit Urnäsch und hieß „das Land
hinter dem Hamm", weil dessen Gebiet westlich des gleich-
namigen Gebirgszuges liegt. Für Schönengrund war übrigens eine Trennung um so zeitgemäßer, als der Weg über
den Teufenberg nicht allein weit und beschwerlich, sondern
auch durch Schneelawinen bedroht ist. — Drei Jahre später
kam es zur Stiftung der Gemeinde Bühler, welches ehedem „Rothen" hieß und kirchlich zu Teufen gehörte. Das
Land unterstützte den Kirchenbau mit einer Aversalsumme von
500 Gulden, und die Gemeinden wetteiferten in freiwilligen
Beiträgen für die neue Gemeinde. — Als im Jahre 1748
die Dringlichkeit eines Umbaues der Kirche in Hundwil nachgewiesen wurde, tauchten in der untern Rhod, im heutigen
Stein, alsbald Gelüste auf zur Bildung einer eigenen Kirchgemeinde. Hundwil machte zwar Schwierigkeiten; allein der
große Rath, an dessen Entscheid die Trennungsfrage gelangte,
bewilligte auch hier den Bau und verpflichtete überdies die
Muttergemeinde zur Bezahlung einer Auslösungssumme von
1000 Gulden nebst Abtretung eines Waldes im Sonder.
Am 28. November 1749 hielt Dekan Zähner von Trogen
in Stein, der jüngsten Gemeinde des Landes, die Einweihungspredigt.

Tage der Heimsuchung.

Ein Mensch ist in seinem Leben wie Gras;
er blühet, wie eine Blume auf dem Felde;
wenn der Wind darüber geht, so ist sie
nimmer da und ihre Stätte kennet sie
nicht mehr.

Psalm 103, 15. 16.

Das haben die Schweizer und ihre Bundesgenossen, die
Appenzeller, mehr als einmal erfahren.   Wie der Wind wider
Erwarten bläset, so brachen in frühern Jahrhunderten oft
urplötzlich Seuchen aus, welche, einem Würgengel gleich, das
Volk heimsuchten und das Leben von Tausenden gefährdeten.
Allerorten, in Hütten und Palästen, war dann Wehklage um
verlorne Väter, Mütter, Gatten, Kinder, um Freunde, Beamte oder wackere Geistliche.   Beim Mangel an Heilanstal-
ten, an ärztlicher Hülfe oder angemessenen Vorkehrungen der
Behörden hatten Aberglauben und Vorurtheile ihr freies Spiel.
Dem Todesengel ward bei der allgemeinen Unwissenheit oft
nicht einmal gewehrt aus Furcht vor dem Zorn des Him-
mels.
Im Jahre 1348 wüthete, wie die Chroniken melden,
eine so verheerende Pest in allen Landen, daß darüber der
dritte Theil alles Volkes umgekommen sein soll. Geblendet
vom Wahn, die Juden seien schuld, sie hätten die Brunnen
vergiftet, wurden die Unglücklichen allerwärts schrecklich verfolgt, selbst zu Hunderten dem Scheiterhaufen überantwortet.
Auch 1564 und 1586 raffte eine ähnliche Seuche abermal
bei Tausenden hinweg.   In Betracht der bösen Zeit verbot
Glarus dem Volke alles Spielen und jedem Wirth, daß er
ein köstlicheres Mahl anstelle, als im Werth von 3 Batzen.
Die schrecklichste dieser Landplagen aber brachte das Jahr

1611 unter dem Namen der großen Pestilenz. Entweder stellte sich bei den von derselben Ergriffenen der Tod sogleich ein, oder es bildeten sich Eiterbeulen am Leibe von schwärzlicher Farbe; Fieberfrost folgte oder brennende Gluth in den Gliedern, begleitet von Todesschwäche, welche selbst nach der Genesung noch Monate lang andauerte. Der Wuth des schwarzen Todes, wie die Seuche auch genannt wurde, konnte mit Gewißheit keiner entrinnen. Manche stiegen auf den Dachboden, andere flüchteten in Wälder, auf Berge; aber überall war Pesthauch. Vögel fielen todt aus der Luft herab, Hunde und Katzen starben jählings dahin; selbst die Thiere des Waldes wurden des Todes Beute. Von Nord nach Süd schritt der Würgengel daher; er eilte von Ort zu Ort, hier mehr, dort weniger Opfer fordernd. In Basel fielen der Seuche 4000 Menschen als Opfer, in Bern 800, in Zürich 7000, in Schwyz 1800, in Glarus 2000, in Baden 1100, im Thurgau und in Bünden, wo große Unreinlichkeit herrschte, sogar die Hälfte alles Volkes; ganze Dörfer veröbeten, und die Felder blieben unangebaut, weil zu ihrer Pflege die Hände fehlten. Nicht minder schrecklich sah es in unserm Lande aus. In Trogen starben 1164, in Hundwil 1012, in Urnäsch 703, selbst tief in den Bergen, in der Seealp, fielen der Pest noch 16 Personen jählings als Beute. Oft ergriff in einem Tage und am nämlichen Orte die Hand des Todes bei 50 Menschen zumal. Bei solcher Menge von Opfern fehlte es natürlich an Särgen, weßhalb die Leichname schichtenweise in Gruben gelegt und mit Kalk bestreut wurden, um die Verwesung unschädlich zu machen. Der Gottesdienst ward eingestellt. Kranke, die nach den Tröstungen der Religion begehrten, erhielten dieselben bei offenem Fenster vom Pfarrer, der im Freien auf der Gasse blieb. Je mehr den Menschen Furcht vor Ansteckung quälte, desto sicherer und schneller folgte die Ansteckung. Wer dagegen der Gefahr ruhig ins Auge blickte, mithin sich den Gleichmuth bewahrte, blieb oft unerwartet verschont. Um jeden Gedanken der Furcht zu verbannen, sollen sich in Dießenhofen Männer in eine Gesellschaft zusammen gethan haben, welche aßen, tranken, lustig und guter Dinge waren, und der Todesengel habe keinen von ihnen berührt. Wir aber sind der Meinung, daß Heimsuchungen solcher Art zur Buße und Besserung, nicht aber zu Zechgelagen führen sollten.

Dem Unglück, welches die Pest über die Menschen gebracht, folgte Gefühllosigkeit bei den Ueberlebenden. Ohne Theilnahme und ohne Thränen konnten dieselben geliebte Freunde und Verwandte zu Grabe begleiten. Das alltägliche Elend stumpfte ab; es machte gleichgültig gegenüber den zahlreichen Sterbefällen, gleichgültig gegen Trennung und Tod. Also traurig waren jene Tage der Heimsuchung, daß sie, statt die Menschen zu bessern, alles Mitleid in ihnen erstickten und durch den ererbten Reichthum Leichtsinn erzeugten. — Aehnliche Seuchen wiederholten sich 1628 und 1835, jedoch weniger bösartig, weil die Regierungen schon mehr auf Vorsichtsmaßregeln Bedacht nahmen und selbst die Tagsatzung über den allgemeinen Gesundheitszustand im Vaterlande zu verhandeln anfieng.

Kriegsereignisse.

Ist es möglich, so viel an euch ist, so habet mit allen Menschen Frieden.
Röm. 12, 18.

Das eigene Land blieb im 17. Jahrhundert verschont von der Brandfackel des Krieges; aber desto häufiger wurden die Söhne des Vaterlandes hinausgerufen, entweder zur Wahrung der Rechte ihrer Miteidgenossen, oder aber, um auf fremdem Boden, schnöden Soldes willen, den Launen der Fürsten zu dienen. Dabei giengen die beiden Halbkantone meist ihre eigenen Wege. Während Innerrhoden seine thatendurstige Mannschaft an die Krone Spaniens lieferte, neigte sich Außerrhoden mehr zu Frankreich hin; denn die Franzosen waren im allgemeinen mehr auf Vergrößerung ihrer Macht bedacht, als auf Unterdrückung des Glaubens in evangelischen Ländern. Zwar kam dabei die Reihe der Unterdrückung mitunter wohl auch an solche Staaten; aber für diese Fälle behielt sich Außerrhoden, um nicht gegen Glaubensgenossen verwendet werden zu können, das Recht einer neutralen Stellung vor.

In der ersten Hälfte des 17. Jahrhunderts war es der dreißigjährige Krieg (1618—1648), welcher die Eidgenossen oft zu den Waffen rief. Des Glaubens willen bekämpften sich damals deutsche, französische, spanische, italienische und schwedische Heere mit wechselvollem Glücke auf Deutschlands Feldern. Das Licht der freien Denkart in Glaubenssachen sollte mit der Schärfe des Schwerts ausgelöscht werden um jeden Preis. Was aber dort im Großen, geschah in Graubünden im Kleinen; denn auch dieses Land hatte seinen dreißigjährigen Krieg, die Bündnerunruhen genannt (1607—1637). Spanien, ein eifriger Bundesgenosse Oesterreichs, war nämlich damals im Besitze der Lombardei und trachtete eifrig darnach, seinem Alliirten im Kampfe gegen den Protestantismus ungehindert b.ispringen zu können. Deßhalb trachtete Spaniens Statthalter in Mailand, Graf Fuentes, auch nach dem Besitze des Veltlins, das ihm im Wege lag, aber den Bündnern gehörte. Frankreich, eifersüchtig auf die Macht Oesterreichs, insofern Spaniens Absicht gelingen sollte, arbeitete entgegen; darum schloß es Bündniß

mit der Republik Venedig, Spaniens und des Pabstes Feind.
So entstand in Bünden erst Verwirrung, weil die beiden
mächtigen Gegner Anhang im Volke suchten, dann Parteiung;
denn von beiden Seiten, von Frankreich, wie von Spanien,
kam reichlich Geld ins Land. Die Reformirten hielten zu
Frankreich und Venedig, die Katholiken zu Spanien und
Oesterreich, und es geschah nun, was immer geschieht, wenn
man fremder Herren Gunst höher achtet, als die Wohlfahrt
des theuerwerthen Vaterlandes: die Bündner bekämpften sich
mit Hülfe fremder Bajonete am eigenen Herd. Gleich einer
Lawine wälzte sich um den Besitz des Veltlins der Krieg in
die altgefreiten Thäler des Bündnerlandes. Die Eidgenossen
konnten dem brudermörderischen Treiben nicht gleichgültig zusehen und am wenigsten die evangelischen Stände, weil dabei
ihre Glaubenslehre auf dem Spiele stand. So oft daher die
reformirten Bündner in Bedrängniß geriethen, riefen sie Zürich und Bern zu Hülfe. Ihre Schaaren eilten dann, nicht
achtend des Widerspruchs der fünf Orte, verstärkt durch die
übrigen evangelischen Kantone, ihren Glaubensgenossen in
Rhätien zu Hülfe. Außerrhoden blieb nie zurück; immer erwies es sich thätig, entweder durch Abordnung von Kommissarien oder mittelst Truppensendungen. Als 1607 die
Wuth der Parteien durch das Strafgericht in Chur aufs
höchste gestiegen war, wurde Landammann Thörig von
Urnäsch, ein Beamter vom besten Klang, zur Friedensmitte-
lung dahin gesandt. Allein er fand die Zustände bereits so
trostlos, daß er an einer friedlichen Beilegung des Spans
schon damals verzweifelte. Ohne Rückhalt wies er darum
in seinem Bericht nach Appenzell die Nothwendigkeit einer
Intervention nach. Wie Thörig, so dachten auch die Regierungen der übrigen evangelischen Stände, und es erfolgte
alsbald ein Truppenaufgebot. Landammann und Rath von
Außerrhoden berichteten zwar nach Zürich: das Volk zeige

keine Luft zu einem Auszuge, weil es in die katholischen Mitstände wenig Vertrauen setzen könne. „Sunsten", heißt es in
der Zuschrift, „würde es ganz nicht mangeln und entbieten
uns mit Herz und Gemüth, mit Hülf, Rath und That, Leib
und Gut zu euch und allen guten, wohlvertrauten, evangelischen Eids- und Bundesgenossen zu setzen, wie guten Freunden es zusteht". Der Auszug erfolgte, und das Land betheiligte sich dabei mit 400 Mann, welche unter Hauptmann
Keller von Gais gestellt wurden. Die Parteien jenes unglücklichen Kantons verwahrten sich aber vor einem Einmarsch
in ihr Land, und die Hülfsvölker kehrten, nachdem sie kaum
an der Bündnergrenze angelangt waren, unverrichteter Dinge
in die Heimat zurück. Die Bündner haderten zwiespältig
fort bis zum Ausbruch des Krieges im Jahre 1620, wo es
Spanien gelang, das Veltlin in seine Gewalt zu bringen.
Verschworne Katholiken, angeführt von Jakob Robustelli
und unterstützt von Mailand, hatten nämlich damals die
Ausrottung aller Reformirten in den Veltlinerthälern beschlossen. In der Nacht vom 19. auf den 20. Juli kam
der sogenannte Veltlinermord zur Ausführung. Mit
viehischer Wuth fiel die Bande über ihre Schlachtopfer her.
Wie wilde Thiere wurden dieselben gehetzt, erdolcht, in die
Adda geworfen, erschlagen, über Felsen hinabgestürzt und an
ihnen von Dorf zu Dorf noch andere schreckliche Gräuel verübt, bis das Land von den Reformirten gesäubert war. Entrüstung bemächtigte sich bei der Nachricht von dem Gewaltakt der Eidgenossen ohne Unterschied der Konfession; alle
Orte sandten Eilboten nach Bünden; von Außerrhoden gieng
Landammann Konrad Zellweger dahin. Allein nur Bern,
Zürich, Basel, Schaffhausen und Außerrhoden war es ernst
bei der Sache; die übrigen Stände, voraus die katholischen
nebst Innerrhoden, kehrten ohne Schwertstreich zurück. Jene
evangelischen Orte brachten einen Friedensvertrag zu Stande;

aber der Statthalter von Mailand vereitelte denselben durch
einen Einfall ins Misoxerthal, und Bünden gerieth dadurch
unter die Herrschaft der Oesterreicher, welche das Land 1622
eroberten. Zur Vertreibung derselben veranstalteten die Kantone 1624 neuerdings Truppensendungen. Außerrhoden stellte
unter die Hauptleute Keller von Gais und Hermann
Scheuß von Herisau 200 Mann. Als 1629 und 1635
der französische Herzog Rohan Rhätien von den Feinden
zu säubern kam, begleiteten ihn zuerst 6000, später 7000
Eidgenossen dahin. Auf dem Brühl in St. Gallen errichtete
das Heer auf seinem Durchmarsche ein Lager, und die Truppen wurden von den Bürgern gastlich bewirthet. Von hier
aus bewegte sich der Zug, verstärkt durch 200 Appenzeller
unter Keller von Gais und Merz von Herisau, über die
Vögelinsegg und den Ruppen nach Altstätten. Männer von
Speicher und Trogen lieferten das Gepäck auf Saumthieren
nach. Rohan nahm Besitz vom Lande. Als aber die Bündner
nach Jahren auch von den Franzosen sich in ihren Erwartungen wegen Zurückgabe des Veltlins getäuscht sahen, machten sie voller Entrüstung eine Verschwörung gegen Rohan,
wiesen seine Truppen zum Lande hinaus und sprachen: „Oesterreich hat uns ausgesogen, Frankreich hat uns auch betrogen;
traue keiner auf fremde Macht.“ Im Jahre 1639 kam der
Friede zu Stande, und zwei Jahre später erhielt Bünden
seine Unterthanenlande: Cläven, Veltlin und Worms, wieder
zurück.

Gar oft hatte unser Land zu jener Zeit auch seine Grenzen zu decken gegen die kriegführenden Mächte in Deutschland. Im Jahre 1626 stunden 300 Appenzeller am Rhein
und 1633 ebenso viele bei Wolfhalden. Des blühenden Lein-
wandgewerbes ungeachtet eilten 1638 800 Appenzeller unter
die Fahnen Frankreichs gegen Oesterreich. Als 8 Jahre später
von den Schweden die Nordgrenze der Schweiz bedroht ward,

besetzten abermal 800 Mann den Rhein, selbst ohne Aufforderung der Eidgenossen, weil man vor Einfällen des Generals Wrangel keinen Augenblick sicher war. Diesmal hatten aber die Appenzeller ihren Diensteifer theuer zu bezahlen; denn da sie ohne Aufgebot ins Feld gerückt waren, mußten sie die Kosten auch selbst tragen. Sonst galt ihr Arm jederzeit viel bei den Eidgenossen, besonders auch im Jahre 1647, wo sie zum Schutze des Rheinthals gegen die Schweden 200 Mann als Grenzwache stellten. Die Gefahr war groß. Schon hatte der Feind Langenargen erobert, Hohenems und Feldkirch in Kontribution gesetzt und Gaftenberg nebst Balzers geschrellt. Zwar erwies sich die Gesinnung der Schweden gegen die Evangelischen durchaus friedlich; da aber der Abt von St. Gallen offen und im Geheimen zu Oesterreich hielt, kannten die Schweden auch keinerlei Rücksichten gegen seine Besitzungen, welche darum mehr als einmal empfindlich heimgesucht wurden. — Durch den westphälischen Frieden (1648) fand endlich auch der Krieg in Deutschland seinen Abschluß. Mit ihm schwand die Schwedenfurcht, aber nicht der Abscheu vor dem Söldnerdienste, welcher für fremde Lände nach wie vor seine zahlreichen Opfer forderte.

Innere Zerwürfnisse.

Ihr aber, lieben Brüder, seid zur Freiheit berufen. Allein sehet zu, daß Ihr durch die Freiheit dem Fleische nicht Raum gebet; sondern durch die Liebe diene einer dem andern.
Galat. 5, 13.

dann gar leicht Ursache werden zu bedeutsamen Unruhen. Das haben auch die Appenzeller und ihre Obrigkeiten mehr denn einmal erfahren. Als im Jahre 1643 zwei Uebelthäter, deren Verbrechen uns unbekannt sind, zur Sühne ihrer Schuld an die Galeeren nach Bergamo abgeliefert wurden, fand sich das Selbstgefühl des Landmannes durch die ungewohnte Strafart empfindlich verletzt. Es wollte ihm nicht einleuchten, daß die Obrigkeit befugt sei, Männer eines freien Volkes gleich Sklaven zu behandeln und, an Ketten geschmiedet, zu ewiger Verbannung dem Seedienst zu überliefern. Alsbald zeigte sich deßhalb Aufregung im Lande und Unwillen. Die Obrigkeit fühlte sich stark in ihrem Rechte und ließ, das Volk zu beruhigen, den Thatbestand der begangenen Verbrechen ab allen Kanzeln verlesen. Der Lärm verstummte nun zwar vorübergehend; aber Unmuth und Mißtrauen blieben, wie wir aus folgender Begebenheit ersehen werden.

Der neue Todtfall. In landesväterlicher Sorge für Vermehrung des Kirchen-, Schul- und Armengutes erließ der zweifache Landrath auf Antrag des Landammanns Joh. Zellweger bald darauf eine Verordnung, nach welcher, so oft eine Person, ohne Leibeserben zu hinterlassen, mit Tod abgieng, vom Nachlaß ein Zwanzigstel der betreffenden Gemeinde zufallen sollte. Das Volk aber dachte anders; es erhob sich Widerspruch gegen die Neuerung; denn, sagten die Leute: in einer solchen Abgabe liegt, wenn man deren Annahme nicht vor die Landsgemeinde bringt, eine Schmälerung der Souveränitätsrechte, jedenfalls aber eine Wiederkehr des verhaßten Todtfalles, von dem sich das Land schon 1566 mit 5000 Gulden vom Abte losgekauft hat. Wie könnten wir dulden, daß solche Lasten im Lande neuerdings aufkommen sollten? Der Unwille erhielt neue Nahrung, als bald hernach die Verlassenschaft eines in Reute Verstorbenen an die Erben übergehen sollte. Der Gemeinderath machte, gestützt auf jene Verordnung, Schwierigkeiten; er wollte den Hausrath nicht eher theilen lassen, als bis seine Ansprüche für die öffentlichen Güter befriedigt sein würden. Die Obrigkeit schwieg; das Volk aber grollte, unterdrückte jedoch seinen Zorn bis zur Landsgemeinde des Jahres 1644. Kaum waren an derselben die Wahlverhandlungen zu Ende, und eben sollte der Eid geleistet werden, als eine Stimme im Volke erscholl, welche zu wissen verlangte, wie es mit dem Todtfall gemeint sei. Der Geschäftsführer, Landammann Joh. Tanner von Herisau, durch die unerwartete Frage überrascht, benahm sich in der Verlegenheit so, als habe er dieselbe nicht verstanden, erklärte jedoch endlich auf wiederholtes Rufen: er sei ohne Vollmacht, diesfalls Erklärungen abzugeben. Damit nicht zufrieden, wollte der Landmann auf seinen Anzug nicht verzichten, und der Landammann befahl Aufzeichnung seines Namens; allein nun erst gieng der Sturm los. Augenblicklich erfolgte gewaltiger Lärm im Volke, und hundert Stimmen riefen zumal: „Wir wollen es auch wissen!" Um nun den Geschäftsführer mit Rathschlägen zu unterstützen, sammelte sich die Obrigkeit, so gut es gieng, eilfertig um die Rednerbühne. Hierauf ließ sich der Landammann zu Erklärungen herbei, stellte aber gleichzeitig den Antrag, daß die Angelegenheit für ein Jahr verschoben werden möchte; aber das Volk erblickte im Verzug Gefahr für seine Rechte und verlangte daher voll Ungestüm mit entblößtem Degen sofortige Abstimmung, und der Antrag wurde einhellig verworfen. Landammann Zellweger, Urheber der wohlgemeinten Verordnung, ein in Geschäftskenntniß ausgezeichneter und um das Vaterland hochverdienter Beamter, ward im folgenden Jahre seiner Stelle entlassen.

Die Sittertrennung. Seit dem Schwabenkriege war das Rheinthal eine gemeine Herrschaft der acht Orte: Uri, Schwyz, Unterwalden, Luzern, Zug, Zürich, Glarus und

Appenzell. Aus diesen Kantonen besorgten Landvögte die
Verwaltung des Unterthanenlandes und zwar in der Weise,
daß die Stelle nach einer bestimmten Kehrordnung alle zwei
Jahre den Landvogt wechselte. Mit der Landestheilung ging
die Wahl desselben rechtsgültig auch auf Außerrhoden über.
Da man im Jahre 1650 in Folge jener Kehrordnung der
Stand Appenzell die Wahl vorzunehmen hatte, sollte der Wahl
vorgängig entschieden werden, welcher von beiden Halbkantonen
die Rangordnung zu eröffnen habe. Man wählte in der
heiklen Frage den Entscheid durchs Loos, welches zu Gunsten
von Innerrhoden fiel. Damit ward gegenüber den beiden
Rhoden die Wahlordnung für immer festgestellt, und es konnte
deßhalb in der Folge zwischen denselben zu keinerlei Konflik-
ten kommen. Da aber die Stelle dem, der das Glück hatte,
gewählt zu werden, Gewinn brachte und die Wahl meist auf
Beamte des Vorderlandes fiel, das die Mehrheit der Stimmen für sich hatte, so lag darin Grund genug, zu bewirken,
daß bei den Wahlmännern des Hinterlandes das Gefühl der
Zurücksetzung geweckt werden konnte. Als daher 1847 von
Außerrhoden ein neuer Landvogt gewählt werden sollte, äußerte sich der lange verhaltene Unwille über Benachtheiligung
in Besetzung nicht allein der Landvogteistelle, sondern auch
mit Rücksicht auf die übrigen Amtsstellen. Das Hinterland
verlangte daher unumwunden gleichmäßige Besetzung der Aemter für beide Seiten der Sitter. Das Vorderland weigerte
sich jedoch deß mit Heftigkeit und suchte, als die Gemeinden
hinter der Sitter auf dem Begehren beharrten, die Hülfe
Zürichs nach. Gesandte eilten her und hin, den Span im
Frieden beizulegen; allein da war kein Nachgeben, weder auf
der einen noch auf der andern Seite. Des Gezänks war
kein Ende, und je länger dasselbe währte, desto größer ward
die Erbitterung hüben und drüben. Um jedoch endlich einmal aus dem Meinungskampfe herauszukommen, brachte das

Hinterland mit eidgenöſſiſchem Recht, als der letzten Inſtanz
bei kantonalen Streithändeln. Das Vorderland, obſchon es
nach rein demokratiſchen Grundſätzen das Recht auf ſeiner
Seite zu haben glaubte, wollte es jedoch nicht zum äußerſten
kommen laſſen. Männer des Friedens mahnten zum Nachgeben, und die Kirchhören gehorchten ihrer Stimme. Der
Landvogt wurde von nun an wechſelsweiſe aus beiden Landestheilen ernannt; aber auch für Beſtellung der Landesäm-
ter kam es, ungeachtet der kleinen Geſammtbevölkerung, zu
einer Art Doppelregierung, ſo nämlich, daß die Gemeinden
hinter der Sitter mit dem Vorderland in Gericht und Rath
eine gleichzählige Vertretung erlangten. Nur die Staatsdie-
ner, Schreiber und Weibel, ſollten nach wie vor frei aus
allem Volk gewählt werden. Dabei blieb es während zwei
Jahrhunderten. Erſt der Verfaſſung vom Jahre 1858 iſt
es gelungen, die Sitterſchranke niederzureißen und den eng-
herzigen Ortsintereſſen einen Damm zu ſetzen, wie denn überhaupt die Neuzeit in rühmlicher Weiſe darauf ausgeht, alle
Hinderniſſe hinwegzuräumen, welche der freien Entwicklung
des Volkslebens im Wege ſtehen.

Geſetzeshändel. Wir haben bereits geſehen, daß da,
wo das Volk der Souverän iſt, dasſelbe die Schritte der
ſelbſtgewählten Obrigkeit mit Sperberblicken verfolgt, weil
die Liebe zur Freiheit in engſter Beziehung ſteht zu der Furcht
vor Schmälerung althergebrachter Rechte. Eben darum hält
es in rein demokratiſchen Kantonen oft ſo ſchwer, Verbeſſe-
rungen, auch wenn ſolche den Behörden noch ſo zeitgemäß
erſcheinen, ohne Widerſtand in Ausführung zu bringen. Entweder vermag das Volk deren Nothwendigkeit nicht einzuſe-
ſehen, oder es hängt mit Vorliebe an längſt gewohnten Zu-
ſtänden. Nichts aber verletzt das Gefühl eines ſelbſtherr-
lichen Volkes ſo ſehr, als wenn Veränderungen von erheblicher

27

Tragweite mit Umgehung der Landsgemeinde in Ausführung gebracht werden wollen.

Im Jahre 1655 hatte die Obrigkeit, ohne vorher die Landsgemeinde anzufragen, eine Reviſion der Geſetze und Eheſatzungen beſchloſſen. Auch ſollte gleichzeitig die Kirchenordnung revidirt werden, weil dieſelbe in den Gemeinden ſo abweichend zur Vollziehung gelangte, daß mancherlei Unordnungen daraus entſtanden. Bei Pfarrwahlen ward z. B. das damals noch in Kraft beſtehende Beſtätigungsrecht durch die Obrigkeit bisweilen willkürlich umgangen. Geiſtliche klagten gar häufig über ſchlechten Kirchenbeſuch, über Völlerei, über Trinkgelage, Marktbeſuch an Feiertagen, über Maskeraden, Vernachläſſigung des Kirchengeſanges und über andere ähnliche Mißbräuche. Es gab Gemeinden, welche ſich beigehen ließen, die Kommunion willkürlich einzuſtellen, wo Hebammen eigenhändig tauften, Gatten ſich beliebig trennten und, wie z. B. in Grub, Leute in papiſtiſcher, obwohl unſchuldiger Weiſe beim Mittag- und Abendläuten auf offener Straße das Haupt entblößten und niederknieten gleich den Katholiken. Solchen und ähnlichen Uebelſtänden ſollte nun von Amts wegen ein Ziel geſetzt werden. Eine Kommiſſion aus weltlichen und geiſtlichen Mitgliedern ward mit dem Mandat einer verbeſſerten Kirchenordnung betraut. Das Volk aber, durch böswillige Aufwiegler, deren Zungen allezeit geſchäftig ſind, beunruhigt, erblickte in dem Vorgehen eine Schmälerung ſeiner Rechte. Die falſchen Gerüchte zu widerlegen, ließ die Obrigkeit unterm 16. März 1660 eine Publikation mit einläßlichen Erklärungen von den Kanzeln verleſen und überdies, um auch jeden Schein einer eigenmächtigen Handlungsweiſe von ſich abzuwälzen, die Kommiſſionalvorſchläge zur Vorberathung an die Kirchhören gelangen. Allein hier offenbarte ſich bei großer Meinungsverſchiedenheit ein ſolcher Grad von Mißtrauen, daß man der Landsgemeinde

welche endgültig entscheiden sollte, nur mit Bangigkeit ent-
gegensehen durfte. Wirklich kam es zu unruhigen Auftritten.
Unordnung und Verwirrung waren so groß, daß die Verhandlungen volle 5 Stunden währten. Landammann Tanner
war zu Hause geblieben, und da er als Urheber der Neuerung galt, ward er die Zielscheibe des Volkshasses. Die
Wahl des regierenden Landammanns dauerte 2 volle Stunden; aber ungeachtet des Widerspruchs fiel dieselbe endlich
dennoch auf Tanner. Als aber seine Gegner sich weigerten,
einem abwesenden Landammann Treue zu schwören, wurde
er sofort wieder entlassen. Die revidirten Gesetze fanden,
wie vorauszusehen war, keine Gnade, ebensowenig die Ehesatzungen nebst der Kirchenordnung. Der Unwille des beleidigten Souveräns gieng vielmehr so weit, daß er die Urheber
zu den Kosten verfällte. Hier bestrafte mithin die Landsgemeinde ihre selbstgewählte Obrigkeit für den Mißbrauch der
ihr eingeräumten Amtsgewalt. Wollte man dem Volke zürnen
über solche Rücksichtslosigkeit, so darf doch nicht übersehen
werden, daß es selbst der Wächter ist über das Kleinod der
Freiheit, welche ohne ängstliche Wachsamkeit so leicht das
Fundamentalgesetz einbüßen könnte.

Klosterstreit in Walzenhausen. In unbekannter
Vorzeit gründeten drei Frauen zu Grimmenstein eine Klause,
Waldhaus genannt, wo sie unter Beten und Fasten ein streng
ascetisches Leben führten. Später vergrößerte sich ihre Genossenschaft; die Klause ward durch Schenkungen erweitert und
laut Urkunde vom 27. Herbstmonat 1527 als Kloster anerkannt und dieses der Pfarrei St. Margarethen zugetheilt.
So blieb es lange Zeit. Auch die Landestheilung führte
keine Aenderungen herbei, obschon das Stift auf außerrhodischem Gebiete liegt, weil die Klosterleute bei ihrer Abgeschlos-
senheit die evangelischen Umwohner weder in Ausübung ihres
Kultus störten noch in ihren Rechten auf irgend eine Weise

beeinträchtigten. So etwas hätte um so weniger geschehen
können, als das Stift bei der Landestheilung nur 6 Klosterfrauen zählte. Nachdem sich aber Grimmenstein von der
Pfarrei St. Margarethen losgesagt hatte und im Jahre 1654
einen eigenen Beichtvater einsetzte, demselben im folgenden
Jahre eine Wohnung erbauen und das Gasthaus erweitern
ließ, gestalteten sich die Verhältnisse für Walzenhausen miß-
licher. Kreuzgänge oder Prozessionen und vermehrte Wall-
fahrten fiengen an, die Bewohner zu belästigen. Dennoch
machte die Gemeinde für einmal keine Einsprache. Als aber
1667 Anstalten getroffen wurden für Erweiterung des Stiftes
selbst, als Kirche und Kloster vergrößert werden wollten,
änderte sich die Sachlage. Für Walzenhausen lag auch in
der That die Besorgniß nahe, es könnte durch zeitweilige
Vermehrung der Stiftsgebäude am Ende inmitten des evangelischen Orts eine katholische Pfarrei sich bilden oder das
Kloster in Kriegszeiten und bei konfessionellen Spaltungen
den Reformirten gefährlich werden. Auf Grund solcher Befürchtungen legte Walzenhausen Protestation ein; es wollte
die baulichen Erweiterungen nicht geschehen lassen. Innerrhoden, an das sich die Klosterleute wandten, vertheidigte,
gestützt auf die Kastvogteirechte, welche ihm zukamen, die
Sache des Stiftes und hoffte, den Plan durchsetzen zu können.
Außerrhoden dagegen schützte seine Territorialrechte vor und
nahm Partei für Walzenhausen. Da nun jede der beiden
Regierungen auf ihrem Rechte bestehen zu sollen glaubte, kam
Innerrhoden auf den Gedanken, eidgenössisches Recht vorzu-
schlagen. Außerrhoden gieng in den Vorschlag ein; aber im
Rathe der Eidgenossen wiederholte sich das nämliche Spiel.
Die katholischen Orte behaupteten, das Kloster stehe unter keiner
weltlichen Gerichtsbarkeit, weßhalb Außerrhoden auch keinerlei
Rechte über dasselbe zustehen können. Die evangelischen Stände
hielten zu dem äußern Landestheil, schlugen aber am Ende

einen gütlichen Vergleich vor. Die Landsgemeinde jedoch verlangte entschieden Wahrung der Territorialrechte gegenüber
dem Kloster. Der Streit zog sich in die Länge, und erst nach
zweijährigem Hader konnte der langwierige Prozeß endlich dahin
entschieden werden, daß Außerrhoden die hohe Gerichtsbarkeit,
Innerrhoden dagegen die Kastvogtei besitzen solle. Die Stiftsrechte wurden dem Kloster gewährleistet, ihm aber untersagt,
dasselbe zu erweitern oder über die ursprünglichen Grenzen hinaus zu bauen. Im Jahre 1723, nachdem das Kloster
baufällig geworden war, erhoben sich neuerdings Zwistigkeiten, weil die Klosterverwaltung abermal auf Erweiterung des
Stiftes bedacht war. Die Angelegenheit wanderte an die
Tagsatzung in Baden, und diese entschied, unter Zustimmung
der Abgeordneten von Außerrhoden, den Span dahin, daß
das Kloster gegen Morgen um 20 Fuß erweitert werden
möge; die Kirche aber nebst der Wohnung des Beichtigers
und das Knechtenhaus sollen, selbst für den Fall der Erneuerung, auf ihre alten Hofstatten angewiesen bleiben. Im folgenden Jahre wurde das Kloster schön aufgebaut, und seither
leben hier Katholiken und Reformirte in schönster Harmonie
brüderlich neben einander.

Bundeserneuerung mit Frankreich.

Es ist besser, auf den Herrn vertrauen,
denn sich verlassen auf Fürsten.
Psalm 118, 9.

Seit den blutigen Kämpfen um den Besitz des Herzog-
thums Mailand zu Anfang des 16. Jahrhunderts bilden

die Söldnerkriege der Schweizer eine ununterbrochene Kette
von Waffenthaten im Auslande. Wie sehr auch Freunde des
Vaterlandes warnten oder einzelne Kantone erbebten vor dem
Verderben, welches der fremde Kriegsdienst über die Eidgenossen brachte; das Geld war mächtiger, als die Warnstim-
men, und der Zug ins Ausland, namentlich für Frankreichs
Ehre, dauerte fort. Nach Abschluß des breißigjährigen Krieges (1648) bedurfte Frankreich der Schweizer für einmal
nicht mehr und behandelte darum die Söldlinge so nieder-
trächtig, daß die Tagsatzung die Schaaren voll Entrüstung
zurückrief, um so mehr, als im Jahre 1651 das Bündniß
mit Frankreich ohnehin zu Ende gehen sollte. Die Unterbrechung war indeß nicht von langer Dauer; denn Ludwig XIV.,
nachdem er 1661 auf den Thron gelangt war, zeigte sich nicht
zufrieden mit zwei blühenden Landschaften, Elsaß und Sund-
gau, in deren Besitz Frankreich durch den westphälischen Frieden gelangt war. Er trug sich vielmehr mit immer neuen
Plänen zur Vergrößerung des Reichs. Mit Kriegsruhm
wollte er seinen Namen verherrlichen. Dazu bedurfte er aber
des Arms der Eidgenossen, weßhalb er weder Geld noch
Schmeicheleien sparte, ein neues Bündniß mit ihnen aufzu-
richten. Die Eidgenossen zauderten lange, weil sie Frankreichs Treulosigkeit längst aus Erfahrung kannten. In 60
Tagsatzungen verhandelten dieselben für und wider das Begehren. Endlich nach jahrelangen Unterhandlungen giengen
sie 1663 dennoch in die Falle und machten einen neuen Bund
mit Frankreich, dessen Dauer bis 1724 gelten sollte. Den
Bund zu beschwören, eilten die Abgeordneten in zahlreicher
Gesandtschaft zum Schaugepränge nach Paris. In ihrem
Geleite sah man auch die Gesandten des Standes Appenzell:
von Innerrhoden Landammann Joh. Sauter und Seckelmeister Sauter, von Außerrhoden Landammann Rechsteiner nebst Hauptmann Zürcher von Gais und Konrad

Zellweger von Trogen, nachmals Landammann. Die Gesandtschaft zählte 36 Abgeordnete der Kantone mit einem Gefolge von über 100 Personen nebst zahlreicher Dienerschaft. Bezeichnend für die Einfachheit der Sitten jener Zeit ist der Umstand, daß Bürgermeister Waser, Zürichs erster Gesandter, der vornehmste von allen, in seinem Tagebuch bemerkt, er habe ein Paar neue Hosen, ein Paar Unterhosen, 5 Hemden und 8 Bazanetli (Nastücher) auf die Reise mitgenommen. An der Grenze des Reichs angelangt, wurde die Gesandtschaft im Namen des Königs feierlich empfangen, im Triumph nach der Hauptstadt geleitet und hier mit Kanonensalven begrüßt. Beim Abschied erhielt jeder Standesbote eine vierfache goldene Kette, Waser die kostbarste von allen, und überdies beschenkte der König jeden derselben mit 1200 Fr. in Geld.

Mit Hülfe der Eidgenossen gieng es nun von Eroberung zu Eroberung. Erst mußten die Niederlande herhalten; dann bemächtigte sich Ludwig der Freigrafschaft Burgund und der Stadt Straßburg, ungeachtet der Verträge, welche diese alten Bundesgenossen der Schweizer unter ihren besondern Schutz stellten. Vor den Thoren Basels ließ er die drohende Festung Hüningen erbauen. Dabei hielt der König seine Verträge so schlecht, daß er die Schweizer sogar gegen Glaubensgenossen ins Feld führte, daß er ihre Freiheiten in den Kantonen schmälerte, ihnen selbst zumuthete, die wöchentlichen Waffenübungen im eigenen Lande einzustellen, hoffend, ihre Nationalkraft dadurch zu schwächen. — Die Schweizer bereuten nun zwar ihren Bund mit dem übermächtigen Nachbar; sie fuhren erschrocken zusammen, als er auch Genf, ihre Vormauer, bedrohte und machten ernste Vorstellungen, jedoch ohne Erfolg. Es blieb ihnen darum nichts anderes übrig, als im Innern des Vaterlandes eine kampfgerüstete Macht bereit zu halten, um Ludwigs Gelüsten nach Uebergriffen im Falle der Noth die Spitze bieten zu können. Sie errichteten 1686

das sogenannte Defensional (Schirmordnung) zu gemeinsamer Vertheidigung der Schweiz. Allein auch daran kehrte
sich der König in seiner Siegestrunkenheit wenig; vielmehr
muthete er ihnen zu, daß sie keine Bündnisse mit andern
Fürsten abschließen. So oft seine Wünsche nicht verfangen
wollten, hielt er die Jahrgelder und Pensionen zurück.

Im Vollgefühle ihrer Nationalwürde wahrten die Eidgenossen jedoch diesmal, nicht achtend des königlichen Zorns,
ihre Rechte. Man machte sich in allen Kantonen kriegsbereit;
ein dreifacher Bundesauszug von je 13,400 Mann wurde
angeordnet. In Außerrhoden war das Volk von Unwillen
besonders erfüllt, weil Frankreich dessen Truppen zur Bekämpfung von Glaubensgenossen verwendet hatte. Es gab keine
Ruhe, bis die Appenzellerkompagnie aus Frankreich zurückberufen ward. Um aber auf alle Wechselfälle des Krieges
gerüstet zu sein, erließ die Obrigkeit eine Verordnung, nach
welcher jeder wehrfähige Landmann, sobald er die Lärmtrom-
mel erschallen oder den Sturmhammer ertönen hörte, auf den
Sammelplatz bei der Kirche eilen sollte. An den Pässen
wurden Wachen aufgestellt, ein Kriegsrath ernannt und
die Schützen in den Waffen geübt. 30,000 Krieger schützten
die Grenzen der Schweiz in einem Halbmonde von Genf bis
Bregenz. Die Schweiz stand übrigens nicht allein da in
ihren Befürchtungen; das ganze protestantische Europa theilte
den Unwillen der Eidgenossen über Ludwigs Despotismus;
auch selbst der Pabst und der Herzog von Savoyen rüsteten
gegen Frankreich.

Verlassen von seinen Bundesgenossen, den Schweizern,
und in die Enge getrieben von feindlichen Mächten Europas,
bequemte sich endlich Ludwigs unbeugsamer Geist (1679) zum
Frieden von Nymwegen. Holland, Venedig und Genf waren
dadurch gerettet; aber Straßburg und die Freigrafschaft Burgund blieben von da an Frankreich einverleibt.

Die siebenjährige Theurung.

Siehe, des Herren Auge stehet auf die, so
ihn fürchten, die auf seine Güte hoffen,
daß er ihre Seele rette vom Tode und
ernähre sie in der Theurung.

Psalm 33, 18. 19.

Mit der nämlichen Schonungslosigkeit, wie die Pest,
von der wir oben gehört, bedrängten das Volk im 17. Jahrhundert auch mehrmals Theurungen und Hungersnoth. Die
schrecklichste von allen war die siebenjährige Theurung von
1688—1694. Der späte Eintritt des Frühlings von 1688
hatte solchen Futtermangel zur Folge, daß eine Menge Vieh
auswärts versorgt werden mußte. Was später der Sommer
brachte, knickte der Hagel; was dieser übrig ließ, fraßen die
Mäuse, und was die Mäuse verschonten, zerstörten Würmer
und Raupen, welche Bäume und Fluren zu Millionen bedeckten.

Zu dem einen Elende gesellte sich der Wiederausbruch
des Krieges. Ludwigs XIV. Ehrgeiz ließ die Waffen nicht
in Ruhe. Voll Muthwillen giengen seine Heere über den
Rhein; sie fielen in die Pfalz ein und tasteten weithin die
Rheinlande an. Darüber entzweite er sich mit dem deutschen Kaiser. Jahre lang schlugen sich die Heere mit großer
Tapferkeit, aber ohne Entscheid für den einen oder andern
dieser Fürsten. Die Schweiz, im Bunde mit Frankreich,
nahm Partei für die Franzosen. Der Kaiser, voll Unwillen
über die für ihn schädliche Allianz, bestrafte die Kantone mit
Schließung der Fruchtmärkte, weßhalb das Gespenst des Elendes in zwiefacher Gestalt einherschritt: mit den Folgen des
Mißwachses im Innern und angethan mit der Fruchtsperre

von außen her.   Täglich sah man in Innerrhoden 800 Arme
nach Brod gehen; ähnlich sah es in Außerrhoden und in andern
gewerbtreibenden Kantonen aus.   Das Leben kümmerlich zu
fristen, nährten sich viele mit Kleie, deren nicht einmal genug
zu haben war, oder man aß Gras wie das Vieh.   Die Kräfte
schwanden; das Spinnrad stand stille, und das Grabscheit
vermochte man nicht mehr zu führen.   Tausende starben vor
Hunger oder an Todesschwäche dahin.   Andere kehrten dem
Vaterlande den Rücken und eilten, ihr Leben zu fristen, unter
fremde Fahnen.   Schon dauerte der Krieg ins dritte Jahr;
aber noch immer zürnte der Kaiser, weßhalb er sich nicht
herbei lassen wollte, die Sperre aufzuheben.   Wohl hatte
Frankreich der Schweiz als Ersatz den Markt zu Straßburg
geöffnet; allein, was man dort erhalten konnte, reichte für
den Bedarf bei weitem nicht hin, abgesehen davon, daß die
Frucht bei dem weiten Transport für die östlichen Kantone
im Preise viel zu hoch zu stehen kam.   Da Frankreich überdies in Ausbezahlung des Soldes Saumseligkeit zeigte, auch
die Jahrgelder nach Laune zurückbehielt, steigerte sich das
Elend noch mehr, und es verminderten sich in den Kantonen
die Sympathieen für die Franzosen; dagegen näherte man sich
allmälig den Deutschen.   In Außerrhoden gieng die Obrigkeit so weit, daß sie die Werbungen für Frankreich beim Eide
untersagte, während sie hinwiederum im Interesse des Kaisers
zur Beschützung von Konstanz 170 Mann bewilligte.   Als
Noth und Elend immer unerträglicher wurden, vereinigten
sich die Regierungen beider Rhoden in einer Konferenz zu
einer Abordnung nach Augsburg, wo der Kaiser Hof hielt,
um die Zulassung deutscher Frucht auszuwirken.   Es frug
sich nur, wer die schwierige Mission übernehmen sollte.   Die
Obrigkeit wählte hiefür Johannes Grob in Herisau,
gebürtig aus dem Toggenburg, einen in fremden Sprachen
wohlgebildeten Mann.   Nachdem Grob als Jüngling Frank-

reich, Italien, Deutschland und England bereist hatte, trat er in churfürstlich-sächsische Kriegsdienste, kehrte 1664 mit trefflichen Dienstzeugnissen in die Heimat zurück, gelangte durch den Leinwandhandel zu glücklichen Vermögensumständen und siedelte 1672 nach Herisau über, wo er in allgemeiner Achtung stand. Grob rechtfertigte das Vertrauen der Regierung vollkommen. An den deutschen Höfen als Kriegsheld bereits rühmlichst bekannt, wußte er in seiner Rede an den Kaiser die guten Gesinnungen des Standes Appenzell gegen das Kaiserhaus, die Zurückberufung der Truppen aus Frankreich, die Dienstgefälligkeit für die Zukunft, die Vortheile eines freien Verkehrs zwischen Deutschland und der Schweiz so geschickt hervorzuheben, daß der Kaiser das Gesuch um Zulassung des Patentkorns bereitwillig gewährte. Der Kanton erhielt anfänglich 150 Säcke wöchentliche Zufuhr. Später durfte Innerrhoden allein 90, Außerrhoden 200 Säcke beziehen, welche durch besondere Gunst des kaiserlichen Gesandten, des Grafen Lobron, für Außerrhoden noch um 30 Säcke vermehrt wurden.

Der Jubel des Volks über den glänzenden Erfolg der Mission war so allgemein, daß Grob von der Landsgemeinde in Hundwil das Landrecht und von Herisau das Gemeinderecht erhielt.

Die Theurung aber dauerte fort bis zum Friedensschluß im Jahre 1694. Mit dem Frieden der Menschen kehrten auch fruchtbare Jahre zurück, und der Herr verwandelte das Elend nach schwerer Prüfung in Segen.

———

Appenzell im Toggenburgerkrieg.

Man singet mit Freuden vom Sieg in den
Hütten der Gerechten.
Psalm 118, 15.

Die Völkerschaften am Sitterfluß und an der Thur
haben in ihrer historischen Entwicklung auffallende Aehnlichkeit; ihre Geschicke waren beinahe die nämlichen. Beide seufzten
Jahrhunderte lang unter dem Druck der Abtei St. Gallen,
Appenzell früher, Toggenburg später. Beide trachteten eifrig
darnach, des Joches ledig zu werden, erst mittelst Wort und
Schrift, dann durch Gewalt der Waffen. Jenes erreichte
seinen Zweck vollständig; es gelangte zu völliger Unabhängigkeit vom Kloster; die Bestrebungen des Toggenburgs führten dagegen zu einem blutigen Krieg der Kantone, und dieser
brachte das Land neuerdings in Knechtschaft. — Wir müssen
unsere Landsleute mit dem Toggenburgerkrieg, obschon derselbe außerhalb der Landesgrenzen ausgefochten wurde, wenigstens in Umrissen bekannt machen, weil in demselben die
Quelle zu dem unheilvollen Landhandel von Appenzell-Außerrhoden liegt, auf den wir später ausführlich zurückkommen
werden.

Unter F r i e d r i c h von Toggenburg, dem letzten seines
Geschlechts (S. 346) erfreute sich diese Landschaft mancherlei
Rechtsame, und als dessen rechtmäßiger Erbe, Freiherr Pe-
termann von Raron, die Grafschaft 1468 an den Abt
Ulr. Rösch um die Summe von 14,500 Gulden verkaufte,
mußte auch dieser jene Rechte und Freiheiten feierlich beschwören. Das Volk hielt Landsgemeinden; es wählte den
Landrath aus seiner Mitte, besaß das Recht zur Gesetzgebung, zu bewaffneten Versammlungen; es trat mit Fürsten

in Unterhandlungen über Krieg und Frieden und erhielt Antheil
an den Jahrgeldern, welche Frankreich spendete; selbst den
Landvogt durfte der Abt anfangs nur aus des Volkes Mitte
wählen. Zum Schutz seiner Rechte gegen Willkür war das
Toggenburg schon frühzeitig mit Schwyz und Glarus in ein
Landrecht getreten. Aber der Abt wußte 1479 die Verhält=
nisse schlangenklug so zu lenken, daß die nämlichen Stände
sich herbei ließen, auch mit ihm ein Bündniß zu schließen,
vermöge dessen dieselben pflichtig wurden, auch des Fürstabtes
Beschützer und Rathgeber zu sein. So kam es, daß die Rechte
der Toggenburger ohne Widerspruch der Schirmorte geschmä=
lert und ihnen auf hinterlistige Weise eines um das andere
entrissen wurde. Nach der Kirchentrennung mehrten sich,
begünstigt durch den Glaubenshaß, die Uebergriffe noch mehr.
Das Recht der Aemterbesetzung zog der Abt an sich, und
als Landvögte setzte er eigenmächtig Kreaturen ein, die ent=
weder nur auf den eigenen Vortheil bedacht waren, oder aber
einseitig des Abtes Nutzen förderten. So steigerte sich der
Druck von Jahrzehend zu Jahrzehend mehr, und als 1696
Leodegar Bürgisser, Sohn eines Schuhmachers von
Rothenburg im Kanton Luzern, zur Abtwürde gelangte, stei=
gerte sich der Druck allmälig bis zur Gewaltthat. Durch
herrisches Wesen suchte er seine geringe Abkunft zu verwischen.
Unbedingten Gehorsam fordernd, betrachtete er sich als unum=
schränkten Herrn, die Toggenburger aber als leibeigene Knechte.
Wie seine Vorgänger gethan, so setzte auch er dem Lande
Fremde als Vögte ein. „Er errichtete", sagt Gutmann in sei=
ner Geschichte der Schweiz, „neue Zölle, vergrößerte die alten,
eignete sich den Salz-, Wein- und Getreidehandel im Lande
zu, so daß das Volk gezwungen war, diese Lebensmittel bei
seinen Finanzpächtern zu kaufen. Dem Landvogt bezahlten
die Wirthe jede Maß Wein einen Kreuzer theurer; die schön=
sten Häuser, wie die kostbarsten Besitzungen im Lande gehörten

dem Fürsten. Dem Volke wurden die Urkunden weggenommen, die Landsgemeinden abgeschafft; den Landrath traf das
nämliche Los. Den Landvogt zu bereichern, wurden selbst
geringfügige Vergehen mit schweren Geldbußen belegt. Ein
Bauer, der, ungeachtet des Verbotes, seine Klage beim Landrath, statt beim Landvogt anbringen wollte, ward als Aufrührer behandelt, gefoltert und um 1800 Gulden gebüßt.
Ein anderer appellirte, weil ihm das Urtheil über einen Rechts-
handel unbillig schien, bei den Schirmorten Schwyz und
Glarus, verfiel aber deßhalb in eine Geldbuße von 4100
Gulden. Einen reformirten Toggenburger traf schwere Strafe,
weil er eine Frau geheirathet, die mit ihm im vierten Gliede
verwandt war. Zur Sühne mußte er nicht allein dem Landvogt einige Rekruten für den Kriegsdienst stellen, sondern
selbst Soldat werden und sich nachher mit 5000 Gulden los-
kaufen." Man sieht, es war dem Abt und seinen Kreaturen
nur um Geldgewinn zu thun.

Lange ertrug das Volk die Ungerechtigkeiten gelassen,
weil ihm von keiner Seite Hülfe kam. Als aber der Abt
in seinem Uebermuth den Bogen immer straffer spannte, hatte
die Geduld ein Ende, wie wir bald sehen werden. Konfessionelle Streitigkeiten, welche sich damals her und hin im
Vaterlande zeigten, riefen bei Katholiken wie Protestanten
die Ueberzeugung hervor, daß es früher oder später neuerdings
zu einem Religionskriege kommen müsse. Zürich und Bern
drängten dazu, weil ihnen der Landfrieden vom Jahre 1531
stets ein Dorn im Auge war; die erlittene Schmach bei
Kappel wollten sie auswischen, weßhalb sich Zürich in den
Toggenburgerhandel fortwährend einmischte und die Flamme
eifrig schürte. Da nun Zürich im Besitze des für die innern
Kantone wichtigen Kornmarktes war, trachteten diese eifrig
darnach, in Zeiten des Krieges von Zürich unabhängig zu
sein und suchten daher von Utznach aus durch das Toggenburg

an den Bodensee eine Straße zu erhalten, welche Zürich, weil außer seinem Gebiete liegend, nicht sperren konnte. Bereits hatte Schwyz dieselbe bis an die Grenzen der Landschaft erstellt, und da der Abt in derselben ein willkommenes Mittel erblickte, in Zeiten bürgerlicher Unruhen mit den innern Ständen in ungehemmten Verkehr zu gelangen, genehmigte auch er das Projekt mit Willfährigkeit. Statt aber, wie es in seiner Pflicht gelegen hätte, die Straße aus Staatsmitteln erstellen zu lassen, befahl er (1701) den Toggenburgern auf eigene Kosten deren Fortsetzung durch den Hummelwald über Wattwil. Darüber zürnte das Volk, wie billig; es erblickte in der neuen Zumuthung die Wiederkehr des Frohndienstes, von dem es sich in alten Zeiten bereits zweimal losgekauft hatte und protestirte beharrlich. An die Spitze der Bewegung stellte sich Landweibel G e r m a n n, selbst Katholik und Beamter des Abtes, aber ein eifriger Kämpfer für Wahrung der Rechte und Freiheiten seines ohnehin geknechteten Vaterlandes. Die Klagen des Volkes, wie gerecht dieselben auch waren, fanden indeß beim Abte kein Gehör. Germann ward als Meineidiger und Anstifter der Meuterei zum Tode verurtheilt, jedoch begnadigt, aber 7 Jahre gefangen gehalten. Die Toggenburger suchten nun Hülfe bei den Kantonen; aber diese haderten selbst untereinander theils für, theils wider die Rechte des Abtes, bis nach mehrjährigem Gezänk auch noch das Gift des Religionshasses dem Streite sich beimischte und die Schweiz in zwei Heerlager, in Katholiken und Reformirte, zerfiel. Jene standen zum Abt, diese vertheidigten die Rechte des Toggenburgs. Im Jahre 1712 kam es zum Krieg. Zürich und Bern stellten 59,000 Mann ins Feld, die Katholiken 40,000. Mit altgewohnter Tapferkeit ward im Toggenburg, in der äbtisch st. gallischen Landschaft, im Thurgau und bei Mellingen gefochten. Die Städte Wil und Baden wurden von den Evangelischen belagert und erobert; den Entscheid aber im brudermörderischen Kampfe brachte am Jakobstag die Schlacht bei Vilmergen, die blutigste, welche die Eidgenossen in religiöser Entzweiung je geschlagen haben. Sie entschied zu Gunsten der Reformirten, mithin auch für die Volksrechte im Toggenburg, welches zwar, trotz seiner Bemühungen, ein selbständiger Kanton zu werden, nach wie vor äbtische Besitzung blieb, aber manche Freiheiten zurückerhielt und eine Verfassung, welche des Landes Rechte für immer sicher stellte.

Mehrere Kantone waren in diesem Kriege unparteisam geblieben, so auch Appenzell. Da aber der Abt, um des Sieges sicher zu sein, schon vor dem Kriege, am 28. Heumonat 1702, mit Kaiser Leopold von Oesterreich ein Bündniß abgeschlossen hatte, worin dieser nicht allein verhieß, die Abtei zu schützen, sondern auch dem Abt zu den abgerissenen Landen (Rheinthal und Appenzell) zu verhelfen, so lag schon darin Grund genug, die Stände Appenzell und St. Gallen zur Wachsamkeit zu veranlassen. Als dem Begehren mehrerer Kantone um Aufhebung des Bündnisses nicht entsprochen werden wollte, schritt die Obrigkeit zur Wahl eines Kriegsrathes im Lande; die Hochwachen wurden besetzt, die Feuerzeichen von Berg zu Berg eingerichtet und die Sammelplätze für die Truppen bestimmt, so daß in wenigen Stunden Tausende von Wehrmännern beisammen sein konnten. Für einmal war zwar die Gefahr ohne Noth vorübergegangen; aber schon vor dem Kriege, am 6. Jänner 1712 hatte der österreichische Gesandte, Graf von Trautmannsdorf, den Ständen Zürich und Bern erklärt: der Kaiser betrachte ihr Vorgehen als völkerrechtswidrig; er könne daher nicht zugeben, daß die toggenburgischen Lehen dem Reiche mit Gewalt entfremdet werden; denn der Abt hatte in Zeiten drohender Gefahr von innen sich wohlweislich jedesmal als Glied des deutschen Reiches erklärt. Bei Bregenz standen damals 1000 Tyroler kampfbereit und schon ließ der Vogt von Sargans Schiffe zu einem Rheinübergang bereit halten. Alles deutete auf Kriegsgefahr von Oesterreich her, weßhalb St. Gallen und Außerrhoden, in der Absicht, Gewalt mit Gewalt abzutreiben, eilfertig rüsteten. Schon unterm 27. April beschworen diese Stände einen Traktat zu gegenseitiger Unterstützung. Die Stadt sollte das Land mit Proviant und Munition versehen, dieses hinwiederum Mannschaft liefern. Der Kriegsrath wurde erneuert und an die sogenannte Ausschußmannschaft der Befehl zur Marschbereitschaft ertheilt. Die übrige Mannschaft unter 70 Jahren ward in Schaaren (Kompagnien) eingetheilt und all-sonntäglich nach der Abendpredigt einexerzirt.

Die bewaffnete Neutralität brachte dem Abt manche Verlegenheiten bei Verwendung seiner Truppen, weßhalb er auf seine Nachbarn, St. Gallen und Außerrhoden, bitter zürnte. Desto größere Anerkennung fand dagegen ihre Kriegsbereitschaft bei Zürich und Bern; denn in der That verdankten diese Orte ihren Sieg, zum Theil wenigstens, der Beschützung des Rheins, weil dieser ihre Heere gegen Osten sicherstellte. Als daher der Friede abgeschlossen werden sollte, wurden auch Außerrhoden und St. Gallen zur Theilnahme eingeladen, damit sie ihre Klagen wider den Abt vorbringen und allfällige Begehren stellen könnten. Außerrhoden sandte die Land-ammänner **Konrad Zellweger** von Trogen und **Laurenz Tanner** von Herisau nebst dem Seckelmeister **Freitag** an die Konferenz nach Rorschach, wo der Friedenstraktat am 24. März 1714 seinen Abschluß erhielt. Die außerrhodische Gesandtschaft stellte dabei folgende Begehren:

1. Daß Anlagen auf Gütern, welche Appenzeller in den Lan-den des Abtes besitzen, aufgehoben und den Landleuten das Führen, Säumen, Tragen und Viehtreiben an Feiertagen der Katholiken gestattet werde,

28

2. daß Leinwandtücher, welche auf dem Markt in Rorschach unverkauft bleiben, nach erfolgter Abnahme des Zeichens ohne Lohn und Strafe zurückgezogen werden mögen,

3. daß die Zölle zu Landquart, Hummelwald, Schwarzenbach, Thurthal und Wildhaus vom Abt aufgehoben werden,

4. daß das Bündniß desselben mit Oesterreich annullirt und der Bundesbrief ausgeliefert werde,

5. daß vom Abt für Erzielung einer ungehinderten Kommunikation mit St. Gallen und dem Bodensee zwei Landstriche abgetreten werden, einer von der Wattbrücke in Teufen bis zum Stadtgebiet gehend, der andere bei Staad,

6. daß alle Widerwärtigkeiten gegenseitig aufgehoben werden und der Abt nach dem Frieden weder bei der Stadt noch beim Lande weiter etwas suchen möge,

7. daß Streitigkeiten zwischen den 8 Staaten nicht gewaltthätig ausgemacht, sondern durch 4 Schiedsrichter gütlich oder rechtlich nach eidgenössischen Gebräuchen beigelegt werden.

Der Abt, welcher anfangs in gar keine als die das Toggenburg betreffenden Angelegenheiten eintreten wollte, weigerte sich mit aller Entschiedenheit gegen Ziffer 5 und 7. Die Stände Zürich und Bern setzten jedoch der Protestation ungeachtet ihre Unterhandlungen fort. Am 24. März 1714 kam ein Vertrag, 85 Artikel enthaltend, zu Stande, welcher auch von den Ehrengesandten Außerrhodens unter Ratifikationsvorbehalt genehmigt wurde. Der 83. Artikel des Traktats sollte die Verhältnisse der Abtei, der Stadt St. Gallen und des Landes Appenzell-Außerrhoden festsetzen. Derselbe lautet im Wesentlichen dahin, daß kein Stand den andern um keiner Ursache willen feindlich angreifen, dagegen bei Mißverständnissen zwei unparteiische Kantone sich als Richter erbeten solle, befugt, diejenige streitige ·Partei, welche, entgegen dem schiedsrichterlichen Spruch, via facti, d. h. gewaltthätig, verfahren wollte, gütlich, oder, wenn dies nicht fruchten sollte, mit kräftigen Mitteln zur Beobachtung des Spruchs nebst

Erstattung der Kosten anzuhalten. Beleidigungen, welche bis dahin vorgefallen, sollen vergessen, ab und todt sein.

Dem Abt sagte dieser Entscheid nicht zu, weßhalb er sich auch beharrlich weigerte, dem Rorschacherfrieden beizutreten. Außerrhoden dagegen beeilte sich, denselben zu sanktioniren. Da jedoch, wie aus dem Rathsprotokoll vom 19. April 1714 erhellet, während die Friedensboten noch in Rorschach beisammen saßen, keine Zeit übrig blieb, den großen Rath zu besammeln, ward der Traktat einfach den Beamteten der beiden Landestheile und den Räthen von Trogen und Herisau zur Genehmigung vorgelegt. Bald darauf, bei Anlaß des Jahresrechnungsrathes erfolgte dann auch die Ratifikation von Seiten der kantonalen Behörde, welche nicht ermangelte, die Verrichtungen der hohen Abgeordneten des herwärtigen Kantons, ihre Treue, ihren Fleiß und ihre Mühwalt bestens zu verdanken.

Ein großer Meinungskampf unter Brüdern

oder

der Landhandel von Appenzell-Außerrhoden. *

> Des Menschen Feinde werden seine eigenen
> Hausgenossen sein.
>
> Matth. 10, 36.

Wie gar oft aus einem unscheinbaren Funken ein großes Feuer entsteht, lehrt die Erfahrung. Dasselbe gilt auch in

---

*) Für die Begebenheiten dieser Geschichte hat sich der Verfasser durchwegs an die alte Zeitrechnung gehalten.

Bezug auf politische Dinge. Es ist darum höchst nothwendig, daß zur Verhütung gefährlicher, bürgerlicher Unruhen, besonders in demokratischen Staaten, weder die Obrigkeit noch das Volk die verfassungsmäßigen Kompetenzen überschreite. Wir haben im vorigen Kapitel gesehen, daß Außerrhoden, ohne die Landsgemeinde vorerst anzufragen, in den Rorschacherfrieden sich einschließen ließ, woraus Erbitterung und Haß im ganzen Lande, unter Hohen und Niedern, ja selbst Verfolgung der edelsinnigsten Männer entstand.

Unzufriedenheit im Volk und Maßnahmen dagegen. Jener Umstand war es, welcher beim Volke, namentlich in Herisau, bald zu Widerspruch führte und zwar einestheils auf Grund der Bestimmung, daß bei Streitigkeiten der drei Stände die Entscheidung 4 Schiedsrichtern überlassen werden müsse, als auch, weil der 83. Artikel nicht vor die Landsgemeinde gebracht worden war, da diese allein das Recht habe, Verträge zu schließen. Die Ehrengesandten: Zellweger, Tanner und Freitag, mußten besonders herhalten und sich mancherlei mißbeliebige Aeußerungen gefallen lassen; die Obrigkeit dagegen nahm sich der Beleidigten kräftig an. Sie bestrafte unterm 20. Jänner 1715 alle die mit namhaften Geldbußen, welche gegen den Rorschacherfrieden sich aufgelehnt hatten und verlangte von ihnen Abbitte hinter den Schranken. Sie belobte nochmals die Deputirten für ihre Verrichtungen in Rorschach und verhieß ihnen obrigkeitlichen Schutz. In einem Mandat vom 11. März gab der große Rath die Erklärung ab, daß die den Gesandten nach Rorschach mitgegebenen Instruktionen sich lediglich auf die eibgenössischen Bünde, auf die so theure Religionsgemeinsame, auf nachbarliches, gutes Vernehmen und auf aufrichtige Neutralität gegründet haben und daß die Ehrengesandten dem Auftrag in aller Treue nachgekommen seien. Allein, wie ein Funken im Pulverfaß, mehrte sich trotz Strafen und Drohungen die Unzufriedenheit im Volke. Besonders thätig zeigte sich, die Flamme anzuschüren, der Standesreuter Josua Scheuß von Herisau, politischer Gegner der Familie des Landammanns Tanner. Nicht genug, daß Scheuß sich im Privatgespräch mißbeliebig über den Rorschacherfrieden äußerte, bestieg er an der Landsgemeinde von 1715, selbst ohne Bewilligung der Obrigkeit, den Stuhl, um jenen Frieden in Anzug zu bringen. Darüber entstand selbstverständlich Verwirrung und Unruhe im Volke. Es kam so weit, daß sich die Obrigkeit veranlaßt sah, zu einer Besprechung ins Rathhaus zurückzukehren. Seckelmeister Konrad Zellweger, der unterdessen den Stuhl versah, mußte, ein Spiel der Parteien, ins Mehr setzen, was jedem beliebte. Darüber ward die Verwirrung allgemein und der Tumult so groß, daß Zellweger, um sich aus der Klemme zu ziehen, auf den Einfall kam, folgendes Mehr aufnehmen zu lassen. „Wems wohlgefallt, daß man bei Gottes Wort, dem alten und neuen Testamente, bei den alten Freiheiten und Gerechtigkeiten und beim alten Landbuch verbleibe, der hebe seine Hand auf." Das Mehr war einhellig, und nach stattgehabter Eidesleistung kehrte das Volk um 5 Uhr abends zufrieden in seine Wohnungen zurück; aber die Tragweite seines Beschlusses hatte es nicht bedacht; denn im alten Landbuch stand auch geschrieben, daß niemand ohne Bewilligung des großen Rathes an einer Landsgemeinde einen Anzug machen oder den Stuhl besteigen dürfe. Darum geschah, daß Scheuß nebst seinen Mithaften bald nach der Landsgemeinde vor Rath gefordert und hart bestraft wurde. Lange Zeit wagte nun niemand mehr, öffentlich gegen den Friedensartikel aufzutreten. Die Gestraften waren zum Schweigen gebracht, aber weder belehrt noch ausgesöhnt. In ihrem Innern gährte es fort; sie verfolgten im Geheimen den Plan, ihre Absichten durchzusetzen und sahen sich dabei vorläufig nach umsichtigen Männern

um, die ihnen zu weitern Schritten in dieser Angelegenheit
behülflich sein konnten. Einen solchen fanden sie in Lau=
renz Wetter, der 1718 als Landesseckelmeister den Ror=
schacherfrieden selbst sanktioniren half, sich aber später darüber
hinwegsetzte und als Haupt der scheußischen Partei, welche
nun den Namen der wetter'schen annahm, gegen jenen
Frieden opponirte. Im Jahre 1727 rückte Wetter zum
Statthalter vor und ward 1729, nachdem Landammann Tan=
ner zu den Vätern gegangen, zu seinem Nachfolger gewählt,
während dessen Schwager, Jeremias Meier, zum Statt=
halteramt emporstieg.

Zollstreit mit St. Gallen. Lange hatte man im Lande
des Rorschacherfriedens nicht weiter gedacht, um so weniger,
als noch im Jahre 1720 Zollanstände mit dem Abt von
St. Gallen im Sinn und Geist des mehrerwähnten Friedens
beigelegt worden waren; aber bald sollte es anders kommen.
Den Anlaß zu neuen Anständen führte St. Gallen herbei,
indem die Stadt 1732 einen Transitzoll für Leinwand, Salz,
Leder und Eisen verlangte. Da nun Außerrhoden denselben
verweigerte, verlangte St. Gallen laut Vertrag Schlichtung
des Geschäfts durch das eidgenössische Schiedsgericht. Als
die Landsgemeinde kam, theilten Landammann Wetter und
dessen Schwager, Statthalter Meier, unmittelbar vor Er=
öffnung derselben dem Rathe mit, daß dieser Sache wegen
im Volke Unzufriedenheit walte, weßhalb sie darauf antra=
gen, das Zollgeschäft nebst dem mißbeliebigen Artikel der
Landsgemeinde zum Entscheid vorzulegen. Der Rath gieng
aber in den Antrag nicht ein, einmal, weil derselbe nicht recht=
zeitig gestellt worden war, dann aber wohl auch darum, weil
die Obrigkeit einen Beschluß von solcher Tragweite nicht aufs
Spiel setzen wollte. So blieb die Sache für diesmal uner=
örtert und aufgeschoben. Als Landammann Wetter und
Seckelmeister Tobler späterhin der Tagsatzung als Ehren=

gesandte beiwohnten, verbreitete sich im Hinterlande das Gerücht, die Tagherren haben ihnen vorgeworfen, das Land sei durch den Rorschachervertrag in seinen Freiheiten verkürzt worden. Das erweckte alsbald Mißtrauen. Um daher demselben zu begegnen, theilte der Rath den betreffenden Gemeinden das Gesandtschaftsmemorial in Abschrift mit, aus welchem deutlich hervorgieng, daß die Tagsatzung die streitenden Parteien im Zollgeschäft einfach zusammengewiesen hatte. Somit fielen jene Gerüchte als unstatthaft dahin. Allein damit kehrte das Vertrauen nicht wieder zurück. Als daher Wetter von der Tagsatzung zurückkehrte, eilte, um Auskunft zu erhalten, viel Volk zusammen. Seinen mündlichen Bericht kennt man zwar nicht; aber die Unzufriedenheit im Volke steigerte sich von da an immer mehr und nur mühsam gelang es, die Rathsglieder hinter der Sitter zu bestimmen, daß sie an einer Sitzung des zweifachen Landrathes in Trogen theilnahmen, damit die Sache einmal gründlich erörtert und ins Reine gebracht werden könne. Man untersuchte, ob durch den Rorschacherfrieden wirklich ein Fehler gemacht worden sei, und der Rath theilte dem Volk das Ergebniß in einem Memorial mit; aber selbst die Ehrengesandten relatirten in verneinendem Sinne, weßhalb der Vertrag neuerdings bestätigt und die ihn schließen geholfen, satisfaktionirt wurden mit dem Bedeuten, daß alle diejenigen, von welchen sie Verräther und Freiheitsdiebe gescholten worden, dem Strafamt eingeleitet werden sollen.

Spaltung im Rath. In Trogen kam dieser Beschluß durch den kleinen Rath zur Vollziehung; allein hinter der Sitter weigerten sich die Behörden entschieden, Strafurtheile zu fällen. Dies führte nicht allein zu Unwillen bei den Bewohnern des Vorderlandes, sondern auch zu Parteiung bei denen, welchen die Sorge für die Wohlfahrt des Landes anvertraut war. Als daher später (25. September) der große Rath zur Beurtheilung von Malefikanten in Trogen gehalten wurde, sammelten sich bei 2000 Freunde des 83. Artikels beim Rathhause und ließen durch Abgeordnete beim Rath das Gesuch stellen, er möchte dem Landhandel ein Ende machen. Als daher die Rathsglieder, ohne einzutreten, heimkehren wollten, ließ man sie nicht auseinander gehen, bis dieselben versprochen hatten, folgenden Tages einzutreten. Demgemäß beschloß der Rath, daß die Angelegenheit durch einen unparteiischen zweifachen Landrath, dem auch zwei Deputirte jeder Gemeinde aus dem Privatstande beiwohnen sollten, zu untersuchen sei. Die Versammlung ward am 9. Okt. in Speicher gehalten und jede Partei eingeladen, hier ihre Ansichten durch Abgeordnete geltend zu machen. Allein auch dieser Versuch einer Aussöhnung scheiterte an der Meinungsverschiedenheit der Parteien. Die Abgeordneten des Hinterlandes verließen, als es nicht nach ihrem Willen gieng, die Versammlung und waren dann um keinen Preis mehr zur Rückkehr zu bewegen.

Den 18. Oktober veranstalteten diese einen einseitigen großen Rath in Herisau. Hier legte Landammann Laurenz Wetter ein Memorial vor, worin er die Ueberzeugung ausspricht, daß sowohl die, welche den Frieden geschlossen, als die, welche ihn ratifizirt haben, es in redlicher Absicht gethan. Niemals, erklärte er, sei es in seiner Absicht gelegen, aus dem leidigen Handel einen persönlichen Streit heraufzubeschwören; dessenungeachtet halte er dafür, es sei seiner Zeit eben so unnöthig als schimpflich gewesen, sich in den Frieden einschließen zu lassen — unnöthig, weil das Land im Toggenburgerkrieg eine neutrale Stellung beobachtet habe, schimpflich, wenn es, wie behauptet werde, aus Furcht geschehen sei, weil das Land weder mit St. Gallen noch mit dem Abt in einem Bündnisse stehe. Der Bund mit den 12 Orten vom Jahre 1513 hätte nach seiner Meinung vollkommen genügen können. Nach diesem sei es Außerrhoden jederzeit frei gestanden, bei Zwistigkeiten gegen außen Schieds-

richter zu wählen, die Sache zum Entscheid an die 12 Orte
zu bringen, oder aber den Rücken an die Wand zu setzen
und mit Waffengewalt das Recht geltend zu machen. Letztere
beiden Wege stehen uns nun nicht mehr offen, und es sei
deßhalb, wie aus dem Schreiben des Stadtrathes von St.
Gallen sattsam hervorgehe, schon als ein Bruch des Vertrags
anzusehen, daß die Sache vor die 12 Orte gebracht werde,
und derselbe deßhalb für uns nicht mehr bindend. Ueberdies
werde kein vaterländisch gesinnter Mann in Abrede stellen
wollen, daß bei uns die höchste Gewalt beim Volke, d. h.
bei der Landsgemeinde, stehe, welche allein über Krieg und
Frieden, über Bündnisse und Verträge endgültig entscheiden
könne. Darin, daß dieser Weg auch schon umgangen worden,
liege kein Grund der Rechtfertigung für die Freunde des
mehrerwähnten 83. Artikels. — Der Rath stimmte den Ansichten seines Präsidenten bei und beschloß daher:

1. Der Rorschachervertrag sei der Landsgemeinde zum Ent=
   scheid vorzulegen,

2. in dieser Angelegenheit soll der große Rath nicht mehr ver=
   sammelt werden,

3. um dem Landmann zur Prüfung der Sache Zeit zu lassen,
   sei die Abhaltung der Landsgemeinde aufzuschieben,

4. für Behauptung der alten Rechte und Freiheiten werden
   alle für einen und einer für alle einstehen.

Das einseitige Vorgehen überraschte die Bewohner des
Vorderlandes, wie natürlich, in hohem Grade, und es darf
daher nicht auffallen, daß sie zur Prüfung des wetter'schen
Memorials ebenfalls einen großen, vierfachen Rath veranstalteten, dazu aber, wiewohl vergeblich, auch die Rathsglieder
hinter der Sitter einluden. Diese erklärten, es stehe den Behörden von Trogen keineswegs zu, Rathssitzungen anzuordnen
und auf solche Art Oberherrschaft auszuüben. Was aber
dem einen recht ist, muß für den andern als billig gelten,

dachten die Leute des Vorderlandes; sie ließen sich darum
nicht irre machen, und der Rath, welchem die Abgeordneten
sämmtlicher Gemeinden mit Ausnahme derjenigen von Teufen, Bühler und Gais beiwohnten, wurde am festgesetzten
Tage (25. Weinmonat 1832) in Trogen abgehalten. Hier
wurde beschlossen, es sei zur Beleuchtung des wetter'schen
Memorials eine Gegenerklärung im Lande zu verbreiten. In
derselben wird einleitend bemerkt: Wenn Landammann Wetter
im Rorschacherfrieden Nachtheile gefunden, so hätte es in
seiner Amtspflicht gelegen, dieselben bei der Obrigkeit unumwunden zu eröffnen und die Mittel zur Abhülfe mit ihr gemeinsam berathen zu helfen. Das habe er aber weder bei
frühern Rathsversammlungen noch beim letzten allgemeinen
großen Rathe gethan, mithin in der Eigenschaft als Standeshaupt nicht loyal gehandelt. Weiter sagt die Gegenschrift
im wesentlichen folgendes:

1. Wenn Landammann Wetter behauptet, Außerrhoden sei im
   Toggenburgerkrieg neutral geblieben, so weiß er entweder
   nicht, was Neutralität heißt, oder er hat den Verlauf jenes
   Krieges vergessen. Auch ist der Einschluß in den Frieden
   keineswegs aus Furcht geschehen, sondern aus landesväterlicher Fürsorge. Als schimpflich kann derselbe schon gar
   nicht ausgelegt werden, weil selbst die Eidgenossen gegenüber kriegführenden Mächten das nämliche Verfahren wiederholt beobachtet haben.

2. Man weiß auch im Vorderlande gar wohl, daß Appenzell
   im Jahre 1513 mit den zwölf Orten in Bund getreten; aber
   ebensogut sollte männiglich bekannt sein, daß uns derselbe
   verbietet, mit jemand, also auch mit St. Gallen, Krieg
   anzufangen. Im fernern sucht die Gegenschrift darzuthun,
   daß die Art der Beilegung von Streitfällen, wie der 83.
   Artikel vorschreibt, auch früher schon seine Anwendung gefunden habe. Wohin aber ein gewaltsames Vorgehen oder
   das „den Rücken an die Wand setzen" ein Volk führen

könne, habe der Klosterhandel im Jahr **1490** (S. Seite **852**) sattsam gelehrt, dessen nächste Folge für unser Land der Verlust des Rheinthals gewesen.

3. Wenn der Rorschacherfrieden so verstanden werden will, wie ihn der letzte badische Traktat klar und deutlich erklärt, wie ihn die Vermittler von Zürich und Bern, die Obrigkeit des Landes und auch die Eidgenossen verstehen, so geht unzweideutig daraus hervor, daß durch denselben den Freiheiten des Landes nichts vergeben ist,

4. daß die höchste Gewalt im Lande bei der Landsgemeinde steht, demnach Bündnisse, Krieg und Frieden derselben vorgelegt werden müssen, weiß man auch diesseits der Sitter vollkommen, und kein vaterländisch gesinnter Mann wird dem Volke seine Rechte schmälern wollen. Der Rorschacherfrieden ist aber eben kein Bund, sondern nur ein auf eidgenössische Bünde und Gebräuche gestützter Vertrag. Niemals ist verlangt worden, daß alle Verträge vor die Landsgemeinde gebracht werden, wofür Beispiele genugsam vorliegen.

Dies die Gründe für Widerlegung des wetter'schen Memorials. Im weitern spricht sich die Gegenschrift dahin aus, daß der Rath dieselbe den Gemeinden nicht in der Absicht zugehen lasse, um irgend jemand verunglimpfen oder kränken zu wollen, sondern lediglich, um damit Unwahrheiten und boshaften Verdrehungen vorzubeugen und den Landmann mit dem richtigen Sachverhalt bekannt zu machen. Dabei warnt der Rath vor unzeitiger Hitze, vor Uebereilung und Unbesonnenheit, als wodurch das Land bei den **12** Orten sich schwere Verantwortung zuziehen könnte. Er beklagt auch das unziemliche Vorgehen der Gegenpartei, welche den auf alteidgenössische Bräuche gegründeten **83.** Artikel eigenmächtig aberkenne, gemeinsame Rathsverhandlungen in dieser Angelegenheit ausschlage, achtungswerthe Rathsglieder nur auf Grund entgegengesetzter Ansichten stillstelle, Landesangelegen=

heiten von sich aus, ohne Zustimmung der andern Partei, an die Kirchhören bringe, einseitige Rathsverhandlungen abhalte, Tröler und Aufwiegler im Lande herumlaufen lasse und selbst anonyme Schriften verbreite. Bei diesem Manifest blieb jedoch der Rath vor der Sitter nicht stehen, weil er wohl einsah, daß seine Gründe der Widerlegung bei der Gegenpartei kein Gehör finden werden. Er sah sich daher, die Eintracht wieder herzustellen, nach einem Auskunftsmittel um, und dieses fand er in den Ständen Zürich und Bern, weil sie als kriegführende Mächte den Frieden abgeschlossen hatten. Beide erklärten, daß bei dem im Jahre 1714 gemachten und 1718 neuerdings bestätigten Rorschachervertrag auch nicht im entferntesten die Absicht gewaltet habe, des Landes Rechte zu schmälern; vielmehr sollte jener Friedenstraktat dazu dienen, den Nutzen, die Ehre und den Ruhestand desselben zu befördern. Allein im Hinterlande steigerte das den Unwillen nur noch mehr. Wetter ließ das Manifest des Gegenrathes nicht nur nicht von den Kanzeln verlesen, sondern erklärte die Anrufung einer fremden Obrigkeit auch um so mehr als unstatthaft, da in dieser Angelegenheit die Landsgemeinde der alleinige kompetente Richter sei.

Die Trennung der Räthe nach den Landestheilen führte von nun an zu den unseligsten Spaltungen im Volke. Nach seinen Parteihäuptern, Wetter und Zellweger, schied es sich aus in Anhänger des einen und Anhänger des andern. Jene nannten sich die Harten; sie bekämpften den Rorschacherfrieden. Diese vertheidigten ihn und erhielten den Parteinamen der Linden. Zu den Harten zählten die Gemeinden des Hinterlandes nebst Teufen, Bühler und Wald. Gais war getheilt. Der Streit zerriß Land und Gemeinden; selbst in den Haushaltungen waren Vater, Söhne, Brüder widereinander, und die Lage der Dinge gestaltete sich immer ernster.

Jahresrechnungsrath in Herisau. Montags, den 13. November sollte bei Anlaß der Jahresrechnung auch die streitige Angelegenheit in Behandlung kommen. Ohne Argwohn fanden sich auch die Rathsglieder der Linden ein; aber sie sollten die friedliche Gesinnung bitter büßen. Hatten die Freunde des Rorschacherfriedens am 25. September den gemeinsamen Rath durch den bekannten Gewaltakt verhindert, nach Hause zu gehen, bevor die Angelegenheit in Berathung gezogen war, so sollten nun in Herisau an ihren Häuptern weit rohere Thaten verübt werden. Wetter mit seinem Anhang erklärte die Linden von vorneherein als Urheber der Zerwürfnisse, welche den ersten Fehltritt gethan. Nachdem dieselben am Abend des ersten Sitzungstages die Quartiere bezogen hatten, wurden ihre Wohnungen mit Wachen umstellt, die da erklärten, daß, wer ein- oder ausgehe, mißhandelt werden würde. Am folgenden Tage ließ schon vormittags ein Volkshaufe durch Abgeordnete dem Rathe erklären, das Volk verlange wegen des Rorschachervertrags Abhaltung einer Landsgemeinde. Gegen Mittag rückten aus den entfernteren Gemeinden abermals 400—500 Bewaffnete in Herisau ein, hielten erst eine Volksversammlung, und diese stellte das nämliche Begehren. Bis zur Nachmittagssitzung stieg der Volkshaufe auf 3000 Mann an, so daß der Rath nach beendigtem Mahl nur mühsam durch das Gedränge zum Rathhause gelangen konnte. Voll Besorgniß der Dinge, die da kommen könnten, waren einige Häupter der Linden im Gasthof zurückgeblieben. Als nun die Menge diese Rathsglieder nicht in der Versammlung erblickte, ward sie voll Unwillen und eilte, in der Meinung, daß Statthalter Zellweger nebst dessen Sohn, Dr. Laurenz Zellweger, im Hause des verstorbenen, mit ihnen befreundet gewesenen Landammanns Tanner sein könnte, voll Zorns dahin, um die „Rebellen und Rädelsführer" drohend herauszufordern. Nichts

halfen die Betheurungen der Frau Landammann, daß sie sich
nicht in ihrem Hause befinden; die Thüren wurden einge-
sprengt, die Gemächer durchsucht, jedoch ohne Erfolg. Später
fand das Volk jene Männer im Gasthofe. Mit Gewalt sollten sie aufs Rathhaus geschleppt werden; allein der Rath,
von dem Vorfalle in Kenntniß gesetzt, sandte, um Ausschreitungen zu verhüten, aus seiner Mitte sofort eine Abordnung,
begleitet vom Weibel in der Standesfarbe, dahin. Aehnlich
ergieng es dem Seckelmeister Matth. Tobler von Tobel, der
von einer andern Rotte aus seinem Quartier geholt wurde.
Ein großer, starker Mann, schritt er ohne Bedeckung und
sonder Furcht dem Rathhause zu, nicht achtend der Stöße,
die er rechts und links erhielt. Dasselbe Los traf Landshauptmann Scheuß, Landsfähndrich Tanner und alt Landschreiber Holderegger. Einen noch traurigeren Auftritt
setzte es jedoch mit der in Herisau verheiratheten Schwester
des Dekans Zähner in Trogen ab, weil sie sich unziemliche Reden über Landammann Wetter erlaubt hatte. Umsonst suchte die Unglückliche im Hause des Landammanns
Tanner Schutz. Deren Auslieferung fordernd, erschienen
Weiber und Kinder in Menge; Männer kamen hinzu und
diese sprengten die Thüren ein, rissen die Angeklagte unter
dem Bette aus dem Verstecke hervor, ergriffen sie bei den
Zöpfen und schleppten sie unter groben Mißhandlungen aufs
Rathhaus.

Gegen Abend ertrotzte das Volk vom Rath die Bewilligung für Abhaltung einer Landsgemeinde auf den 20. November; aber damit war der traurige Akt nicht zu Ende. Die
Zusage stillte die Wuth nicht mehr. Die Menge verlangte
nun auch, daß die Freunde des Rorschacherfriedens öffentlich
bekennen sollen: sie haben gefehlt. Als bis abends halb 8
Uhr dem Begehren nicht entsprochen ward, hoben die Erzürnten
die Thüre zur Rathhauslaube aus den Angeln, sprengten

auch die Thüre zum Rathssaal, und stürmten voll Grimm
auf den greifen Statthalter Zellweger los, um ihn zu greifen.
Der kränkelnde Greis behielt jedoch Geistesgegenwart genug,
den Stürmenden seinen Amtsdegen darzubieten, indem er
sprach: „Tödtet mich, da ihr mich nicht hören wollt. Mein
Leben steht zwar in euerer Hand; aber wisset, daß ich mit
gutem Gewissen sterben kann." Die Würde des Mannes
machte Eindruck; sein Leben ward geschont, die Wuth jedoch
nicht gestillet. Geschreckt durch die Drohung, man werde die
Fensterläden schließen, die Lichter auslöschen, die „Lumpen",
„Schelme," „Diebe," „Landesverräther," heraussuchen und
auf die Gasse hinunter stürzen, wenn sie ihren Fehler nicht
sogleich öffentlich bekennen und Abbitte thun, bequemten sich
die Freunde des Rorschacherfriedens, neunzehn an der Zahl,
dem Drang der Umstände nachzugeben. Als die Reihe zum
Widerruf an Landeshauptmann Scheuß, einen 83jährigen
Greis, kommen sollte, weigerte er sich beharrlich. Wie ein
Held trotzte er den Rasenden mit der Erklärung, daß er nicht
gesonnen sei, seiner Ueberzeugung durch Gewalt untreu zu
werden; allein umsonst. Die Menge ergriff ihn; man riß
ihm die silbernen Knöpfe vom Rock, schlug ihn, daß Blut
von der Stirne floß; man schleppte ihn zum Fenster, und
jetzt erst, um nicht der Volkswuth auf öffentlichem Platze als
Opfer zu fallen, gab auch er nach. Noch war die Wuth
nicht abgekühlt. Ein Zug erhitzter Männer verfügte sich auf
den Friedhof, um hier auf dem Grabe des Landammanns
Tanner, der den Rorschacherfrieden schließen geholfen, seinen
Zorn auszulassen. Wenig fehlte und sie hätten sich noch an
seinen Gebeinen vergriffen. Johannes Scheuß, ein begüterter Mann und Gastwirth, sollte aus seiner Wohnung
zum Widerruf aufs Rathhaus geführt werden; allein er weigerte sich mit den Worten: „Niemand wird mich dazu bringen, mit dem Munde zu leugnen, was ich im Herzen als

recht ansehe. Laßt mir meine Ueberzeugung, wie ich die euerige auch nicht anfechte. Lebendig bringt ihr mich nicht weg; bevor ich falle, müssen einige vor meinen Füßen liegen." Er zieht den Dolch heraus, und die Stürmenden weichen. Auch im Rathssaale gieng es stürmisch her. Die Anhänger Wetter's ließen jede Unbill geschehen, bis einige seiner Gegner riefen: „Ist denn keine Gerechtigkeit mehr im Lande? Will man die Rathsstube zur Mördergrube machen? Führt uns doch ins Gefängniß, wo wir mehr Sicherheit finden." Der Rath legte endlich den Landfrieden beim Eide an. So trat mehr Ruhe ein. Am folgenden Tage versammelte sich das Volk noch zahlreicher; es begab sich auf die Embwiese und stellte hier die Punkte fest, welche es dem Rath zur Vorlage an der Landsgemeinde einreichen wollte und verübte neue Gewaltthaten. Der Rath genehmigte die Punkte, kündigte die Landsgemeinde auf den nächsten Montag aus und traf Vorsorge für Ruhe und Ordnung. Statthalter Zellweger aber legte sein Amt nieder, bestieg unbemerkt sein Pferd und verließ nebst seinem Sohne den Ort unverdienter Kränkung.

Die Nachricht von der unwürdigen Behandlung seiner Magistraten rief bei den Bewohnern des Vorderlandes alsbald große Erbitterung hervor. Schon machten sich die Linden, ihre Häupter zu befreien, in Masse auf nach Trogen, um von da aus gen Herisau zu ziehen, wurden aber von heimkehrenden Beamten selbst zur Rückkehr in ihre Heimat ermahnt. Dagegen verlangten sie nun die Abhaltung eines zweifachen Landrathes in Trogen, um Vorschläge machen zu können gegen Abhaltung der von den Harten erzwungenen Landsgemeinde. Zwar der Rath warnte auch vor diesem Schritt; er rieth ernst und eindringlich von Gegenmaßregeln ab, welche die Verwirrung im Lande nur vermehren würden; allein umsonst. Der Rath mußte versammelt werden, und beschloß unterm 17. Wintermonat, ein Beimandat vorzubereiten, worin nachgewiesen wird, unter welchen gesetzwidrigen Umständen die Abhaltung der Landsgemeinde ertrotzt worden sei.

Landsgemeinde in Teufen. In bewegter Gemüthsstimmung wanderten am 20. November, es war ein stürmischer Wintertag, zahlreiche Schaaren dem Landsgemeindeorte zu. Man besorgte, daß es bei der Aufregung der Gemüther zum Treffen kommen werde, weßhalb viele mit Thränen im Auge von ihren Angehörigen schieden. Diese weinten und sahen bekümmerten Herzens den Scheidenden nach; aber der Herr hatte es anders beschlossen. Nach getroffener Abrede versammelten sich früh morgens die Männer vor der Sitter in Trogen zu einer Vorgemeinde. Hier wurde man einig:

1. an der Landsgemeinde in Teufen zu erscheinen,

2. beim Rorschacherfrieden zu verbleiben,

3. für den Fall, daß die Harten auf dem Gegentheil bestehen sollten, eidgenössisches Recht anzurufen,

4. ihren gnädigen Herren Schutz und Schirm zu halten.

Durch die Vorgemeinde verspätet, langte ein Theil der Linden rechtzeitig um 11 Uhr, der andere jedoch erst um 12 Uhr in Teufen an. Ihre Gegner hatten sich bereits um den Stuhl postirt und die Geschäfte begonnen. Erbittert darüber und voll Unwillen, daß außer den Beamten auch ein Privatmann, Barth. Meier, auf der Bühne stand, lärmten die Linden gewaltig und so lange, bis Meier den Stuhl verließ. Nach erfolgter Stille ward die Abstimmung über die von den Harten vorgelegten Punkte fortgesetzt. Die entferntstehenden Linden aber beklagten sich, daß sie nicht hören, was ins Mehr gesetzt werde und verlangten daher, man möchte die Geschäfte von Neuem beginnen. Allein nicht achtend des gestellten Wunsches, setzte die Gegenpartei die Abstimmung fort, bis die Traktanden erledigt und durch Mehrheit der Stimmen beschlossen ward, was folgt.

29

1. Man wird bei den alten Rechten und Gerechtigkeiten verbleiben.

2. Gegenüber allem dem, was die Zeit her Widriges passirt ist, soll Amnestie beobachtet werden.

3. Der 83. Artikel ist für Null und nichtig erklärt.

4. Der große Rath soll künftig den Ehrengesandten die Instruktionen an die Tagsatzung mitgeben.

5. Was der jeweilige Ehrengesandte nach Hause schreibt, soll von den Kanzeln verlesen werden, soweit nämlich dasselbe auf das Land Bezug hat.

6. Für Schließung neuer Bündnisse sollen die Instruktionen von der Landsgemeinde gegeben werden.

7. Die freie Niederlassung ist jedem ehrlichen Landmanne im ganzen Kanton ohne Einzugsgebühr bewilligt.

8. Jeder ehrliche Landmann ist befugt, der Landsgemeinde eine rechtmäßige Sache vorzutragen.

9. Die Leinwandzölle in Trogen und Herisau sind aufgehoben.

10. Was von der Kanzlei in Trogen nach Herisau gehört, soll wieder dahin zurückgebracht werden.

11. Alle Landrechte und Satzungen sind von Neuem durchzusehen und in ein Landbuch zusammenzutragen; zu dem Ende soll jede Gemeinde 2 Männer aus der Bauersame wählen, welche vereint mit Neu- und Alträthen dasselbe abfassen sollen.

Nach Annahme dieser 11 Vorschläge ließ Landammann Wetter, um die Linden über ihre Niederlage zu beschwichtigen, abstimmen, ob man Punkt für Punkt noch einmal ins Mehr setzen wolle oder nicht. Beide Mehre waren groß, und jede Partei schrieb sich anfänglich den Sieg zu; endlich aber entschied die Abstimmung zu Gunsten der Harten. Ihre Gegner vollends zu erdrücken, schritt die Landsgemeinde inmitten des Amtsjahres, also völlig gegen Uebung und

Brauch, zur Besetzung der Amtsstellen. Die Harten verlangten Wetter zum Landammann, die Linden dagegen Landsfähnrich Tanner, Sohn des Landammanns Tanner, welcher den Rorschacherfrieden hatte schließen helfen. Die große Partei siegte jedoch, und das schmerzte die Linden dermaßen, daß sie ihren Landammann Konrad Zellweger vom Stuhle holten, mit ihm eines Steinwurfes weit abseits giengen und hier in gesönderter Landsgemeinde beschlossen, beim Rorschacherfrieden zu verbleiben, den Harten eidgenössisches Recht anzubieten und in der Aemterbesetzung keine Aenderung zuzugeben. Während das von den Linden geschah, fuhren die Harten in ihren Geschäften unbeirrt fort, entsetzten sämmtliche Beamten der Gegner und bestellten die Regierung aus Männern ihres Sinnes. Auch wurde beschlossen, den im Jahre 1715 Gestraften die Buße nebst Zins zurückzugeben und sie in ihren Ehren zu rehabilitiren, dagegen diejenigen dem Strafamt einzuleiten, welche in dieser Sache eine fremde Regierung anrufen würden.

Streit um das kleine Landessiegel. So hatte denn die Landsgemeinde in Teufen, statt die Wunden zu heilen, den Riß noch mehr erweitert und das Land faktisch getheilt. Die Freunde des 83. Artikels betrachteten diese Landsgemeinde als eine Verletzung der Rechte, des Ansehens und der Ehre des Landes, überhaupt als einen Akt, der seiner Natur nach ungültig und nichtig sei, indem die Gegenpartei, ohne die Ankunft der Linden abzuwarten, einseitig in die Geschäfte eingetreten sei, den Landesgebräuchen zuwider einen Bauer auf den Stuhl gestellt, denselben gegen Billigkeit und Recht innert dem Amtsjahre besetzt und auch andere Punkte ermehret habe, die vom großen Rathe nicht zuvor behandelt worden. Die Harten aber beklagten sich: die Linden hätten eine Vorgemeinde gehalten und sich dadurch verspätet, durch ihren Lärm die Verhandlungen gestört, kein Mehr anerkannt, sich wider

Recht und Uebung abgesondert, gegen die Landsgemeinde protestirt u. s. w.

Schon am folgenden Tage hielten die Linden eine Rathsversammlung in Trogen. Von hier aus berichteten sie die Sachlage den Mitständen Zürich und Bern, welche sich alsbald beeilten, beide zum Frieden zu ermahnen. Am 26. November sollten auf Anordnung der wetter'schen Regierung zur Besetzung der Gemeinderathsstellen aller Orten Kirchhören abgehalten werden; allein Speicher, Trogen, Rehetobel, Grub, Heiden, Wolfhalden, Lutzenberg, Walzenhausen und Reute verweigerten den Gehorsam. Als am 27. die Harten in Teufen Landrath hielten, saß der Rath der Linden in Trogen beisammen. Dieser sandte 2 Abgeordnete mit Protestationen gegen die Landsgemeindebeschlüsse nach Teufen; überdies verlangte er, daß man bis zur ordentlichen Landsgemeinde 1733 alles im Alten belasse, widrigenfalls er sich veranlaßt sehe, eidgenössisches Recht anzurufen. Der Versuch einer friedlichen Lösung blieb jedoch nicht nur ohne Erfolg, sondern die neue Regierung forderte, ihre Amtsgewalt vollständig zu machen, zum großen auch noch das kleine Landessiegel heraus. Damit war der Bruch vollständig, und beide Regierungen wandten sich daher mit ihren Klagen an Zürich und Bern, welche Stände durch einen reitenden Boten neuerdings zum Frieden und zur Ausgleichung der Differenzen ermahnten, absonderlich aber vor Thätlichkeiten dringend warnten. Gestützt auf das Begehren der Stände, machten die Linden einen Vermittlungsversuch; allein auch dieser blieb ohne Erfolg, und die Spannung ward immer größer, weßhalb Zürich auf den 4. Jänner 1733 eine Konferenz in Frauenfeld anordnete, welcher Abgeordnete von Zürich, Bern, Glarus, Basel, Schaffhausen, St. Gallen, Mühlhausen und Biel mit doppelter Gesandtschaft beiwohnten. Zur Instruktionsertheilung an dieselbe versammelten sich am 27. Dez. beide Regierungen des Landes, die eine, wie gewohnt, in Trogen, die andere in Teufen. Hier sammelte sich viel Volks um das Rathhaus und stellte die Forderung, daß der große Rath von den Beschlüssen der letzten Landsgemeinde um kein Haar breit abgehe, sich von Seite der Konferenz kein Urtheil sprechen lasse, sondern erst Bericht erstatten und im weitern darauf Bedacht nehmen solle, es dahin zu bringen, daß seinem Begehren entsprochen werde. Das kleine Landessiegel wollten die Harten bei diesem Anlaß mit Gewalt in Trogen abholen; aber die Linden setzten sich sofort in Bereitschaft, einem derartigen Besuch mit Kraft entgegenzutreten. Weithin verkündeten am 28. Dez. Mörserschüsse die Gefahr eines Ueberfalls; lange vor Tagesanbruch heulten auch die Sturmglocken von Speicher, Trogen und den meisten Gemeinden außer der Goldach schauerlich durch die Luft als Mahnruf zu schleuniger Sammlung in Trogen. Und siehe da, schon früh um 8 Uhr standen 4000 Wehrmänner in Waffen auf dem Sammelplatz, bereit, Gewalt mit Gewalt abzutreiben. Aber bange Ahnung erfüllte die Brust der Zellweger, die dem Lande schon so lange mit Würde vorgestanden, beim Gedanken an die Schrecken eines Bürgerkrieges. Sie beschworen das Volk zum Nachgeben, und das Siegel ward, obwohl mit Widerstreben, nach Teufen gesandt. Damit aber ward ein neuer Schritt gethan zur Schwächung der kleinen Partei.

Friedensmittlung in Frauenfeld. Am 4. Jänner 1733 eröffnete die Konferenz ihre Sitzungen im Beisein der Abgeordneten des Landes. Da die Tagherren durch die Parteivorträge die Ueberzeugung erhielten, daß der 83. Artikel Anlaß zum Streite gegeben, wurde dessen Bedeutung und Tragweite genau untersucht, aber nichts gefunden, das den Souveränitätsrechten des Standes Appenzell gegenüber der Eidgenossenschaft nachtheilig sein könnte, weßhalb derselbe weder annullirt noch modifizirt werden wollte. Hierauf erklärten die Abgeordneten der neuen Obrigkeit, der Grund des Zwists liege nicht sowohl in jenem Artikel, als vielmehr in dem Umstande, daß derselbe nicht der Landsgemeinde, als der höchsten Gewalt im Lande, vorgelegt worden sei. Dieselben verlangten darum, daß man das Volk bei seinen Rechten und Landsgemeindebeschlüssen schützen möchte, während ihre Gegner Beobachtung des status quo begehrten. Als nun die Konferenz in diesem Sinne vorgehen wollte, protestirten die Abgeordneten von Herisau beharrlich, indem sie die Volkswuth vorschützten, insofern sie auch nur ein Jota von der Instruktion abgehen würden. Am Ende erklärten sich dieselben ihres Orts endlich doch dahin, dem Ansinnen zu entsprechen, falls ihnen die Konferenz ein Schreiben ans Volk mitgebe, die Zusicherung enthaltend, daß durch den Rorschachervertrag den Freiheiten des Landes in keiner Weise Abbruch geschehen könne. Dem Begehren ward entsprochen; die Gesandten kehrten zurück; aber von Nachgeben der Harten war keine Rede. Ein zweites Konferenzschreiben hatte keinen bessern Erfolg. Die Harten erklärten, um kein Haar breit von den mit dem Herzblut der Väter besiegelten Freiheiten abgehen zu wollen.

Neue Gefahr. Auf den 24. Jänner kündete Landammann Wetter einen allgemeinen großen Rath nach Herisau aus. Allein die kleine Partei war nicht gesonnen, sich neuen Mißhandlungen preiszugeben; sie schlug daher ihre Theilnahme an dieser, so wie an derjenigen auf den 29. Jänner ausgekündeten Rathssitzung in Hundwil, ungeachtet eidlicher Aufforderung, aus und hielt am ersten Tage eine Separatsitzung in Trogen. Hier wurde eine nochmalige Abordnung nach Frauenfeld angeordnet, während die Harten ihre Entschließungen schriftlich an die Konferenz einsandten.

Im Lande stieg die Erbitterung von Tag zu Tag mehr. Unruhige Kirchhören folgten. Auf beiden Seiten fielen Mißhandlungen und Schädigungen des Eigenthums vor. Der

Pfarrer in Schönengrund ward abgesetzt, weil er zu den Linden, der Pfarrer in Reute, weil er zu den Harten zählte.
Handel und Verkehr stockten, weil Mißtrauen das Land beherrschte. Kein Harter fühlte sich sicher in den vordern, kein
Linder in den hintern Gemeinden. Schlägereien waren her
und hin an der Tagesordnung. Dem unseligen Zustand ein
Ende zu machen, verlangte das Hinterland die Abhaltung
des großen Rathes in Trogen, mithin in Feindesland, weil
es da seine überlegene Macht geltend zu machen hoffte. Aber
selbst der Rath in Herisau widerstrebte, um Blutvergießen
zu verhüten, dem Ansinnen beharrlich; doch mußte er dem
Volkswillen insoweit nachgeben, daß er dem Gegenrath in
Trogen die Frage zugehen ließ, ob er seines Orts den Beschlüssen der Landsgemeinde in Teufen nachkommen und den
großen Rath ungehindert in Trogen wolle Malefizgericht halten
lassen. Im Fernern wurde befohlen, daß dem Landammann
Zellweger, dem Statthalter Zellweger und dem Landschreiber Holderegger beim Eid ins Land geboten werde.
Trogen erblickte darin eine Art Absagebrief und damit einen
nahe bevorstehenden Ueberfall, weßhalb es unverzüglich Wachen
ausstellte und eine Garnison von 300 Bewaffneten in Sold
nahm.

Die Boten der Eidgenossen am großen Rath in Herisau. Mittlerweile gelangte die Kunde von der gefährlichen
Spannung nach Frauenfeld. Eilfertig entsandte die Konferenz eine Gesandtschaft zur Friedensmittlung ins Land. Trogen
entließ hierauf die Garnison, und Herisau berief auf den
folgenden Tag einen allgemeinen großen Rath zusammen, den
jedoch die Beamten der kleinen Partei auch diesmal nicht
beschicken wollten. Dagegen sandten sie durch den Läufer
in der Standesfarbe ein Schreiben an die hohen Vermittler
ein, worin sie ihr Nichterscheinen begründeten. Schon war
in Herisau viel Volk versammelt. Dieses stieß den Stan-

desläufer hin und her, entledigte ihn der Amtstracht, legte
ihm einen Bürgerrock an und schickte ihn solcher Gestalt nach
Trogen zurück. Am 6. Hornung werden die Friedensboten durch Deputirte in den Rathssaal geleitet. Hier giebt
Statthalter Escher, der erste Gesandte Zürichs, im Namen
der Konferenz die schriftliche Erklärung ab: die Gesandtschaft
sei nicht in der Absicht gekommen, dem Lande Vorschriften
zu geben, sondern um streitende Brüder auszusöhnen. „Nur
ein einiges Volk", hieß es darin, „ist fähig, die Freiheit zu bewahren; ein entzweites wird dem Freunde zur Last, dem Feinde
zur Lust. Was würden unsere Väter, welche durch Eintracht
und Muth die Freiheit errungen, sagen, wenn sie wüßten,
daß der Bewohner von Trogen sich in Herisau nicht sicher
fühlen und der Herisauer sich scheuen würde, nach Trogen
zu gehen; wenn sie Zeuge wären, daß sich das Volk fast alle
Wochen, bald hier, bald dort, zusammenschaaren würde, nicht
um das Vaterland zu beschützen, sondern bloß, um der Schwester auf der andern Seite der Sitter ihre Meinung mit Gewalt aufzudringen? Wir wollen nicht untersuchen, viel weniger
beurtheilen, wer Recht oder Unrecht hat. Wir begehren nur,
daß ihr Amnestie ertheilet. Das ist euerer Souveränität nicht
nachtheilig. An euerer künftigen Landsgemeinde nehmet nach
eueren Grundsätzen Wahlen und Geschäfte vor, entscheidet
durch ein unparteiisches Mehr; bleibt dann dabei und sorgt
unterdessen für einträchtige Regierung und friedliches Zusammenleben." Dann suchte Escher an der Hand des Bundes
von 1513 nachzuweisen, daß der 83. Artikel bundesgemäß,
den Souveränitätsrechten durchaus nicht hinderlich, sondern
für dieselben im Gegentheil sehr ersprießlich sei; allein das
Präsidium (Wetter) unterbrach ihn in seinem Vortrag zweimal mit der Bemerkung: der Bund sei dem Rath längst
bekannt, und die Bewandtniß des fraglichen Artikels habe
derselbe schon mehrmals besprochen.

Bis abends 4 Uhr war die Volksmenge gegen 5000 Köpfe angewachsen. Sie verlangte durch einen Ausschuß von 40 Männern aus 10 Gemeinden eine Audienz bei den Ehrengesandten. Der Vortritt wurde gestattet, und so konnte einer nach dem andern seine Ansichten aussprechen. Es war ihnen jedoch nicht um Belehrung, sondern darum zu thun, ihren Willen durchzusetzen; denn am Ende erklärten die Männer unter Mißachtung jeglichen Anstandes: „Wir wollen den Rorschacherfrieden, wie süß man ihn auch darzustellen beflissen ist, nicht; er geht den Landmann nichts an. Als freies Volk lassen wir uns von niemand, wer er auch sei, Vorschriften geben; bei den Beschlüssen der Teufer-Landsgemeinde und der daselbst gewählten Obrigkeit werden wir unentwegt verbleiben." Unterdessen ward der Tumult auf der Gasse größer; das Volk schrie, schimpfte; es erhob die Fäuste, und selbst im Saale erlaubten sich die Ausschüsse unziemliche Ausfälle gegen die Boten der Eidgenossen; der Volkswille sollte gegen alles Völkerrecht mit Pochen durchgesetzt werden. Angesichts der steigenden Unruhe verlangten die Vermittler, daß sich das Volk zurückziehe auf die Emdwiese, wo ihm Landmajor Wetter die Propositionen der Gesandtschaft von der Bühne herab vorlesen mußte. Da auch das nicht genügte, ließ sich dieselbe herbei, der Menge in einem Billet die Zusicherung schriftlich zu geben: Sie sei nicht ins Land gekommen, irgend jemand zur Annahme des fraglichen Artikels zu zwingen, worauf sich die Menge endlich ruhig verlief. Die tragische Geschichte war aber damit nicht zu Ende. Schon am folgenden Morgen schaarten sich die Unzufriedenen abermal und in vermehrter Zahl zusammen. Unter Lärmen und Toben verlangen dieselben eine schriftliche Erklärung, nicht allein über Annullirung des 83. Artikels, sondern auch über Anerkennung der Landsgemeindebeschlüsse in Teufen. Es kam so weit, daß der Rath den Gesandten selbst erklären ließ, er könne für ihre

Sicherheit nicht mehr einstehen. Die Ehrengesandtschaft, zu einer derartigen Erklärung nicht befugt, da sie nur als Vermittler, nicht aber als Richter gekommen war, verlangte Aufschub für Einholung neuer Instruktionen bei ihren Herren und Obern. Dem Volk empfahl sie vorläufig völlige Amnestie. Aber die Menge tobte immer fürchterlicher; ein Mann von Teufen rief, indem er zwei Stricke in die Höhe hob: „Das ist unsere Amnestie,“ und der Rath ordnete aus seiner Mitte den Dr. Grob nebst Oberteufer mit der Erklärung an die Gesandtschaft ab: Es sei ihm sichere Nachricht gekommen, daß, falls dem Volke in seinem Begehren nicht sofort entsprochen werde, das Schlimmste zu befürchten sei. Von allen Seiten gedrängt, blieb den Boten keine andere Wahl, als nachzugeben, weßhalb sie dem Volke durch den Legationssekretär nachstehende Erklärung vorlesen ließen: „Da uns in Genüge bekannt ist, daß in allen demokratischen Regierungen das Mehr der Landsgemeinde der Fürst und höchste Gewalt ist, und wir nicht sehen können, daß der löbl. Stand Appenzell möge befriedigt werden, ohne daß sich die vor der Sitter der letzthin in Teufen gehaltenen Landsgemeinde unterwerfen, so werden wir nicht ermangeln, unsern Rath, so viel an uns ist, schriftlich und mündlich dahin anzuwenden, daß sie sich dazu verstehen, und damit der Weg gebahnt werde, den Frieden und Ruhestand des befreiten Landmanns zu erzielen.“

Mit dieser Erklärung begab sich das Volk gegen 3 Uhr befriedigt nach Hause; die Gesandten aber, erzürnt über die schmähliche Behandlung eidgenössischer Boten, schickten sich ohne weiteren Verkehr mit dem Rath zur Abreise an, verschmähten das ihnen bereitete Ehrenmahl, ließen Samstags den 10. früh die Pferde satteln und eilten nach St. Gallen zurück. Der Gesandte Biels, Venner Lambelet, ließ sich zu Pferde noch ein Glas Wein reichen, leerte es auf die

Gesundheit der alten Regierung und sprengte davon. Betroffen sandte der Rath, gut Wetter zu machen, eilfertig Abgeordnete nach St. Gallen ab; aber voll Entrüstung verweigerten ihnen die Konferenzboten Audienz und Gehör.

Schon am darauffolgenden Sonntag sandten die Linden Abgeordnete zu den noch in St. Gallen weilenden Ehren= gesandten mit dem Gesuch um Anerkennung des 83. Artikels und Abhaltung einer Landsgemeinde unter eidgenössischer Auf= sicht. Allein die Konferenz weigerte sich, aus Besorgniß, da= durch einen Bürgerkrieg zu veranlassen. Sie ermahnte die Linden zum Nachgeben mit der Zusicherung, für eine allge= meine Amnestie besorgt sein zu wollen. Zu dem Ende ward auf den 12. März eine Konferenz in Aarau veranstaltet und dem Rathe hinter der Sitter empfohlen, bis auf weiteres alles im status quo, d. h. im bisherigen Zustande, zu belassen. So schien der Streit für einmal ruhen zu wollen, als jäh= lings die Glut von Neuem in Flammen aufloderte und eine Bombe platzte.

Schlägerei in Gais. Hier hatte am 26. Nov. 1732 der regierende Hauptmann **Gruber** zur Wahl von Haupt= leuten und Räthen eine Kirchhöre ausgekündet. Das gefiel den Linden nicht, und der stillstehende Hauptmann **Stur= zenegger** erklärte daher: weil diese Kirchhöre eine Neuerung sei und wider alte Gebräuche und Gewohnheiten gehe, nach welchen die Besetzung der Aemter jährlich nur einmal statt= gefunden habe, so solle jedermann freistehen, der Kirchhöre beizuwohnen, worauf sich die Mehrzahl der Linden nebst den Rathsgliedern ihrer Partei entfernte. Ihre Stellen wurden nun durch Anhänger der Harten besetzt. Das erweckte Un= willen und Widerspruch bei den einen, Jubel und Freude bei den andern, und da die Parteien sich an Zahl ziemlich gleich waren, lebten die Einwohner in Unfrieden und Zwie= tracht; es kam öfter zu Raufhändeln und endlich zu einer

Schlägerei, welche nicht nur in Gais, sondern auch in den übrigen Gemeinden alles Volk zu den Waffen rief.

Die neuen Räthe verlangten, aufgestachelt von Herisau, auf den 5. März Vorlage der Kirchenrechnung nebst Ablieferung der Bücher und Schlüssel zum Archiv, was die alten verweigerten, weil es der Frühlingskirchhöre, nicht aber einer außergewöhnlichen zustehe, den Gemeinderath endgültig zu bestellen. Da nun gleichzeitig das Gerücht gieng, die Harten werden am Montag die Häuser des Hauptmanns Sturzenegger und des Sebastian Zuberbühler stürmen, nahm jeder derselben 6 Mann Besatzung in sein Haus auf. Auch suchten die Linden Hülfe bei den Konferenzabgeordneten in St. Gallen und ermahnten Speicher und Trogen zu getreuem Aufsehen; aber die Harten thaten ein Gleiches bei Teufen und Bühler. Auf dem Kirchenplatze in Gais sammelte sich am 5. März, da die neuen Räthe sich anschickten, die Kirchenrechnung entgegen zu nehmen, viel Volk. Zwei Knaben, der eine aus jenem, der andere aus diesem Lager, geriethen in Streit, und alsbald entbrannte der Kampf auch unter den Erwachsenen. Man schlug sich tapfer mit Fäusten. Weiber der Linden brachten in ihren Schürzen Steine herbei und Prügel zur Unterstützung der Männer, so daß die Harten unterlagen. Wohl waren friedliebende Leute eifrig bemüht, Ruhe herzustellen; als aber unerwartet Kunde einlief: „Die Harten von Bühler und Teufen sind da," kam es im „Zung", in unmittelbarer Nähe des Dorfes, neuerdings zum Kampfe. Nach vergeblicher Aufforderung zur Heimkehr hatten nämlich die Linden zu ihrer schleunigen Bewaffnung einen Haag niedergerissen und schlugen ihre Gegner mit Stöcken nach der „Riesern" zurück, wo sie mit grimmiger Wuth über dieselben herfielen und abermals siegten. Boten über Boten eilten von Seite der Harten ins Hinterland, wo sie unter der lügenhaften Angabe von 50 Todten und einer Menge Verwun-

deter Hülfe begehrten. Bald kam indeß Kunde von neuem
Zuzuge der Harten, weßhalb auch ihre Gegner Speicher und
Trogen zu Hülfe mahnten. Sofort heulten hier die Sturmglocken, und 100 Mann, denen die Hauptmacht folgen sollte,
eilten den Bedrängten ungesäumt zu Hülfe. Allein schon
war es zu spät. Der Zuzug von Bühler und Teufen, mit
Knitteln bewaffnet und angeführt vom Pfarrer Bartholome
Zuberbühler in Bühler, war bereits eingetroffen. Ermuthigt jedoch durch ihren zweimaligen Sieg, griffen die Linden neuerdings muthig an und trieben ihre Gegner bis zum
„neuen Haus" (drei Königen) zurück. Als der Pfarrer
sich im Nachtheil sah, eilte er zwischen die Parteien und rief:
„Haltet, Brüder, Christen! Was wollet ihr thun? Blut
vergießen? Schuld auf euch laden? Lasset mich, einen Diener
des Friedens, einen Knecht des sanftmüthigen Erlösers, der
für uns gestorben ist, ein Wort der Ermahnung und Liebe
zu euch sprechen." Darauf fieng er so nachdrücklich an, von der
Liebe des Heilandes zu reden und von der Pflicht, sein Beispiel nachzuahmen, daß viele die Knittel gerührt bei Seite
legten. Als aber bald nachher den Harten neue Hülfe kam,
geriethen die Parteien, ehe man sichs versah, neuerdings aneinander, und der Kampf entbrannte heftiger als zuvor. Vom
langen Kampf ermüdet, weichen die Linden anfangs, sind aber,
verstärkt durch Zuzug, noch einmal siegreich. Endlich aber
unterliegen sie der Uebermacht, viele gar übel zugerichtet und
ergreifen die Flucht. Die Harten wälzen sich den Fliehenden
nach, bringen in ihre Wohnungen und verlangen Speise und
Trank. Sie schlagen die Thüren ein, plündern Keller, leeren
Küchen und Vorrathskammern und hausen wie in Feindesland.
Stäheli, der Pfarrer von Gais, handelte in diesen Wirren
weit edelsinniger als sein Amtsnachbar Zuberbühler. Mit
Lebensgefahr eilte er, als der Kampf am heißesten war, her
und hin zu den erhitzten Parteien, um Frieden zu stiften.

Umsonst waren seine Bemühungen; der Haß verfolgte ihn, weßhalb er, den Bitten der Seinigen nachgebend, das Land verließ, erst nach Altstätten, dann nach St. Gallen, seiner Vaterstadt, eilte. Die Vorsteher holten ihn jedoch wieder zurück und beschützten sein Haus gegen jedwede Störung.

Kriegsgefahr. Während dies in Gais geschah, sammelten sich, vom Sturmgeläute aufgeschreckt, bei 4000 wohlbewaffnete Männer des Vorderlandes in Trogen, bereit, nach Gais zu marschiren. In Folge alarmirender Berichte zog sich gleichzeitig die Mannschaft des Hinterlandes in Herisau zusammen. Nach erhaltener Kunde von der Niederlage der Linden sucht man dieselbe zur Heimkehr zu bewegen, als Teufen, dem es vor dem Heere der Linden bangte, dieselbe zurückrief und einquartirte. Also standen in einer Entfernung von anderthalb Stunden zwei Heere feindseliger Landesbrüder, das eine 4000, das andere 5000 Mann stark, einander kampfbereit gegenüber. Der Gottesdienst stand stille; die Glocken schwiegen, und in Speicher wurde eine Leiche von der Wehrmannschaft nach Kriegsgebrauch zur Erde bestattet. In Teufen hielten die Harten, in Trogen gleichzeitig die Linden Kriegsrath. Jene machten Friedensvorschläge; sie verlangten von den Linden Niederlegung der Waffen und Annahme der bekannten Landsgemeindebeschlüsse; diese forderten Beobachtung des status quo bis zur Landsgemeinde nebst Entwaffnung des Heeres. Da nun die neue Obrigkeit in die Forderung eingieng, hielt auch Trogen seine Zusage, und die Schaaren lösten sich auf. Dessenungeachtet gährte es im Lande fort, besonders in Herisau; jedoch gelang es den Anstrengungen friedlicher Männer, unterstützt durch scharfe Mandate der Obrigkeit und die dringenden Mahnungen von drei Konferenzboten, welche noch immer in St. Gallen weilten, neue Wuthausbrüche zu verhüten. Durch den von Landammann **Wetter** in Hundwil veranstalteten Jahrrechnungsrath, dem unter sicherem Geleite auch die Hauptleute vor der Sitter beiwohnten, ward der erste Stein zum Friedenswerke gelegt.

Landsgemeinde des Jahres 1733. Am 29. April eilten die Landleute, seit hundert Jahren nie mehr so zahlreich, troß Schneegestöber, nach Hundwil, jede Partei in Erwartung des endlichen Sieges. Die Linden überzeugten sich indeß bald, daß ihre Gegenpartei weitaus die stärkere sei. Diesen Umstand machten sich die Harten zu Nuße, indem sie sämmtliche Beamte der Teufer-Landsgemeinde bestätigten. Wetter, ein Greis von achtzig Jahren, legte sein Amt nieder. Als dann aber an dessen Stelle Landsfähnrich Tanner, ein Anhänger der Linden, welcher auf Grund seiner Verfolgung Herisau verlassen hatte, in Vorschlag kam, wollten ihn seine Gegner nicht ins Mehr kommen lassen. Mit gewaltigem Lärm behaupteten sie, daß „ein landesflüchtiger, entlaufener Lump nicht regimentsfähig sei." Mit entschiedener Mehrheit ward sodann Landmajor Abrian Wetter an seines Vaters Statt zum Landammann erwählt. Auch der Landweibel Jost Jakob von Trogen mußte einem Signer von Schwellbrunn weichen. Die Beschlüsse der Teufer Landsgemeinde fanden Bestätigung, und die Abstimmung über den 83. Artikel wurde vom Landammann in schlauer Weise so vorgenommen, daß selbst manche von den Linden ihre Hand dagegen erhoben. „Wems wohlgfallt," hieß es, „daß man bei dem Bund mit den zwölf Orten vom Jahr 1513 verbleiben, dagegen den 83. Artikel des Rorschacherfriedens als null und nichtig erklären wolle, der hebe seine Hand auf!" Natürlich konnte niemandem einfallen, jenen Bund zu verwerfen, daher diese Erscheinung. Die Amnestie, worauf die Konferenzen von Frauenfeld und Aarau im Interesse des Friedens so oft und nachdrücklich gedrungen, wurde verworfen; nur dasjenige sollte der Vergessenheit anheim fallen, was die Bauern vor

der berüchtigten Landsgemeinde Unziemliches verübt hatten.
Mit diesem Akt waren für die Linden die Würfel gefallen.
Als Opfer der Willkürherrschaft mußten sie sich von nun an
Strafurtheile jeder Art gefallen lassen, welche nicht nur der
Billigkeit Hohn sprachen, sondern auch dem Recht. — Die
evangelischen Orte, besonders Zürich und Bern, waren ent-
rüstet über diesen Ausgang des Handels, aber nicht minder
über die schnöde Mißachtung der Konferenzvorschläge und über
die schmachvolle Behandlung der Friedensboten. Man war
nahe daran, sich mit Waffengewalt Genugthuung zu verschaffen; nur die Furcht vor einem Bürgerkrieg unter den Eids-
genossen selbst hielt das Schwert in der Scheide zurück.

Strafurtheile. Innerhalb Jahresfrist (Juni 1733 bis
Juli 1734) folgten nun Vorladungen auf Vorladungen, Strafgerichte auf Strafgerichte. Kaum eine Sitzung des Rathes
lief ohne Bestrafungen ab. Von vielen Beispielen führen
wir hier nur wenige an. Sechs Männer der Linden, welche
den Tochtermann des Landammanns Altherr in Trogen,
weil er zu den Harten hielt, mit Ruthen gezüchtigt, traf Gefängnißhaft nebst einer Buße von 705 Gulden. Altlands-
hauptmann Scheuß in Herisau zahlte 10, Landsfähnrich
Tanner 31 Dublonen. Landammann Zellweger ward
als Haupt der Linden zu 30, und weil er Befehl zum Sturm-
läuten gegeben, überdies zu 40 Louisd'ors verfällt. Statthalter Zellweger zahlte 200, Seckelmeister Tobler in
Tobel 18, Landshauptmann Tobler von Rehetobel 27 Dublonen. Ein Mann, der sich in gerechtem Unmuthe geäußert:
„Ich wollte lieber vier Landvögte, als diese Obrigkeit,“ wurde
mit 4 Dublonen gebüßt. Gabriel Schefer von Teufen
sagte scherzweise: Ehemals habe man nur mit Pfund Pfen-
nigen gebüßt, jetzt strafe man mit Dublonen. Er hatte den
Witz mit 10 Pfund zu bezahlen. Gabriel Walser, der
bekannte Chronikschreiber, damals Pfarrer in Speicher, wurde

mit 200, die alten Räthe in Gais zusammen 400, Hauptmann Sturzengger daselbst 150 Gulden bestraft. Andere Anhänger der Linden in Gais trafen Bußen von 7—10 Dublonen, während die Harten für ihre verübten Frevel meist straflos wegkamen. Acht Häupter der Linden, die sich, wie die Zellweger, als Abgeordnete an die Eidgenossen hatten gebrauchen lassen, erklärte die sehr unruhige Landsgemeinde des Jahres 1734 auf Lebenszeit für amtsunfähig.

Doch aus diesen Wirrsalen, wo Zügellosigkeit, Leidenschaft und blinder Haß als Grauen erregende Gestalten auftreten, glänzen wie freundliche Sterne aus dunkler Gewitternacht zwei Beispiele des Edelmuthes hervor, würdig, der Nachwelt aufbewahrt zu werden. Das eine hat Dr. Joh. Kasp. Hirzel in der Biographie seines Freundes Dr. Laurenz Zellweger, das andere unser Landsmann Tobler in seiner „Regentengeschichte" aufgezeichnet. Landammann Konr. Zellweger, auf den sich die Volkswuth in besonders hohem Grade gehäuft, hatte einen Knecht. Als dieser hörte, daß das Volk beabsichtige, seinen alten Herrn an der Landsgemeinde mit Gewalt aus dem Hause zu reißen und zum Tode zu bringen, nahm er früh morgens Abschied von Weib und Kind, ermahnte sie zu rechtschaffenem Wandel, empfahl sie Gott, eilte zu seinem Herrn und gelobte ihm: Mit seinem Leben wolle er ihn vor den Feinden decken. Er habe von den Seinigen Abschied genommen, weil er mit Gott entschlossen sei, den letzten Tropfen Blutes für ihn zu lassen. — In Gais war Pfarrer Heinrich Stähelin wegen Verlesung einiger Mandate von der Regierung der kleinen Partei des Ungehorsams angeklagt und sollte deßhalb zur Verantwortung gezogen werden. Landshauptm. Gruber, ein politischer Gegner des Pfarrers, war wirklich schon beauftragt, denselben vor Rath zu stellen. Als Gruber eines Tages aus der Rathssitzung nach Hause gekommen war, sagte er zu

30

Stähelin: „Sie können sich gefaßt machen, Herr Pfarrer, Sie müssen vor Rath; versehen Sie sich nur mit einem tüchtigen Beutel voll Dublonen, es geht alles bei Dublonen." „Ich mischte mich nicht in euere Händel," sagte der Pfarrer, „und für Rechtthun lasse ich mich nicht strafen." „Ja, man wird's Ihnen schon sagen." „Wollen Sie es also ausgerichtet haben?" „Soll ich kommen?" fragte der Pfarrer. „Nein," sagte Gruber, „ich bin kein Weibel; der Weibel wird Ihnen bieten. Am folgenden großen Rathe fragte der Landammann richtig, ob der Pfarrer von Gais da sei. Niemand wollte etwas wissen. So soll man ihn auf das nächste Mal unfehlbar bieten, hieß es. Gruber stellte den Pfarrer wieder zur Rede: „Sie hätten hören sollen, wie es gelautet hat, daß Sie nicht da gewesen sind." „Es hat mir niemand geboten", erwiderte der Pfarrer; „ich habe nicht kommen können." „D'rum hat man's jetzt neuerdings befohlen, daß Sie erscheinen sollen, und wenn Sie diesmal nicht kommen..." „Gut, soll ich also ohne fernern Bericht kommen?" „Nein, man wird Ihnen schon bieten," antwortete Gruber. Allein es erfolgte wieder keine Vorladung. Am nächsten großen Rathe hieß es: Warum ist der Pfarrer von Gais nicht da? Wo fehlt's? Da stand Gruber auf, bekannte, daß er selbst hinter dieser Sache stehe und sagte: „Gnädige Herren und Obern! Wenn Sie wollen, daß es nicht wieder neue Händel und neues Elend gebe, so bitte ich, verschonen Sie unsern Pfarrer; meine Bauern haben mir zu deutlich erklärt, daß sie keinen gestraften Pfarrer haben wollen, und ihren Pfarrer lassen sie nicht, er habe es jederzeit christlich und brav gemacht. Hier, gnädige Herren! (mit diesen Worten schlug er an seine Brust) hier ist der erste Mann, der Leib und Leben für ihn läßt." Dabei blieb es, und Stäheli kam ohne Strafe davon.

———

Unruhen wegen Errichtung einer Kompagnie für Frankreichs Dienst.

> Und wo euch jemand nicht annehmen wird,
> noch eure Rede hören, so gehet heraus
> aus demselbigen Hause oder Stadt und
> schüttelt den Staub von euren Füßen.
> Matth. 10, 14.

Kaum war der furchtbare Hader zu Ende geführt, als ein unscheinbarer Anlaß die Gemüther von Neuem entzweite. Zwar hatte die Obrigkeit zum Zweck einer gänzlichen Aussöhnung schon im Juni 1733 die Parteinamen „Hart" und „Lind" strengstens untersagt und unterm 15. März folgenden Jahres durch ein Mandat alles Spitzlen, Trätzlen, Schmähen, Schänden ꝛc. neuerdings bei Strafe verboten; aber der Groll blieb dessenungeachtet. Die Linden zürnten auf Grund des erlittenen Unrechts, die Harten, weil sie manche Strafurtheile zu gelinde fanden. Land auf Land ab herrschte Mißtrauen; denn ein Friede, nicht durch Annäherung der Parteien zu Stande gebracht, sondern mittelst Niederwerfung der einen durch die andere, läßt zu allen Zeiten einen Stachel des Unmuthes und des Haders zurück. Als daher der große Rath unterm 29. Juli 1734 dem König von Frankreich Werbung einer neuen Kompagnie Appenzeller erlaubte und deren Offiziere ernannte, loderte die Glut abermal in Flammen auf. Das Volk erhob sofort Einsprache. Es war nämlich geschehen, daß der König mit dem deutschen Kaiser in Fehde lag. Schon kampirten ihre Heere an unsern Grenzen, weßhalb der schwäbische Kreis, seine Magazine zu füllen, zu Anfang des Jahres den Fruchtpaß gegen die Schweiz in der Weise sperrte, daß das Land von Rorschach

her wöchentlich nur noch 200 Viertel Korn beziehen konnte.
Außer diesem Quantum war selbst um baares Geld weder
auf dem St. Galler- noch Rorschachermarkt Getreide zu erhalten. Dieser Umstand beunruhigte die Landleute. Viele
erblickten in der Werbung für Frankreich eine absichtliche Beleidigung des Kaisers, deren Folgen sie beängstigten. „Wir
stehen," sagten diese, „mit dem König in keinem Allianzver-
trag, welcher uns zwingen könnte, den Franzosen für ihre Kriege
Volk zu liefern, und da der König Saumseligkeit zeigte in
Bezahlung der Pensionen, so sollte erst eine neue Allianz mit
ihm geschlossen und die Sache vor die Landsgemeinde gebracht werden." Andere dagegen billigten das Verfahren der
Obrigkeit, weil sie es zweckmäßiger fanden, daß kriegsluftige
Jünglinge in eigenen Kompagnien unter befreundeten Offi-
zieren stehen, als daß sie, der Laune des Schicksals preisgegeben,
möglicherweise der Konfession verlustig werden oder wohl gar
in die türkische Sklaverei gerathen. Auf Grund abweichender Anschauungsweise spaltete sich das Volk neuerdings in
Parteien. Die es mit dem Kaiser hielten, wurden „Kaiserliche", die andern „Französische" genannt. Viele der
ehemaligen Linden hielten zu jenen, andere zu diesen, so daß
die Gruppirung nach der Meinungsverschiedenheit gegenüber
den Parteien im Landhandel eine ganz veränderte war. Das
erhellet übrigens schon daraus, daß in der Gemeinde Teufen,
welche bekanntlich zu den Harten zählte, der Widerspruch am
heftigsten war. Hier erzwangen die Leute Abhaltung einer
Kirchhöre, welche unterm 4. August 1734, entgegen den Vorstellungen von Hauptmann Gebhard Zürcher, nachmaligem
Landammann, den Beschluß faßte: es habe der Rath mit der
Werbung so lange zurückzuhalten, bis der König die rückständigen Pensionen bezahlt haben werde. Am 11. August
bestätigte eine zweite Kirchhöre jene Schlußnahme mit dem
Zusatze, daß die Gemeinde für deren Vollziehung solidarisch

einzustehen bereit sei. Die Obrigkeit, nicht wenig erstaunt über das gesetzwidrige Vorgehen, versammelte schon am 15. August den Rath. Dieser verfügte Strafeinleitung über die Häupter der Fehlbaren und rechtfertigte in einem Edikt, das am 25. von den Kanzeln verlesen wurde, seine Schlußnahme in der Werbangelegenheit. Damit jedoch nicht zufrieden, verlangten die Einwohner von Teufen eine nochmalige Abhaltung der Kirchhöre, und da die Vorsteherschaft nicht einwilligte, rief ein Bauer nach der Predigt: „Es ist einiger Bauern Begehren, daß man stille stehe." Allein der Gemeinderath entfernte sich und mit ihm die französisch gesinnte Partei. Die Uebrigen vereinigten sich zu der Schlußnahme, man wolle am folgenden Tage nach Trogen gehen und von Ldm. Altherr eine Landsgemeinde verlangen. Dieser entsprach jedoch dem Begehren nicht, und der große Rath bestrafte am 30. Oktober 19 Personen mit Geldbußen von 5 Gulden bis auf 6 Dublonen, unter ihnen auch 7 Rathsglieder. — Die Werbung wurde in Vollziehung gesetzt und Teufen als Werbeplatz gewählt.

Werbskandal. Lärm und Tanz der Rekruten in unmittelbarer Nähe der Kirche ärgerten den würdigen Ortspfarrer, Barthol. Zuberbühler, um so mehr, als das heilige Weihnachtsfest nahe war. Er strafte daher, wie billig, in der Predigt am Vorbereitungssonntag das zügellose Leben in starken Ausdrücken. Sobald es ausläutete, ließ der Werboffizier die Fahne aufstecken und zur Sammlung schlagen; der Pfarrer ermahnte den Tambour, damit inne zu halten, weil sich an diesem Tage solcher Lärm nicht zieme. Allein jener rief: „Tambour, schlag zu!" Erzürnt über den frechen Trotz, warfen die Leute dem Tambour die Schlägel weg, den Offizier trieben sie ins Wirthshaus zurück, und hier vergriffen sie sich selbst am Gastgeber. Beide, der Offizier und Adlerwirth Tanner ließen nun ihren Zorn gegen den Pfarrer, als den Urheber des Streites, freien Lauf. Sie überhäuften ihn mit Schimpfwörtern und nannten ihn einen Lügenprediger. Da nun der Pfarrer Satisfaktion begehrte, gelangte die Angelegenheit zur Vermittlung an eine Kommission, gebildet aus weltlichen und geistlichen Mitgliedern. Der Werboffizier gestand seinen Fehler alsbald reumüthig ein; er gab Satisfaktion; aber mit Tanner, dem Gastgeber, kam es zu einem langwierigen Prozeß. Tanner gab vor, der Pfarrer habe geprebigt: das Tanzen habe bis nach Mitternacht gedauert, während nach 11 Uhr kein Tanz mehr gethan worden sei. Dieser dagegen versicherte, er habe geprebigt: „Man hat gesprungen, getanzet und gespielt bis in die späte Nacht. Ja, bis Mitternacht hat das Saufen und Wirthen, das Schandwesen und die Unordnung gedauert." Tanner wollte seine Aussagen mit 12, Pfarrer Zuberbühler die seinigen mit 500 ehrenhaften Zeugen erhärten. Da nun der Rath unterm 4. Februar erkannte: die Kundschaft Tanner's sei abzuhören, aber der Pfarrer habe bis Austrag der Sache die Kanzel nicht mehr zu betreten, so geriethen seine Anhänger neuerbings dermaßen in Zorn, daß sie sofort eine Kirchhöre erzwangen und den Pfarrer wieder auf die Kanzel mehrten. Hier las er ihnen die fragliche Stelle zu wiederholten Malen vor, und die Zuhörer bestätigten, daß er so und nicht anders geprebigt habe. Am 10. Februar versammelte sich die Untersuchungskommission zur Abhörung der tanner'schen Zeugen auf dem Gstalden in Teufen; aber gleichzeitig stellten sich auch 570 Bauern in geringer Entfernung davon ein, um gegen das, wie ihnen schien, einseitige Verfahren zu protestiren; dessenungeachtet kam es hier zu keinerlei Ezzessen, weßhalb die Kommission ihre Berathungen ungestört zu Ende führen konnte. Aus ihrem Gutachten, welches 21 Klagepunkte enthielt, geht übrigens unzweifelhaft hervor, daß der Pfarrer, weil er im Landhandel zu den Linden gehalten, diese Sünde unter einer

Regierung büßen sollte, welche aus Männern der Gegenpartei bestand. Am 17. Febr. 1735 versammelte sich der große Rath zu einer Gerichtssitzung in Trogen; aber gleichzeitig eilten auch 670 Bauern zur Vertheidigung ihres Seelsorgers in bester Ordnung, ohne Waffen, dahin. Nachdem sie 3 volle Stunden vor dem Rathhause vergeblich gewartet, sandten sie aus ihrer Mitte 10 Abgeordnete mit dem Gesuch um Vortritt ab. Es kam zu Vorwürfen und zu Widerlegung derselben durch den Rath, welcher, um der Bauern ledig zu werden, die Sitzung früher, als gewöhnlich, schließen wollte. Das Volk jedoch war nicht gesonnen, ohne Entscheid den Platz zu verlassen. Unter Toben, mit Püffen und Stößen, trieb dasselbe die Rathsglieder in den Saal zurück; dem Landammann Wetter wurde die Perrüque vom Haupte gerissen, und Landammann Altherr, der 8 Wochen nachher an einem Schlagflusse starb, trug Spuren von den erhaltenen Püffen mit ins Grab. Der Volkshaufe ward unterdessen immer stärker; seine Zahl stieg bis gegen Mitternacht auf 2000 Mann an, welche mit Lärmen und Toben Bewilligung zu einer Landsgemeinde verlangten, um eine andere Obrigkeit einzusetzen. „Diese," sagte das Volk, „kann Gotteswerk und Teufelswerk nicht mehr unterscheiden. Einen ehrlichen Pfarrer will sie fällen, einem Schandwirth helfen und das Laster schirmen." Ausbrüchen der Volkswuth zu entgehen, sah sich der Rath veranlaßt, dem Begehren zu entsprechen. Aber die Gemeinden hinter der Sitter nebst Bühler und Wald veranstalteten Kirchhören über diese Angelegenheit und diese beschlossen: es sei die Obrigkeit zu schirmen und eine Extra-Landsgemeinde nicht abzuhalten. Um daher den Rath in seinen Verrichtungen zu schützen, eilten am 24. Febr. 3000 Mann nach Trogen. Der Prozeß wurde für einmal eingestellt, dem Pfarrer aber das Predigen vorläufig unbedingt untersagt und ihm beim Eid ins Land geboten. Für die weitere Untersuchung ward eine obrigkeitliche Kommission bestellt. Bei dieser Wendung der Dinge entfiel den Kaiserlichen mit einem Male der Muth. Sie veranstalteten auf den 2. März eine Kirchhöre und setzten den Pfarrer, obschon er sich unterdessen mit Tanner ausgesöhnt hatte und resigniren wollte, selbst ab. Ebenso büßten 7 Gemeinderäthe der nämlichen Partei ihre Stellen ein.

Das große Strafgericht. Die Reue über das wühlerische Treiben gegen Behörden kam zu spät. Am 28. März versammelte sich der Rath zur Beurtheilung der Fehlbaren. Ueber 100 Personen, in ihrer Mehrzahl von Teufen, sonst durchaus unbescholtene, ehrbare Leute mußten am Schranken erscheinen; Rathsglieder wurden ihrer Stellen verlustig erklärt und Landesstatthalter Oertli abgesetzt. 25 Personen erhielten Gefängnißhaft; die an den Standeshäuptern sich vergriffen hatten, wurden an den Pranger gestellt und überdies jeder 101 Gulden gebüßt. Ein Mann vom Kurzenberg ward, weil er die Landammänner gescholten, auf den Pranger gestellt, mit dem Staupbesen geschwungen und auf 6 Jahre des Landes verwiesen. Für die freche Aeußerung: die Obrigkeit wolle Gottes Wort unterdrücken und des Teufels Reich aufrichten, erhielt ein anderer Schaustellung unter dem Pranger. Dasselbe Los traf einen Zürcher von Teufen, weil er gesagt: er sei lind und bleibe lind, die alten Hauptleute seien so gut, als die neuen. Quartierhauptmann Oertli von Teufen ward beklagt, Anlaß gewesen zu sein, daß die 12 Zeugen des Gastwirths Tanner von den Bauern damit beschimpft wurden: sie seien nicht fähig, wider 600 Mann zu zeugen. Er hatte zur Sühne der Unbesonnenheit jedem der Zwölfe 6 Dublonen und in den Landseckel 420 Gulden zu bezahlen; überdies büßte er das Wirthschaftsrecht ein. Während Tanner für sein „Springen-, Tanzen- und Spielenlassen" bis in die Nacht hinein nur 7 Gulden zu bezahlen hatte, ward der Pfarrer mit 210 Gulden gebüßt und ihm verdeutet, er möge das Land verlassen.

Seufzer und Wehklagen erfüllten die Wohnungen der Bestraften und ihrer Freunde; dennoch wagte niemand zu murren wider die harten Urtheile; denn der Faktionsgeist erhob, wie 2 Jahre zuvor, von Neuem sein Haupt. Das zeigte sich im April 1735 an der Landsgemeinde zu Hundwil. Die „Kaiserlichen" wollten um jeden Preis eine neue Obrigkeit einsetzen; die „Französischen" traten aber dem Ansinnen eben so entschieden entgegen. Ueber der Wahl des Landammanns an die Stelle Altherr's schlugen sich die Parteien mit Wuth herum. Es kam so weit, daß die „Franzosen" neue Verfolgung der Linden forderten. Sie sollten bis zum Jahre 1800 sämmtlich von Gericht und Rath ausgeschlossen, aus dem Lande vertrieben, ihnen Hab und Gut weggenommen und daraus ein Landesspital gebaut werden. Mit genauer Noth gelang es Landammann Wetter, den Sturm zu beschwören und eine so unheilvolle Schlußnahme zu verhindern.

Im folgenden Jahre (6. Sept. 1736) wanderte Pfarrer Zuberbühler nach Karolina in Nordamerika aus. Ihn begleiteten Alt-Landshauptmann Tobler von Rehetobel und gegen 100 Unzufriedene aus dem Volk. An den Gestaden des Bodensees angelangt, hielt der Pfarrer an die zahlreiche Begleiterschaar noch eine rührende Abschiedsrede über die Bibelworte: „Gehet aus von ihnen; sondert euch ab!" Im fernen Lande verschmerzte der würdige Mann allmälig die erlittene Unbill; denn noch auf dem Todbette bezeugte er seine Liebe zum Vaterlande durch ein Legat von 220 fl. an die Armen sämmtlicher Gemeinden des Kantons.

Kluge Befonnenheit.   Unzeitiger Jubel.

Schaffet her weife, verftändige und erfahrne
Leute unter euern Stämmen, die will ich
unter euch zu Häuptern feßen.

5. Mofe 1, 13.

Es ift schlimm beftellt um die Freiheit eines Landes,
wenn in demselben die Leidenschaften den Meister spielen,
wenn Parteien, gleich den Wogen des aufgeregten Meeres,
sich gegenseitig verfolgen und einander zu unterdrücken trachten. Ift daher nach sturmbewegten Zeiten der Friede wieder
zurückgekehrt, so sollte sorgfältig alles vermieden werden, was
die Glut neuerdings zur verzehrenden Flamme anfachen
kann.

In diesem Sinne handelte nach dem Landhandel die
Obrigkeit. Zum Glücke für das durch Zwietracht zerriffene
Land gelangte 1735 Jakob Gruber von Gais zur Würde
eines Landammanns. Er liebte Recht und Ordnung, und
obgleich er zur herrschenden Partei gehörte, beobachtete er
doch Unparteilichkeit gegen jedermann, weßhalb er auch den
Anklagen und Aufhetzungen seiner Meinungsgenossen mit Entschiedenheit entgegentrat. Um dem Lande nach langjährigen
Wirren die Segnungen des Friedens zu geben, brachte er sein
volles Ansehen zur Geltung. Unter seiner Amtsverwaltung
geschah, daß Gabriel Walser, Pfarrer in Speicher, den
III. Theil seiner Appenzellerchronik mit der Geschichte des
Landhandels herausgeben wollte; allein es ward ihm nicht
gestattet, obschon er denselben als Zeitgenosse mit erlebt hatte.
Der Rath fand die Eindrücke noch zu neu, die Wunden zu
schmerzhaft und die Gefahr für die Ruhe des Landes zu groß,
als daß er zugeben wollte, daß durch die leiseste Berührung

der traurigen Ereignisse neuerdings Aufregungen im Volke
entstehen könnten. Der Verfasser mußte sich daher, ungeachtet
der leidenschaftslosen, unparteiischen Darstellung dazu beque-
men, das Original gegen eine Entschädigung von 300 fl. an
die Regierung abzutreten, damit die Obrigkeit dasselbe, laut
Beschluß des großen Rathes vom 20. Wintermonat 1739,
durch ein Standeshaupt hinter Schloß und Riegel ver-
wahren könne. So kam es, daß die Arbeit nebst der Fortsetzung der Landesgeschichte bis 1772, einen Zeitraum von
40 Jahren umfassend, lange nur als Manuskript vorhanden
war. Erst im Jahre 1829 willigten die Standeshäupter
in die Veröffentlichung der Landeschronik.

Weniger besonnen handelten bald nachher Männer von
der gemäßigten Partei. Sie konnten die Schmach der erlittenen Niederlage im Landhandel nicht verschmerzen. Als daher
die Landsgemeinde nach mehrjährigem Frieden wiederum anfieng, ohne Rücksicht auf die politische Färbung, Glieder der
ehemals kleinen Partei in Vorschlag zu bringen und wirklich
Landweibel und Landschreiber aus den Gemäßigten wählte,
wurden jene Pocher allmälig kühner. Da nun Gruber 1745,
nachdem er Würde und Bürde 13 Jahre lang getragen hatte,
sein Amt niederlegte und das Volk keinen Anstand nahm,
Joh. Zellweger von Trogen, einen Vertheidiger des Ror-
schachervertrages, an Gruber's Statt zum Landammann zu
wählen, schien ihnen der Augenblick für ihre selbstsüchtigen
Zwecke gekommen. Zwar das Volk freute sich der Wahl
anfangs, weil es in dem Akt eine Bürgschaft erblickte für
Ausgleichung der Meinungsverschiedenheiten im Lande. Die
glückliche Stimmung ward jedoch nur zu bald wieder getrübt.
Jene Unbesonnenen wollten in übermüthigem Dünkel die veränderten Verhältnisse benutzen, die Scharten auszuwetzen oder
Rache zu nehmen an ihren Gegnern. Durch Entfernung
beliebter Häupter aus der Partei der Harten wähnten sie,

diesen ihre Ueberlegenheit zeigen zu sollen. Die heftigsten
unter ihnen machten sogar kein Hehl daraus, daß sie nunmehr
den wachsenden Einfluß wieder zur Geltung bringen werden.
Allein kaum hatten ihre Gegner den gehässigen Plan erfahren, als sie sich in der Absicht zusammenthaten, ihnen neuerdings die Spitze zu bieten. Die Landsgemeinde des Jahres
1747 war darum eine sehr stürmische; es setzte blutige Köpfe
ab, und nicht nur Landammann Zellweger wurde abgesetzt, sondern auch alle übrigen Beamten des Vorderlandes
von der Partei der Gemäßigten. Die Obrigkeit, durch die
Aeußerungen des erloschen geglaubten Meinungshasses schmerz-
lich betroffen, erließ ein Mandat für Herstellung der Eintracht;
aber im Volke gährte es fort, und neuerdings erfüllte Mißtrauen die Gemüther aller Orten. Zwar war die Landsgemeinde ruhig abgelaufen, jedoch, wie es scheint, selbst wider Erwarten des Volkes. In Trogen wurden aus Furcht vor feindseligen Auftritten in den Häusern die Läden aufgezogen, und
die Wahlmänner trafen aus dem nämlichen Grunde, ihre
Taschen mit Steinen gefüllt, ein. Am Abend nach der Landsgemeinde lag der am Sonnabend vorher gesäuberte Platz noch
völlig überdeckt von derartigen Wurfgeschoßen.

Gebhard Zürcher von Teufen, der bekannte Liebling
des Volkes, ward nun für Zellweger zum Landammann gewählt. Unter seiner und seines Freundes, Landammann J.
U. Scheuß, Regierung vernarbten die Wunden der Zwietracht allmälig ganz, und der lang ersehnte Frieden kehrte
zurück.

Die Kreuzfahrt in Grub.

Da baute Gideon daselbst einen Altar und
hieß ihn: der Herr des Friedens.
Richter 6, 24.

Gleichzeitig mit Urnäsch, Hundwil, Teufen, Gais und Trogen war auch Grub im Jahr 1524 zur Reformation übergetreten und damit der katholische Ritus abgeschafft. Den Einwohnern des alten Glaubens ward freigestellt, nach wie vor die Kirche in Grub oder auswärts eine katholische zu besuchen. Den Altar ließ man aus Rücksicht für dieselben in der Kirche stehen und entfernte auch die Kreuze auf dem Friedhofe nicht. Die Gemeinde freute sich der ungeschmälerten Glaubensfreiheit während mehr als eines halben Jahrhunderts; aber andere Zeiten kamen, als im Jahre 1588 der Glaubenshader in Appenzell gefahrdrohender ward, als je zuvor. Der Abt benutzte den Anlaß, auch in Grub das Kollaturrecht geltend zu machen, und es kam 1591, ungeachtet des Widerspruchs von evangelisch Appenzell, wirklich so weit, daß sich die Gemeinde nicht allein Einführung der Parität mußte gefallen lassen, sondern auch den Katholiken in Benutzung der Kirche den Vorrang zu gestatten. Es versteht sich nun von selbst, daß bei der Verschiedenheit der religiösen Gebräuche die gemeinsame Benutzung der Kirche gar bald zu allerlei Unannehmlichkeiten führen mußte, um so mehr, da die Katholiken mit einer Rücksichtslosigkeit handelten, als stünde die Kirche auf ihrem eigenen Grund und Boden. Das zeigte sich besonders bei Anlaß von Prozessionen; aber auch in der Kirche beanspruchten sie für Altäre, Zierrathen und Bilder stets die besten Plätze, weßhalb diese

Gegenstände beliebig, ohne auf Einsprache zu achten, versetzt wurden; ja es sollen Fälle vorgekommen sein, wo die Katholiken während des reformirten Gottesdienstes mit Gewalt in die Kirche eindrangen. In spätern Jahren mehrten sich die Zerwürfnisse, welche endlich auf beiden Seiten, bei den Reformirten früher, bei den Katholiken später, zu Ermüdung und zu Trennungsgelüsten führten. Eine Kreuzfahrt sollte Anlaß werden, den Mißständen in der Kirchenordnung durch Trennung beider Religionsgenossenschaften ein Ziel zu setzen.

Schon 1749 hatte nämlich Statthalter Tobler in Lutzenberg den Katholiken von Grub ansagen lassen: man werde es nicht länger dulden, daß sie auf ihren Bittgängen, mit Umgehung alter Verträge, die Kreuze aufrechthaltend, durch Tobel ziehen, weil man darin eine Gebietsverletzung erblicke. Der Abt aber dachte anders; er ermunterte die Katholiken zum Widerstand, und als daher am 23. April 1750 eine Prozession mit aufgehobenem Kreuz und Fahnen nach Tobel kam, schaarten sich alsbald Weiber und Kinder zusammen und überhäuften den Zug mit Schmähungen; die Männer schossen in die Fahne und entrissen dem Träger deren Stange. Auf erhobene Einsprache des Hauptmanns von Grub ließ man zwar die Leute unangefochten weiter ziehen; jedoch getraute sich der Pfarrer als Führer des Zuges nicht, heimwärts außerrhodisches Gebiet zu betreten. Acht Tage später gelangte ein Bittgang ungehindert nach St. Gallen; als derselbe aber auf dem Rückwege nach der Halten in reformirt Grub gelangt war, sperrten 50 Männer der Reformirten den Weg, indem sie Senkung von Kreuz und Fahnen verlangten. Die Gegner stutzten, fragten aber, ob das Begehren in obrigkeitlichem Auftrag geschehe. „Wir sind selbst die Obrigkeit," hieß es, „und werden nicht dulden, daß man gegen Landesgesetze handle." Die Katholiken aber erklärten, fernerhin thun zu wollen, was sie von jeher gethan.

Der Wortwechsel führte zu Thätlichkeiten; die Leute wurden handgemein, und der Streit endigte mit **10—12** Verwundeten auf jeder Seite. Der Zug mußte sich auflösen und die Leute vereinzelt nach Hause gehen, jedoch ward ihnen gestattet, Kreuz und Fahnen aufrecht zu tragen. Der Auftritt erweckte alsbald Lärm auf beiden Seiten. Die Katholiken drohten, ihr Recht mit **2000** Mann durchzusetzen; die Reformirten aber behaupteten, die Gefahr mit **4000** Mann abwehren zu können.

Auf eingelegte Klagen beim Abt verlangte derselbe Genugthuung, Bestrafung der Schuldigen und in Zukunft Sicherheit für die religiöse Uebung der Prozessionen; ja, er begehrte sogar Einstellung des reformirten Gottesdienstes während derselben. Landammann Adrian Wetter, der diesseitige Abgeordnete, weigerte sich jedoch beharrlich, seiner Regierung ein derartiges Begehren zu hinterbringen; dagegen trug er auf Trennung von katholisch Grub an. Dem Abte gefiel der Vorschlag, und so kam nach langwierigen Unterhandlungen am 5. April 1751 ein Auslösungsvertrag unter folgenden wesentlichen Bestimmungen zu Stande: Appenzell zahlt an st. gallisch Grub für den Bau einer eigenen Kirche eine Entschädigungssumme von **4500** fl. Katholisch Grub ist befugt, die Kirchengeräthe wegzunehmen, ebenso die Kreuze von den Gräbern. Die Prozessionen nach St. Gallen über die Halten sind ihnen jederzeit und ohne Senkung von Kreuz und Fahnen gestattet. Ueber Tobel und Heiden dagegen sollen dieselben unterbleiben. Für die in Tobel verübten Frevel sollen die Fehlbaren zur Abbitte beim Abt, zu Geldbußen und einer derselben überdies zu Gefängnißhaft verurtheilt sein. — Reformirt Grub erfüllte die übernommenen Verpflichtungen, erbaute, da der alte Tempel ohnehin baufällig war, unter Beihülfe des Landes auch eine neue Kirche und lebte von da an im Frieden mit seinen Nachbarn.

Ueberfluß und Mangel

oder

die Theurung der Jahre 1770 und 1771.

Und die theure Zeit wird das Land verzehren, daß man nichts wissen wird von der
Fülle im Lande vor der theuren Zeit,
die hernach kommt.
Mose 41, 30. 31.

———

Gleich wie in den geselligen Verhältnissen der Menschen
die auffallendsten Gegensätze sich finden; wie neben Feinheit
der Sitten und Bildung Roheit und geistige Verkommenheit,
neben dem Reichthum die Armuth einherschreitet, täglich mit
der Frage beschäftigt: „Was werden wir essen, was werden
wir trinken, womit werden wir uns kleiden?“ also verhält
es sich auch mit dem Gang der Natur in Bezug auf die
Witterungsverhältnisse verschiedener Himmelsstriche. Hier schüt-
tet das Füllhorn seine Gaben aus in überschwenglicher Menge;
dort bringt die Erde nichts hervor als Sorge und Jammer.
Auf solche Gegensätze führt uns die Geschichte in der zweiten
Hälfte des vorigen Jahrhunderts.

Das Jahr 1760 war ein rechtes Wunderjahr, weßhalb
es auch sprüchwörtlich geworden ist; denn so oft später eine
ähnliche Fruchtfülle ins Land kam, hieß es: „Wir haben einen
Sommer, wie im Sechszigerjahr.“ Getreide, Wein, Obst,
Flachs — alles gedieh vortrefflich. Man konnte die Ledi Berg-
birnen für 7 Batzen, die Ledi Kriesibirnen für 20, die
Ledi Holzäpfel sogar um 12 Kreuzer kaufen. Der Laib Brod,
zu 160 Loth, galt 10 Kreuzer; 1 Pfund Butter eben so viel.
Die Weinlese konnte schon Ende September gehalten werden.
Mehrere fruchtbare Jahre folgten und die Gewerbe blühten,

wie niemals zuvor, einestheils, weil durch den Krieg des
Preußenkönigs mit Schlesien dessen Industrie in's Stocken
gerieth, anderntheils, weil im Lande zu dem Linnenge-
werbe, das schon tausend Hände beschäftigte, auch noch die
Mousselinenfabrikation nebst der Handstickerei in
Aufnahme kam. Man errichtete Fabriken, namentlich in
Herisau, und statt daß bis dahin unsere Handelsleute nur
die inländischen Märkte besucht hatten, brachte man die Waaren nun auch nach Straßburg, Frankfurt und Leipzig;
auch gründete man Handelshäuser in Italien, Frankreich, Spanien ꝛc. So kam viel Geld in's Land; aber
statt an die ungewisse Zukunft zu denken und den Segen
Gottes wohl anzuwenden; statt für das Alter und kranke
Tage einen Nothpfennig bei Seite zu legen, lebten die Leute
leichtsinnig in den Tag hinein, in Saus und Braus, als
ob es immer so bliebe. Die Schenkhäuser waren, wenigstens
allsonntäglich, vollgepfropft von Gästen. Man schaffte schöne
Kleider an und kostbaren Hausrath. Selbst Töchter armer
Leute hüllten sich in Seide und Damast, gleich Fürstenkin-
dern, und trugen goldene Ketten. Zeigten verständige Eltern
Mißfallen an solcher Hoffahrt, so verließen jene voll Verdruß das Elternhaus, hielten eigenen Herd und setzten den
Luxus fort, weil der tägliche Verdienst dazu hinreichte. Allein die goldenen Zeiten giengen vorüber, wie sie gekommen
waren, und an die Stelle des Ueberflusses traten als gerechte
Strafe Gottes Mangel, Elend, Hunger und Jammer, herbeigeführt durch Mißwachs und Verdienstlosigkeit. Schon der
Sommer des Jahres 1764 verhüllte sein Antlitz; Schnee,
Reif und Hagelwetter richteten an Saaten, Reben und Fruchtbäumen große Verheerungen an. So gieng es fort mit schädlichen Naturereignissen von Jahr zu Jahr. Der außerordentlich nasse Sommer von 1769 und der darauffolgende kalte,
bis Mitte Mai andauernde, schneereiche Winter hatten eine

Theurung zur Folge, welche, wie es immer geschieht, durch kleinliche Furcht und Spekulationsgeist zu Vorkauf, Frucht- sperren und sträflichem Wucher führte, die das Elend um vieles verschlimmerten. So kam es, daß schon im Juli 1770 die Preise anfiengen, in die Höhe zu gehen. Am St. Galler Herbstjahrmarkt stand der Preis eines Viertels Korn, das früher 1 Gulden gekostet, schon auf 54 Batzen; denn in Schwaben war unterdessen gegen die Schweiz eine Frucht- sperre verhängt worden, in Folge welcher an dieselbe nur noch ein gewisses Quantum abgegeben werden durfte. Da- bei blieb es, obschon die Landeshauptleute J. J. Zuber- bühler von Speicher und Laurenz Wetter von Herisau im Auftrag der Obrigkeit mit dem Gesuch um ungeschmälerte Ausfuhr nach Ulm eilten. Den Schmuggel zu verhüten, kreuzten auf dem Bodensee beständig Jagdschiffe, und am Rhein waren Grenzwachen aufgestellt, den unerlaubten Transit nach der Schweiz zu verhindern. Da der Abt auch auf dem Ror- schacher Markt hemmende Maßregeln eintreten ließ, besuchten manche Käufer den Markt in Arbon; aber auch da war die Frucht sehr rar, weil im November von Seite Schwabens für Getreide und Vieh eine totale Sperre angeordnet wurde. Schon kostete das Pfund Brod 14, 1 Pfund Rindfleisch 9, magerer Käse 12, Butter 30 Kreuzer, der Vierling Musmehl 20 Batzen; das Viertel Korn war von einem Gulden auf das fünf- bis sechsfache gestiegen. Aehnlich verhielt es sich mit andern Nahrungsmitteln. In Ermanglung gewöhnlicher Speisen suchten sich die Leute mit Nesseln, Wiesenbocksbart und ähnlichen genießbaren Kräutern zu sättigen. Aus den Alpen holte man die Sauerampfer zentnerweise herbei, um solche zu verspeisen. Wer mit Kartoffeln sich sättigen konnte, schätzte sich glücklich; denn auch diese galten 36 Batzen, das Viertel. Brod aus Kleie (Grösch), deren man bald zu wenig hatte, war gesucht. In dem Grade, wie die Lebensmittel im Preise stiegen, sank dagegen der Arbeitsverdienst, weil zu all dem Elende auch noch die Gewerbe stockten. Während in den gewinnreichen Sechzigerjahren ein Weber täglich seinen Gulden verdiente, sank nun dessen Erwerb auf sechs Kreuzer herab. Viele derselben konnten, weil der Absatz fehlte, sogar keine Arbeit mehr finden. Man mußte, um das Leben elendiglich zu fristen, Kleider und Mobilien um einen Spottpreis verkaufen; demselben Lose fielen nun natürlich auch die anheim, welche ehedem meinten, mit Kleinodien sich behängen und in Seidenzeugen und Damast einherstolziren zu sollen. Zur Arbeit hatten manche Leute keine Kraft mehr; sie zehrten ab, starben vor Hunger dahin oder wandelten, gleich Skeleten, wankenden Schrittes einher. So kam es, daß die Todtenlisten vom Jahr 1771 auf Außerrhoden allein eine Bevölkerungsabnahme von 3339 Personen nachweisen.

Doch auch in dieser Noth erbarmte sich der Herr bald wieder seiner Kinder. Nachdem nämlich aus Italien Bericht gekommen war, daß dort Getreide feil sei, thaten sich hierorts die Geschäftsleute eilfertig zusammen, um für ihre Handelsartikel statt Geld Frucht kommen zu lassen. Die Zellweger, Honnerlag und Zuberbühler in Trogen, die Schläpfer in Speicher und die Scheuß, Zölper und Meier in Herisau machten sich durch ihre ruhmwürdige Thätigkeit um das Vaterland hoch verdient. Die Weinsäumer holten Getreide statt der stärkenden Flüssigkeit, und die Müller eilten in der nämlichen Absicht mit ihren Geldsäcken nach Italien. Aber der Lastthiere bedurfte es zum Transport weit mehr, als aufzubringen waren, und für die hinziehenden fehlte auf dem Splügen bald das nöthige Futter. Den Dienst der Pferde zu ersetzen, zogen darum hunderte von Menschen als Lastträger dahin; ihnen folgten ebensoviele, die, dem Lande den Rücken kehrend, als Bettler nach der Kornkammer Italiens eilten. Bei der Uebervölkerung in den

Alpenpässen kamen manche der Lastträger aus Mangel an Obdach im Freien um, oder sie brachten durch Erkältung den Keim des Todes mit sich nach Hause. Wieder andere trieb die Noth zum Diebstahl, weßhalb die Justiz vollauf zu thun hatte. In der Sitzung des großen Rathes vom 17. Juni 1771 geriethen gleichzeitig nicht weniger als 15 Unglückliche unter die Hand des Henkers.

Nachhaltiger als jener mühselige Getreidetransport über die Alpen, welcher uns unwillkürlich an die Vortrefflichkeit der Eisenbahnen erinnert, half indeß die Hand des Höchsten durch die Wiederkehr fruchtbarer Jahre. Der Sommer von 1772 füllte die Kornkammern neuerdings auf wunderbare Weise. Auch die Gewerbe fiengen zu blühen an; wohlfeile Zeiten kehrten zurück, so daß der Brodpreis schon im Frühjahr 1774 wiederum auf zwölf Kreuzer herabgieng.

Ob die schwere Heimsuchung, diese Lehre vom Himmel herab, die Menschen zu frommer Einkehr geführt; ob die Leute bemüthiger, enthaltsamer geworden; ob dieselben nachmals das ihnen anvertraute Pfund im Aufblick zum Geber aller guten Gaben mit kluger Berechnung verwaltet: davon schweigt die Geschichte.

Der Bund mit Frankreich im Jahr 1777.

Ziehet nicht am fremden Joch mit den Ungläubigen.   2. Kor. 6, 14.

Wir haben (S. 421) gesehn, daß Frankreichs Könige in frühern Jahrhunderten stets darauf ausgiengen, ihre Heere mit Eidgenossen zu verstärken, weßhalb sie mit der Schweiz wiederholt in Bündniß traten. Bald nach dem Tode Ludwigs XIV., welcher 1715 erfolgte, gieng das alte Bündniß

von 1663 zu Ende. Während aber die evangelischen Stände
längst nicht mehr daran festgehalten, beschworen dagegen
die V Orte dasselbe nach dem Toggenburgerkriege im Jahr
1715 neuerdings; denn durch Frankreichs Einfluß hofften sie
wieder in Besitz der in jenem Kampfe eingebüßten Gebietstheile: Baden, Rapperswil, Bremgarten und der untern
freien Aemter, zu gelangen. Der Streit um Rückgabe (Re-
stitution) derselben machte die Spaltung unter Katholiken
und Reformirten immer größer; es kam am Ende so weit,
daß ihre Standesboten die Tagsatzungen nicht mehr gemeinsam besuchen wollten. Jene konnten die Einbuße nimmer
verschmerzen; diese aber wollten die gemachten Eroberungen
nicht wieder zurückgeben, weßhalb seit dem Toggenburgerkriege
jeder Theil seine eigenen Wege gieng. Während die katholischen Kantone treu zu Frankreich hielten, zeigte sich bei den
evangelischen Mißtrauen und Spannung. Zwar hatten Zürich
und Bern dessenungeachtet fortwährend einige Regimenter in
Frankreichs Dienst; aber ein förmliches Bündniß wollten sie
nicht eingehen, weil dessen Regierung sich im Toggenburgerkriege, wie bereits erwähnt, stets feindselig gegen die evangelischen Orte benommen hatte. Dazu kam, daß niedergelassene
Schweizer in Frankreich mit Geringschätzung behandelt, daß
Verträge oft nicht gehalten, Zahlungen an die Truppen nicht
gehörig geleistet, Protestanten ihres Glaubens wegen verfolgt
wurden ꝛc. Dem König lag aber die Entfremdung der mächtigen protestantischen Kantone gar nicht recht, und es trachtete
daher die Regierung bei jedem Anlaß darnach, eine Annäherung
mit ihnen zu Stande zu bringen. An der Restitutionsfrage
scheiterte indeß Jahrzehnde lang jeder Versuch, und erst als
Ludwig XV. (1774) gestorben war, nahm die Angelegenheit eine für Frankreich günstige Wendung; denn dessen Nachfolger, Ludwig XVI., flößte durch seinen Biedersinn jedermann Vertrauen ein. Beide Theile, die V Orte, wie die

reformirten Kantone, fühlten sich damals auch um so mehr
zu Frankreich hingezogen, als 1773 die Niederwerfung Polens
und dessen Beraubung durch Oesterreich, Preußen und Rußland auch andere kleine Staaten in Schrecken versetzte. Wirklich verbreiteten sich bald Gerüchte, namentlich durch englische
Zeitungen, daß die Schweiz von einem ähnlichen Lose bedroht
sei. Die Reise des österreichischen Kaisers Josephs II. durch
die Schweiz vermehrte die Besorgnisse noch umsomehr, als
man seine gefährlichen Absichten und seine Ansprüche auf
Kyburg und andere vormals habsburgische Besitzungen in
Helvetien kannte. Angesichts der Gefahr von außen traten
die Restitutionsgelüste alsbald zurück, und es sollte daher
unter Vermittlung des französischen Ministers, Graf von
Vergennes, der Abschluß eines Bündnisses sämmtlicher
Kantone mit Frankreich angebahnt werden. Im Jahr 1777
kam dasselbe, immerhin unter vielen Schwierigkeiten und erst
nach Beseitigung vielfacher Ansprüche von Seite einzelner
Kantone endlich wirklich zu Stande. Innerrhoden war demselben ohne Anstand beigetreten; in Außerrhoden mußten
dagegen vorerst mancherlei Hindernisse aus dem Wege geräumt
werden. So geschah, daß ein Auflauf entstand, als nach
ergangener Einladung zum Besuch der eidgenössischen Konferenz in Solothurn der große Rath am 6. April sich in
Herisau versammeln sollte. Voll Zorns bestürmte ein Volkshaufen die Wohnung des regierenden Landammanns Laurenz
Wetter. In seiner Verlegenheit ließ er Gebhard Zürcher,
den Kollegen im Amte, herbeirufen. Als dieser, begleitet vom
Weibel in der Standesfarbe, das Haus betrat, wimmelte es
bereits von Unzufriedenen. Zürcher verwies ihnen alsbald
die Mißachtung jeglichen Anstandes: „Macht Platz! Zieht
die Hüte ab!“ ruft er mit kräftiger Stimme. „Seht ihr
denn nicht, vor wem ihr steht?“ Nach stattgehabter Unterre-
dung mit Wetter werden einige der Unzufriedenen vorgeladen

und Zürcher redet dieselben also an: „Was wollt ihr denn
eigentlich? Wie vergeßt ihr so ganz allen Anstand und über-
lauft euern Landammann auf so ungeziemende Weise! Wenn
ihr etwas zu wünschen oder zu klagen habet, so veranstaltet
aus euerer Mitte eine Abordnung, die mit gebührender Achtung erscheint, um ihre Sache anzubringen!" Es geschieht.
Sechs Männer treten ein, und nachdem dieselben von den
Standeshäuptern über die wahre Sachlage belehrt worden,
ziehen sie zufrieden von dannen. — Der Rath beschloß
hierauf den Besuch der Konferenz in Solothurn; als Abgeordnete sandte er Landammann Wetter und Landshauptmann Zuberbühler dahin. Innerrhoden war durch Landammann Fäßler und Statthalter Broger vertreten. Am
30. April kam das Bundesprojekt, welches unter Ratifikationsvorbehalt durch die Landsgemeinde auch von den herwärtigen
Standesboten angenommen wurde, endlich zu Stande. Der
mit 38 Siegeln versehene Bundesbrief gelangte bald darauf
an die Standeshäupter und ward sodann unterm 29. Mai
dem großen Rathe zur Annahme oder Verwerfung vorgelegt.
Frankreich machte sich seinerseits anheischig, die schweizerische
Unabhängigkeit zu gewährleisten, freie Zufuhr von Salz und
andern Lebensmitteln zu gestatten, einige Handelsbegünsti-
gungen zu gewähren und gegen Zulassung freier Werbung
von 6000 Mann in Frankreichs Dienst sogenannte Bundesgelder an die Eidgenossen zu bezahlen. Der Rath nahm
keinen Anstand, das Bündniß zu genehmigen und suchte demselben auch bei der Landsgemeinde Eingang zu verschaffen;
aber im Volke kam es bei seiner Aengstlichkeit für Wahrung
der Rechte und Freiheiten zu mancherlei Widerspruch. Den
Einen lagen die Werbungen für einen katholischen Fürsten
nicht recht, weil sie besorgten, der König möchte die Truppen
unter Umständen auch gegen ihre Glaubensgenossen ins Feld
führen; die Andern sträubten sich gegen Annahme von Pen-

sionen, aus Furcht, daß dadurch Land und Leute an die
Krone Frankreichs gleichsam verkauft würden. Her und hin
in den Gemeinden entstunden darum unruhige Auftritte. Dem
Unwillen Ausdruck zu geben, petitionirten namentlich Urnäsch,
Waldstatt und Schönengrund beim großen Rath, welcher am
15. Juni in Herisau versammelt war. Hier kam es zu heftigen Streithändeln, so daß es dem Landweibel kaum gelang,
durch Anlegung des Friedgebotes Ruhe herzustellen. Hundert-
vierundsechzig Unzufriedene hatten sich eingefunden. Beim
Rathhaus angelangt, verlangten 86 derselben, gleichzeitig
zugelassen zu werden. Nachdem jedoch der Rath ein Verzeichniß der Unzufriedenen hatte aufnehmen lassen, gestattete
er nur einer kleinen Abordnung den Vortritt. Diese verlangte
Namens der Petenten nicht allein Aufschub der Landsgemeinde,
sondern auch Verweigerung der Werbungen und der Bundesgelder. Aber der Rath ließ sich weder einschüchtern noch irre
machen; er erklärte den Aufschub als unzulässig und ordnete
zu genauer Erläuterung des Traktates 5 Beamte an das
Volk ab, worauf sich dieses endlich beruhigt entfernte. Auch
in andern Gemeinden zeigte sich mancherlei Gährungsstoff.
In Wald und Rehetobel wurden Leute gefragt, ob sie
Schweizer oder Franzosen seien. Man wolle das Kind im
Mutterleibe verkaufen, hieß es, und Urnäsch drohte, an der
Landsgemeinde mit Steinen wohl versehen erscheinen zu
wollen. Mit dem 18. Juni brach der verhängnißvolle Tag
an. Viele hatten demselben mit beklommenem Herzen entge-
gengesehn, dennoch ward die Landsgemeinde zahlreich besucht.
Als das Bündniß in Abstimmung kam, ergab sich wider
Erwarten ein einhelliges Mehr für dasselbe. Der erste Stein
des Anstoßes war somit gehoben; schwieriger zeigte sich die
Beseitigung des zweiten; denn als über die Pensionen abgestimmt werden wollte, entstand ein gewaltiger Tumult. Viele
Stimmen riefen zumal: „Wir wollen und brauchen kein Geld

von Frankreich." Man konnte zu keinem Entscheide gelangen, bis der beliebte Volksmann, Landammann Zürcher, den Stuhl bestieg. Nachdem der Sturm bereits eine halbe Stunde gewährt, schwenkte Zürcher seinen Hut, und alsbald erfolgte eine so feierliche Stille, daß anwesende Gäste das Ansehen des schlichten Mannes voll Erstaunen bewunderten. Zürcher sprach kurz, aber bündig für Annahme der Bundesgelder. „Warum," sagte er, „zeigt ihr so viel Mißtrauen und Furcht? Euere Obrigkeit schlägt euch nichts vor, das von Nachtheil sein könnte und ich am wenigsten, dafür kennt ihr mich. Wenn man euch etwas geben will, so nehmt es; will man euch aber etwas nehmen, dann wehrt euch tapfer. Bedenket, daß die Stände Zürich und Bern, welche der Bundesgelder weniger bedürfen als wir, dieselben doch nicht zurückweisen. Wie sollten denn wir so thöricht sein wollen, die Pensionen auszuschlagen, da man aus dem Gelde Rathhäuser, Straßen und Brücken bauen kann!" Nach diesem Vortrag sprach sich das Volk mit Mehrheit auch für Annahme der Pensionen aus.

Am 25. August 1777 wurde sodann der Bund mit Frankreich von sämmtlichen 13 Orten nebst Mühlhausen, Biel, dem Abt und der Stadt St. Gallen in der Stiftskirche zu Solothurn feierlich beschworen. Drei Tage währten die Festlichkeiten; der französische Botschafter gab 450 Personen ein glänzendes Mahl. Die Ehrengesandten erhielten überdies goldene Medaillen an vierfacher goldener Kette im Werth von 800 Gulden. Auch unsere Standesboten, Landammann Wetter und Landshauptmann Zuberbühler, wurden der seltenen Auszeichnung theilhaftig.

Werfen wir zum Schlusse einen Blick auf die Bedeutung des mehrerwähnten Bundes, so ist unzweifelhaft, daß derselbe für das Gesammtvaterland ersprießlich war. Die Einmischung Frankreichs in die innern Angelegenheiten der Schweiz wurde

beseitigt, und es traten die Kantone unter sich neuerdings
als einheitlicher Staat auf. Die konfessionelle Spaltung
trat in den Hintergrund, und gegen ungerechte Zumuthungen
oder Angriffe durch andere Mächte hatte die Schweiz an
Frankreich einen ebenso mächtigen als befreundeten Bundesgenossen erhalten.

Landammann Suter von Appenzell, ein blutiges Opfer des Beamtenhasses.

> Eines jeglichen Werk wird offenbar werden;
> der Tag wird es klar machen, und wel-
> cherlei eines jeglichen Werk sei, wird das
> Feuer bewähren.   1. Kor. 4, 13.

Von Appenzell führt eine kunstgerechte Straße in west-
licher Richtung, sanft ansteigend, nach der Hochebene von
Gonten. Beim Eingang in das stille Thälchen erhebt sich
auf grünem Wiesenplan ein stattliches Kurhaus mit Ne-
bengebäuden, das unter dem Namen des Gontnerbades
bekannt ist. Zur Zeit, als dasselbe von Fremden noch wenig
besucht ward, stand an der Stelle ein schmuckloses Landhaus
nach altem Baustil. Joseph Anton Suter, ein Mann
ohne Bildung, aber voll Mutterwitz, von gutem Humor und
scherzhaften Einfällen, war Badwirth daselbst und wußte das
Volk dermaßen für sich einzunehmen, daß sein Haus, besonders an Sonntagen, von Gästen wimmelte. Sein Wohlthun
gegen Arme und seine Leutseligkeit gegen jedermann sicherten
ihm das Vertrauen alles Volkes zu. Ihm, dem Sprößling
einer vornehmen Familie, genügte jedoch der enge Kreis einer

Badewirthschaft nicht lange. Suter strebte nach höhern Dingen, und als daher im Jahr 1760 die Reihe zur Wahl eines Landvogtes über das Rheinthal an Innerrhoden gelangte, bemächtigte sich seiner der Ehrgeiz. Es drängte den Mann, herauszutreten aus dem Stillleben des Landmannes und hinüberzugehen in das wogende Getriebe der Oeffentlichkeit; aber Verfolgung, Schmach und Verbannung, ja selbst ein blutiges Ende waren der Preis für sein Jagen nach eitler Ehre.

Die Wahl des Landvogtes war für Innerrhoden ein Ereigniß und daher längere Zeit Tagesgespräch in allen Klassen der Bevölkerung; denn sie kehrte jeweilen erst nach 36 Jahren zurück. Einflußreiche Stimmen fielen auf Magistratspersonen. Die einen von ihnen wollten Landammann Scheuß, der es schon zweimal gewesen, hiefür erwählt wissen; andere hatten die Stelle dem Landammann J. J. Geiger, seit 1732 im Amte, zugedacht; an die Wahl eines Mannes aus dem Volke dachten wenige. Suter aber sprach: „Gehören denn die einträglichen Stellen nur den reichen Käuzen mit abgesägten Hosen? Können Bauern mit gesundem Menschenverstand nicht ebenso gut die Landvogtei besorgen? Ist es besser, Reiche zu bereichern, oder einen gemeinen Mann zum Herrn zu machen?" Das Wort zündete. Seine Gönner und Freunde verbreiteten die Rede im Lande, und siehe da, die Landsgemeinde erwählte Suter fast einstimmig zum Landvogt ins Rheinthal. Mit Jubel führte man den Gefeierten auf die Bühne, und viele Stimmen riefen zumal: „Geb' dir Gott Glück und Segen, Seppli!" Dem Hosianna folgte jedoch später das — Kreuzige — nach. Alsbald erweckte das ungeahnte Glück dem Landvogt zahlreiche Neider. Sein erbittertster Gegner war Landammann Geiger, der die einträgliche Stelle als Anerkennung für seine dem Lande geleisteten Dienste mit Gewißheit erwartet hatte. Ihm genügte nicht, Suter bei der Tagsatzung, wo er ihn einzuführen hatte,

lächerlich zu machen;* vielmehr lauerte er unablässig auf
jede Gelegenheit, dessen Fall herbeizuführen. Suter gieng
indeß ruhig seine Wege, unbekümmert um das Toben der
Feinde. Ein Vater des Volkes wollte er werden und mit
Milde das Rheinthal regieren. Der Anfang war freilich
schwer, besonders mit Rücksicht auf seine pekuniären Verhält=
nisse. Die bedeutenden Auslagen, welche der jeweilige Land=
vogt für den glänzenden Aufzug im Schlosse zu Rheineck
bringen mußte, überstiegen die Kräfte des wenig bemittelten
Mannes, weßhalb er bei einem Gönner, Isenhut in Gais,
1200 Gulden entlehnte. Der Erfolg seiner amtlichen Thä=
tigkeit rechtfertigte übrigens die Wahl des Mannes voll=
kommen.

„Die Mäßigung seines Regiments," sagt Monnard
in seinen Schweizerbildern, „machte dem Lande Ehre". Mun=
terkeit, volksthümliche Geburt und Sitte, gastfreundliches
Wesen zogen ihm häufige Besuche von seinen Mitlandleuten
zu, die ihn als ihren Erwählten und ihresgleichen ansahen.
Sie verließen ihn auch niemals ohne reichlichen Labetrunk.
An Festtagen belebte der Wein des Landvogts den Tanz in
den Dörfern seiner Heimat. Die im Schlosse zu Rheineck
verlebten Jahre machten den freundlichen „Sepli" noch
beliebter beim Volke, und da Scheuß bald nach der Rück=
kehr Suter's starb, wurde er Geiger zum zweiten Mal vor=
gezogen und zum ersten Landammann erwählt.

---

* Ecce homo — „Seht den Menschen!" so sprach er in lateinischer
Rede zu den Tagherren. „Der Pöbel hat ihn aus seiner Mitte erwählet.
Wehe dem Lande, dessen König oder Oberherr ein Kind ist. Es giebt
wenige Weise nach dem Fleisch; durch Thorheit wird die Welt regieret"
u. s. w. — Als man Suter bei Tafel fragte, ob er die Worte Ecce
homo verstanden, erwiederte er: „Ich habe wohl gemerkt, daß Geiger
mich als den Heiland, sich selbst aber als den ungerechten Richter bezeich=
nen wollte." Die Tagherren lachten.

Das Konkursgesetz. Abwechselnd mit Geiger bekleidete nun Suter während 8 Jahren die erste Staatsstelle ruhmvoll, zu allgemeiner Zufriedenheit; aber Neid und Eifersucht führten nicht selten zu Spaltungen unter ihnen, und diese brachten allmälig auch beim Volke, das sich gar bald in eine suter'sche und geiger'sche Partei oder in Bauern und Herrenleute schied, ähnliche Erscheinungen hervor. Jene hielten treu zu Suter, diese um so eifriger zu Geiger, als ein unscheinbarer Umstand bei den Begüterten des Landes Mißstimmung gegen den Volksmann erzeugte.

In Innerrhoden galt nämlich damals noch das höchst unbillige Gesetz, nach welchem bei Fallimentsfällen die inländischen Kreditoren vorab bezahlt, die auswärtigen dagegen auf den Rest der Masse angewiesen wurden. * Bei Anlaß einer Revision dieses Gesetzes eiferte nun Suter mit aller Entschiedenheit gegen jedwede Bevorzugung der Landeskinder; „denn,“ sagte er, „das ist ungerecht; es schneidet das Zutrauen des Auslandes von uns ab und macht, daß kein Fremder Geld in unser Land leihen will.“ Er verlangte Gleichheit der Rechte für alle Gläubiger und drang durch; denn er drohte mit einer Landsgemeinde, wenn der Kredit des Kantons länger in solcher Weise aufs Spiel gesetzt werden wolle. Dadurch machte er sich aber die Reichen vollends zu Feinden, und sie sprachen: „Suter will nur fremde Leute begünstigen; er denkt schlecht vaterländisch.“ So erhielt des Mannes Zutrauen, wie bieder er es auch gemeint hatte, einen empfindlichen Stoß. Das zeigte sich an der Landsgemeinde des

---

* Auch in Außerrhoden galt der nämliche Grundsatz. Ein Versuch, von demselben abzugehen, oder den Art. 82 des Auffallegesetzes im Sinne Suter's abzuändern, wie es 1803 (Art. 190) wirklich geschah, hatte im Jahr 1785 zu unruhigen Auftritten geführt, so daß die Landsgemeinde den Vorschlag verwarf.

Jahres 1770. Nur nach langem Wahlkampfe, der bis abends 5 Uhr dauerte, konnte seine Wiederwahl mühsam durchgesetzt werden. Es ist darum nicht unwahrscheinlich, daß Suter schon vor dem verhängnißvollen Tage auf Mittel gedacht haben mag, die Volksgunst neuerdings zu gewinnen. Die Wahl derselben führte ihn jedoch, wie wir bald sehen werden, auf einen sehr gefährlichen Abweg. Der sonst durch und durch rechtliche Mann mißbrauchte sein Amt, angeblich im Interesse des Landes, zu einem Unrecht, dem die Strafe auf dem Fuße folgte.

Prozeß um die Alp Sentis. In Geldnoth hatte Appenzell diese in seinem Gebiet liegende Besitzung einst kaufsweise an Oberried im Rheinthal abgetreten; damit aber Innerrhoden die Alp gleich andern Gütern im Lande schütze, bezahlte die Gemeinde seit 1495 jährlich 2 Pfd. Pfennig Entschädigungsgebühr. So blieb Oberried Jahrhunderte lang im ungeschmälerten Besitze derselben, bis 1769 Hermann Torgler, ein Antheilhaber, auf Anstiften Suter's zwei Weideplätze der Alp an Baptist Näß von Appenzell verkaufte, welcher alsbald das Zugrecht auf dieselben verlangte. Natürlich protestirte Oberried; es erblickte darin einen Eingriff in sein Eigenthumsrecht und begehrte daher einen Rechtstag, an dem es dann auch klar und deutlich nachwies, daß der Kauf von Suter und Näß mittelst Bestechung und unter falschen Angaben zu Stande gebracht worden sei, um früher oder später in Besitz sämmtlicher Weideplätze jener Alp zu gelangen. Der Landvogt erklärte den Schick ungültig; er bestrafte den Käufer mit 20, den Verkäufer aber mit 15 Thalern Buße. Suter jedoch, obschon er bald nachher vom Vorort Zürich gewarnt worden war, achtete des Rechtsspruches nicht und wußte als Standeshaupt auch den Rath dahin zu bestimmen, daß derselbe, nach dem er den Landleuten schon früher das Zugrecht gestattet hatte, im Fall Oberried die Gräser veräußern, oder

daß dieselben erbsweise ins Land fallen sollten (was Oberried zugab und die 8 alten Orte billigten), die Gültigkeit des
Zugrechts auf jene Weideplätze sowohl, als auch auf die
ganze Alp zu Recht erkannte. Er stützte seine Schlußnahme
auf den irrigen Grundsatz, daß die Obrigkeit über alles das,
was innerhalb der Grenzen des Landes liege, der alleinige
kompetente Richter sei. Jahre lang theilte der große Rath
diese Ansicht mit Suter. Er ließ die Alp (1775) schätzen,
bezahlte die Schatzungssumme von 6000 Gulden aus dem
Landseckel, und Suter nahm dieselbe mit Jubel über den
errungenen Sieg in Besitz. Allein die Freude war von kurzer
Dauer. Oberried klagte das Unrecht den das Rheinthal
regierenden Ständen; der Streit gelangte an die Tagsatzung,
und diese erklärte unterm 3. Heumonat desselben Jahres die
Besitznahme als einen Akt der Gewaltthat und Willkür.
Der Rath von Appenzell ward eingeladen, die Alp an Oberried zurückzugeben oder bis Martini bessere Rechtsgründe
beizubringen, widrigenfalls der Grundsatz des Gegenrechts
in Anwendung gebracht, mithin die appenzellischen Besitzungen
im Rheinthal mit Beschlag belegt werden würden.

Suter's Fall. Das wirkte. Beschämt zog sich die Regierung von dem Geschäfte zurück; sie wusch ihre Hände in
Unschuld und überließ es von da an Suter selbst, den Prozeß auf eigene Kosten weiter zu führen. Er sollte also dafür,
daß durch den unsaubern Handel Schande und Schmach über
das Land gekommen war, allein büßen. Nachdem Suter als
Abgeordneter des Standes Appenzell-Innerrhoden von Frauenfeld zurückgekehrt war und in üblicher Weise über die Verhandlungen der Tagsatzung Bericht erstatten sollte, glaubte
er über den verlornen Prozeß, als über eine bloße Privat-
angelegenheit, nicht eintreten zu sollen, bemerkte aber am
Ende doch, es sei noch nicht alles verloren; bis Martini
lassen sich möglicherweise noch neue Rechtsgründe auffinden.

Die Feinde triumphirten über den willkommenen Anlaß zu seinem Sturze. Sie wußten den Rath dahin zu bringen, daß derselbe schon unterm 27. Heumonat folgende Bekanntmachung erließ: Die Alp Sentis soll ihren Eigenthümern wieder zuerkannt, Suter und Räß aber zu den Prozeßkosten von 1600 Gulden verfällt sein; die Unterwerfung des Landes unter die Beschlüsse der Tagsatzung soll von allen Kanzeln verlesen und Suter seiner Ehren und Würden als Landammann verlurstig erklärt und entsetzt werden. Aber die Freunde des gewaltsam Verstoßenen waren nicht dieser Meinung. Sie wollten sich ein so widerrechtliches Verfahren gegen die Souveränitätsrechte des Volkes nicht gefallen lassen. Als daher der Wochenrath am 5. August versammelt war, trat Suter, begleitet von 200 Bauern, in den Saal und sprach: „Das Volk fordert die ihm geraubten Rechte zurück. Männer haben mir wie Diebe und Straßenräuber das Standessiegel genommen; das Volk will es wieder in meinen Händen sehen, damit ich es der Landsgemeinde, von der ich es empfangen, selbst zurückgeben kann." „Ja, ja, das Siegel, wir wollen das Siegel," rief die Menge und begleitete ihr Toben mit Drohungen gegen die Versammlung. Suter that der Frechheit keinen Einhalt; er wehrte nicht, als seine Begleiter dem Landammann Geiger die Perrücke vom Haupte rissen, noch als sie Miene machten, die Rathsglieder zum Fenster hinauszuwerfen. Der Wochenrath, von panischem Schrecken erfüllt, suchte zu beruhigen; er vertröstete auf einen großen Rath, der dem Begehren entsprechen werde, und da gleichzeitig Kunde vom Anrücken der Leute des Oberdorfes eingieng, welche zum Schutze der Obrigkeit sich aufmachten, entfernten sich die Unzufriedenen, und der Rath war gerettet. Sechs Tage später wurde der große Rath wirklich gehalten, aber geschützt von aufgestellten

Wachen. Um nun durch unzeitige Beharrlichkeit keinen Aufstand zu erregen, aber auch durch Widerruf nicht Schande und Spott auf sich zu laden, fand derselbe angemessen, auf den 16. August eine Landsgemeinde anzuordnen, mit der Weisung jedoch, daß an derselben ausnahmsweise weder Seitengewehre getragen werden, noch Trommeln und Pfeifen ertönen sollten.

In der Zwischenzeit von 5 Tagen wurden nun von der Regierungspartei alle Hebel in Bewegung gesetzt und kein Mittel verabscheut, das Volk gegen Suter aufzureizen. Geistliche entweihten zu dem schändlichen Zwecke Kanzel und Beichtstuhl; die Kapuziner eilten Land auf Land ab, von Haus zu Haus, dasselbe wider den verhaßten Landammann zu stimmen, welcher von ihnen schlechtweg als Rebell, Ruhestörer und Ketzer gebrandmarkt wurde. Vaterland und Religion, hieß es, kämen in Gefahr, wenn Suter wieder Landammann würde. Weder Wein, noch Speise, noch Geld wurde gespart, die Zahl seiner Gegner zu vermehren. Als dann der entscheidende Tag gekommen war, stießen sich die Parteien voll Wetteifer auf dem Sammelplatze umher. Man wollte Suter den Stuhl nicht besteigen lassen; ihm aber lag alles daran, angesichts des Volkes wenigstens den Vorwurf, als habe er auf die Alp Sentis Geld angenommen, Unwahrheiten gesprochen und seine Landleute aufgewiegelt, von sich abzuwälzen. Seine Bemühungen waren jedoch, so sehr ihn auch die Volkspartei unterstützte, umsonst. Geiger bestieg den Stuhl, und nach kurzer Ansprache schritt man zur Wahl des regierenden Landammanns. An Suter's Statt, für den nur wenige Hände sich erhoben, wählte die Landsgemeinde einen altersschwachen Greis, den längst entlassenen Alt-Statthalter Fäßler, weil er als abgesagter Gegner der suter'schen Partei bekannt war.

32

Das Strafgericht. Die Freunde Suter's waren nun zum Schweigen gebracht; um aber dieselben auf immer unschädlich zu machen oder des Sieges ganz sicher zu sein, genügten dem wühlerischen Treiben die Vorgänge am Wahltage noch nicht. Zum abschreckenden Beispiele ließ der Rath eine Menge derselben gefangen setzen und verhören, ihnen auch Linderung der Strafe verheißen, wenn sie Schlimmes über den Alt-Landammann zu Protokoll geben würden. Als sie sich deß standhaft weigerten, wurden 170 Personen mit Geldbußen von 1000 Thalern bis herab auf 10 Thaler belegt. Gemeindehauptmann Gmünder von Gonten, ein Freund des Verfolgten, wurde nicht allein ehr- und wehrlos erklärt, sondern überdies um 300 Gulden gestraft. Baptist Räß verfällte der Rath zur Hälfte der Prozeßkosten und zu einer Buße von 500 Gulden. Von den Rathsgliedern, welche nicht gegen Suter gestimmt, wurden 23 zum Theil auf Lebenszeit von Gericht und Rath ausgeschlossen. Suter selbst hatte sich der Rache durch die Flucht entzogen. Erst pilgerte er nach Einsiedeln, um hier seine Rechtgläubigkeit darzuthun (denn da er auf Tagleistungen, wie auch bei andern Anläßen mit Evangelischen freundlichen Umgang gepflogen, ward er als Ketzer verschrieen); dann gieng er nach Emmishofen bei Konstanz. Seine Gattin folgte ihm dahin, obschon man sie des Land- und Erbrechtes verlurstig erklärte, insofern sie ihn länger als Gatten ansehen würde. Hier lebte er von Spenden mitleidsvoller Freunde in Dürftigkeit. Aber nicht genug, daß er den Feinden aus dem Wege gieng, ward ihm seine Flucht als Verbrechen angerechnet. Laut Schlußnahme vom 4. September 1775 erklärte ihn der Rath als einen Rebellen, Friedensstörer und Verächter der Religion; auch beschuldigte er ihn dreier Schandthaten, welche der Anstand zu nennen verbiete. Suter's Namen ward an den Galgen geschlagen, ein Kopfgeld von 150 Gulden auf ihn gesetzt, die

Verbannung ausgesprochen und sein Vermögen eingezogen.
Der Hauptpfarrer Büchler in Appenzell, welcher sein Amt
während 30 Jahren ruhmvoll verwaltet hatte, wurde, bloß
weil er zu den Anhängern Suter's zählte, entsetzt.

Von Konstanz aus bat Suter wiederholt, das letzte Mal
unterm 22. September 1779, um sicheres Geleit, um Verhör
und Revision der Streitsache; aber umsonst waren alle Bemühungen für einen rechtlichen Entscheid. Seine Bittschreiben
wurden von der Hand des Henkers verbrannt und das Kopfgeld verdoppelt. Schon gieng die Zeit der Verbannung in's
vierte Jahr. Des gebeugten Greises hatten sich Gram und
Heimweh bemächtigt, weßhalb er es wagte, erst nach Urnäsch,
dann, auch die Grenzen von Außerrhoden überschreitend, nach
Gonten zu gehen, um bei Vertrauten Hülfe zu suchen für
seine Rehabilitation. Wirklich thaten sich hier gegen 100
Männer in der Absicht zusammen, dem unschuldig Verfolgten
bei der Obrigkeit durch Verhör und Wiederaufnahme des Prozesses zu seiner Ehrenrettung zu verhelfen; allein auch sie
wurden, als Rebellen behandelt. Wer von ihnen nicht entrinnen konnte, ward verhaftet und schwer gestraft. Viere
aus ihnen traf sogar das Todesurtheil, welches jedoch, aus
Furcht vor einem Aufstande, in Ehr- und Wehrlosigkeitser-
klärung, in Staupenschlag und Schaustellung auf dem Pranger
umgewandelt wurde. Niemand wagte nunmehr zu widersprechen oder Gehör zu suchen für den schwer Verfolgten. Als
aber im Jahr 1783 Baptist Räß, der nach seiner Bestrafung
wegen Scheltungen gegen seine Richter geflohen war, wieder
in's Land zurückkehrte, entstund neuer Lärm. Er wurde verhaftet und ihm verdeutet, daß sein Strafurtheil gelindert
werden könne, wenn er seines Freundes Sache für immer
verlassen, gegen ihn zeugen und sich zu einer öffentlichen Abbitte verstehen würde. Lange widerstand Räß der schändlichen
Zumuthung; als aber die Folter gegen ihn angewendet und

allmälig verschärft ward, entsank auch ihm der Muth, und
er sagte aus, Suter habe gedroht, von Außerrhoden her mit
Reformirten über Gonten nach Appenzell vorzudringen, sich
des Zeughauses zu bemächtigen und dem Lande die Freiheit
zu bringen. Wohl war Suter um jene Zeit im äußern Landestheile öfter gesehen worden; her und hin schaarten sich in
Wirthshäusern Mitleidige um ihn, die er ungeachtet seines
namenlosen Elendes mit muntern Scherzen unterhielt; aber
Ohrenzeugen, die Räß beim Verhör bezeichnet hatte, sowie
auch diejenigen, welche die außerrhodische Obrigkeit darüber
in's Examen genommen, betheuerten beim Eid, daß sie niemals ein solches Wort aus seinem Munde gehört hätten.
Die Regierung schenkte aber dem durch Folterqualen erzwungenen Geständniß mehr Glauben, als jenen Zeugen; sie stellte
daher an den Landesgrenzen überall Wachen auf; auch wandte
sie sich an die Behörden der Nachbarkantone um Auslieferung
des Verbannten; aber niemand verlangte darnach, gegenüber
einer von Leidenschaft und Parteihaß befangenen Regierung
Judasdienste zu thun.

Verrath und Hinrichtung. Bei der Erfolglosigkeit, des
Geächteten durch Auslieferung habhaft zu werden, verabscheute
die herrschende Partei kein Mittel mehr zu dessen gänzlicher
Vernichtung. Sie wählte das schändlichste von allen, den
Verrath. Dazu fanden sich zwei Männer, die nach dem
Blutgelde gelüstete: Gemeindehauptmann **Buff**, Gastwirth,
in Wald und Rathsherr **Sonderegger** in Oberegg. Unter
Verheißung wichtiger Enthüllungen ließ **Buff** an **Suter**
durch seine eigene Tochter schreiben und ihn einladen, zu ihm,
einem geheimen Freunde, nach Wald zu kommen. Ohne Argwohn folgte der Greis dem Rufe und zwar um so zuver-
sichtlicher, als Außerrhoden, zu dessen Territorium diese
Gemeinde gehört, seiner Sache günstig war. Unter dem
Vorwande, Landammann **Fäßler** sei gestorben, **Geiger**

kindisch geworden, Statthalter Broger gelähmt und Oberegg voll Unwillen über die Schreckensherrschaft in Appenzell,
wußte er ihn nach jenem Orte zu verlocken. Alsbald brachte
Sonderegger den Getäuschten in Verhaft und berichtete den
glücklichen Fang nach Appenzell. Eilfertig ließ die Obrigkeit
den greisen Alt-Landammann an einem rauhen Wintertage
(29. Jänner 1784), bewacht von 30 Schützen, auf einen
Schlitten gebunden, abführen. Während seine Wächter zu
Altstätten im Wirthshause zechten, lag der Verrathene stun-
denlang draußen auf der Schleife, wo der Sturm den Schnee
aus seinen grauen Locken schüttelte. In Appenzell angelangt,
ward Suter sofort in Ketten gelegt und von 16 Mann
Tag und Nacht bewacht. Der Prozeß hob an. Den Verhandlungen vorgängig verlangten jedoch einige der neuen
Rathsglieder vor allem aus Revision der Streitsache. Die
Akten seien verloren gegangen, erwiederte man ihnen, und
auf das weitere Begehren, daß vorerst die drei Schandthaten
namhaft gemacht werden, gestanden die Richter, dieselben
seien nicht erwiesen. So blieb dem Verhöramt weiter nichts
zu thun übrig, als Räßens Anklage durch Suter's eigenes
Geständniß bestätigen zu lassen. Drei mal des Tages ward
der durch Leiden abgezehrte Mann auf die Folter gespannt.
Die Grausamkeit seiner Peiniger gieng selbst so weit, daß
sie ihm auf inständige Bitte einen Trunk Wasser gegen
den brennenden Durst verweigerten; dennoch betheuerte er
standhaft seine Unschuld. Als ihm aber die Richter erklärten,
die Anwendung der Folter werde nicht eher ausgesetzt, als
bis er bekannt haben werde, brach sein Muth, und Suter
erklärte: „So haltet von mir, was ihr wollt." Das genügte
als Zeugniß für seine Schuld. Obschon 20 Rathsglieder
sich feierlich gegen ein Todesurtheil zu Protokoll erklärten,
wurde dasselbe dennoch gefällt und Suter am 8. März, 2
Stunden nach ergangenem Spruch, zur Richtstätte geschleppt.

Dreihundert Mann mit scharfer Ladung bildeten die Sicher=
heitswache. „Der Verurtheilte zeigte keine Furcht. Sein
Gang zum Tode war der eines Christen; standhaft, gelassen,
bußfertig und inbrünstig betend, fügte er sich in den Willen
der Vorsehung.“

Nicht so ruhig war die Regierung bei dem Trauerakte;
sie fürchtete einen Aufstand und traf daher alle möglichen
Anstalten zu ihrem Schutze. Dem Scharfrichter ward ver=
deutet, daß er den Verurtheilten im Fall einer Störung, auf
welche Art es auch sei, zum Tode bringen solle. Wider
Erwarten fielen keinerlei Unordnungen vor; aber auf dem
Antlitz der Umstehenden war tiefe Trauer zu lesen, und als
der Henker nach Vollziehung des blutigen Geschäfts in übli=
cher Weise den Reichsvogt fragte: „Habe ich gerichtet nach
Urtheil und Recht?“ antwortete dieser: „Du hast gerichtet,
wie es meine Herren erkannt haben.“

Dem schmählichen Justizmorde folgten zur Strafe des
Unrechts noch mancherlei Nachwehen. So geschah, daß die
Außerrhoder bei der Rückkehr von der Richtstätte ihren Zorn
nicht bemeistern konnten. Sie nannten die Oberegger Blut=
hunde; es kam zu Schlägereien, und diese führten zu Konfe=
renzverhandlungen zwischen beiden Regierungen. Räß wurde
später zur Strafe für die falsche Anklage mit Ruthen ge=
schwungen und unter die Vormundschaft seiner Kinder gestellt.
Buff traf der Volkszorn in ungeahnter Weise. Schon am
Sonntag nach der Hinrichtung wurde er seiner Stelle auf
immer verlustig erklärt; sein bis dahin zahlreich besuchtes
Wirthshaus verödete; man schlug ihm die Scheiben ein, und
der bis dahin wohlhabende Mann starb in Armut und Ver=
achtung. Landammann Bischofberger klagte sich im Zu=
stande des Wahnsinnes selbst darüber an, daß er Suter 7
Jahre lang verfolgt habe. Auch Geiger starb im folgenden
Jahre, nachdem er kindisch geworden.

Im Lande selbst gab es keine Ruhe; Friede und Eintracht kehrten nicht wieder, bis das Unrecht gesühnt und Suter's Rehabilitation ausgesprochen war. Diese erfolgte im Jahr 1829, 45 Jahre nach der Hinrichtung. An den Schranken des großen Rathes erschienen damals ein noch lebender Sohn und eine Tochter nebst 5 Enkeln und andern Verwandten des Gemordeten mit der Bitte um Beisetzung seiner Gebeine in geweihter Erde. Der Rath entsprach, verlangte aber Vermeidung jeglichen Gepränges oder Ceremoniels und jedweder Beleidigung der Nachgelassenen von der andern Partei. An einem kalten Wintertage (27. November) wurden die Ueberreste ausgegraben und im Friedhof zu Appenzell beigesetzt; aber weder Denkstein noch Kreuz bezeichnen heute die Stelle, wo es geschehen. — Noch lebte auch Müller Fäßler von Gonten, einer jener vier von Henkershand Gestraften, welche im Okt. 1779 vor dem Rath gestanden, um ein Verhör für Suter auszuwirken. Seine Freude über den endlichen Sieg des Rechts war jedoch von kurzer Dauer; denn wenige Tage nach erlangter Botschaft starb er, 79 Jahre alt.

„Ueber den Vergehen des Menschen," sagt Monnard eben so schön als treffend, „waltet die Gnade unsers göttlichen Erlösers."

Alte Zustände. Beginn einer neuen Zeit.

Hüter, ist die Nacht schier hin?
Hüter, ist die Nacht schier hin?
Jes. 21, 11.

Seit die Eidgenossen im Jahr 1415 mit Unterwerfung des Aargaues angefangen, aus ihren Eroberungen gemeine

Herrschaften und Unterthanenländer zu gründen, ist der Geist
des Grütlibundes von ihnen gewichen. Gleichberechtigung
und ungeschmälerte Volksfreiheit blieben von da an ein schöner Traum vergangener Zeiten. Die sogenannte Volksherrschaft (Demokratie) wurde umgewandelt in eine Herrschaft
des Adels oder der vornehmsten Familien in den Hauptorten
der Kantone (Aristokratie). Zu Bern, Solothurn, Basel
und Freiburg bemächtigten sich sogar einzelne Geschlechter
der Regierungsgewalt in der Art, daß dieselbe in ihnen erblich ward; es entstand die Familienherrschaft oder das Patriziat. So kehrte die Leibeigenschaft des Mittelalters, welche
man längst verschollen wähnte, wieder zurück, nur in veränderter, milderer Form, und das Volk seufzte unter dem
Druck der Regierungen und Landvögte, wie vormals unter
den angestammten Leibherren. Wo immer Männer es wagten,
gegen das moderne Zwingherrenthum der Vorrechte Einsprache
zu erheben, da büßten sie ihre Kühnheit mit Einkerkerung,
mit Verbannung, oft gar mit dem Leben; Massenerhebungen
zu dem nämlichen Zwecke wurden mit Waffengewalt niedergeschlagen, wie der Bauernkrieg im sechszehnten Jahrhundert
sattsam beweist. Es kam allmälig so weit, daß die Regierungen, allen Neuerungen abhold, ihr Augenmerk nur noch
darauf richteten, die Vortheile des Landes sich selbst zuzuwenden, den gemeinen Mann aber für nichts zu achten, ihn
auch zu hindern, durch Bildung oder Gewerbsfleiß zu einer
höhern Stellung im Staate zu gelangen. Schon der bloße
Gedanken an Befreiung, sobald er sich durch Wort oder
Schrift Ausdruck verschaffte, ward von den Machthabern
geahndet. Bildung und Aufklärung im Volke und für das
Volk galten darum schon als staatsgefährlich; denn Eifersucht und Mißtrauen erblickten darin eine Schwächung der
Regierungsgewalt. Die Censur überwachte deßhalb mit rücksichtsloser Strenge die Presse, und gar häufig wiederholten

sich Bücherverbote. Dasselbe Los traf mißbeliebige Artikel in Tagesblättern. Zu einträglichen Stellen in der Landesverwaltung konnten meist nur Glieder der regierenden Familien gelangen. Da galten weder Geschick noch Bildung, weder Erfahrung noch wissenschaftliche Ueberlegenheit, sondern lediglich Stand und Geburt. Männern aus dem Volke war daher der Zutritt zu jedwedem Amte als selbstverständlich verschlossen. „Das Kind des Landmannes,“ sagt Zschokke in seiner Geschichte von Zürich, „ward dem Pflug und dem Rebmesser zugewiesen, oder es half taglöhnend den Großgewerben der Hauptstadt und konnte sich darum nie aus dem Staube erheben.“ Im Handwerk hemmte Zunftzwang jede freie Entwicklung, und selbst die Landwirthschaft konnte nicht immer frei, nach eigenem Ermessen, betrieben werden. Trat eine Theurung ein, so sperrten die Kantone wibereinander, wie gegen Feindesland.

Doch selbst in dieser verrosteten Zeit einer mitternächtlichen Finsterniß traten hie und da Männer auf namentlich gegen das Ende des 18. Jahrhunderts, welche für Bildung und Beförderung des religiösen Lebens im Volke, für Weckung des Gemeinsinnes, Hebung der Landeswohlfahrt oder als Kämpfer für Wiedergewinnung der unveräußerlichen Menschenrechte thätig waren. Wir erwähnen beispielsweise eines Haller von Bern, dann eines Leonhard Euler, ferner des Bernoulli, eines Bodmer und Breitinger als Sterne erster Größe am wissenschaftlichen Himmel. Rathsschreiber Iselin von Basel stiftete die helvetische Gesellschaft (S. 185). Johann v. Müller aus Schaffhausen entflammte durch seine Geschichte der Schweiz zur Vaterlandsliebe. Lavater, Oberstpfarrer in Zürich, strebte durch seine selbst in den Hütten der Armen gesungenen Schweizerlieder nach dem nämlichen Ziele. Dr. Johann Kaspar Hirzel in Zürich und Tschiffeli von Bern regten, jener durch sein Buch, betitelt: „Kleinjogg oder der Philosoph auf dem Lande," dieser durch Gründung der ökonomischen Gesellschaft für Hebung des Wohlstandes durch einen verbesserten Betrieb der Landwirthschaft mächtig an. Pestalozzi's Verdienste um die Volksbildung sind bekannt. Für Aufklärung und Wiederherstellung der verlornen Menschenrechte wirkte aber vor allen voll Eifer und mit überwiegendem Erfolg der Genfer J. J. Rousseau, durch dessen Schriften in den Einrichtungen der Staaten die bedeutsamsten Veränderungen herbeigeführt wurden. In Folge vielfacher Anregungen durch jene Männer bildeten sich verschiedenartige Vereine, welche ebenfalls einen sehr wohlthätigen Einfluß auf das Volksleben ausübten. Es war mit einem Wort die Zeit des geistigen Erwachens, die Epoche einer glücklichen Wiedergeburt im Vaterlande angebrochen. Ein freies, frisches Geistesleben regte sich her und hin in den Gauen desselben. Aber im Laufe von Jahrhunderten war des Unraths in den bürgerlichen Zuständen zu viel geworden und die Fäulniß im Staatsleben so allgemein, daß zu deren Entfernung die Anstrengungen einzelner Männer oder Gesellschaften um so weniger mehr genügen konnten, als man von oben herab mit aller Macht entgegenarbeitete. Zu einem wirksamen Läuterungsprozeß bedurfte es eines welthistorischen Ereignisses, und dieses kam, gewitterähnlich, wie vom Westwinde getrieben, mit Sturmeseile herangezogen.

In Frankreich hatten nämlich muthwillige Kriege und ein Hofleben voll Schwelgerei, Prachtliebe und Sittenlosigkeit den Staat an den Rand des Verderbens gebracht. Eine Schuldenlast von viertausend Millionen Franken drückten das Land, und immer noch steigerten sich die Bedürfnisse von Jahr zu Jahr. Bei einem richtigeren Steuersystem, als Frankreich damals besaß, und bei einträchtigem Zusammenwirken aller Klassen der Bevölkerung hätte nun zwar die

Gefahr des Ruins wohl noch abgewendet werden mögen; allein daran dachte man nicht. Von oben bis unten, bei Vornehmen und Geringen, fehlten die Faktoren zu einer gesegneten Staatswohlfahrt: Religiosität und Vaterlandsliebe. Es war bei den Franzosen so weit gekommen, daß Millionen keinen Gott mehr in sich und keinen über sich erkannten. Darum mußte über kurz oder lang ein allgemeines Strafgericht hereinbrechen über eine Nation, die der Religion spottend den Rücken kehrte. Der Herr ließ das Volk seine eigenen Wege gehen; aber diese führten jählings ins Verderben.

Die Bevölkerung Frankreichs war damals in drei Stände geschieden, in die Geistlichkeit, in den Adel und in den Bürgerstand. Statt nun aber die Steuerlast gemeinsam zu tragen, schwelgten die höhern Stände, denen zusammen zwei Drittheile alles Besitzes im Reiche gehörten, selbst angesichts des allgemeinen Elendes sinnlos fort; sie pochten auf ihr Recht altgewohnter Steuerfreiheit und wollten sich deßhalb zur Handbietung nicht herbeilassen. Aber die Bürger und Landleute, den dritten Stand bildend, vermochten die Steuerlast nicht länger allein zu tragen. Im Hinblick auf den steigenden Druck verzweifelte er an seiner eigenen Kraft und schritt darum zur Selbsthülfe. Das Volk stand auf; es bemächtigte sich am 14. Juli 1789 der Zeughäuser, erbrach die Gefängnisse (Bastille), verübte in seinem Grimm weit umher entsetzliche Gräuelthaten und gab sich dann eine neue Verfassung, gestützt auf den Grundsatz von Gleichheit, Brüderlichkeit und reliöser Duldung. Die Vorrechte des Adels und der Geistlichkeit wurden abgeschafft, Kirchen geschlossen, die reichen Klöster aufgehoben und ihr Vermögen als Staatsgut erklärt; von da an glich Frankreich mit seinen revolutionären Bewegungen einem Vulkan, dessen Funken alsbald auch in der Schweiz und im übrigen Europa zündeten, weil die Völker fast überall unter ähnlicher Knechtschaft schmachteten.

Das Alte sollte vergehen und für Europa eine neue Zeit anbrechen.

Unzufriedene oder verbannte Schweizer benutzten den Anlaß der Gährung; sie sammelten sich in Paris, dem Herde des Umsturzes, thaten sich in eine Gesellschaft (Schweizerklub) zusammen und schürten theils durch Schmähschriften, theils durch anonyme Briefe und andere Mittel der Aufhetzung die Flamme der Zwietracht auch im Vaterlande eifrig an. Die Franzosen unterstützten das Beginnen dieser Leute schon anfangs mit aller Bereitwilligkeit, einmal, weil es sie nach den Geldschätzen und Waffenkammern der Kantone gelüstete, dann aber auch, um bei eigener Kriegsgefahr an der Schweiz mit einer Centralregierung ein Bollwerk zu besitzen; denn nachdem sie (31. Jänner 1793) selbst ihren guten König hingerichtet hatten, thürmten sich am Horizont rings umher schwere Gewitterwolken gegen Frankreich auf. England, Deutschland und Oesterreich rüsteten zum Kampfe wider Frankreich. Aber der Kriegsheld Napoleon überwältigte die Feinde in vielen blutigen Schlachten, und alles fügte sich am Ende voll Schrecken seinem Willen. Italien ward von ihm erobert, und am 22. Oktober 1799 riß er auch das Veltlin, Kleven und Worms von Bünden los, dem diese Orte als Unterthanenländer gehört hatten; das Bisthum Basel vereinigte er mit Frankreich, und zum Schutze des Waadtlandes, das sich von Bern, seinem Oberherrn frei erklärte, rückten Franzosen in dasselbe ein. Am 5. März 1798 fiel auch Bern in die Hände der sieggewohnten Franken.

Mit dem Falle des mächtigsten Standes war die Unterjochung der Westschweiz vollendet, und ganz Helvetien wurde nun zur Annahme der von Frankreich aufgestellten Einheitsverfassung aufgefordert. Zwar weigerten sich deß die Urstände nebst Glarus und andern östlich gelegenen Landschaften beharrlich; aber auch sie erlagen (3. Mai) der Wucht feindlicher

Bajonete. Am 17. Mai fiel Wallis, das letzte Bollwerk der freien Schweiz. Selbst ihr Namen erlosch; der Staatenbund wurde in einen Bundesstaat von annähernd gleicher Gebietsausdehnung der einzelnen Kantone umgewandelt und derselbe helvetische Republik geheißen.

Revolution im Kanton Appenzell.

Der Hüter aber sprach: „Wenn der Morgen schon kommt, wird es doch Nacht sein." Jes. 21, 11.

Nachdem wir den Gang der Ereignisse für eine Umgestaltung des weitern Vaterlandes bisher bloß in Umrissen kennen gelernt haben, so müssen wir denselben dagegen in Bezug auf den Heimatkanton etwas einläßlicher ins Auge fassen.

Wie anderwärts fand auch hier die Bescherung der Franzosen, ungeachtet der blutigen Opfer, welche dieselbe forderte, bald ihre eifrigsten Verfechter. Unter diesen zeichnete sich die Familie Wetter in Herisau besonders aus. Das Haupt derselben, Joh. Ulrich Wetter, von 1793—1796 Landesstatthalter, hatte beim Uebergang zu den neuen Staatsformen im Schweizerregiment Chateauvieux in Frankreich eine Hauptmannsstelle bekleidet. So war er Zeuge der Neuerungen gewesen, welche die Revolution den Franzosen gebracht, und für deren Grundsätze bald schwärmerisch eingenommen. Er konnte sich daher, ins Vaterland zurückgekehrt, mit der Einfachheit unserer demokratischen Staatsform nicht mehr befreunden, weßhalb sein Geist ähnliche Veränderungen anstrebte. Unentwegt betrieb er darum die Auflösung der patriarchalischen Einrichtungen im Lande und unterließ nicht, dieselben bei jedem Anlaß lächerlich zu machen. Dazu kam, daß Wetter mit seinen Kollegen im Amte auf Grund eines verlornen Prozesses in gespannten Verhältnissen lebte und wahrscheinlich deßhalb bei der Wahl des herwärtigen Gesandten an die Tagsatzung übergangen wurde. Beides schmerzte den sonst verdienstvollen Mann, und da er nur von einer politischen Umgestaltung Anerkennung erwarten konute, so strebte sein Geist um so eifriger nach Veränderung altgewohnter Zustände im Heimatkanton. Wie er dachten auch seine Söhne, und so kam es, daß die Familie Wetter darauf ausgieng, durch Gewinnung von Meinungsgenossen eine Opposition im Lande zu bilden.

Der tüchtigste Anhänger war Hs. Konrad Bondt, ein Mann ohne höhere Bildung, aber voll Ehrgeizes und schwärmerischer Vorliebe für den Freiheitsschwindel der Franken. Er stammte von einer angesehenen Familie in Hundwil, welche dem Lande auch schon Beamte gegeben. Im Jahr 1713 hatte sich sein Großvater, Ulli Bondt, um 10 Gulden das Bürgerrecht in Herisau erworben. Konrad, von dem hier die Rede sein wird, besaß bei der Mühle daselbst, wo nun eine Appretirung steht, eine Indiennendruckerei, mischte sich aber, statt den Berufsgeschäften treu obzuliegen, mit Vorliebe in politische Händel und führte bei jedem Anlaß eine kühne, die Obrigkeit höchst verletzende Sprache. Als willkommenes Werkzeug der Wetter sammelte er hinter der Sitter alle die um seine Fahne, welche wegen Schleichhandel oder wegen Uebertretung der Militär- und Polizeigesetze bestraft worden waren. Zu ihnen gesellten sich andere, denen Verordnungen der Obrigkeit über den Viehhandel bei einer eben ausgebrochenen Seuche und über Abwendung einer Fruchtsperre, welche dem Lande von Deutschland her drohte, nicht recht lagen, weil sie ihr Interesse bedroht und sich darum in ihren Freiheiten beschränkt wähnten.

Gesetzesrevision. Als Bondt seinen Anhang stark genug glaubte, veranstaltete er auf Sonntag den 19. April 1797 in Teufen eine Volksversammlung, welche theils von Männern aus dem Orte selbst, theils von solchen aus Speicher und Herisau besucht ward. Man verhandelte über vaterländische Angelegenheiten und gelangte endlich zu dem Schlusse, die Obrigkeit habe sich Kompetenzen erlaubt, welche nur der Landsgemeinde als dem Souverän zustehen. Die Beschwerdepunkte wurden in ein Memorial zusammengefaßt und zum Zwecke der Anbahnung einer Gesetzesrevision dem großen Rathe zur Vorberathung für die Landsgemeinde vorgelegt. Ungeachtet der Einsprache, welche der Rath namentlich gegen die Form des Begehrens erhob, indem er nachwies, daß die Vorschläge in Anbetracht ihrer Wichtigkeit vorerst einer Landeskommission übergeben werden sollten, beharrte Bondt unbeirrt auf seinem Begehren, so daß sich die Obrigkeit endlich veranlaßt sah, ihm 8 Tage später an der ordentlichen Landsgemeinde den Vortritt auf den Stuhl zu gestatten. Umsonst war es, daß die Standeshäupter auch an diesem Tage bei der üblichen Vorberathung die Petenten ermahnten, die Angelegenheit für ein Mal auf sich beruhen zu lassen. Bondt und Gabriel Rusch von Speicher, die Deputirten des bereits aufgeregten Volkes, hatten kein Ohr für den weisen Rath. Landammann Jakob Zellweger und Statthalter Honnerlag waren über den unbelehrbaren Starrsinn jener Männer so erzürnt, daß sie auf Grund dieser und anderer revolutionären Erscheinungen ihre Entlassung eingaben, was bei den Wahlverhandlungen zu unruhigen Auftritten führte. Die Einen wollten Zellweger entsprechen, die Andern dagegen, vorzugsweise Männer von Trogen und Gais, protestirten beharrlich. Ueber dem Meinungskampfe geriethen die Parteien hart an einander; das Toben und

Stoßen währte 2 volle Stunden; die Anhänger des würdigen
Beamten erhielten blutige Köpfe, und als die Standeshäupter
bei der Wahl eines Pannerherrn, des Widerspruchs ungeachtet,
Landammann Zellweger in Vorschlag brachten, rief die
größere Partei mit entsetzlichem Lärm: „Kein Zellweger
mehr, kein Zellweger!" So fiel der edle Mann als Opfer
der Volkslaune, wie 50 Jahre früher dessen Vater, Johan-
ines Zellweger (S. 476), gefallen war. Nach dem spröden
Wahlkampfe gieng die Besetzung der Amtsstellen ruhig von
Statten, und Bondt konnte, nachdem vom Landschreiber
zuerst der zweite Artikel der Verfassung vorgelesen worden
war, seine Revisionsvorschläge ungehindert vortragen. Das
Volk genehmigte die Anträge und begab sich dann abends
5½ Uhr ruhig nach Hause. Acht Tage später, am 3. Mai,
wurden von sämmtlichen Kirchhören die Wahlen für die
Revisionskommission getroffen. Jede Gemeinde ernannte zwei
Abgeordnete aus dem Volke; aber auch da zeigte sich, daß
der von Bondt ausgestreute Samen der Zwietracht bereits
angefangen hatte, Früchte zu tragen. Gemeinderäthe, welche
der Neuerungssucht fremd geblieben, wurden hie und da
durch Franzosenfreunde ersetzt, und so oft der große Rath
von nun an Ungebührlichkeiten gegen Behörden ahnden wollte,
sah er sich veranlaßt, vor dem Volkszorne die Fahne zu
streichen oder Straflosigkeit zu erklären. Die sogenannte
Landeskommission (Revisionsrath) hielt für Erledigung ihres
Auftrags in allem zwölf Sitzungen. Ihr Programm lautete
dahin, daß sämmtliche Rathsprotokolle von 1733 an, acht
Bände enthaltend, durch eben so viele Spezialkommissionen
geprüft werden sollen, um alles das zu notiren, was für
das Vaterland als nützlich und ersprießlich erscheinen könnte.
Auf diese Weise kamen neunzig Gesetzesvorschläge heraus;
die Beamten fügten ihres Orts einundachtzig andere hinzu,
und aus den Gemeinden wurden überdies noch hundertfünfzig

Anträge gestellt. Zur Ehre des Revisionsrathes muß gesagt werden, daß er bei diesem Anlasse auch im Wehrwesen, im Gerichtsverfahren und in andern einschlägigen Dingen Ver= besserungen anzubahnen beflissen war; allein bald sah er sich bemüßigt, bei dem bloßen Entwurfe stehen zu bleiben, da un= terdessen abweichende Ansichten zu Streitigkeiten führten und diese der Sache hemmend in den Weg traten. Den erheb= lichsten Anstoß gab die Frage über die Emanzipation der Beisaßen (Gleichberechtigung mit den Gemeindebürgern), welche bis dahin in ihren Rechten entschieden verkürzt waren. Während nämlich manche, besonders in Herisau, schon die Kirchhöre für kompetent hielten, in dieser Angelegenheit zu entscheiden, wollten dagegen andere die Landsgemeinde darüber sprechen lassen. Großen Unwillen veranlaßte beim Volke auch der Beschluß des großen Rathes vom 11. August 1797, nach welchem die Mitglieder der Landeskommission nach dem Maßstabe von 1732, die Beamten dagegen aus der Landeskasse und die Deputirten der Gemeinden von diesen selbst für die Revisionsarbeiten entschädigt werden sollten. Ebenso war das Volk darüber erzürnt, daß sich die Obrig= keit weigerte, den Deputirten weder die Abschiede der eidge= nössischen Syndikate mitzutheilen, noch bei der Jahresrechnung eine Abordnung aus ihrer Mitte theil nehmen zu lassen.

Am 7. Oktober, bei Anlaß einer Sitzung der Landes= kommission, thaten sich daher aus den Gemeinden des Hinter= landes, wie auch von Speicher und Teufen, viele Bauern zusammen, um jener Weigerung ihren Trotz entgegenzusetzen, zugleich aber auch, um eine Abänderung des 2. Artikels im Landbuche zu erzwingen, so nämlich, daß in Zukunft jeder Landmann berechtigt sein sollte, bei der Landsgemeinde ohne eingeholtes Gutachten der Obrigkeit Anträge zu stellen. Die Landeskommission trug aber billig Bedenken, dem Begehren in einer Sache von so erheblicher Tragweite zu entsprechen,

33

und als sie daher, mit Eröffnung der Schlußnahme zögernd, zur Tafel gieng, gerieth der Haufen in solchen Zorn, daß das Getöse, das Raisonniren und Lästern weithin gehört werden konnte. Mit Rippenstößen trieb man die Herren in den Sitzungssaal zurück. Die Kommission sah sich daher gezwungen, der Gewalt zu weichen und nicht nur die schon erwähnten Begehren zu bewilligen, sondern auch zuzugeben, daß in Zukunft unter Umständen schon 100 Ehrenmänner befugt sein sollen, eine außerordentliche Landsgemeinde zu verlangen.

Drei Monate später, am 18., 19. u. 20. Jänner 1798, hielt die bereits erwähnte Landeskommission in Sachen des Revisionswerkes ihre Schlußsitzung. Unterdessen hatte sich über den Wirren von außen her das Ungestüm im Innern etwas gelegt, weßhalb auch die wichtigeren Revisionsfragen: Festsetzung des zweiten Artikels im Landbuch, Errichtung eines Arbeitshauses für den Kanton Appenzell-Außerrhoden und das Wahlrecht der Beisaßen, vertagt, die Preßfreiheit als staatsgefährlich erklärt und die Aufstellung eines unparteilichen Gerichtes einhellig verworfen wurde. Das Revisionswerk blieb demnach für ein Mal unvollendet; es mußten erst noch weit gewaltigere Stürme über das Vaterland hereinbrechen, ehe über der Zähigkeit aristokratischer Gewohnheiten der Geist einer ungeschmälerten Volksfreiheit zum Durchbruche gelangen konnte.

Helvetische Bundeserneuerung in Aarau. Ueber den Revisionswirren im Heimatkanton mahnte die Gefahr, welche der Schweiz von Frankreich her drohte, immer dringender für Ergreifung von Maßnahmen zur Rettung des Vaterlandes vom Untergange. Statt aber nach der von Frankreich schon früher erfolgten Lostrennung des Bisthums Basel, Kleven, Veltlin und Worms (S. 508) sofort alle Vorrechte abzuschaffen und die Unterthanenverhältnisse durch die ganze

Schweiz aufzuheben, um auf diesem Wege das Volk durch
Eintracht stark zu machen, klammerte sich die Tagsatzung
angesichts der Gefahr an den Strohhalm des Ertrinkenden.
Sie rief die Gesandtschaften aller Kantone nach Aarau zusammen, in der Absicht, durch feierliche Beschwörung der
eidgenössischen Bünde den Nationalgeist zu beleben, das
Schweizervolk zu neuen Heldenthaten zu entflammen und dem
Auslande Achtung gegen die Schweiz einzuflößen. Ungeachtet
des geringen Erfolges, welchen namentlich der Stand Glarus
von dieser Manifestation erwartete, zeigten sich dennoch mit
Ausnahme Basels alle Stände bereit, der Einladung zu
folgen. In Außerrhoden beschloß der große Rath unterm
8. Jänner, die Frage über die Beschickung der Tagsatzung
an die Landsgemeinde zu bringen und diese auf den 21.
anzuordnen. Allein Wetter und Bondt mit ihrem Anhange, weil sie den Einmarsch der Franzosen sehnsuchtsvoll
wünschten, waren gegen Ergreifung von Mitteln für Abwendung der Gefahr von außen, mithin auch gegen die Bundeserneuerung; sie trachteten daher eifrig darnach, die Abhaltung einer Landsgemeinde zu hintertreiben, dagegen die Frage
durch die Landeskommission entscheiden zu lassen, weil auf
dieser Seite mehr Aussicht war, durch Einschüchterung einen
der Sache günstigen Beschluß vereiteln zu können. Bondt
faselte den Leuten vor, der Bund, wie er in Aarau beschworen
werden müsse, stimme mit dem in Appenzell liegenden Original
des Bundesbriefes nicht überein, und um der falschen Behauptung mehr Glaubwürdigkeit zu geben, schwor er, sich
in Riemen schneiden zu lassen, wenn dem nicht also sei. Die
Franken, behauptete er, wären nur da, um die aristokratischen
Regierungen von Bern, Freiburg und Solothurn zu demüthigen und dem Volke seine angestammten Rechte wieder zu geben.
Behörden und Volk blieben indeß fest; sie achteten der Einsprache nicht, und die ausgekündete Landsgemeinde ward

abgehalten. Der Bundesbrief, eine Elle lang und ebenso
breit, mit 13 Siegeln behangen, wurde vorgewiesen, das
Volk mit dessen Inhalt bekannt gemacht und vom Geschäftsführer ins Mehr gesetzt: „Wem's wohlgfällt, daß der Bund,
wie er ist vorgelesen worden, kein Wort davon und keines
dazu, auf's neue soll angenommen sein und der Bundes-
schwur in Aarau erneuert werden, der hebe seine Hand auf!"
Mit Jubel erhoben sich fast alle Hände. In Uebereinstimmung mit diesem Beschluß wurden dann auch die Instruktionen für die Tagsatzung festgesetzt und von beiden
Rhoden Boten nach Aarau gesandt. Da aber Bondt dessenungeachtet von seinen Behauptungen nicht lassen wollte,
sondern fortfuhr, im Lande Zwietracht zu stiften, verklagten
ihn seine Gegner, der ewigen Umtriebe müde, bei der Obrigkeit, welche ihn zur Verantwortung aufforderte; aber ungeachtet des erhaltenen Eidgebotes erschien Bondt nicht;
dagegen verlangte er von der Vorsteherschaft in Herisau
Abhaltung einer Kirchhöre, damit er sich bei derselben als
Deputirter der Gemeinde bedanken und gegenüber seinen Wahlmännern rechtfertigen könne. Dem Begehren ward jedoch nicht
entsprochen, weßhalb er sich Sonntags den 10. Februar nach
beendigtem Gottesdienste unter dem „Vorzeichen" der Kirche
über die, wie er meinte, erlittene Unbill beklagte. Hierauf
veranstaltete der Mann in Herisau und Waldstatt Volksversammlungen, um durch vorgezeigte Briefe *) die Leute
wider die Regierung aufzustacheln. Schlag auf Schlag folgten nun Vorladungen und Eidgebote, um des gefährlichen
Wühlers habhaft zu werden; aber sein Anhang unter den
Neuerungsfreunden war stark, namentlich im Hinterlande,

---

*) Wetter korrespondirte nämlich fleißig mit Häuptern der französi-
schen Republik über den Gang der Revolution im Lande; er hielt sich
aber behutsam hinter den Coulissen, während Bondt als dessen willfähri-
ges Werkzeug öffentlich spielte und für Ausführung seiner Pläne thätig war.

wo sich die Bauern alsbald zusammenschaarten, so oft nach
ihm gefahndet werden wollte. Zwar hatten sich, die Umtriebe Bondt's zu vereiteln, auch seine Gegner unter einander
verbunden, deren das Vorderland besonders viele zählte;
aber der Obrigkeit lag für Aufrechthaltung des Landfriedens
alles daran, einen Zusammenstoß der Parteien zu verhüten,
weßhalb sie ihre Getreuen nachdrucksamst zum Frieden ermahnte. So oft die Freunde Bondt's ihren Liebling auf
seinen Wanderzügen in Gefahr glaubten, stellten sie Wachen
aus; selbst Weiber schloßen sich an, um nöthigenfalls Gewalt mit Gewalt abtreiben zu helfen. Die berüchtigten
Namen „Hart" und „Lind" kamen neuerdings auf; abermal trennte der Sitterfluß, wie zur Zeit des Landhandels,
die Söhne eines und desselben Vaterlandes in zwei sich bekämpfende Faktionen. Von Tag zu Tag stieg die Erbitterung
im Volke. Am Herisauer Lichtmeßmarkt (16. Febr.) beun-
ruhigten die Harten in Menge den Ort. Vor den Häusern
der Neuerungsfeinde, deren es auch im Hinterlande hie und
da noch gab, machten sie Halt, tobten und schalten dieselben
„linde Ketzer"; sie mutheten denselben zu, Abbitte zu thun,
auch zu geloben, bei einem Ueberfall durch die Kurzenberger
gegen diese zu kämpfen. Manche von ihnen wurden mißhandelt. Hauptmann Müller an der Hofegg bekam dabei einen
Bruch. Rathshr. Tribelhorn starb bald nachher aus Gram
über erlittenes Unrecht, und der siebzigjährige Barthol.
Niederer, Schenkwirth auf Buchen, ward so arg traktirt,
daß auch er an den Folgen starb. Nächtlicherweile drang
die Rotte in Privatwohnungen und in Gasthäuser ein, zechte
hier auf Kosten der Eigenthümer und lohnte am Ende den
frechen Raub mit beißendem Spott. Täglich kamen Rauf-
händel vor; Nachtfrevel waren keine seltenen Erscheinungen,
und wehe dem, der es wagte, über den Unfug auch nur ein
Wort der Mißbilligung laut werden zu lassen. Solcherart

hauf'ten die für Freiheit Rasenden gegen ihre Landesbrüder!
Die Leidenschaft diktirte Gesetze; das Recht ward verachtet;
es kam so weit, daß der Nachbar dem Nachbar nicht mehr
traute, daß Leute ihre Verwandten nur mit Widerstreben zu
Grabe geleiteten, aus Furcht, mit politischen Gegnern zusammen zu treffen. Von Meldegg in Walzenhausen bis zum
Sägenbach in Schwellbrunn war alles Volk getheilt in Anhänger und Gegner Bondt's, den man am Kurzenberg einfach den Landammann Bondt nannte.

Streit um die Bundeshülfe. Frankreich machte um
diese Zeit kein Hehl mehr daraus, daß es beabsichtige, die
Schweiz zu unterjochen, immerhin unter dem Aushängeschild
von Freiheit, Gleichheit und Brüderlichkeit. Seine
Sprache wurde täglich kühner und die Gefahr drohender.
Das erfüllte die Regierungen in Städten und Ländern mit
Schrecken; nur die Völkerschaften in den Untterthanenlanden
frohlockten, weil sie sich in ihren Rechten verkürzt fanden
und daher von einer Umgestaltung der Dinge Erlösung von
der Knechtschaft hoffen konnten. Schon am 27. Jänner, als
die Tagsatzung in Aarau rathlos beisammensaß, war General
Menard mit 10,000 Franzosen in die Waadt eingerückt;
am 8. Februar nahm er bereits die Stadt Biel in
Besitz. Bern, Solothurn und Freiburg schwebten in der
größten Gefahr eines Ueberfalls, weßhalb der Vorort schon
am 7. Februar auch bei der herwärtigen Obrigkeit um schleu-
nige Bundeshülfe einkam. Aber unter der trügerischen Vor-
spiegelung, der Krieg gelte nicht dem Vaterlande, auch nicht
einer seiner Völkerschaften, sondern lediglich der Aristokratie,
wußten Revolutionsfreunde die Eintracht zu schwächen, die
Unschlüssigkeit zu vermehren und darum die Kriegsbereitschaft
zu verzögern, bis es zu spät war. Dasselbe Zaudern bemächtigte sich auch der Regierungen anderer Kantone. In
Außerrhoden versammelte sich zwar der Rath für Beschließung

der Bundeshülfe noch am nämlichen Tage (7. Febr.) und 12 Tage später, am 19. Februar, sollte schon die Lands- gemeinde darüber befragt werden; allein Wetter und Bondt, um den Absichten Frankreichs für Einnahme der Schweiz Vorschub zu leisten, arbeiteten auch dies Mal daran, die Abhaltung der Landsgemeinde zu verhindern oder die- selbe wenigstens zu verzögern. Als daher am 17. Februar die Beamten des Hinterlandes nebst den Hauptleuten in Hundwil über die Erhaltung des Friedens rathschlagten, ritt Bondt, begleitet von tobenden Volkshaufen, auf einem Schimmel daselbst ein. Mit der Drohung, den Rath der Wuth seiner Leute preiszugeben, zwang er denselben zu einer Schlußnahme im Sinne des Aufschubs; ebenso verlangte Bondt, der Landsgemeinde vorgängig, die Abhaltung eines allgemeinen großen Rathes, und auch in diesem Begehren ward ihm in Folge der gelungenen Einschüchterung entsprochen. Der einseitige Rath übersandte seine Schlußnahmen am näm- lichen Tage dem Statthalter Rechsteiner in Speicher, be- gleitet mit dem Gesuch um Abhaltung eines gemeinsamen großen Rathes in Herisau. Rechsteiner entsprach. Im Ver- trauen auf die Zusicherung freundschaftlichster Gesinnung ließen sich die Rathsglieder des Vorderlandes, obschon ein- dringlich gewarnt, wirklich bestimmen, nach Herisau zu gehen, wo sich der Rath am 22. versammelte. Aber eine arge Täuschung war der Preis des gehegten Vertrauens in die Loyalität des Hinterlandes; das gegebene Wort ward von der Revolutionspartei treulos gebrochen; denn alsbald um- lagerten bei 2000 Bauern das Rathhaus. In Begleitung von Abgeordneten derselben trat Bondt in die Versamm- lung und forderte drohend folgende Schlußnahmen:

1) daß er am kommenden Sonntag in den Gemeinden als Ehrendeputirter verlesen werde (auf Grund wieder- holter Uebertretung des hoheitlichen Eidgebotes war

er schon unterm 2. Februar des obrigkeitlichen Schutzes verlustig erklärt worden),

2) daß am folgenden Montag eine Landsgemeinde abgehalten,

3) .daß der Landfrieden publizirt werde, und endlich

4) daß er auf dem Stuhle erscheinen dürfe.

Aus Furcht vor neuen Gewaltthaten willigte der Rath in sämmtliche Begehren ein. Bondt eilte nun hinaus auf den Marktplatz, um sich angesichts der Menge des Sieges zu rühmen; der Rath aber schämte sich seiner Ohnmacht, und die Abgeordneten des Vorderlandes, erfüllt von gerechtem Zorn über die schändliche Täuschung, kehrten eilfertig, manche mit Zurücklassung von Pferden und Schlitten, in ihre Heimat zurück. Die Würfel zu weiteren Unruhen waren gefallen.

Blutige Landsgemeinde in Teufen. Bei wildem Schneegestöber strömte das Volk am 26. Februar nach dem Sammelplatze, wohl viele in banger Erwartung der Dinge, die da kommen würden, alle aber weit entfernt von dem Gedanken, daß für den Kanton die letzte allgemeine Landsgemeinde gekommen sei.

Bondt hatte seine Anhänger in Herisau versammelt. Von da zog er nach Niederteufen zu Gebhard Zürcher, seinem Freunde. Hier erhitzte er die Gemüther erst mit einer Rede voll Schmähungen gegen die Linden; dann forderte er die Männer auf, nach dem Beispiele vom Jahr 1732 alle Beamten zu entlassen, und endlich eilte er mit seinem Anhang ungestümmen Laufes nach einer Wiese beim Dorfe Teufen, wo er seine Leute in Schlachtordnung aufstellte. Unter Toben rückte er nach dem Sammelplatze vor und drängte dem Stuhle zu. Da aber hier die Linden bereits beisammen standen, ohne weichen zu wollen, kam es erst zu einem heftigen Wortwechsel; dann ließ sich Bondt in die Höhe heben, um zu den Seinigen sprechen zu können. Die Gegner aber,

in der Absicht, ihn gefangen zu nehmen, drangen in den
Gewalthaufen von ungefähr 4000 Mann ein, und da sich
dieser widersetzte, kam es zum blutigen Kampfe. Man schlug
sich gegenseitig mit Degenknöpfen und Säbeln, bis die Obrigkeit, eilfertig herbeigerufen, die Ruhe nothdürftig herstellte
und die Geschäfte eröffnete. Schon das erste Mehr entschied
gegen Bondt's Auftreten auf dem Stuhle. Wer
anders gestimmt, ward ergriffen, geschlagen oder vom Platze
hinweggeführt. Die zweite Abstimmung galt der Bundeshülfe. Die Landsgemeinde beschloß diesfalls, den ersten
Auszug ungesäumt abzusenden, den zweiten aber aufs Piket zu
stellen. Hierauf kam die Angelegenheit wegen des
Rheinthals in Behandlung, das als Unterthanenland der
acht alten Orte nebst Appenzell die Annäherung der Franzosen
zu seiner Befreiung benutzen wollte. Da das Verlangen für
Aufhebung des Unterthanenverhältnisses in geziemender Sprache
gestellt worden war, ließ sich die Landsgemeinde bereitwillig
herbei zu entsprechen, mit der weitern Erklärung, daß Außerrhoden durch seine Boten das Begehren auch bei den mit-
regierenden Orten mit Nachdruck unterstützen werde.

Nach Erledigung dieser Geschäfte und in gerechtem
Schmerz über die neuerdings vorgefallenen Störungen von
Ruhe und Ordnung faßte das Volk mit überwiegender
Mehrheit den Beschluß, daß alle diejenigen an Ehre und Gut,
an Leib und Leben gestraft werden sollen, welche sich fernerhin erfrechen würden, die Sicherheit im Lande zu gefährden.
Da nun Bondt als Urheber der bedauerlichen Auftritte
galt, traf ihn der Volkszorn auch am empfindlichsten. Man
gestattete ihm nicht nur nicht, wie er beabsichtigt hatte, den
Stuhl zu besteigen, sondern die Landsgemeinde bestätigte überdies noch den Beschluß des großen Rathes vom 2. Februar,
erklärte ihn als Landesrebell und begehrte dessen Gefangen-
nahme. Einzelne giengen selbst so weit, daß sie ein Kopfgeld

von 300 Gulden auf ihn aussetzen wollten. Bondt jedoch, als er seine Niederlage merkte, machte sich, verfolgt von den heftigsten seiner Gegner, eilfertig von dannen. — Das war der Ausgang des denkwürdigen Tages, an dem sich die Landesbrüder mit Bitterkeit geschlagen. Zwar blieb niemand auf dem Platze; aber viele hatten sich den Keim zum Siechthum und zu einem vorzeitigen Tode geholt. Ganze Schlittenladungen Verwundeter, in ihrer Mehrzahl von Herisau und Schwellbrunn, sah man abends von Teufen abführen.

Geschlagen, aber nicht besiegt, erhoben die Wetter von neuem ihr Haupt. Sie begehrten, ohne Zweifel in der Absicht, ihrer Sache durch das beliebte Mittel der Einschüchterung neuerdings Geltung zu verschaffen, Abhaltung einer abermaligen Versammlung; dem Wunsche ward jedoch nicht entsprochen. Wohl versammelte sich der große Rath am 5. März, aber lediglich zum Zweck der Bundeshülfe. Acht Tage später (12. März) sollte das erste Kontingent den von den Franzosen bedrohten Kantonen Bern, Freiburg und Solothurn zu Hülfe eilen. Johs. Schläpfer im Hebrig in Speicher rüstete ein Corps Freiwilliger auf eigene Kosten aus. Es war jedoch schon zu spät; denn als der große Rath die Truppen in Eid und Pflicht nehmen wollte, gelangte bereits die Schreckensbotschaft vom Falle jener Städte nach Trogen. Innerrhoden, das schon am 25. Februar mit 160 Mann ausgezogen war, rief seine Mannschaft eilfertig zurück, und Außerrhoden schämte sich nun seiner Saumseligkeit; Wetter und Bondt dagegen triumphirten über die längst von ihnen herbeigewünschte Auflösung der alten Eidsgenossenschaft.

Das Los der Westschweiz erfüllte die Freunde der alten Ordnung zu Berg und Thal mit Theilnahme und im Hinblick auf die ihnen selbst drohende Gefahr auch mit Kummer, weßhalb die Wehrmannschaft täglich in Waffen geübt wurde. In ihrer Noth richteten die östlichen Stände den Blick

nach den Urkantonen, um nöthigenfalls der Gefahr gemeinsam mit ihnen die Spitze bieten zu können, und wirklich erklärte sich die Urschweiz dahin, daß das Volk lieber sterben
wolle, als sich die französische Konstitution aufdringen zu
lassen. Da aber bald nachher (24. März) die Nachricht eingieng, auch Basel, Luzern, Zürich und Thurgau bekennen sich
zur neuen Verfassung, sank bei vielen der Muth, um so mehr,
als hinter der Sitter das Revolutionsfieber täglich mehr
um sich griff. Aus Abgeordneten von Herisau, Schwellbrunn,
Waldstatt und Urnäsch bildete sich eine Art Revolutions-
tribunal, das die Altgesinnten unabläſſig verfolgte, ja sich
nicht scheute, selbst würdige Beamte, wie einen Hauptmann
Weiler, der Mißhandlung preiszugeben. Doch auch das
genügte den vom Freiheitsschwindel Befangenen nicht mehr.
Es kam so weit, daß dieselben von ihren eigenen Führern
über den endlichen Sieg ihrer Sache zur Geduld ermahnt
werden mußten: „Es taget, es taget"! rief Bondt den Ungestümmen zu, „die Katze wird bald aus dem Sacke kommen;
man sieht ihr schon die Schnauze."

Trennung des Landes. Bei der schmachvollen Behandlung der rechtmäßigen Obrigkeit blieb jenes Gericht,
höhern Orts dazu ermuntert, wie gesagt, nicht stehen; vielmehr trachtete es darnach, alles Volk in den Strudel der
Revolution hineinzuziehen. Als ihm das aber bei der nüch-
ternen Stimmung des Volkes im Vorderlande nicht gelingen
wollte, faßte es den Plan, eine Trennung herbeizuführen und
suchte zu dem Ende bei Landammann Schefer die Bewilligung für Abhaltung einer einseitigen Landsgemeinde nach.
Vielen bebte das Herz angesichts der steigenden Zwietracht
im Vaterlande. Um daher, wenn möglich, größeres Unglück
von demselben abzuwenden, eilten drei Männer: Joh. Ulr.
Rüsch von Speicher, Andreas Bruderer und Arzt
Grubenmann von Teufen nach Herisau. Während sie hier

mit dem Deputirten Fisch über Herstellung des Landfriedens rathschlagten, verbreitete sich das Gerücht, die Leute vor der Sitter nebst Männern von Innerrhoden und aus dem Rheinthal seien im Anzuge, um die Abhaltung der Landsgemeinde gewaltsam zu verhindern. Darüber entstand alsbald große Aufregung; man stellte Wachen aus, rüstete sich zur Abwehr, überhäufte Fisch mit Vorwürfen über seine geheimen Berathungen und setzte die Friedensmittler Rüsch und Bruderer (Grubenmann konnte entrinnen) gefangen. Die Furcht beruhte indeß auf blindem Lärm, welcher dadurch entstanden war, daß man in Teufen zu einer Musterung die Trommeln gerührt hatte. Am Tag der Landsgemeinde in Hundwil (15. März) rückte mittags 1 Uhr Grenadierhauptmann Wetter mit 1500 Mann nebst 2 Kanonen daselbst ein. Nachdem er an das Volk eine Lobrede auf seine Familie, auf Bondt, General Brune und Mengaud gehalten und männiglich zur Leistung des Eides auf die merkwürdige Formel: „Biedermannstreue, Biedermannsgerechtigkeit und Biedermannsliebe" eingeladen hatte, bestieg er den Stuhl. Ihn begleiteten als Glieder der provisorischen Regierung: Schlosser Schoch von Schwellbrunn, Lindenwirth Leuch und Laurenz Merz von Herisau. Schmähungen auf die rechtmäßige Obrigkeit folgten dem unwürdigen Vorspiele. Mit Spott und Hohn fiel man über dieselbe her; selbst Weiber spendeten, deren Ansehen vollständig zu untergraben, ihr Gift, um den Zweck der Einsetzung einer vom Vorderland unabhängigen Regierung zu erreichen. Der Wurf gelang vollständig. Unter Jubelgeschrei wählte die Landsgemeinde Wetter zum Landammann; die übrigen Amtsstellen wurden Männern ohne Bildung und Sachkenntniß übergeben. Bondt erhielt aus Rücksicht für das Vorderland kein Amt; aber zum Lohn für sein wühlerisches Treiben wurde er wieder in seine ehevorigen Ehren eingesetzt. Nachdem das Volk der neuen Obrigkeit schließlich den Eid der Treue geschworen, löste sich die Landsgemeinde abends 7 Uhr auf, und die Herisauer kehrten in militärischer Ordnung, wie sie gekommen, wieder zurück.

Die Bewohner des Vorderlandes waren mit den Vorgängen in Hundwil keineswegs einverstanden; allerwärts zeigte sich große Erbitterung im Volke. Um daher einem möglichen Zusammenstoß der Parteien zuvorzukommen oder Ausbrüche leidenschaftlicher Hitze zu verhüten, versammelte sich der Landrath schon am 27. in Teufen. Aus dem Hinterlande wohnten der Versammlung nur die Abgeordneten von Urnäsch, Hundwil und Stein bei. Die Versammlung beschloß Abhaltung einer gemeinsamen Landsgemeinde auf den 1. April; allein die provisorische Regierung widersetzte sich dem Ansinnen mit solcher Entschiedenheit, daß dieselbe nicht zu Stande kommen konnte. Ebenso erfolglos blieb der Versuch einer Verständigung durch beiderseitige Abgeordnete in der hiefür veranstalteten Konferenz in Bruggen; denn im Gefühle ihrer Selbstherrlichkeit verfolgte die provisorische Regierung die betretene Bahn ohne Rücksicht auf die Beschlüsse des Landrathes. So kam es, daß auf ihren Befehl am 10. April in sämmtlichen Gemeinden hinter der Sitter Kirchhören abgehalten und der Gemeinderath aus Neuerungsfreunden bestellt werden sollte. In Hundwil und Stein, wo man mehr zum Vorderlande hielt, wagten die Leute zu erklären, man gedenke, von den alten Rechten und Freiheiten um kein Haar breit zu weichen, auch keine Kirchhöre anzuordnen bis nach einer allgemeinen Landsgemeinde; allein sie sollten ihre Kühnheit bitter büßen. Schon am folgenden Tage erschienen drei Abgeordnete der provisorischen Regierung, um die Abhaltung der Kirchhöre zu erzwingen; aber die Hauptleute und mit ihnen viele Bauern protestirten gegen das Ansinnen, als den alten Rechten und Freiheiten

zuwiderlaufend. Hierauf versammelten sich die Bondtisch-
gesinnten von Hundwil, Stein und Herisau nebst den bereits
erwähnten Deputirten im Wirthshause zum Bären und wollten da, weil es die andere Partei in der Kirche nicht gestattete, Gemeinde halten. Man gerieth hart aneinander. Es
kam zu Faustschlägen, zum Kleiderzerreißen, ja sogar zu Ein-
sperrungen, ohne daß dadurch für die eine oder andere Partei
ein Entscheid herbeigeführt werden konnte. Mit Blitzesschnelle
verbreitete sich in Herisau die Nachricht von diesen Vorgängen, entstellt von der argen Uebertreibnng, man halte in
Hundwil die Deputirten des Hinterlandes gefangen. Die
vermeintliche Schmach zu rächen, griff man hier alsbald zu
den Waffen. Am Abend des nämlichen Tages sahen Leute
in Hundwil die Herisauer mit 2 Kanonen in Schaaren her-
beikommen nach dem Tobel, wo sie zu einem nächtlichen
Ueberfall die Dunkelheit abwarten wollten. Alsbald ertönten
die Sturmglocken; man stellte Wachen aus, hieng die Laternen
auf, und das Volk sammelte sich unter Trommelschlag zur
Abwehr der ihm drohenden Gefahr. Angesichts solcher Rüstungen stutzte der Feind in seinem Hinterhalt. Zwei Reiter,
denen alsbald sechs andere folgten, rückten heranf; sie versicherten das Dorf ihrer friedlichen Gesinnung, und als auch
Hundwil betheuerte, die Deputirten befänden sich nicht in Haft,
sondern hätten sich nur versteckt und würden wahrscheinlich
schon bei Hause angelangt sein, gab Major Wetter, welcher mittlerweile mit seinen Truppen vorgerückt war, Befehl
zum Rückzuge. Die kampflustige Mannschaft achtete jedoch
seiner Worte nicht und stellte sich, vier Kompagnien stark,
vor dem Dorfe in Schlachtordnung auf. Gleichzeitig rückte
aber auch eine Schaar Hundwiler der Kirchhofmauer entlang
gegen den Feind vor.

„Werda!" scholl es denselben entgegen, und da nicht
sofort Antwort erfolgte, gaben die Truppen Feuer. Von

Kugeln getroffen, fanden drei Männer ihren Tod; achtzehn andere wurden von Glasscherben, Nägeln und Schrot arg zugerichtet, zum Theil tödtlich verwundet. Nach der schauderhaften That kehrte die Rächerschaar, beide Hauptleute und ein Rathsglied von Hundwil als Geiseln mit sich führend, nach Herisau zurück. Geschreckt durch die Bluttat fügten sich endlich Hundwil und Stein in die Zumuthungen der neuen Regierung und wählten im Sinne und Geist derselben einen neuen Gemeinderath.

Es geht zum Ende. Bald nach diesen Vorgängen im Hinterlande (5. April) erließ der französische General Schauenburg sowohl an die innern Stände: Uri, Schwyz und Unterwalden, als auch an Glarus, Zug, Innerrhoden, an das Land vor der Sitter, an Stadt und Landschaft St. Gallen, Toggenburg, Rheinthal und Sargans eine Aufforderung zur Annahme der Einheitsverfassung. Eilfertig sandten hierauf diese Völkerschaften ihre Boten zu einer deßhalb angeordneten Konferenz nach Schwyz. Als man sich hier nicht sogleich willfährig zeigte, den bittern Kelch zu trinken, ließ Schauenburg ein zweites Ultimatum ergehen, worin er auf die traurigen Folgen eines längeren Widerstrebens hinwies. Die Konferenz löste sich erschrocken auf, und im Lande währte der Zwiespalt fort. Das Hinterland erklärte seinen Beitritt am 19.; auch Hundwil und Stein fügten sich; aber Urnäsch zögerte noch, ebenso Innerrhoden und die Gemeinden vor der Sitter, welche an Schauenburg noch am 24. April in ablehnendem Sinne antworteten; allein er sowohl, als auch die helvetische Regierung, warnten immer ernster davor, es zum äußersten kommen zu lassen, da längere Widersetzlichkeit unnachsichtlich Anwendung von Waffengewalt zur Folge haben würde. Von Tag zu Tag stieg die Erbitterung im Lande, nicht minder gegen die freche Zumuthung, als auch gegen die abtrünnigen Gemeinden des

Hinterlandes, durch deren Abfall sich das Volk in der Vertheidigung seines guten Rechtes gehemmt sah. Und als dann die Obrigkeit zur Behauptung der Freiheit rüstete, den Kriegsrath und die Offiziere ernannte; als man Morgensterne verfertigte, die Hauptwache bestellte, eine Kriegssteuer ausschrieb und Bereithaltung der Fuhrwerke anordnete: trat an der Jahresrechnung in Trogen (30. April) Johannes Hörler von Speicher, begleitet von einem Volkshaufen vor den Rath und verlangte, daß man jene Gemeinden mittelst Waffengewalt zur Unterwerfung unter die rechtmäßige Obrigkeit zwinge. Aber der Rath wollte wohlweislich einen Bürgerkrieg verhüten und widersetzte sich dem Ansinnen beharrlich. Da drangen die Unzufriedenen in den Rathssaal ein, nannten die Rathsglieder „Donners-Franzosen, reiche Ketzer und Schelme"; sie zertrümmerten Schränke, Stühle, schmissen die Papiere unter die Tische und zwangen die Obrigkeit auf diese Weise dazu, das Begehren dem Volkswillen zu unterstellen. Am folgenden Tage unterstützten auch Abgeordnete von Innerrhoden das tolle Verlangen, und so kam es, daß der Rath wider Willen entsprechen mußte. Aber die Standeshäupter, welche die Mannschaft zu einem Ueberzug des Hinterlandes anführen sollten, ergriffen nebst vielen andern die Flucht; sie eilten mit Weib und Kind, mit Hab und Gut über den Rhein. Den Schaarhauptleuten gelang es glücklicherweise, den Auszug auf den folgenden Tag zu verschieben, da dann von der erfolgten Kapitulation im Kanton Schwyz Kunde kam, weßhalb die Truppen erschrocken auseinanderliefen.

Im Hinterlande rüstete sich auf die erhaltene Nachricht von dem beabsichtigten Ueberfalle alles, was Beine hatte, zu blutiger Abwehr. Achtzehn Kanonenschüsse riefen in den Gemeinden das Volk zu den Waffen. Zu Berg und Thal hörte man den Generalmarsch schlagen, und Herisau schwor, den heimatlichen Herd gegen die Vorderländer mit Gut und

Blut zu schützen. Glieder der Landesobrigkeit, die in Herisau
wohnten, wurden auf dem Rathhause bewacht und ihre Anhänger den Kriegern zugetheilt. „Wir wollen," rief Landammann Wetter aus, „den alten Herren einmal den Meister
zeigen, und im Fall die Kurzenberger siegen sollten, alle er-
schießen." Mit dem nämlichen Lose bedrohte man diejenigen,
welche sich weigern würden, die Konstitution zu vertheidigen,
und wer nicht Freude an derselben zeigen würde, dem ward
eine Tracht Stockprügel in Aussicht gestellt. Auch in Herisau
flüchteten darum viele Anhänger der alten Ordnung nach dem
nahen Toggenburg.

Zu einem Zusammenstoß kam es indeß, wie bereits erwähnt, nicht; dagegen rückten die Franzosen um diese Zeit
immer weiter nach Osten vor; am 27. April löste sich darum
die provisorische Regierung auf. Schwellbrunn und Herisau
errichteten Freiheitsbäume, geschmückt mit rothen, grünen und
gelben Bändern und mit der Inschrift: „Freiheit, Gleichheit,
Einigkeit und Zutrauen." Dem Beispiele folgten am nämlichen Tage Stein, Hundwil und Urnäsch nebst der alten Landschaft St. Gallen. Immer noch zögerten die übrigen Gemeinden;
nachdem aber Kunde von Unterwerfung der ganzen Urschweiz
gekommen war, entsank vielen der Muth. Am 4. Mai sagte
sich darum auch Teufen von der alten Verfassung los. Innerrhoden folgte nach großem Widerstand am 6., Gais that das
nämliche am 7. Mai. Dagegen wollte die Mehrheit der an
diesem Tage in Trogen versammelten Landsgemeinde immer
noch nicht an den Rücktritt der Länder glauben und daher auch
der von den geflohenen Beamten schriftlich eingesandten Mahnung zur Unterwerfung kein Gehör schenken. Das Volk beschloß vielmehr unveränderliches Festhalten am alten Bunde;
es entsetzte die Regierung, auf die nun alle Schuld so vielen
Unheils geschoben wurde und traf neue Wahlen. Nachdem aber
die Nachricht eingegangen war, daß französische Vorposten

bereits in Wil stehen, löste sich die neue Regierung alsbald
auf, und auch Trogen nebst den noch übrigen Gemeinden des
Landes erklärte schon am folgenden Tage (8. Mai) seinen
Beitritt zur Konstitution. Damit war das Werk der Unterjochung vollendet und für das Vaterland eine neue Zeit
angebrochen.

Nach vielen blutigen Treffen war die Eidgenossenschaft,
einst stark und mächtig nach innen und außen, in Trümmer
gefallen. Zwar wurde manchenorts mit Heldenmuth gegen
die Franzosen gestritten, aber ohne Erfolg, weil der Geist der
Väter, welche den Bund durch Eintracht gestiftet, von ihren
Söhnen gewichen war. „Vierhundert und neunzig Jahre
lang,“ sagt Zschokke, „war derselbe bestanden, in vierund-
siebenzig Tagen zertrümmert. Er fiel, obwohl seiner innern
Auflösung nahe, doch keiner so schmählichen werth. Sein
Kampf gegen Frankreichs welterobernde Heeresmacht glich dem
eiteln Kampf des Greises, der mit erstarrender Hand das
Schwert führt, nicht mehr um den letzten Funken des Lebens,
sondern noch die Ehre zu retten.“

Die Revolution mit ihren Prüfungen, ihren Drangsalen und Leiden in Hütten und Palästen gleicht im Bilde der
aufgeregten Natur. Wenn die Gewächse schmachten in verpeste-
tem Lufthauch; wenn Mensch und Thier nach Erfrischung
verlangt — wie willkommen erscheint dann nicht ein Gewitter!
Und ob auch der Blitz Wohnungen zerstöre; ob der Hagel den
Segen des Landmannes zernichte; ob die Fluten Straßen,
Brücken und Mühlwerke ruiniren, gleichviel; das Gewitter
erscheint dennoch als eine Wohlthat, vom Herrn gesendet.
Aehnlich verhält es sich mit dem Leben der Völker, da auch sie
zur stetigen Entwicklung berufen sind. Wie aus dem Schmelz-
tiegel das geläuterte Gold hervorquillt, also entkeimte der
Knechtschaft die Freiheit. Wir dürfen darum nicht fragen,
wer im Läuterungsprozesse jenes politischen Sturmes so oder

anders mitgewirkt, ob Wetter, Bondt und andere, befangen von Vorurtheilen, wie wir wähnen, unrecht gethan — sie waren mit Tausenden ihrer Meinungsgenossen Werkzeuge in der Hand des Höchsten, dessen Gnade sich an den Völkern erweisen wollte durch den Anbruch einer bessern Zeit.

Appenzell ein Glied des Einheitsstaates. Zeit der Helvetik.

(1798 — 1803.)

> Der Ruhm des Gottlosen besteht nicht lange, und die Freude des Heuchlers währt einen Augenblick. Wenn gleich seine Höhe bis an den Himmel reichet und sein Haupt die Wolken berühret, so wird er doch zuletzt umkommen wie Koth, daß die, vor denen er angesehen war, sagen werden: Wo ist er?
> Hiob 20, 5—7.

Aus den Trümmern des Staatenbundes der drei= zehn alten Orte mit ihren Unterthanenländern errichtete Frank= reichs Machthaber einen Einheitsstaat, bestehend aus 19 ungefähr gleich großen Bezirken, Kantone geheißen, denen jedoch kaum noch ein Schatten der Freiheit übrig blieb. Die „eine und untheilbare helvetische Republik", wie sie das eroberte Land zu nennen beliebten, stand unter dem Einflusse der Sieger. Es wurde von einem Direktorium aus 5 Mit= gliedern, einem Senat und großen Rathe verwaltet. Aarau, weil ungefähr in der Mitte liegend, galt als Hauptort des Staates. Bern, das mächtigste Glied des alten Bundes, büßte das Waadtland, das Aargau und Oberland ein, Uri das Tessin, Glarus die Grafschaft Werdenberg und Appenzell das

Rheinthal. Auch die noch übrigen Unterthanenländer giengen für ihre Besitzer verloren, und die Schweiz erhielt eine neue geographische Eintheilung. Uri, Schwyz, Unterwalden und Zug wurden in e i n e n Kanton unter dem Namen Waldstätten vereinigt. Appenzell nebst dem untern Toggenburg, der Stadt und Landschaft St. Gallen mit dem Rheinthal, bis hinauf zum Schloß Blatten bei Oberried, ward Kanton S e n t i s, dagegen Glarus mit Sargans und Rheinthal bis hinab zum Schloß Blatten nebst dem obern Toggenburg bis Hemberg, dem Gasterland, der March, Rapperswil und den Höfen am obern Zürichsee — Kanton L i n t h geheißen. Ein solches Zerreißen des vaterländischen Gebiets führte zu Trauer und Wehklage an vielen Orten, voraus in dem bis dahin übermächtigen Bern und in den altgefreiten Urkantonen, während hingegen die Neuerungen in den zu Kantonen erhobenen, bis dahin unterthänigen Landschaften, mit Freuden begrüßt wurden.

Wenigstens hundert stimmfähige Einwohner einer Ortschaft bildeten die Primarversammlung. Diese ernannte die Gemeindebehörde (Munizipalität) für Besorgung der Polizeiverwaltung, ferner die Gemeindekammer für das Administrative und endlich einen Wahlmann. Den Wahlmännern jedes Kantons lag ob, vier Mitglieder in den helvetischen Senat, acht andere in den großen Rath und ein Mitglied in den obersten Gerichtshof zu ernennen, auch Wahlen zu treffen für das Kantonsgericht, die Kantonskammer und für die Stellvertretung der Richter. Als Kantonsbehörden galten: der Regierungsstatthalter, die Verwaltungskammer und das Kantonsgericht. Dem Distrikt, deren der Kanton Sentis 13 zählte, stand ein Unterstatthalter mit dem Distriktsgericht vor. Die Munizipalitäten hatten außer den erwähnten Behörden noch wenigstens einen Agenten als Sachwalter des Distriktsstatthalters zu ernennen, welcher letztere unter dem Kantonsstatthalter stand, von dem er die Weisungen des helvetischen

Direktoriums, als der obersten Behörde des Bundes, erhielt.

Schon am 31. Mai 1798, wenige Wochen nach Unterwerfung der Schweiz, hielten die Wahlmänner des Kantons Sentis, 329 an Zahl, im Kapuzinerkloster zu Appenzell ihre erste Sitzung. Joh. Kaspar Bolt von Alt St. Johann, ein eifriger Verfechter der neuen Ordnung, aber auch ein Mann voll Einsicht, Energie und Billigkeitsgefühl, gieng als Regierungsstatthalter aus der Wahlurne hervor. Am 26. Brachmonat trat er sein Amt an, und da unterdessen St. Gallen zum Kantonshauptorte ausersehen worden war, wurden hier am 11. und 12. Heumonat die Distriktsstatthalter ernannt und der neue Staatswagen in Bewegung gesetzt. Aber nicht allein die geographische Eintheilung und die Regierungsform waren es, die da eine gänzliche Umgestaltung erfuhren, sondern auch alle übrigen Einrichtungen in bürgerlichen Dingen fielen als veraltet und daher als unstatthaft dahin. Den Ehrentag der Landsgemeinde feierte das Volk nicht mehr; dem Landmann blieb auch sonst kein Mittel übrig, in staatlichen Dingen seinen Willen zur Geltung zu bringen; denn mit Aufhebung der Verfassung war die Souveränität vom Volk an die Regierung übergegangen, deren Machtvollkommenheit unbedingten Gehorsam forderte. Selbstverständlich durfte daher auch die Verfassung nicht mehr, wie ehedem, nach Gutdünken abgeändert werden, weil diese Befugniß lediglich den Behörden zukam. Das Volk hatte mit einem Wort nur noch — zu gehorchen und zu bezahlen. Die Kantonswappen wurden beseitigt und an deren Stelle das helvetische mit dem Bildnisse Tell's und der Umschrift „Freiheit und Gleichheit" gesetzt. Für die Zeitrechnung durfte ausschließlich der neue, gregorianische Kalender in Anwendung kommen, und damit auch im Umgang Titel und Ständeunterschied völlig verschwinden, ward jedermann, gleichviel, ob er hoch oder niedrig stand, mit dem Worte „Bürger" angeredet. Da gab es

Bürger Minister, Bürger Pfarrer und Bürger Schulmeister. So gieng es fort bis hinab zum Bürger Kaminfeger; selbst der Henker und sein Delinquent wurden also genannt. Voll Aerger über so viele Neuerungen machte einst ein Appenzeller seinem Unmuth in ironischer Weise also Luft: „Bürger Richter!" sprach er: „Ich kann's nicht leiden, daß man mich Bürger nennt, denn kürzlich, als ein Dieb auf den Pranger gestellt wurde, hieß es, der Bürger N. soll als Dieb von dem Bürger Henker an das Halseisen gelegt werden. Nun bin ich aber doch gewiß weder Dieb noch Henker — ". Als Abzeichen des Patrioten mußte am aufgeschlagenen Hut bei Strafandrohung eine Kokarde mit den Nationalfarben: roth, gelb, grün, getragen werden. Auch für die Beamten war die Amtskleidung durch das Gesetz genau vorgeschrieben. Die eidgenössischen Räthe trugen einen blauen, über die Brust zugeknöpften Rock mit goldgesticktem Kragen, die Direktoren eine weiße, die Räthe eine strohgelbe Weste, alle aber eine dreifarbige, seidene Schärpe mit Fransen um den Leib. Das Haupt bedeckte ein runder, schwarzer Hut, welcher für den Senat mit einer grünen, für den großen Rath mit einer rothen und für die Direktoren mit drei Straußenfedern, grün, roth und gelb, geschmückt war. Selbst die kantonalen Behörden hatten ihre abweichende Kleidung. „So glänzten dann", sagt ein Augenzeuge, „die regierenden Herren mit ihren farbigen Schärpen, wie die Goldkäfer in der Sonne."

Man sieht, es sollte nach der neuen Ordnung alles puppenartig, geckenhaft, nach französischer Eitelkeit gemodelt werden. Von all dem Gaukelspiel hatten die Eidgenossen vordem nichts gewußt. „Es gab", um mit Schiller zu reden, „das Herz, das Blut sich zu erkennen." Kein Wunder, wenn das Volk im Schweizerlande her und hin sich nicht scheute, seinem Unwillen Ausdruck zu geben und daher nur eines Anlasses harrte, das verhaßte Joch abzuschütteln.

Dieser kam bei der Eidesleistung auf die Konstitution (30. Aug. 1798). Mehr oder weniger stießen die Behörden überall auf Widerstand. Im Kanton Sentis verweigerten die Gemeinden: Speicher, Trogen, Bühler, Gais, Rehetobel, Grub, Wald, Oberegg und selbst manche Orte des ehemals unterthänigen Rheinthals, namentlich katholische, die Huldigung entschieden. In Trogen trieben die Feinde der neuen Ordnung den Agenten zur Kirche hinaus; dem Ortspfarrer Knus drohten sie mit Fäusten, weil er es gewagt, die Annahme zu empfehlen, und den in den Thurm geflohenen Distriktsrichter G e i g e r holten sie mit Gewalt zurück, um ihn zur Abbitte von der Kanzel herab zu zwingen. Die Unzufriedenen mehrerer Gemeinden veranstalteten hierauf eine Standesversammlung, und Inner-rhoden erkühnte sich sogar, für Verwerfung der Verfassung eine Landsgemeinde abzuhalten. Aber dem Widerstand setzte die Regierung alsbald ein Ziel; denn schon am 2. und 3. September giengen sowohl von General S c h a u e n b u r g, als auch von B o l t und dem D i r e k t o r i u m in Aarau Proklamationen ein, welche zu schleuniger Unterwerfung ermahnten; auch rückten, der Aufforderung Nachdruck zu geben, alsbald Exekutionstruppen in den Kanton ein. Speicher konnte zwar der Züchtigung durch schleuniges Nachgeben entgehen; aber Trogen, auch Gais und Appenzell, mußten sich Einquartierung gefallen lassen. In Oberegg, wo man sich dem Einmarsch der Krieger gewaltsam widersetzt hatte, wurden die Leute nach erfolgter Unterwerfung entwaffnet und das grobe Geschütz als Beute hinweggeführt. Solchermaßen geschreckt, sah sich der Kanton Sentis veranlaßt, von längerem Widerstande abzustehen und am 12. September die Konstitution zu beschwören.

Die Unruhestifter traf schwere Strafe. J o h. J a k o b von Trogen erhielt Schaustellung auf dem Pranger, Ruthen-streiche und 5 Jahre Zuchthausstrafe, weil er, die Eidesleistung zu verhindern, mit einem Haufen Volkes in die Kirche eingedrungen war, weil er selbst nicht huldigen, noch sich in das Bürgerregister wollte eintragen lassen. Bei Joh. Bruderer von da, des Hauptmanns Sohn und Sprach-lehrer, wurde Munition gefunden. Da er nun als Feind der neuen Ordnung bekannt war, traf ihn Gefangenschaft nebst einer Buße von 165 Gulden. Joh. Küng, Ulrich Menet und Joh. Holderegger von Gais hatten auf Grund ähnlicher Vergehen Bußen von 33 — 200 Gulden zu bezahlen; jene mußten überdies Abbitte thun, dieser ward auf 6 Jahre ehr- und wehrlos erklärt. Joh. Hörler von Speicher wurde auf den Pranger gestellt, 99 Gulden gebüßt, zu 2 Jahren Zuchthaus und zum Staupenschlag verurtheilt. Letztern ertrug er, im Bewußtsein, eine ehrliche Sache ver-fochten zu haben, mit stoischem Gleichmuth, ohne jegliche Schmerzensäußerung.

Das Land unter dem Einfluß fremder Heere. Mit der Eidesleistung waren die Würfel der Knechtschaft für ganz Helvetien gefallen und alles Volk zum Schweigen gebracht; aber dessen ungeachtet trat keine Ruhe ein. Am politischen Horizont thürmten sich Wolken auf, gewitterhaft und schwarz wie die Nacht. Die Großmächte Europas: England, Ruß-land und Oesterreich konnten nämlich den Uebergriffen Frank-reichs in Italien und in der Schweiz nicht länger gleichgültig zusehen; sie stifteten daher, um die Franzosen auf ihre chevorigen Grenzen zurückzuweisen, unter sich eine Koalition (Kriegsbund). England unterstützte den Plan mit Geld und zur See; die Russen aber und die Oesterreicher giengen sowohl von Italien aus als auch vom Rheine her gegen den gemeinsamen Feind mit Waffengewalt vor. Dabei hatte die Schweiz nicht allein das Unglück, Kriegsschauplatz zu werden, sondern auch Heer-folge leisten zu müssen; denn da sie kurz zuvor mit Frankreich in ein Schutz- und Trutzbündniß getreten war, sollten auch

ihre Söhne am Kampfe gegen die Alliirten theil nehmen.
Schon am 20. Oktober 1798 waren die Oesterreicher unter
dem General Auffenberg in das von Parteihaber zerrissene
Rhätien eingerückt, um von da aus weiter nach Westen zu
gehen und die Schweiz, wenn möglich, von der Franzosenherrschaft zu befreien. Die Franzosen, in der Absicht, den
Feind aus den Bergfesten Bündens zu vertreiben, giengen
am 6. März 1799 über den Rhein; sie bemächtigten sich der
Luzienstieg, eroberten Chur nach hartem Widerstand und nahmen Auffenberg nebst 4000 seiner Krieger gefangen, wurden
jedoch am 25. von Erzherzog Karl, Oesterreichs Feldmarschall, bei Stockach völlig geschlagen. Um nun ein weiteres
Vorrücken der Oesterreicher zu verhindern, stellte auch die
helvetische Regierung ihre Truppen an den Rhein, unter
welchen sich 2 Bataillone, Meßmer von Rheineck und Wetter
von Herisau, aus dem Kanton Sentis befanden. Feindliche
Kugeln streckten hier manchen wackern Schweizer nieder; doch
lichteten deren wohlgezielte Schüsse auch die feindlichen Reihen
in empfindlicher Weise. Das Kriegsglück war übrigens den
Oesterreichern für einmal noch günstig; sie drängten das
französische Heer nebst dem helvetischen Hülfskorps zurück und
bemächtigten sich in ihrem Siegeslauf der östlichen Kantone.
Am 20. Mai war ihre Vorhut bereits auf den Höhen von
Heiden angelangt. Bald folgte die Hauptmacht, welche, 25000
Mann stark, über Gais und Rorschach nach St. Gallen vor-
rückte *). Am 4. Juni flatterten die Banner der Kaiserlichen

---

*) „General Hoze nahm auf seinem Marsch über Gais im Gasthof
zum Ochsen Quartier. Schnell verbreitete sich das Gerücht, Hoze werde
den Ochsenwirth Heim, einen Erzfranzosenfreund, gefangen fortführen.
Neugieriges und zum Theil schadenfrohes Volk sammelte sich vor dem
Gasthause, um die Fortführung des Gefangenen zu sehen. Wie erstaunt
stand aber die Menge da und wie verblüfft, als Hoze und Heim vor der
Thür des Gasthofes freundlich sich zum Abschied die Hände reichten und
sogar einander küßten."

schon herab von den Thürmen Zürichs, und alles Volk begrüßte freudetrunken die Kunde der Erlösung von Frankreichs Thrannei.

In den meisten Gemeinden des Landes setzte man mit Jubel die Axt an die Freiheitsbäume. General Hoze gestattete auch Wiedereinführung der Landsgemeinden. Am 23. Juni wurde dieselbe eben so freudig begangen, als zahlreich besucht. Das war ein Festtag für das Volk, wie es einen ähnlichen lange nicht mehr gesehen! Erfüllt von Gefühlen des Dankes für die glückliche Wendung der Dinge beschloß hier, dem Beispiele von Glarus folgend, der große Rath, das kaiserliche Heer mit 4 Kompagnieen Appenzellertruppen verstärken zu lassen; denn für die Wiederkehr der Freiheit fand man nachgerade kein Opfer zu groß. Auch Innerrhoden veranstaltete zum nämlichen Zwecke eine Landsgemeinde. In Außerrhoden versammelte sogar ein Buß-, Bet- und Danktag alles Volk in seine Tempel zur Verherrlichung des Herrschers der Heerschaaren. Allein das Glück war von kurzer Dauer; denn als Suwaroff, der russische Oberfeldherr, sich anschickte, von Italien her den Gotthard zu überschreiten, um sich mit den Oesterreichern und den unter Korsakoff bei Zürich stehenden Russen gegen die Franzosen zu vereinigen, entbrannte der Kampf heftiger als zuvor. Korsakoff wurde von Massena geschlagen und Suwaroff die beabsichtigte Vereinigung mit ihm durch General Lecourbe, der den Gebirgskrieg leitete, unmöglich gemacht. Solchermaßen verlassen von ihren Bundesgenossen, standen die Oesterreicher mit Ausnahme des kleinen, schweizerischen Hülfskorps noch allein im Felde gegen die überlegene Macht der Franken. Es galt einen Verzweiflungskampf. An ihrer Seite fochten die Appenzeller im Glarnerland und bei Utznach muthvoll, aber nicht mit Glück. Ohne Betten oder genügendes Stroh hatten sie bei magerer Kost und schlechter Witterung auf feuchter Erde ihr Lager. Der Feldzug währte für unsere Truppen zwar nur **28** Tage; aber da sie beständig dem Feuer des Feindes ausgesetzt waren, hatten dieselben dennoch manchen Gefallenen zu beklagen. Die von ihnen in Gefangenschaft Gerathenen führten die Franzosen an Stricke gebunden unter Spott und Hohn nach Solothurn, wo sie indeß bald wieder frei gegeben wurden. Am **25.** September verkündete frühmorgens Geschützesdonner die Annäherung des Feindes unter Massena, und da Hoze an diesem Tage, von einer feindlichen Kugel getroffen, fiel, sahen sich die Verbündeten zum Rückzuge veranlaßt. „Im buntesten Gemisch drängte sich auf und neben der Straße über den Hummelwald die reitende, fahrende und gehende Menschenmenge, drängten sich Kanonen, Munitionswagen und Marketenderfuhren, Deutsche, Böhmen, Schweizer — alles sich hindernd — ohne Schonung eilend, um sich vor den schnellfüßigen Franzosen zu retten." Von Wattwil kehrten die Appenzeller nach Herisau zurück, wo sie den Abschied erhielten.

Die Franzosen waren nun wieder Meister in ganz Helvetien, und schon am 7. Oktober erschien der Regierungskommissär Wegmann von Zürich, um im Lande die helvetischen Behörden neuerdings einzusetzen. Die Freiheit war ein schöner, aber kurzer Traum gewesen, dem ein enttäuschtes Erwachen folgte. Hatte das Volk schon früher die Erlösung aus französischer Gewaltherrschaft kaum erwarten können, so fühlte es sich nun um so schmerzlicher betroffen, als sich nicht nur die feindlichen Machthaber, sondern auch der gemeine Krieger jegliche Gewaltthat gegen dasselbe erlaubten. Dieser schien es absichtlich darauf abgesehen zu haben, Rache zu nehmen am Volke für seinen Abfall. Nicht genug, daß die Würger durch Einquartierungen und Requisitionen dasselbe beinahe erdrückten, verübten sie auch zahllose Gewaltthaten, von denen wir in diesen Blättern nur einige Beispiele an-

führen wollen. Schon im Dezember 1798 hatten die in Trogen stationirten Krieger einen ruhig von St. Gallen heimkehrenden Mann, Barth. Zellweger im Schopfacker, auf
offener Straße überfallen, ihn seiner Uhr und des Geldes
beraubt und dann tödtlich verwundet in die Wachtstube geschleppt, wo ihn die Seinigen nach langem Suchen, bis zur
Unkenntlichkeit entstellt, fanden. Wenige Tage nachher erlag
der Unglückliche seinen Wunden. Am 7. Oktober 1799 schlugen die in Trogen einrückenden Franzosen auf dem „Berg"
ein Lager auf und geberdeten sich dann in ähnlicher Weise.
Manche von ihnen zogen aus und erpreßten von den Einwohnern, was sie gelüstete. Darüber geriethen sie mit dem
Fuhrhalter Michael Schläpfer auf der „Halten" in Wortwechsel wegen einer Pfanne, die er nicht abtreten wollte.
Sogleich ward er durch Flintenschüsse vor dem eigenen Hause
todt niedergestreckt. Joh. Loppacher in der „Schurtanne,"
Bauer und Metzger von Beruf, erhielt 2 Franzosen in's
Quartier. Er stellte ihnen Suppe, Fleisch und Most auf;
allein das genügte nicht, die Kerle wollten Wein haben, und
da er solchen nicht geben konnte oder wollte, bedrohten sie
ihn mit dem Tode. Er aber, ein baumstarker Mann, er-
greift den einen mit der Linken, den andern mit der Rechten,
hebt sie erst in die Höhe an die Wand und wirft sie dann
zum Hause hinaus. Am Ostertag des Jahres 1800 geriethen feindliche Krieger, als es eben zur Kirche läutete,
mit ihrem Gastgeber, Matthias Bruderer, in Streit.
Bauern mischten sich ein und warfen in unbesonnener Weise
mit Steinen nach dem auf dem Dorfplatze stehenden Militär.
Zornentbrannt befehlen die Offiziere, scharf zu laden und
im Fall die Thäter nicht augenblicklich ausgeliefert werden
würden, den Ort in Brand zu stecken. Nur mit Mühe gelang es dem herbeieilenden Deputirten, Joh. Kaspar Zellweger, die Offiziere vorläufig zu besänftigen. Eine an

General Vandome in St. Gallen abgeordnete Deputat=
schaft brachte es endlich dahin, daß die Fehlbaren, statt vor
ein Kriegsgericht gestellt zu werden, von der Munizipalität
bestraft werden durften. Aehnliche Exzesse wiederholten sich
im Kanton her und hin gar häufig. Diese und dann die
Einquartierungen, womit namentlich Herisau, Teufen, Bühler,
Gais, Speicher, Trogen und Lutzenberg schwer heimgesucht
wurden, machten die Franzosenherrschaft im Lande zusehends
verhaßter. Es genügte nachgerade nicht mehr, daß der Feind
Quartiere forderte und Lebensmittel für die Armee nebst
Futter und Stroh für die Pferde, sondern er diktirte auch
Anlegung mehrerer Heerstraßen: von Herisau über Wald=
statt und Schönengrund nach dem Toggenburg, von Gais
über den Stoß nach Altstätten, von Wolfhalden nach Thal
und von Walzenhausen über den Schutz nach Rheineck. Die
gemeinsam verrechneten Kosten für diese Lasten (Heerwesen
und Straßen) betrugen während der helvetischen Zeit nur für
die Distrikte Teufen und Wald, 16 Gemeinden umfassend,
wenigstens 300,000 Gulden. Dabei sind nicht gerechnet die
gewöhnlichen Abgaben für den Staatshaushalt, von denen
der Appenzeller vordem nichts wußte. Sein höchst einfacher
Haushalt konnte bis dahin aus dem Staatsvermögen be=
stritten werden, welches vor dem Einmarsch der Franzosen
im Jahr 1797 die Summe von 134,935 Gulden betrug *).
Aber das Geld wurde verschleudert, und die Stürme der Zeit
brachten neue, bis dahin unbekannte Lasten auf. Da gab
es außer der Vermögenssteuer noch Häuser= und Grundsteuern,
Stempel= und Visagebühren, Handels=, Gewerbe= und Ge=
tränkesteuern, Luxusabgaben, Handänderungsgebühren u. s. w.

---

*) Landammann Nagel giebt in seinem Geschäftsdiarium vom Jahre
1825 dasselbe also an: An Zinsen und Kapitalschulden 134,833, an zwei
verfallenen Zinsen 13,483, an zwei Alpen 6000, an baarem Gelde 33,000,
beim Seckelamt 1919; zusammen 189,237 Gulden.

Man sieht, die Noth des Landes war groß und um so größer das Elend, als in Folge der von Oesterreich verhängten Fruchtsperre die Preise der Lebensmittel dermaßen hochstanden, daß der Laib Brot 1 Gulden 6 Kreuzer kostete. Auch stockten Handel und Gewerbe. Hohe Garnpreise erschwerten das Geschäft. Es war daher eine wahre Wohlthat, daß Joh. Kaspar Zellweger von Trogen gerade um jene Zeit Genua verließ, wo er lange Jahre als Kaufmann gewesen, und mit bedeutenden Garnvorräthen versehen in seine Heimat zurückkehrte. Freilich hatte er in Bregenz schweren Stand, mit seiner Waare über die Grenze zu kommen; aber ein splendides Gastmahl, das er der österreichischen Generalität bereitete, versah ihn ihrer Gunst, und der Paß ward ihm geöffnet. „Am andern Morgen", so erzählt er selbst, „standen schon um 5 Uhr 500 Mann vor der Thür meines Vaters, um Garn zu kaufen, und obgleich wir das Pfund um einen Gulden wohlfeiler abließen, als die Händler in St. Gallen, warf es doch einen schönen Nutzen ab." Freilich war diese Hülfe immerhin eine bloß temporäre und gegenüber der allgemeinen Noth gleich dem Tropfen im Eimer. Das Elend blieb, und darum wanderten viele, bedrängt von Armut, aus. Die Einen giengen nach dem Kanton Bern, andere in's Elsaß, und eine weit größere Zahl ergab sich dem Bettel. Für die verlassenen Kinder aus den innern und östlichen Kantonen erweckte Gott die Herzen der Reichen in Zürich, Bern, Basel, Solothurn und Neuenburg, wo der Krieg weit weniger Opfer gefordert hatte. In verschiedenen Abtheilungen fanden daselbst 3500 Kinder, Knaben und Mädchen, menschenfreundliche Aufnahme und viele derselben eine vortreffliche Erziehung. Basel gieng so weit, daß es auch die Reisekosten für die dahin wandernden Kinder zahlte. Wir wissen, daß 1799 auch Hermann Krüsi, der damalige Schulmeister in Gais, 26 Knaben auf einem Wagen nach

Burgdorf geleitete, wo Professor Fischer bereits für ihr
Unterkommen gesorgt hatte. Fast gleichzeitig bewegte sich aus
dem Distrikt Herisau eine andere Karavane von 44 Schick-
salsgenossen auf 2 Wagen nach dem Kanton Bern. Krüsi
und der damals erst 10jährige Knabe Joh. Ramsauer
von Herisau wurden in spätern Jahren Mitarbeiter Pestalozzi's. Beide gelangten zu Ruf und Ansehen, jener als
pädagogischer Schriftsteller und Seminardirektor, dieser als
Erzieher der Prinzen von Oldenburg. Während solchermaßen
den Kleinen ein freundliches Los gefallen war, seufzte in der
Heimat nach wie vor alles Volk in namenloser Bedrängniß.
Es verwünschte die Einheitsregierung und mit ihr die Verfassung, welcher die Leute übrigens mit Unrecht alles Unheil
zuschrieben, da ja weder jene noch diese den Feldzug von
1799 veranlaßt, noch so manche andere Leiden der Zeit herbeigeführt hatten. Genug, das Volk betheiligte sich meist
wenig zahlreich an den verfassungsmäßigen Wahlverhandlungen; es sah auch gleichgültig zu, wie in den obersten Räthen
eine Partei die andere gesetzwidrig stürzte, wie eine Regierungsform die andere verdrängte. Nicht selten fiel nächtlicher Weile
da und dort, von frevelnder Hand berührt, ein Freiheitsbaum.
Dagegen richtete man den Blick sehnsuchtsvoll in die Zukunft, nach der Zeit wieder hergestellter Volksfreiheit. Diese
schien auch in der That anbrechen zu wollen, als am 9. Febr.
1801 Frankreich und Oesterreich den Frieden von Lüneville
schlossen, welcher die Unabhängigkeit der Schweiz gewähr-
leistete und ihr damit das Recht zuerkannte, sich eine beliebige Verfassung zu geben. Was aber diesfalls den Kantonen
bloß in ihrer Gesammtheit oder als Einheitsstaat zuerkannt
ward, das glaubten bei uns viele, zum Theil irregeführt
durch eine von Pfarrer Knus in Trogen verbreitete Broschüre,
auf die einzelnen Kantone beziehen zu dürfen. Auf Grund
solcher Auslegung bildeten sich im Kanton alsbald Volks-

versammlungen, und diese veranstalteten eine Riesenpetition
mit einer 6 Bogen füllenden Unterschriftenliste, worin der
Wunsch nach Rückkehr zur alten Ordnung ausgedrückt ward.
Aber das Direktorium in Aarau rügte den Irrthum; es
antwortete mit Exekutionstruppen, und der Regierungsstatthalter Bolt belehrte das Volk mittelst einer erläuternden
Proklamation. Zwar zögerten die gesetzgebenden Räthe nicht,
der Schweiz eine neue, für alle annehmbare Verfassung zu
geben; aber keiner Partei sagte der Entwurf zu. Grundsätze,
die den Einheitsfreunden recht waren, gefielen den Föderalisten nicht, und was diese wollten, dagegen sträubten sich jene.
Man zankte sich in den Rathsälen von Aarau, wie in den
Kantonen über die Bescherung, ohne einig werden zu können.
Als daher Napoleon nach dem Friedensschlusse von Amiens
(Juli 1802) seine Truppen unerwartet aus der Schweiz zurückzog, sagten sich erst die Urkantone, dann auch die übrigen
demokratischen Stände nebst einigen Städtekantonen von der
Einheitsverfassung eilfertig los. Beide Rhoden von Appenzell
versammelten schon am 30. Aug. ihr Volk zur Landsgemeinde.
Diese wählte, wie in den glücklichen Tagen der Vorzeit, ihre
Obrigkeit; sie erklärte ihren Anschluß an die Urschweiz und
traf die dadurch nöthig gewordenen Anordnungen. Während
so das helvetische Direktorium, geschwächt durch den plötz-
lichen Abfall, sich erschrocken von Aarau nach Bern zurückzog
und hier rathlos tagte, hielten die Föderalisten unter dem
Vorsitze Alois von Reding, Landammann von Schwyz,
daselbst für Wiedereinführung der Kantonalsouveränität eine
Konferenz. In einem Zuruf an's Schweizervolk erklärte
dieselbe ihre Absicht: durch Gründung einer neuen
Eidgenossenschaft vollkommene Rechtsgleichheit
sämmtlicher Bundesglieder herzustellen, die Vorrechte und Unterthanenverhältnisse abzuschaffen
und eine billige Vertheilung der Bundeskosten

in's Werk zu setzen. Der Vorschlag fand vielerorts bereitwilliges Gehör. Rasch schaarte sich die östliche Schweiz voller Sympathieen um das Panier in Schwyz, und schon am 27. September konnte daselbst eine Tagsatzung mit voller Stimmenzahl abgehalten werden. „So schien denn", sagt Monnard, „aus der Wiege der Schweiz zum zweiten Mal eine alte und neue Eidgenossenschaft zu erstehen, gegründet auf die alte Verbrüderung und die Gleichheit, diese Errungenschaft der Neuzeit". Auch Appenzell rüstete zum gemeinsamen Kampfe für Vertreibung der helvetischen Räthe und deren Truppen, geführt von General Andermatt. Vom 16.— 40. Altersjahre wurde alle Mannschaft zu den Waffen gerufen, um das eidgenössische Heer zu unterstützen. Allein da erhob im Lande die alte Zwietracht von neuem ihr Haupt. In Herisau und Schwellbrunn bildeten sich Kompagnieen, von denen die einen der helvetischen Regierung in Bern beispringen, die andern gegen dieselbe ins Feld rücken wollten. Schwellbrunn und Schönengrund mußten sogar militärisch besetzt werden, weil viele dem Marschbefehl der Obrigkeit trotzten. Erst am 3. Oktober gelang es, nebst mehreren Kompagnieen aus Innerrhoden auch 466 Mann Außerrhoder zur Vereinigung mit den Eidgenossen absenden zu können. Die Tagsatzung hatte ihre Truppen, 20,000 Mann, unter die Führung des Generals Bachmann von Glarus gestellt. Fast gleichzeitig, als solches im Osten des Vaterlandes geschah, thaten sich auch in den Kantonen Baden, Aargau, Solothurn und Bern die Gegner des Einheitssystems zu dem nämlichen Zwecke zusammen. Ihre Truppen bildeten die sogenannte schweizerische Verbrüderung; sie ergriffen unter Anführung des Generals Erlach die Waffen wider das Direktorium und brachten dasselbe in Gemeinschaft mit den Tagsatzungstruppen dermaßen in Schrecken, daß es sich veranlaßt sah, von Bern nach Lausanne zu fliehen. Ihm folgten nach Beschließung der widerspenstigen Stadt Zürich, welche zur Tagsatzung hielt, nach manchen Gefechten auch seine Krieger unter General Andermatt, und es schien den Räthen für ihre Rettung in der That nichts weiter übrig zu bleiben, als Abdankung oder schmachvolle Flucht nach Frankreich. Aber Napoleon, der dem Bürgerkrieg von ferne zugesehen, gebot als Beschützer des Direktoriums jählings Halt, Auflösung der Tagsatzung und Unterwerfung der Aufständischen unter die gesetzmäßige Regierung. General Rapp, Adjutant des I. Konsuls, überbrachte den Befehl; um jedoch demselben Nachachtung zu verschaffen, rückten unter General Ney alsbald 20,000 Franzosen in Helvetien ein, für deren Unterhalt nach so vielen Drangsalen abermal eine Kriegssteuer von 625,000 Fr. erhoben werden mußte, an welche der Kanton Sentis nach erfolgter Repartition 66,000 Fr. zu bezahlen hatte. — Zwar die Tagsatzung in Schwyz wollte anfangs weder an ihre Auflösung noch an die Entlassung des Heeres glauben; aber Ney antwortete mit militärischer Besetzung der widerstrebenden Kantone. Unter solchen Umständen blieb ihr keine Wahl; sie löste sich auf, dankte das Heer ab, und am 28. Oktober kehrte das Bataillon Merz nebst einer Kompagnie aus Innerrhoden nach Herisau zurück. Das Bataillon Tobler sollte nachfolgen und dann gleichzeitig mit den unter Merz stehenden Truppen in die Gemeinden entlassen werden. Siehe, da zeigten sich die Aeußerungen des Zorns unter den Parteien neuerdings. Die Revolutionsfreunde des Hinterlandes, erfreut über diese Wendung der Dinge, zankten sich mit den Kriegern dermaßen, daß ein Ausbruch der Leidenschaften nicht völlig zu verhüten war. Sie verlangten sofortige Abdankung der Obrigkeit und wollten doch auch den Räthen der Helvetik, welche an deren Stelle traten, nicht gehorchen, bis die Franzosen dem Widerspiel ein Ende machten. Joh. Fisch, der um jene Zeit das Vertrauen beider Parteien besaß, ist es zu verdanken, daß bei der gesetzlosen Anarchie größeres Unglück vom Lande abgewendet wurde.

General Ney genügten indessen die in Anwendung gebrachten Mittel für Unterdrückung des Aufstandes noch nicht. Um auch jeden Versuch zu einer neuen Erhebung unmöglich zu machen, ließ er im November die einflußreichsten Glieder der Tagsatzung: Alois Reding von Schwyz, Hirzel von Zürich, Würsch aus Unterwalden, Karl Reding von Baden und den Obersten Auf der Mauer verhaften und bis Anfangs Februar 1803 auf der Festung Aarburg gefangen halten. Auch der am 30. August 1802 zum Landammann erwählte Jakob Zellweger jünger, von Trogen, gewesener Senator, zählte zu diesen Geißeln, und es ist merkwürdig, mit welcher Vorsicht man sich des allgemein geschätzten Beamten versicherte. Die seit dem 8. November in Trogen stationirte Kompagnie der 16. französischen Halbbrigade besetzte am 11. November abends 8 Uhr alle Zugänge des Dorfes nebst den Kirchthüren. Hierauf verlangten 3 Offiziere Einlaß in die Wohnung des Landammanns, erklärten denselben als Staatsgefangenen und führten ihn in seiner eigenen Kutsche unter militärischer Bedeckung von dannen. Die Trauer der Familie und die Entrüstung der Gemeinde läßt sich denken; allein gegenüber dem Machtworte Ney's halfen weder Protestationen noch Wehklagen. Er gestattete dem Gefangenen nicht einmal, bei Hause einen Besuch zu machen, als seine Gemahlin der Entbindung nahe war.

Der Insurrektionskrieg hatte übrigens Napoleon von der Unhaltbarkeit der helvetischen Zustände sattsam überzeugt. Um daher dem Volkswillen endlich doch einmal gerecht zu werden, warf er sich zum Vermittler der sich bekämpfen-

den Parteien auf. Zu dem Ende berief er auf den 10. Dezember 1802 eine Versammlung von Abgeordneten, genannt
helvetische Konsulta, zu sich nach Paris für Berathung
einer Verfassung, deren Grundgedanke die Einheitsfreunde,
wie die Demokraten, die Städtekantone wie die Länderkan-
tone vollkommen befriedigte. Jeder Ort erhielt eine eigene,
seinen Verhältnissen angemessene Verfassung. Auch Appenzell
trat mithin in die Rechte eines selbständigen Kantons zurück.
Es erhielt seine Landsgemeinde wieder, jedoch mit der aus-
drücklichen Bestimmung, daß an derselben nichts beantragt
werden möge, als was dem großen Rathe 4 Wochen zuvor
schriftlich eingereicht oder von ihm vorberathen worden sei.
Wer wollte in diesem Zusatze die Weisheit des Gesetzgebers
verkennen!

Wenn auch die Schweiz und mit ihr unser Land durch
die Revolution vielfach gelitten; wenn in Hütten und Palästen das Elend in verschiedenartiger Gestalt sich geltend gemacht; wenn Tausende über den Stürmen der Zeit ihr Herzblut verspritzt haben — ein Resultat, weit größer als die
Einbuße, ist uns doch geblieben: Freiheit und Gleichberechtigung aller Bürger im ganzen Umfang des Schweizerlandes
und ein dadurch angeregtes frisches, freies Geistesleben. Der
helvetischen Regierung, wie vielfach dieselbe auch angefeindet
worden, gebührt das Verdienst, den Bettel bekämpft und
allgemeine Volksbildung eifrig angestrebt zu haben. (S. 126.)

———

Begebenheiten in der Mediationszeit.

(1803—1813.)

Zur neuen Ordnung.

Sie verheißen ihnen Freiheit, so sie selbst
Knechte des Verderbens sind.
2. Petri 2, 19.

———

Nach fünf Jahren der Trübsal kehrten die Segnungen
des Friedens zurück. Unter dem Schutze der durch Napoleons
Vermittlung erhaltenen Verfassung lebte das Schweizervolk
im allgemeinen recht glücklich. Die Kantonalsouveränität, dieses Kleinod schweizerischer Volkswohlfahrt, war
ihm wieder geworden und damit die Befugniß zur freien
Entwicklung im Innern. Durch Beseitigung der Unterthanenverhältnisse mehrte sich die Zahl gleichberech-
tigter Eidgenossen im Vaterlande; die Abschaffung des Zunft-
zwanges führte zur Freiheit in den Gewerben, und die
Aufhebung der hemmenden Schranken gegen den
freien Verkehr der Kantone untereinander weckte das Gefühl der Zusammengehörigkeit unter ihnen. „Was einem
Kanton widerfuhr", sagt Zschokke, „das rührte nun den Sinn
aller. Schriften, Tagblätter und Zeitungen, bis dahin von
scheuen Regierungen unterdrückt, belehrten das Volk über
zeitgemäße Dinge." Schweizer aus allen Kantonen bildeten
Gesellschaften zur Beförderung allgemeiner Wohlfahrt. Ein
Denkmal des erwachten Gemeinsinnes ward der Linthkanal.
Freiwillig brachte man fast eine Million dar, um die ver-
sumpften Ufergegenden am Wallensee trocken zu legen. Nicht
minder that sich die Eidgenossenliebe kund, als am 2. September 1806 vom Sturze des Roßberges die Dörfer Goldau

und Lowerz verschüttet wurden. Man verbesserte die Schulen; das Heerwesen ward geordnet und binnen einem Jahrzehend mehr Löbliches gestiftet, als sonst im Lauf eines Jahrhunderts.

Alle diese Vorzüge hatte die Schweiz zunächst dem Wohlwollen ihres hohen Vermittlers zu verdanken, der die Bedürfnisse der verschiedenen Völkerschaften kannte, wie kaum
ein anderer und der bei Berathung der Vermittlungsakte vermöge seiner hohen Stellung die Parteien beherrschte. Aber
nicht ohne Opfer sollte die Schweiz zu ihrem Glücke gelangen; denn nebst der Wohlfahrt des Landes hatte der erste
Konsul auch das Interesse Frankreichs im Auge, dessen ab-
hängige Bundesgenossin die Schweiz von da an bleiben sollte.
Daraus geht aber mit Nothwendigkeit hervor, daß dieselbe,
als Vasallenstaat, seinem Willen gehorsam, auch nicht in auswärtige Angelegenheiten sich mischen durfte. Durch ihr Bündniß
mit Frankreich übernahm sie außerdem die schwere Pflicht, eine
Truppenmacht von 16,000 Mann, welche stets vollzählig sein
sollte, unter seine Fahnen zu stellen. Zwar that sie es ohne
Murren, weil man damals Napoleons kriegerischen Geist
noch zu wenig kannte; aber bald folgte Enttäuschung; denn
seine menschenfressenden Kriege führten zu beschwerlichen
Zwangswerbungen und diese zu unverhältnißmäßigen Geld-
opfern für die Kantone. Um die erforderliche Zahl Rekruten stets zu erhalten, sah sich z. B. unsere Obrigkeit veranlaßt, zu den 44 Gulden des Handgeldes, welches Frankreich
zahlte, noch 88 Gulden zuzulegen, weil andere Kantone noch
höher giengen; doch auch das genügte nicht. Es kam so
weit, daß Napoleon sich herbeilassen mußte, seine Forderung
auf 12,000 Mann herabzusetzen, und selbst diese Zahl war
kaum mehr aufzubringen, weil für den Ausziehenden der gewisse Tod in Aussicht stand. Handelsstockungen kamen hinzu,
und es zeigte sich gar bald, daß das Los der Schweizer

unter dem Schutze Napoleons auch seine Schattenseiten hatte.

In unserm Lande setzte der Uebergang vom Einheitssystem zur Mediationsverfassung etwelche Schwierigkeiten ab; denn ungeachtet der Rückkehr des Kantons zur Selbständigkeit, deren sich die Mehrzahl des Volkes herzlich freute, fanden sich doch immer noch Leute, die in unbegreiflicher Verblendung der Einheitsverfassung huldigten und daher in ihrem Unmuth die ersten Magistratspersonen, welche für Befreiung des Landes aus der Knechtschaft kräftig eingestanden waren, in schnöder Weise verunglimpften. Schon im Hornung 1803 wurde deßhalb Bäcker Rohner in Herisau vom Kantonsgericht Sentis um 40 fl. gebüßt. Wenige Wochen nachher zeigte sich in Heiden und Wolfhalden ähnlicher Parteihader, der erst zu Schlägereien, dann zu Geldbußen führte. Der Grund war folgender. Französischgesinnte hatten, um den Landammann Zellweger lächerlich zu machen, einen Strohmann errichtet und diesen dahin verurtheilt, daß ihm die rechte Hand abgehauen und er enthauptet werden müsse. Auch in Teufen erfrechten sich Leute dieses Gelichters, Reding, Zellweger und dessen Bruder, Bauherr Zellweger, nebst dem Kantonsrichter Fisch als Freiheitsdiebe und meineidige Männer zu besudeln. Derartige Ausbrüche leidenschaftlicher Hitze dauerten, ungeachtet der Ahndungen, selbst dann noch fort, als die Mediationsverfassung bereits in Vollzug gesetzt war; denn noch im Jahr 1804 kommen Strafurtheile vor, welche auf Grund des nämlichen Fehlers gefällt werden mußten. So geschah, daß ein ziemlich begüterter junger Mann, Martin Knöpfel von Waldstatt, wegen Beschimpfung des Landammanns Zellweger auf den Pranger gestellt, den kurzen Gang mit Ruthen gestrichen, 60 fl. in den Landseckel gebüßt und ihm ein Prägel in den Mund gegeben wurde. Selbst Ludwig von Affry, der Bundeslandammann, blieb nicht verschont. Als es sich nämlich für Aufrechthaltung der neuen Ordnung auf seinen Befehl um ein Truppenaufgebot handelte, lästerte ihn Jakob Büchler in Schwellbrunn einen „Freiheitsschelmen und Lotterbuben". Angesichts solcher Thatsachen überzeugt man sich leicht, daß es einer durchaus strengen Justiz bedurfte, um das Ansehen der Obrigkeit zu wahren und die Leute endlich von solchen und ähnlichen Ausschreitungen zurückzubringen.

Nachdem am 10. März 1803 die in Paris gewählte Siebnerkommission auf dem Rathhause zu Appenzell die verfassungsmäßige Ordnung im Lande festgestellt hatte, bewilligte von Affry auf den 27. für beide Rhoden die Abhaltung einer Landsgemeinde. In Außerrhoden versammelte sich zu dem Ende das Volk in Hundwil, wo unter Aufsicht des französischen Generals Serras die Landesverfassung beschworen und der schon wiederholt erwähnte Jakob Zellweger von Trogen, ein Mann, der dem Lande bis 1818 unter den schwierigsten Verhältnissen mit Weisheit vorgestanden, zum regierenden Landammann erwählt wurde. Drei Tage später ernannte der zweifache Landrath eine Kommission für Abfassung des Landmandates; er forderte auch Einzahlung der noch rückständigen Abgaben und dekretirte gleichzeitig eine Steuer von 2 vom Tausend, weil die Staatsmittel unter der Administration der Einheitsregierung aufgezehrt worden waren. Bald hernach erfolgte eine Schlußnahme über Abschaffung des Gassenbettels im Lande und für Anstellung von Hatschiren. Am 23. Oktober versammelte sich die Landsgemeinde in Trogen zur Beschwörung des Allianzvertrages mit Frankreich. Landammann Zellweger befürwortete dessen Annahme mit solcher Wärme, daß keine Hand sich dagegen erhob. Auch ward bei diesem Anlaß beschlossen, den 82. Artikel des Landbuchs, die Forderungen der Kreditoren in Konkursfällen betreffend, mit den Vorschriften der Mediationsverfassung im Sinne des Gegenrechts in Einklang zu bringen. (S. 493.)

Im allgemeinen gieng im Lande die Organisation des Staats, mit Ausnahme der bereits erwähnten Störungen, ziemlich ruhig von Statten, weil jedermann nach Ruhe und Frieden verlangte; aber in einigen andern Kantonen, wie z. B. in Waadt und Zürich, sah es bedenklich aus. Veranlassung zur Unzufriedenheit gaben die Feudallasten: Zehnden und Bodenzinse. In 42 Ortschaften des Kantons Zürich, zumal in den Seegemeinden, zeigte sich große Unzufriedenheit im Volke, weil nach seiner Meinung der Rath die Loskaufssumme zu hoch gestellt hatte. Als daher im März 1804 die neue Verfassung beschworen werden sollte, verweigerten viele die Huldigung. In ihrem Unmuth warfen die Leute mit Steinen nach den Regierungsabgeordneten; sie ergriffen die Waffen des Aufruhrs und versagten den Gehorsam. Den Aufstand zu unterdrücken, ließ der Landammann von Wattenwil aus Bern, Amtsnachfolger von Affry's, alsbald Truppen marschiren. Auch Außerrhoden hatte 300 Mann zu stellen, von denen am 10. Mai eine Kompagnie Freiwilliger nach Winterthur abgieng. Bald ward jedoch der Aufstand unterdrückt, und es kehrten unsere Leute, beschenkt mit silbernen Medaillons, schon am 16. wieder in die Heimat zurück.

Auch bei diesem Anlasse zeigte es sich neuerdings, daß das Einheitssystem im Lande noch hie und da seine Vertheidiger hatte. In Schwellbrunn weigerten sich manche geradezu, gegen die Aufständischen ins Feld zu rücken. Sie standen im Gegentheil mit den zürcherischen Insurgenten in lebhaftem Verkehr und erhielten täglich Bericht vom Gang der Ereignisse am Herde des Aufruhrs. Es kam so weit, daß die Obrigkeit sich genöthigt sah, die Widerspenstigsten gefangen nach Trogen abführen zu lassen.

Der Neutralitätsfeldzug.

Mit Gott wollen wir Thaten thun.
Er wird unsere Feinde untertreten.
Psalm 60, 14.

Im Jahr 1805, sagt Schäfer in seinen Materialien zur vaterländischen Geschichte, äußerten sich auf dem Festlande furchtbare Symtome einer gänzlichen Umgestaltung der seit dem Lünevillerfrieden bestandenen politischen Verhältnisse. Zwischen Frankreich und Oesterreich wurden für einen bevorstehenden Krieg die umfassendsten Vorbereitungen getroffen. Das deutsche Reich, unter Habsburgs Obergewalt, sah sich durch Frankreich von allen Seiten bedroht; in Oberitalien standen zwei mächtige Heere schlagfertig einander gegenüber; Thyrol und Vorarlberg waren voll österreichischer Truppen, und die französische Armee bewegte sich den nördlichen Kantonen entlang dem Rheine nach aufwärts. — Angesichts der drohenden Gefahr für die Schweiz versammelte sich die Tagsatzung am 20. Herbstmonat in Solothurn und beschloß hier, die Neutralität gegen jeden Feind mit Waffengewalt zu behaupten. Die Kantone wurden deßhalb zur Bereithaltung der Mannschaft aufgefordert und die Führung des eidgenössischen Heeres dem General v. Wattenwil übergeben. An den Höfen von Wien und Paris machte die entschlossene Kriegsbereitschaft den besten Eindruck; sie trug nicht wenig dazu bei, daß die Schweiz von Grenzverletzungen verschont blieb. Das Kriegsglück war übrigens den Franzosen günstig. Die Oesterreicher wurden bei Ulm von denselben geschlagen und bis nach Wien zurückgedrängt. Die Einnahme der Hauptstadt führte zum Frieden von Preßburg und dieser zur Beendigung des Kriegs.

Aus unserm Kanton war die Kompagnie Merz von Herisau am 6. Weinmonat nach Weinfelden und Stein am Rhein marschirt; am 19. folgte die Kompagnie Bänziger von Wolfhalden und am 25. zur Beschützung von Laufenburg die Kompagnie Roller von Appenzell. Zum Chef dieser Truppen hatte der große Rath den Oberstlieutenant Laurenz Mock von Herisau ernannt. Die Grenzbesetzung dauerte übrigens nur kurze Zeit. Schon nach 3 Wochen konnte die Wehrmannschaft in die Heimat entlassen und ihrer Pflicht entbunden werden. Ungeachtet der kurzen Dauer des Feldzuges waren die Kriegskosten doch schon auf 980,808 Gulden angewachsen, an denen sich Außerhoden mit 15,564, Innerrhoden mit 3891 fl. zu betheiligen hatte.

Anstände mit Innerrhoden.

> Lieber, laß nicht Zank sein zwischen mir und
> Dir, und zwischen meinen und Deinen
> Hirten; denn wir sind Gebrüder.
> 1. Mose 13, 8.

Die Bestimmungen der Mediationsverfassung über Rechte und Pflichten der Kantone unter einander riefen zwischen den Rhoden von Appenzell Zerwürfnisse hervor, deren Erörterung die Behörden während einer langen Reihe von Jahren beschäftigte. Umsonst wanderte die Streitsache von Konferenz zu Konferenz; umsonst war es, daß auch die Tagsatzung wiederholt darüber rathschlagte. Die Zähigkeit, mit welcher die Parteien ihre Rechtsanschauung festzuhalten bemüht waren, konnte zu keinem Ziele führen. Der Landammann der Schweiz

sah sich darum endlich veranlaßt, den Gegenstand zur Untersuchung an eine eidgenössische Kommission, bestehend aus
Staatsrath Lüthi von Solothurn, Landesstatthalter Zay
von Schwyz und Regierungsrath Zollikofer von St. Gallen,
zu weisen. Diese, mit Zuzug von zahlreichen Abgeordneten
aus beiden Landestheilen, versammelten sich am 1. September
1809 auf dem Rathhause in Appenzell. An der Spitze der
innerrhodischen Abordnung stand der tüchtige Staatsmann
Landammann Jos. Ant. Bischofberger; die Interessen
des äußern Landes vertheidigte mit ebenso viel Sachkenntniß,
als diplomatischer Gewandtheit Landammann Jakob Zellweger von Trogen. Nachdem sich hier mit Einschluß von
Schreiber und Weibel die 21 Abgeordneten über den Aus-
gleichungsversuchen sieben Tage lang die Köpfe zerbrochen,
wanderte ihr Gutachten an die Tagsatzung, welche die Streitsache am 10. März 1810 endgültig entschied. Der Grund
zur langwierigen Geschichte war folgender.

Bekanntlich stellt die von Napoleon der Schweiz gegebene Verfassung im 4. Art. das freie Niederlassungsrecht,
d. h. die Befugniß, auch in jedem andern als dem Heimatkanton seinen Wohnsitz zu nehmen und da den erwählten Beruf zu treiben, fest. Im 5. Art. des nämlichen Statuts
heißt es: „Für den freien Umlauf der Lebensmittel, des Viehs und der Handelswaaren wird die
Gewährleistung gegeben", und endlich im 40. Art.:
„Zu allem, was die innere Einrichtung der Kantone betrifft, können keine Rechte auf den ehemaligen politischen Zustand der Schweiz begründet werden".

Gestützt auf diese Grundsätze machte Außerrhoden Anspruch auf das Recht des unbeschränkten Ankaufs von Liegenschaften im andern Halbkanton, auf den freien Kauf von
Pfandbriefen und endlich auf das Gantrecht bei Fallimente-

fällen, letztere Befugniß namentlich aus dem Grunde, weil Außerrhoden behauptete, daß jedem Gläubiger das Recht zustehen müsse, vom Schuldner, gleichviel, wo er auch wohne, Bezahlung zu fordern, ihn gesetzlich zu belangen und auf dessen Eigenthum nöthigenfalls Beschlag zu legen. Das äußere Land verlangte mit einem Wort die vom Bund gewährleisteten Rechte.

Innerrhoden dagegen weigerte sich mit Rücksicht auf die ganz besondern Eigenthümlichkeiten seines Landes, den Ansprüchen nachzukommen; es stützte seine Protestation auf die Verträge vom Jahr 1588 und 1597, ferner auf den Konferenzabschied von 1667 und endlich auf einige Artikel der neuen Kantonsverfassung, indem es behauptete, jene Begehren stehen im Widerspruche mit diesen Verträgen. Innerrhoden gab sich der nicht völlig ungegründeten Besorgniß hin, es möchte bei dem überwiegenden Einflusse des reichen, gewerbsamen und darum mächtigern äußern Landes die konfessionellen Eigenthümlichkeiten und seine altehrwürdigen Gebräuche allmälig einbüßen, sein Land mithin im evangelischen Kantonstheile gleichsam aufgehen.

Um daher auf der einen Seite diese Gefahr abzuwenden und auf der andern den Ansprüchen von Außerrhoden, deren Rechtsgültigkeit sattsam konstatirt war, gerecht zu werden, fällte die Tagsatzung in Bern folgenden Spruch:

„Die schweizerische Tagsatzung, in der Ueberzeugung, daß alle Mittel erschöpft seien, die beiden Abtheilungen des löbl. Standes Appenzell in Bezug auf die gegenseitige freie Niederlassung, die ungehinderte Gewerbsbetreibung und den Ankauf von Liegenschaften und Schuldtiteln zu einer gütlichen Anpassung ihrer Landesverträge von 1588 und 1667 an die Bundesverfassung überhaupt und insbesondere an den 4. Art. derselben zu vermögen, beschließt:

1) Jeder Landmann von Appenzell-Außerrhoden, welcher sich kraft seines Schweizerrechtes in Innerrhoden haushäblich niederläßt, erlangt dadurch die Befugniß, daselbst Häuser, Heimwesen und Liegenschaften ohne Hinderniß anzukaufen.

2) Da aber die Besorgniß obwaltet, es könnte durch den allzustarken Ankauf von Häusern und Liegenschaften ab Seite Außerrhodens die Landesreligion oder auch die politische Repräsentanz in den verfassungsmäßigen Behörden von Innerrhoden gefährdet werden, so soll von Seite der außerrhodischen Landleute in jeder Rhode von Innerrhoden mehr nicht denn das zehnte Haus oder Heimwesen und nur im Verhältniß zu derselben Winterungsertrage Alpen, Weiden, Gräser und Möser angekauft werden dürfen. Es bleibt jedoch der Regierung von Innerrhoden unbenommen, nach Erforderniß der Umstände zu Gunsten außerrhodischer Landleute beliebige Ausnahmen zu machen. Erschwerende Ausnahmen sollen zu keiner Zeit stattfinden.

3) Jeder Landmann von Außerrhoden hat das Recht, innerrhodische Schuldtitel zu erwerben; bei der Versteigerung einer innerrhodischen Konkursliegenschaft sollen aber nur jene Außerrhoder dieselbe zu erstehen ermächtigt sein, welche eine unterpfändliche Schuldforderung darauf zu machen haben. Den Landleuten von Innerrhoden ist in diesem Fall ein Zugrecht von 6 Monaten gestattet.

4) Zur Ausweichung aller fernern Irrungen soll die im Jahr 1808 beschlossene Gebietsscheidung unter der Fürsorge des Herrn Landammanns der Schweiz vorgenommen und in's Werk gesetzt werden.

5) Durch gegenwärtigen Beschluß, der zu gleicher Zeit das völlige Gegenrecht für Außerrhoden festsetzt, soll alles und jedes, was in den appenzellischen Landesverträgen von 1588 und 1667 demselben widerspricht, als aufgehoben erklärt sein.

Anstände von minder erheblicher Natur, wie z. B. der Streit über Benutzung der Sommeralmend „Menble" und die Frage, wo Pfandbriefe künftig zu versteuern seien, erhielten Rückweisung an die Kantonsregierung. Laut einem auf gewisse Landesgesetze gestützten Recht verlangte Innerrhoden Nachzahlung aller während und nach der helvetischen Staatsumwälzung unter dem Nominalwerth an Außerrhoden verkauften Schuldbriefe. Das eidgenössische Syndikat urtheilte aber in dieser Sache, wie folgt: In kraft der in Innerrhoden bestehenden Verordnungen über Errichtung und Verkauf sowohl der einfachen als zweifachen Zedel kann jenes Gesetz auf die Jahre der Uebergangsperiode von 1798—1803 nicht angewendet werden; vielmehr sind die Inhaber solcher Schuldtitel bei ihren Rechten zu schützen. Dagegen mag von dieser Zeit an die Wirkung jenes Gesetzes wiederum eintreten.

Grenzbesetzung im Jahr 1809.

> Ich verlasse mich nicht auf meinen Bogen,
> und mein Schwert kann mir nicht
> helfen, sondern du hilfst uns von
> unsern Feinden.
> Psalm 44, 3. 7.

In Folge des Preßburgerfriedens war, wie wir oben gesehen, Oesterreichs Heeresmacht zertrümmert und sein Einfluß in Deutschland geschmälert. Das vormals österreichische Venetien kam zu Italien; Tyrol, Vorarlberg und Lindau an Bayern und andere mehr westlich liegende Landschaften an Württemberg. Konstanz nebst einem Theile des Breisgaues wurde dagegen dem Großherzogthum Baden einverleibt. Niemand ahnte, daß das Haus Habsburg im Gefühle seiner Erniedrigung gegen den Riesenfürsten Europas einen neuen Kampf anheben werde; aber sein unbeugsamer Sinn ist bekannt. Niemals verzichtete es auf seine eingebüßten Besitzungen. Auch diesmal trachtete Oesterreich darnach, dieselben wieder zu gewinnen, und da Napoleon gerade damals in Spanien vollauf zu thun hatte, schien dem Kaiser Franz die Gelegenheit dazu günstig. Er zählte auf den Beistand Deutschlands und machte gewaltige Anstrengungen zu einem Feldzuge wider seinen Feind. Allein Napoleon, der überall seine Späher hatte, kehrte eilfertig aus Spanien zurück, und während er zur Abwehr der Gefahr seine Heere sammelte, erklärte ihm Oesterreich am 9. April 1809 unerwartet den Krieg. Schon waren an unserer Ostgrenze Tyrol und Vorarlberg in vollem Aufstande gegen Frankreich begriffen, und da fast gleichzeitig ein französisches Heer unter dem General Molitor über Basel ins Breisgau einrückte, durfte die Schweiz nicht erwarten, daß Oesterreich die Neutralität respektiren werde.

Die Tagsatzung sah sich daher in die Nothwendigkeit versetzt, die Grenzen gegen Deutschland zu decken. General v. Wattenwil, der schon im Jahr 1805 bewährte Feldherr, erhielt den Oberbefehl über die 5000 Mann starke Grenzwache. Außerrhoden hatte ein Bataillon von 320 Mann zu stellen, geführt von Johs. Rüsch von Speicher und gebildet aus den Kompagnieen Stark von Teufen, Bänziger von Wolfhalden und Zuberbühler von Herisau. Am 2. Brachmonat wurden diese Truppen beeidigt, der Brigade des Obersten Herrenschwand zugetheilt und für den Anfang nach Arbon, Tübach, Horn und Steinach verlegt. Innerrhoden ward ebenfalls eingeladen, sein Kontingent bereit zu halten. Dabei blieb das Land auch nicht verschont von

Einquartierung; denn um dem Kriegsschauplatze näher zu sein, standen zwei Kompagnieen Zürcher in Bühler und Gais, eine Kompagnie Urner in Teufen und die Glarner in Herisau. Als am 5. Heumonat Wattenwil das Bataillon Rüsch inspizirte, ermunterte er die Truppen, durch fortgesetzte militärische Ausbildung sich ihres Namens würdig zu machen.

Am 7. Heumonat verließ diese Abtheilung der Bundestruppen die lieblichen Gestade des Bodensees, um über St. Gallen, Teufen und Gais in das obere Rheinthal verlegt zu werden, wo sie in den Ortschaften: Hirschensprung, Rüthi, Lienz, Sennwald, Frümsen, Salez, Sax und Gams längere Zeit weilten. Hier war der Dienst streng und der Unterhalt schlecht, weil die Einwohner, ohnehin arm, die Leiden des Kriegs mit seinen Drangsalen vom Jahr 1799 noch nicht vergessen hatten und daher diese Truppen mit sichtbarem Widerwillen und Unmuth verpflegten. Das Militär hatte hier weit weniger von feindlichen Kugeln zu leiden als von Ueberschwemmungen des Rheinstroms und den dadurch entstandenen seuchenverursachenden Sümpfen, deren Ausdünstungen die Luft verpesteten und Lazarethfieber erzeugten. Nachdem das Bataillon gegen 6 Wochen im Rheinthal gelegen, geschah am 20. August sein Aufbruch nach den Bündnerthälern: in die Herrschaft, ins Prättigau und bis hinauf gen Chur. Nach Unterwerfung von Vorarlberg und Thyrol durch die Franzosen konnten die Appenzeller nach einer Abwesenheit von 18 Wochen wieder in ihr Vaterland zurückkehren und am 23. Herbstmonat unter Dank und Anerkennung des Fahneneides entbunden werden.

Die Truppen der übrigen Kantone deckten noch immer die Grenzen; denn ungeachtet des am 14. Weinmonat in Schönbrunn bei Wien geschlossenen Friedens dauerte der Kampf immer noch fort. Die Unruhen im Thyrol und ein im Veltlin ausgebrochener Aufstand machten die Fortsetzung der Grenzbewachung zur unabweisbaren Nothwendigkeit, weßhalb die letzten Truppen erst im Dezember in ihre Heimat zurückkehrten.

Die Kontinentalsperre.

Es ist noch um ein Kleines, so ist der Gottlose
nimmer, und wenn du nach seiner
Stätte sehen wirst, wird er weg sein.
Psalm 37, 10.

Eine Million, fünf mal hundert acht und dreißig tausend und dreißig Schweizerfranken hatte der Feldzug gekostet. Die Abführung der Schuld drückte wie ein Alp, besonders auf die Finanzverhältnisse der armen Hirtenkantone; aber für die Segnungen des Friedens im Innern brachte man das Opfer dennoch mit aller Bereitwilligkeit, und da Napoleon sich um jene Zeit mit Marie Luise, der Tochter des Kaisers von Oesterreich, vermählte, hoffte man auf den Anbruch einer Zeit, wo Völkerglück heilig geachtet und der Friede allen Landen gegeben werden würde; allein noch sollte nach dem Rathschlusse der Vorsehung das Drama für eine gänzliche Umgestaltung Europas fortgespielt werden. Die Bestimmung des Mannes, welcher aus dem Staube zur Machtvollkommenheit des ersten Regenten emporgestiegen, war noch nicht erfüllt. Zwar auf dem Festlande wagte dem Gewaltigen, in dessen Hand die Geschicke der Völker ruhten, niemand mehr zu widersprechen; vielmehr erzitterte alles vor seinem Zorn; aber noch stand das meerumschlungene England aufrecht da unter den Nationen. Auch dieses sollte seinem

Willen gehorchen und den Nacken unter die Macht des Unbezwingbaren beugen. Da aber Napoleon den Engländern zur See nicht beikommen konnte und ein entscheidender Landkrieg mit dem Inselvolk unmöglich schien, so trachtete er darnach, dessen Macht wenigstens auf das eigene Land zu beschränken und dem Welthandel Englands einen tödtlichen Stoß zu versetzen. Zu dem Ende ließ er am 5. August 1810 ein Gebot ausgehen, nach welchem aller Handel mit England strengstens untersagt, alle überseeischen Waaren: Zucker, Kaffee, Thee, Gewürze, Farbstoffe, Baumwolle u. s. w., gleich den englischen behandelt und nebst dessen Fabrikaten entweder konfiszirt oder verbrannt werden sollten. Das brachte großen Jammer über die Völker. Tausende von Kaufleuten verarmten über der unnatürlichen Zwangsmaßregel, und zahllosen Familien, die sich vom Baumwollengewerbe ernährten, ward ein klägliches Los bereitet. Auch die Schweiz mußte gehorchen, wenn sie anders ihren Vermittler nicht vor den Kopf stoßen wollte. Dem Schmuggel oder Schleichhandel zu wehren, kamen französische Zollbeamte ins Land, und um die Gelüste nach jenen Produkten zu unterdrücken, wurden auf deren Verkauf unerschwingliche Abgaben gelegt. Baumwolle von Cayenne, Surinam und andern Orten zahlte 260, geläuterter Zucker 130, feiner Thee 290, Kaffee 130, Indigo 290 Franken per Zentner.

In Außerrhoden versammelte sich der große Rath für Vollziehung jenes Dekrets am 16. Weinmonat in Herisau. Hier setzte er mittelst einer Publikation fest:

1) Es soll auf alle vorhandenen Kolonialwaren in den Läden und Magazinen Beschlag gelegt und über dieselben ein genaues Verzeichniß aufgenommen werden.

2) Alle durch das Gesetz vom 6. Heumonat 1806 verbotenen englischen Waaren und Fabrikate sollen ohne weiteres konfiszirt werden.

3) Mit Ausführung unserer Verordnung haben wir 8 Beamte bezeichnet, von denen jeder in dem ihm angewiesenen Kreis mit Zuziehung eines der Hauptleute aus jeder Gemeinde und eines Schreibers bereits angefangen hat, unsern Auftrag zu vollziehen.

4) Alle Waaren, die bloß in Beschlag genommen sind, können von deren Besitzern weiterhin veräußert und benutzt werden; sie haben aber zu gewärtigen, daß seiner Zeit eine nach Maßgabe des kaiserlich französischen Tarifs festgesetzte Abgabe von ihnen bezogen wird.

· 5) Die konfiszirten Artikel bleiben unberührt liegen und können daher von ihren Inhabern auf keinerlei Weise veräußert oder benützt werden.

6) Demzufolge wird jedermann vor Verfälschung oder Verheimlichung gewarnt mit dem Bedeuten, daß Fehlbare unnachsichtlich zu strenger Verantwortung und Strafe gezogen werden.

Es ist begreiflich, daß Handel und Gewerbe unter der eisernen Hand dieser Landplage stockten, um so mehr, als ähnliche Sperrmaßregeln schon seit Jahren in Anwendung gekommen waren. Die Garne stiegen im Preise, während die Waaren, namentlich gestickte Artikel, oft keine Käufer fanden. Viele Fabrikanten sahen sich daher in den Jahren 1810, 1811 und 1812 veranlaßt, ihr Gewerbe aufzustecken, weßhalb Tausende von Arbeitern brotlos dem Vaterlande den Rücken kehrten. Wer sich aber der Noth fügte oder im Lande blieb, suchte, durch die Obrigkeit wiederholt dazu ermuntert, sein Heil in der Landwirthschaft. Da sah man auf Höhen, wie in Niederungen zahlreiche Parzellen mit Kartoffeln, Hafer, Gerste und Roggen bepflanzt, welche selbst in nassen Sommern noch gar gut gediehen.

Bei solcher Sachlage ist es aber kein Wunder, daß der unerhörte Druck dem erst gefürchteten und nun auch gehaßten

Kaiser die Herzen allmälig immermehr entfremdete. Vom Bewohner des Palastes bis hinab zum Armen in der Hütte verwünschte jedermann den Urheber der — Kontinental-sperre.

Aufhebung der Mediationsverfassung.

Ist das der Mann, der die Welt zittern
und die Königreiche beben machte? Der
den Erdboden zur Wüste machte und
die Städte darinnen zerbrach und gab
die Gefangenen nicht los?

Jes. 14, 16. 17.

Auch der Kaiser Alexander von Rußland war schon im Frieden von Tilsit (7. Heumonat 1807) dem Kontinen-talsystem gegen England beigetreten. Als es aber Napo-leon in spätern Jahren mit der Vollziehung immer ärger trieb, so daß selbst alle mit Rußland verbündeten Staaten zu Schaden kamen; als er überdies Rom zu Frankreich schlug und auch den Herzog von Oldenburg, einen nahen Verwandten Alexanders, seiner Länder beraubte: da änderte sich mit einem Male das Spiel. Alexander sprengte nicht nur die Fessel der Kontinentalsperre, sondern erschwerte auch die Ein-fuhr französischer Waaren in seine Staaten, und beide Kaiser rüsteten, da keiner nachgeben wollte, zum Kampfe wider ein-ander.

Die ohnmächtige Schweiz seufzte indeß unter dem Druck des Handels; sie trauerte auch, wie billig, über die Lostren-nung des Wallis, das Napoleon 1810 zu Frankreich ge-schlagen, und über die Besetzung Tessins durch 3000 Fran-

zosen, welche daselbst hausten wie in Feindesland. Schweigend hoffte sie auf die Stunde der Erlösung von fränkischer
Willkürherrschaft. Und sie kam, noch ehe man sich's versah.
Napoleons Uebermuth war um diese Zeit aufs höchste gestiegen; sein Stolz sollte zum Heil der Völker gebrochen werden. Im Frühjahr 1812 setzten sich, das Reich des Zaren
zu bezwingen, drei Heersäulen, zusammen um 600,000 Streiter: Franzosen, Spanier, Portugiesen, Italiener, Schweizer,
Deutsche, Oesterreicher und Polen, geführt von den erprob-
testen Feldherren, gegen Rußland in Bewegung. Aber ungeachtet des zahlreichen Heeres fehlte es Napoleon an der gewohnten
Siegeszuversicht; er mochte ahnen, daß sein Stern untergehen
könnte; denn als er am 22. Brachmonat zum Heere abgieng,
soll er gesprochen haben: „Mein Geschick ist der Erfüllung
nahe". In den Steppen Rußlands sollte auch in der That
offenbar werden, daß über der Macht des Gewaltigsten dieser
Erde noch eine höhere Macht steht, und daß eine Herrschaft,
lediglich auf die Wehrkraft, auf Trug und List gegründet,
urplötzlich zusammensinken kann vor dem Hauche des Allmächtigen. Zwar rückten die Verbündeten nach manchem
Treffen siegreich bis in das Innere von Rußland vor; schon
hoffte Napoleon seine Winterquartiere in Moskau beziehen zu
können, als die Russen, nachdem der Feind kaum eingezogen
war, die Stadt mit eigener Hand in Brand steckten. Früher,
als gewöhnlich, trat auch der Winter ein. Die Kälte stieg gegen
Ende des Jahres bis auf 27 ° R., und die Vorräthe waren aufgezehrt. So mußte sich denn der Niebesiegte, von den Russen
bedrängt, zum Rückzuge entschließen. Er entkam, von wenigen
begleitet, auf einem Schlitten, und von seinen Heerschaaren
sahen nur 30,000 — 40,000 Mann den deutschen Boden
wieder.

Von Paris aus, wo der Kaiser am 19. Christmonat
anlangte, rief er seine Vasallen eilfertig zu neuem Kampfe

auf; allein Preußen gehorchte dem Rufe nicht; es schloß vielmehr Bündniß mit Rußland und rüstete wider Napoleon. Das nämliche thaten Oesterreich, Schweden und Bayern. Der Krieg entbrannte von neuem, aber diesmal auf Deutschlands Ebenen. Die Völkerschlacht bei Leipzig am 16., 17. und 18. Oktober 1813, wo 80,000 Leichname die Walstatt bedeckten, entschied zum zweiten Male und so vollständig gegen Frankreich, daß der sterbende Löwe nur nach einem Verzweiflungskampfe an den Rhein gelangen konnte. Ganz Deutschland sagte sich nun von dem Dränger los; um jedoch den Gefürchteten für immer unschädlich zu machen und Frankreich in seine ehevorigen Grenzen einzuschränken, rückten ihm die Alliirten mit ihren Heeren eilfertig nach, entschlossen, sein Reich gleichzeitig auf verschiedenen Punkten anzugreifen und in Paris den Frieden zu diktiren.

Die Schweiz kam dabei in eine peinliche Lage. Noch wagte sie nämlich nicht, mit Napoleon zu brechen, aber eben so wenig, durch Unterstützung seiner Sache den Zorn der Alliirten auf sich zu laden. Die Tagsatzung beschloß daher unterm 15. November Festhaltung der Neutralität und ließ die Grenzen gegen Italien und Deutschland gleichzeitig mit 15,200 Mann, geführt von Wattenwil und Herrenschwand, besetzen. Außerrhoden hatte drei Kompagnieen zu stellen und für den Fall größerer Gefahr auch das 2. und 3. Kontingent marschbereit zu halten. Schon am 11. September war die Kompagnie Rechsteiner von Speicher nebst der Mannschaft aus Innerrhoden an die Südgrenze (Bünden und Tessin) abgegangen, wo 4000 Schweizer ihr Land gegen Oesterreich beschützten sollten. Zur Deckung der Rheingrenze waren die Kompagnieen Sturzenegger von Walzenhausen und Wetter von Herisau bestimmt; sie zogen am 1. Dezember dahin ab. Diese Rüstungen und dann die Ablieferung des Geldkontingents an die eidgenössische Kriegskasse verursachten dem Kanton so bedeutende Opfer, daß der große Rath in seiner Sitzung vom 9. Dezember die Erhebung einer monatlichen Landessteuer von 6000 Gulden dekretirte. Zum Glück dauerte diese Grenzbesetzung nicht lange; denn die Alliirten achteten weder der Neutralitätserklärung von Seite der Tagsatzung noch des Grenzkordons, versichernd: man werde den Durchzug ihrer Heere zu erzwingen wissen, falls die Schweiz Miene machen sollte, denselben zu hindern. Die Drohung war auch in der That ernst gemeint. Schon unterm 21. Dezember konnte Regierungsrath Morell von Frauenfeld an den Regierungspräsidenten von St. Gallen berichten: „Durch einen reitenden Boten von Dießenhofen ist diesen Morgen an die hiesige Behörde die überraschende Anzeige eingegangen, daß gestern Abend um 3 Uhr 50 österreichische leichte Dragoner in Schaffhausen eingerückt seien und für 6000 Mann Kavallerie Quartiere bestellt haben; das nämliche sei auch in Rafz und Eglisau geschehen; ebenso erwarten Dießenhofen und Stein am Rhein den Einmarsch fremder Truppentheile". Und es geschah so. Nachdem nämlich der Fürst von Schwarzenberg, Feldmarschall der alliirten Truppen, den schweizerischen Obersten Herrenschwand versichert hatte, der Durchmarsch geschehe auf Grund des allgemeinen Feldzugsplanes, um Frankreich auf acht verschiedenen Punkten gleichzeitig anzugreifen, zogen sich die Schweizer auf Befehl des Obergenerals v. Wattenwil unter Kriegsehren mit Waffen, Artillerie und Gepäck hinter die Reuß und Aare zurück, um bald darauf in die Heimat entlassen zu werden. Kaum war das geschehen, als die Alliirten, zum Rheinübergang sämmtliche Brücken von Basel bis Schaffhausen benützend, mit Hunderttausenden die westlichen Kantone passirten.

Diese Nichtachtung der Neutralität brachte das Schweizervolk, wie begreiflich, in nicht geringe Bestürzung und Unwillen. Die einen schämten sich des gezwungenen Rückzugs ihrer Wehrmannschaft; die andern besorgten Verwicklungen mit den sich bekämpfenden Mächten; am Ende aber fügten sich alle, einem tollkühnen Kampf mit einer so überlegenen Macht ausweichend, in die gebieterische Nothwendigkeit. Uebrigens war das ganze Ansehen der Behörden erforderlich, das Volk über den Gewaltakt zu beruhigen. In unserm Lande sah sich der große Rath veranlaßt, am 23. Dezember eine beruhigende Proklamation an die Landleute zu erlassen. „So schreckhaft", sagt dieselbe, „dieses Ereigniß auch ist, so trö-stend sind die Gründe, auf denen dasselbe beruht, und so unverkennbar ist die Lauterkeit der Absichten der verbündeten Mächte gegen die Schweiz. In einer offiziellen Note an Sr. Exzellenz den Landammann der Schweiz haben sich die in Zürich residirenden Gesandtschaften von Oesterreich und Ruß-land hierüber in folgenden Ausdrücken erklärt: „Die alliirten Mächte können bei den gegenwärtigen Verhältnissen eine Neu-tralität, die nur dem Namen nach besteht, nicht anerkennen. Indem sie in die Schweiz kommen, erwarten sie da nur Freunde zu finden; denn sie wollen, daß dieselbe, allem fremden Einfluß entzogen, wieder zum Genusse ihrer völligen Selbständigkeit gelange, ja sie verpflichten sich feierlich, die Waffen nicht eher niederzulegen, als bis der Schweiz ihre Freiheit zugesichert sein wird". Das obrigkeitliche Mandat ermahnt im weitern zu ruhiger Ergebung in den Gang der Ereignisse: „Lasset euch nicht durch unzeitige Gerüchte irre machen. Vermeidet, wir befehlen es euch, vermeidet alle Aeußerungen über politische Dinge, als eine in diesen Zeiten höchst gefährliche Sache, und vertrauet schweigend auf Gott und euere Obrigkeit. Unser Zutrauen zu euch und eurer vaterländischen Gesinnung ist groß. Wir werden dieselbe auf jede Weise fördern und ehren, aber auch nicht anstehen, auf Personen, die durch unkluge oder böswillige Aeußerungen und Handlungen das Wohl des Landes gefährden, doppelte

Aufmerksamkeit zu richten und selbige nach aller Strenge der Gesetze und ohne Ansehen der Person zur Verantwortung und Strafe ziehen".

Am 31. Dezember 1813 wurde auf den Wunsch der fremden Mächte die Mediationsakte als ein Werk „fremder Willkür und Gewalt" aufgehoben. An deren Stelle trat auf Anordnung der Tagsatzung bis zur Feststellung einer neuen Bundesverfassung die sog. „Uebereinkunft", welcher die Mehrzahl der Kantone nebst Appenzell beitraten. Dieselbe lautet also:

„1) Da die gegenwärtige Bundesverfassung keinen Bestand mehr haben kann, so sichern sich die beitretenden Kantone im Geiste der alten Bünde Rath, Unterstützung und treue Hülfe neuerdings zu.

2) Sowohl die übrigen alteidgenössischen Stände, als auch diejenigen, welche seit einer Reihe von Jahren Bundesglieder gewesen sind, werden zu diesem erneuerten Verbande eingeladen.

3) Keine mit den Rechten des Volkes unverträglichen Unterthanenverhältnisse sollen hergestellt werden.

4) Bis die Verhältnisse der Stände und die Leitung der allgemeinen Bundesangelegenheiten näher und fester bestimmt sind, ist der alteidgenössische Vorort Zürich ersucht, diese Leitung zu besorgen."

Mit dieser Uebereinkunft war Napoleons Protektorat faktisch aufgelöst, und es beginnt damit für die Geschichte unseres Vaterlandes abermal ein neuer Zeitabschnitt.

Begebenheiten während der Dauer des Fünfzehnerbundes.

(1815—1830.)

Die neue Eidgenossenschaft.

Ach daß ich hören sollte, daß Gott der Herr
redete, daß er Frieden zusagte seinem
Volke, auf daß sie nicht auf eine Thorheit gerathen.

Psalm 85, 9.

————

Allerorten freute man sich über die Befreiung aus dem
goldenen Käfig fränkischer Knechtschaft als über eine Erlösung
aus dem Zustande sklavischer Furcht. Auf den Feldern von
Leipzig und Hanau hatte der Kanonendonner der Vermittlungsakte zu Grabe geläutet; an deren Stelle sollte nun eine
volksthümliche Verfassung treten. Welche Riesenarbeit aber
darin lag, leuchtet ein, wenn man erwägt, daß fast jeder
Stand ohne Rücksicht auf die Wohlfahrt gemeiner Eidgenossenschaft seine Ortsinteressen geltend zu machen beflissen
war. Die vormals aristokratischen Kantone begehrten die
Zustände von 1798 beharrlich zurück: eine dreizehnörtige Eidgenossenschaft mit ihren Unterthanenländern, mit Orden, Ti-
teln und Vorrechten. Sie hatten von den Stürmen der Revolution nichts gelernt und glaubten daher in ihrem Wahn,
das Rad der Zeit in seinem Lauf aufhalten zu können. Aber
die frei gewordenen Gebiete: Waadt, Aargau, Thurgau,
St. Gallen und Tessin weigerten sich deß beharrlich und
sprachen: Mit nichten werden wir uns dazu verstehen, die
seit mehr denn einem Jahrzehnd innegehabte Unabhängigkeit
wieder mit dem Joch verjährter Knechtschaft zu vertauschen.

Wir verabscheuen mit euch die Zwangsmaßregeln Napoleons und seinen auf die Schweiz ausgeübten Druck, aber nicht die Grundsätze der Freiheit, womit die Mediationsverfassung das Vaterland beschenkt hat. — Weit billiger, als jene alten Kantone handelte in diesen Tagen Außerrhoden. Eingedenk des beim Zusammensturz der Eidgenossenschaft gegebenen Wortes (S. 521) verlangte das Land keine Auslösung für Befreiung des Rheinthals. Innerrhoden dagegen hielt hart-näckig fest an seinen Ansprüchen auf dasselbe, wie es denn überhaupt Wiederherstellung ehevoriger Zustände verlangte. Am Ende wurde es für seine Ansprüche mit 63,000 Franken entschädigt. Die Mächte hatten nämlich Waadt, Aargau und St. Gallen verpflichtet, als Preis für die erlangte Selbstän-digkeit an Uri, Schwyz, Unterwalden, Zug, Glarus und In-nerrhoden eine Aversalsumme von 500,000 Franken zu be-zahlen, welche dann nach Verhältniß der Geldskala an diese Stände vertheilt wurde. Bei den übrigen Eidgenossen dauerte unterdessen der Meinungskampf über Gewährung und Ab-weisung von Sonderinteressen fort; es kam über dem Hader endlich so weit, daß im März 1814 fast gleichzeitig zwei Tagsatzungen, die eine in Zürich, die andere, Bern an der Spitze, in Luzern verhandelten. Aber auch diese blieben ohne Erfolg; denn Bern, Freiburg, Solothurn, Luzern und die Waldstätten wollten in nichts nachgeben, Zürich hinwieder von einer neunzehnörtigen Eidgenossenschaft nicht abstehen. Endlich erklärten die Botschafter, ihre Souveräne würden eine Rückkehr zum alten System niemals zugeben. Das wirkte. Bern lenkte ein, und es versammelte sich am 6. April zu Zürich die Tagsatzung, beschickt aus beiden Lagern, für Bearbeitung einer neuen Bundesverfassung, nachmals der Fünfzehner-bund geheißen, weil derselbe im Jahr 1815 vollendet und bei Anlaß des Wienerkongresses von den Mächten bestätigt worden war.

Schon früher, am 14. April 1814, hatte die Tagsatzung nach erfolgter Einladung durch die Mächte Besitznahme der von Napoleon der Schweiz entrissenen Gebietstheile: Kläven, Veltlin, Worms, Genf und der dem Bischof von Basel ehemals unterworfenen Lande beschlossen und daher die Süd- und Westgrenze mit einer Truppenmacht von 5000 Mann besetzt. Auch Außerrhoden sollte eine Kompagnie Infanterie stellen. Da nun der ehrenvolle Feldzug für die Mannschaft keinerlei Gefahren in Aussicht stellte, glaubte der große Rath, diese Gelegenheit einer militärischen Ausbildung nur Freiwilligen zuwenden zu sollen und erließ daher am 13. Mai eine bezügliche Publikation an die Gemeinden des Landes. Aber das Volk dachte nicht also; es forderte Festhaltung des Militärreglements, mithin den Ausmarsch der Kompagnie Koller in Bühler. Die Mannschaft wurde dem Bataillon Heß zugetheilt und in Zürich beeidigt.

Nachdem am 30. Mai der Pariserfriede geschlossen worden war, welcher die Unabhängigkeit der Schweiz anerkannte, wurde auch ihr Gebiet definitiv festgesetzt. Gestützt auf den Grundsatz der Aufhebung aller Unterthanenländer sollte dieselbe mit Einschluß von Genf, Wallis und Neuenburg aus 22 Kantonen bestehen. Das Dappenthal wurde, selbst mit Zustimmung des Königs von Frankreich, der Waadt zuerkannt, aber von den Franzosen auch späterhin niemals herausgegeben. Bern erhielt für den Verlust von Waadt und Aargau das Bisthum Basel nebst Biel; Basel bekam den Bezirk Birseck und Genf eine Gebietserweiterung gegen Savoyen hin. Die Klagen der Bündner hingegen über die Einbuße des Veltlins blieben unerhört, weil Oesterreich die Herausgabe beharrlich verweigerte.

,So hat denn, sagt Zschokke,˙ die Dazwischenkunft der vereinten Mächte des Welttheils großsinnig den Hader der Eidgenossen geschlichtet, und also ist der Bund der zweiundzwanzig eidgenössischen Freistaaten im Gebirge der Alpen und des Jura gegründet worden.

Der Feldzug im Jahr 1815.

Wenn Menschen wider dich wüthen, so legest
du (Gott) Ehre ein, und wenn sie
noch mehr wüthen, so bist du auch
noch gerüstet.

Psalm 76, 11.

Mit dem Einmarsch der alliirten Heere in Paris (31. März 1814) war Frankreichs Macht gebrochen. Napoleon, verlassen von seinen tüchtigsten Feldherren, welche es nun vorzogen, sich einer neuen Sonne zuzuwenden, mußte dem Throne entsagen. Auf die Gnade der Sieger angewiesen, erhielt der Mann, welcher bis dahin den Erdtheil von einem Ende zum andern mit der Geschwindigkeit des Adlers durcheilt hatte, als Verbannter die kleine Insel Elba zu seinem Aufenthalte. Die Heere verließen den Boden Frankreichs, und die Fürsten eilten nach Wien, um da die Staatenordnung Europas festzustellen. Hier vergiengen Monate um Monate über dem Schaugepränge mit orientalischer Pracht, über den zahllosen Festen der Großen und über den schwierigen Berathungen, ohne daß man die tausenderlei Wünsche der Gesandten aller Länder befriedigen konnte.

Mittlerweile fühlte sich Napoleon, der Mann voll Thatkraft und Arbeitsfreudigkeit, unbehaglich auf seinem stillen Eilande; er brütete darum über neue Pläne, das Verlorne wieder an sich zu bringen. Die Regierung Ludwigs XVIII., sagte man ihm, befriedige das Volk nicht, und bei der Zwietracht

der Fürsten im übrigen Europa, dachte er, könnte ein Staats-
streich, klug ausgeführt, kaum mißlingen. Gedacht, gethan.
Mit einigen hundert Mann landete er am 1. März 1815
in Cannes an der Südküste Frankreichs. Von hier aus
lenkte er seinen Marsch unverweilt nach Paris. Gleich dem
Lauffeuer verbreiteten Proklamationen seine Absicht nach allen
Richtungen des Landes, und da der Bourbonen Herrschaft den
Franzosen in der That nicht zusagte, fand sein tollkühnes
Beginnen Anklang überall, so daß ihn das Volk mit Jubel
begrüßte. Als aber zehn Tage später die Kunde nach Wien
gelangte, fuhren die Fürsten, wie vom Blitze getroffen, erschrocken zusammen. Es galt nun, den gefürchteten Löwen
auf immer unschädlich zu machen. Die acht Mächte des
Kongresses erklärten den wortbrüchigen Flüchtling außer den
Schutz des Völkerrechtes; auch sicherten sie den Staaten,
welche von ihm angegriffen werden würden, ihre Hülfe zu.
Alles rüstete nun zum Kampfe wider den Gefürchteten; selbst
die zwieträchtige Schweiz ward wieder einträchtig, wie immer,
wenn Gefahr von außen droht. Waadt sandte, ungeachtet
früherer Sympathieen für Napoleon, zum Schutze Genfs sofort zwei Bataillone ab, und die Tagsatzung ließ, die Grenzen von Basel bis Genf sicher zu stellen, den ersten Bundesauszug marschiren. Zum Schutze Basels gegen die Feste
Hüningen eilten jählings 5000 Krieger dahin. Aus dem
Dienste Frankreichs kehrte der greise General Bachmann
ins Vaterland zurück, um die Leitung des Grenzkordons zu
übernehmen.

In Außerrhoden ordnete die Obrigkeit anfänglich nur
den Ausmarsch des ersten Kontingents nebst der Erhebung
einer Kriegssteuer von 18,000 Gulden an; überdies sollten auch
am 10. Mai, 10. Juni und 10. Juli Vermögenssteuern von
je 12,000 Gulden einbezahlt werden. Als aber später die
Gefahr immer drohender wurde; als es den Anschein hatte,

die Schweiz könnte von den Franzosen angegriffen werden;
als Napoleon neuerdings auf dem Throne Frankreichs saß:
wurde von der Bundesbehörde auch der zweite Auszug von
30,000 Mann gefordert, dessen eine Hälfte sofort an die
Grenzen eilte, die andere aber vorläufig in Reserve blieb.
Für Vollziehung des Beschlusses hielt das Land am 16. Mai
Waffenschau über sämmtliche Mannschaft vom 22.—45. Altersjahr. Aber alle diese Rüstungen genügten den Mächten
nicht. Sie besorgten, die Schweiz könnte bei einem Angriffs-
kriege durch Frankreich für sich allein nicht stark genug sein,
und da ihnen alles daran lag, Europa den verlornen Frieden
wieder zu geben, schlugen sie den Eidgenossen behufs gemeinsamer Bekämpfung des Feindes einen Traktat vor, nach
welchem sich die Mächte verpflichteten, einen hinlänglichen
Theil ihrer Macht zur Unterstützung der Schweiz bereit
zu halten. Die Alliirten giengen noch weiter, indem sie auf
Anlegung von Militärstraßen, von Hospitälern und beschwerlichen Depots auf dem Gebiete der Schweiz zu verzichten
verhießen. Die meisten Kantone traten dem Traktate willig
bei. In Außerrhoden, wo das Volk darüber befragt werden
mußte, schrieb die Obrigkeit auf den 4. Juni eine außerordentliche Landsgemeinde aus und rief den Landammann Zellweger für Erläuterung jenes Traktats, wie auch zur Führung der Landsgemeinde von der Tagsatzung in Zürich zurück.
Der Rath erklärte sich einstimmig für den Beitritt; aber
widerstreitende Gerüchte im Volke erfüllten ihn mit Besorg-
nissen auf den Freiheitstag, weßhalb er Männer bestellte,
welche auf Unruhestifter Acht haben sollten. Dem Landammann gelang es indeß, durch die Klarheit, mit welcher er
das Projekt erläuterte, zu bewirken, daß auch drei Viertheile
des Volkes für Annahme stimmten. Die Landsgemeinde lief
wider Erwarten ruhig ab, und auf das Toben der Unzufriedenen achtete man nicht weiter.

Gegen Ende Juni zogen nun große Kriegsheere der Alliirten durch die Schweiz nach Frankreich. Die Eidgenossen standen, wie schon erwähnt, zum Schutze des Vaterlandes bereits an den Grenzen. Das Bataillon Appenzeller des Auszuges, geführt von Oberstlieutenant Näf, nachmals Landammann, bestehend aus zwei Kompagnieen von Innerrhoden (Weishaupt und Suter) nebst drei Kompagnieen von Außerrhoden (Rechsteiner, Sturzenegger und Wetter), lag schon seit dem 17. April im Felde. Dieses Bataillon, von dem hier besonders die Rede sein wird, hatte erst den Auftrag, die Linie vom Ausfluß der Birs bis hinter Arlesheim zu decken; späterhin wurde dasselbe an den Doubs verlegt. Hier achteten französische Freikorps der Grenzen so wenig, daß sie in einigen Schweizerdörfern arg hausten und selbst einen Angriff auf die eidgenössischen Truppen machten. Unter solchen Umständen erhielt der Obergeneral Bachmann von der Tagsatzung ausgedehnte Vollmachten. Er fand es nun an der Zeit, drei Divisionen über die Grenze nach Frankreich marschiren zu lassen, weßhalb der Brigadeoberst Schmiel an die dritte Division, bestehend aus den Bataillonen Siegfried aus Aargau, Künzli von Zürich, Danielis und Rickenmann von St. Gallen, Näf von Appenzell, Toggenburg von Graubünden und Pozzi von Tessin, am 8. Juli 1815 folgenden Tagesbefehl erließ:

„Der Brigadeoberst und Platzkommandant von Schmiel hat den Befehl erhalten, heute den französischen Boden zu betreten, um die eidgenössischen Truppen in bessere Quartiere zu bringen. Er wird diesen Befehl vollziehen und fordert alle diejenigen auf, ihm zu folgen. Die Behörden in Frankreich erwarten uns, und die beste Aufnahme ist gewiß. Er will nur Freiwillige, sie führen keinen Krieg wider Frankreich. Auch ist kein feindlicher Soldat bis Besançon, 20 Stunden von hier. Glaubet mir, ich werde euch nie betrügen."

Herrschte in dieser Division schon früher die Meinung, sie sei nicht außer den eidgenössischen Grenzen zu verwenden, so wurde diese Ansicht durch jenen Tagesbefehl offenbar noch bestärkt, der neben dem sonst bestimmten Ton auch von Freiwilligen sprach und die Besorgniß durchblicken ließ, es dürfte der Befehl nicht mit vollem Vertrauen aufgenommen werden. Wirklich folgte ihm dann auch nur das Bataillon Künzle, dessen Chef von Zürich aus wahrscheinlich besser unterrichtet war, über den Doubs. Den Befehl über die ungehorsamen Bataillone erhielt der älteste Chef, Oberstlieutenant Toggenburg, von dem namentlich Näf und Rickenmann auszuwirken vermochten, daß ihre Truppen aus dem St. Immerthal mehr rückwärts verlegt werden durften, um den Geist des Aufruhrs von der Mannschaft abzuwenden. Allein schon war es mit dieser Vorsichtsmaßregel zu spät. Die Unruhen brachen aus, und in den Bataillonen Rickenmann, Siegfried, Danielis, Näf, Toggenburg und Pozzi wurde die Insubordination eine Zeit lang zur Tagesordnung. Bei unsern Truppen kam es sogar vor, daß Hauptmann Sturzenegger von Walzenhausen, als er die Kompagnie Wetter vom Aufruhr abmahnen wollte, von deren Chef hart angefahren wurde und von einem aus dem Glied tretenden Soldaten wahrscheinlich niedergestochen worden wäre, wenn nicht Lieutenant Ehrbar von Herisau das Gewehr mit dem Säbel niedergeschlagen hätte.

Die Meuterei zu unterdrücken und namentlich zu verhüten, daß die Schrecken derselben sich weiter verbreiten könnten, verlegten die treugebliebenen Truppen den Meuterern auf ihrem Rückmarsche den Weg mit grobem Geschütz. Die Regierung von Bern gieng selbst so weit, ihr Vorrücken durch Landwehrmannschaft zu hindern. Das wirkte. Mit Ausnahme eines einzigen, Konrad Rohner von Reute, kehrten die Appenzeller zum Gehorsam zurück. Die Ungehorsamen

wurden während ihres Aufenthalts in Frankreich auf halben
Sold gestellt, ihnen auch untersagt, mit fliegenden Fahnen
zu marschiren, Ehrenwachen auszustellen oder mit anderen
Korps in Berührung zu treten.

Am 3. August erhielt das Bataillon Näf Marschbefehl
nach Basel zur Beschützung dieser Grenzstadt gegenüber Hüningen. „Noch weht", sagte Näf, „die dreifarbige Fahne
von der Festung herüber, obschon die Schlacht bei Waterloo
am 18. Juni gegen Napoleon entschieden hat." Ihr Be-
fehlshaber, Barbenegre, statt wie die Kommandanten der
übrigen Festungen am Rhein Ludwig XVIII. zu huldigen,
setzte die Beschießung Basels unbeirrt fort, weil er durch
dieses Schreckmittel ein tüchtiges Lösegeld zu erhaschen hoffte.
Die Stadt aber, in Erwartung balbiger Erlösung, weigerte
sich beharrlich gegen Erlegung einer Brandschatzung. Als
dann die Bürger immer zahlreicher auswanderten; als die
schweizerischen Vorposten vom Feinde täglich beunruhigt wurden; als selbst Einfälle ins schweizerische Gebiet statt fanden:
entschloß sich endlich der Erzherzog Johann von Oesterreich zur Belagerung. Das Feuer der Besatzung zu erwie-
dern, ließ er Scharfschützen nach Klein-Hüningen vorrücken
und mit den Schanzarbeiten beginnen. Am 5. August besetzte Näf vier Posten mit siebenundfünfzig Mann; fünfund-
dreißig andere sollten auf dem Galgenfeld das indeß ange-
langte Belagerungszeug abladen helfen, und zum Schanzen-
bau waren sechsundfünfzig Appenzeller bestimmt. Zum ersten
Mal hörten sie hier das Zischen der Kugeln, blieben aber
ohne Furcht. Die Vorbereitungen zur Belagerung dauerten
vom 18.—22. ununterbrochen fort. Dann folgte die Beschießung, am 26. die Kapitulation und am 28. die feierliche
Uebergabe des Platzes. Den Einzug eröffnete die Artillerie;
ihr folgten die Scharfschützen und zuletzt die Infanteristen.
An die Schweizer, welchen die Ehre des Vormarsches beschie-

den war, schlossen sich österreichische, württembergische und hessische Truppen in einer Gesammtstärke von 11,000 Mann an, so daß das Belagerungsheer mit Einschluß von 5000 Schweizern 16,000 Mann betrug. Nach Einnahme der Festung veranstaltete der Erzherzog zu Ehren der Sieger ein Fest, bei dem es sehr hoch hergieng. Den Eidgenossen sprach er bei diesem Anlasse seine Zufriedenheit aus für deren gute Mannszucht und Ausdauer. Das Bataillon Näf hatte somit durch Diensteifer die Scharte früherer Auflehnung wieder ausgewetzt. Am 2. September 1815 fand dessen Heimkehr und Entlassung aus dem Dienste statt.

„Den Chef traf nach seiner Ankunft im Lande neben vielem Lob auch herber Tadel", wie denn in solchen Fällen selbst der besonnenste Führer für die Fehler seiner Untergebenen einstehen muß. Es ist übrigens Thatsache, daß die Appenzeller von den Aargauern absichtlich zum Ungehorsam verleitet worden waren, und als der meuterische Geist die übrigen Bataillone einmal ergriffen hatte, wollten die Anordnungen Näf's nicht mehr verfangen.

Der Anfang des Jahres 1816 brachte die Strafurtheile des Kriegsgerichts zur Kenntniß des Publikums. Den Aufruf Schmiel's an „Freiwillige" traf Mißbilligung, und diese erleichterte den Ungehorsamen ihre Strafe. Toggenburg wurde entsetzt und zu vierjähriger Eingrenzung in seine Gemeinde verurtheilt. Rickenmann und Näf traf dreijährige Eingrenzung; letzterer jedoch appellirte an das Generalquartieramt Finsler in Zürich, welches mit Urtheil vom 29. Juni Straflosigkeit erkannte. Der herwärtige große Rath gieng noch weiter, indem er unterm 9. Oktober 1819 die Standeskanzlei anwies, sachbezügliche Beschuldigungen gegen Näf in öffentlichen Blättern zu widerlegen.

Nicht so leicht kamen die Unteroffiziere und Soldaten weg. Manche derselben, aus Innerrhoden sowohl als auch

von Außerrhoden, sei es, daß sie sich gegen ihre Obern verfehlt, sei es, daß sie Reißaus genommen oder sich an andern
vergriffen hatten, wurden theils zu mehrjähriger Zuchthausstrafe, theils zu Gefängnißhaft und Eingrenzung, theils endlich zu Geldbußen nebst Tragung der Prozeßkosten verurtheilt.
Zwei Angeklagte, Johannes Niederer und J. Konrad
Gähler, beide von Herisau, hatten ihre Strafe in den
Kerkern Berns zu bestehen und wurden später polizeilich in
ihre Heimat transportirt.

Das war der Ausgang des denkwürdigen Feldzuges vom
Jahr 1815. Der Ernst der Nationen hatte den Löwen Frankreichs gerichtet; auf St. Helenas einsamer Felseninsel be-
wachte ihn der Zorn Englands bis an sein Ende (1821) mit
Sperberblicken. — Unter dem Einflusse der Mächte wurde
die Bundesakte zu Ende berathen und dieselbe von der Tagsatzung im 500. Jahre nach der Bundeserneuerung in Brunnen am 7. August 1815 in Zürich feierlich beschworen.

Nach den Drangsalen des Krieges, welcher das Elend
getragen in Hütten und Paläste, welcher Throne gestürzt gleich
Kartenhäusern und allerwärts Spuren der Zertrümmerung
hinterlassen, kehrten endlich die Segnungen des Friedens
zurück. Von den Pyrenäen bis zu den Steppen Rußlands,
und vom Mittelmeer bis hinab zur Nordsee athmeten in diesen
Tagen die Völker wieder froh auf. Ihr Jubelruf wiederhallte
auch in den Schweizerthälern; denn zum Lobe Gottes für
die Rettung ordnete die Tagsatzung auf den 8. September
eine gemeinsame Feier des Buß-, Bet- und Danktages an.

Das Hungerjahr von 1817.

Und die Jünger weckten Jesum auf und
sprachen: Fragst du nichts darnach, daß
wir verderben? Er sprach zu ihnen:
Wie seid ihr so furchtsam? Wie, daß
ihr keinen Glauben habet.
                    Marc. 4, 38. 40.

Selten zieht ein Unglück vereinzelt über die Völker dahin. Entweder steht es als Ursache in Wechselbeziehung zu
seinen Folgen, oder die Hand des Herrn, welche heute das
Füllhorn der Gaben in überschwenglichem Maße ausschüttet
über seine Kinder, will uns morgen durch Entziehung derselben zur Buße leiten, auf daß wir, der eigenen Ohnmacht
eingedenk, unsere Abhängigkeit von ihm erkennen.

Zwanzig Jahre des Krieges hatten die Staatenordnung
Europas aufgelöst; der Wohlstand war erschüttert und das
Mark fast aller Länder aufgezehrt. Mit dem zweiten Pari-
serfrieden kehrte nun zwar das Schwert in seine Scheide
zurück; der Kanonendonner verhallte, und in Hütten und
Palästen erwartete männiglich den Anbruch goldener Zeiten.
Aber im Rathe des Höchsten war es anders beschlossen; der
Wermutskelch sollte geleert werden bis auf dessen unterste
Hefe. Kaum war die Brandfackel des Krieges erloschen, als
eine Plage, in ihren Wirkungen weit schrecklicher als der
Krieg selbst, hereinbrach. Es war eine Hungersnoth, wie
eine ähnliche seit 1770 (S. 480) nicht mehr dagewesen.

Ursachen. Der Sommer des Jahres 1816 war naß,
feucht und kalt. Was der Frühling mit seinem Zauber hervorgerufen, vermochte die Sonne mit verhülltem Antlitze nicht
zu zeitigen, oder die Früchte ermangelten der nährenden in-

nern Kraft. Früh schon traten Herbstfröste ein, und bereits
im Weinmonat bedeckte das winterliche Leichentuch die Fluren
zu Berg und Thal. Die Kartoffel, dieses unschätzbare Lebensmittel für Arm und Reich, verdarb im Boden, und
manchenorts deckte der Schnee den Hafer bis zum Lenz des
folgenden Jahres. Die Rebe, des Winzers alleinige Hoffnung, brachte keinen Ertrag. So blieb der Fleiß des Landmannes unbelohnt. Die Fruchtländer des Welttheils hatten
meist kärglich, viele derselben nur für den eigenen Bedarf,
geerntet, und durch den Krieg waren die Kornkammern schon
früh ihres vorsorglichen Inhalts beraubt worden. Zu all
dem Elende gesellte sich in herzloser Selbstsucht das Ungethüm
des Wuchers, welcher bekanntlich stets darauf ausgeht, Gewinn zu ziehen aus dem allgemeinen Nothstande. Nicht genug, daß uns die Natur ihre Dienste versagte, trat im Lande
überdies, herbeigeführt durch Frankreichs strenge Handels-
verbote, auch noch eine völlige Stockung der Gewerbe ein.
Während daher der Exporthandel gänzlich darnieder lag, sank
auch der Konsum der Fabrikate im Innern, wie niemals zuvor, weil über der täglichen Sorge: „Was werden wir essen,
was werden wir trinken?" Reich wie Arm auf Anschaffungen
für Bekleidung, für Betten oder Luxusartikel verzichtete. Bei
der allgemeinen Verdienstlosigkeit blickte darum alles Volk,
erfüllt von banger Ahnung, den kommenden Tagen entgegen.
Dumpfe Stille herrschte in Familienkreisen, und wo in glücklichen Tagen Gesang und Jubel ertönten, vernahm man nur
noch Seufzer und Wehklage über die trostlose Lage, in welche
alle Schichten der Bevölkerung sich versetzt sahen. Die Tempel
füllten sich, wie nie zuvor, mit Andächtigen; denn da der
Arm der Menschen verkürzt war, wollten sie ihren Anker voll
kindlichen Vertrauens auf den setzen, von welchem allein Hülfe
kommt. Andere aber, die niemals zu höherer religiöser Erkenntniß gelangt waren, versanken angesichts der Gefahr, wie

immer, in ungläubige Verzweiflung; sie murrten wider Gott, der ihnen in bessern Tagen gleichgültig gewesen.

Die Noth. Schon im Herbst des Jahres 1816 stiegen im Vaterlande Mangel und Noth auf einen hohen Grad, um so mehr, als die glücklichern Kantone durch Retorsionsmaßregeln die Ausfuhr gegen ihre Brüderkantone hemmten. Schon war das Viertel Korn, welches zu Anfang des Jahres 2 Gulden gekostet, bis gegen Ende desselben auf 5 Gulden gestiegen. Aehnlich verhielt es sich mit allen andern Lebensmitteln. Dagegen hat man berechnet, daß ein Weber im Tage durchschnittlich nur 6 Kreuzer verdienen konnte. Für ein Stück grobe Mousselinen von 26 Ellen Länge und ⁷/₄ Breite zahlte man 48 Kreuzer Weberlohn, so daß dem Arbeiter nach Abzug seiner Auslagen für Schlichte und Spulerlohn der winzige Nettoverdienst von dreißig Kreuzern übrig blieb. In solchem Mißverhältnisse standen die Einnahmen des Arbeiters zu seinen Ausgaben für des Lebens Nothdurft! Unser vorzüglichstes Fabrikat, die Mousseline, war für nichts mehr gerechnet, häufig selbst unter dem Garnpreise erlassen. Tücher, für welche ehedem 90 Gulden bezahlt worden waren, galten in Folge der unerhörten Geldklemme kaum noch 20 Gulden. Dazu kam im folgenden Jahre die österreichische Mauthordnung, welche den schweizerischen Handel vollends erdrücken zu wollen schien.

Es ist darum kein Wunder, wenn schon damals jeder Tag Zeuge neuen Elendes war, besonders im engern Vaterlande; aber auch im Toggenburg, im Kanton Glarus und überall, wo Spinner, Weber und Spuler die Mehrzahl der Bevölkerung bildeten, zeigten sich ähnliche Nothstände. Die arbeitende Klasse magerte ab; die Leute verloren ihre Kräfte und schritten, gleich lebenden Skeletten, den Tod im eingefallenen Antlitz, nach Hülfe schreiend, einher. „Eilf mal", versichert ein Augenzeuge, „sah ich eines Morgens einen sonst

rüstigen Mann unter seiner Arbeit zusammensinken, eilf mal
schwächer und immer schwächer sich wieder aufraffen, bis er
endlich nach vergeblichem Ringen in den Armen peinlicher
Ruhe etwelche Stärkung gefunden hatte." Andere sah man
von Straßen und Feldwegen her halbtodt in die Dörfer sich
schleppen. Oft, noch ehe der Tag graute, verließen die Leute
in Schaaren ihre Wohnungen, um hülfesuchend selbst auf
ungebahnten Wegen nach St. Gallen zu eilen. Den Säug-
ling im ermatteten Arm, trotzten Mütter den Stürmen des
Winters; ihnen zur Seite schritten zarte Kindlein, von Frost
beinahe erstarrt, um durch ihr Elend Mitleid und Erbarmen
zu wecken bei denen, welche noch zu geben vermochten. Die
Landstraßen waren gefüllt mit Unglücklichen, die Gassen der
Stadt buchstäblich von ihnen belagert. Haufenweise fanden
sie sich vor den Häusern der Begüterten ein. Ihr Wehge-
schrei und ihre Thränen zerrissen zwar das Herz des Mit-
leidigen; aber so oft einer sich herbeiließ, eine Gabe zu spenden, öffneten sich gleichzeitig hundert Hände zum Empfang.
Und ob auch Schaarwächter, Häscher und Polizeidiener aus-
gesandt, ob Mandate gegen den Bettel erlassen wurden —
der Trieb zur Selbsterhaltung achtete der hemmenden Schranken nicht mehr; sie galten ihm als thörichtes Kinderspiel,
dessen er spottete.

Unter solcherlei Erscheinungen gieng das Jahr zu Ende.
Aber noch düsterer, noch grauenerregender entrollte sich vor
dem Blicke des Sterblichen die Zukunft; denn ehe eine Ernte
ins Land kam, gab es keine Erlösung, weßhalb die Leiden
naturgemäß immer drückender werden mußten. Schon zu
Anfang des Jahres 1817 fielen viele als Opfer des Hun-
gers in die kalten Arme des unerbittlichen Todes. Man fand
ihre Leichname theils in der heimatlichen Hütte, theils auf
offener Straße, in Dörfern, auf Bergen, hinter Hecken und
in Gebäschen. Dem schauerlichen Lose zu entrinnen, eilten

Jünglinge, wanderten Männer um schnöden Soldes willen
hinaus in fremder Herren Dienste. Selbst Väter zahlreicher
Kinder verschmähten das Söldnerleben nicht länger. Mit
dem Ausdrucke der Verzweiflung im Auge antwortete ein
Familienvater, den man, sinnend an einen Hag gelehnt, nach
der Ursache seines Kummers fragte: „Ich kann nicht mit ansehen, wie die Meinigen mit dem Tode ringen; ich kann
nichts mehr nützen; ich verlasse sie und nehme Kriegsdienste.
Mein Handgeld soll Frau und Kindern wenigstens auf einige
Tage hinaus das Leben fristen; mein Sold wird für sie
fließen, und ein Mund wird weniger zu ernähren sein." Das
traurige Beispiel steht nicht vereinzelt da in den Annalen des
denkwürdigen Jahres; ähnliche ließen sich in Menge aufführ-
ren. In der Verzweiflung schrecklichen Augenblicken endeten
manche ihr Leben durch Selbstmord. Mütter setzten ihre
Kinder aus, oder sie schickten dieselben, dem Zufall preisgegeben, ins Elend; Väter versagten ihnen den letzten Bissen.
Der Bettel ward, wie bereits erwähnt, allgemein, ja er äußerte
sich in solcher Ausdehnung, daß z. B. in Herisau an einem
Tage ihrer 900 beim nämlichen Hause anklopften. Nur in
Außerrhoden erreichte die Zahl der Unterstützten im August
1817 die Höhe von 12,000 Personen, also nahezu den dritten
Theil der damaligen Bevölkerung. Dabei sind nicht gezählt
die sogenannten verschämten Armen, welche ihr Leid bekanntlich lieber gelassen tragen, als mit Pochen Gaben zu verlangen.

Hunderte wanderten, der Heimat den Rücken zugewandt,
hinaus in ferne Gegenden, unter ihnen selbst gewerbsfleißige
Männer, sonst ein Segen des Landes. Die aber, welche
zurückblieben, nahmen ihre Zuflucht zu den ungewöhnlichsten
Lebensmitteln. Da sah man Arme den Kehricht nach Knochen,
nach weggeworfenen Rüben und nach Kartoffelschalen durch-
wühlen; andere kochten Kleie mit Kräutern vermischt; das
Fleisch von Pferden, Hunden und Katzen galt als Leckerbissen;

selbst Gedärme, weiche Hauttheile, Blut und Brot aus einem Gemenge von zerstoßener Birkenrinde und Kleie wurden nicht verschmäht.

Als nach dem trostlosen Winter der Frühling ins Land gekommen war, machten sich die Unglücklichen schaarenweise hinaus auf Wiesen und Felder, um da, inmitten der weidenden Herden, ausgesuchte Kräuter theils roh, theils gekocht zu verschlingen; denn des Brotes, dessen Preis bis zum August 1817 auf 2 Gulden gestiegen war, entbehrten bei dem außerordentlichen Geldmangel oft selbst die Begüterten des Landes. Man darf sich nicht wundern, wenn bei der unnatürlichen Lebensart der Todesengel unter allen Ständen, voraus aber unter den Armen, zahlreiche Opfer forderte. Viele bekamen sogenannte Hungergeschwulsten, welchen meist Auszehrung, Siechthum oder der Tod folgte. An der Ruhr, dem Faulfieber, der Schwindsucht und dem Hungertyphus starben in einem Jahre Tausende dahin, während andere Tausende auf Grund derselben Ursache Monate lang auf dem Krankenbette schmachteten. Manche geriethen in Heißhunger und waren dann gar nicht mehr zu sättigen. In wenigen Stunden verschlangen solche, ohne satt zu werden, was in gewöhnlichen Zeiten für eine Familie auf eine ganze Woche hinreichend gewesen wäre. Die Sterblichkeit war darum auch ungewöhnlich groß. Auf 38,000 Einwohner zählte Außerrhoden 3500 Sterbefälle; dadurch erlitt das Land eine Bevölkerungsabnahme von 2484 Seelen. In noch schlimmerer Lage befand sich Innerrhoden, da hier der Verdienst am Stickrahmen völlig eingegangen war. Während die Güterpreise um die Hälfte des Nominalwerthes sanken, stiegen die Lebensmittelpreise um das Vier- bis Sechsfache des frühern Werthes. Zu all dem Elende gesellten sich in den Frühlings- und Sommermonaten auch noch die Unbilden der Witterung. Im April fiel 21 Tage hinter einander Schnee in solcher Menge, daß die Fluren stellenweise noch zu Ende des Maimonats davon bedeckt waren; am 16. Mai führte der Sturmwind überdies ein schreckliches Ungewitter daher. Der Blitz fuhr in die Kirchthürme von Speicher, Gais, Wald und Oberegg. Hier gerieth die schöne Kirche in Brand und wurde gänzlich eingeäschert. Am Rhein und Bodensee bedeckten Wasserfluten alles Land; aber noch war des Unglückes nicht genug; denn am 4. Juli suchte ein Unwetter, weit schrecklicher als das frühere, die Gegenden am Fuße des Sentis heim. Das Toggenburg ward schwer davon betroffen, ebenso die Gemeinden zwischen Sitter und Goldach nebst dem Hinterland. In Gonten, Engenhütten, Haslen, Gehrenberg, Schlatt und Rapisau zerstörte der Hagel die Hälfte alles Ernteertrages. — Innerrhoden beklagte am Ende des Hungerjahres einen Menschenverlurst von 941 Seelen, obschon die Gemeinde Appenzell, das Elend zu mildern, allein 3400 Arme unterstützt hatte.

Dem leiblichen Verderben folgten Sittenverfall und Immoralität auf dem Fuße nach. Die Gefängnisse füllten sich, und die Justiz hatte vollauf zu thun. Die Gerichtsprotokolle von Trogen melden, daß einmal binnen 6 Gerichtstagen 74 Kriminalfälle, größtentheils in Folge verübter Diebstähle, zur Beurtheilung gekommen seien. Zum abschreckenden Beispiele gegen die überhandnehmenden Veruntreuungen wurden am 3. August 1817 drei Diebe mit dem Schwerte hingerichtet. In Stein mußten zwei bereits betagte, wohlhabende Eheleute, Hans Ulrich Scheuß von Herisau und Anna Katharina Hugener von Stein, in der Nacht vom 25. auf den 26. Hornung, von Räuberhand meuchlings ergriffen, in der eigenen Behausung am Horgenbühl ihr Leben enden, ohne daß der Mörder jemals entdeckt werden konnte. Es kamen Fälle vor, daß Leute, welche ihr Vergehen kaum recht gesühnt, wieder stahlen, um neuerdings ins Gefängniß abgeführt zu wer-

den, wo man, wie sie sagten, doch täglich drei mal Haber-
mus erhalte.

Also schrecklich äußerte sich der Ernst jener Zeit bei allem
Volk; denn auch der Begüterte blieb von der allgemeinen
Heimsuchung nicht verschont. In Außerrhoden allein vermin-
derte sich der Viehstand um einige Tausend Stücke, einerseits
durch die hohen Futterpreise im Frühling, anderseits auf Grund
des Umstandes, daß aus Mangel an andern Lebensmitteln
eine Menge Vieh geschlachtet werden mußte. Der Verminde-
rung des Viehstandes folgte vor der Ernte ein solcher Abschlag des Heues, daß der Zentner plötzlich von 4 Gulden
auf 48 Kreuzer herunter gieng. Das aber führte zum Abschlag der Güter und gleichzeitig zur Entwerthung mancher
Pfandbriefe. Da in Folge dieser Kalamität auch die Zinse
unbezahlt blieben, so wird von selbst klar, daß die Noth auch
auf den Schultern der Reichen empfindlich lastete.

Die Hülfe. In landesväterlicher Fürsorge hatte der
große Rath schon im Vorjahr eine Kommission mit dem
Mandate betraut, zu untersuchen, wie der überhandnehmenden
Verdienstlosigkeit und dem Bettel im Lande gesteuert werden
könne. Landammann Jakob Zellweger stand an der
Spitze derselben, wie er denn überhaupt schon zur Zeit der
Helvetik, dann wieder während der Mediation und späterhin
den überwiegensten Einfluß auf die Geschicke seines Heimatkantons übte. Wir treten hier nicht ein über die Nothstände
in den einzelnen Gemeinden, worüber sich die Landesarmenkommission vorläufig Kenntniß zu verschaffen gesucht, sondern
beschränken uns für den engen Rahmen dieser Geschichte darauf, diejenigen Vorbauungsmittel zu notiren, welche aus
ihren Berathungen mit Rücksicht auf das Ganze in Vorschlag
gekommen sind. Noch wähnte man nämlich im Jahr 1816,
den Gassenbettel im Lande unterdrücken zu können. Man
setzte im Interesse der öffentlichen Sicherheit gegen denselben

fest, daß an die Armen statt der Gaben an Geld Lebensmittel verabreicht, daß in den Gemeinden Hartschiere gehalten
und die auf dem Bettel Betroffenen an ihre Vorsteherschaften
eingeliefert werden sollen. Im folgenden Jahre, als das
Elend alle Begriffe überstieg, wurde die Polizei in Ausübung
ihrer Pflicht von selbst schlaffer, und die Armen achteten der
hemmenden Schranke nicht mehr. Die Maßnahmen gegen
den Bettel blieben daher für einmal ohne erheblichen Erfolg,
und es kommt die Aufhebung desselben erst einer spätern
Zeit zu.

Bessern Erfolg hatte dagegen, was jene Kommission
gegen die Verdienstlosigkeit in Anregung brachte. Der Feldbau, bis dahin völlig vernachläfsigt, kam wieder mehr in
Aufnahme. Wiesboden und Weideland wurden für Gewinnung
von Nährstoffen, wie auch von Hanf und Flachs, dem Grabscheit unterworfen. Bald sah man auf Höhen und in Niederungen nebst Futtergewächsen auch Kartoffeln, Möhren,
Rüben und Getreide, seltener Gespinstpflanzen, trefflich gedeihen. Die Fabrikanten hielt man an, die bis dahin nach
Innerrhoden und nach Schwaben gesandten Waaren im eigenen Lande ausfertigen zu lassen. Damit beabsichtigte die
Kommission vor allem die Jugend zu beschäftigen, um dieselbe vor dem Müssiggang und Bettel zu bewahren. Das
Sticken, Höhlen, Festonniren, Durchbrechen, Nähen, Spinnen,
Nesteln und Stricken wurden im Lande zu stehenden Arbeiten,
ebenso die Verarbeitung von Hanf, Flachs und Schafwolle
zu Tüchern. Die gewöhnlichern Handwerke suchte man den
Landeskindern zugänglich zu machen, und für Vermehrung
der Nährstoffe errichtete man Stampfmühlen, um die Knochen
zu pulverisiren, da bei dem steigenden Mangel an Lebensmitteln das bloße Aussieden derselben mittelst des papinia-
nischen Topfes nicht mehr genügte.

In bessern Zeiten würden die erwähnten Maßnahmen

ihren Zweck nicht verfehlt haben; nun aber genügte der lang-
same Gang nicht mehr; schnelle Hülfe that nun noth.
Zwar vermag der Mensch gegen derartige Nothstände überhaupt wenig auszurichten; dennoch geschah in jenen Tagen
der Heimsuchung gar manches zur Linderung des Elendes,
sei es von den Gemeinden, sei es vom Staate selbst oder
sei es endlich von Menschenfreunden im Kanton oder außerhalb desselben. Im Hinterlande gebührt der Ehrenkranz
werkthätiger Hülfeleistung der Gemeinde Herisau. In Verbindung mit den dortigen Armenanstalten linderte die im
Jahr 1807 gestiftete Hülfsgesellschaft nebst der sogenannten
Wohlthätigkeitsanstalt, gegründet im Jahr 1814, des Elendes
gar viel. Ueberdies unterstützte die Armenkasse 1450 Haus-
arme mit der verhältnißmäßig bedeutenden Summe von 27,243
Gulden, nicht gerechnet, was Bei- und Hintersaßen erhielten.
Auch die Nachbargemeinden giengen nicht leer aus. Für
Unterdrückung des Bettels wurden nach Schwellbrunn, Urnäsch, Hundwil ꝛc. monatliche Beiträge von je 150 bis herab
auf 20 Gulden verabreicht. Behufs Fruchtankäufe machten
sich die Gebrüder Schieß durch ein zinsfreies Darleihen
von 17,000 Gulden verdient. — Schwellbrunn, Urnäsch und
Stein hatten bereits ihre Armenhäuser. Hundwil, wo die Noth
am größten war, forderte wöchentlich 4 Kr. von 100 Gulden
Kapital als Armentaxe. Wo der Arm der Vorsteherschaften verkürzt war, traten Geistliche und Partikularen in die Lücke.
Pfarrer Künzler in Urnäsch speiste viele Arme am eigenen
Tische; auch unterhielt der würdige Mann eine Arbeitsschule
auf eigene Kosten, welcher seine Frau und Töchter als Lehrerinnen vorstanden. Pfarrer Frei in Schönengrund, nachmals Dekan, ließ sich als begüterter Mann mit Darleihen
herbei; überdies wußte er durch seine zahlreichen Verbindungen
außerhalb des Kantons für seine Pfarrkinder manches Scherflein zu erhalten. Pfarrer Meier in Hundwil und Dekan

Schieß in Herisau zeigten sich zum Besten ihrer Gemeinden ebenfalls thätig.

Die Gemeinden des Vorderlandes, welchen im allgemeinen mehr Hülfsmittel zu Gebote stehen, als dem Landestheil westlich der Sitter, errichteten zahlreiche Suppenanstalten; auch machten sie zu Gunsten der Armen namhafte Ankäufe von Viktualien. Seckelmeister Tobler in Speicher, der in Verbindung mit Dr. Schläpfer in Trogen auch das Hinterland bedachte, schoß zu Fruchtankäufen die Summe von 30,000 Gulden vor und deckte überdies die Schulden der Gemeinden an den Staat, welche ihnen nach erfolgtem Abschlag aus den bedeutenden Kornankäufen erwachsen waren. Speicher hatte für die Hausarmen 14,000 Gulden verausgabt. Hier zeigten sich die Familien Schläpfer und Zuberbühler besonders thätig für Linderung der Armennoth, und in Trogen, wo man zur Leitung der Arbeitsschule eine Lehrerin von Neuenburg kommen ließ, die Häuser Zellweger. Teufen hatte seine Industrieschule und einen besondern Hülfsverein. Die Armenpflege verwendete hier überdies 15,000 Gulden für Nothleidende. Einerseits, um die Armen zu beschäftigen, anderseits behufs erleichterter Zufuhr von Lebensmitteln ließen Gschwend und Zürcher die Straße durch den Stoßwald mit erheblichen Kosten korrigiren. Ueberhaupt brachten die Gemeinden im Verhältniß zu ihren Kräften große, zum Theil kaum erschwingliche Opfer. Aber auch der Staat, so wenig er bei den demokratischen Einrichtungen in der Lage sich befindet, großartig zu helfen, blieb nicht zurück. Wir haben bereits erwähnt, daß der große Rath für Milderung des Nothstandes eine Landesarmenkommission ernannt habe. Im Jahr 1817 sandte er den Landammann Jakob Zellweger an die Höfe von Stuttgart und München, um daselbst die Ausfuhr von Getreide auszuwirken. Seine Mission blieb nicht ohne Erfolg. Württemberg gestattete 2500, Bayern

5000 Scheffel Getreide per Woche, immerhin, wie sich das von selbst versteht, gegen eine Abgabe an den Staat; aber dessenungeachtet kam das Brot vom Quantumkorn bedeutend wohlfeiler zu stehen, als die Bäcker dasselbe von ihrer eigenen Frucht liefern konnten. Der Hauptgewinn bestand indeß darin, daß man doch wieder zu essen hatte.

Wenden wir bei unserer Umschau über die Hülfeleistung den Blick vom engern Vaterlande ab', so gebührt vor allem der Nachbarstadt St. Gallen ungetheilte Anerkennung. Inner ihren Mauern fanden Tausende Trost für das verwundete Herz und leibliche Erquickung durch Geld, Kleider und Lebensmittel. Pfarrer Ruprecht Zollikofer, Mitglied der dortigen Hülfsgesellschaft, zeichnete sich unter den Wohlthätern besonders aus. Ihm genügte nicht, das Land im Interesse der Armen nach allen Richtungen hin zu bereisen und durch Bekanntmachung seiner Beobachtungen bei den Mitbürgern neue Hülfsquellen zu öffnen; nein, er gieng noch weiter. Mittelst Spenden von Freunden errichtete Zollikofer im Lande ein eigenes Fabrikationsgeschäft; er gab den Arbeitern guten Lohn und setzte auf diese Weise mit bedeutender eigener Einbuße eine Summe von 12,000 Gulden in Umlauf. — Auch andere Kantone blieben in der Hülfeleistung nicht zurück. Genf sandte 1606, Neuenburg 859, Vivis und Lausanne zusammen 570, Bern 325 und Basel 300 Gulden als Hülfsgelder. Ein edler Preuße, der als Gelehrter und Schriftsteller rühmlichst bekannte Dr. Ebel, veranstaltete eine Kollekte, welche 1700 Gulden ertrug. Einen herrlichen Zug von Edelmuth gab auch Rußlands hochherziger Monarch, Kaiser Alexander, zu dessen Ohren der Nothschrei gedrungen war. Er ließ durch seinen Gesandten 100,000 Rubel, zur einen Hälfte ans Linthwerk, zur andern für Linderung des Elendes in den Kantonen Glarus, Appenzell, St. Gallen und Thurgau überreichen.

Die Repartition ergab für Außerrhoden 11,000, für

Innerrhoden 4000 Rubel. Von andern, uns unbekannten
Orten des Auslandes waren für die ärmsten Gemeinden hinter
der Sitter schon früher 16,000 Gulden eingegangen.

So erweckte Gott den Bedrängten die Herzen der Men-
schenfreunde; aber ihre Hülfe war wie der Tropfen am
Eimer gegenüber der unaussprechlichen Noth, die da lastete
auf allem Volk. Die rechte Hülfe kam auch diesmal vom
Herrn, und es zeigte sich bei der Ernte, daß seine Hand
niemals verkürzt ist, wenn er segnen will. Mit dem August
erklang die Sichel, willkommener als je einmal zuvor, auf
Deutschlands getreidereichen Ebenen. Am 21. fuhr das erste
Fruchtschiff mit vollen Segeln, geschmückt mit Blumen und
Bändern, in den Hafen von Rorschach ein. Die Schiffleute
jubelten, und alles Volk stimmte mit ein beim Gedanken an
die überstandene Heimsuchung. Stille Seufzer entstiegen der
Brust bei Alten und Jungen, und wer das Beten verlernt
zu haben schien, bemüthigte sich voll Rührung vor dem Allmächtigen. Deutschland gestattete wieder freie Ausfuhr, und
es sank der Brotpreis bis gegen Ende des denkwürdigen
Jahres von 2 Gulden auf 40 Kreuzer herab. Die Theurung schwand schneller, als sie gekommen war, so daß die
Verheißung des Propheten Elisa (2. Buch d. Könige 7, 1.)
im Jahr 1817, obwohl in anderer Weise, doch auch bei uns
in Erfüllung gieng.

Seither ist die Noth nicht mehr auf einen so hohen
Grad gestiegen, obschon das Land in Folge der im Jahr
1845 ausgebrochenen Kartoffelseuche neuerdings empfindlich berührt wurde, so daß der vermehrte Konsum der Brotfrucht die
süddeutschen Staaten schon im folgenden Jahre zur Bela-
stung der Ausfuhr mit 25 % veranlaßte. Mancher Hausvater
bebte beim Blick in die düstere Zukunft und beim Gedanken
an die Wiederkehr eines ähnlichen Nothstandes; aber die Erfahrungen aus dem Hungerjahre waren glücklicherweise noch

nicht vergessen. Aus allen Theilen des Landes traten angesehene Männer, Landammann Dr. Zellweger an ihrer Spitze, in einen Verein zusammen, welcher sich die Aufgabe stellte, einem möglichen Nothstande rechtzeitig zu wehren. Für Gemeinden und Privaten ließ der Verein auf Grund gemachter Bestellungen 2506 Fässer amerikanischen Mehls kommen. Das preiswürdige Vorgehen zu unterstützen, eröffnete auch der zweifache Landrath einen Kredit von nahezu 234,000 Gulden für Ankäufe von Frucht, bestehend aus Mehl und Mais, wodurch, Dank den erleichterten Verkehrsmitteln zur See, der Nothstand erträglicher gemacht werden konnte.

Revisionsversuch in den Zwanzigerjahren.

Meine Augen sehen nach den Treuen im Lande, und ich habe gern fromme Diener.

Psalm 101, 6.

Es liegt in der Natur der Völkergeschichte, daß man nach staatlichen Umwälzungen oder bei eingetretener Windstille am politischen Himmel zu Verbesserungen in den öffentlichen Zuständen schreitet. Was diesfalls im großen gilt, findet seine Anwendung auch im kleinen, zunächst mit Bezug auf unsern Kanton.

Nach dem Zusammensturz der alten Eidgenossenschaft lag das Landbuch von 1747 geraume Zeit bestaubt, vergessen und ungebraucht in den Archiven der Hauptorte, und als dasselbe im Jahr 1803 beim Beginn der Schirmherrschaft

Napoleon's wieder hervorgeholt wurde, siehe, da wollte es
nicht mehr passen für die Zustände einer völlig veränderten
Zeit. Wer aber seine Mängel am empfindlichsten fühlte, war
der große Rath in seiner Stellung als richterliche, verwaltende und vollziehende Behörde. Als daher nach dem
Sturze Napoleon's in Europa der Frieden wieder hergestellt
war, beschloß die Obrigkeit im Jahr 1816, eine Revision
vorzunehmen. Sie betrat jedoch dabei nicht den gesetzlichen
Weg, indem sie es unterließ, sich zuvor von der Landsgemeinde dazu ermächtigen zu lassen. Das selbstherrliche Vorgehen erweckte aber alsbald Unwillen im Volke, und als sich im
ersten Entwurfe, welcher zwei Jahre später den Vorsteherschaften zur Prüfung übergeben wurde, herausstellte, daß derselbe mehrere, die Volksrechte schmälernde Bestimmungen
enthielt, gesellte sich zu jenem Unwillen, wie immer, auch
übertriebenes Mißtrauen (S. 223). Die Veränderungen
wurden alsbald arg entstellt und Gerüchte der schlimmsten
Art im Publikum verbreitet. Man faselte von der Gewalt,
welche die Reichen auf Grund der neuen Verfassung über
den Landmann ausüben werden, von Lebenslänglichkeit der
Amtsstellen, von Aufkündbarkeit der Zedel, von den über-
triebenen Revisionskosten, die statt 8000, wie ausgestreut
wurde, kaum 800 Gulden betrugen. Mochten diese Gerüchte
immerhin der Wahrheit entbehren — so viel steht fest, daß die
Obrigkeit sich Fehler zu Schulden kommen ließ, welche höchstens durch die damalige Zeitströmung gerechtfertigt werden
können. Seit dem Bestand des Fünfzehnerbundes giengen
nämlich die Regierungen her und hin in den Kantonen darauf aus, ihre Macht auf Kosten der Volksrechte zu befestigen.
Aehnliche Gelüste ließ nun auch jener Entwurf durchblicken.
Wir machen beispielsweise nur aufmerksam auf das Recht
der Antragstellung an Landsgemeinden, das dem Volke genommen wurde. Der bezügliche Artikel in seiner neuen

Fassung sagt nämlich: „Der Landsgemeinde kann nichts anderes vorgetragen werden, als was der große Rath oder was Neu- und Alt-Räthe dahin zu bringen für gut und nöthig erachten; auch darf dieser Vortrag nur vom Präsidio selbst der Landsgemeinde gemacht werden."

Die Schmälerung seiner Rechte erfüllte den Landmann, wie begreiflich, mit Unruhe. Er rüstete sich darum alsbald zur Abwehr. In Trogen und Wald verhandelten zahlreich besuchte Volksversammlungen über den Entwurf. Speicher folgte nach. Die Sache führte zu einer ungewöhnlichen Aufregung im ganzen Lande. Bis zur Landsgemeinde des Jahres 1820 mehrte sich die Zahl der Unzufriedenen über die neue Bescherung von Tag zu Tag mehr. Als Sonntags den 23. April das obrigkeitliche Mandat die Nothwendigkeit einer Verfassungsänderung von allen Kanzeln herab verkündete; als in demselben zu Ruhe und Frieden ermahnt, die falschen Gerüchte widerlegt, Aufwiegler mit Strafen bedroht und jedermann aufgefordert wurde, bis zur Landsgemeinde des folgenden Jahres, welche über Annahme oder Verwerfung endgültig entscheiden werde, sich ruhig zu verhalten; da hoffte man auf Herstellung der Eintracht, auf friedliches Zuwarten bis zum Tage der Entscheidung. In der wohlgemeinten Absicht, der Opposition ihren Stachel zu nehmen, sandte die Vorsteherschaft von Trogen noch am nämlichen Tage aus ihrer Mitte eine Abordnung an die Volksversammlung im Baschloch; aber die Bauern, 200 an Zahl, bewiesen mit geballten Fäusten, daß sie nicht gesonnen seien, in das Ansinnen einer friedlichen Auflösung der Versammlung einzugehen. Der Widerstand dauerte mithin fort, und schon am folgenden Tage, bei Anlaß des Jahrrechnungsrathes in Trogen, erschienen im Namen der Unzufriedenen mehrere Abgeordnete: Oberstlieut. Schläpfer und Konr. Schläpfer von Wald, Rathsherr J. Jakob Graf und

Michael Kriemler von Speicher, Bleicher Hofstetter und Johs. Rechsteiner von Trogen mit einem Memorial hinter den Schranken, in welchem verlangt wurde, daß dem Volke bei der nächsten Landsgemeinde folgende Fragen zum Entscheid vorgelegt werden:

1) Ob man das alte Landbuch beibehalten oder das neue für ein Jahr einer weitern Prüfung unterstellen wolle,

2) ob künftig bei Gesetzesrevisionen lediglich Rathsglieder sich damit befassen, oder aber ob nicht auch Privatleute beigezogen werden sollen,

3) ob die seit 1747 angenommenen Uebungen an die Landsgemeinde gebracht und nach deren Annahme ins Landbuch eingetragen werden sollen,

4) ob man nicht festsetzen wolle, daß künftig ohne Bewilligung der Landsgemeinde keine neuen Artikel ins Landmandat aufgenommen werden.

Diese Nichtachtung des obrigkeitlichen Mandates machte den peinlichsten Eindruck auf die Rathsversammlung und zwar um so mehr, als ihr die Tragweite jener Begehren nicht entgehen konnte. Die Verhandlungen darüber waren deßhalb ebenso ernst, als schwierig und dauerten bis in die Nacht hinein. Der Rath mußte übrigens, wollte er anders gefährlichen Auftritten zuvorkommen, den Volkswünschen entsprechen. Er fügte sich dem Drang der Umstände und gestattete dem Wortführer der Volksdeputirten, Oberstl. Schläpfer, den Vortritt auf den Landsgemeindestuhl. Dieser jedoch, um nicht den Schein auf sich zu laden, als gelüste ihn nach Staatsämtern, stellte den Wunsch, daß an seiner Statt das Präsidium den Gegenstand vorbringen möchte. Auch darin willfahrte der Rath um so bereitwilliger, als die Opponenten sich inzwischen herbeigelassen hatten, ihr Begehren auf den ersten Punkt des Memorials zu beschränken.

Der dreißigste April erschien und mit ihm die Landsgemeinde, an der es sich zeigen sollte, auf welche Seite das
Zünglein der Wage über die Volksrechte weisen werde. Aber
schon bei den Wahlen, ehe noch die Abstimmung über den
Verfassungsentwurf erfolgte, machte sich der Unwille des
Volkes gegen einzelne Häupter geltend. So geschah, daß,
als Alt-Landammann Zellweger, welcher 1818 entlassen
worden war, zum Pannerherrn angerathen wurde, höhnisches
Gelächter erscholl, begleitet mit dem Rufe: „Genug Zellweger!" Dieser, da er eben zum Fenster hinaus zusah, war
klug genug, mitzulachen. Aehnlich ergieng es dem Seckelmeister Tobler in Speicher. Er hatte sich bedankt und
wurde mit Händewinken unter Freudengeschrei entlassen.
Ebenso fielen Landshauptmann Bänziger von Wolfhalden,
Landsfähnrich Eisenhut in Gais und Statthalter Merz in
Herisau der Volkslaune zum Opfer.

Nach Beendigung der Wahlgeschäfte stellte Landammann Matth. Oertly nach einer erläuternden Ansprache
die Frage, ob man den Verfassungsentwurf, worin der zweite
Artikel bereits im Sinne des alten Landbuches abgeändert
worden sei, bis zur Landsgemeinde von 1821 prüfen und
denselben dann dem Volke zum Entscheid vorlegen, oder aber
ob das alte Landbuch beibehalten und die Revision eingestellt
werden wolle. Mit Jubel verneinte das Volk die erste Frage
fast einhellig, während die zweite mit rauschendem Beifall
bejaht wurde. Allein damit begnügte sich die Menge noch
nicht. Sie wogte her und hin; man bemerkte ein auffallen-
des Drängen nach dem untern Stuhle, und viele Stimmen
riefen, man müsse die Revision nicht bloß einstellen, sondern
gänzlich verwerfen. Hierauf erfolgte eine nochmalige Abstimmung, und unter Gejauchze ward der Volkswille durchgesetzt.

Nicht allen lag jedoch dieser Ausgang recht. Manche

hegten die Ansicht, die Landsgemeinde habe die Revision nicht sowohl aus Abneigung gegen zeitgemäße Reformen verworfen, als vielmehr aus Unwillen über den selbstherrlichen Weg, der dabei eingeschlagen worden. Wenn man, sprachen diese, die Sache volksthümlicher an die Hand nehme, so könne das Verbesserungswerk doch durchgesetzt werden. Als daher im Jahr 1821 der Frühling nahte, thaten sich freisinnige Männer zusammen: von Speicher Rathsherr Graf, von Wald J. Jakob Nänni und J. Jakob Sonderegger und von Bühler Alt-Landweibel Zähner und Johs. Grubenmann. Diese stellten beim großen Rathe das Gesuch, er möchte an der Landsgemeinde vom 6. Mai noch einmal über die Sache abstimmen lassen. Die Obrigkeit nahm den Wunsch beifällig auf. Sie brachte die Revisionsfrage neuerdings ins Mehr; aber das Volk blieb sich konsequent und verwarf den Antrag zum zweiten Mal.

Die Freunde des Fortschrittes trauerten, weil sie wähnten, daß es mit neuen Institutionen wiederum auf ein Menschenalter hinaus geschehen sei; aber dem Rade der Zeit greift niemand mit Erfolg in die Speichen. Ehe man sich's versah, war der Moment zur Revision abermals herbeigekommen. Der Fortschritt ist ein Naturgesetz; die Zeiten ändern sich und mit ihnen die Ansichten der Menschen.

Der Grundsteuerstreit mit Innerrhoden.

*Und daß niemand zu weit greife und
vervortheile seinen Bruder im
Handel.*

1. Theffal. 4, 6.

Nach der Theurung, von der wir oben gesprochen, waren
wieder glückliche Jahre zurückgekehrt. Bei lebhaftem Han-
delsverkehr vermehrten auch gesegnete Ernten den Wohlstand
des in seinen ökonomischen Kräften so sehr heruntergekom-
menen Landes. Man pflegte die Werke des Friedens und
der Humanität. Schon beschäftigte die Gründung von Ersparnißkassen hie und da einen Freund der Armen. Im
Jahr 1818 erließ der große Rath ein Mandat für fleißigen
Schulbesuch, und am 3. Jänner 1819 begieng Außerrhoden
das Reformationsfest in würdiger Weise durch angemessene
Kanzelvorträge; Gesang und Instrumentalmusik verherrlichten
die so selten wiederkehrende Jubelfeier, die auch durch Prägung einer Denkmünze verewigt werden sollte. — Um die
nämliche Zeit suchten gemeinnützige Männer dem Landvolk
die Errichtung einer Brandassekuranz beliebt zu machen. Auch
die Obrigkeit nahm sich der Sache thatkräftig an; allein wie
sehr sie auch für das Projekt eingenommen war, und obschon
selbst Landammann Bischofberger den Anschluß des Fleckens
Appenzell eifrig wünschte, kam die Sache aus Mangel an
Theilnahme für einmal doch nicht zu Stande.

Von größerer Tragweite als die angeführten Zeiterschei-
nungen war damals ein Prozeß, den Außerrhoden sich veranlaßt sah, gegen den andern Halbkanton zu führen. In
der Absicht nämlich, das Pfrundeinkommen zu vermehren,
hatte die Regierung von Innerrhoden schon 1817 eine jährlich mit 60 Kreuzern verzinsbare Schuldverschreibung von

25 Gulden auf jedes Haus gesetzt, so daß das Land als Kreditor, der Hausbesitzer als Debitor erschien. Das also entstandene Obligo wurde den besten Pfandbriefen vorangesetzt, wodurch diese unzweifelhaft in Nachtheil geriethen. Dabei blieb man jedoch nicht stehen. Schon im folgenden Jahre wurden alle Kapitalbriefe bei Strafe der Konfiskation mit einer Bisagebühr von 2½, vom Tausend belegt. Das Jahr 1821 brachte neue Zumuthungen. Die Regierung erklärte die auf den dortigen Gütern haftenden Zedel für steuerpflichtig, in der Weise, daß der Gutsbesitzer von seiner Liegenschaft eine Grundsteuer zu 3 vom Tausend bezahlen sollte, wogegen ihm der Regreß (Rückgriff) auf die Gläubiger oder Zedelinhaber gestattet ward. Da nun die Hypotheken im Lande unaufkündbar waren, kamen dieselben folgerichtig außer Kredit und konnten daher nur mit Einbuße wieder abgesetzt werden. Auswärtige Zedelinhaber mußten mithin, auch abgesehen davon, daß ihnen Kapitalverluste drohten, die Lasten des Landes tragen helfen, und wo lag bei dieser Willkür im Steuerwesen für die Kreditoren eine Bürgschaft, daß sich ähnliche Operationen nicht wiederholen werden?

Außerrhoden, von St. Gallen kräftig unterstützt, protestirte daher feierlich gegen eine derartige Ausdehnung des Steuergesetzes. Die Obrigkeit gieng selbst so weit, daß sie ihren Angehörigen in landesväterlicher Fürsorge den Ankauf dortiger Pfandbriefe untersagte, und als Seckelmeister Tobler in Speicher dessenungeachtet innerrhodische Zedel ankaufen ließ, traf ihn das obrigkeitliche Mißfallen. St. Gallen drohte mit dem Gegenrecht, falls Innerrhoden nicht einlenken würde; „denn", sprach dieser Stand, „wenn die dortigen Zedel aufkündbare Pfandbriefe wären, so könnte man die Neuerung auf sich beruhen lassen; so aber eröffnet sich jene Regierung ein unabsehbares Feld, alle seine Staatslasten großentheils auf die Schultern anderer Eidgenossen zu wälzen."

Die Einsprachen hatten keinen Erfolg. Innerrhoden blieb bei seinem Steuergesetze stehen, weßhalb es zu einem langwierigen Prozesse kam, der am Ende durch die Bundesbehörde entschieden werden mußte. Vorerst wanderte die Streitsache an Konferenzen, beschickt von Abgeordneten beider Landestheile; als man sich aber hier nicht einigen konnte, gelangte dieselbe zur Erledigung an die Tagsatzung, welche am 30. Juli 1821 darüber verhandelte. Landammann Oertly vertheidigte die Rechte seines Standes so kräftig und klar; er beleuchtete das Verfahren der Regierung des innern Landes, ihre widerrechtlichen Anmaßungen und deren Folgen so wahr und gründlich, daß Innerrhoden, ungeachtet seiner Allianz mit mehrern, besonders katholischen Ständen, den gehofften Sieg nicht erringen konnte. Die Tagsatzung, statt entschieden zum Rechte zu stehen, mithin das innere Land mit dem unbilligen Gesetze abzuweisen, suchte die Streitsache durch Verständigung der Parteien beizulegen, wodurch den beiden Halbkantonen ein weites Feld des Habers geöffnet ward.

Die Frage blieb also vorläufig unerledigt. Innerrhoden ließ die Grundsteuer, ehe der Kapitalzins an die auswärtigen Kreditoren ausbezahlt werden durfte, nach wie vor abziehen, ein Verfahren, das aller Billigkeit entbehrt. Dasselbe läßt sich um so weniger rechtfertigen, als die Tagsatzung beide Theile zu einem Vergleich zusammengewiesen hatte und es sich nach allgemeinen Rechtsgrundsätzen von selbst versteht, daß man in dem, was vom Gegner bestritten wird, nicht vorschreitet, sondern vorerst den Entscheid des Prozesses abwartet. Eine am 11. Februar 1822 in Teufen abgehaltene Konferenz blieb abermals ohne Resultat, weil Innerrhoden vor allem aus Anerkennung der unbeschränktesten Souveränitätsrechte in Besteuerungsangelegenheiten forderte, erklärend, daß es erst dann in allgemeine Milderungsvorschläge eintreten könne. Die Abgeordneten von Außerrhoden wollten

sich jedoch die Hände nicht binden lassen, noch sich der Gefahr aussetzen, von vorneherein annehmen zu müssen, was der
gute Wille des andern Halbkantons gewähren würde, und
verzichteten daher für einmal auf alle weitern Unterhandlungen.
Dagegen zogen sie, um zum bösen Spiele gute Miene zu
machen, auf Einladung des Vorortes unterm 22. August
das Verbot des Zedelankaufes in Innerrhoden wieder zurück. Da auch spätere Konferenzen keinen bessern Erfolg
hatten, ließen die Parteien für Darlegung ihrer Rechtsgründe
bezügliche Denkschriften an die Mitstände abgehen. „Wenn
diejenigen Pfandbriefe", sagt eine Stelle des Aktenstückes
von Außerrhoden, „welche unsere Angehörigen in Appenzell
besitzen, Bestandtheile ihres Totalvermögens sind; wenn der
Satz, daß man sein Vermögen nur an einem, nicht an zwei
Orten zu versteuern pflichtig ist, bleiben soll; wenn jenes
Vermögen unwidersprechlich dem Bersteurungsrecht von Außerrhoden unterworfen ist; wenn eine solche mit den klaren
Worten des Schuldinstrumentes in Widerspruch stehende
Schmälerung des Zinses nicht stattfinden kann; wenn erwiesen ist, daß der außerrhodische Gläubiger nicht in gleichen Rechten wie der innerrhodische dasteht; wenn alle diese
Beeinträchtigungen in Recht und Eigenthum bei unaufkünd-
baren Pfandbriefen nicht gebilligt werden können: so darf
Appenzell-Außerrhoden wohl mit Recht auf ungezweifelte Abhülfe vertrauen." St. Gallen instruirte in demselben Sinne.
Allein ungeachtet der schlagenden Gründe gelangte die Tagsatzung abermal zu keiner entscheidenden Schlußnahme; dagegen bevollmächtigte sie den Vorort, unter Leitung eidgenössischer Kommissarien einen Vermittlungsversuch zu veranstalten. Die Konferenz fand unter dem Vorsitze der Landammänner Sidler von Zug und Morel von Thurgau
statt. Hier kam nach mühsamen Unterhandlungen am 25.
Juni 1823 folgender Vertrag zu Stande:

1) Der hohe Stand Appenzell-Außerrhoben zieht seine Einsprache gegen das innerrhodische Steuergesetz vom 20. Hornung 1821 zurück.

2) Der hohe Stand Appenzell-Innerrhoden giebt die Erklärung, daß es nie im Sinne seiner Gesetzgebung gelegen, noch je darin liegen werde, die Liegenschaften auf innerrhodischem Gebiete und die darauf stehenden Pfandbriefe, welche außerrhodischen Angehörigen oder andern Eibgenossen eigenthümlich zugehören, in einem höhern Maße zu Steuerbeiträgen anzuhalten, als solche Liegenschaften und Pfandbriefe, die das Eigenthum von innerrhodischen Angehörigen sind.

3) Den Angehörigen von Außerrhoben ist gestattet, die ihnen durch Falliment oder Akkord bereits heimgefallenen oder noch heimfallenden Liegenschaften während zwanzig Jahren eigenthümlich zu besitzen, diese durch Vieh weiden, Gras und Heu ätzen und, wie durch innerrhodische Angehörige, so auch durch ihre eigenen Leute bearbeiten und benutzen zu lassen.

4) Die Liegenschaften auf innerrhodischem Gebiete, die außerrhodische Angehörige seit 1597 vertragsmäßig besitzen, und jene auf außerrhodischem Gebiete, welche innerrhodische Angehörige auf gleiche Weise vom gedachten Zeitpunkte an bis dato im Besitz haben, werden von der betreffenden Regierung mit keiner Steuer belastet.

In Bezug auf den vierten Punkt, die sog. exempten Güter betreffend, machte die Regierung von Innerrhoden unterm 13. Nov. 1834 der diesseitigen den Borschlag für gemeinsame Aufnahme eines Verzeichnisses. Der große Rath gieng nicht allein mit aller Bereitwilligkeit auf das Begehren ein, sondern er suchte im Mai 1854 in Gemeinschaft mit Innerrhoden zwischen Oberegg einerseits, Trogen, Wald, Heiden, Wolfhalden, Walzenhausen und Reute anderseits auch eine Grenzbereinigung zu erzielen. Die Obrigkeit von Appenzell zeigte ſich anfangs bereitwillig; ſie ernannte eine Kommiſſion, zog ſich aber, wahrſcheinlich auf Grund territorialer Nachtheile, wieder von der Sache zurück. Außerrhoden beharrte darauf, und der Bundesrath, an den ſich der herwärtige Stand mittlerweile gewendet, ernannte für Vollziehung der Angelegenheit den Landammann Fels von St. Gallen als Kommiſſär. Nach ſeinem Tode trat Landammann Aepli an deſſen Stelle. Als Vertheidiger ſeiner Sache hatte ſich Innerrhoden den Nationalrath Müller von Wil, Außerrhoden dagegen den Landammann Weber von St. Gallen erwählt.

Zufolge des bekannten Verſchleppungsſyſtems gehören beide Angelegenheiten, die Grenzbereinigung ſowohl, als auch die Regelung der exempten Güter, noch heutigen Tages zu den ſtehenden Fragen.

––––––

Verfaſſungswirren in Innerrhoden.

> Haltet euch als die Freien und nicht, als
> hattet ihr die Freiheit zum Deckel
> der Bosheit.
>
> 1. Petri 2, 16.

––––––

Als im Jahr 1822 Zſchokke's Schweizerlandsgeſchichte erſchien, machte das Buch durch ſeine Darſtellung des Suter'ſchen Handels in Appenzell bedeutendes Aufſehen. Die damals noch lebenden Freunde jenes Mannes, ergriffen von der ſchmerzlichen Erinnerung an das vor 43 Jahren auch an ihnen verübte Unrecht, regten ſich neuerdings. Einer von ihnen, Müller Fäßler von Gonten (S. 503) beklagte ſich

öffentlich über die erlittene Schmach; er gieng in seinem
Unmuthe so weit, daß er den Landessäckel für die im Jahr
1775 bezahlte Geldbuße ins Pfand setzen ließ. Begreiflich
machte die Sache gewaltiges Aufsehen im Lande. Die Behörden stutzten beim Gedanken an die möglichen Folgen, welche
ein so gewagtes Vorgehen in einer bereits verschollenen Angelegenheit haben könnte. Als die erste Instanz bald darauf
das Pfand wieder aufhob und den kühnen Greis zur Abbitte
verurtheilte, bestätigte auch der große Rath den Spruch; ebenso
warnte er durch ein Mandat alles Volk bei strengster Strafandrohung vor Betheiligung oder Umtrieben in fraglicher
Angelegenheit; denn, sprach er, die dermalige Obrigkeit kann
nicht mehr zurückgehen auf den längst verjährten Prozeß
Suter's. Als am 23. Mai 1823 jenes Mandat in der
Kirche zu Appenzell verlesen wurde, erkühnte sich dessenungeachtet ein Mann aus dem Volke, Konrad Hohl, Konvertit,
von Heiden gebürtig, die Fäßler'sche Sache zu vertheidigen
und der Warnung laut zu widersprechen. Kaum hatte er
aber die Kirche verlassen, als er ergriffen, verhaftet und zur
Untersuchung gezogen wurde. Diese ergab indessen, daß
Hohl nicht, wie man vermuthet, von einer regierungsfeind-
lichen Partei vorgeschoben worden war, sondern als zwei-
deutiger, frecher Mann selbständig gehandelt hatte.

Gegenüber einer makellosen Regierung hätten sich die
Unzufriedenen nun wohl zur Ruhe begeben; aber des Zündstoffes war damals auch sonst noch gar viel im Lande;
darum glimmte die Glut unter der Asche fort, bis sie endlich in hellen Flammen aufloderte. Erst im Stillen, dann
lauter und immer unverholener machten sich Stimmen geltend
gegen das herrschende Regiment. So geschah, daß am 1. April
1824 vierundvierzig Männer mit einer Beschwerdeschrift
beim Rathe einkamen, in welcher sie das Zutrauen der
Behörde als geschwächt darstellten und verlangten, daß der

zweifache Landrath die Neuerungen in Gesetzen und Verordnungen dem Volkswillen unterstellen solle. Einer von ihnen
forderte sogar Einsicht in die Protokolle, um selbst untersuchen zu können, welche Eingriffe sich die Obrigkeit seit
1814 erlaubt habe. Der Rath entsprach dem Begehren so
weit, daß er zur Untersuchung eine Kommission, bestehend
aus den Beamten und sämmtlichen Rhode-Hauptleuten, nieder-
setzte, die Antragsteller aber auch zugleich aufforderte, bestimmte Klagepunkte einzugeben, damit der große Rath, gestützt
auf das Kommissional-Gutachten, entweder jenes Ansinnen
zurückweisen oder dann der Landsgemeinde bestimmte Anträge
vorlegen könne. Damit waren jene Männer für einmal zufrieden. Sie stellten ihre Beschwerdepunkte zusammen, brachten sie aber nicht in Schrift verfaßt, sondern bloß mündlich
vor, weßhalb man dieselben, wie eine wächserne Nase, willkürlich biegen und drehen konnte.

Die Opponenten zu beschwichtigen, ließ sich übrigens
der Rath schon damals zu einigen Zugeständnissen herbei;
er schaffte die Handänderungsgebühr bei freien Käufen ab
und beseitigte auch die Erbschaftssteuer ans Armengut. Allein
das genügte nicht mehr; denn da die im Jahr 1814 dem
Volke aufgedrungene Verfassung (worin der freie Vortrag an
Landsgemeinden beschränkt, dem großen Rathe die Befugniß
zum Entscheid über Benutzung der Gemeindegüter gegeben und
der ersten Instanz das Recht der Bestrafung an Ehre und
Gut ohne Appellation eingeräumt worden war) die Volksrechte
arg schmälerte, so lag auch diesfalls hinreichend Stoff zu Klagen
vor. Wenn man erwägt, daß nicht bloß die Verfassung oder
das Grundgesetz des Landes beschnitten, sondern auch die
Verordnungen im nämlichen Sinne und Geiste erlassen worden waren, so darf die Berechtigung der Freisinnigen zu
Reformen kaum mehr in Zweifel gezogen werden. Man besorgte am 25. April 1825 eine unruhige Landsgemeinde,

die indeffen, da die Zahl der Revisionsfreunde noch gering
war, wider Erwarten ohne erhebliche Störungen ablief.
Die Freunde des Fortschrittes ruhten aber nicht, sondern
arbeiteten im Stillen unbeirrt fort, um früher oder später
größere Zugeständnisse, mit andern Worten, eine revidirte
Verfassung zu erhalten. Noch war das Jahr nicht zu Ende,
als eine in Knittelversen abgefaßte Schmähschrift auf die
Obrigkeit erschien, welche verschiedenartige Abänderungen in
Ausübung der Regierungsgewalt forderte. Sie machte nicht
wenig Aufsehen im Volke, hatte jedoch keinen weitern Erfolg, als daß die Mängel der Verfassung klarer ins Licht
gestellt wurden. Die Regierung war so erzürnt, daß sie auf
Entdeckung des Verfassers eine Prämie von 3 Louid'ors aussetzte
allein ihre Bemühungen blieben vergeblich. Im Jahr 1827
kam abermal eine anonyme Flugschrift heraus, in welcher
geklagt wird, daß der Rath von 20 Volkswünschen nur wenige berücksichtigt, die Berathung der übrigen aber theils
vertagt, theils an Kommissionen, theils an Neu- und Alt-
räthe gewiesen habe, jedoch ohne daß den Bittstellern entsprochen worden wäre. Da das Aktenstück zu spät erschienen
war, um noch für die Traktanden der Landsgemeinde des
nämlichen Jahres benutzt werden zu können, so blieb die Angelegenheit vorläufig auf sich beruhen. Im Volke mehrte sich
übrigens die Unzufriedenheit von Tage zu Tage mehr. Bei Anlaß der „Menbligemeinde", bei der es sich um Benutzung
dieser Gemeinweide handelte, kam es zu Auftritten, welche
einen nahen Sturm verkündeten. Bald nachher brach er aus.
Als nämlich am 18. Juni der große Rath sich versammelte,
begab es sich, daß ein Haupt der Agitation auf Grund eines
Civilprozesses hinter den Schranken erscheinen sollte. Be-
sorgend, der Rath möchte aus persönlicher Abneigung gegen
den Litiganten (Rechtsstreitführer) nicht zu dessen Sache
stehen wollen, begleiteten ihn über 200 Bauern aufs Rath-

39

haus. Der Vortritt ward ihnen begreiflicherweise verweigert; es entstand Tumult, und da die Menge auf dem Rechtsvorstande beharrte, wurden Verwirrung und Schrecken so groß, daß der Rath sich entfernte und durch Eilboten eidgenössische Vermittlung begehrte. Sechs Tage später, Sonntags den 24. Juni, kam, vom Vorort Zürich gesendet, als bevollmächtigter Friedensvermittler Landammann S i b l e r von Zug nach Appenzell; aber die Anrufung fremder Hülfe schürte das Feuer der Zwietracht nur noch mehr an. Zwar die Regierung hoffte das Beste von der Gegenwart des Kommissärs und die Freisinnigen nicht minder; denn, meinten diese, wenn Sibler ihre Klagen über die unlautere Finanzverwaltung der Landesobrigkeit und deren Rechnungsdefekte vernehme; wenn man ihn mit dem unbefugten Verkauf von Lehengütern und Spitalreben im Rheinthal bekannt mache; wenn er erfahre, wie die Obrigkeit an der Mendligemeinde das Majoritäts-recht verletzt habe und in Gericht und Rath ihre Gegner verfolge: so könne der Handel kaum zum Nachtheil der Angeklagten ausfallen; allein die guten Leute hatten irrig gerechnet. Noch war die Zeit nicht erschienen, wo in der Schweiz die Volksrechte ihre Geltung fanden; des aristokratischen Sauerteigs war noch gar viel in allen Kantonen und Sibler wohl auch nicht entschieden genug in seinem Auftreten.

Obschon aus 106 Verhören, welche in seiner Gegenwart aufgenommen worden waren, unzweideutig hervorgieng, daß dem Tumult vom 18. Juni weder eine absichtliche noch planmäßig geleitete Zusammenrottung für irgend eine strafbare Handlung gegen die Obrigkeit zu Grunde gelegen, belegte der Wochenrath dennoch 47 Personen mit Geldbußen von 5—40 Gulden. Ein Konvertit aus Urnäsch, J a l o b R e c h s t e i n e r , hatte die Beschimpfung eines Standeshauptes mit 50 Tagen Arrest nebst Abbitte bei offenen Thüren zu sühnen. Auch ältere Vergehen suchte man bei diesem Anlasse geflissentlich auf, um den Muth an den Liberalen zu kühlen. Ein solches Treiben von oben herab konnte aber natürlich um so weniger zum Frieden führen, als Sibler bei aller Schonung der Obrigkeit ihr dennoch manche Fehler zum Vorwurfe gemacht und sie zur Mäßigung ermahnt haben soll.

Es gährte darum im Lande fort, heftiger denn zuvor. Weit entfernt, sich durch die leidenschaftliche Hitze der Machthaber einschüchtern zu lassen, blieb die Opposition fest; sie legte ihre Hände nicht in den Schoß, sondern rüttelte unentwegt fort an dem morschen Gebäude der Landesverfassung, bis sich der Rath endlich zu größern Konzessionen herbeiließ. Wie wenig es ihm aber damit ernst war, geht schon daraus hervor, daß die von ihm ernannte Revisionskommission nur einmal sich versammelte und dann die Sache neuerdings liegen ließ. Die Freisinnigen erneuerten darum in der Sitzung des großen Rathes vom 20. März 1828 das so oft schon gestellte Gesuch um Vornahme der Revision. Dem Drang der Umstände endlich nachgebend, beschloß nun die Behörde nach langen, heftigen Debatten: es sei die Landsgemeinde zur Wahl einer Revisionskommission frei aus allem Volke einzuladen. Der Wurf war mithin gelungen und das gewünschte Ziel erreicht. Die Landsgemeinde, deren Verhandlungen bis abends 8 Uhr dauerten, entfernte mit Ausnahme von drei freisinnigen Beamten die ganze Regierung. An die Stelle der Entlassenen traten Männer des Fortschrittes. Die Revisionsarbeiten wurden nun eifrig betrieben und die neue Verfassung am 26. April 1829 angenommen.

Da mit der gleichzeitigen Rehabilitationserklärung Suter's (S. 503) auch der erste Stein des Anstoßes aus dem Wege geräumt worden, kehrten unter der Pflege einer gemäßigt freisinnigen Regierung Ruhe und Friede im Lande wieder zurück.

Seither hat das äußere Land schon zweimal revidirt;

Innerrhoden dagegen blieb ungeachtet der politischen Umgestaltungen in der Schweiz bei seinem mangelhaften Grundgesetze stehen. Es dürfte daher nach bald 40 Jahren hohe
Zeit sein, für Herstellung einer zeitgemäßen Gesetzessammlung abermal die Hand an den Pflug zu legen.

Der Kampf um politische Freiheit in Außer-rhoden.

Wo der Geist des Herrn ist,
Da ist Freiheit.
2. Kor. 3, 17.

Die gewaltigen Stürme, welche während mehr denn
zwei Jahrzehnden Europa in seinen Grundfesten erschüttert,
führten zu einer allgemeinen Erschlaffung der Völker, die
endlich allerwärts nach Ruhe verlangten. Damit der Welt-
frieden auch in der That nicht weiter gestört werde, haben
die Monarchen von Rußland, Oesterreich und Preußen bald
nach Ueberwindung Napoleons die sog. heilige Allianz
gestiftet. Nach ihren Grundsätzen sollten fürderhin die Zügel
von den Regierungen straff gehalten und die Völker zum
Schweigen gebracht werden. Der Fünfzehnerbund,
welchen die Schweiz um jene Zeit von den Mächten des
Wienerkongresses als Gnadengeschenk erhielt, athmete den
nämlichen Geist. Die Behörden in Staat und Kirche kannten von da an kein höheres Ziel, als unter den Fittigen
des heiligen Bundes ihre Machtvollkommenheit herzustellen.
„Die Eidgenossenschaft war zu 22 Bagatellstaaten herab-
gesunken, jeder für sich den Intriguen fremder Diplomaten

offen; das schöne Vaterland war durch Sonderinteressen der
Kantone im Innern aufgelockert, gegen außen ohne Kraft."
Aber der menschliche Geist läßt sich nicht in Ketten schlagen;
früher oder später entledigt er sich der unnatürlichen Fessel
und bricht sich Bahn. Schon nach wenigen Jahren knech-
tischer Unterwürfigkeit traten die Freunde des Fortschrittes,
erst schüchtern und leise, dann lauter und immer entschlosse-
ner zum Kampfe wider die Reaktion auf, diese beharrliche
Feindin aller Neuerungen.

Auch im Lande Appenzell, hüben und drüben in beiden
Halbkantonen, verkündeten, wie wir oben gesehen, schon in
den Zwanzigerjahren verschiedenartige Erscheinungen den Anbruch eines neuen Tages, und ob auch die Anhänger des
Alten in dem bekannten Revisionsversuch (S. 595) triumphirten — ihr Sieg war von kurzer Dauer. Die Volksbildung zu heben und damit der Aufklärung Vorschub zu
leisten, verbesserte man eifrig die Schulen; man brachte für
neue Stiftungen auf diesem Gebiete großartige, bis dahin
nicht gekannte Opfer. Nach einander traten auch Vereine
ins Leben, die dem Fortschritt wenigstens indirekte förderlich
waren. Wir erwähnen aus jener Zeit der Assekuranzgesell-
schaft, der vaterländischen Gesellschaft, des kantonalen Sänger-
vereins und der Lesezirkel in den Gemeinden. Im Jahr
1825 gründete Dr. Meier in Trogen, späterer Landesstatthalter, das appenzellische Monatsblatt; eine Zeitschrift,
worin der Herausgeber die Offenkundigkeit als ein vorzüg-
liches Mittel bezeichnet, ein Land vorwärts zu bringen.
Sein prophetischer Blick hatte ihn nicht getäuscht. Durch
Veröffentlichung von Rathsverhandlungen und mittelst Beleuchtung mangelhafter Volkszustände ist es ihm gelungen,
das Interesse für vaterländische Angelegenheiten im Volke
zu beleben. Freilich kam ihm dabei der Umstand trefflich
zu statten, daß er an Landammann Matthias Oertly,

damals Außerrhodens erste Magistratsperson, einen eifrigen
Beschützer der freien Presse fand. Hatte Oertly schon früher
den Muth, in Festhaltung des Asylrechtes gegen die Verfolgung
fremder Flüchtlinge anzukämpfen, so trat er als herwärtiger
Repräsentant in seinem Tagsatzungsgruß (1826) nun auch
mit aller Entschiedenheit gegen die Censur auf, obschon dieselbe bis zu seinem Amtsantritte hier wie in andern Kantonen strengstens gehandhabt worden war. Wir wissen, daß
der große Rath noch im Jahr 1809 eine Bekanntmachung erlassen hatte, nach welcher nicht bloß alles, was im Lande
dem Drucke übergeben werden wollte, sondern auch das, was
auswärts unter die Presse kam, die Censur zu passiren
hatte. Oertly ließ dieselbe unvermerkt eingehen, wie er denn
auch die Veröffentlichung der Staatsrechnungen mit aller
Bereitwilligkeit gestattete. Als am 27. Heumonat 1826 der
Sempacherverein (S. 187) am Stoß sein Jahresfest feierte,
ward auch da manches freie Wort gesprochen. Die Zeitungen wiederhallten damals von Lob und Tadel über die Kühnheit der Sprache begeisterter Eidgenossen. Wie sehr aber
auch die Finsterlinge zürnten über die Festreden und deren
Veröffentlichung — die Obrigkeit kehrte sich nicht daran; sie
schwieg, getreu ihrem Mandate, das da hieß — Preßfreiheit.

Einen überwiegenden Einfluß auf eine freisinnige Richtung im Volksleben übte aber ganz besonders die seit 1828
von Dr. Meier herausgegebene Appenzeller-Zeitung
aus. Das Blatt wurde alsbald Sprechsaal für die Liberalen der ganzen Schweiz, „zu welchem aus jedem Kanton
Männer ihre Zuflucht nahmen, die in ihren Kreisen Blößen
aufzudecken hatten. Von einer Grenze der Schweiz zur andern las es jeder mit Begierde, und es trug am meisten
bei, in den Schweizern das Gefühl der Nationalverwandt-
schaft zu wecken, dadurch, daß es in frischen Gemälden die
interessantesten Partieen gemeinsamer Noth aus allen Gegen-

den täglich vor die Augen hielt. Da die Appenzeller-Zeitung von Censurlücken nicht entstellt, mit freiem, ungehemmtem Flügelschlag ihre Wanderungen machen konnte, so ist ihr eben deßhalb ein entschiedenes Verdienst um die Neugestaltung der Schweiz nicht abzusprechen."

Stimmen für eine Verfassungsrevision. Nachdem das Volk, solchermaßen vorbereitet, für freisinnige Bestrebungen empfänglich geworden war, durfte man es endlich neuerdings wagen, mit Ernst an die Revision zu denken. Das Landbuch war damals nur in einzelnen, zum Theil fehlerhaften Abschriften vorhanden. Viele kannten es nur dem Namen nach, und die es kannten, erstaunten unwillkürlich über dessen Mangelhaftigkeit. Man darf sich darum nicht wundern, wenn der ungebildete Landmann dasselbe in seinem Werthe weit überschätzte und daher lediglich aus Vorliebe für das Althergebrachte mit Zähigkeit an demselben festhielt. Von der auffallenden Lückenhaftigkeit des damaligen Grundgesetzes zeugte übrigens der Umstand, daß der große Rath noch im Jahr 1823 dessen Druck nicht zugeben wollte, aus Besorgniß, das Buch möchte ins Ausland kommen und dann dem Kanton wenig Ehre bringen. Als dasselbe 5 Jahre später unter die Presse kam, fand das Publikum Gelegenheit, sich durch eigene Prüfung zu überzeugen, daß seine Verfassung weit hinter den Forderungen der Zeit zurückstehe.

Das Verdienst, für dessen Abänderung den Anstoß gegeben zu haben, gebührt der Lesegesellschaft zum Schäfle in Speicher. Zwei Mitglieder derselben, Jak. Mösli und Barth. Lindenmann, traten am 17. März 1829 vor den großen Rath mit dem Gesuch um Vornahme einer Partialrevision. Die Obrigkeit fand jedoch, daß die Verbesserung vereinzelter Artikel ein wenig frommendes Flickwerk wäre und es daher nach bald hundertjährigem Stillstand auf diesem Gebiete wohl an der Zeit sein dürfte, auf eine Total-

revision hinzuarbeiten. Sie beschloß daher, vorläufig im
Lande die Stimmung darüber erforschen zu lassen. Aus den
eingegangenen Berichten der Hauptleute ergab sich, daß noch
zehn Gemeinden: Urnäsch, Herisau, Schwellbrunn, Schönengrund, Hundwil, Stein, Teufen, Grub, Heiden und Reute,
mehr und minder bestimmt — gegen, die zehn andern
hinwiederum für eine Revision sich erklärten. Bei solcher
Sachlage glaubte der Rath, nicht eintreten, sondern eine spätere Zeit abwarten zu sollen. Zwei Umstände führten indessen die Angelegenheit ihrem Ziele alsbald unerwartet
näher. Als nämlich die Landsgemeinde in Appenzell bald
darauf für jenen Halbkanton die ihr vorgelegte Verfassung
annahm, glaubte auch Außerrhoden nicht zurückbleiben zu
dürfen, und zwar um so weniger, als gleichzeitig offenkundig
wurde, die im eidgenössischen Archiv liegende Verfassung
vom Jahr 1814 stimme mit dem Original in wesentlichen
Punkten nicht überein. Da mittlerweile auch in andern
Kantonen ein lebhaftes Streben für Reformen in der Gesetzgebung erwachte; da auch die Appenzeller-Zeitung für Herstellung ungeschmälerter Volksrechte eine immer kühnere Sprache
führte: so lag darin ein weiterer Grund für ein ungesäum-
tes Vorgehen in fraglicher Angelegenheit. Zwar die Obrigkeit hielt immer noch zaghaft zurück; aber da erschien im
November 1830 von Dr. Titus Tobler eine Schrift:
„Der Rath am Falkenhorst", in der die Dringlichkeit einer
Revision mit schlagenden Gründen nachgewiesen wurde. Sie
machte ungewöhnliches Aufsehen im Lande, auch schon durch die
Schonungslosigkeit, womit der Verfasser ins faule Fleisch
einschnitt, um die Leute endlich einmal aus dem Schlummer
ihrer politischen Trägheit aufzuschrecken. Tobler hatte nicht
in den Wind gesprochen; sein Wort zündete, wie der Funken
im Pulverfaß. Schon am 3. Dezember rückte auch Landshauptmann Nagel in Teufen mit einer Broschüre heraus,

die Tobler'sche Arbeit beleuchtend, berichtigend und ergänzend.
In Gais veranstaltete Hauptmann Dr. Heim zum nämlichen Zwecke eine Deputirtenversammlung, beschickt von Abgeordneten der äußern Gemeinden nebst Gais, in deren Namen er schon am 7. Dezember ein Memorial, bedeckt mit
mehr denn 200 Unterschriften, an den großen Rath hatte
abgehen lassen. Speicher folgte mit einer eigenen Petition,
unterzeichnet von 105 Petenten, nach.

Die Revision. Angesichts solcher Vorgänge nahm die
Obrigkeit keinen Anstand, aus der Sache Ernst zu machen.
Ein Ausschuß von 7 Mitgliedern erhielt den Auftrag, über
die einleitenden Schritte ein Gutachten vorzubereiten, welches
vom Rath unterm 20. Jänner 1831 der Hauptsache nach
gut geheißen wurde. Schon am 30. verkündete eine Proklamation allen Gemeinden die Dringlichkeit der Revision. Damit aber das Volk auch Gelegenheit finde, die Gründe mit
Muße zu prüfen, wurde ein Abdruck von 2000 Exemplaren
veranstaltet und diese in die Wohnungen des Landes vertheilt. Die folgenden Monate verstrichen über einem Feder-
kampfe für und wider die Landbuchssache, an dem sich Gott-
lieb Büchler von Schwellbrunn, Pfarrer Walser in
Grub nebst einem Anonymus betheiligten. Als am 24.
April die Landsgemeinde befragt wurde, siehe, da sprach sich
das Volk mit Einmuth im Sinne der Proklamation aus.

Was die Männer des Fortschritts seit 10 Jahren angestrebt, war in Folge einer veränderten Zeitströmung endlich gelungen. Eine Kommission von 45 Mitgliedern, zu
einem Neuntel von der Landsgemeinde gewählt, eröffnete am
9. Mai auf Grundlage des alten Landbuches ihre Arbeiten
mit dem ersten Abschnitte, welcher die Verfassung enthielt.
Was noch nicht in Schrift verfaßt war, aber in keinem
Grundgesetze fehlen sollte, oder was sich durch vieljährige
Uebung schon bewährt hatte, wurde aufgenommen. Als neue

Vorschläge kamen hinzu: die Trennung der Gewalten,
die Stimm- und Wahlfähigkeit der Beisaßen und
die freie Niederlassung für alle Schweizerbürger ohne
Rücksicht auf ihre Konfession. Im Juli konnte der erste Entwurf druckfertig vom Stapel gelassen und dem Volke zur Prüfung übergeben werden. Es versteht sich nun von selbst, daß
die Vorschläge eine sehr verschiedene Aufnahme fanden. Während die einen sich ganz befriedigt erklärten, vermochten sich
andere, namentlich in Bezug auf die Trennung der Gewalten,
gewisser Bedenken nicht zu entschlagen. Am 18. September
sollte die Landsgemeinde endgültig darüber entscheiden. Auffallender Weise zeigte es sich, daß die Stimmenzahl für und
wider den Entwurf gleich war. Um nun das Revisionswerk
nicht wiederum in Frage gestellt zu sehen, wie 10 Jahre
vorher, vereinigten sich die Standeshäupter zu dem klugen
Auskunftsmittel des Aufschubs bis zur ordentlichen Landsgemeinde von 1832, und das Volk stimmte dem Vorschlage
bei. Inzwischen wurde die Sache lebhaft besprochen; auch
die Presse entwickelte eine ungewöhnliche Thätigkeit. Was
die Gegner in Zeitungsartikeln mit und ohne Unterschrift
zur Bekämpfung des Entwurfs sowohl, als überhaupt gegen
die Revision selbst vorbrachten, widerlegten die Freunde des
Fortschrittes ebenso gründlich als überzeugend. Am entschieden-
sten that es Dr. Heim von Gais in einer Broschüre, worin
die Einwürfe mit Glück widerlegt und nachgewiesen wurde,
daß die neue Verfassung, entgegen den Befürchtungen eines
Anonymus, eben gerade darauf ausgehe, die Rechte und Freiheiten des Landmannes zu schützen. Auch die Obrigkeit empfahl in ihrem Mandat die neue Verfassung mit aller Wärme,
und als die Landsgemeinde kam (29. April 1832), welche
artikelweise Abstimmung verlangte, ehrte sich das Volk selbst
durch Annahme aller Vorschläge mit Ausnahme des Art. 5,
welcher vom Obergericht, und des Art. 15, der von Kirche

und Schule handelte.   Noch vermochte sich nämlich das Volk
über den Religionszwang nicht zu erheben, und die Schule
schien ihm des Guten zu viel zu verlangen.

Sieg der Reaktion.   Während sich nun die Revisionskommission damit befaßte, jenen Artikeln eine andere Fassung
zu geben, und indem dieselbe als neue Gesetzesabschnitte das
Erbrecht, das Zedelwesen, das Wechselrecht, den Schuldentrieb nebst einer Auffalls- und Gantordnung für die Landsgemeinde vorbereitete, trug sich in der Eidgenossenschaft eine
Begebenheit zu, welche dem Verbesserungswerk unerwartet
einen gewaltigen Stoß versetzte, auf dessen Ursachen wir
vorerst eingehen müssen.

Seit Jahren hatte sich nämlich bei den freisinnigen
Schweizern Mißbehagen an den aristokratischen und stabilen
Zuständen des Vaterlandes kund gethan.   Man schrieb dieselben dem Bundesvertrag von 1815 zu, welcher jedenfalls
mehr für die Regierungen, als im Interesse der Bevölkerun-
gen in den Kantonen gemacht war, und da derselbe nicht aus
dem Volkswillen hervorgegangen, so lag darin ein Grund
mehr zu dessen Verwünschung; allein aus Furcht vor Einsprache durch den heiligen Bund wagte man lange nicht,
mit jenem Vertrage zu brechen.   Da geschah urplötzlich in
den letzten Julitagen des Jahres 1830, daß die Franzosen
ihren König, selbst ein Genosse des heiligen Bundes, ver-
jagten, weil er dem Volke die Verfassung schnöde gebrochen.
Wie ein Lauffeuer gieng die Kunde davon durch den Welt-
theil.   Völker um Völker lehnten sich alsbald gegen ihre
Regierungen auf, und die Macht des Fürstenbundes war gebrochen.   Auch in der Schweiz benutzten die Männer des
Fortschrittes das welthistorische Ereigniß, um nach freiern
Institutionen und nach Rechtsgleichheit zu verlangen.   Sie
veranstalteten Volksversammlungen, und diese brachten es
mit Hülfe der Presse bald dahin, daß die Verfassungen in

11 Kantonen nach demokratischen Grundsätzen revidirt wurden. Um aber auch der Bundesurkunde eine Fassung in
mehr nationalem Sinne zu geben, stellte der Abgeordnete des
hohen Standes Thurgau (Dez. 1831) im Schoße der Tagsatzung den Antrag für eine Bundesrevision. Die Tagherren
erkannten den Ernst der Zeit; sie billigten das Begehren, ernannten eine Kommission, und diese brachte ihre Arbeiten
binnen Jahresfrist zum Abschlusse.

Aber im Lande erweckte der Entwurf alsbald Mißtrauen und Unzufriedenheit, weil derselbe dem Bunde auf
Kosten der Kantone mehr Rechte einräumte. Im Unmuthe
über die Neuerungen wollte nun die Menge das Kind mit
dem Bade ausschütten, d. h. mit der Bundesverfassung
gleichzeitig auch die Landbuchssache über Bord werfen. Theils
absichtlich, theils auf Grund falscher Auslegung gewisser
Artikel des neuen Bundesvertrags wurde alsbald die Lärm-
trommel gerührt und manch Schreckmännchen gegen denselben ins Feld geführt. Da hieß es von den einen, die
Bundesverfassung werde den Verlust der Freiheit nach sich
ziehen; denn unter dem Schutze eines stehenden Heeres von
40,000 Mann werde ein helvetisches Direktorium neuerdings
alle Gewalt an sich bringen. Man gieng in der Entstellung
so weit, den Bundespräsidenten als König, die Bundesräthe
als seine Minister darzustellen, als ob die fünfhundertjährige
Freiheit Helvetiens von dessen eigenen Söhnen in Knechtschaft verwandelt werden wollte. Andere streuten aus, es
sei auf Erblichkeit der Amtsstellen abgesehen, wodurch einem
gebietenden Adel gerufen werde; auch habe der Kanton eine
stehende Truppe von 300 Mann zu halten und die Rekruten
für den militärischen Unterricht auf 3 Jahre außer Landes
in Kasernen zu schicken. Zölle und Weggelder, hieß es,
fallen künftig in die Bundeskasse; über Anlage, Zugsrichtung
und Breite der Straßen werden eigens ernannte Inspektoren

verfügen. Den Kantonen, meinten wieder andere, sei die
Selbsthülfe in allen innern Angelegenheiten untersagt; denn
da der vorgelegte Entwurf das Pulvermonopol als Bundes-
sache erklärte, witterten sie darin die Absicht einer Volks-
entwaffnung.

Mit ähnlicher Befangenheit urtheilten die Verblendeten
über das Revisionswerk des eigenen Landes. Was die
Altvordern gemacht, erklärten die thörichten Leute als für
alle Zeiten gut. Durch die Neuerungen sei der Weberlohn
noch nicht in die Höhe gegangen. Die neuen Gesetze machen ein größeres Beamtenpersonal nothwendig, wodurch dem
Lande vermehrte Kosten erwachsen. — Derartige Urtheile
verfiengen bei einem Theile des Landvolkes nur zu gut, und
es darf daher nicht befremden, daß das Revisionswerk durch
die Erneuerung des Bundesvertrages neuerdings in Frage
gestellt wurde. Der Same der Zwietracht war auf fruchtbares Erdreich gefallen. An der berüchtigten Landsgemeinde
vom 3. März 1833 gieng die Frucht wuchernd auf. Jener
Tag bildet ein so düsteres Blatt in unserer Landesgeschichte,
daß desselben, um der Wahrheit gerecht zu werden, auch in
diesem Buche erwähnt werden muß. Wir folgen dabei einer
schriftlichen Arbeit des allverehrten Landammanns Nagel,
eines unparteiischen Augenzeugen.

Der Vorort Zürich hatte für Berathung der neuen
Bundesverfassung auf den 11. März 1833 eine außerordentliche Tagsatzung ausgeschrieben, weßhalb sich der große Rath
veranlaßt fand, derselben vorgängig, schon auf den 3. März
eine Landsgemeinde zu veranstalten. Ihre Aufgabe war eine
zweifache. Fürs erste mußte bestimmt werden, ob der herwärtige Abgeordnete zur Theilnahme an den Berathungen über
das neue Bundesgesetz zu instruiren sei; dann sollten auch
die Vorschläge des Revisionsrathes in Abstimmung gebracht
werden. Welche Bedeutung das Volk dem ersten Traktandum

beilegte, geht schon daraus hervor, daß es vor der eigenen
Stimmabgabe die große Umfrage verlangte, ein Verfahren,
das seit 1815 nie mehr in Anwendung gekommen war. Die
Landammänner Näf und Nagel nebst den übrigen Mitgliedern des großen Rathes erklärten sich entschieden für Theilnahme, und Hauptmann Dr. Zellweger von Trogen machte
noch im besondern aufmerksam, daß die Geschichte kein Bei-
·spiel kenne, wo der Abgeordnete Außerrhodens den Berathungen der Eidgenossen sich habe entziehen müssen. Umsonst.
Die Obrigkeit hatte in den Wind gesprochen; ihre Rathschläge verfiengen nicht mehr bei der durch Vorurtheile aufgeregten Menge. Bei der Abstimmung entschied die Mehrheit unter dem Geschrei: „Es geht um die Religion, um
die Freiheit, ums Vaterland!“ für Nichttheilnahme an den
Berathungen der Tagsatzung.

Der einmalige Sieg ermuthigte die Gegner der Verbesserungen zu fernerem Widerstand. Es sollte nunmehr die
Abstimmung über die Verfassungsartikel des revidirten Landbuches folgen; aber in dem Augenblicke, als der Landweibel anfieng, die Vorschläge abzulesen, erhob sich lautes Rufen und
Toben, welches sich so oft erneuerte, als er wieder fortfahren
wollte. Umsonst mahnte Landammann Näf, der Geschäftsführer, zu Ruhe und Ordnung; umsonst erinnerte er den
tobenden Haufen, daß es lediglich ,bei der Landsgemeinde
stehe, die Vorschläge anzunehmen oder zu verwerfen, daß es
aber auch in ihrer Pflicht liege, den Geschäften ihren gesetzlichen Gang zu lassen. Vergebens. Die Lärmer verlangten
mit zunehmendem Geschrei, daß abgemehrt werde, ob das
Alte oder Neue gelten solle. Landammann Näf rief nun seinen Kollegen: den Landammann Nagel, wie auch Statthalter
Signer zu sich auf den Stuhl. Beide sprachen nicht minder eindringlich zum Volke, demselben seine Rechte, aber auch
seine Pflichten vorhaltend. Allein sobald der Landweibel von

neuem verlesen wollte, zeigte sich der alte Tumult. Nun wurden auch noch die übrigen Beamten herbeigerufen. Nachdem sie sich mit einander berathen, eröffnete der regierende Landammann, daß er die Landleute im Namen der Obrigkeit nochmals ermahne, sich still und ruhig zu verhalten und dem vom großen Rath vorgezeichneten Gang der Geschäfte keine weitern Hindernisse in den Weg zu legen. Auch dieser Versuch hatte keinen Erfolg. Lauter wurde der Lärm, heftiger die Bewegung unter den Tausenden; dennoch wollte die Obrigkeit einem Begehren, wider Gesetz und Ordnung, inmitten der Geschäfte, ohne Voranzeige, unter Tumult und Toben gestellt — nicht entsprechen. Sie brachte daher den veränderten Vorschlag in Abstimmung, nach welchem entschieden werden sollte, ob man in den Geschäften fortfahren oder dieselben bis zur Aprillandsgemeinde einstellen wolle. Mit Mühe gelang es, so viel Stille auszuwirken, daß abgestimmt werden konnte. Das erste Mehr war das größere. Allein sobald es ausgesprochen wurde, hieß es von da und dort, es sei nicht verstanden worden, weßhalb der Geschäftsführer sofort eine neue Abstimmung vornehmen ließ, und abermal fiel der Entscheid im nämlichen Sinne aus. Dem tobenden Haufen galt aber nur noch der eigene Wille; er wollte das alte Landbuch, verletzte aber in demselben Augenblicke eine der wichtigsten Bestimmungen desselben. Das Alte wollte er, aber in der gleichen Stunde verwarf er die uralteste Schutzwehr unserer Rechte und Freiheiten; denn er hatte sein Begehren nicht an den Rath gebracht und wollte sich nun auch dem größern Mehre nicht unterziehen. Immer ärger schrieen die Toser, und ebenso wenig als vorher konnten die vorgeschlagenen Gesetzesartikel ins Mehr gesetzt werden. Nicht das habe man gemeint, erscholl es von verschiedenen Seiten her, nicht die Vorschläge im Mandate, sondern was vom Volke aus vorgeschlagen worden, 's Alte müsse gemehrt

werden, mit dem müsse man fortfahren, das sei beim letzten
Mehr verstanden worden. — Während unterdessen ein großer
Theil des Volkes sich ruhig verhielt; während sogar manche
sich bemühten, einzelne Tober zur Besinnung zu bringen;
während andere, des Unfugs müde, unwillig den Platz verließen: ras'te ein dichter Haufen rechts beim Stuhle hinauf,
der aber auch auf andern Seiten von Lärmern unterstützt
wurde, immer auf gleiche Weise im Alten und zum Alten
fortschreitend. Der eine rief nach dem Landbuch; der andere
schrie, es gehe um Freiheit und Religion; ein dritter zerriß
die Gesetzesvorschläge oder steckte das Büchlein auf den Degen
und warf es in die Luft. Einer brüllte: „'s Alt, 's Alt,
und wenn's nicht geht, muß noch Blut fließen!" Anstatt
zu ermüden, wurden die Lärmer nur eifriger in ihrem wühlerischen Treiben, und wie es schien, wuchs auch ihre Zahl
zusehends.

Unter solchen Umständen wäre ein längeres Festhalten
an der Geschäftsordnung nicht allein nutzlos, sondern für die
Ruhe des Landes auch höchst gefährlich gewesen. Die Obrigkeit suchte daher, um das Revisionswerk dennoch zu retten,
dem Volke nochmals einen Aufschub der Sache beliebt zu
machen; aber auch dieser Versuch mißglückte über dem Toben
des wilden Haufens. Was die Obrigkeit so eifrig zu ver-
meiden gesucht, sollte geschehen. Es mußte ins Mehr gesetzt
werden, ob man beim alten Landbuche verbleiben oder mit der
Revision fortfahren wolle. Die Mehrheit entschied für das
Erstere, worauf die einen mit Jubel, die andern beschämt
und niedergeschlagen den Platz von Hundwil verließen, wo
das Volk 22 Monate früher die Revision in bester Eintracht
beschlossen hatte. Die Frucht zweijähriger Thätigkeit der
Kommission war somit unzeitig vom Baume gefallen.

Das Blatt wendet sich. Aber die Freunde des Fortschrittes, obschon für einmal aus dem Felde geschlagen, setzten

den Kampf unentwegt fort. Sie veranstalteten Volksversammlungen, in denen man vorläufig die Mittel besprach, welche zu ergreifen sein dürften, einestheils, um jenen unglücklichen Landsgemeindebeschluß aufzuheben, anderstheils, um zu verhüten, daß ähnliche Unfugen sich wiederholen können. Eine Versammlung in Speicher ersuchte die Standeshäupter um Erforschung der Volksstimmung in den Gemeinden. In Wolfhalden beschlossen die Freisinnigen, auf Abhaltung einer außerordentlichen Landsgemeinde in Trogen hinzuwirken, weil hier erwiesenermaßen weit seltener Störungen der Landsgemeindeordnung entstehen. Aehnliche Schritte thaten die Gemeinden Herisau, Hundwil, Gais, Bühler, Teufen, Trogen, Rehetobel, Grub, Lutzenberg und Walzenhausen. Eine Abgeordnetenversammlung aus diesen Gemeinden beschloß am 19. Jänner 1834 mittelst eines Memorials, verfaßt von Dr. Heim in Gais und bedeckt mit 6273 Unterschriften, beim großen Rathe feierlich Verwahrung einzulegen gegen die Beschlüsse vom 3. März. Allein auch die Freunde des Alten blieben nicht müssig, weßhalb der Meinungskampf noch einige Zeit fortdauerte. „Die Freisinnigen fochten jedoch mit den scharfen Waffen von Gründen und einer geläuterten und erwärmenden Ueberzeugung, ihre Gegner mit alten Vorurtheilen, die zwar in ihren Köpfen ein Strohfeuer anzündeten, sie aber nicht zu anhaltendem Kampfe begeistern konnten. Da unterdessen die liberalen Bestrebungen in andern Kantonen einen raschen Verlauf nahmen, verfehlten sie ihren Einfluß auch auf den herwärtigen Kanton nicht."

Der Landsgemeinde vom 27. April 1834 war es vorbehalten, die Revision neuerdings und zwar in Form aller Ordnung zu beschließen; sie wählte 5 Mitglieder in die Revisionskommission, deren Gliederzahl diesmal auf 25 gestellt worden war. Diese nahm den Entwurf von 1831 zur Grundlage und durchsprach die am 29. April 1832 bereits genehmigten 21 Artikel, ohne Wesentliches daran zu ändern. In Bezug auf die Trennung der Gewalten brachte sie einen Doppelvorschlag, nach welchem das Volk selbst bestimmen konnte, ob die richterliche Gewalt fernerhin dem großen Rathe oder aber einer eigenen Behörde, dem Obergerichte, zu überlassen sei.

An der Landsgemeinde vom 31. August 1834 wurde die Verfassung ohne Störung der Verhandlungen in aller Eintracht angenommen, das Richteramt aber nach wie vor in die Kompetenz des großen Rathes gelegt. Die Revision der noch übrigen Gesetze hatte bis zum Jahr 1837 ihren ungestörten Fortgang; als aber im folgenden Jahre die Reihe an das Schulgesetz kam, erhob die Reaktion durch Verwerfung aller Vorschläge von neuem ihr Haupt. Es kam so weit, daß das Volk nach Annahme des Assekuranzgesetzes im Jahre 1841 beschloß, die Verfassungsarbeiten völlig einzustellen (S. 137).

„So endete der zwölfjährige Verfassungskampf in Außerrhoden. Das Resultat ist eine Errungenschaft des Freisinnes, wäre es auch nur darin, daß es offen mit dem Mittelalter gebrochen hat, daß es ein altes Landbuch beseitigte, an dem die wenig unterrichtete Menge so leidenschaftlich hieng, daß ihm selbst die Stürme der großen französisch-schweizerischen Revolution nichts anhaben konnten.“

Appenzell im Sonderbundskriege.

Die Güte des Herrn ist's, daß wir nicht gar aus sind. Klagel. Jerem. 3, 22.

Ursachen des denkwürdigen Kampfes. Die nämliche Abneigung, welche das Appenzeller-Volk, wie bereits nachgewiesen worden, gegen den neuen Bundesentwurf zu erkennen gegeben hatte, offenbarte sich auch in andern Theilen des Vaterlandes. Für die Einen enthielt derselbe des Neuen zu viel, für die Andern zu wenig. Die katholischen Stände erschraken über den Vorschlag der freien Niederlassung; auch zürnten sie, weil die Verfassung keine Gewährleistung der Klöster enthielt. Die großen Kantone waren unzufrieden über die Beibehaltung der gleichen Repräsentation bei der Tagsatzung, weil ihnen nur eine Stellvertretung nach der Köpfe-Zahl gerecht schien. Am Ende protestirte die Urschweiz einfach gegen jedwede Aenderung im Bundesorganismus, und Zug, Tessin, Wallis, Neuenburg, Waadt, Basel u. a. schlossen sich der Protestation an, hauptsächlich aus Furcht vor Wiederherstellung des Einheitsstaates, wie es zur Zeit der Helvetik gewesen, wo die Kantonal-Souveränität unter der Gewalt des Direktoriums bekanntlich auf Null gestanden war. Aber auch selbst unter den Freisinnigen, die einen neuen Bund haben wollten, zeigte sich große Zerrissenheit, namentlich in Bezug auf die Rechte, welche sie der Bundesbehörde zutheilen wollten, ferner über Beibehaltung der Zersplitterung im Zoll- und Postwesen und über andere Dinge mehr. — Angesichts so vieler Widersprüche erklärte die Tagsatzung am 10. Oktober 1833 Verzichtleistung auf ein weiteres Vorgehen in Sachen der Bundeserneuerung, und die Revision wurde eingestellt.

Darin lag ein harter Schlag für die Radikalen; dagegen war die Reaktionspartei hoch erfreut über diesen Ausgang der Angelegenheit und erhob nun nur um so kühner das Haupt. Entschiedener denn jemals verfolgte sie ihr Ziel, die Reformgelüste der Gegner im Keime zu ersticken, was ihr jedoch nicht gelingen sollte, so lange Zürich die Fahne des Fortschrittes noch hoch hielt. Allein, was niemand ahnte, geschah hier wenige Jahre später. In unbe-

sonnenem Eifer war die Regierung dem Volksbewußtsein
vorausgeeilt; sie hatte der Bildung und Aufklärung ein
höheres Ziel gesteckt, als die Zeit damals noch zu ertragen
vermochte. Es bildete sich darum allmälig eine gefährliche
Opposition, sowohl gegen die neuen Schuleinrichtungen als
auch, und zwar vorzugsweise, gegen Veränderungen auf dem
kirchlichen Gebiete. Hier war es namentlich die Berufung
des Dr. Strauß aus Württemberg an den theologischen
Lehrstuhl, welche Geistliche und Laien auf Grund seiner ab-
weichenden Glaubensrichtung mit Unwillen erfüllte. Man
verlangte daher Zurücknahme des Beschlusses. Die Regierung aber, statt einzulenken und also den Volkswünschen gerecht zu werden, suchte den Sturm durch nichtssagende Konzessionen zu beschwören. Das aber erweckte bei den Freunden der Landeskirche nur Mißtrauen, und diesem folgte Auflehnung gegen die Staatsgewalt. Die Vertheidiger des
Offenbarungsglaubens erhoben die Fahne des Aufruhrs und
eilten am 6. September 1839 zu vielen Tausenden nach der
Hauptstadt, die verhaßte Regierung mit Gewalt zu stürzen.
Der „Putsch" gelang vollständig. Neue Behörden wurden
gewählt und der Staatswagen auf die Bahn der Reaktion
geleitet. Mit dieser Wendung der Dinge trennte sich Zürich
von den Kantonen des Fortschrittes; es suchte sein Heil im
andern Lager, und ein finsterer Geist bemächtigte sich sofort
aller Verhältnisse. Die Errungenschaften eines ganzen Jahr-
zehnds wurden mit einem Male vernichtet.

Der Umschwung der Dinge in Zürich wirkte alsbald
fieberhaft auch auf andere Kantone. In Solothurn, wo
1840 die Verfassungsfrist zu Ende gieng, wollten die Finsterlinge den Zürichputsch nachahmen; aber die Regierung
kam dem unlautern Treiben zuvor. Was hier mißglückte,
sollte im Aargau versucht werden; auch da handelte es sich
ungefähr gleichzeitig um Abänderung des Grundgesetzes. Die

Katholiken verlangten nach dem Beispiele von St. Gallen getrennte Kollegien im Rathe, die Reformirten dagegen Abschaffung der Parität und Wahl der Mitglieder frei aus allem Volke, also ohne Rücksicht auf die Konfession. Letztere Ansicht drang durch, verletzte aber die Gegner dermaßen, daß sich in Bünzen sofort ein Glaubenskomite bildete, welches das Volk durch das beliebte Mittel der Religionsgefahr gegen die Leiter des Staates aufzuregen suchte. In Baden, Muri und Bremgarten rüstete man zu einem Zuge nach Aarau; im Freienamt, am eigentlichen Herde des Aufruhrs, wurden Freiheitsbäume errichtet, und von den Klosterthürmen herab heulten die Sturmglocken in die Nacht hinaus. Umsonst eilte, die Gefahr abzuwenden, Regierungsrath Waller nach Muri; er ward von der tobenden Rotte mißhandelt und gefangen gesetzt. Aber auch die Regierung rüstete eilfertig, und bei Villmergen, wo die Erde in Folge unseligen Religionshaders schon mehr als einmal vom Blute der Eidgenossen geröthet worden, kam es am 11. Jan. 1841 zu einem Treffen, welches gegen die Aufständischen entschied. Da nun die Empörung erwiesenermaßen von den Klöstern aus unterstützt worden war, erklärte der große Rath dieselben zwei Tage später auf Grund ihres ruhestörenden Treibens im ganzen Kanton als aufgehoben. Nun Staunen und Entrüstung durch die ganze Schweiz, bei Liberalen und Konservativen, bei Reformirten und Katholiken. Die Einen zürnten, weil sie in dem Gewaltakt eine Verletzung des Bundesvertrages erblickten und darum neue Unruhen besorgten, andere um der Religion willen. Wie ein Wetterstrahl wirkte der Aufhebungsbeschluß besonders auf das bis dahin nach freien Grundsätzen verwaltete Luzern. Der beliebte Volksmann Josef Leu von Ebersol hetzte die Landgemeinden auf, und diese drangen schon vor Ablauf der gesetzlichen Frist auf Abänderung der Verfassung. Siegwart Müller, der radikale Staatsschreiber, benützte den Anlaß zu seinem Vortheil; er entsagte augenblicklich den liberalen Grundsätzen, sattelte um und erhielt zum Lohne für seinen Abfall die Schultheißenwürde. Als J. Leu beim Rathe bald darauf Einführung der Jesuiten verlangte, erregte sein Antrag gewaltigen Widerspruch in vielen Kantonen, um so mehr, als Luzern zu den Vorortskantonen zählte. Von allen Seiten giengen Protestationen an den Vorort ein; aber die Tagsatzung erklärte sich machtlos, suchte jedoch die Quelle der Unzufriedenheit zu verstopfen und die Gefahr der Jesuiteneinführung vom Vaterlande abzuwenden, indem sie anfangs die Wiedereinsetzung sämmtlicher Klöster verlangte. Allein Aargau verwahrte sich feierlich, erklärend, daß es unmöglich sei, mit denselben länger zu regieren. „Entweder," sprachen seine Standesboten, „Aargau ohne die Klöster, oder die Klöster ohne Aargau!" Die katholischen Stände aber sprachen: Wir können mit nichten zugeben, daß der XII. Art. des Bundesvertrages, der dieselben gewährleistet, also schnöde gebrochen und die Rechte unserer Kirche geschmälert werden. Darum werden wir nicht ruhen, bis die Klöster wieder in ihre Rechte eingesetzt sind. Drei Jahre wanderte der unselige Handel von Tagsatzung zu Tagsatzung, ohne erledigt werden zu können, bis sich Aargau endlich zu dem Opfer herbeiließ, die Frauenklöster, als weniger gefährlich, wieder einzusetzen. Damit erklärte sich die Tagsatzung am **31. August 1843** befriedigt.

„Mit dem Mehrheitsbeschluß der Tagsatzung, die Klösterfrage aus Abschied und Traktanden fallen zu lassen, sollte übrigens der fatale Handel noch keineswegs erledigt sein;" denn nun erst schaarten sich die Römlinge zum Verzweiflungskampfe um die Fahne der Reaktion. Wenige Tage nach jener Schlußnahme traten (14. Sept.) Luzern, Uri, Schwyz, Unterwalden, Zug, Wallis, später auch Freiburg, in eine

Konferenz zusammen, um in ihrer Eigenschaft als Sonderbund der Tagsatzung ihren Widerstand entgegenzusetzen. Diese
Stände bezahlten somit den der Tagsatzung gemachten Vorwurf eines Bundesbruches mit einem weit gefährlichern Akt,
indem sie die Schweiz in zwei sich bekämpfende Lager theilten.
Allein auch das genügte der Reaktion nicht. Mehr und
mehr wurden mit den übrigen Ständen alle Bande gelöst.
Luzern gieng als Vorort des Sonderbundes am 24. Oktober
1844 selbst so weit, daß es den Freisinnigen zum Hohne die
Einführung des Jesuitenordens wirklich beschloß. Darüber
bemächtigte sich Entrüstung nicht nur der Reformirten allein,
sondern auch der Freisinnigen unter den Katholiken, zumeist
in Luzern selbst, wo man deren Warnstimme vor dem gefährlichen Orden mit Verachtung zurückgewiesen hatte. Als
daher die Tagsatzung, an die das Schweizervolk dagegen
appellirte, die Kantonalsouveränität vorschützend, sich ohn-
mächtig erklärte, die drohende Gefahr vom Vaterlande abzuwenden, machten sich am 8. Dez. 1844 einige Tausend Mann
voll Entrüstung auf nach Luzern, in der Absicht, die jesuiten-
freundliche Regierung zu stürzen. Das war der erste Frei-
schaarenzug. Das tollkühne Beginnen nahm ein schmäh-
liches Ende, und zur Sühne schmachteten Tausende in den
Kerkern von Luzern; bei zwölfhundert andere flüchteten, der
Verfolgung zu entgehen, bei strenger Winterkälte in benachbarte Kantone. Der Unwillen gegen die Jesuiten, als Urheber des Unheils, steigerte die Gährung; aber die Liberalen,
weit entfernt, sich durch die einmalige Niederlage einschüchtern zu lassen, rüsteten zu neuem Kampfe. In der Nacht
vom 30. auf den 31. März 1845 erfolgte ein zweiter Frei-
schaarenzug, welcher übrigens ebenso schmachvoll endete, wie
der erste; „denn," sagt Zschokke, „was gesetzlos aufgeht, geht
mit Gewalt unter." In stolzem Siegestaumel geberdete sich
von nun an der Sonderbund, allen Warnungen der Tag-

satzung zum Hohne, mit gebieterischer Herausforderung. Am 29. Juni hielten die Jesuiten, wie sehr auch das Vaterland zürnte, ihren Einzug in Luzern, und obschon nach zweimaliger Niederlage eine Wiederholung von Freischaarenzügen keineswegs zu besorgen war, waffnete der Sonderbund dennoch bis an die Zähne. Er verstärkte seine kriegerischen Stellungen, theilte die Wehrmacht in Divisionen ein, unterhandelte mit dem Ausland und empfieng Waffen und Geld von Frankreich, Sardinien und Oesterreich. Angesichts so großartiger Rüstungen konnte die Tagsatzung nicht länger schweigend zusehen, und nachdem dann für Erzielung einer freiwilligen Auflösung des Sonderbundes alle Mittel erschöpft waren, beschloß die Tagsatzung am 4. Nov. 1847 Aufhebung desselben mittelst Waffengewalt. Vorläufig wurde eine Truppenmacht von 50,000 Mann aufgestellt, dieselbe jedoch später auf 98,900 Mann gebracht und mit 260 Geschützen versehen. Den Obersten Heinrich Dufour von Genf ernannte die Tagsatzung zum Armeebefehlshaber und Landammann Frei-Herose aus dem Aargau zum Chef des Generalstabes. Damit waren die Würfel gefallen; es folgte nun der Akt kriegerischer That.

Der Kampf. Wie so oft in eidgenössischen Fragen giengen auch diesmal die beiden Halbkantone ihre eigenen Wege. Innerrhoden hatte nicht zum Vollziehungsbeschlusse gestimmt und auch seine Truppen nicht ins Feld rücken lassen. Umgekehrt handelte Außerrhoden. Hier erkannte die Obrigkeit den Ernst der Zeit in seiner ganzen Tragweite. Wer übrigens die Gefahren, welche dem Vaterlande durch den Sonderbund drohten, noch nicht einsehen konnte, dem öffnete die Proklamation der Tagsatzung ans Schweizervolk die Augen vollständig. „Der Kampf," sagt dieselbe in ihrer Schlußstelle, „den die Eidgenossenschaft gegen aufrührerische Bundesglieder zu führen hat, ist ein Kampf

der rechtmäßigen Gewalten gegen die Partei, welche den
Sonderbund gestiftet, großgezogen und wie eine Natter ans
Herz der Eidgenossenschaft gelegt hat, auf daß sie dieselbe
vergifte. Nicht harmlose Völker haben das gethan; es ist
dieselbe Partei, welche schon im Jahr 1813 fremden Armeen
die Pforten öffnete, welche den freisinnigen Verfassungen vom
Jahr 1831 die Garantie verweigerte, welche mit unermüd-
lichen Umtrieben an der Reaktion arbeitet, welche den Jura
und andere Theile der Schweiz in Aufruhr brachte, im Aargau
eine ultramontane Empörung erzeugte und nach Wallis,
Freiburg, Schwyz und Luzern die Jesuiten berief, deren
Bundesgenosse und Werkzeug sie ist. Darin, Eidgenossen,
besteht das Wesen des Sonderbundes. Laßt ihn gewähren
oder obsiegen, und das trauernde Vaterland wird nach und
nach alle Institutionen verlieren, welche seine wahre Freiheit, seinen geistigen Aufschwung, seine Kraft und Ehre bedingen. Darum seid einig und stark, getreue, liebe Eidgenossen, und der Allmächtige wird auch dieses Mal unser
Vaterland vor Trennung und Untergang bewahren."

Schon im Oktober, noch vor dem Erlaß dieser Proklamation, traf das Land eilfertig seine Vorbereitungen für den
Krieg. Außer Landes abwesende Offiziere mußten in die
Heimat zurückkehren; die Liste derselben ward ergänzt und
die Kadres der Scharfschützen und Infanterie am 6., die
Mannschaft am 10. zum Behuf eines Uebungskurses theils
nach Herisau, theils nach Speicher und Trogen einberufen.
Auch das Feldbataillon Schieß wurde zur Inspektion eingeladen, die Reserve in Uebung genommen, der Landsturm
organisirt und vorläufig eine Steuer von 10,000 fl. erhoben.
Dabei blieb die Obrigkeit jedoch nicht stehen; denn da sowohl in Innerrhoden, als auch in einigen Theilen des Kantons St. Gallen sonderbündische Gelüste sich zeigten, bildete
sich für Besorgung des innern Dienstes unter Mitwirkung

des großen Rathes aus den Schützen des Landes das
sogenannte Freikorps, befehligt durch Oberstlieutenant Bruderer von Trogen.

Am 31. Okt. und 1. Nov. verließ die Auszügermannschaft den heimatlichen Boden, um sich mit der Armee in
Verbindung zu setzen, welche aus sechs Divisionen bestand.
Die I., befehligt von Oberst Rilliet aus Genf, hatte ihr
Standquartier im Waadtland gegen Freiburg hin; die II.
unter Oberst Burkhardt von Basel kam in das Gebiet
von Bern zu stehen, während die III. unter Oberst Donats
aus Bünden Solothurn besetzte. Oberst Ziegler von Zürich
nahm mit der IV. Division seine Stellungen im Freienamt,
am Herde des Aufruhrs; die V. unter Oberst Gmür von
Schänis ward an das linke Ufer des Zürichsees verlegt,
und Oberst Luvini aus Tessin hatte die Aufgabe, mit der
VI. Division seinen Heimatkanton gegen Uri und Wallis zu
schützen. Später erhielt das Heer noch Verstärkungen durch
eine Division Reserven unter Oberst Ochsenbein von
Nidau, gebildet aus Bernermilizen.

Da es nicht in der Aufgabe des Verfassers liegt, den
Sonderbundskrieg nach seinem ganzen Umfange zu beschreiben,
sondern lediglich die Erlebnisse der dabei betheiligten Appenzellertruppen zu schildern, so beginnt er seine Darstellung
mit dem Bataillon Meier. Dieses kam zur Division Gmür
und zwar in die Brigade Isler. Die Scharfschützenkompagnie
Kern wurde der Brigade Blumer, die Schützenkompagnie
Bänziger dagegen der Brigade Ritter zugetheilt. Nach
dem allgemeinen Feldzugsplane erhielt Gmür die Bestimmung, Zug zu nehmen und von da Luzern auf seiner Ostseite zu bedrohen. Laut erhaltenem Marschbefehl gelangte
das Bataillon Meier über Wattwil, Rapperswil, Langnau,
Thalwil und Kilchberg nach Wollishofen, mußte aber schon am

7. November nach Rifferswil aufbrechen. Hier hatten die Truppen in unmittelbarer Nähe des Feindes einen eben so anstrengenden als gefahrvollen Vorpostendienst, der um so schwieriger war, als meist dichter Nebel das Land bedeckte. Diesem Umstande ist es auch zuzuschreiben, daß drei Appenzeller: Israel Himmel und Barth. Diem von Schwellbrunn nebst Joh. Hug von Stein auf ihrem Gang nach dem Quartier sich in Feindesland verirrten, daselbst sofort festgenommen, jedoch human behandelt und späterhin gegen Sonderbündler ausgewechselt wurden. Auch brachte das feindliche Feuer den Grenzwachen manche Gefahr. Am 15. November erhielt ein Soldat der Kompagnie Bruderer, Bänziger von Heiden, einen Schuß; er entgieng dem Tode wie durch ein Wunder, indem die Kugel, an der Kapseltasche abprallend, bloß eine leichte Quetschung auf der Brust zurückließ. Diese nebst der Verletzung zweier Finger machte ihn dienstunfähig. Er kam in den Spital nach Zürich, wo er erst nach 60 Tagen wieder entlassen werden konnte. — Oft machte der Feind auch Ausfälle in das Gebiet von Zürich. Bei Kappel, wo 1531 Zwingli fiel, bestand die Scharfschützenkompagnie Bänziger siegreich einen Strauß mit demselben. So unbedeutend er an sich auch war, erregte er doch im Bezirk Affoltern und bis hin nach Zürich große Aufregung. Am 16. wurde das Bataillon Meier angewiesen, die Gegend von Rifferswil zu verlassen, um sich der Zugergrenze und der Reuß zu nähern. Vier Tage später nahm die Brigade Isler nebst dem genannten Bataillon ihre Stellung in Ober-Lunnern. — Während solchen, im ganzen wenig entscheidenden Scharmützeln, sowohl hier als im Freienamt und anderwärts, beeilte sich Dufour, Freiburg zu bezwingen, und als die Stadt ruhmlos gefallen war, kehrte der größere Theil des daselbst stehenden, 25,000 Mann starken Heeres nach Bern zurück, um in Verbindung mit den übrigen Eid-

genossen seine Stellungen in Luzern und den inneren Kantonen zu nehmen.

Faßt man die Beschwerden des Vorpostendienstes bei
einem Winterfeldzuge, das nächtliche Patrouilliren in Feld
und Wald, zu Berg und Thal ins Auge, so darf man sich
nicht wundern, wenn die Truppen endlich nach dem Entschei-
dungskampfe verlangten. Und er kam; denn nachdem im
Amte Knonau noch mehrere Gefechte zum Nachtheile des
Feindes ausgefallen und unsere Leute bereits bis Stein-
hausen auf Zugerboden vorgedrungen waren, entsank hier
der Regierung aller Muth; sie erklärte am 21., erschrocken
über den Fall Freiburgs und verlassen von ihren Bundesgenossen, durch Parlamentäre den Rücktritt vom Sonderbunde.
Die Eidgenossen rückten daher als Sieger in Zug ein, und
von allen Seiten erscholl bei den Einwohnern der Ruf: „Es
leben die Eidgenossen! Nieder mit dem Sonderbunde!“ Die
Reihe des Waffentanzes sollte nun an Luzern, den Stütz-
punkt der feindlichen Heeresmacht, kommen, wo die Widerstandskraft ungleich größer war. Aber der Obergeneral hatte
sich vorgesehen. Er ließ den Kanton von zwei Drittheilen
seiner Armee wie mit Riesenarmen umschlingen, und während sich von Norden, Süden und Westen her Heersäulen der
Hauptstadt näherten, schickte sich die Division Gmür an, von
Osten aus die Grenzen des Kantons zu überschreiten. Dieses konnte jedoch nur nach harten Kämpfen geschehen, da
der Sonderbundsgeneral, Salis-Soglio, seine Streitkräfte
hier und am Rothenberg in bedeutenden Massen aufgestellt
hatte. Als daher die Brigade Isler mit dem Bataillon
Meier sich anschickte, nach Buonas und Meierskappel
vorzudringen, begrüßte sie der Feind am Nieschenberg mit
einem heftigen Gewehrfeuer. Während nun das Bataillon
Meier nebst Zürchertruppen unter Schmid auf der Straße
gegen das Rothkreuz aufgestellt wurde, ließ Isler die

Schützen nebst drei Jägerkompagnien in Ketten ausbrechen. Die Batterie Heilandt von St. Gallen eröffnete das Feuer auf den rechten Flügel des Feindes und vertrieb ihn aus seiner sichern Stellung im Walde, der nun eilfertig mit eidgenössischen Tirailleurs besetzt wurde. Härtern Stand hatte die Brigade Ritter, welche beordert war, in Gemeinschaft mit der Brigade Isler den Rothenberg auf der Ostseite zu umgehen, um die Straße nach Luzern zu öffnen. Auf der Höhe von Holzhäusern und Risch wurde die Schlachtordnung gebildet. Das Bataillon Brunner sollte, über Eppikon vordringend, einen Wald besetzen, um den Feind in seiner Linken zu fassen. Hier wurde es anfangs zurückgeworfen und büßte bei dem Scharmützel einen tapfern Jägerhauptmann ein, drang jedoch, indem inzwischen Bündner- und Zürcherschützen nebst der halben Kompagnie Bänziger herbeigeeilt waren, mit durchlöcherten Fahnen wieder vor. Anfangs hatte Bänziger die Batterie Scheller zu decken; später wurde er angewiesen, mit der einen Hälfte seiner Mannschaft gerade vorwärts, mit der andern seitwärts in das vom Feinde besetzte Gehölz vorzudringen. Mittlerweile machte das Bataillon Schindler in geschlossenen Kolonnen einen Bajonetangriff auf die Schanzen, die ihm vom Feinde ohne Widerstand überlassen wurden. Das thurgauische Bataillon Labhardt gieng auf den rechten Flügel los; das st. gallische Bataillon Hilti machte den Frontangriff, rückte im Bereich der feindlichen Kugeln Mann für Mann zwischen zwei Felsblöcken über einen Graben vor, formirte hier die Kolonne wieder und machte sich, nachdem die Sappeurs einen Dornhag aus dem Wege geräumt hatten, in Gemeinschaft mit den übrigen Truppentheilen an den Feind. Die Batterie Heilandt von St. Gallen wirkte den Schwyzern so heftig in die Flanke, daß sie die Schanzen bald verließen. Eine Abtheilung des Feindes wurde nach der Höhe des Rothenberges

getrieben, eine andere auf den Kiemenberg geworfen und ab-
geschnitten. Die Steinminen, welche der Feind hatte fliegen
lassen, blieben für die Eidgenossen ohne Wirkung.

Um 1 Uhr mittags, den **22.**, rückten die Sieger in
Meierskappel ein, wo sie den Feind gerade beim Mittagsmahl überraschten. Nach geringem Widerstande räumte
er mit Hinterlassung seiner Mundvorräthe auch diesen Platz.
Von hier aus rückten die Truppen, vereint mit der Brigade
Isler, welche unterdessen ebenfalls in Meierskappel einge-
rückt war, nach **Uebligenschwil** vor, wo sich auch
die Kompagnie Bänziger und das Freiwilligenkorps der Bünd-
nerschützen unter **Möhlin**, die von der Verfolgung des
Feindes am Rothenberge nicht ablassen wollten, wieder mit
ihnen vereinigten. Am Erfolge verzweifelnd, zog sich der
Feind nach Luzern zurück. Das Feuer verstummte, und
Gmür konnte sich, ohne weiter beunruhigt zu werden, der
Hauptstadt nähern.

Verfolgen wir nun auch die Erlebnisse des Bataillons
Bänziger. — Wie bereits erwähnt, hatte die Division Ziegler, zu welcher diese Truppe gehörte, eine zwar weniger ausgedehnte, dagegen aber weit schwierigere Stellung, als die
Mannschaft unter Oberst Meier, weil Ziegler ins Freienamt, einen Landstrich, der zwischen Feindesland (Luzern und
Zug) wie eingekeilt war, zu stehen kam. Aber auch abgesehen
davon, zeigte sich in diesem Theile des Aargaues seit der
Klösteraufhebung ein meuterischer Geist im Volke; hier war
also die größte Wachsamkeit erforderlich, um so mehr, als die
Nähe Luzerns den Eidgenossen jeden Augenblick neue Gefahren bringen konnte. Es lag auch wirklich in der Absicht
des Feindes, die Bevölkerung des Freienamtes in Aufstand
zu bringen. Nachdem von ihm bei einem Einfall die Sihl-
brücke bereits niedergebrannt worden, gelang es bald nachher, auch die Sinserbrücke zu zerstören. Späterhin wurde

ein glücklicher Handstreich auf Klein-Dietwil ausgeführt.
Hier, im äußersten Winkel des Aargaues, stand ein vorge-
schobener, wenig wachsamer, eidgenössischer Posten. Von
dichtem Nebel begünstigt, schlich sich in der Frühe des 10.
Novembers ein Luzerner Bataillon über die Grenze, entwaff-
nete erst die Schildwache und umstellte dann das Pfarrhaus,
wo 4 Offiziere nebst 41 Gemeinen ohne Widerstand sich gefangen geben mußten. Auch in dem Gefechte bei Geltwil
hatten die Eidgenossen 3 Todte und 15 Verwundete. Aber
alle diese Angriffe blieben ohne Gewinn für die Sache des
Sonderbundes. Sie hatten weiter keinen Erfolg, als daß
die Eidgenossen ihre Wachsamkeit auf allen Punkten vermehrten. So stieß das Bataillon Bänziger bei Muriegg
auf eine Schaar Sonderbündler, die mit Hurrahruf gegen
die Eidgenossen heranstürmte; aber im Augenblicke stellten
sich einige Reiter nebst 60 Schützen der St. Galler Kompagnie Custer zur Linken und unsere Jägerkompagnie Schläpfer
zur Rechten auf, empfiengen den Feind mit lebhaftem Feuer
und nöthigten ihn zum Rückzuge. Die Kugeln des Feindes
umsausten zwar auch das Bataillon Bänziger, jedoch ohne
zu treffen. Bis zum 22. November verhielten sich hier die
Eidgenossen vorzugsweise vertheidigend; nun aber änderte
sich die Sachlage mit einem Male. Nachdem nämlich die
Division Ziegler am Abend dieses Tages noch im Freienamt, von Muri bis Dietwil ausgebreitet, gestanden war,
kam auf Dienstag den 23. der Befehl zum Einmarsch in den
Kanton Luzern. Früh um 8 Uhr passirte die Brigade Egloff,
nachdem in Eile eine Schiffbrücke geschlagen worden war, bei
dichtem Nebel, vom Feinde unbeachtet, in der Nähe von Sins
die Reuß, und rückte gegen Bütschwil vor. Die Brigade
König mit dem Bataillon Bänziger konnte, da der Bau einer
Schiffbrücke beim Fahr Ehen, zwischen Rothkreuz und Klein-
Dietwil, langsamer von Statten gieng, erst um 11 Uhr über

den Fluß gelangen. Von Bächtwil aus, wo sich die beiden Brigaden vereinigten, setzten sie ihren Marsch fort nach Honau. Sobald jedoch die Sonderbundstruppen der Brigade Egloff ansichtig wurden, eröffneten sie von einer Kiesgrube aus ein lebhaftes Artilleriefeuer. Um nun dessenungeachtet das Vordringen auf dem schwierigen Terrain möglich zu machen, nahmen 4 eidgenössische Bataillone Stellung bei Bächtwil und drängten den Feind mit ihrem kräftigen Feuer unwiderstehlich nach Honau zurück. Die zweite Brigade, von der das Bataillon Bänziger zuerst die Avantgarde bildete und deren rechten Flügel es später zu decken hatte, konnte indeß bei dem dichten Kugelregen des von Hecken und Wald gedeckten Feindes nur langsam vorrücken; doch war sie bereits in Besitz einer Hochebene gelangt, als der Feind von einer über derselben sich erhebenden, mit Gehölz bedeckten Anhöhe herab ein heftiges Feuer eröffnete. Zweimal waren die Jäger vorgedrungen, um auch noch die Anhöhe zu gewinnen, aber auch zweimal unter Hurrahruf des Feindes geworfen worden. Man war einen Augenblick sogar in Gefahr, selbst die Hochebene wieder zu verlieren. Da, im Augenblicke der größten Gefahr, stieg Ziegler vom Pferde und führte mit seinem Adjutanten, den Kugelregen der Unterwaldner Schützen nicht achtend, seine Leute im Sturmschritt den Berg hinan. Bald da, bald dort sah man Verwundete wanken oder Sterbende hinfallen; auch Oberst Bänziger mußte, durch einen Schuß am linken Oberarm verwundet, aus dem Treffen geführt werden. Während nun der Kampf auf dem Berge fortdauerte, rückten die aller Gefahr ausgesetzten Bataillone Fäsi und Bänziger langsam vor, und letzteres zog sich der Niederung zu, beauftragt, mit den übrigen Truppen den Feind im Zentrum zu fassen, um Gisikon zu gewinnen, wo Schanzen den Einmarsch in den Kanton Luzern verhindern sollten. Die feindliche Artillerie zum

Schweigen zu bringen, wurde dieselbe von der eidgenöffischen
ins Kreuzfeuer genommen und Gislikon nach dreistündigem
Kampfe erreicht. Um aber auch die Schanzen zu bezwingen,
erforderte es einen neuen Kampf, nicht weniger hartnäckig,
als der vorige gewesen; denn aus denselben wüthete ein
Tod und Verderben speiendes Kanonenfeuer. Mehrere Artil-
leriften der Batterie Ruft von Solothurn waren gefallen,
drei Pferde zusammengeschossen, eine Laffette beschädigt und
der Feind so nahe gerückt, daß die Batterie, ein Geschütz zu-
rücklaffend, weichen mußte. Die Sonderbündler richteten nun
ihr Feuer auf das Fußvolk, und so kam es, daß die Bataillone Häusler und Bänziger einen schweren Stand hatten.
Oberst Egloff ließ nun die Berner Zwölfpfünderbatterie
Moll vorrücken. Diese faßte auf einer nahen Anhöhe eine
geschützte Stellung; bald rückte auch die übrige Artillerie wieder vor; Fußvolk kam zu Hülfe, und dieses brachte in Verbindung mit den Wirkungen des groben Geschützes den Feind
zum Weichen. Um 3 Uhr nachmittags waren auch die gefürchteten Schanzen im Besitze der Eidgenoffen und 2 Stunden später der Rothenberg gesäubert; aber der Sieg war
theuer erkauft worden. Besonders stark hatten die Bataillone
Häusler und Bänziger gelitten.

Der Feind eilte über Roth theils nach Dierikon, theils
nach Ebikon zurück. Ziegler verfolgte ihn behutsamen
Schrittes bis nach Roth, wo seine Leute zu beiden Seiten
der Straße bei dem alles durchnäffenden Regen, ohne Decken,
unter freiem Himmel die Nacht zubrachten. Und welche
Nacht! Die Schlachtfelder von Honau, Gislikon und Meierskappel boten dem Auge nur Bilder der Zerstörung, Bilder
des Jammers und des menschlichen Elendes dar. Brennende
Häuser und Scheunen färbten den nächtlichen Himmel weithin schauerlich roth. Was wird, so dachten in der ruhelosen
Nacht wohl die meisten Krieger, der kommende Tag, was

werden die Stunden verzweifelter Entscheidung erst bringen! Aber der Herr der Heerschaaren setzte der blutigen That ungeahnt ein Ziel. Erschreckt durch zahlreiche Wagen, welche am 23. in Luzern, gefüllt mit Verwundeten, anlangten, nebst den Hiobsbotschaften von allen Seiten her über verlorne Treffen, flüchtete die Regierung bei finsterer Nacht, in voller Verzweiflung, alles im Stiche lassend, über den See nach Uri, und — Luzern kapitulirte. Das große Werk war gethan, die Kraft des Sonderbundes gebrochen und das blutige Drama zu Ende gespielt. In fast endlosen Zügen rückten die Eidgenossen am 24. Nov. in die Stadt ein, begrüßt von tausendstimmigem Jubelruf der Bürger, welche ihre Wohnungen eilfertig mit dem weißen Kreuz im rothen Felde geschmückt hatten. Der Sieg, so schonend auch der Krieg im allgemeinen geführt worden, war von Seite des Bataillons Bänziger mit 4 Todten und 22 Verwundeten (kleinerer Blessuren nicht zu gedenken) erkauft worden. 36 Wehrmänner erhielten überdies 43 Schüsse in ihre Effekten, jedoch ohne Schaden zu nehmen. Außerrhoden hatte für die Unterwerfung des Sonderbundes große Opfer gebracht, während Innerrhoden zur Strafe für seinen Ungehorsam mit der winzigen Buße von 15,000 Fr. wegkam. Die Tagsatzung erklärte übrigens des Bestimmtesten, daß das Strafgeld nicht aus der sog. Grundsteuer (S. 601) erhoben werden dürfe, sondern mittelst einer direkten Auflage von den Einwohnern zusammengebracht werden müsse.

Heimkehr und Empfang. Bald kehrte die Wehrmannschaft, obwohl ungleichzeitig, wieder in die Heimat zurück. Am 2. Dez. langte das Reservebataillon Zellweger, das an den Grenzen des Kantons Schwyz gestanden war, bei Hause an; ihm folgten am 3. die Scharfschützen unter Koller und Rohner, nachdem sie den beschwerlichen Feldzug im Kanton Schwyz mitgemacht. Am 12. Dez. kehrte das Train-

korps von Muriegg zurück, am **23.** das Bataillon Bänziger, am **27.** das Bataillon Meier nebst der Schützenkompagnie Bänziger, und am 3. Jänner 1848 endlich noch
die Scharfschützenkompagnie Kern. Der Empfang sämmtlicher Truppen war ehrenvoll, aber vor allem feierlich der
des Bataillons Bänziger, weil dieses am meisten gelitten
hatte. Augenzeugen geben darüber folgenden Bericht:

„Letzten Donnerstag, den 23. Dez., sah St. Gallen
einen Festzug, wie es in so eigenthümlicher Weise wohl noch
nie der Fall gewesen. Das Appenzeller Auszügerbataillon
Bänziger, das bei Gislikon und anderwärts sich ebenso tapfer
als siegreich geschlagen, rückte unter nie gesehener Theilnahme
des Volkes ein. Morgens früh herrschte schon reges Leben
unter der Stadtbevölkerung. Vom Appenzellerlande strömten
Schaaren herbei, ihre wackern Väter, Söhne und Brüder an
die frohe Brust zu drücken. Die gesammte Bürgergarde der
Stadtinfanterie, Kavallerie, Scharfschützen, Artillerie war
aufgeboten worden, um den Heimkehrenden in festlichem Zuge
mit fliegenden Fahnen entgegenzugehen. An sie schloß sich
das appenzellische Freikorps, aus lauter wohlbewaffneten
Scharfschützen bestehend, bei Hunderten an; ihnen nach rückte
in kriegerischer Haltung das Kabettenkorps des Stadtgym-
nasiums. Um 10 Uhr donnerten die Kanonen der Bürgergarde, und es ordnete sich der stattliche Zug von Bruggen
her in folgender Ordnung: Voran die Kavallerie der Bürgergarde, dann das Kabettenkorps, die Offiziere der appenzellischen Landwehrmannschaft, das Freikorps, der Kantonsstab
St. Gallen's und Appenzell's mit silbernen Degen an der
Seite und dem Dreimaster auf dem Haupt, ferner die Landammänner Curti von St. Gallen, Zellweger und Tanner von Außerrhoden, begleitet von den Standesweibeln,
endlich das Bataillon Bänziger und nach demselben die Bürgergarde der Stadt St. Gallen. Eine unzählbare Menge

Volkes durchwogte die Gassen. Bei der Stadt angelangt, spielten die Kanonen der Kadettenartillerie zum freudigen Empfang. Im Klosterhof wurden die Heimkehrenden gastlich bewirthet. Die Offiziere sämmtlicher Korps erhielten ihr Festessen im Gasthofe zum Löwen. Bald nach 12 Uhr versammelte sich alles wieder im Klosterhof. In freudiger Abwechslung ertönten hier vaterländische Lieder und Lebehoch. Als Oberst Bänziger an der Seite des Landammanns Curti daher sprengte, durchbebte lang anhaltender Jubelruf die Luft, und wieder ertönten Vivats auf die freie Schweiz und auf das gerettete Vaterland. Um 1 Uhr bewegte sich der Zug in der Ordnung, wie er gekommen war, nach Vögelinseck. Beim Abschiede der st. gallischen Begleitung erdröhnten die Kanonen; Freudengejauchze und Lebehoch erscholl weit umher. Dankend drückte man sich die Hände und schied dann unter andauernden Jubelrufen. An der Landesgrenze stand ein Triumphbogen mit der Inschrift:

> „Hier, wo die Väter stark und bieder
> Einst siegend unser Land befreit,
> Sei freudig euch, ihr Waffenbrüder!
> Der erste Siegesgruß geweiht."

Knaben von Speicher mit Fähnchen der 22 Kantonswappen begrüßten den Zug. Die Scharfschützen der Reserve und Füsilliere thaten es mit Geschützessalven. Von Speicher aus eröffnete den Zug eine Kompagnie Reserve; dann kamen die Knaben von Trogen, das Offizierskorps der Reserve, ein Theil des Freikorps, die Landesbeamten mit der Standesfarbe, das schon früher heimgekehrte Trainkorps, die Knaben von Speicher mit ihren Fähnlein; ihnen folgten die st. gallischen Stabsoffiziere und endlich die gefeierten Krieger. Den Schluß bildete wiederum eine Abtheilung des Freikorps.

In Trogen übertraf der Empfang erst alle Erwartungen. Triumphbogen, Geschützesdonner und Glockengeläute begrüßten die Heimgekehrten. Bei der Kirche erhob sich, mit Trauerflor bedeckt, ein Denkmal an die fünf Gefallenen. An der Fronte seiner Kampfgenossen hielt Oberst Bänziger in tiefbewegter Stimmung seine Ansprache an die Landesobrigkeit, worauf ihm 4 weißgekleidete Mädchen eine Ehrenschleife nebst dem Lorbeerkranz für die Bataillonsfahne überreichten. Den Gruß erwiederte Namens des großen Rathes Landammann Zellweger in ergreifender Weise. Beim Einbruch der Nacht erglänzte das Dorf in heller Beleuchtung und transparente Inschriften erhöhten die Pracht. An der Kirche las man: „Nun danket alle Gott!"; an dem Hause des Dr. Joh. Kaspar Zellweger: „Gott segne die Treue dem Eide und der Tapferkeit!"; am Zeughause schimmerte, eingeschlossen von den Standeswappen, das eidgenössische Kreuz. Am schönsten nahm sich das Haus des Oberstlieutenant Bruderer, Chef des Freikorps, aus, an welchem 44 Lichter mit herrlichem Farbenspiel prangten.

Es waren mit einem Wort unvergeßliche Stunden. Die ganze Nacht durchzuckte ein Jubelruf die frohen Gemüther des Festortes."

Nachlese. Daß man aber in jenen Tagen schwerer Prüfung nicht nur Feste frohen Wiedersehens feierte, sondern auch während den Strapazen des Winterfeldzuges der Wehrmänner großsinnig gedachte, beweisen manche Züge freudiger Opferbereitwilligkeit. Kaum waren die Krieger in ihre Standquartiere eingerückt, so stellte sich auch der Winter ein. Das Nachtlager in Scheunen, oft ohne genügendes Stroh, oder auf freiem Felde bei magerer Kost, machten den Dienst um so beschwerlicher, als es manchen Soldaten an gehörig wärmender Fußbekleidung mangelte; aber kaum war der Nothruf in die Heimat gedrungen, als auch Behörden und Privaten wetteiferten, den Hülfsbedürftigen beizuspringen.

Am 12. Nov. einigte sich die Vorsteherschaft in Gais zu dem Beschlusse der Hilfeleistung mit der Erklärung, daß die Spenden nicht als Armengaben mit Rückerstattungspflicht, sondern als freies Geschenk anzusehen sein sollen. In Bühler gründete Hauptmann Suter, nachheriger Landammann, einen Hülfsverein zur Unterstützung von Verwundeten und von Hinterlassenen der im Kriege Gefallenen. Das kleine Wald folgte dem preiswürdigen Beispiele nach. Aehnliches geschah in Herisau am 14., in Trogen am 16., dort auf Anregung der Rebstockgesellschaft, hier in Folge eines Räthenbeschlusses. Da aber für die im Felde stehende Mannschaft schnelle Hülfe erforderlich war, blieb man bei jenen Maßnahmen nicht stehen; vielmehr wurden in manchen Gemeinden zu sofortiger Absendung weitere freiwillige Beiträge zusammengelegt. Trogen erscheint dabei mit 400, Speicher in zwei Kollekten, zum Theil von Trogen unterstützt, mit 550, Wolfhalden mit 310, Gais mit 160, Walzenhausen mit 212 Gulden, und als es in den Verkaufslokalen am Kriegsschauplatze an Strümpfen zu fehlen anfieng, wurden von Herisau und andern Orten aus auch alsbald bedeutende Sendungen von derartigen Kleidungsstücken veranstaltet. Landesbauherr Roth in Teufen, später Landammann, verfügte sich persönlich an Ort und Stelle, jedoch, wie die neue Zürcherzeitung berichtet, nicht in der Absicht, gleich so vielen andern bloß die Neugierde zu befriedigen, sondern um die Noth seiner Landsleute zu erforschen. Nach erhobenen Erkundigungen eröffnete er dem Bataillonskommandanten, Oberst Bänziger, einen unbedingten Kredit auf eigene Rechnung. — Auch von andern Seiten sind dem Genannten, zunächst für seine verwundeten Wehrmänner, 547½ Fr. zugesandt worden: von glarnerischen Waffengefährten der Schützenkompagnie Blumer 230 Fr., vom Hülfsverein in Bühler 50 Gulden, von Lehrern 60 Fr. und das Uebrige von Ungenannten durch Professor Völler auf Heerbrugg und andern. Ueber die Verwendung des

Geldes hat Bänziger im Juni 1848 dem großen Rathe Rechnung abgelegt.

Was hier im Einzelnen geschah, wiederholte sich im großen Ganzen. Von allen Seiten, selbst vom Auslande her, strömten der Bundesbehörde Gaben zum nämlichen Zwecke zu, so daß sich die Gesammtsumme auf mehr als 105,000 Fr. belief. Nach erfolgter Repartition erhielt Außerrhoden 3875 Fr., welche an 28 Personen in der Weise vertheilt wurden, daß die 3 größten Gaben je 460, die 11 kleinsten je 65 Fr. betrugen. Weitere 640 Fr. erhielt die Obrigkeit zur Vertheilung nach freiem Ermessen. Angesichts so hochherziger Züge von Seite der Privatwohlthätigkeit wollte auch die oberste Bundesbehörde, die Tagsatzung, Namens des Vaterlandes sich an den Wehrmännern dankbar erweisen. Sie gründete mit Schlußnahme vom 11. Dez. 1847 aus dem Strafgelde von 315,000 Fr., welches Neuenburg und Appenzell-Innerrhoden zur Sühne für die Nichtachtung der Bundespflichten gemeinsam zu bezahlen hatten, eine Pensionskasse, aus deren Zinsen die Verwundeten, wie auch die Wittwen und Waisen der Gefallenen, künftig unterstützt werden sollten. Aus diesem Fond wurden im ersten Jahre zu dem angedeuteten Zwecke ungefähr 40,000 Fr. aushingegeben. Davon kamen 1740 Fr. nach Außerrhoden, und es wurden damit 4 Familien von Gefallenen und 6 Verwundete bedacht. Vier andere Verwundete, unter ihnen auch Oberst Bänziger, die der Hülfe nicht bedurften, erhielten Ehrenmeldungen.

Solchermaßen kennzeichnete sich das Gefühl der Zusammengehörigkeit und des Nationalsinnes in den Tagen des Sonderbundsfeldzuges. Das Jahr 1847 steht aber überhaupt durch seine Gegensätze mit starken Zügen eingezeichnet in den Annalen der vaterländischen Geschichte. Die einen wurden in ihren unlautern Hoffnungen getäuscht, die andern

konnten sich überzeugen, daß der Herr auch aus den augen-
scheinlichsten Gefahren wunderbar zu erretten vermag. Dem
düstern Anfang des Jahres folgte wider Erwarten ein licht-
volles Ende. Beim Beginn desselben verdüsterten schwere
Gewitterwolken den Horizont. Mißernten hatten Fruchtsperren
zur Folge; dazu gesellte sich eine Handelsstockung, welche die
Gewerbe bedrohte. Da kam ein wundervoller Mai mit seinen Hoffnungen; es erschien die Ernte mit ihrem Frucht-
segen; der Herbst füllte die Vorrathskammern; die Preise
sanken, wie sie gestiegen waren, und der Jammer verstummte.
Nicht minder trüb sah es auch am politischen Himmel aus.
Angesichts der drohenden Lebensmittelnoth erhoben die Freunde
des Sonderbundes nur um so kühner ihr Haupt. Europas
Mächte drohten, den Fortschritt zu hemmen, mit Intervention. Siehe, da war, als das Jahr zu Ende gieng, durch
eidgenössische Waffen auch der Hyder unseliger Zwietracht
der Kopf zertreten. Die göttliche Vorsehung hatte treulich
Wache gehalten. Die Schweiz ist verjüngt, geläutert und
gekräftigt, wie niemals zuvor, aus schweren Prüfungen wie-
dererstanden, beruhigt von innen und geachtet von außen.

(S. nebenstehende Tabelle.)

Die Schweiz und das Ausland im J. 1848.

> Ich weiß wohl, was ich für Ge-
> danken über euch habe, spricht der
> Herr, nämlich Gedanken des Frie-
> dens und nicht des Leides.
>   Jeremias 29, 11.

Seit dem Jahr 1833 (S. 627) hatte die Tagsatzung
niemals auf das Vorhaben verzichtet, dem Schweizervolke

n d e t e.

o n.

Verwundung.

1. Schuß in den linken Oberarm.
2. Schuß in einen Unterschenkel.
3. Streifschuß in den linken Oberschenkel.
4. Streifschußwunde im Nacken.
5. Schuß in den rechten Oberschenkel.
6. Streifschußwunde am Scheitel.
7. Bruch des Mittelfingers durch einen Schuß.
8. Schußwunde am Kopf.
9. Streifschuß am linken Unterschenkel.
10. Schuß in den rechten Oberschenkel.
11. Streifschuß am Scheitel.
12. Schuß in den linken Oberschenkel.
13. Verlust des Ringfingers an der rechten Hand.
14. Streifwunde am rechten Unterkiefer.
15. Streifwunde an der großen Zehe des rechten Fußes.
16. Schuß in den Mittelfinger der rechten Hand.
17. Schuß in den rechten Fuß.
18. Quetschung am rechten Vorderarm.
19. Streifschuß am Kopfe.

wil

20. Quetschung auf der Brust und Verwundung an zwei Fingern.

llegt.

21. Schuß in den Oberschenkel.
22. Pferdeschlag in die Hüfte, aber nicht auf dem Kampfplatz.
23. Leistenbruch durch Unvorsichtigkeit eines andern.
24. Erkrankung in Folge von Anstrengung.
25. „ „ „ „ „

nie Kern und die übrigen 22 dem Bataillon Bänziger zugetheilt.

rben.

	Namen.	Verwundung.
1.	Nieberer, Konrad.	linken Fuß.
2.	Bruderer, Leonhard,	linke Schulter.
8.	Bänziger, J. Jakob	linke Schulter und in die Brust.
4.	Eugster, Johannes.	Luftröhre.
5.	Solothaler, Joh.	Unterleib durch Unvorsichtigkeit eines andern.

Nr. 5 gehörte der Stziger an.

bei gelegener Zeit eine neue Bundesverfassung zu geben. Die Nothwendigkeit konnte von keiner Seite bestritten werden, und wenn sich die kleinen Kantone dessenungeachtet fortwährend gegen eine Revision sträubten, so lag der Grund davon lediglich in dem Uebergewichte, welches ihnen die alten Bünde im Verhältniß zur geringen Ausdehnung ihres Ländergebietes zugesichert hatten. Die andern Stände leitete ein entgegengesetztes Interesse. Diese verlangten unentwegt nach Aufstellung eines Grundgesetzes, das der Schweiz eine völlig freie, ungehemmte Entwicklung der staatlichen Zustände sichern konnte: vermehrte Zentralisation im Innern, größere Machtstellung gegen außen, Beseitigung des fremden Einflusses und jedweden Zündstoffes, der die Kantone bis dahin so oft unter sich entzweit, oder in Vollziehung wichtiger Beschlüsse gelähmt hatte. Niemals war auch in der That die Gelegenheit für eine Bundesrevision günstiger, als nach Unterwerfung des Sonderbundes, da inzwischen auch gegnerischerseits der Widerspruch verstummt war, einmal, weil die Glieder jenes Separatbundes die kantonalen Verfassungen im Sinne des Fortschrittes änderten, dann aber auch, weil mit der Ausweisung des Jesuitengezüchtes der Stachel des Widerstandes bei der Opposition gebrochen und dem Vaterlande der goldene Frieden zurückgegeben ward.

Aber an den Höfen von Paris, Wien, Berlin und Petersburg zürnten die Fürsten gewaltig über den Sieg des Liberalismus und trachteten daher auf jede Weise, das Verbesserungswerk zu hintertreiben. „Wir haben," sprachen die Machthaber, „den Bundesvertrag von 1815 gewährleistet und werden darum eine Abänderung mit nichten zugeben, sie geschehe denn unter Zustimmung sämmtlicher Kantonsregierungen." Der Wurf gelang jedoch nicht; denn die Tagsatzung, gestützt auf ihr gutes Recht, nach welchem ein freies Volk befugt ist, sich die Gesetze selber zu geben, achtete

der Einsprache nicht, sondern schritt, unbekümmert um die Drohungen der Fürsten, zum Werke. Sie eilte jedoch absichtlich, mit
der Revision rechtzeitig unter Dach zu kommen; denn am
politischen Horizont thürmten sich rings umher Gewitterwolken auf, welche einen nahen Sturm verkündeten. Schon
am 16. Februar 1848 eröffnete eine von ihr ernannte Kommission die Revisionsarbeiten, und am 8. April konnte
dieselbe der Bundesbehörde über das Ergebniß der Berathungen Bericht erstatten. Aus dem nämlichen Grunde wurde
die Frist zur Prüfung des Entwurfes durch die Kantonsbehörden kurz zugemessen und die allgemeine Volksabstimmung
auf den 1. September angesetzt.

Zu dem Ende hatten sich bei uns die Landsgemeinden
beider Rhoden schon am 27. August versammelt. In Hundwil wurde die Bundesverfassung von drei Viertheilen der
Stimmen angenommen, in Appenzell dagegen für einmal
fast einhellig verworfen. Auch in andern Kantonen stellten
sich eben so abweichende Resultate heraus; dennoch entschied
am Ende die Mehrheit des Schweizervolkes für Annahme,
und am 12. September konnte die Tagsatzung das neue
Bundesgesetz als in Kraft getreten erklären. Ueber die
Grundsätze desselben verweist der Verfasser auf S. 215
dieser Schrift.

So war denn die Schweiz nach langen Kämpfen und
Wirrsalen in eine neue Aera eingetreten. Sie hatte den
Bundesvertrag selbständig, ohne fremde Einmischung, erneuert, und wenn derselbe, wie jedes Werk, von Menschen
hervorgebracht, auch noch manches zu wünschen übrig läßt,
so liegt doch immerhin der Keim zu weiterer Ausbildung —
es liegt, wie die Erfahrung bereits gelehrt hat, die Kraft
einer lebensfrischen Entwicklung in ihm.

Wunderbar hat der Herr in den Tagen verhängnißvoller
Entscheidung über dem Vaterlande Wache gehalten. Wäh-

rend des Sonderbundskrieges war es die Uneinigkeit der
Fürsten, welche dasselbe vor fremder Intervention bewahrte,
und als die Monarchen späterhin gegen das Revisionswerk
Einsprache erhoben, siehe, da brach über ihren eigenen Häuptern der Sturm los. Noch am 18. Jan. 1848, als die
Bundeserneuerung kaum recht eingeleitet war, maßten sich
die Gesandten von Frankreich, Preußen und Oesterreich das
Recht an, ihre Drohfinger zu erheben und von Neuenburg
aus Befehle zu diktiren. Allein während dieselben solchermaßen
über die kleine Republik zu Gerichte saßen, brach völlig
unerwartet über die von ihnen vertretenen Staaten das
Strafgericht herein für die an den Völkern begangenen Sünden. Urplötzlich, wie der Nebel vor dem Sturmwinde weicht,
verstummten nun die Einmischungsgelüste jener Männer.

Völker um Völker lehnten sich in jenen Tagen gegen
ihre Fürsten auf. Erst brannte das Feuer im Süden Italiens; dann spielte die Flamme nach Frankreich über, und
gleich wie die Franzosen in den Julitagen des Jahres 1830
ihren König Karl X. vertrieben hatten, so zwangen sie in
der sog. Februarrevolution (24. Hornung 1848) auch
ihren Bürgerkönig, Louis Philipp, vom Throne zu steigen, weil er dem Volk seine Zusagen gleichfalls schnöde gebrochen
hatte. Allein kaum war für Frankreich die Republik prokla-
mirt und Louis Napoleon zum Präsidenten erwählt, als
auch in Oesterreich, in Bayern, Württemberg, Baden,
Preußen ꝛc. die morschen Throne zu wanken anfiengen; die
Fürsten erzitterten vor ihren eigenen Unterthanen; denn
selbst die sonst so gemüthlichen Wiener revoltirten. Auch die
Lombarden erhoben, des Druckes der Fremdherrschaft müde,
die Fahne des Aufruhrs. Am 18. März wurden die österreichischen Besatzungen aus Mailand vertrieben, und Karl
Albert, König von Sardinien, lüstern nach dem Besitze
von ganz Italien, leistete den Aufständischen Hülfe gegen

Oesterreich; aber der Feldmarschall Radetzky schlug am 25. Juli den Feind bei Custozza dermaßen aufs Haupt, daß der Sardenkönig schon am 7. August die lombardischen Ebenen wieder verlassen und auf seine Vergrößerungspläne verzichten mußte. Den Verfolgungen der Oesterreicher zu entrinnen, flüchteten nun viele Tausende in die benachbarten Kantone. Im Tessin wimmelte es von Flüchtlingen, und in Graubünden wurden denjenigen, welche dahin geflohen waren, 34 Kanonen nebst 5000 Flinten abgenommen. Hatte die österreichische Regierung auf die Mittheilung ihres Gesandten bei der Eidgenossenschaft über die getroffenen Maßnahmen für Wahrung der Neutralität die Erklärung abgeben lassen, sie werde das ehrenwerthe Benehmen des Bundes in treuem Andenken bewahren, so mußte die Anklage des Feldmarschalls Radetzky, daß der Kanton Tessin die Aufständischen offen und insgeheim unterstütze, um so auffallender erscheinen. Auf Grund seiner Anklage verhängte er den Blokus über das Land. In Vollziehung desselben ward am 18. Sept. aller Verkehr mit dem Kanton aufgehoben, der Handel gesperrt und selbst der Postenlauf unterbrochen; auch mußten zur Sühne des Unrechts alle in der Lombardei niedergelassenen Tessiner: Männer, Greise, Frauen, Kinder, Kleinhändler und Dienstboten, das Land verlassen. Tausende traf mit einem Male das Los harter Verbannung. Ihre Wehklagen drangen zu den Ohren der Miteidgenossen, und diese öffneten alsbald mitleidsvoll die Hand zur Hülfeleistung. Bei uns, wie anderwärts, sammelte man in Häusern und Kirchen Liebesgaben für die Bedrängten jenseits des Gotthard. Der Bundesrath führte seinesorts beim Wienerhofe ernste Klagen über eine Maßregel, welche aller Menschlichkeit spottete und Hunderte von Unschuldigen empfindlich berührte. Während aber der Bund die Aufhebung des Blokus mit allem Nachdruck betrieb, mußte er sich immer vollkommener überzeugen, daß in jener Strenge eine nicht völlig unverdiente Züchtigung liege für die Unterstützung, welche der italienische Aufstand von Tessin aus gefunden hatte. Um daher dem ungesetzlichen Treiben mit allem Nachdruck entgegenzutreten, sandte der Bundesrath nicht allein Kommissäre dahin, sondern er ließ auch 2 Bataillone Infanterie nebst der Scharfschützenkompagnie Bänziger von Außerrhoden marschiren. Am 27. September leistete Bänziger mit seiner Truppe in Trogen den Fahneneid; folgenden Tages trat er seinen Marsch nach dem Tessin an, wo die Kompagnie, an die lombardische Grenze verlegt, den Wachtdienst zu besorgen hatte. Hier bildete sich mit der österreichischen Grenzmannschaft bald ein recht kameradschaftliches Verhältniß; aber auch selbst bei den für Italiens Befreiung sympathisirenden Tessinern waren die Appenzeller wohl gelitten, weil ihr lebhafter Geist, der stets heitere Humor und der Gesang männiglich ergötzten. Von Gefahren wußten unsere Leute aus diesem Feldzuge wenig zu berichten, obschon es bei dem heißblütigen Volke an Drohungen nicht fehlte, so oft die Truppenchefs für Wahrung der Neutralität ihre Verfügungen trafen. Man werde diesen oder jenen kalt machen, war in solchen Fällen das beliebte Drohwort; aber dem entschiedenen Auftreten der Kommissäre gelang es, Gewaltthaten zu verhüten, und als der Bundesrath mit Vermehrung der Okkupationstruppen drohte, insofern der Kanton gegenüber der Lombardei bei seiner zweideutigen Stellung beharren sollte, lenkte auch der Staatsrath ein. Dieser Ernst in Festhaltung der staatsrechtlichen Beziehungen söhnte Radetzky mit der Schweiz vollständig aus, weßhalb er schon am 12. Okt. die Sperrmaßregeln wieder zurücknahm. Am 12. Dez. erfolgte die Entlassung der Truppen aus dem eidgenössischen Dienste, und am 24. trafen die Schützen, begrüßt von ihren Landsleuten, wieder in der Heimat ein.

Gleichzeitig mit den Kriegswirren an der Südgrenze war die Schweiz auf Grund der nämlichen Ursache auch von Norden her ernstlich bedroht. Die Pariser Februarrevolution fand in Deutschland schon im März des nämlichen Jahres ihren Wiederhall. Die Trikolore deutscher Einheit: Schwarz, Roth, Gelb, wurde in Rheinbayern, namentlich aber im Großherzogthum Baden, zum Theil auch in Württemberg und anderwärts, aufgepflanzt. Die Regierungstruppen versagten den Gehorsam und die Republikaner erhoben sich unter Hecker gegen die Fürsten, um durch den gehofften Sieg den Anstoß zur Befreiung von ganz Deutschland zu geben; aber das Volksheer unterlag, und es flüchteten, dem strafenden Arme zu entrinnen, tausende von Wehrmännern theils mit, theils ohne Waffen über den Rhein nach dem schützenden Asyle unsers Vaterlandes. — Von Basel und andern Grenzorten aus unterhielten ihre Führer, ungeachtet der erlittenen schweren Niederlage, fortwährend Verbindungen mit der nahen Heimat, in der Absicht, fernere Versuche zu wagen für Befreiung der deutschen Lande. Wirklich kam es im Juni 1849 durch Struve und Becker, die den Aufstand von der Schweiz aus mit einer Freischaar von 600 Deutschen unterstützten, neuerdings zu einer Schilderhebung, welche indeß ebenso schmachvoll endete, als alle frühern Unternehmungen. Nach manchen Niederlagen wurde das Volksheer gegen den Rhein zurückgedrängt, und um 11,000 Flüchtige überschwemmten abermals das friedliche Land der Eidgenossen. Natürlich wußten nun die deutschen Regierungen, wie immer, nichts Eiligeres zu thun, als die Schweiz unter zum Theil völlig ungegründeten Beschuldigungen als Herd des Aufruhrs anzuklagen und vom Bundesrathe zu verlangen, daß die Flüchtlinge von den Grenzorten entfernt und einer strengen Ueberwachung unterstellt werden. Ihrem Begehren Nachdruck zu geben, näherte sich ein Okkupationsheer dem Rheine, gebildet aus Preußen, Hessen, Nassauern, Württembergern und Bayern. Die Bundesversammlung antwortete mit einem Aufgebot von 24,000 Mann für Bewachung der Grenze gegen Feindesland, zu welchem Außerrhoden die Scharfschützenkompagnieen **Kern** und **Bänziger** zu stellen hatte. Innerrhoden nebst manchen andern Kantonen war angewiesen, die Auszügermannschaft bereit zu halten, für den Fall, daß Preußen bei seinem Siegeslaufe Gelüste auf Neuenburg verrathen sollte.

Die **Flüchtlingsangelegenheit** bildete von nun an auf längere Zeit eine der wichtigsten Tagesfragen, am Bundessitze sowohl, als auch in den Rathssälen der Kantone. Das Asylrecht wollte man gewahrt wissen, aber auch nicht zugeben, daß dasselbe leichtsinnig entweiht werde durch organisirte Einfälle in benachbarte Staaten. Die Flüchtlinge wurden deßhalb in einer Entfernung von 8 Stunden vom Rheinstrome weg nach dem Innern der Schweiz instradirt. Auch Außerrhoden erhielt am 14. Juli eine Bescherung von 245 Mann. Zur leichtern polizeilichen Ueberwachung brachte man die Leute in den Hauptorten **Trogen** und **Herisau** unter, wo sie nach Soldatenmanier ihr Strohlager mit Wollbecken erhielten. Die tägliche Kost bestand in Suppe, $\frac{1}{2}$ Pfund Fleisch und $1\frac{1}{2}$ Pfund Brot per Mann. In Folge erhobener Beschwerde der herwärtigen Obrigkeit erklärte der eidgenössische Kommissär, daß je auf 1000 Einwohner 5 Flüchtlinge, mithin auf ganz Außerrhoden 204 Mann zu stehen kommen. Das führte zu einiger Erleichterung. Am 23. Juli wurden aus dem Depot in Herisau 30 Mann nach St. Gallen, aus demjenigen in Trogen 9 Mann an Appenzell abgegeben. Von den übrigen waren bis zum 27. August bereits 87 Mann als weniger stark gravirt wieder in die Heimat abgereist. Eine erhebliche Zahl trat bei Privaten in Arbeit, so daß sich laut Bericht der beiden Landespolizeiverwalter vom 21. Jänner 1850 in Herisau ein Rest von 13, in Trogen sogar nur noch 4 Mann befanden. Laut Schluß- nahme des großen Rathes vom 18. März 1851 wurden, gestützt auf die Zusicherung Frankreichs, daß allen nicht fran- zösischen Emigranten freie Ueberfahrt (nach Nordamerika ge- stattet sei, auch noch diese wenigen zur Abreise verpflichtet. Die Kosten dieser Angelegenheit waren, absonderlich in An- betracht der großen Zahl von Individuen und der zum Theil langen Dauer ihres Aufenthaltes, sehr erheblich, wurden aber als eine gemeinsame Last vom Bunde getragen, weßhalb die Landeskasse nicht der Erwähnung werth in Mitleidenschaft gezogen werden mußte.

Während rings um uns her die Throne wankten; wäh- rend für Gewinnung der natürlichen Volksrechte Tausende im Kampfe ihr Herzblut verspritzten oder als Besiegte in harter Verbannung seufzten: ordnete die Eidgenossenschaft, das glückliche Eiland der Freiheit, ob auch vielfach ange- fochten und verunglimpft von außen her, inmitten der ge- fährlichen Brandung, mit voller Eintracht ihr Hauswesen durch die neuen Bundeseinrichtungen, und der Herr gab Gnade zu ihrem Thun.

Münzbewegung in Außerrhoden.

Und das Geld muß ihnen alles zu wege bringen. Prediger 10, 19.

Das neue Bundesgesetz, über das wir bereits gesprochen, mußte naturgemäß auch in den Kantonsverfassungen manchen Veränderungen rufen, weil in die widersprechenden Grund- sätze eine Uebereinstimmung gebracht werden sollte. Das führte auch bei uns neuerdings zu Revisionsarbeiten, auf die wir im Schlußkapitel zurückkommen werden.

Vorerst wollen wir von der Mißstimmung berichten, welche die Aufstellung eines einheitlichen Münzfußes beim Appenzellervolke hervorgerufen hat. Zwar die Zweckmäßigkeit konnte niemand in Abrede stellen; man war im Grundsatze vielmehr vollkommen einverstanden, und männiglich verwünschte ein Münzwesen, dessen Mangelhaftigkeit vom Leman bis zum Bodensee längst eine stehende Klage bildete (S. 103); aber der Uebergang mußte dessenungeachtet in einigen Grenzkantonen zu bedeutenden Schwierigkeiten führen, die wir nun einläßlich zu erörtern gedenken. Nachdem nämlich der Bundesrath unterm 7. Mai 1850 Einführung des französischen Münzfußes dekretirt hatte, veranstalteten die Konkordatskantone: Schaffhausen, Thurgau, St. Gallen und Appenzell, gestützt auf die Wahrnehmung, daß in diesen Kantonen das deutsche Geld niemals völlig verdrängt werden könne, eine Währung des Reichsgulbens, welcher nach dem Verhältniß: 33 Gulden = 70 Franken, auf 2 Franken 12 Rappen tarifirt wurde. Gedruckte Münztafeln erleichterten dem Landmanne den Verkehr. So war der Schwierigkeit für einmal gesteuert, obschon die Rechnung nach 12 Rappen ihre Umständlichkeiten mit sich führte, um so mehr, als die Aufwechslung bei dem damals noch empfindlichen Mangel an Kupfermünzen sehr erschwert war. Der Bundesrath blieb jedoch bei seiner Verordnung nicht stehen. In der Absicht, die Frankenrechnung um jeden Preis konsequent durchzuführen und so viel möglich das deutsche Geld aus dem Verkehr zu verdrängen, ordnete er 2 Jahre später (17. Mai 1852) die Einlösung der alten Schweizermünzen an; auch tarifirte er den Fünffrankenthaler als französisches Geld verhältnißmäßig sehr hoch und setzte dagegen den Reichsgulden, ohne Rücksicht auf dessen Silbergehalt, auf 2 Fr. 10 Rp.

herab. Nun neue Verlegenheiten in den Konkordatskantonen; denn da des neuen Geldes noch zu wenig in Umlauf gesetzt war, konnte man im täglichen Verkehr mit Deutschland die Guldenstücke nicht zurückweisen, obschon durch deren Herabsetzung um 2 Rappen Verlurste in Aussicht standen, und da das Rechnungswesen auf Grund des Dezimalsystems wesentlich erleichtert ward, verkehrte nach wie vor, ohne Rücksicht auf die Absichten des Bundesrathes, männiglich mit deutschem Gelde. Der Fabrikant bezahlte seine Arbeiter, der Konsument den Produzenten und der Bauer den Kapitalisten mit — Gulden.

Allein da geschah, daß der große Rath (14. März 1853) behufs Umwandlung der auf den Liegenschaften im Lande haftenden Kapitalbriefe nach dem konkordatsmäßigen Ansatze, 33 Gulden = 70 Franken, Vornahme einer Zedelrevision beschloß. Das machte nun böses Blut beim Volke; „denn," hieß es, „auf diese Weise haben wir einen Herrengulden und einen Bauerngulden," mit andern Worten: eine Bevorzugung des Reichen gegenüber dem Armen. Solche und ähnliche Urtheile lauteten wie Hohn auf den Besitzstand, dem man die Zinsen mit zwei Franken zwölf Rappen entrichten müsse, während die Arbeiterklasse für ihre Leistungen zwei Rappen weniger erhalte. Aus der Unzufriedenheit ward alsbald Ernst. Her und hin in den Gemeinden veranstaltete die Opposition für Besprechung dieser Angelegenheit Volksversammlungen. Aus den 7 Gemeinden: Herisau, Teufen, Trogen, Rehetobel, Grub, Heiden und Gais giengen fast gleichzeitig Vorstellungen an den großen Rath ein. Die einen verlangten Zurückziehung des Beschlusses über die Zedelrevision, die andern Aufhebung des Konkordates, alle aber, wie billig, Gleichstellung des Kreditors mit dem Debitor, nach dem Wahrspruche des Appenzellers: „Jedem das Seinige." Umsonst suchte die Obrigkeit mittelst einer Prokla-

mation zu beschwichtigen; das Volk verlangte Abhülfe, nicht
Belehrung, und als der große Rath, statt den Wünschen
Rechnung zu tragen, auf der Zedelrevision beharrte, steigerte
sich die Unzufriedenheit zu Trotz und hartnäckigem Widerstand. Landamman Dr. Oertle galt als Urheber des
Spans und ward daher Zielscheibe des Hasses. Die Landsgemeinde von 1854 entsetzte ihn im Unmuthe sogar seines
Amtes, wählte ihn aber gleichzeitig, ungeachtet seiner Drohung, das Land zu verlassen, an Suter's Statt, der nun
Landammann wurde, in den Nationalrath. Mit dem Beamten-
wechsel wurde jedoch weder der Münzhaber beigelegt, noch im
Lande die Eintracht wieder hergestellt; denn schon am 11. Juni,
also wenige Wochen später, petitionirte eine Versammlung
in Teufen neuerdings beim großen Rathe. Sie verlangte
einen einheitlichen Kurs für den ganzen Kanton, mithin Beschlüsse, welche bezwecken sollten, daß der Reichsgulden jederzeit und an jedem Orte zum nämlichen Preise angenommen
und ausgegeben werden könne. Für den Weigerungsfall
ward mit der Landsgemeinde gedroht, in dem Sinne nämlich, daß dieselbe angefragt werden solle, ob das Konkordat
beizubehalten oder einfach aufzuheben sei. Noch weiter gieng
eine Versammlung zur Linde in Trogen. Sie ließ nach einander nicht weniger als 3 Petitionen vom Stapel laufen,
worin sie jenes Begehren unterstützte und im nicht entsprechenden Falle mit Appellation an den Bundesrath drohte.
Der große Rath konnte nun natürlich, wollte er anders
nicht auf ein altes Recht verzichten, nach welchem die Werthbestimmung fremden Geldes jederzeit in seiner Kompetenz
gelegen hatte, dem Begehren nicht entsprechen, und zwar um
so weniger, als fragliches Münzkonkordat auf richtigen Grundsätzen beruhte. Die Obrigkeit fand sich also nicht veranlaßt,
auf die Begehren der Petenten einzugehen; vielmehr wurde
von derselben erklärt, daß sie die Angelegenheit weder selbst

an die Landsgemeinde bringen noch zugeben werde, daß es von den Bittstellern geschehe; dagegen bleibe diesen selbstverständlich unbenommen, über eine bloße Kompetenzfrage, wie die vorliegende, die Entscheidung des Bundesrathes einzuholen.

Der Abweisungsbeschluß verletzte tief, und es darf daher nicht auffallen, daß die Gegner auf neue Mittel dachten, ihren Willen durchzusetzen. Wirklich veranstalteten sie eine neue Versammlung und zwar in Gais, zu der sich **268** Männer einfanden. Hier einigte man sich zu dem Beschlusse, es sei vom regierenden Landammann F r e n n e r Abhaltung eines außerordentlichen großen Rathes zu verlangen, an den in Bezug auf das Münzwesen folgende Anträge gestellt werden sollen:

1. Es sei eine Landsgemeinde abzuhalten und dieselbe anzufragen, ob sie dem großen Rathe die Kompetenz für Aufhebung des Konkordates, welche er für sich anspreche, zugestehen wolle oder nicht.

2. Für den eventuellen Fall, daß die Landsgemeinde dem großen Rathe jene Kompetenz nicht einräumen würde, sei anzufragen, ob sie für Austragung der Angelegenheit eine Kommission ernennen wolle, und aus wie vielen Mitgliedern dieselbe im Bejahungsfalle zu bestehen habe.

Dem Begehren um Abhaltung einer Rathsversammlung wurde um so bereitwilliger entsprochen, als von derselben um jene Zeit ohnehin in Erwägung gezogen werden mußte, wer an die Stelle des ablehnenden Alt-Landammann Dr. Oertli als Mitglied des Nationalrathes in Vorschlag kommen solle. Die Münzfrage wies der große Rath in seiner Sitzung vom 30. Sept. zur Begutachtung an eine Kommission, und da diese später den Antrag stellte, es sei der Versuch zu machen, ob die Streitsache nicht in Minne beigelegt werden könne, so beschloß der große Rath am 10. November:

1. Es seien die Petenten mittelst Verständigung, wenn möglich, von ihrem Vorhaben, die Landsgemeinde anzufragen, abzubringen.

2. Das Volk sei durch eine Publikation aufzumuntern, die Frankenrechnung im Lande allgemein einzuführen und die Löhnung der Arbeiter durchwegs in neuer Währung zu leisten.

Landammann Sutter übernahm das Vermittleramt und war, wie man es von diesem Beamten erwarten konnte, auch wirklich so glücklich, seine Bemühungen mit Erfolg gekrönt zu sehen. Eine am 11. Dezember in Gais abgehaltene Volksversammlung verzichtete nun freiwillig auf die erwähnten Begehren, verlangte aber beförderliche Vornahme einer Revision der Landesgesetze. So endete dieser Kampf.

Werfen wir zum Schlusse einen prüfenden Blick auf den unerquicklichen Münzhaber, so vermögen wir nicht einzusehen, daß das Volk im Unrecht gewesen; eben so wenig dürfte der damals oft gehörte Vorwurf gerechtfertigt erscheinen, als sei der Landmann nicht heikel in der Frage über das Mein und Dein; denn so nothwendig eine genaue Werthbestimmung des Guldens an und für sich auch war, so lag doch immerhin eine Unbilligkeit darin, daß derselbe dem Landmanne als Kapitalwerth zu 2 Fr. 12 Rp. angerechnet wurde, während er im täglichen Verkehr nur zu 2 Fr. 10 Rp. umgesetzt werden konnte. Ein Grundsatz, nach welchem eine Münze am nämlichen Orte gleichzeitig in verschiedenen Tarifen kursirt, muß, unbefangen beurtheilt, nothwendigerweise als unstatthaft angesehen werden.

———

Kriegsgefahr mit Preußen.

Säet euch Gerechtigkeit und erntet
Liebe.   Hoseas 10, 12.

———

Kein Glied des Staatenbundes gemeiner Eidgenossenschaft hat im Laufe von Jahrhunderten seine Besitzer so oft
gewechselt, als Neuenburg. Ursprünglich durch Einwanderer
aus Genf, Burgund und der Waadt bevölkert, stand das
Land lange Zeit unter Grafen und Freiherren, welche für
Behauptung der angestammten Rechte schon frühzeitig den
Schutz des mächtigen burgundischen Hauses nachgesucht hatten.
Im Jahre 1288 gieng Neuenburg an den Grafen Rudolf
von Habsburg über, der jedoch die Besitzung bald nachher
dem Hause Chalons überließ, von dem sie 1505 an das
Haus Longueville kam, dessen letzter Sprößling 1707
starb. Da nun Friedrich I., König von Preußen, die nächsten Erbansprüche auf das Land besaß, kam Neuenburg an
die Hohenzollern und wurde durch Statthalter meist gerecht
und milde verwaltet. Das konnte aber nicht hindern, daß
die Einwohner, um in ihren Rechten und Freiheiten für alle
Wechselfälle gesichert zu sein, an ihrem schon vor Jahrhunderten
mit Bern, Freiburg, Solothurn und Luzern errichteten Burg-
rechte festhielten, wodurch sie gleich den übrigen zugewandten
Orten des Schutzes der Eidgenossen sich versichert hielten.
Dieses Verhältniß blieb ungestört, bis durch die gewaltigen
Stürme der französischen Revolution auch Neuenburg den
Uebergriffen Frankreichs erlag und von Napoleon im
Jahre 1806 seinem Günstling, General Berthier, als Ge-
schenk überlassen wurde. So ward Neuenburg fränkischer
Vasallenstaat, jedoch nur auf kurze Zeit; denn als nach dem

Sturze Napoleons der Wienerkongreß über die Staatenordnung Europas zu Gerichte saß, wurde jenes Land laut Vertrag vom 19. März 1815 aus besonderer Gunst der Fürsten für die Schweiz als souveräner Kanton gleich den übrigen Freistaaten Helvetiens der Eidgenossenschaft einverleibt, immerhin unter dem Vorbehalte, daß auch dem König von Preußen seine Rechte zugesichert bleiben sollten, welche jedoch rein persönlicher Art waren und daher mit dem Konstituirungsrecht nichts gemein hatten.

Dadurch gerieth Neuenburg selbstverständlich in eine unnatürliche Zwitterstellung, die dem Parteigetriebe und der Zwietracht Thür und Thor öffnete. Um Frieden und Eintracht war es nun geschehen. Die Bevölkerung schied sich alsbald in Republikaner und Royalisten aus. Jene hielten eifrig zur Schweiz; sie konnten selbst unter dem schwersten Drucke von oben herab ihre Anhänglichkeit ans neue Vaterland nicht verleugnen, noch das Gefühl der Zusammengehörigkeit mit den Eidgenossen im Busen unterdrücken. „Neuenburg," sprachen die Republikaner bei verschiedenen Anlässen, „muß ein Freiland werden gleich den übrigen Republiken Helvetiens." „Schweizer, nichts als Schweizer wollen wir sein!" Nicht also die Adelsgeschlechter mit ihrem Anhange, denen es besser zusagen mochte, sich im Glanze der königlichen Hoheit zu sonnen. In ihrem Stolze strebten diese, gleich feilen Fürstenknechten, auf jegliche Weise darnach, den eidgenössischen Sinn im Volke zu ersticken, dem fremden Einflusse in Rathssälen und auf Tagleistungen in die Hände zu arbeiten, dem zeitgemäßen Fortschritt ein Bein unterzuschlagen — mit einem Wort, der Reaktion Vorschub zu leisten.

Als daher im Jahre 1830 mehrere Kantone, erwärmt von den Strahlen der Julisonne, ihre Verfassungen änderten, schaarten sich, gestützt auf die Erklärung der Tagsatzung vom 27. Dez. genannten Jahres: „Jeder Kanton ist befugt, sich

nach freiem Ermessen zu konstituiren," auch in Neuenburg
einige hundert Männer in der Absicht zusammen, mit den
Waffen in der Hand das unnatürliche Verhältniß aufzulösen,
d. h. sich vom preußischen Verbande auf immer zu trennen.
Aber das Wagniß scheiterte, und die Urheber büßten ihr
tollkühnes Beginnen mit Verbannung, Kerker, Festungshaft
oder schweren Geldstrafen. Von nun an dumpfe Stille bei
den Republikanern, Stolz und Uebermuth bei der herrschenden Partei. Welch schmähliche Rolle die Machthaber unter
dem Vorwande der Neutralität während der Sonderbundswirren gespielt, ist bekannt. Das Volk harrte darum nur
eines Anlasses, seinem Unmuthe Luft zu machen, und dieser
kam mit der Februarrevolution des Jahres 1848. Als
nämlich, wie wir oben gesehen, rings umher die Throne
wankten, standen auch in Neuenburg, namentlich in den
Dörfern Locle und La Chaux de Fonds, die Patrioten
urplötzlich in Waffen, um das verhaßte Fürstenregiment zu
stürzen. Der Wurf gelang diesmal vollständig, ohne Blutvergießen. Unter dem Rufe: „Es lebe die Schweiz!" zog
das Volksheer am Abend des 1. März, 1500 Mann stark,
mit 2 Kanonen siegreich in Neuenburg ein. Eine provisorische
Regierung ergriff die Zügel des Staates; zwei Monate
später (1. Mai 1848) wurde die neue Verfassung mit 5813
gegen 4395 Stimmen angenommen. Die neue Republik
wurde von der Tagsatzung anerkannt. Damit war die
Trennung von Preußen faktisch vollzogen. Auch selbst der
König entband seine Unterthanen des Eides der Treue, indem er in einem Briefe vom 5. April Kommissäre zu senden
verhieß, welche die Stellung des neuen Kantons im Einverständnisse mit der Tagsatzung ordnen sollten; allein diese
Nachgiebigkeit währte nur so lange, als er sich auf dem
eigenen Throne nicht mehr sicher fühlte. Kaum war die
Gefahr vorüber, so lagen ihm die Royalisten mit ihren

Bitten um Wiederherstellung der alten Zustände unaufhörlich in den Ohren. Er wies daher die Ausgleichungsvorschläge, welche ihm der Bundesrath am 8. November 1849 machte, mit Hohn zurück, und der Fürstenkongreß zu London bestärkte ihn darin. Der Bundesrath, beseelt von dem Wunsche, es möchte die Angelegenheit in Minne beigelegt werden, machte auch späterhin wiederholt Anstrengungen, sich mit dem Könige ins Vernehmen zu setzen, um die heikle Frage auf dem Wege der Unterhandlungen zu lösen. Dieser verlangte jedoch vor allem aus Wiederherstellung des ehevorigen Zustandes; er stellte somit eine Zumuthung an die Schweiz, in welche die Bundesbehörde, ohne dem Grundsatze des Selbstkonstituirungs-rechtes der Kantone untreu zu werden, unmöglich eingehen konnte. So standen die Sachen, als die Lösung des Kno-tens, die im Frieden nicht erzielt werden konnte, durch eine von den Royalisten angezettelte Gegenrevolution erfolgen sollte.

In der Nacht vom 2. auf den 3. Sept. 1856 hatte sich nämlich ein Haufe Königlichgesinnter der Hauptstadt bemäch-tigt, die gutrepublikanische Regierung gefangen gesetzt und durch Proklamationen, im Namen des Königs erlassen, Zu-rückführung des frühern Zustandes verkündet. Schon flat-terten von den Thürmen preußische Fahnen; auf dem Haupte manches Insurgenten sah man die Pickelhaube und Gefan-gene wurden hie und da zu dem Ausrufe gezwungen: „Es lebe der König!" Wer sich weigerte, ward schonungslos nie-dergemacht. Mit der Schnelligkeit des Blitzstrahls verbrei-tete sich die Kunde des Attentats im Lande. Aber kaum hatte man sich vom Erstaunen erholt, als auch zu Berg und Thal die Republikaner unter dem Ruf: „Es lebe die Republik!" sich in Marsch setzten. Gegen Abend des 3. erschienen be-reits die Männer von La Chaux de Fonds; ihnen folgten Schaaren von Rue und Travers, von Verrieres und andern Orten, um den Royalisten Stadt und Schloß wieder

abzunehmen. Bern und Solothurn ließen zur Herstellung der
Ruhe sofort Truppen marschiren, später auch Freiburg
und Waadt; allein Oberst Denzler, ein schon im Sonder-
bundskriege bewährter Militär, führte seine Getreuen am 4.
früh gegen den Feind und war siegreich, noch ehe jene ein-
treffen konnten. Sofort thaten sich der rechtmäßigen Regierung die Kerker wieder auf, und neuerdings eröffnete sie ihre
Funktionen. Das Landvolk strömte in Masse herbei, voll
Jubel über einen Sieg, der ihre Freunde keine Opfer gekostet, während die Aufständischen 8 Todte und 13 Verwundete
betrauerten. Ueber 600 waren zu Gefangenen gemacht worden, unter ihnen Graf Pourtales-Steiger, Haupt der
verbrecherischen That. Den Anführern', 28 an Zahl, wurde
der Prozeß gemacht, die übrigen in Freiheit gesetzt. Die
Untersuchung ergab merkwürdige Aufschlüsse über die Theilnahme des Prinzen von Preußen, des Königs und seiner
Minister an dem fluchwürdigen Attentat. Kein Wunder, daß
diese Größen, um für ihr gesetzwidriges Beginnen nicht bei
allen Nationen gebrandmarkt zu werden, vom Bundesrath
sowohl Geheimhaltung der Akten und Freilassung der Angeklagten, als auch sogar Niederschlagung des Prozesses selbst
forderten. Es kam zum Markten. Preußen, von mehreren
Kabineten treueifrig unterstützt, beharrte bei seiner Forderung;
der Bundesrath dagegen verlangte vorerst Entbindung Neuen-
burgs vom preußischen Verbande, mithin Verzichtleistung des
Königs auf alle seine Ansprüche. Dieser blieb fest, wie sehr
auch der schweizerische Bundesrath nebst Frankreich bemüht
waren, den Streit durch Unterhandlungen auszugleichen. Der
König forderte erst unbedingte Freigebung der Gefangenen,
und als das nicht gehen wollte, rief er seinen Gesandten
Sydow von Bern ab; auch drohte er, im Weigerungsfalle
die Eidgenossen mit einer Heeresmacht von 200,000 Streitern
mürbe zu machen. Aber angesichts der Gefahr zeigte sich

auch die Vaterlandsliebe' der Eidgenossen im schönsten Lichte. „Wir ziehen," sprachen die zu Bern, „den Frieden dem Kriege vor; allein unsere Behörden haben die Mittel für Erlangung eines ehrenhaften Friedens erschöpft; darum wollen wir uns frisch zum Kriege rüsten." Und es geschah aller orten, vom Leman bis zum Bodensee, von Basel bis Chur, mit der nämlichen Begeisterung, obschon die Erde bereits mit dem Leichengewande des Winters angethan war. „In wenigen Tagen," sagt Daguet in seiner Geschichte der Eid genossenschaft, „war die Schweiz in ein großes Heerlager umgewandelt." Bünden allein bewaffnete 2000 Schützen. Die Sonderbundskantone wetteiferten mit ihren Gegnern vom Jahre 1847. Auf Weilern und in Dörfern, in Werkstätten und in Schulen, ja selbst in Kirchen erschollen die männlichen Töne des Nationalgesanges: „Rufst du, mein Vaterland." Am 27. November erklärten in Bern die beiden Räthe mit voller Einstimmigkeit — Gewalt mit Gewalt abzutreiben. Für die Führung des Krieges wurde dem Bundesrath ein unbedingter Kredit eröffnet, von demselben ein Anleihen von 12 Millionen veranstaltet und als Obergeneral der greise Dufour gewählt. Die Begeisterung ergriff alle Klassen. Auch giengen sofort von verschiedenen Seiten Sendungen von Geld, Kleidern und Leibwäsche ein; selbst die Schweizer im Auslande blieben nicht zurück. Zwei in Paris lebende Patrioten betheiligten sich an den Nationalspenden auf den Fall des Kriegsausbruches je mit 100,000 Fr. Die an den Bundesrath wirklich eingesandten Liebesgaben betrugen 70,000 Fr.

Und Appenzell! Auch dieser Kanton wollte nicht zurück bleiben in seiner Thätigkeit für das Gesammtvaterland. Am 21. Dezember, als der Krieg bereits auszubrechen drohte, wurde von den Kanzeln herab folgende Proklamation ver lesen: „Angesichts der ernsten Lage, in welcher sich die

Schweiz befindet, hat der Bundesrath in seiner gestrigen Sitzung ein Aufgebot der Truppen angeordnet, die unverzüglich nach Schaffhausen zu marschiren haben. Zu den 2 Divisionen, welche dieses Aufgebot berührt, gehört auch die Auszüger-Scharfschützenkompagnie Schefer. Die Mannschaft wird aufgefordert, noch am heutigen Sonntage, nachmittags 4 Uhr, vor dem Zeughause in Herisau zu erscheinen. Die gesammte übrige Mannschaft des Bundesauszuges und der Reserve ist aufs Piket gestellt." — Mit freudiger Begeisterung folgte jeder dem Rufe, und während die Mannschaft in den Kantonen Schaffhausen und Zürich nach einander verschiedene Standquartiere bezog, bildete sich aus den nicht eingetheilten Schützen des Landes ein Freikorps von 500 Mann, bereit, auf den ersten Ruf ins Feld zu rücken, oder aber im Falle der Noth den Heimatkanton zu schützen. Der große Rath blieb bei diesen Veranstaltungen nicht stehen. Er dekretirte den sofortigen Ankauf von Tuch zu Kapüten, Anschaffung von Munition und Parkflinten, Feldbecken, Tornistern, von Pferden und Pferdegeschirren. Landesabwesende Offiziere des Bundesauszuges und der Reserve wurden zurückberufen, die Aushingabe der Schriften an Militärpflichtige verweigert und für die Auszügermannschaft eine Inspektion angeordnet. Die Standeskommission erhielt Vollmacht, auf den Fall der Noth auch das Bataillon Meier und die 2 detachirten Jägerkompagnieen zu einem Uebungskurs einzuberufen. Nicht minder thätig zeigte sich ihresorts auch die Militärkommission für Kompletirung des Materiellen und Personellen. Am 6. Jänner 1857 verordnete dieselbe Anschaffung von Vorräthen an Schuhwerk, Filzsohlen, Strümpfen, Handschuhen und Feldflaschen, nebst der gemeindeweisen Inspektion der Landwehr. Auch Innerrhoden regte sich wie niemals zuvor. Unter Kommandant Dähler rückten 350 Mann ins Feld, um zum eidgenössischen Heere zu stoßen, daß die Grenzen von Basel bis Schaffhausen vorläufig mit 30,000 Mann besetzt hielt.

Die entschiedene Haltung der Schweiz, ihre Kriegsbereitschaft und das einträchtige Vorgehen blieben nicht ohne Wirkung auf die Stimmung der Mächte Europas, besonders, als sich die Sympathieen für die gerechte Sache im In- und Auslande von Tag zu Tag mehrten. Der Bundesrath benutzte den günstigen Anlaß für Ertheilung neuer Instruktionen. Am 21. Dezember ordnete er als außerordentlichen Gesandten den Dr. Kern aus dem Thurgau nach Paris ab, dessen freundschaftliche Beziehungen zu Napoleon das Beste hoffen ließen. Wirklich gieng schon am 5. Jänner eine Note des Kaisers an den Bundesrath ein, worin er die Hoffnung auf eine friedliche Lösung der Frage durchblicken ließ, begleitet mit der Zusicherung, daß er seinerseits allem aufbieten werde, den Preußenkönig zu einem völligen Aufgeben seiner Ansprüche auf das Fürstenthum zu bewegen. Diese Bemühungen blieben nicht ohne Erfolg, um so weniger, als auch Rußland ernstlich am Frieden arbeitete. Preußen widerstand den vereinten Anstrengungen nicht länger; der König lenkte ein und erklärte am Ende, nachdem alle Mittel der Einschüchterung erschöpft waren, seine Bereitwilligkeit, für sich und seine Nachkommen auf Neuenburg zu verzichten. Die Bundesversammlung dagegen machte sich anheischig, für diesen Preis die Gefangenen frei zu geben, den Prozeß fallen zu lassen und überdies die Kosten der Septemberereignisse durch die Bundeskasse tragen zu lassen.

So ist Neuenburg ein unabhängiger Kanton geworden gleich den übrigen Ständen gemeiner Eidgenossenschaft, und seine Zwitterstellung unseligen Andenkens hat für immer aufgehört.

———

Zur neuen Staatsordnung im Lande.

Pflüget ein Neues und säet nicht
unter die Hecken.
Jerem. 4, 3.

Mit Einführung der Verfassung im J. 1858 gelangten
im engern Vaterlande die bedeutsamern Begebenheiten der
Neuzeit zum Abschlusse. Es mag daher als gerechtfertigt
erscheinen, wenn der Verfasser damit auch seine Arbeit als
vollendet ansieht.

Bekanntlich war Außerrhoden von 1831—1841 mit
Aufstellung eines neuen Landbuches beschäftigt. Es dürfte
daher auffallen, daß man sich nach einer Unterbrechung von
kaum 2 Jahrzehnden abermal zu dem eben so schwierigen,
als kostspieligen Geschäfte einer Revision entschließen konnte.
Der Grund liegt übrigens nahe; denn obgleich das Volk im
Jahr 1841, sei es aus Uebersättigung, sei es aus Furcht vor
einem Uebermaße neuer, nicht immer einfacher Gesetze Einstellung der Revision verlangte, und während der Sonderbundswirren die Stimmen über innere Angelegenheiten von
selbst verstummten: so konnte es doch keinem, der mit der
Verfassung aus den Dreißigerjahren auch nur einigermaßen
vertraut war, entgehen, daß dieselbe nur Stückwerk sei, mithin auch bloß als eine Brücke gelten könne für den Uebergang aus der alten in die neue Zeit. Niemand getraute sich
jedoch an derselben zu rütteln, bis ein Anstoß von außen her
kam. Das Jahr 1848 führte denselben durch die neue
Bundesverfassung unerwartet herbei. In dieser lag,
wie die Erfahrung gelehrt hat, eine Errungenschaft von außerordentlicher Tragweite, zunächst für die Schweiz im allgemeinen, aber gleichzeitig auch für die Kantone im besondern

als Glieder des gemeinsamen Vaterlandes. Eine auch nur oberflächliche Vergleichung des neuen Bundesgesetzes mit den damaligen Kantonsverfassungen stellte Widersprüche heraus, welche nothwendigerweise beseitigt werden sollten. Um daher einerseits eine Uebereinstimmung zu bewerkstelligen und anderseits gleichzeitig auch eine bessere Organisation im Gerichtswesen zu erzielen, machten sich alsbald Stimmen geltend für Vornahme einer Revision der Verfassung und Gesetze. Für die bringende Nothwendigkeit einer Erneuerung des Landbuchs sprach schon die von Jahr zu Jahr steigende Geschäftsüberhäufung des großen Rathes. Früher oder später mußte, auch abgesehen von Herstellung der schon erwähnten Uebereinstimmung des Landsbuchs mit der Bundesverfassung, darauf Bedacht genommen werden, daß durch Aufstellung eines Obergerichtes die richterliche von der administrativen Gewalt getrennt werde, um dem Landmann den ihm gebührenden Rechtsschutz in erhöhtem Maße angedeihen zu lassen. Allein die Stimmen für eine beschleunigte Vornahme der Revision verhallten anfangs fast spurlos; sie fanden erst Gehör, als der Münzhader, von dem wir (S. 656) gesprochen, ans Volk herantrat und dem Projekt neue Freunde zuführte. Selbst im Schoße des großen Rathes faßte nun der Revisionsgedanke allmälig Grund und Boden, um so mehr, als auch Landammann Suter die Nothwendigkeit einer veränderten Gesetzessammlung in und außer der Behörde mit schlagenden Gründen nachwies. Nicht minder entschieden trat die Presse für die Sache in die Schranken; die Lesegesellschaften entwickelten eine ungewöhnliche Thätigkeit, und eine Volksversammlung im Bade Unterrechstein verhandelte bereits über Verbesserungsvorschläge. Nachdem das Volk in solcher Weise vorbereitet und für Veränderungen gewonnen zu sein schien, faßte der große Rath im Februar 1854 den Beschluß: es sei der Landsgemeinde in ihrer nächsten Versammlung die Revisionsfrage zum Entscheid vorzulegen. Als jedoch der Tag bedeutungsvoller Entscheidung gekommen war, stimmte der Souverän, ungeachtet der trefflichen Befürwortung durch den Geschäftsführer, Landammann S u t e r, in ablehnendem Sinne.

Auch in Innerrhoden verwarf das Volk am nämlichen Tage den ihm vorgelegten Verfassungsentwurf fast einhellig. Dasselbe Los hatte hier 10 Jahre später ein neuer Versuch, obschon Landammann R e c h s t e i n e r nebst den meisten übrigen Landesbeamten die Annahme mit Wärme empfohlen hatte. Auch noch heutigen Tages scheinen die Zeichen der Zeit an einem Volke spurlos vorübergehen zu sollen, dem selbst von der Kanzel herab in einem fort stabiles Festhalten an veralteten Zuständen ans Herz gelegt wird.

Außerrhoden, durch die Niederlage eben so wenig entmuthigt, wie die Liberalen in Appenzell, machte gleichfalls neue Anstrengungen. Als zwei Jahre um waren, verlangten die Lesegesellschaften am Kurzenberg Wiederaufnahme des Revisionsgeschäftes in dem Sinne, daß der Landsgemeinde unterm 27. April 1856 wenigstens der Vorschlag für Aufstellung eines O b e r g e r i c h t e s gemacht werden solle. Der große Rath adoptirte den Vorschlag mit aller Bereitwilligkeit, und Landammann S u t e r setzte in seiner Eröffnungsrede alle Hebel in Bewegung, dem Volke das Verbesserungswerk durch Gründe der Ueberzeugung beliebt zu machen; aber die Landsgemeinde blieb sich dessenungeachtet für einmal noch konsequent; sie lehnte die Revision neuerdings mit 2 Drittheilen der Stimmen ab. „Der übrige Drittheil belebte indessen den Muth der Freisinnigen; denn so weit hatten sie es seit Jahren nicht mehr gebracht. Rüstig arbeitete die Appenzeller-Zeitung fort; es mehrten sich die Vertreter des Projektes in der Presse zusehends, und auch in den Volksschichten drang die Ueberzeugung von der Nothwendigkeit einer Revision immer mehr durch. Bei solcher Rührigkeit der Liberalen unter stetiger und wirksamer Unterstützung von Seite der Landammänner Suter und Frenner, sowie einer erheblichen Zahl von Landes- und Gemeindebeamten, konnte der Revisionsgedanken weder untergehen noch einschlummern. Verhielt sich die Bauersame auch jetzt noch kühl in der Sache, so gieng hingegen bei der Obrigkeit der Revisionsbarometer immer sichtlicher in die Höhe." Dazu kam, daß ein eigenthümlicher Zwischenfall der Angelegenheit, wie wir glauben, ungeahnt Vorschub leistete. In Folge einer Eingabe eines im Tablat niedergelassenen Bürgers von Rehetobel legte nämlich der große Rath der Landsgemeinde vom 25. April 1858 den Antrag für Aufhebung des Verbotes von Geschwisterkinderehen vor und machte dann gleichzeitig den Versuch, dem Volke die Revision beliebt zu machen. Und siehe da, was in den Jahren 1831, 1832, 1833, 1834, 1840, 1854 und 1856 nicht gelungen war, beliebte endlich dem Volke nach mancherlei Kämpfen im Jahr 1858. Mit 3 Fünftheilen der Stimmen beschloß die Landsgemeinde eine Revision der Verfassung und Gesetze. Man traf sofort die Wahlen in den Revisionsrath, welcher aus 5 vom Souverän bestellten Mitgliedern und 40 Gemeindedeputirten bestand. In loyalster Weise legte man Hand ans Werk, indem die Volkswünsche, von wem immer dieselben auch gestellt werden mochten, bereitwillig entgegengenommen wurden. Am 10. Mai eröffnete der Revisionsrath seine Berathungen, und schon am 17. August konnte er seine Arbeit vom Stapel laufen lassen. Die Landsgemeinde genehmigte am 3. Oktober 1858 die neue Verfassung, am 1. Mai 1859 das Gesetz, betreffend die Taggelder und Besoldungen, am 16. Oktober das Gesetz über die Strafrechtspflege, ferner das Polizeigesetz, das Gesetz über das Strafverfahren und die Zivilprozeßordnung, am 29. April 1860 das Gesetz über das Privatrecht

43

und endlich am 28. April 1861 das Gesetz über das Erbrecht.

Noch fehlte ein auf billige Vertheilung der Staatslasten abzielendes Steuergesetz, das einen würdigen Schlußstein zum neuen Staatsgebäude hätte bilden sollen. Angesichts der von Jahr zu Jahr sich mehrenden Ansprüche an den Staat lag bei vielen der Wunsch nahe, es möchte ein Steuergesetz aufgestellt werden, das so viel möglich alle Landleute zu Beiträgen an die Staatskasse verpflichtete. Allein wie sehr man sich auch in der Revisionskommission selbst, dann in den Räthen und Vereinen für Erzielung einer zweckmäßigen Vermehrung der Landeseinnahmen abmühte — das Volk war nicht dahin zu bringen, in eine Aenderung des altgewohnten Steuersystems einzugehen, wahrscheinlich aus Besorgniß, daß mit dem Essen der Appetit erwachen und wir allmälig in ein Labyrinth von indirekten Steuern hineingerathen könnten, wie es zum Theil in andern Kantonen geschehen ist. Weder der Doppelvorschlag der Revisionskommission, von dem der eine außer der Vermögenssteuer noch eine Militärsteuer für die schuldige Wehrpflicht, der andere überdies eine Einkommenssteuer enthielt noch der Vorschlag des großen Rathes vom 30. April 1865, welcher bloß eine Militärsteuer forderte, fanden Gnade bei der Landsgemeinde. Es gelten daher nach wie vor die betreffenden Artikel aus der Verfassung der Dreißigerjahre.

Noch ist zu erwähnen, daß Art. 11 des Gesetzes über das Konkursverfahren schon im Jahre 1861 eine Abänderung erlitten hat. Das Währschaftsgesetz wurde am 25. Oktober 1863 ganz außer Kraft gesetzt und dagegen Anschluß an das Konkordat von 14 Kantonen beschlossen, welches schon 1853 zu Stande gekommen war.

Aus dem Gesagten geht hervor, daß auch die neueste Verfassung noch Mängel und Lücken hat und daher, wie ihre

Namensschwestern frühern Datums, der Verbesserung wesentlich bedarf; dennoch ist rühmend anzuerkennen, daß dieselbe einen sehr erheblichen Fortschritt zum Bessern in sich schließt und deßhalb mit Freuden begrüßt werden darf. Mag die Zukunft das Ihrige ebenfalls thun und bei gelegener Zeit dem Besten auf diesem Gebiete ihren Tribut zum Opfer bringen.

Das neue Landbuch empfehlen wir jedem zur Anschaffung, der als freier Landmann seine Rechte und Pflichten kennen lernen und sein Gesetzgebungsrecht mit Bewußtsein ausüben will.

Berichtigungen und Zusätze.

———————

Der Verfasser hat mit Rücksicht auf Anachronismen, die sich im Buche finden mögen, und in Bezug auf einige Zahlenangaben im voraus zu erklären, daß er bei seinen überhäuften Berufsgeschäften das Manuskript nicht anders, als sehr allmälig an die Presse abgeben konnte. Unterdessen sind hie und da Veränderungen erfolgt, weßhalb er sich veranlaßt sieht, die wesentlichsten derselben nachstehend zu notiren. In Betreff orthographischer Inkonsequenzen erlaubt er sich, den Leser um Entschuldigung zu bitten. Folgte er nämlich anfangs seiner gewohnten Schreibweise, so hat er späterhin es vorgezogen, sich an das unterdessen erschienene „Regeln- und Wörterverzeichniß für deutsch-schweizerische Schulen" zu halten.

Seite 80, Zeile 10 von unten: Nach dem Amtsbericht vom Jahr 1865/66 besitzt Außerrhoden 10,414 versicherte Gebäude im Gesammtwerth von 37,980,700 Fr.

S. 80, Z. 4 v. u.: Bei den Mobiliarassekuranzen stieg die Zahl der Versicherten vom Jahr 1863—1866 von 1750 auf 2205, und es beträgt der Schatzungswerth gegenwärtig 15,191,056 Fr.

S. 99, Z. 5 v. u.: Genau genommen beträgt die Summe 2,799,272 Fr.

S. 101, Z. 12 v. u.: In den letzten Jahren hat sich nicht allein die Zahl der kursirenden Postwagen im Lande vermehrt, sondern es gilt dies auch von den Kursen selbst. Noch erwähnen wir als Mittel des erleichterten Verkehrs der Geldanweisungen (Postmandate), und daß beim Telegraphiren die einfache Depesche künftig um 50 Rp. besorgt wird.

S. 102, Z. 4 v. o: Auch Schönengrund und Speicher haben nun ihre Telegraphenbureaux.

S. 155, Z. 13 v. u.: Das Vermögen beträgt gegenwärtig, nicht gerechnet das neu aufgeführte stattliche Gebäude, 117,450 Fr.

S. 157, Z. 10 v. u.: Das Vermögen der Kantonsschule betrug im J. 1866 an Kapital und Kassafonds 140,014 Fr., an Lokalitäten und Legenschaften 65,100 Fr.

S. 164, Z. 7 v. o.: Im Jahr 1866 gab es im Lande 6976 Antheilhaber der Sparkassen. Das Einlagekapital betrug 1,070,206 Fr. 77 Rp. und die Reservefonds sämmtlicher Kassen 98,193 Fr. 71 Rp.

S. 190, Z. 5 v. o.: Die schweizerische gemeinnützige Gesellschaft hat unter der gewandten Leitung des Obergerichtspräsidenten Alt-Landammann Dr. Zellweger auch in den Jahren 1856 und 1867 über die Wohlfart des Vaterlandes in Trogen verhandelt.

S. 327, Z. 4 v. o. lies: 23. April 1404, statt 23. April, 1405.

S. 349, Motto: „Nichts thut durch Zank oder eitele Ehre." Philipper 2, 3.

S. 360, Z. 7 v. u. lies: Hohheitrecht statt Hochzeitsrecht.

S. 379, Z. 11 v. o. lies: Matthias, statt Johannes, Keßler.

S. 388, Z. 4 v. o.: Die Einführung des neuen Kalenders wurde von den gesetzgebenden Räthen Helvetiens, nicht von Napoleon angeordnet.

S. 404, Z. 16 v. u.: Reute war zum Theil nach Bernegg, zum Theil nach Marbach kirchgenößig. Die evangelischen

Glaubensgenossen dieser Gemeinden baten den Rath v
Außerrhoden unter Verheißung reichlicher Beisteuern um E
willigung des Kirchenbaues in Reute, damit sie nöthigenfal
ihre Zuflucht zu dieser Kirche nehmen könnten.

S. 436, Z. 15 v. o. lies: theils auch, statt als auch.

S. 606, Motto: „Haltet euch, als die Freien, und nicht, al
hättet ihr die Freiheit zum Deckel der Bosheit." 1. Pet. 2, 16

S. 634, Z. 1 v. o. lies: aus den im Auszug und in de
Reserve nicht eingetheilten Schützer des Landes das soge
nannte Freikorps.